U0120199

清代史学经典丛书

（清）钱大昕 撰
陈文和 张连生 曹明升 校点

廿二史考异

下

凤凰出版社

廿二史考异卷五十三

唐书十三

裴行俭传

谥曰"献"。 《唐会要》作"宪"。

裴光廷传

光廷,字连城。 《神道碑》作"光庭"。

博士孙琬,以其用循资格,非奖劝之谊,谥曰"克平"。 《旧史》无"平"字。

特赐谥曰"忠宪",诏中书令张九龄文其碑。 《旧史》"宪"作"献"。考《唐会要》及《光庭神道碑》、光庭子稹《墓志》、孙偁《神道碑》,皆作"忠献",则此文误也。

裴均传

赠司空。 《唐会要》,赠太子少保裴均,谥曰"贞"。

崔神庆传

赠神庆幽州都督。 《唐会要》,赠幽州都督、魏县男崔神庆,谥曰"贞";赠太子少傅、魏县子崔神庆,谥曰"质"。盖即一人而传闻异词。

神庆子琳,开元中与高仲舒同为中书舍人。侍中宋璟亲礼之,每所访逮,尝曰:"古事问仲舒,今事问琳,尚何疑?" 仲舒附《忠义·高睿传》,亦只载此一事。

杨再思传

张昌宗坐事,司刑少卿桓彦范劾免其官,昌宗诉诸朝,武后意申释之,问宰相:"昌宗于国有功乎?"再思曰:"昌宗为陛下治丹,饵而愈,此为有功。" 此事又见《昌宗传》。

王玙传

王玙者,方庆六世孙。 按:《方庆传》在卷四十一,而《玙传》乃在卷三十四,此前后之失序者。吴缜讥《裴守贞》、《耀卿》两《传》,次序失当,而于《玙传》独未及之。

执失思力传

谥曰"景"。 《唐会要》,谥曰"缪"。

契苾何力传

铁勒哥论易勿施莫贺可汗之孙。父葛,隋末为莫贺咄特勒。 按:《回鹘传》云契苾酋"哥楞,自号易勿真莫贺可汗,弟莫贺咄特勒,皆有勇。莫贺咄死,子何力尚幼,率其部来归"。则何力乃哥楞弟子,非其孙也。"论"、"楞"声相近。此《传》云"易勿施",彼《传》云"易勿真",未详孰是?《薛延陀传》亦作"易勿真"。

是时吐谷浑王伏允在突沧川。 《吐谷浑传》"伏允走图伦碛",即突沧川也。译音无定字。

西突厥阿史那贺鲁以处月、处密、姑苏、歌逻禄、卑失五姓叛。 按:《突厥传》,贺鲁"居多逻斯川,统处月、处蜜、姑苏、歌逻禄、弩失毕五姓之众"。此"卑失",即"弩失毕"也。"密"、"蜜"音同。"歌逻禄",或作"葛逻禄"。

谥曰"毅"。 《唐会要》,何力谥曰"烈"。

尚可孤传

徙封冯翊郡王,食实户一百五十。 按:下文又云"封冯翊郡王,食实户二百",重复不伦。当云增封户至二百。或中间以事削封邑而后复之,则史有脱文矣。

王珣传

赠户部尚书，谥曰"孝"。　《唐会要》，赠礼部尚书王珣，谥"文孝"。

薛平传

赠太傅。　《唐会要》，谥"成肃"。

程务挺传

后遣左鹰扬将军裴绍业，即军中斩之。　《唐会要》，务挺赠左卫将军，[①]谥曰"烈"。此《传》失书，不知何时昭雪也。

韩思彦传

事博士谷那律。律为匪人所辱，思彦欲杀之，律不可。　谷那律见《儒学传》。谷，姓；那律，其名也。此单称"律"，似以"谷那"为姓矣。

司农武惟良，擅用并州赋二百万缗，思彦劾处死，武后为请而免。李义府与诸武，共谮思彦，出为出阳丞。　按：武惟良为司农，《后妃》、《外戚》两《传》，俱未及载；且惟良等既为武后所衔，欲置之死地，何以又请免其罪？又，其时后宠虽盛，而诸武无当权者，此谮思彦者，果何人乎？

柳泽传

曾祖亨，赠礼部尚书、幽州都督。　《唐会要》，谥曰"敬"。

中宗时，长宁、宜城、安定诸公主。　"安定"当作"定安"。

唐临传

兄皎，终益州长史。赠太常卿。　《唐会要》，谥曰"敬"。

徐有功传

会昌中，追谥"忠正"。　按：谥法无"正"字。宋时避仁宗嫌名，改"贞"为"正"。《唐会要》所载谥"正"者，皆"贞"也。有功之谥，亦当为"忠贞"。盖修史之时，或改或不改，其例初不画一耳。

狄仁杰传

后乃召见仁杰谓曰:"臣反何邪?"对曰:"不臣反,死笞掠矣。" "臣"当作"承"。

今阿史那斛瑟罗,皆阴山贵种。 按:《旧史》无"皆"字。斛瑟罗者,西突厥继往绝可汗步真之子。阿史那,其姓也。《新史》多一"皆"字,似误以为二人。

王方庆传

六世孙玙。《玙传》亦云:"方庆六世孙。" 据《宰相世系表》,当云五世孙。沈炳震曰:"方庆以万岁通天元年入相,玙以肃宗乾元元年入相,相去仅六十三年,不应遽有六世孙位至宰相。且方庆子光辅,开元中官潞州刺史,而《玙传》云开元末为太常博士,据《表》,光辅即玙之高祖,同时而仕,恐未必然。盖肃宗时相,乃别一王玙,非方庆六世孙也。"

武候将军田仁会。《仁会传》但云"左武候中郎将",不云"将军"。

韦嗣立传

监察御史宋务光建言:"愿停征封,一切附租庸输送。"不纳。 务光疏已详见本传,而此《传》又及之,何其词之赘也。

陆象先传

时穷治忠、义等党与。 当云"至忠"。"忠"上脱"至"字。

李日知传

景龙初,同中书门下平章事,转御史大夫,仍知政事,拜侍中。先天元年,罢为刑部尚书。 按:《睿宗纪》、《宰相表》,日知以景云元年六月由黄门侍郎同中书门下三品,《传》以为"景龙初"者,误也。《传》云"平章事",《纪》、《表》俱作"同三品",当以《纪》、《表》为正。《宰相表》又云"景云二年四月,日知守侍中,其年十月,罢为户部尚书",《传》

以为"先天元年",差校一年;又以"户部"为"刑部",亦误也。其转御史大夫仍知政事,《纪》、《表》并不载。

李怀远传

赠侍中,谥曰"成"。　《唐会要》,赠侍中、平乡县公李怀远,谥曰"成";又有赠侍中、赵郡公李怀远,谥曰"惠",[②]疑一人而传闻异词也。

魏玄同传

先是,狄仁杰督太原运,失米万斛,将坐诛,玄同救免。　此事《仁杰传》不载。

韦见素传

是岁,至德元载。十月丙申,有星犯昴,见素言于帝曰:昴者,胡也。明年正月甲寅,禄山其殪乎! 及禄山死,日月皆验。　按:《肃宗纪》,至德二载正月乙卯,安庆绪弑其父禄山,与见素所占差一日。又《禄山传》,正月朔,禄山朝群臣,创甚,罢。是夜,猪儿入帐下,以大刀斫其腹。肠溃于床,即死。考至德元载,十月辛巳朔,日食。从此推之,次岁正月当为庚戌朔。甲寅、乙卯,乃月之五六日。而《禄山传》谓死于正月朔,与《纪》、《传》皆不合,未审谁得其实。《天文志》不载至德元载十月星犯昴事,非《志》有脱漏,则《见素传》所云,传闻不足信矣。

韦虚心传

赠扬州大都督,谥曰"正"。　按:《唐会要》,虚心与李纲、崔义玄、王方庆、李乂辈皆谥"正"。"正"即"贞"也。《新史》采自它书,多有未及订正者,如徐有功之谥"忠正",亦《旧史》所无。

白敏中传

懿宗立,召拜司徒、门下侍郎,迁平章事。[③]　"迁"字衍。

敬晖传

睿宗时追复官爵,谥曰"肃愍"。　《唐会要》,元和三年,追谥张柬

之为"文贞",桓彦范为"忠烈",敬晖为"贞烈",崔玄暐为"文忠",袁恕
己为"贞烈"。史载桓、张、袁三人谥,与《会要》同,惟敬晖谥"肃愍",崔
玄暐谥"文献"为异,岂史所载者,乃睿宗朝所赐之谥乎?

张柬之传

姚州,本龙朔中武陵主簿石子仁奏置,其后长史李孝让、辛文协死
于群蛮,诏遣郎将赵武贵讨击,兵无噍类,又以将军李义總继往,[④]而郎
将张惠基战死,[⑤]其州遂废。垂拱中,蛮郎将王善宝、昆州刺史爨乾福
复请置州,言课税自支,不旁取于蜀。及置,州掾李稜为蛮所杀。延载
中,司马成琛更置泸南七镇,戍以蜀兵,蜀始扰矣。且姚府总管五十七
州间,皆巨猾游客。　按:《地理志》"姚州云南郡,武德四年,以汉云南
县地置",与柬之所称不同。《志》又云"武德四年,以古滇王国民多姚
姓,因置姚州都督,并置州十二,曰于州、异州、五陵州、袖州、和往州、舍利
州、范邓州、野共州、洪郎州、日南州、眉邓州、遑备州、洛诺州,实十三州也。隶姚
州都督府",而柬之称姚府总管五十七州,亦不合。《旧书·高宗纪》,麟德
元年,于昆明之弄栋川置姚州都督,与《志》《传》年月又异。

子愿、漪。愿,仕至襄州刺史。漪,著作佐郎。　《宰相世系表》,
柬之子漪,著作郎;漪子愿,吴郡太守,兼江东采访使。

姚崇传

谥曰"文献"。　按:张说撰《神道碑》云,谥"文贞"。其谥"文献"
者,乃崇之父懿也,史误。

苏幹传

父勖,尚南康公主。　《公主传》作"南昌"。

李元纮传

曾祖粲,左监门大将军,谥曰"明"。[⑥]　《唐会要》"明"作"胡"。

杜暹传

于阗王尉迟眺约突厥诸国叛,暹觉其谋,发兵讨斩之,支党悉诛,

更立君长，于阗遂安。　　按：《西域传》，于阗国王无名朓者，且亦无叛而复安之事。

韩皋传

闻鼓琴至《止息》，叹曰："美哉！嵇康之为是曲，其当晋、魏之际乎？王凌、毌丘俭、文钦、诸葛诞继为扬州都督，咸有兴复之谋，皆为司马懿父子所杀。康以扬州故广陵地，凌等皆魏大臣，故名其曲曰《广陵散》，言魏散亡，自广陵始。　　按：魏之扬州，治寿春，与广陵无预。皋既不考而为此言，《新》、《旧》二《史》乃采其语入之本传，甚矣，史家之无学也。王凌，刊本皆作"王陵"，亦误。

韩洄传

终国子祭酒。　　《唐会要》谥曰"成"。

源乾曜传

开元八年，复为黄门侍郎、同中书门下三品。　　《本纪》、《宰相表》俱云"同中书门下平章事"。

许景先传

景先，常州义兴人。曾祖绪，武德时以佐命功，历左散骑常侍，封真定公，遂家洛阳。　　《列传》第十三卷，附许世绪事。此避太宗讳，去"世"字，彼传云并州人，而此云常州，未知孰是？世绪官左散骑常侍，本传亦不载。以史例言之，当云曾祖绪，自有传。

齐澣传

澣尝称陈希烈、宋遥、苗晋卿、韦述之才，后皆大显。　　按：史家之义，奖忠义而抑奸谀。《唐史》于《齐澣传》云"澣尝称陈希烈之才"，于《魏知古传》云"荐伊阙尉陈希烈等，后皆有闻于时"，于《陆余庆传》云"荐河南达奚珣等，后皆为知名士"。希烈、珣，唐之大臣，身为贼相，虽贵显何足道？而辄津津述之，可谓无识之甚也。

李岘传

吴王恪孙也。 按:《宗室传》,恪子琨,琨子祎,祎子岘。《世系表》亦同,则岘乃恪之曾孙。

李回传

新兴王德良六世孙。 按:《宗室传》称长乐郡王幼良六世孙,与本传异;而《宗室世系表》以回为长平郡王叔良六世孙,又与两《传》俱异。考:《旧史·回传》,父名如仙,据《世系表》,如仙为长平王五世孙,则回出自叔良之后,审矣。

赠刑部尚书。 《唐会要》,赠司徒,谥"文懿"。

唐宰相以宗室进者九人。林甫奸谀,几亡天下。李程、知柔在位,无所发明。其余以材称职,号贤宰相。 按:《宗室世系表》宰相十一人,此云"九人"者,知柔以嗣王权知中书事,非真当国,麟亦属疏,故不数也。林甫奸邪,宗闵植党,皆为宗室之耻。其余才局各殊,要为称职。程虽蒙恶谥,而在位能直谏,请选名儒,侍讲禁中,亦得辅导幼主之谊。《新史》特立《宗室宰相》一篇,意以讽当时之不用宗室耳,然舍宗闵而厚责程,吾不知其何说也!"程"上不当有"李"字。

刘知幾传

刘子玄,名知幾,以玄宗讳嫌,故以字行。 按:列传名字之下,例书某州县人,其无可考者,亦于传首言之。如《卫伯玉》、《宋申锡》、《高钦传》云"史失其何所人",《郑薰传》云"亡乡里世系"是也。而刘知幾、元结、韩全义、刘栖楚、韦表微、李翱、王璠、裴坦、郑絮、孙偓、萧颖士、柳并、皇甫冉诸人,《传》皆阙之。《结传》载《自释》一篇,述其族望乡里甚备,篇首不书可也。《知幾传》叙其撰《家史》,称"彭城丛亭里诸刘,出楚孝王嚣曾孙居巢侯般"云云,篇首不书亦可也。知幾兄知柔,见《文艺传》,云徐州彭城人。若全义诸人,乡里既无可考,当依《卫伯玉》诸《传》之例,方合史法。

蒋乂传

与许孟容、韦贯之删正制敕三十篇,为《开元格后敕》。 《艺文志》有《元和删定制敕》,即此书。

期者锜昆弟,其父若幽,死社稷。 李锜父名"国贞",此云"若幽"者,考《旧书·肃宗纪》"上元二年,殿中监李若幽赐名国贞",《新史》失载赐名一节,此语遂难晓矣。

张献恭传

子煦,赠太子太保。 《唐会要》,赠太子少保,谥曰"围"。

张献甫传

赠司空。 《唐会要》,谥曰"烈"。

牛仙客传

朕且用康誓。"誓"当作"晉",读为"辨",隋、唐以前俗字,所谓"巧言为辨"也。

校勘记

① "赠左卫将军","左",《唐会要》卷七九作"右"。

② "又有赠侍中、赵郡公李怀远,谥曰'惠'",《唐会要》无此条。《会要》卷七九《谥法》上"惠"字条下有赠侍中、赵郡公李景伯。

③ "迁平章事","迁",《新唐书》卷一一九作"还"。

④ "李义總","總",《新唐书》卷一二〇作"揔"。

⑤ "张惠基","张",《新唐书》卷一二〇作"刘"。

⑥ "谥曰明",《新唐书》卷一二六作"谥曰胡"。

廿二史考异卷五十四

唐书十四

李泌传

桀曰:"我生不有命自天。"① 此纣语,非桀语。

泌建言:学士加大,始中宗时,及张说为之,固辞,乃以学士知院事。至崔圆复为大学士,亦引泌为让而止。 王伯厚曰:"崔圆相肃宗在泌前。《会要》贞元四年五月,泌奏,张说恳辞'大'字,众称达礼,至德二年,崔圆为相,加集贤大学士,因循成例,望削去'大'字。此乃泌引圆为辞,《传》误矣。"见《困学纪闻》。予按《百官志》,修文馆,景龙二年置大学士四人,修文馆即弘文馆。即泌所谓学士加"大"始中宗时也。《志》又云,集贤院,至德二年置大学士,贞元四年罢大学士。又有崇玄学,天宝二载改曰崇贤馆,置大学士二人,以宰相为之。贞元四年,崇玄馆即崇贤馆。罢大学士。《志》所云至德二年,正崔圆为相之日,集贤有大学士自圆始,而宰相之领大学士,不始于此。盖自天宝初,立崇贤馆,已有之矣。更溯而上之,则景龙初,修文馆大学士李峤、宗楚客、赵彦昭、韦嗣立四人,亦皆宰相也。但睿宗以后,大学士久已不除。开元时,张说以宰相领集贤院事,不敢居大学士之名,而《六典》亦无此职。其后李林甫、陈希烈辈,但兼崇玄馆大学士,而集贤仍无"大"名。至崔圆始为之。德宗贞元四年,因李泌之请,并集贤、崇玄,皆去"大"字。然考之《新》、《旧》二《史》,如杨绾、常衮、裴度、牛僧孺、崔铉、韦昭度、孔纬、杜让能、徐彦若、崔垂休、独孤损、裴枢、柳璨皆加弘文馆大学士,李勉、刘从一、裴垍、贾𫗦、崔郸、李德裕、马植、郑朗、崔慎由、萧邺、杜让能、张濬、崔垂休、崔远、裴贽、杨涉皆加集贤殿大学士,绾、衮、勉、从一在泌入相以前,其余诸人皆在泌后,则是贞元罢大学士之后,未久而复置也。考权德舆于元和二年作《昭文馆大学士壁记》云:"太宗文皇帝始于弘文殿侧创弘文馆,盛选重名虞世南、褚亮而下为之学士,更直密侍于其中。其后徙于门下省。景龙初,始置大学士。名命益重,多以宰司处之。每二府爰立,则统于黄枢,而或署或否,不为恒制。孝文后元二十年前,斯职阙焉。前年秋八月,今河中司空公居之,今年夏五月,相国萧公居之。"《记》所称"司空公"者,杜黄裳也。"萧公",谓武元衡也。德宗谥曰孝文。《记》云阙职二十年者,即谓贞元以后学士削去"大"字也。以是推之,大学士复置,必在元和之初矣。大学士为宰相加官,其罢而复置,宜见于《百官志》,而史家不能考而著之,疏略甚矣。宋初避讳,改"弘文"为"昭文",此德舆《壁记》,亦称"昭文",盖宋时校书者追改。

苗晋卿传

讽有司改谥"文贞"。 《唐会要》,太常谥为"懿献",及敕出,改谥"文懿"。

裴冕传

有诏赠太尉。 《唐会要》谥曰"献穆"。

裴向传

赠太子少保。 《唐会要》,谥曰"穆"。

崔光远传

代萧华为魏州节度使。 按:《方镇表》,是时无魏州节度。《旧史·肃宗纪》但云"魏州刺史",非节度也。《唐会要》,赠扬州大都督,谥曰"威"。

李麟传

父濬,赠户部尚书,谥曰"诚"。 "诚",当作"成"。《唐会要》有赠户部尚书、真源县子李璿,谥曰"成",即此人也。"濬"、"璿"字形相似。

杨绾传

父温玉,在武后时为显官。 《唐会要》,温玉官岐王傅、恒农县公,谥曰"忠"。

崔植传

终华州刺史。 《唐会要》谥曰"敬"。

李承传

幼孤,其兄晔养之。 《宰相世系表》,承在晔之前,似承兄而晔弟,当是《表》误。

韦伦传

父光乘,在开元、天宝间为朔方节度使。 《唐会要》,光乘赠太子少傅,谥曰"烈"。

来瑱传

明年,上文有乾元二年,则是年乃上元元年。徙瑱山南东道襄、邓、均、房、金、商、隋、郢、复十州节度使。 按:《方镇表》,至德二载"升襄阳防御使为山南东道节度使,领襄、邓、隋、唐、安、均、房、金、商九州,治襄州。"此《传》有郢、复而无唐、安,与《表》互异。又《传》称"十州节度",今数之,止有九州,则史文当有脱误。考下文吕𬤇、王仲升等言瑱得士心,不可以留,乃改山南东道襄、邓、唐、复、隋、郢六州节度,《通鉴》亦云"割商、金、均、房,别置观察使,令瑱止领六州",以是推之,似唐州原在瑱所管十州之内,《传》偶脱"唐"字耳。

严砺传

赠司空。 《唐会要》,谥曰"威"。

李栖筠传

李岘为大夫,以三司按群臣陷贼者。 按:《吕𬤇传》亦称御史大夫李岘,《刑法志》亦同,而《岘传》不云为御史大夫,盖脱漏也。

李吉甫传

德宗以来,姑息藩镇,有终身不易地者。吉甫为相岁余,凡易三十六镇,殿最分明。　按:吉甫以元和二年正月拜相,明年九月出镇,其时魏博则田季安,恒冀则王士真,卢龙则刘济,淄青则李师道,淮西则吴少诚,沧景则程权,易定则张茂昭,汴宋则韩弘,泽潞则卢从史,陈许则刘昌裔,河东则严绶,凤翔陇右则李鄘,东川则严砺,俱未徙节,所更代者,不过河中、邠宁、西川诸近镇而已,恐未必有三十六镇之多,《传》文不足深信。

有司谥曰"敬宪",度支郎中张仲方非之,帝怒,贬仲方,更赐谥曰"忠懿"。　《唐会要》吉甫谥"恭懿",《张仲方传》"吉甫卒,太常谥'恭懿',博士尉迟汾请谥'敬宪'",俱不云"忠懿"。

王思礼传

谥曰"武烈"。　《唐会要》,思礼谥两见:一云"武",一云"武烈",盖传闻异词。

曲环传

赠司空。　《唐会要》,赠司徒,谥"武烈"。

张孝忠传

宝臣晚节稍忌刻,杀大将李献诚等。《旧史》同。　按:《藩镇传》叙李宝臣杀骨鲠将辛忠义、卢俶、许崇俊、张南容、张彭老等二十余人,不及献诚。其下叙惟岳事,又载牙将卫常宁与献诚语,则献诚实未死也,此《传》误。

李巽传

赠尚书右仆射。　《唐会要》谥曰"肃"。

常衮传

拜门下侍郎、同中书门下平章事,弘文、崇文馆大学士。　按:《百官志》,崇文馆隶东宫。乾元初,以宰相为学士总馆事。不云何年置大学士,亦脱漏也。

衮为相,散官才朝议,而无封爵,郭子仪言于帝,遂加银青光禄大夫,封河内郡公。　《百官志》,朝议大夫从五品下,银青光禄大夫正四品上。

齐映传

赠礼部尚书,谥曰"忠"。　《唐会要》谥"恭懿"。

姜公辅传

乃擢公辅谏议大夫,同中书门下平章事。　按:谏议大夫,是时才正五品耳。谏议、给事,皆门下省官,故得以本官入相。其后罢为太子左庶子,左、右庶子,却是正四品官,虽罢相,犹为序迁也。

颜真卿传

秘书监师古五世从孙。　按:真卿为其父惟贞撰《庙碑》,叙世系最悉,真卿父惟贞,祖昭甫,曾祖勤礼,勤礼与师古并思鲁之子,则真卿乃师古之从曾孙也。

扬朝晟传

十七年,卒于屯。　《唐会要》,赠尚书右仆射,谥曰"毅"。

张建封传

册赠司徒。　《唐会要》谥曰"襄"。

韩弘传

滑州匡城人。　按:韩愈撰《神道碑》,以为陈之太康人。

卢坦传

赠礼部尚书。　《唐会要》谥曰"贞"。

阎济美传

谥曰"温"。　《唐会要》，济美官太子少傅，谥曰"良"。

刘伯刍传

赠工部尚书。　《唐会要》谥曰"敬"。

潘孟阳传

父炎，大历末官右庶子，进礼部侍郎。　《唐会要》，赠右仆射，谥曰"文"。

崔龟从传

迁太常博士。言九宫皆列星，不容为大祠。诏可其议，九宫遂为中祠。　按：《旧书·礼仪志》及《舒元舆传》："太和二年，元舆为监察御史，奏言：'九宫之神，于天地犹子男。陛下为天子，反臣于天之子男，臣窃以为过。合称皇帝遣某官致祭，不宜称臣与名。'诏都省议，皆如元舆言，乃降为中祠。"然则九宫之议，实起于元舆，其时龟从为太常博士，或在都省预议之列，故《旧书》本传亦及之，然不应舍元舆而专归功于龟从也。

韦夏卿传

赠尚书左仆射，谥曰"献"。　《唐会要》谥曰"简"。

李逊传

谥曰"贞"。　《唐会要》，李逊谥凡两见：一云"贞"，一云"恭肃"，[②]盖传闻异词。

逊弟建，赠工部尚书。　《唐会要》谥曰"元"。

孔戣传

戣子遵孺,遵孺子纬。　　《宰相世系表》作"温孺"。

穆赞传

赠工部尚书。　　《唐会要》谥曰"敬"。

崔邠传

谥曰"文简"。　　《唐会要》谥曰"宣简"。

柳玭传

昭国里崔山南琯,子孙之盛,仕族罕比。山南曾祖母长孙夫人年高无齿,祖母唐夫人事姑孝,每旦栉縰笄,拜阶下,升堂乳姑,长孙不粒食者数年。一日病,言无以报吾妇,冀子孙皆得如妇孝。　　此事亦见《崔琯传》。琯,珙之兄也。

王彦威传

谥曰"靖"。　　《唐会要》谥曰"宪"。

郑裔绰传

迁给事中,杨汉公为荆南节度使,坐贪沓,贬秘书监,寻拜同州刺史,裔绰与郑公舆封还制书。帝自即位,谏臣规正无不纳。至是,有为汉公地者,遂终不易。会赐宴禁中,天子击球,至门下官,谓二人曰:"近论汉公事,类朋党者。"裔绰曰:"同州,太宗兴王地,陛下为人子孙,当慎所付。且汉公墨没败官,奈何以重地私之?"帝变色。翌日,贬商州刺史。　　按:裔绰官给事中,止正五品,出补商州刺史,乃从三品。唐制,上州刺史从三品,中、下州刺史正四品,商为望州,当准上州。升品外除,乃谓之"贬"。汉公官秘书监,本从三品,转国子祭酒,亦从三品,自祭酒除同州刺史,仍从三品。同品而补外,乃谓之"擢"。《汉公传》,稍迁国子祭酒,宣宗擢为同州刺史。盖同、华两州,京师近辅。刺史体制与节度、观察略同。同州刺史兼本州防御使,华州刺史兼潼关防御、镇国军使。《旧书·宪宗纪》元和元年,御史中丞武元衡奏:"中书、门下、御史台五品已上官,尚书省四品已上、诸司正三品已上、从三品职事官,东都留守,转运、盐铁、节度、观察使、团练、防御、招讨、经略等使,河南尹,同、华州刺史,诸卫诸军三品已上官,除授皆入阁谢,其余官许于宣政南班拜讫便退。"此其证也。中叶以后,士大夫尤以方面为重,视寺监为散地,故汉公之刺同州,当时以为美除。给事中者,门下五品官,又主封驳,职清而地近,较之外州刺史之疏远,大不侔矣。故裔绰以给事出典商州,虽非边方,犹为贬也。同州朝邑县有长春宫,刺史例兼长春宫使。太宗为秦王时,尝镇长春宫,故云"太宗兴王地"也。此事又见《汉公传》,首尾百数十言,复沓亦已甚矣。

时犹衣绿,因诏赐绯鱼。 唐制,五品已上衣绯,三品已上衣紫。裔绰官五品已久,而犹衣绿者,唐时臣僚章服,不依职事官之崇卑,惟论散官之品秩,虽以宰相之尊,而散官未及三品,犹以赐紫金鱼袋结衔。试以《旧史·宣宗纪》证之。如正议大夫、守中书侍郎、同平章事、集贤殿大学士赐紫金鱼袋马植,太中大夫,守中书侍郎兼礼部尚书、同平章事、赐紫金鱼袋崔慎由,通议大夫、守中书侍郎兼礼部尚书,同平章事、集贤殿大学士、赐紫金鱼袋郑朗,朝散大夫、守工部尚书、同平章事、集贤殿大学士、赐紫金鱼袋萧邺,朝议大夫、守户部侍郎、同平章事、判度支、赐紫金鱼袋刘瑑,皆见任宰相。中书侍郎、六部尚书,又皆三品职事官也。又如正议大夫、守御史大夫、赐紫金鱼袋崔铉,朝散大夫、守京兆尹、赐紫金鱼袋韦澳,皆见任三品职事官。昭义节度使、检校礼部尚书、兼潞州大都督府长史、御史大夫、赐紫金鱼袋郑涓,邠宁庆节度使、检校礼部尚书、邠州刺史、赐紫金鱼袋毕诚,夏绥银宥节度使、通议大夫、检校左散骑常侍、夏州刺史、御史大夫、赐紫金鱼袋郑助,邠宁节度使、朝议大夫、检校工部尚书、邠州刺史、赐紫金鱼袋柳憙,朔方节度使、朝散大夫、检校左散骑常侍、灵州大都督府长史、赐紫金鱼袋刘潼,山南西道节度使、中散大夫、检校礼部尚书、兴元尹、赐紫金鱼袋蒋系,朝议大夫、检校礼部尚书、兼太原尹、北都留守、赐紫金鱼袋刘瑑,皆见任方镇检校官,并至三品。而散官未到金紫、银青,则非赐不得衣紫也。又如翰林学士、朝议郎、守尚书司勋郎中、知制诰、赐绯鱼袋孔温裕,朝议郎、守中书舍人、权知礼部贡举、赐绯鱼袋李藩,皆五品职事官之清要者。而散官未到大夫,则非赐不得衣绯也。牛丛以司勋员外郎为睦州刺史,赐金紫,谢曰:"臣今衣刺史所假绯,即赐紫,为越等。"乃赐银绯。丛与裔绰皆尝任五品职事官,而散官未到五品,故须银绯之赐。

贾耽传

沧州南皮人。 按:《地理志》,南皮隶景州。景州本沧州所分,耽仕于德、顺二宗之世,南皮犹隶沧州也。郑余庆撰《神道碑》云清池人。

杜悰传

权德舆为相,其婿翰林学士独孤郁以嫌自白。宪宗见郁文雅,叹曰:"德舆有婿乃尔!" 此事又见《郁传》,当删此存彼。

始宣宗世,夔王以下五王处大明宫内院,而郓王居十六宅。帝大渐,枢密使王归长、马公儒等,以遗诏立夔王,而左军中尉王宗实等入殿中,以为归长等矫诏,乃迎郓王立之,是为懿宗。 此事已见《懿宗纪》,毋庸更入此《传》。若云"初,懿宗之立非宣宗意,及即位久之,遣枢密使"云云,则文省而意益明矣。

久之,遣枢密使杨庆诣中书,独揖悰,它宰相毕诚、杜审权、蒋伸不敢进,乃授悰中人请帝监国奏,因谕悰劾大臣名不在者抵罪。悰遽封授使者复命,谓庆曰:"上践祚未久,君等秉权,以爱憎杀大臣,公等祸无日矣。"庆色沮去,帝怒亦释,大臣遂安。 按:《懿宗纪》及《宰相表》,悰以咸通二年二月由尚书左仆射、判度支再入相,距懿宗践祚之始,已两年矣。使帝衔怒诸大臣,欲置之死地,当不俟此时。《传》所云未可深信也。

令狐绹传

监军郤厚本。 《杜悰传》云"戍将郭厚本"。
子滈、涣、沨。 《宰相世系表》,以沨为定之孙,误。

裴延龄传

死,年六十九。人语以相安,唯帝悼不已。册赠太子太傅、上柱

国。　按：《旧书·延龄传》："延龄死，中外相贺，唯德宗悼惜不已。"《新史》改云"人语以相安"，词意殊难解矣。《旧史》云"赠太子少保"，此云"太子太傅"，未知孰是。上柱国，勋视正二品。然唐时勋级最滥，庶僚军校，授上柱国者甚多。杜佑云："魏置柱国，当时贵宠第一。国家以为勋级，才得地三十顷耳。"延龄赠上柱国，未为异数，它《传》亦未有载勋官者，此所谓不必书而书也。

韦渠牟传

赠刑部尚书，谥曰"忠"。　《唐会要》谥曰"隐"。

李齐运传

蒋王恽孙。　按：《宰相世系表》，乃恽之曾孙。

刘禹锡传

宰相裴度，兼集贤殿大学士。　按：《度本传》，进弘文馆大学士在平蔡之后，此兼集贤殿大学士，当在文宗大和初。《本传》不载者，略之也。

叔文，北海人，自言猛之后。　按：《叔文传》云："越州山阴人。"此云"北海"者，举其族望也。

柳宗元传

从曾祖奭，为中书令，得罪武后，死高宗时。　按：《列传》第三十七卷《柳泽传》末，已附出奭事，此复承宗元《墓志》之文书之，吴缜所谓"宜削而反存"也。

校勘记

①"我生不有命自天"，"自"，原本作"在"。《尚书·西伯戡黎》，"其"作"自"。又，《新唐书》卷一三九亦作"自"，故径改。

②"一云贞"，《唐会要》无，唯言谥"恭肃"。

廿二史考异卷五十五

唐书十五

裴垍传

建言:"集贤院官,登朝自五品上为学士,下为直学士,余皆校理;史馆以登朝者为修撰,否者直史馆,以准《六典》。"遂著于令。　今考元和以后,入史馆及集贤、弘文两院者,如韩愈以比部郎中史馆修撰,蒋伸以右补阙史馆修撰,蒋偕以右拾遗史馆修撰,郑澣以国子博士史馆修撰,王溥以礼部员外郎史馆修撰,令狐滈以右拾遗史馆修撰,王龟以祠部郎中史馆修撰,韦澳以考功员外郎史馆修撰,牛蔚以吏部郎中史馆修撰,杨汉公以户部郎中史馆修撰,李翱以国子博士史馆修撰,杨虞卿以礼部员外郎史馆修撰,高铢以右补阙史馆修撰,卢知猷以工部侍郎史馆修撰,陈夷行以起居郎史馆修撰,裴坦以左拾遗史馆修撰,独孤郁以右拾遗兼史馆修撰,迁考功员外郎仍兼史馆修撰,路隋以左补阙史馆修撰,薛廷玉以右拾遗史馆修撰,杜颐以咸阳尉直史馆,沈传师以鄂尉直史馆,转左拾遗补阙史馆修撰,蒋系以昭应尉直史馆,拜左拾遗史馆修撰,此修撰与直馆之别也。李益以秘书少监为集贤殿学士,冯宿以左散骑常侍兼集贤殿学士,孔敏行以司勋郎中为集贤殿学士,牛僧孺以考功员外郎为集贤殿学士,王铎以右补阙为集贤殿直学士,王起以殿中侍御史兼集贤殿直学士,周墀以监察御史为集贤殿学士,_{疑脱"直"字。}孔纬以礼部员外郎兼集贤直学士,白居易以盩厔尉为集贤校理,段文昌以登封尉为集贤校理,杜让能以长安尉为集贤校理,李福以蓝田尉为集贤校理,令狐滈以长安尉为集贤校理,石洪以昭应尉为集贤校理,杨收以渭南尉为集贤校理,冯定以鄂尉为集贤校理,丁公著以太子文学兼集贤校理,擢右补阙,迁直学士,此学士、直学士与校理之别也。王彦威以司封郎中为弘文馆学士,柳公权以左司郎中为弘文馆学士,杨虞卿以右司郎中为弘文馆学士,令狐定以驾部郎中为弘文馆直学士,"直"字疑衍也。郑裔绰以渭南尉直弘文馆,薛逢以万年尉直弘文馆,裴枢以蓝田尉直弘文馆,柳珪以蓝田尉直弘文馆,孔纬以长安尉直弘文馆,此学士与直馆之别也。至如于休烈以起居郎为集贤殿学士,归崇敬以赞善大夫、史馆修撰兼集贤校理,张荐以史馆修撰兼阳翟尉,乃在未定制以前,故不尽依资品矣。杨嗣复官右拾遗,当充史馆修撰,而《传》云"直史馆",疑修史者不通官制,以意改窜故耳。唐时称"登朝官"者,史未有明文。考《百官志》,文官五品以上及两省供奉官、监察御史、员外郎、太常博士日参,号常参官;其余职事,九品以上官,但朝朔望而已。常参官,即裴垍所谓"登朝官"也。宋制,侍从卿、监、正郎、员外郎而下,以正言,即唐之拾遗。太常博士、国子博士、太常丞、秘书丞、殿中丞、太子中允、赞善大夫、中舍、洗马为升朝官,著作佐郎、大理光禄卫尉、将作丞、大理评事、太常寺太祝、奉礼郎、秘书省校书郎、正字、将作监主簿为京官,略与唐制。

高固传

赠陕州大都督。 《唐会要》谥曰"恭"。

李光进传

元和四年,王承宗、范希朝引师救易定。 按:是岁王承宗反,以骑二万逾木刀沟,河东节度使范希朝与易定节度张茂昭合兵击败之。此"承宗"下当有脱文。

石洪传

石洪者,字濬川。 按:洪官止县尉,无卓绝之行,于《乌重裔传》一见其姓名足矣,乃复据韩退之所撰《墓志》,别为附传,首尾百一十四言。谀墓之文,史家岂能悉书乎?

李逢吉传

父颜,有锢疾,逢吉自料医剂,遂通方书。 按:《宰相世系表》,逢吉父名归期,颜则逢吉之大父也。

裴度与元稹知政，度尝条稹憸佞，逢吉以为其隙易乘，遂并中之，遣人上变，言和王傅于方结客，欲为稹刺度。帝命尚书左仆射韩皋、给事中郑覃与逢吉参鞫方，无状，稹、度坐是皆罢。 此事又见《元微之》、《于頔传》。方为和王傅，当见于《頔传》，而翻不书，此史之疏也。《頔传》云："事下有司，验无状，方坐诛。"窃意方刺度事即无状，何至遽罹重法？且元、李两《传》俱不云方坐诛死，疑方特坐罪，非坐诛也。

牛僧孺传

敬宗立，僧孺数表去位，帝为于鄂州置武昌军，授武昌节度使、同平章事。 按：《宰相表》，僧孺罢相，出镇武昌，在宝历元年正月。今以《方镇表》考之，宪宗元和元年升鄂岳观察使为武昌军节度使，五年罢武昌军节度，置鄂岳都团练观察使。中更穆宗、敬宗、文宗、武宗四朝，俱无改易，直至宣宗大中元年，始有"复置武昌军"之文，盖《方镇表》失载敬宗初复置一事矣。僧孺镇武昌凡五年，复入相，而杜元颖、元微之相继为武昌军节度使，微之卒，而崔郾为鄂岳安黄观察使，不称"节度"，是武昌节镇之罢，在太和五年也。

谥曰"文简"。 《唐会要》，谥"文贞"。

李宗闵传①

时翩为华州刺史，父子同拜，世以为宠。 上文不云"父翩"，则"父子同拜"之语无根。

宗闵弟宗冉。 按《宰相世系表》，宗冉乃宗闵之兄。

杨嗣复传

武宗之立，非宰相意，中人多言嗣复、珏不利于陛下。帝刚急，即诏中使分道诛嗣复等，德裕与崔郸、崔珙等诣延英言："故事，大臣非恶状明白，未有诛死者。昔太宗、玄宗、德宗三帝，皆尝用重刑，后无不悔，愿徐思其宜，使天下知盛德有所容，不欲人以为冤。" 此语已见《李德裕传》。此但当云"德裕等诣延英极谏"，不必更举其词也。

窦群传②

京兆金城人。　《旧史》云"扶风平陵人"。

张又新传

又新与拾遗李续、刘栖楚等为逢吉搏吠所憎,故有"入关十六子"之目。③　此事又见《李逢吉传》,宜存彼去此。且又新以谄附见讥,其事迹散见于《李逢吉》、《李绅》诸篇,其历官本末,自可附于父《荐传》,何必别立传乎?

杨虞卿传

子知退、知权、坛、堪、汉公,皆擢进士第,汉公最显。　按:此文似汉公亦虞卿子,而上云"虞卿兄弟汉公、汝士为人所奔向",《宰相世系表》亦以汝士为虞卿兄,汉公为虞卿弟,则此文"皆"字未安。

钱徽传

赠尚书右仆射。　《唐会要》谥曰"贞"。

高锴传

即以锴为礼部侍郎。④阅三岁,颇得才实。始,岁取四十人,才益少,诏减十人。　洪迈《容斋续笔》云:"按《登科记》,开成元年,中书门下奏进士元额二十五人,请加至四十人,奉敕依奏。是年及二年、三年,锴在礼部,每举所放各四十人,至四年,始令每年放三十人为定则,《唐书》所云误矣。"大昕按:《旧史》本传本云锴掌贡举三年,每岁登第者四十人,及三年榜出之后,乃有敕改每年限放三十人,非谓锴所放减十人也。《新史》删改,文章不明,致来容斋之诮。

卢简辞传

兄简能,见《郑注传》。　按:《郑注传》末附载钱可复、卢简能、萧杰、卢弘茂、魏弘节、李敬彝诸人。《钱徽传》称"子可复,死郑注时",不云"见《注传》",义例已不一。萧杰,俛之弟,则《俛传》并不一见其名。

高元裕传

子璩,以左拾遗为翰林学士,擢谏议大夫。近世学士超省郎进官者,惟郑颢以尚主,而璩以宠升云。 《颢传》不云为学士,史之略也。拾遗官从八品上,谏议大夫则正四品下,计超七阶。

敬晦传

祖括,拜御史大夫,大历中卒。 《唐会要》,括赠太子太傅,谥曰"献"。

陈夷行传

帝尝怪天宝政事不善,问:"姚元崇、宋璟于时在否?"李珏曰:"姚亡而宋罢。" 按:宋璟以开元二十五年卒,不逮天宝时,珏所对未审。

前日郑余庆著《仆射上仪》,谓隔品官无亢礼。时窦易直任御史中丞,议不可。及易直自为仆射,乃忘前议,当时鄙厌之。 此事又见《易直传》。

李让夷传

辟镇国李绛府判官。 李绛时为华州刺史,华州尝置镇国军,故辟让夷为判官也。《刘瑑传》:"镇国陈夷行表为判官。"夷行,亦华州刺史也。

李珏传

贬江西观察使。 按:《旧史》及《通鉴》,珏贬桂管观察使,非江西观察。

宣宗立,内徙郴、舒二州刺史。 按:《风洞题名》,会昌五年五月,珏已称郴州刺史,则珏之徙郴,在宣宗即位以前。郴亦边州,未可云"内徙",当是宣宗初由郴徙舒耳。

刘瑑传

迁刑部侍郎,乃裒汇敕令可用者,由武德讫大中,凡二千八百六十五事，类而析之，参订重轻，号《大中刑律总类》以闻。　按：《刑法志》："宣宗时，左卫率府仓曹参军张戣，以刑律分类为门，而附以格敕，为《大中刑律统类》，诏刑部颁行之。"不云璨所撰。又考《艺文志》："《大中刑法总要格后敕》六十卷，刑部侍郎刘璨等纂。"与张戣所撰《大中刑律总类》十二卷，各为一书，疑《璨传》误。

卢光启传

初，光启执政，韦贻范、苏检相继为宰相。帝还京师，检长流环州，光启赐死。　按：《昭宗纪》，天复三年正月，至自凤翔。二月，朱全忠杀苏检、吏部侍郎卢光启。《宰相表》亦称检为全忠所害。⑤《传》不书检之死，亦阙漏也。

马植传

因著令"三馆学士，不避行台"，自植始。　三馆者，集贤殿、弘文馆、史馆也。王明清《挥麈前录》云："唐文皇聚一时名流于册府，始有十八学士之号。后来凡居馆殿者皆称之。"吴曾《能改斋漫录》云："《唐集贤院记》，开元故事，校书官许称学士。故《笔谈》云，今三馆职事，皆称学士。用开元故事也。"杨收以集贤校理而称学士，盖以此。

路岩传

韦保衡弟保义，自兵部侍郎贬宾州司户参军。　按：《唐承旨学士壁记》，咸通十二年二月，韦保义自户部员外郎守本官，充翰林学士。五月，加户部郎中，依前充。十四年十月，贬宾州司户。是保义未尝为兵部侍郎。且唐季以翰苑为要地，《传》不书学士，亦失之。

卢携传

累进户部侍郎、翰林学士承旨。乾符五年，进同中书门下平章事。俄拜中书侍郎、刑部尚书。　按：《宰相表》，携以乾符元年十月拜相。《旧·僖宗纪》在五月。十一月，为中书侍郎。二年六月，兼工部尚书。四年正月，兼刑部尚书。《传》系之五年，误也。《旧史》本传谓"乾符初，以谏议大夫召充翰林学士，拜中书舍人。乾符末，加户部侍郎、学士承旨。四年,以本官平章事"。其书入相差一年。且乾符纪元,终于六年,既书"乾符末"矣,而其下乃书"四年",其蹖谬较之《新传》尤甚也。

与畋争,相恨詈,由是罢为太子宾客。 按:《僖宗纪》及《宰相表》,郑畋与携之罢,在五年十月,⑥则前称乾符五年者,殆误以罢相之年,为入相之年矣。《郑畋传》以两相俱罢,系于乾符六年,又与《纪》、《表》互异。

王徽传

昭义高浔与贼战石桥,败绩。其将刘广擅还,据潞州。别将孟方立杀广,因取邢、洺、磁三州贰于己。昭义所隶,唯泽一州。 按:《僖宗纪》,中和元年八月,昭义军节度使高浔及黄巢战于石桥,败绩。十将成麟杀浔,入于潞州。九月,昭义军戍将孟方立杀成麟,自称留后。《孟方立传》:"昭义节度使高郢与"浔"同。击黄巢,战石桥,不胜,保华州,为裨将成邻与"麟"同。所杀。还据潞州。众怒,方立率兵攻邻,斩之,自称留后。"独此《传》云方立杀刘广,疑误也。以《通鉴》证之,昭义大将刘广逐节度使高湜,自为留后,在乾符二年;昭义十将成麟杀高浔,还据潞州,在中和元年,前后本是两事。

谱言其先本魏诸公子,秦灭魏,至汉徙关中霸陵,以其故王家,为王氏。十世祖罴,仕周为同州刺史。 此文与《宰相世系表》略同,当删此存彼。

周宝传

祖光济,事平卢节度希逸。 "希逸"上脱"侯"字。

余杭镇使陈晟。 《僖宗纪》作"清平镇使"。

不淹月,而骈为毕师铎所囚。 按:《僖宗纪》,光启三年九月,秦彦杀高骈。十月,钱镠杀周宝。是高骈死在周宝之前。此《传》谓宝死未淹月,而骈为毕师铎所囚,与《纪》自相矛盾。

刘巨容传

诸将欲乘胜追斩巢,巨容止曰:"朝家多负人,有危难,不爱惜官赏,事平即忘之,不如留贼,为富贵作地。"诸将谓然,故巢复炽。 此语又见《黄巢传》。

杨守亮传

守信兴平军节度使。　兴平节度，即《方镇表》所谓"金商节度"也。《旧本纪》云"守宗"，此云"守信"，名略异。

初，朱玫取兴、凤州，虢州刺史满存以兵赴行在，复收二州。　《僖宗纪》，[7]光启二年九月，"静难军将王行瑜陷兴、凤二州"。"十月，神策行营先锋使满存克兴、凤二州"。行瑜，朱玫部将也。《纪》、《传》书满存官衔各异，盖一人兼此两职。

王重荣传

与兄重盈，俱以毅武冠军。　《僖宗纪》，光启三年，护国军将常行儒，[8]杀其节度使王重荣。其兄重盈自称留后。《旧纪》同。惟《五代史·王珙传》以重盈为重荣之弟。

克用遣子存贞请天子还宫。　"存贞"当作"存勖"。

李罕之传

抵钵褫衹衼去。　《广韵》："衹衼，尼法衣也。"

王敬武传

师范遣部将卢弘攻之。　《五代史·刘鄩传》作"卢洪"，盖宋人避讳改之。

孟方立传

以迁为汾州刺史。　光化二年，克用复表迁为昭义节度使。天复元年，朱全忠遣氏叔琮攻河东，迁以潞州迎降，且为乡道，师还，全忠以丁会代迁，入朝，为全忠所杀。此皆宜见于本传者。

杨行密传

诏朱瑾为平卢节度使，繇海道取青、齐，[9]冯弘铎为感化节度使，出涟水，攻徐、宿。　此行密承制遥授，不惟不能有其地，亦并未出师，故

《瑾》、《弘铎传》俱不载。

朱宣传

宣亡命青州,为王敬武牙军。黄巢之乱,敬武遣将曹存实率兵西入关,而宣为军候,道郓州。是时,节度使薛崇拒王仙芝战死,其将崔君裕摄州事,存实揣知兵寡,袭杀之,据其地,自称留后。宣以功署濮州刺史。[①] 按:《僖宗纪》,中和二年九月"平卢军将王敬武逐其节度使安师儒,自称留后"。是岁岁在壬寅,敬武始得青州,而王仙芝之伏诛,在乾符五年戊戌,先壬寅四年。则敬武尚为偏裨,不得有遣将之事。《五代史·宣传》云:"宣事青州节度使王敬武为军校,隶其将曹全晟。中和二年,敬武遣全晟入关,与破黄巢。还过郓州,郓州节度使薛宗卒,其将崔君预自称留后,全晟攻杀君预,遂据郓州。宣以战功,为郓州马步军都指挥使。"与此《传》略同。薛宗,即薛崇。君预,即君裕。音相似。惟此云"曹存实",而彼云"全晟",姓同名异。据《僖宗纪》,乾符六年,淄州刺史曹全晟"晟"、"晟"同音。克郓州;中和三年,天平军将曹存实克郓州,则全晟与存实,自是两人。《通鉴》,中和元年十月,"天平军节度使、南面招讨使曹全晟与贼战死,军中立其兄子存实为留后"。二年五月,"以天平留后曹存实为节度使"。则存实为全晟兄子。此言当可信也。朱宣本平卢军校,其从征黄巢,适隶曹全晟麾下,因留郓州,全晟死,复事存实,与王敬武初无预,而史家以全晟为敬武所遣,盖失之矣。《纪》又称乾符四年,黄巢陷郓、沂二州,天平军节度使薛崇死之。五年,天平军节度使张裼卒,牙将崔君裕自知州事。六年,淄州刺史曹全晟克郓州,杀崔君裕。是薛崇之后,尚有张裼一人,君裕所代者,乃张裼非薛崇;而杀君裕而代之者,亦全晟非存实,与《传》所书益相矛盾。考《旧史·僖宗纪》,乾符二年七月,以京兆尹张裼检校户部尚书,充天平军节度使。四年,冤句贼黄巢攻郓州,陷之,逐节度使薛崇。《张裼传》则云:"乾符三年,出为华州刺史。其年冬,[①]检校吏部尚书、郓州刺史、天平军节度观察等使。四年,卒于镇。"《纪》、《传》书裼出镇之年虽互异。要之,裼镇天平,必在薛崇之前明矣。《新纪》书张裼于薛崇后,盖不足信。而君裕实为全晟所杀,则《纪》是而《传》非也。《纪》于中和二年十月书"韩简寇郓州,天平军节度使曹全晟死之,部将崔用自称留后";三年,书"天平军将曹存实克郓州";四年,书"濮州刺史朱宣逐天平军节度曹存实,自称留后",此三条尤为疏谬。盖中和二年,与韩简战而死者存实,非全晟也。全晟死于贼,不死于韩简,全晟死而兄子存实代之,初无崔用其人者与之争立也。及存实为韩简所杀,而朱宣守郓州,简攻之不下,朝廷乃以旄节授之,又安得有逐存实之事乎?如《纪》所书,自乾符四年至中和四年,此八年中,天平节度有薛崇、张裼、崔君裕、曹全晟、崔用、曹存实、朱宣,凡七人。据《宣传》,则惟崇、君裕、存实及宣四人。吴氏《纠谬》虽讥其失,亦疑而未决。予以《新》、《旧史·纪传》、《五代史》、《通鉴》参互考之,乃知张裼镇郓在薛崇之前,崔君裕与崔用本一人,而《纪》误分为二;全晟与存实本二人,而《传》误混为一。其实自乾符四年以后,郓帅祇薛崇、崔君裕、曹全晟、曹存实并宣为五人也。唐末诸帝无实录,史家得于传闻,言人人殊,无从质其然否,聊述愚管,以俟后贤论定之。

赵犨传

中和五年,擢彰义军节度使。　按:中和五年,即光启元年也。以三月改元,犨除节度,盖在三月以前矣。唐时有两彰义军,蔡州之彰义,其时已改名奉国军,泾州之彰义,则其时尚未置也。此《传》所云彰义军,《方镇表》无之,推检其故,盖因秦宗权据蔡州以叛,故改奉国军复为彰义军,以犨遥领节度也。

龙纪初,进同中书门下平章事、忠武军节度,仍治陈州。　是时,秦宗权伏诛,蔡州复为奉国军,以郭璠知留后事,因移忠武军额于陈州,除犨为节度。《方镇表》当于是年书忠武节度徙治陈州,而今本无之,盖传写漏落也。赵氏兄弟父子相继为节度几二十年,至天复元年,乃以韩建代之。建本许州人,由是忠武军又移于许矣。

刘建锋传

又攻容管,执宁远节度使庞巨曦。　按:《五代史·南汉世家》,刘龑与马殷争容、桂,殷取桂管,虏刘士政,龑取容管,逐庞巨昭。则殷未能得容管,亦无执巨昭事也。巨昭与巨曦,疑即一人。

杜洪传

为里俳儿。 俳儿，即伶人也。《五代史·钟传传》云"江夏伶人杜洪"。

僖宗即拜本军节度使。 昭宗时累加检校太师、中书令，见《旧本纪》，此《传》失书。

钟传传

使弟存昌据信州。 《僖宗纪》⑫作"仔倡"。"存"即"仔"之讹，"昌"、"倡"音相同也。

王潮传

建、汀二州皆举籍听命。 《昭宗纪》，建州刺史徐归范、汀州刺史钟全慕叛附于王潮。

刘知谦传

兼贺水镇使。 《五代史·世家》云"贺江镇遏使"。

天祐初，始诏隐权节度留后，乃遣使者入朝，重赂朱全忠以自固。是岁，卢光稠死，子延昌自称刺史，为其下所杀，更推李图《五代史》作"李彦图"。**总州事。** 按：《五代史·南汉世家》："徐彦若卒，军中推隐为留后。据《昭宗纪》，在天复元年。天祐二年，拜隐节度使。"此《传》云"天祐初诏权节度留后"者，误也。《昭宗纪》"天祐元年，虔州刺史卢光稠卒，衙将李图自称知州事"，与此《传》云"天祐初"者相合。然却非刘隐权留后之岁，亦为矛盾。又考《五代史·卢光稠传》，其卒在梁开平五年。谭全播立其子延昌事之，延昌见杀，其将黎求自立，求死而李彦图始立。则《唐史·纪》、《传》所书，皆不足据矣。二史皆出于欧阳永叔，而自相刺谬如此！

校勘记

①"李宗闵传"，原本作"窦群传"，所考内容与之不合，检《新唐书》卷一七四，改之。

②"窦群传",原本作"李宗闵传",所考内容与之不合,检《新唐书》卷一七五,改之。

③"入关十六子","入",《新唐书》卷一七五作"八"。

④"即以锴为礼部侍郎","即",原本作"节",据《新唐书》卷一七五改。

⑤"亦称检为全忠所害","害",原本作"书",据《新唐书》卷六三改。

⑥"郑畋与携之罢,在五年十月",《新唐书》卷九《僖宗纪》载此事在五年五月。

⑦"僖宗纪","僖",原本作"昭",据《新唐书》卷九改。

⑧"护国军将","军将",原本作"将军",据《新唐书》卷九改。

⑨"繇海道取青齐","道",《新唐书》卷一八八作"州"。

⑩"宣以功署濮州刺史",《新唐书》卷一八八云:"以宣功多,署濮州刺史。"行文略异。

⑪"其年冬","年",原本脱,据《旧唐书》卷一七八补。

⑫"僖宗纪","僖",原本作"传",今改。

廿二史考异卷五十六

唐书十六

忠义传一

有诏差为二等,增至百八十七人。 此功臣百八十七人,史无专传者:刘正臣、见《刘悟传》。任雅相、见《宰相表》。陆敦信、见《宰相表》、《陆德明传》。赵仁本、见《赵憬传》。王德真、见《宰相表》。安兴贵、见《李轨传》。安修仁、同上。杜君绰、①郑仁恭、见《高宗纪》,作"仁泰"。独孤彦云、②牛进达、见《太宗纪》。周护、沈叔安、翟无言、见《武后纪》。③赵承恩、同上。裴思谅、见《中宗纪》。杨执一、见《杨执柔传》。薛思行、见《武后纪》。薛崇简、见《太平公主传》。李延昌、冯道力、崔谔之、④见《崔知温传》。许辅乾、⑤薛景仙、见《肃宗纪》。尚衡,同上。凡二十五人。

荆州都督怀宁郡公杜君绰。 《唐会要》谥曰"襄"。今醴泉县有《君绰碑》。

代州都督同安郡公郑仁恭。 《高宗纪》、《唐会要》皆作"仁泰"。

潭州都督吴兴郡公沈叔安。 《唐会要》,赠荆州大都督,谥曰"定"。

忠义传三

黄碣。为漳州刺史,徙婺州,治有绩。刘汉宏遣兵攻之,兵寡不可守,弃州去。 按:《僖宗纪》,中和四年,婺州将王镇执其刺史黄碣叛附于董昌。此《传》云"弃去",则碣未尝被执也。

孝友传

李知本。开元中,孙瑱为给事中、⑥扬州刺史。 《唐会要》有赠鲁郡都督赵郡公李瑱,谥曰"孝",岂即其人乎?

隐逸传

贺知章,越州永兴人。　按:《旧史》,知章为太子洗马,德仁之族孙。德仁名在《文苑传》,似可合为一篇。

陆龟蒙。光化中,韦庄表龟蒙及孟郊等十人,皆赠右补阙。　按:《唐摭言》载,韦庄奏请追赠不及第人近代者:孟郊、李贺、皇甫松、李群玉、陆龟蒙、赵光远、李甘、温庭皓、刘德仁、陆逵、傅锡、平曾、贾岛、刘稚珪、顾邵孙、沈佩、顾蒙、罗邺、方干,凡十九人。

循吏传

韦丹。封咸阳郡公。　咸阳,当作"武阳"。

韦宙。宙在岭南,以从女妻小校刘谦,或谏止之,宙曰:"吾子孙或当依之。"[7]谦后以功为封州刺史,生二子,即隐、龚。　此事又见《刘知谦传》。本名知谦,而云"谦"者,疑后人避汉祖讳去之。

儒学传一

文宗定《五经》,镵之石,张参等是正讹文。　参,代宗时人,非文宗时。

陆德明。子敦信,终大司成。　《唐会要》,赠原州都督,谥曰"康"。

谷那律。孙倚相,仕为秘书省正字。　《文艺传》,富嘉谟、吴少微、谷倚称"北京三杰",即此人也。

萧德言。谥曰"博"。　《唐会要》谥曰"密"。

儒学传二

路敬淳。唐初,姓谱学唯敬淳名家。其后柳冲、韦述、萧颖士、孔至各有撰次。　此语又见《柳冲》、《孔至传》。

柳冲。李守素亦明姓氏,时谓"肉谱"者。　"肉谱"语,又见《守素传》。诙啁之词,何必数见乎?

应劭有《氏族》一篇。　按:应氏《风俗通义》本有《氏族》篇,《广韵》亦屡引之,今本无此篇,盖非完书。

儒学传三

元行冲。少孤,养于外祖司农卿韦机。　疑即弘机,避讳省上一字。

陆坚。有诏起复,遣中官敦谕,不就。　"有诏"之上,当有"亲丧"字。

郑钦说。初,梁太常任昉,大同四年七月,于钟山圹中得铭。按:《梁书》,昉卒于天监七年,年四十有九。若大同四年,岁在戊午,在天监戊子后三十年。此小说家无稽之说,而史家采之,可谓不学矣。

陈京。司马晋以高皇、太皇、征西四府君为别庙。　按:晋初追尊宣帝以上四亲,所谓征西、豫章、颍川、京兆四府君也,曷尝有高皇、太皇之称乎?详其文义,则司马晋之上,当有"曹魏"二字。魏明帝尝追尊武帝父嵩为太皇帝,祖腾为高皇帝也。魏以武帝为太祖,而高皇、太皇在别庙,晋以宣帝为太祖,而征西四府君在别庙,正同一例。

若世祖,则《春秋》所谓"陈于太祖"者。　按:《春秋》无此文,《旧·礼仪志》载此议,本云"代祖即世祖。神主,则太祖已下毁庙之主,《公羊传》所谓'已毁庙之主,陈于太祖'者是也。"词意甚明白,《新史》所不逮也。

故有连王庙之制。　"王庙",当作"五庙",下文同。

文艺传一

袁朗。典签苏斡。　按:《苏斡传》云:"父勖,武德中为秦王谘议、典签、文学馆学士。"又《褚亮传》载秦府十八学士,亦有苏勖,而无苏斡,则"斡"乃"勖"字之讹。

王勃。卒,年二十九。　杨盈川撰《勃文集序》云,春秋二十有八,卒于上元三年八月。

文艺传二

李白。年六十余。　按:曾巩撰《次白诗集序》云,白卒年六十有四。

萧颖士。殷寅者,陈郡人。　寅即践猷之子,已见《儒学传》。

文艺传三

李贺。卒年二十七。　此据杜牧所撰《诗集序》也。李商隐为《贺小传》，则云生二十四年。

吴武陵。信州人。　按：《李绅传》"始，澧人吴汝纳者韶州刺史武陵兄子也"。汝纳既为武陵兄子，而一称信州人，一称澧人，疑有一误。

李商隐。或言英国公世勣之裔孙。　冯养吾曰：《义山诗》云"我系本王孙"，又云"我家在山西"。山西，即陇西也。盖亦凉武昭王之后，非世勣裔也。

方技传

张憬藏。裴光廷当作"庭"。**当国，憬藏以纸大署"台"字投之，光廷曰："吾既台司矣，尚何事？"后三日，贬台州刺史。**　按：光庭以开元十七年六月入相，二十一年三月薨，初无贬斥之事。后读《刘宾客嘉话录》云：中书令河东公，开元中居相位，有张憬藏者，能言休咎，一日忽诣公，以一幅纸，大书"台"字授公，公曰："余见居台司，此意何也？"后数日，贬台州长史。李绰《尚书故实》，亦具载斯事。两书所称"河东公"者，张嘉贞也。《新史》乃以裴光庭当之，谬之甚矣。考嘉贞由中书令罢为豳州刺史，其后虽贬台州，去作相之日久矣。小说家附会之说，不尽足信。

帅夜光。⑧**因九仙公主得召见。**　《公主传》未见有封"九仙"者。

列女传

高愍女。父彦昭，赠陕州都督。　《唐会要》，赠工部尚书，谥曰"愍"。

外戚传

武士让之孙攸宁为建昌王，攸归九江王，攸望会稽王，士逸孙懿宗河内王，嗣宗临川王，仁范河间王，仁范子载德颍川王，士棱孙攸暨千乘王，惟良子攸宜建安王，攸绪安平王，从子攸止恒安王，重规高平王。

今按《宰相世系表》，攸暨与攸宁皆怀道之子，与攸归、攸止、攸望同为士让之孙,而《传》独以攸暨为士稜孙,其可疑一也。《表》以仁范为士逸子,重规与载德均为仁范之子,《传》则以仁范为士逸孙,以重规为惟良从子,其可疑二也。据《表》,惟良与怀运皆士让之子,则攸宜、攸绪等亦士让孙矣。《传》不应别而言之。若以惟良名已见《传》,故别叙惟良之子,则怀运名亦未见《传》,而攸归等何以不云怀运之子,其可疑三也。据《表》,攸归、攸止、攸望皆怀运子,《传》或称士让孙,或称惟良从子,似非同父昆弟,其可疑四也。《文苑英华》载,宋之问为武攸暨请降王位,表称臣亡兄攸宁属纩之夕,再受恳言,忧臣愚蒙,令臣退让,乃知攸宁、攸暨实亲昆弟,攸宁又为攸暨之兄,《传》以攸暨为士稜孙,固误。《表》列攸暨于攸宁之前,亦非也。

宦者传

唐制:内侍省官有内侍四,内常侍六,内谒者监、内给事各十,谒者十二,典引十八,寺伯、寺人各六。又有五局:一曰掖廷,主宫嫔簿最;二曰宫闱,扃门阑;三曰奚官,治宫中疾病死丧;四曰内仆,主供帐镫烛;五曰内府,主中藏给纳。局有令,有丞,皆宦者为之。　　内侍省官,已见《百官志》,此重出,可删。

李辅国。以右武卫大将军药子昂代判元帅行军司马。　　《唐会要》,子昂赠扬州大都督,谥曰“忠”。

酷吏传

崔器。三日卒。　　《唐会要》谥曰“贞”。

藩镇魏博传

田承嗣。加同中书门下平章事,封雁门郡王,⑨宠其军曰天雄。按:《旧书·承嗣传》无“宠其军曰天雄”之文,《方镇表》亦不载,至天祐元年始云“赐魏博节度,号天雄军节度”。然则昭宗以后,乃有天雄军号,谓田承嗣时已有之者,非也。《旧书·罗绍威传》称“文德初充天雄军节度副使”。文德纪元,在天祐之前,恐亦追称之。

田悦。建中二年,镇州李惟岳、淄青李纳求袭节度,不许,悦为请,不答。遂合谋同叛。　　按:《李惟岳传》:“宝臣死,军中推为留后,求袭父位,帝不许。""田悦为请,不听,遂与悦、李正己谋拒命"。又《李正己传》:"建中初,闻城汴州,乃约田悦、梁崇义、李惟岳偕叛。"是李正己未死之前,已与悦偕叛,非因子纳求袭镇不许而始叛也。考《德宗纪》,田悦反在建中二年正月,李正己卒、其子纳自称留后在是年八月,以是推之,悦未叛以前但为惟岳请袭,未尝为纳请明矣。

藩镇卢龙传

李载义。大和四年,为兵马使杨志诚所逐。　按:《文宗纪》在大和五年正月,《旧纪》、《传》亦作"五年",此误。

藩镇泽潞传

刘悟。卒,赠太尉。　《唐会要》谥"襄武"。

突厥传

右贤王阿史那泥孰,苏尼失子也。始归国,妻以宗女,赐名忠。上文云"阿史那忠为左贤王,阿史那泥孰为右贤王",则忠与泥孰非一人矣。此乃云"泥孰赐名忠",何其相矛盾也。

吐蕃传

天宝元年,陇右节度使皇甫惟明破虏大岭军;战青海,破莽布支,斩首三万级。明年,破洪济城,战石堡,不克,副将诸葛诩死之。　按:《玄宗纪》:"天宝元年十二月,陇右节度使皇甫惟明及吐蕃战于青海,败之。"二年四月,"皇甫惟明克吐蕃洪济城"。四载八月,[10]"皇甫惟明及吐蕃战于石堡城,副将褚诩死之"。是石堡之役,[11]在破洪济之后二年,《传》合为一事,误矣。《纪》云"褚诩",而《传》云"诸葛诩",未知孰是。

回鹘传

东北俱罗勃为烛龙州。　《地理志》:"烛龙州,贞观二十二年,析瀚海都督之掘罗勿部置。""掘"与"俱","勿"与"勃",音相近也。

沙陀传

王仙芝陷荆、襄，朝廷发诸州兵讨捕，国昌遣刘迁统云中突骑逐贼，数有功。　按：国昌以咸通十四年拒命，朝廷遣太原、幽州诸军讨之，王仙芝陷荆、襄在乾符四年，其时国昌父子尚未归命，安得有遣突骑逐贼之事乎？考《旧唐书》，是年，贼陷江陵之郛，杨知温求援于襄阳，时沙陀军五百骑在襄阳，军次荆门，骑军击贼，败之。盖沙陀军别有从征襄阳者，非国昌所遣也。

光启元年，幽州李可举、镇州王景崇。　按：景崇以中和三年卒，子镕继之。光启改元之际，镇州帅乃王镕，非景崇也。

南蛮传

元和中，辰、溆蛮酋张伯靖聚众叛。黔中经略使崔能、荆南节度使严绶、湖南观察使柳公绰讨之，三岁不能定。　按《本纪》，同时讨伯靖者，尚有剑南东川节度使潘孟阳。《传》失载。

奸臣传

李义府。贞观中，高士廉、韦挺、岑文本、令狐德棻修《氏族志》，凡升降，天下允其议，于是州藏副本以为长式。时许敬宗以不载武后本望，义府亦耻先世不见叙，更奏删正。委孔志约、杨仁卿、史玄道、吕才等定其书，以仕唐官至五品皆升士流。于是兵卒以军功进者，悉入书限，更号《姓氏录》，搢绅共嗤靳之，号曰"勋格"。义府奏悉收前志烧绝之。　此事已见《士廉传》。

赠义府扬州大都督。　《唐会要》谥曰"成"。

卢杞。诏拜饶州刺史。给事中袁高当行诏书，不肯草，白宰相曰："杞反易天常，使万乘播迁，幸赦不诛，又委大州，失天下望。"宰相不悦，乃召它舍人作制，高固执不得下。　此事已见《高传》，虽应两见，不必又述其语也。

崔昭纬。以户部侍郎、同中书门下平章事，居位凡八年。　按：《宰相表》及《本纪》，昭纬以大顺二年辛亥正月拜相，至乾宁二年乙卯八月罢为右仆射，居位实不满五年。

叛臣传

　　仆固怀恩。 以仆骨歌滥拔延为右武卫大将军、金微都督，讹为仆固氏，生乙李啜，乙李啜生怀恩。　《回鹘传》以怀恩为歌滥拔延之子，误。

逆臣传

　　黄巢。 仙芝乃遣蔡温球、楚彦威、尚尹长来降。　《旧书·僖宗纪》作"蔡温玉"。

　　进寇广州，诒节度使李迢书，求表为天平节度。　《旧书·僖宗纪》称"广南节度使李岩"。

校勘记

　　① 杜君绰见《新唐书》卷一〇五《长孙无忌传》，《高宗纪》未载。

　　② 独孤彦云见《新唐书》卷一〇五《长孙无忌传》，《太宗纪》未载。

　　③ 周护、翟无言仅见《忠义传》，沈叔安又见《新唐书》卷六〇《艺文志》，俱未见《武后纪》。

　　④ 李延昌见《新唐书》卷七二《宰相世系表》，冯道力仅见《忠义传》，俱未见《崔知温传》。

　　⑤ 许辅乾见《新唐书》卷七三《宰相世系表》，未见《肃宗纪》。

　　⑥ "给事中"，"中"字原本脱，据《新唐书》卷一九五补。

　　⑦ "宙曰吾子孙或当依之"，"宙"，《新唐书》卷一九七作"岫"。

　　⑧ "帅夜光"，"帅"，《新唐书》卷二〇四作"师"。

　　⑨ "雁门郡王"，"王"字原本脱，据《新唐书》卷二一〇补。

　　⑩ "四载八月"，《新唐书》卷五载于四载九月。

　　⑪ "石堡"，"堡"，原本作"保"，误。径改。

廿二史考异卷五十七

旧唐书一

高祖纪

按:《旧史·本纪》前后繁简不均,睿宗以前,文简而有法,明皇、肃、代以后,其文渐繁,懿、僖、昭、哀四朝,冗杂滋甚。姑以卷帙论之,自高祖至肃宗八世,百四十五年,为卷十,合计二百廿七叶;自代宗至哀帝十三世,百四十五年,亦为卷十;而自十七卷以后,分为上、下,合计五百六十八叶,年代相等,而文且倍又半之。且以高祖创业之君,在位九年,而《纪》止六千八百十有四言,哀帝政在强臣,在位不盈三载,而《纪》乃一万三千有二言,盖唐初五朝国史,经吴兢、韦述诸人之手,笔削谨严,中叶以后,柳芳、令狐峘辈,虽非史才,而叙事尚为完备,宣、懿而后,既无实录可稽,史官采访,意在求多,故卷帙滋繁。而事迹之矛盾益甚也。

仪凤中,追尊宣皇帝。 按:《高宗纪》,上元元年八月"追尊宣简公为宣皇帝,懿王为光皇帝"。此《纪》云"仪凤中"者,误也。又开元十一年,[①]尊宣皇帝为献祖、光皇帝为懿祖,亦宜见于《本纪》,而此《纪》失之。

武德元年,相国府司马刘文静为纳言,隋民部尚书萧瑀、相国府司录窦威,并为内史令。 此纳言即侍中。在内史令即中书令。之上。八年,加秦王中书令,齐王元吉侍中,则中书令居侍中上矣。自后中书令常居侍中之上,五代及宋犹循之。又按《本纪》之例,宰相除、免皆当书,《高祖纪》书拜而不书罢,如刘文静之除名,《纪》亦失之也。睿宗以前《本纪》,惟书宰相除、免,明皇以后,卿监方镇亦书矣。兴元、贞元以后,两制中丞六尚书亦书矣。又如元和以后,宰相多兼集贤殿、弘文馆大学士,《纪》皆不书,而宣宗、昭宗、哀帝三《纪》,则具书之;诸臣除授散官勋封例不书,而宣宗、昭宗、哀帝《纪》亦书之;诸臣赐紫赐绯例不书,而宪宗、穆宗、宣宗、哀帝《纪》屡书之;礼部知贡举例不书,而大中、咸通间屡书之,此《纪》文之所以益于前也。

八年,中书令温彦博没于贼。　　按本传,彦博时为中书舍人,非令也。

太宗纪

贞观五年,太子少师、新昌县公李纲薨。　　按:《高祖纪》,内史令窦威,以宰相而书"卒",此《纪》,李纲非宰相而书"薨",中书令岑文本、马周皆见任宰相,却书"卒",盖唐初侍中、中书令正三品,东宫三少则从二品也。宰相职虽显贵,犹以官未至二品,不与书"薨"之例。《高宗纪》侍中高季辅、辛茂将、姜恪、张文瓘、中书令阎立本、检校左相窦德玄,《武后纪》内史狄仁杰,皆书"卒",犹此例也。《明皇纪》黄门监卢怀慎、左相牛仙客书"卒",而侍中裴光庭独书"薨",太子太保陆象先,官从一品,且前宰相也,而书"卒",太子少师韩休,亦前宰相也,而书"卒",而太子太师徐国公萧嵩,以前宰相独书"薨";《代宗纪》门下侍郎平章事卫国公杜鸿渐、中书侍郎平章事杨绾,皆书"卒",而太子太保邠国公韦见素,以前宰相书"薨";《德宗纪》中书侍郎平章事崔祐甫、门下侍郎平章事崔损,皆书"卒",而门下侍郎平章事赵憬,独书"薨",检校司徒兼太子太师汧国公李勉,以前宰相亦书"薨",尚书右仆射姚南仲亦书"薨",则书"薨"、书"卒",殊无一定之例矣。使相惟李光弼、郭子仪、李晟、马燧以元勋书"薨",此外方镇带宰相衔者,皆书"卒",而《德宗纪》成德军节度使、检校太尉中书令王武俊,《宪宗纪》剑南西川节度使、检校太尉中书令韦皋,二人独书"薨",此亦义例之未当也。穆宗以后,宰相、三公、三师、使相皆书"卒",无有书"薨"者,又与前数朝之例互异。《欧史·本纪》,惟宰相终于位者书"薨",而余官皆不书,较之前史,简而当矣。

高宗纪

贞观二十三年,英国公勣为尚书左仆射、同中书门下三品。仆射始带同中书门下。　　按:唐初以三省长官为宰相,尚书令与左右仆射皆二品,侍中、中书令皆三品。论班序,当由侍中转中书令,乃迁仆射,今勘以仆射同中书门下三品,是以上兼下也。然自后仆射不带同中书门下者,遂不复与闻政事,则宰相惟两省长官任之,而南省不得与。_{尚书省谓之"南省"。}仆射虽居人臣之极地,不过备员而已。开元中,尝改左、右仆射为左右丞相,然虽有相之名,却无相之实也。

永徽二年,中书令兼检校吏部尚书蓨县公高季辅为侍郎。 "侍郎"盖"侍中"之讹。

三年,同州刺史河南郡公褚遂良为吏部尚书门下三品。 "尚书"下脱"同中书"三字。

显庆三年,兼中书令、皇太子宾客兼检校御史大夫河间郡公李义府。 上"兼"字去声,此欠一阶之"兼"也。下"兼"字平声,此两职事之兼也。

四年,惟郭待封、张九龄五人居上第。 此别一张九龄。

中宗纪

神龙元年,上亲祔太祖景皇帝、献祖光皇帝、世祖元皇帝。 按:献祖为太祖之大父,不应在太祖之下,且献、懿二祖庙号,始上于开元十一年,[②]不应中宗世已称之。又光皇帝庙号懿祖,非献祖也。《礼仪志》称"崇祔光皇帝、太祖景皇帝、代祖元皇帝",斯为得之。

睿宗纪

临淄王讳。 按:《太宗》、《高宗》、《中宗》篇中直书高、中、睿三宗之名,《高祖》篇中但书"太宗"而不名,此《纪》于明皇名称"讳",于例初未画一。盖五朝之史,成于明皇之世,故特称"讳"。后来又承其旧文,而不能是正尔。

明皇纪

第三子平王基。 明皇本名隆基,而制词但称"基"一字。

开元八年,皇太子敏薨,追封怀王。 "太"字衍。

天宝元年,改侍中为左相,中书左右丞相,依旧为仆射。 "中书"下盖有脱文,当云"中书令为右相,尚书左右丞相依旧为仆射"。

十三载,废济阳郡,以所领五县隶东平郡。　　按:《新史·地理志》:"是年郡废,以长清隶济州,当作"济南"。以卢、平阴、东阿、阳谷属东平。"是改隶东平止四县矣。《旧志》云:"废济州,卢、长清、平阴、东阿、阳谷等五县,并入郓州。"

我开元之有天下也。　　此史成于石晋史臣之手,而论称"我"字:《尹思贞》等《传》赞:"尚书亚台,京尹方伯。我朝重官,云谁称职?"《李勉》等《传》赞:"我宗之英,曰皋与勉。"《李抱玉传》赞:"抱玉、抱真,我朝良将。"《崔慎由》等《传》赞:"汉代荀、陈,我朝崔、杜。"《文苑传序》:"爰及我朝,挺生贤俊。"《北狄传》:"我太宗文皇帝。"《安禄山传》:"论我唐之受命也。"此皆沿旧史臣之词,而未及改正者。当如《顺宗纪》书史臣韩愈名,《宪宗纪》书史臣蒋系名,则于文义无嫌矣。又如《钱九陇》、《樊兴传》,并云"父配没为皇家隶人",此亦非异代史臣之词。

肃宗纪

开元十五年正月,封忠王改名浚。　　《玄宗纪》在十三年三月。

天宝十四载十二月丁未,陷东京。　　"丁未"当作"丁酉"。

至德元载,诏以子仪为兵部尚书,依前灵州大都督府长史;光弼为户部尚书兼太原尹、北京留守、同中书门下平章事。　　按:郭、李二人,同时除使相,当增"并"字于"同中书"之上。

二载十一月壬申朔,十二月丙午,十二月戊午朔。　　按:一岁不应有两十二月,以上文十月乙巳朔及次年正月甲戌朔前后推校,则十一月当乙亥朔,十二月当甲辰朔。史所纪壬申者,十月之廿八日,非十一月朔也。丙午则十二月三日,戊午则十二月十五日。史文之谬误如此。

三载,正月甲戌朔。戊寅。　　按:肃、代以后诸《纪》,多有无事而书朔者,盖本实录之文,史臣刊削未尽也。

乾元二年,右羽林将军李抱真为郑州刺史。　　此时抱真未为刺史,盖李抱玉也。

上元二年,上不康。　　本当云"不豫",避代宗讳,改"豫"为"康"也。《礼仪志》"上元年圣躬不康"。《文宗纪》"圣体不康"、"上不康"。

是以宣皇帝。　　按:玄宗谥七字,其末三字曰"大明孝"。肃宗谥九字,其末三字曰"大宣孝"。"大孝"之谥,诸帝所同,故称玄宗为"明皇",肃宗为"宣皇"也。

代宗纪

大历五年,以京西兵马使李忠臣为凤翔尹,代皇甫温。 按:忠臣无徙镇凤翔之事,当是"李抱玉"之讹。然尔时抱玉官位已高,不当云"京西兵马使"也。

贬礼部尚书裴士淹为处州刺史。 按:德宗即位,改括州为处州,避御嫌名。此在代宗朝,当云"括州",史臣追改之。而于十二年又有"括州"字,所谓史驳文也。

七年,以张之清丰店,置清丰县。 按:《新史·地理志》:"清丰县,大历七年析顿丘昌乐置,以孝子张清丰名。"其时无张县也,《纪》误。

十一年十二月,以泾原节度副使、试太常卿张掖郡王段秀实权知河东节度留后、北都留守。薛兼训病故也。 按:《段秀实传》无权知河东留后事,《纪》所书误也。即以《本纪》证之,十二年正月书"四镇北庭泾原节度副使、知节度使事张掖郡王段秀实为泾州刺史、兼御史大夫、充本州团练使",不云新除河东节度留后也。其三月,书"太原少尹、河东节度行军司马权知河东留后鲍防为太原尹、御史大夫、充北都留守、河东节度使",则此《纪》云"权知河东留后"者,乃鲍防,非秀实矣。盖秀实由节度副使除知节度事,鲍防以河东行军司马权知留后,皆十一年十二月事。马璘薨而以秀实代之,薛兼训病而以防代之,两事本不相涉,中有脱文,后人误连属之。

十四年,上崩于紫宸之内殿。 诸帝之崩,皆书年寿如干,独《代宗纪》失之。

德宗纪

贞元三年八月,以给事中王纬为润州刺史、江西观察使。 "江西"当作"浙西"。

十三年三月,以福建都团练使李若初为明州刺史、浙东观察使。 浙江东道本治越州,据此文似当时曾移治明州,而《新史·方镇表》未及之。

顺宗纪

建中元年正月丁卯，立为皇太子。　按：《德宗纪》，大历十四年十二月乙卯，制："宣王某可立为皇太子。"此《纪》云"正月丁卯"者，彼据宣制之日，此据受册之日也。"丁卯"下当有"朔"字。

贞元二十一年，以吏部郎中韦执谊为尚书右丞相、同中书门下平章事。　此时无左右丞相之官，"相"字衍。

李师古、刘济兼检校司空，张茂昭司徒。　《新史·三公表》无茂昭名，盖检校司徒也。

穆宗纪

元和十五年，恒王房子孙，改为沇王房。　恒王当是恒山愍王也。沇王，即"愍王"之讹。唐人避讳"民"旁字，多改从"氏"。

敬宗纪

宝历二年，其汉阳、汶川两县隶鄂州。　"汶川"当作"汉川"。

文宗纪

大和四年，敕："前行郎中知制诰者，约满一周年，即与正授；从谏议大夫知者，亦宜准此。"　前行，谓吏、兵二曹也。唐中叶以后，常以它官知制诰行中书舍人之职，与学士对掌内外制，当时亦呼为"舍人"。然必官至前行郎中以上，乃得正授舍人。若学士除中书舍人者，仍典内制，不兼外制也。

开成二年，吏部奏长定选格，请加置南曹郎中一人，别置印一面，以"新置南曹之印"为文，从之。　《新史·百官志》失载此事。考《裴谞传》："代宗居陕，谓步怀考功及南曹二印赴行在。"则南曹之有印久矣。

武宗纪

会昌元年，制以魏博兵马留后何重霸检校工部尚书、魏州大都督府长史，充天雄军节度使。　此时魏博军未有"天雄"之额，盖史臣追称之。观会昌三年讨泽潞制词，称"成德军"、"魏博军"，不云"天雄军"可证。

宣宗纪

会昌六年四月，制：皇长男温可封郓王，二男泾可封雅王，第三男滋可封蕲王，第四男沂可封庆王。　　按：《靖怀太子汉传》云："会昌六年，[③]封雍王。大中六年薨。"《传》不言汉为第几子，而《纪》又不书雍王之封及薨事，此可疑也。又据此《纪》，长男温、次男泾、三男滋、四男沂，以即位之年封；五男泽、六男润，以大中元年二月封；七男洽、八男汭、九男汶，以五年正月封，其次第当不紊。而于十一年六月乃书第三男灌封卫王，第十一男滱封广王，疑卫王灌非第三子，当是第十男之讹也。而宣宗诸子《传》却又以卫王灌列于夔王滋之前，此又可疑也。且列传及《新史·宗室表》俱云宣宗十一子，自郓王温至广王滱，正合十一人之数，何缘更有靖怀太子汉一人，此尤可疑也。《新纪》，郓王温、雍王渼、雅王泾、夔王滋、庆王沂以会昌六年五月封，濮王泽以大中二年三月封，鄂王润以五年六月封，怀王洽、昭王汭、康王汶以八年九月封，卫王灌以十年九月封，广王滱以十一年八月封，与《旧纪》年月多不合。惟增雍王渼一人，又于大中六年书渼之薨，颇与《旧传》相应。然《新》、《旧传》及《新·宗室表》皆云宣宗十一子，若并渼数之，乃是十二子，此亦可疑也。《新纪》作渼，而《表》、《传》并作汉，"汉"与"渼"字形相涉，必有一误矣。《新传》失载卫王灌一人，《表》列灌于雅王泾之后，灌之上既有汉、泾两人，而懿宗又为长子，则灌行在第四，与《旧纪》所云第三男者，亦终不合。且灌果年长于滋、沂、泽、润诸人何以受封转在十年之后，此皆可疑也。两史《表》、《传》皆作"夔王滋"，独此《纪》作"蕲王"，疑声之讹。

懿宗纪

咸通四年四月，敕徐州罢防御使为文都，隶兖州。　　"文都"，盖"支郡"之讹。徐州，本节度使治所，领泗、濠诸州。至是，以银刀等军骄悍伏诛，降使额为"防御"，又罢防御使，改隶兖海节度为属州也。

五年二月，以兵部尚书牛丛检校兵部尚书兼成都尹、剑南西川节度副大使、知节度事,徐州处置观察防御使。　按:丛为西川节度使,西川与徐州绝远,必无兼领徐州之事。"徐州"上当有脱文,盖别有一人除徐州观察使,转写失之尔。

十三年,制追谥宣宗为元圣至明成武献文睿智章仁神聪懿道大孝皇帝。　按:诸帝之谥,皆具载《本纪》,《纪》首又冠以最后增加之谥。独《宣宗纪》只载初上之谥,《纪》首亦但书"圣文献武孝皇帝",于史例未合。但高祖、太宗受命之君,谥止七字,肃、顺、宪三宗,亦止九字,宣宗德薄于前朝,而骤加至十八字,九庙有灵,何以自安? 史臣略而不书,非无见也。

臣尝接咸通耆老,言恭惠皇帝故事。　按:《旧唐书》于石晋开运二年奏上,距咸通末年,已七十三岁矣。且以晋臣而述唐史,当于"恭惠"上加"唐"字。

僖宗纪

乾符二年十月,以前大同军及云朔都防御营田供军等使李珰检校左散骑常侍、澧州刺史,充天德军澧州西城中城都防御使。　"澧"当为"丰"字之讹。《方镇表》,贞元十二年,以振武之东中二受降城隶天德军。此云"西城",恐是"东城"之讹也。

光启三年,延昌请权以少府监大厅为太庙。　按:《礼仪志》及《殷盈孙传》,则此议出于太常博士殷盈孙,非郑延昌所请也。

文德元年二月,魏博军乱,逐其帅乐彦祯。彦祯子相州刺史从训率众攻魏州,牙军立其小校罗宗弁为留后。　按:《乐彦祯传》云:"军府疑贰,彦祯危愤而卒,众推都将赵文玼知留后事。从训自相州领兵至城下,文玼按兵不出。众复害文玼,推罗弘信为帅。"《罗弘信传》云:"彦祯子忌牙军,出居于外,军众废彦祯,[①]推赵文玼权主军州事。众复以为不便,因推弘信为帅。"据此二文,则魏军先立赵文玼,后立罗弘信,无所谓罗宗弁者。僖、昭二《纪》,俱称罗宗弁,误矣。

昭宗纪

景福二年,乃筑第于恒州,迎匡威处之。　按:穆宗以后,恒州改名镇州,此卷前后俱称"镇州",独是年再见"恒州"字。

以武威军防御使钱镠。　"武威"当作"武胜"。

乾宁四年九月,制以镇海军节度使钱镠为镇海军节度、浙江东西道观察处置等使、杭州越州刺史、上柱国、吴王。　是时,钱镠自镇海军节度兼领镇海、镇东两镇。镇海军治杭州,领浙江西道;镇东军治越州,领浙江东道。《纪》于下"镇海"之下不书"镇东"者,脱文也。镠以是年八月四日赐铁券,其结衔已称"镇海镇东等军节度、浙江东西等道观察处置、营田招讨等使,兼两浙盐铁制置发运等使、开府仪同三司、检校太尉兼中书令、使持节润越等州诸军事、润越等州刺史、上柱国、彭城郡王、食邑五千户、食实封壹百户",则镠除两镇节度,盖在八月以前,九月朔所命,乃由彭城郡王进封吴王也。

哀帝纪

中兴之初,方备礼改卜。　后唐本出沙陀,自国昌赐姓李氏,附郑王房,及庄宗灭梁,自谓中兴唐祚,故有"中兴"之称。《卢简求传》:"中兴嗣业,子文纪,仕至尚书中书侍郎平章事。"《豆卢瑑传》:"瓒子革,中兴位亦至宰辅。"《赵隐传》:"中兴用为宰辅。"《王镕传》:"及唐室中兴,去伪尚书令之号。"《崔荛传》:"子居俭,中兴终户部尚书。"

校勘记

①　"开元十一年",原本作"开元十年"。《旧唐书》卷八《玄宗纪》载:开元十一年秋八月"尊八代祖宣皇帝庙号献祖,光皇帝庙号懿祖"。《考异》误,径改之。

②　"开元十一年",原本作"开元十年"。据前考,误。径改。

③　"会昌","昌",原本作"同",误。径改。

④　"彦祯","祯",原本作"琐",误。径改。

廿二史考异卷五十八

旧唐书二

礼仪志二

颖客《释例》亦云。 "客"当作"容"。[1]

司礼博士壁闾仁谞。 "壁"当作"辟","谞"当作"谞"。[2]

诏将作大匠康聱素往东都毁之。 《新史·牛仙客传》,高力士言仙客本胥史,非宰相器,帝忿然曰:"朕且用康聱!"盖即此人。此云"聱素"而彼单名"聱",疑彼《传》误。

礼仪志四

诏:《史记·古今人表》,玄元皇帝升入上圣。 《汉书》有《古今人表》,此诏云《史记》者,词臣之不学也。老子本在第四等,今升入第一等。

礼仪志五

修奉使宰相郑延昌具议。 按:延昌以昭宗景福元年三月拜相,而修奉太庙之役乃在僖宗光启三年,其时延昌未为宰相也。《僖宗纪》、《殷盈孙传》及此《志》,皆称宰相,盖史家追称之。

遂以三太后祔袷太庙。达礼者讥其大谬,至今未正。 按:《旧史》成于石晋之世,唐之太庙久废矣,"至今未正"之语,盖后唐史臣之词也。又按:《旧志》十二门,惟《礼仪志》颇及僖、昭两朝,《音乐志》亦载昭宗朝一事,《五行志》有大顺二年一条,其余所载,俱止于宣宗朝,咸通以后,则略而不书。

音乐志一

皇帝受朝,奏《政和》。 此祖孝孙所定《十二和》之名也。《新志》则云:"正和皇后受册以行。"与此异。考《开元礼》,朝贺仪无奏"《政和》"之文,惟皇后受册仪云:"典乐举麾,奏《正和》之乐。"则此《志》误也。《册府元龟》载,后汉张昭改《十二和》为《十二成》,议云:"皇帝受朝,皇后入宫,奏《正和》,请改为《宸成》。"然则皇帝受朝下,当有"皇后入宫"四字,此《志》脱去,又讹"正"为"政"耳。

穆宗庙乐,请奏《和宁》之舞。敬宗庙乐,请奏《大钧》之舞。文宗庙乐,请奏《文成》之舞。武宗庙乐,请奏《大定》之舞。 按:宪宗以前庙乐,俱载奏请之年,此穆宗四庙乐独阙之。宣宗以后,并乐舞名,史家亦失之矣。

音乐志二

齐隆昌时,女巫之子曰杨旻,旻随母入内,及长,为后所宠。 《南史》作"杨珉之"。

童谣云:"杨婆儿,共戏来。"而歌语讹,遂成杨伴儿。 按:《南史》,何洞为文惠太子作《杨畔歌》,辞甚侧丽,袁廓之谏曰:"夫《杨畔》者,既非典雅,而声甚哀思,殿下当降意《箫韶》,奈何听亡国之响!"《杨畔》,即《杨伴》也。文惠太子时已有此歌,则其来久矣。谓始于隆昌时者,后人附会之词也。

谓之坎侯声,讹为箜篌。 "坎"、"空"声相近,故"坎"亦训"空"。后人又加竹于"空"、"侯"字。

音乐志三

懿宗孝敬皇帝室。 "懿"当作"义"。

明庆中,皇后亲蚕。 "明庆"即"显庆"也,唐人避中宗讳,易"显"为"明"。《旧史》俱改从本号,惟此《志》及《职官》、《刑法志》三见"明庆"字,《柳奭传》亦有"明庆三年"之文。

五行志

今朝廷怪异，虽则多矣，然皆仰知陛下天光。　此语不可解，当有舛讹。据《新史·宋务光传》云："今朝廷贤佐虽多，然莫能仰陛下清光。"盖用晁错之语也。

地理志一

又于边境置节度、经略使。凡节度使十，经略守捉使三。　此所述者开元之制。而《职官志》云："天宝中缘边御戎之地，置八节度使。"似乎互异。③考：安西、北庭二镇，天宝中尝合为一，而岭南则至德已前初无节度之名，或云十节度，或云八节度，《志》家各据所见言之耳。杜氏《通典·州郡篇》称节度使十，《职官篇》称开元中凡八节度，其云碛西者，即安西，而不别出北庭之名，《旧史》盖本于此。《唐六典》，凡天下节度使有八：一朔方、二河东、三幽州、四河西、五陇右、六剑南、七碛西、八岭南。盖并平卢、幽州为一，碛西、北庭为一也。

要冲大郡，皆有节度之类，寇盗稍息，则易以观察之号。　按：乾元已后，节度使皆兼管内观察处置使，或不置节度，则观察使亦带团练、防御之职。观察治民事，节度、防御、团练皆治军事，惟权任有轻重耳，非易"节度"为"观察"也。

东都畿汝防御观察使。　自东都畿至安南，凡四十四镇，盖据大和中方镇言之。元和二年，李吉甫撰《国计簿》云："总计天下方镇，凡四十八。"开成元年，王彦威进所撰《供军图略》云："至德乾元之后，迄于贞元元和之际，天下有观察者十，节度二十有九，防御者四，经略者三。"据此《志》，凡三十二节度，七观察，东都畿带防御，岭南西道带经略。三防御，二经略也。

乾符之后，天下乱离，礼乐征伐，不自朝廷。禹迹九州，瓜分离剖，或并或析，不可备书。　据此文，则僖昭以后州县更改，例不当书于《志》矣。而天祐初，改陕州为兴德府；乾符元年，更鲁城县曰乾符；景福元年，复于弓高置景州；天祐五年，移州治于东光县，景福二年，于无极县置祁州；龙纪元年，以楼烦监牧地置宪州，仍复书之，此义例之未画一也。

隋京兆郡,领大兴、长安、新丰、南郑、华阴、蓝田、鄠、盩厔、始平、武功、上宜、醴泉、泾阳、云阳、三原、宜君、同官、华原、富平、万年、高陵二十二县。　按:隋京兆郡,无南郑县。"南"上当有"渭"字,渭南一县,郑又一县,合之方盈二十二之数。④又《华州篇》云:"义宁元年,割京兆之郑县华阴,置华山郡。"即华州。此亦失书。

改雍州为凤翔县。⑤　"州"字衍。

其年,改为新泰郡。　"泰"当作"秦",下文"新泰"同。

领洛、郑、熊、谷、嵩、管、伊、汝、管九州。⑥　此两"管"字,必有一误。

绛州之恒县来属。　"恒"当作"垣",下同。⑦

领浚仪、新里、开封、封丘等五县。　此脱一县。

管豫、道、真舆、息、舒五州。　"真"字疑衍。

七年,改为都督府,废舆、道、舒、息四州。　以下文考之,道、舒、息三州皆废于贞观元年,非武德七年也。

济州,领卢、平阴、长清、东阿、阳谷、范八县。　"八"当作"六"。

天宝元年,改为河阳郡。乾元元年,复为济州。十三载六月一日,废济州卢、长清、平阴、东阿、阳谷等五县,并入郓州。　"河阳",当为"济阳"字之讹也。乾元纪元,止于三年,此云"十三载"者,盖天宝之十三载也。且天宝中已罢济阳郡矣,何缘乾元初复为济州乎?此差谬之显然者。

武德四年,置海州总管府,领涟、环、东、楚四州。　四州者,并海州言之。"涟"上当有"海"字。考《楚州篇》云"武德四年于山阳县置东楚州,盱眙县置西楚州,又置总管于西楚州,管东楚、西楚",此又以东楚为海州总管府所领,似自相矛盾矣。

领朐山、龙沮、新乐、曲阳、沭阳、原丘、怀仁、利城、祝其九县。"原丘"当为"厚丘"之讹。⑧

六年,改新乐为祝其。　按:新乐、祝其,皆在海州所领九县之数,今改新乐为祝其,则祝其必先废矣,而《志》却失书。

废环州及龙沮、祝其、曲阳、廪丘、利城六县。　"廪丘"亦"厚丘"之讹。⑨"六"当作"五"。

沭阳,汉厚丘县。　"厚"当作"厚"。⑩

泗水,汉下县。　"下"当作"卞"。⑪

于下县古城置泗水县。　"下"当作"卞"。⑫

符离,汉县。隋治朝解城。贞观元年,移治行邑城。　"行邑",当作"竹邑"。

新泰、汉东新泰县,晋去"东"字。　按:《汉志》无东新泰县。魏收《志》:"新泰,魏置,晋属泰山。"则此县曹魏所置也。

临济,汉之管县。　"管"当作"菅"。

领益都、临朐、临淄、殷阳。　"殷阳",疑是"般阳"之讹,下同。

益都、汉县,在今寿光县南十里,故益都城是也。北齐移入青州城北门外为治所。　按:《汉志》无益都县,盖曹魏所置。今移治青州城,即东阳城也。

厌次,汉当平县。　"当平"盖"富平"之讹。

地理志二

襄陵,后魏擒盛县。　本擒昌县,此改"昌"为"盛",盖史臣避后唐庙讳。

平遥,汉平陶县。后魏庙讳,改"陶"为"遥"。　按:魏世祖讳"焘",与"陶"同音,故改平陶为平遥,廮陶为廮遥。魏收《志》不言改名之由,当依此《志》补之。

太谷,武德三年,置太原州。　"原"字衍。

六年,州废,以太谷、邬属并州。⑬　"邬"当作"郀"。

五台,汉虑虎。　"虎"当作"虒"。

贞观十五年,杨钵为监牧使。　"贞观",《新志》作"贞元",此误。

临清,汉清泉县,后魏改为临清。　"清泉",本"清渊",唐人避讳改。考魏收《志》,清渊、临清二县,并属阳平郡,则非改清渊为临清矣。或太和之世,分清渊置临清,后来省清渊入临清耳。

隋于汉南蛮故城。　"蛮"当作"鱳"。

栾城,汉开县。　"开"当作"关",下同。

置陆泽县于古郻城。郻,汉县。　"郻"当作"鄡"。

饶安,汉平童县。　"平童",盖"千童"之讹。

定州,汉县,属平原郡。　汉无定州县。州治安喜,亦非平原郡地,盖转写之讹。

领易、涞水、永乐、遂城、道五县。五年,割道县置北义州。州废,以道来属。 "道"盖"逎"字之讹。

容城,汉县,属涿郡。改为道县。 "道"当作"逎",下同。

涞水,汉道县。 "道"当作"逎"。

东城,汉东州县。 "东"当作"束"。

神龙元年,改属唐兴县。 "属"当作"为"。

檀州,后汉奚县。 当云"汉傂奚县",文误耳。

汉葭萌县地,属为汉寿县。 "属"当作"蜀"。

管邓、浙、郦、苑、沟、新、弘等七州。 "浙"当作"淅","苑"当作"宛","沟"未详。

废苑州,以南阳来属。 "苑"当作"宛"。

汉南阳郡,以苑为理所。 "苑"当作"宛"。

汉南阳郡所治苑县也。 "苑"当作"宛",下同。

新野,汉县,属南阳郡。晋于县置义州。 按:晋无义州,必转写之讹。

内乡,汉浙县地。 "浙"当作"淅",下同。两《汉志》本作"析"。

领北阳、慈丘、平氏、显冈四县。 "北阳"当作"比阳"。

北阳、汉县,属南阳郡。 "北阳"当作"比阳",下同。

北水出县东。 "北水"亦"比水"之讹。

方城,前汉堵阳县,属南阳郡。后汉改为顺阳。 按:顺阳,前汉为博山侯国,与堵阳非一地,《水经注》始误以顺阳为堵阳,而唐人因之。

枣阳,汉春陵县,属南郡。 当云"属南阳郡",脱"阳"字。

武德四年,置郢州于长寿县,置京山、蓝水二县属焉。 按:京山县下云"武德四年置温州,领京山、富水二县"。岂有一京山而隶两州之理,其必有误,审矣。今以《荆州篇》前后参校,知武德初温州治京山,郢州所领之京山,当为"章山"之讹。且武德四年,初置章山县,本隶基州,七年,废基州,乃以章山属郢州,此云武德四年置郢州,即置章山来属,亦非也。

又废郢州,以长寿属郜州,京山属荆州。 "郜"当作"郢","京"当作"章"。

宜城,汉邔县。　"邔"当作"邔"。

贞观元年废郢州,以京山来属。　"京"当作"章"。

又省京山入长林。　"京"当作"章"。

自下牢镇移治陆抗故垒。　《新志》作"步阐垒"。

地理志三

扬州置大都督,督越、扬、和、滁、楚、舒、庐、寿七州。　"越"字衍。越州治会稽,与江都远不相及,非扬州所能督也。

江陵,贞观十八年分江都置。　"江陵"当作"江阳"。

晋置泰州,北齐为泰州。　"泰"当作"秦"。

楚州,隋江都郡之南阳县。　"南阳"当作"山阳"。

慎,汉后道县,属九江郡。　"后道"当作"浚遒"。

管黄、蕲、亭、南四州。　"南"下脱"司"字。

于孝昌县置环州。　"环"当作"澴"。

管环、应二州。　"环"当作"澴",下同。

置环州,领孝昌、环阳二县。　"环"当作"澴",下同。

宿松,武德四年置严州。　按:是年又于桐庐县置严州,同时有两严州也。

信安。　按:咸通中更信安县曰"西安",《志》失书。

盈川,如意元年分龙丘置。　按:元和七年,省盈川入信安,《志》失书。

如意元年,分桐卢县之四乡,置盛武县。　"盛武",《新志》作"武盛"。

黟,汉县,属丹阳郡。晋同医县。　按:晋无同医县,当是"音"字之讹,谓"黟"音近"医"耳,"县"字衍。

闽,汉治县。　"治"当作"冶"。下文治县、东治县,皆"冶"字。

建安,汉治县地。　"治"当作"冶"。

泾,武德三年置猷州。　《新志》,武德三年置南徐州,寻更名猷州。此失书置南徐州一节。

广德,汉故漳县。　"漳"当作"鄣"。

以犯肃宗讳,改为钟陵。　"肃宗"当为"代宗"。

太和。武德五年,置南州。　"南"下脱"平"字。

安福。　按:武德五年于县置颍州,七年州废,《志》失书。

至德。至德二年九月,中丞宋若思奏置。　按:池州有至德县,至德二年析置,而江州又有至德县,盖一县而重出也。考《新志》,至德县本析鄱阳秋浦置,鄱阳隶江州,则至德亦当隶江州矣。乾元元年,改隶饶州。永泰元年置池州,始以县来属。《志》于池、江二州两见,而不著改隶之由,后人遂疑有两至德矣。又按,唐时以年号名县者:雍州之乾封,洛州之登封,凉州之天宝,池州之至德,润州之上元,楚州之宝应,道州之大历,沧州之乾符。宋时以年号名县者:光化军之乾德,赣州之兴国,邠州之淳化,开封府之咸平,祥符彭州之崇宁,处州之庆元,平江府之嘉定。以年号名府者:绍兴、庆元、嘉定、咸淳。以年号名州者:太平与兴国也。

常宁,吴分来阳置新宁县。　"来阳"当作"耒阳"。

安乡,汉潺陵县地。　"潺"当作"孱",下同。

江华,汉冯溧县。　"溧"当作"乘"。

召州,隋长沙郡之召阳县。　按:"召州"、"召阳"、"召陵"字,它史皆作"邵",独此《志》无邑旁。

先天元年,改为盈川。　此别一盈川。杨炯为盈川令,乃衢州之盈川,非此地。

巫州。　大历五年,改名叙州。《志》失书。

业州。　大历五年,改名奖州。《志》失书。

后汉分獠道,立南安郡。　"獠道"当作"豲道"。

龙支,汉允吾县。　"允"当作"允"。

后汉改为龙耆县。　按:《续汉志》未见"改允吾为龙耆"之文。

贞观五年,置米州及米川县。十年,州废,县属廓州。　按:《新志》:"州废,县隶河州。永徽六年,属廓州。"此《志》盖有脱文也。

福禄,汉旧县,属酒泉郡。今县,汉乐绾县地。　按:汉时本名禄福。其改为福禄,当在晋以后,而史无明文。"乐绾"当作"乐涫"。

晋昌,汉冥安县,属燉煌郡。冥,水名。　按:两《汉志》,敦煌郡有冥安县。应劭云:"冥水出北入其泽。"此"冥",误也。

地理志四

唐置党州,失起置年月。　《新志》,永淳元年,开古党洞置。

田州,失废置年月,疑是开元中置。　《新志》,开元中置。贞元二十一年废,后复置。

山州,失起置年月,天宝元年,改为龙池郡。　此州不见于《新唐志》。爱州之崇平县,武德五年置。山州,领冈山、真润、古安、西安、建功《新志》作"建初"。五县,此别一山州。贞观元年,已省入爱州矣。

职官志

门下侍郎、中书侍郎、旧班正四品上,大历二年升。　此二职已见正三品,而正四品上阶又列之,且《志》所列官品乃据永泰元年之品,如侍中中书令,大历二年升二品;御史大夫,会昌二年升三品;御史中丞,会昌二年升四品;谏议大夫,会昌二年升五品,皆在永泰以后,故《志》但书其初品,独此二职,乃自紊其例,疑后来校书者窜入也。

节度使一人,副使一人,行军司马一人,判官二人,掌书记一人,参谋无员数。随军四人。皆天宝后置。检讨未见品秩。　按:节度、采访、观察、防御、团练、经略、招讨诸使,皆无品秩,故常带省台寺监长官衔,以寄官资之崇卑。其僚属或出朝命,或自辟举,亦皆差遣无品秩。如使有迁代,则幕僚亦随而罢,非若刺史、县令之有定员有定品也。此外,如元帅、都统、盐铁、转运、延资库诸使,无不皆然。即内而翰林学士、弘文、集贤、史馆诸职,亦系差遣无品秩,故常假以它官。有官则有品,官有迁转,而供职如故也。不特此也,宰相之职所云"平章事"者,亦无品秩,自一二品至三四五品官,皆得与闻国政,故有同居政地,而品秩悬殊者。罢政则复其本班。盖平章事,亦职而非官也。《志》谓节度等检校,未见品秩,似未达于官制。

经籍志

甲部。九曰图纬,以纪六经谶候。十曰经解,以纪六经谶候。十一曰诂训,以纪六经谶候。　按:经解、诂训与图纬各自为类,何得蒙上六经谶候之文?考《唐六典》,秘书郎掌四部之图籍,甲部其类有十,乙部其类十三，景部其类十四，丁部其类三，此《志》全采其文。惟《六典》甲部只有《易》、《书》、《诗》、《礼》、《乐》、《春秋》、《孝经》、《论语》、图纬、小学十门，其五经异义等部，并入《论语》类，此《志》增入经解、诂训二门，当阙其文而校书者妄益之耳。

《长春秋义记》一百卷，梁简文撰。　　"春"字衍。⑭

《晋阳春秋》二十二卷，邓粲撰。　　"春"字衍。

《崇安记》二卷，周祗撰。又十卷，王韶之撰。　　"崇安"本是"隆安"，晋安帝年号也。母煚撰录，在开元中，避明皇讳，改"隆"为"崇"。

《帝王代记》十卷，皇甫谧撰。　　"代"本"世"字，避讳改。郭邠《魏晋代语》，何集《续帝王代记》、《虞茂代集》、《郑代翼集》，皆以"代"为"世"。

《晋崇宁起居注》十卷。　　"崇宁"当为"崇安"，即"隆安"也。隆安纪元，在宁康、太元之后，元兴、义熙之前。此下又有《晋崇安元兴大享副诏》八卷，可证"崇宁"为"崇安"之讹。

《四人月令》一卷，崔寔撰。　　此与贾思勰《齐人要术》皆避讳改"民"为"人"也。

《江智泉集》十卷。　　本名"智渊"，避讳改。

《丘泉之集》六卷。　　本名"渊之"，避讳改。

凡七万余卷。盖佛老之书，计于其间。　　谓梁元帝江陵所收书，并佛老二家计之，得七万余卷也。

食货志

水部郎中姜行本请于陇州开五节堰，引水通运，许之。　　《行本传》不载此事，亦不云为水部郎中，是其阙漏。

王播奏商人于户部、度支、盐铁三司飞钱，谓之"便换"。　　"三司"之名，始见于此。

刑法志

于是太尉赵国公无忌、司空英国公勣、尚书左仆射兼太子少师监修国史燕国公志宁。　　《却扫编》："旧制，宰相官仆射以上，敕尾不书姓。"盖用唐故事也。志宁以仆射不书姓，无忌、勣官三公，又在仆射之上,故亦不书姓,尚书唐绍以下,则皆书姓矣。然上文左仆射于志宁,右仆射张行成,下文左仆射刘仁轨,右仆射戴至德,却又书姓,此史臣增入,非敕文元本也。

校勘记

① "颍客","客",《旧唐书》卷二二作"容"。

② "壁间仁谓","壁"、"谓",《旧唐书》卷二二分别作"辟"、"谞"。

③ "似乎互异","异"字原本脱,今据文意补。

④ 此句《旧唐书》卷三八未误。

⑤ "雍州",《旧唐书》卷三八作"雍县"。

⑥ "伊汝管","管",《旧唐书》卷三八作"鲁"。

⑦ "恒县",《旧唐书》卷三八作"垣县",未误。

⑧ "原丘",《旧唐书》卷三八作"厚丘",未误。

⑨、⑩ "廪丘",《旧唐书》卷三八作"厚丘",未误。

⑪、⑫ "下县",《旧唐书》卷三八作"卞县",未误。

⑬ "邠",《旧唐书》卷三九作"祁"。

⑭ "长春秋义记",《旧唐书》卷四六作《长春义记》。钱氏所谓"春"字衍,实为"秋"字衍。

旧唐书三

后妃传

玄宗杨贵妃。国忠二男昢、暄，妃弟鉴，皆尚公主。 按：《杨国忠传》，暄尚延和郡主，昢尚万春公主，不皆尚公主也。《新史·公主传》不载杨鉴名，盖亦郡主非公主矣。

杨氏一门，尚二公主、二郡主。 二公主，谓锜尚太华公主，昢尚万春公主也。暄尚延和郡主，鉴亦尚郡主，故有二郡主之称。

虢国男裴徽，尚代宗女延安公主。 按：《公主传》，肃宗女郜国公主，始封延光，下嫁裴徽。此云"代宗女"者，误也。"延安"、"延光"，未知孰是。

肃宗张皇后。去盈，尚玄宗女宁亲公主。 《新·公主传》作"去奢"。

宪宗懿安皇后郭氏。昭愍暴殒。 按：《本纪》史臣论，或称庙号，或称谥。元和以后皆称谥，宪宗曰章武，穆宗曰文惠，敬宗曰昭愍，文宗曰昭献，武宗曰昭肃，宣宗曰献文，懿宗曰恭惠，僖宗曰恭帝，当云"恭定"。它传论亦多称谥者。若《纪》、《传》叙事之文，则皆称庙号，惟"昭愍"之谥，则列传屡见之，如《郭后传》："昭愍暴殒。"《王后传》："昭愍崇重母族。"《郭贵妃传》："及昭愍遇盗，宫闱变起。"《于休烈传》："昭愍初即位。"《张又新传》："昭愍初即位。"《熊望传》："昭愍嬉游之隙，学为歌诗。""事未行而昭愍崩"。《崔郾传》："昭愍即位。"《韦处厚传》："昭愍狂恣，屡出畋游。"《杜元颖传》："昭愍即位。"《庞严传》："昭愍即位。"《赵宗儒传》："昭愍晏驾。"刊本误作"昭肃"。《李逢吉传》："昭愍即位。"《裴度传》："昭愍皇帝闻之，嗟惋累日。""昭愍愕然省悟"。"昭愍虽少年"。"昭愍欲行幸洛阳"。《李德裕传》："昭愍皇帝，童年缵历。""昭愍遇盗"，是也。亦有一篇之中互见者，如《郭后》、《韦处厚传》先称"敬宗"，后称"昭愍"；《李逢吉传》前后称"敬宗"，而中称"昭愍"；《李德裕传》前后称"昭愍"，而中称"敬宗"。推原其故，或系晋代史臣避讳称谥，后来校书者依例更改，而改之又不尽也。至如《萧俛传》前称"宪宗"，而后云"穆宗乘章武恢复之余"；《白居易传》前后称"宪宗"，而中云"章武皇帝"；《李德裕传》前称"武宗"，而后云"昭肃弃天下"，此类偶一见之，盖史臣杂采它书，称谓之间，未及整理也。

　　既而宣宗继统，即后之诸子也，恩礼愈异于前朝。大中年崩于兴庆宫。　　懿安暴崩，《新史》以为"宣宗之志"。此云"恩礼愈异于前朝"，又极称其福寿隆贵，与《新史》正相刺谬。《新史》本于宋敏求《实录》，《实录》又本于裴廷裕《东观奏记》，未必可尽信也。

殷峤传

　　贞观十七年，又与长孙无忌、唐俭、长孙顺德、刘弘基、刘政会、柴绍等十七人，俱图其形于凌烟阁。　　按：《长孙无忌传》云图画二十四人，《尉迟敬德传》亦同，此云"十七人"，误。

屈突通传

　　力屈而至，为本朝之辱，以愧相王。　　按：六朝以后，丞相封公称"相公"，封王则称"相王"。是时高祖以唐王领大丞相，故有"相王"之称，或疑为"代王"之讹，非也。

长孙无忌传

　　令图画无忌等二十四人于凌烟阁。　　据诏书，自赵国公无忌至胡国公秦叔宝，数之止二十三人，《新史·秦叔宝传》亦同，盖脱申公高士廉一人。《士廉传》，贞观十七年，诏图形凌烟阁。

王珪传

　　崇基孙旭，开元初为左司郎中兼侍御史。　　按：《酷吏篇》已有《王旭传》，而《珪传》末又附见旭事一百六十余言；列传第五十一卷已有《王求礼传》，而《忠义传》又列之；列传第一百廿一卷已有《张仲方传》，而《张九龄传》末又附出二百六十余言;《文苑篇》已有《萧颖士传》,而《韦述传》又附出七十余言。

姚思廉传

并推究陈事,删益博综、顾野王所修旧史。 "博综",当是"傅缚"之讹。

令狐德棻传

与侍中陈叔达等,受诏撰《艺文类聚》。 按:《新·艺文志》,此书列欧阳询名,又注云:"令狐德棻、袁朗、赵弘智等同修。"不及叔达名。

魏史既有魏收、魏彦二家。 "魏彦"当作"魏澹"。

有诏改撰《晋书》,房玄龄奏德棻令预修撰,当时同修一十八人。《新志》云:"房玄龄、褚遂良、许敬宗、来济、陆元仕、刘子翼、令狐德棻、李义府、薛元超、上官仪、崔行功、李淳风、辛邱驭、刘引之、阳仁卿、李延寿、张文恭、敬播、李安期、李怀俨、赵弘智等修。"实二十一人。

孔颖达传

十八年,图形于凌烟阁,赞曰:"道光列第,风传阙里。精义霞开,掞辞飙起。" 按:颖达不在凌烟功臣之列,且凌烟功臣亦无赞词,此《传》所载者,当是褚亮所撰《十八学士图》赞语,误以为凌烟阁耳。《十八学士赞》,见于《旧史》者,惟姚思廉与颖达二人。

苏世长传

令于兽门馆读书。 "兽门"即"虎门",避唐讳改。

太宗诸子传

中兴初,进封成王。 此卷"中兴"字屡见,高祖诸子鲁王灵夔、江王元祥篇亦有"中兴"字,《文苑传》刘允济、富嘉谟篇亦有"中兴"字,皆谓中宗神龙初也。豆卢瑑、赵隐、卢简求、王镕《传》所云"中兴",则指后唐庄宗言之。

永崇中,坐与庶人贤通谋,降封零陵王。 "永崇"即"永隆"。史臣避明皇讳追改，《旧史》惟此《传》一见。

韦挺传

以人部侍郎崔仁师为副使。 唐初民部为六部之一，高宗即位，改为户部，避太宗名下一字也。此改"民部"为"人部"，亦史臣追书。《段平仲传》云"隋人部尚书段达六代孙"。

柳泽传

敢有常舞于宫。 泽上疏在睿宗时，不当回避"恒"字。此云"常舞于宫"、"常于游畋"，盖穆宗以后，史臣追改。

傅仁均传

以三元之法，一百八十去其积岁，武德元年戊寅为上元之首。 按：三元甲子之说，始于遁甲九宫。每岁行一宫，九岁而遍，六十岁未复其初，必转三甲子，而后终九宫之局。仁均既以武德戊寅为上元，则隋仁寿四年甲子为上元矣。今苏州虎丘寺有五代显德五年石幢，后题"下元甲子，岁在戊午"。依检仁寿四年甲子为上元，则麟德元年甲子为中元，开元十二年甲子为下元，兴元元年甲子又为上元，会昌四年甲子为中元，天祐元年甲子为下元。显德戊午，尚在下元篇也。

李淳风传

并演《齐人要术》。 "齐人"即"齐民"，避讳改。

刘仁轨传

史臣韦述曰。 《刘仁轨》、《裴光庭传》末俱引韦述史论，而后别有总论。《马燧传》末亦引史臣语，而后别有总论。列传第九十六卷则有论无赞。薛播等。

裴行俭传

斩伏念及温傅于都市。行俭叹曰："浑濬前事，古今耻之。但恐杀降之后，无复来者。"因称疾不出。 此语又见《裴炎传》。

张文收传

制《景云河清乐》,名曰"燕乐",奏之管弦,为乐之首。今元会第一奏者是也。　此卷盖沿韦述所撰《唐书》之文,故《唐绍》、《徐有功传》俱称明皇为"今上",此《传》云"今元会第一奏",亦开元史臣之词也。下卷《泽王上金传》,亦有"今上"字。

高宗诸子传

高宗八子,二王早世,为武后所毙者四人。　二王早世,谓原王及孝敬皇帝也。章怀太子、燕、泽、许三王,皆为武后所戕。考《肃宗诸子传》,李泌言"孝敬皇帝为太子监国,而仁明孝悌,天后方图临朝,乃鸩杀孝敬",则孝敬亦武后所毙,而本传不书,未免自相矛盾矣。

裴炎传

留太子哲守京师。　此"太子"谓中宗也,于史例不当书名。

韦思谦传

故孔子曰:"百姓足,君孰与不足;百姓不足,君孰与足?"　此有若之言。

王方庆传

时成均博士吴扬善。　《礼仪志》作"扬吾"。方庆驳辟闾仁谞告朔之议,已详《礼志》,而此《传》复叙其事,几五百言。

敬晖传

睿宗即位,追复五王官爵,赠晖秦州都督,谥曰"肃愍"。　按:元和三年,追谥张柬之为"文贞",桓彦范为"忠烈",敬晖为"贞烈",崔玄暐为"文忠",袁恕己为"贞烈"。《旧史·五王传》失书。

宋璟传

时易之兄弟皆为列卿,位三品,璟本阶六品,在下座。　按:璟时为御史中丞,官正四品,而阶止六品,故朝位犹在五品之下。易之官麟台监,昌宗官司仆卿,皆三品职事官,其阶亦必三品矣。

以官言之,正当为"卿";若以亲故,当为"张五"。 据璟所言,知唐人诗文称行第者,皆亲故之称。

张说传

其先范阳人,代居河东,近又徙家河南之洛阳。 此沿碑状之文。以史例言之,当云"河南洛阳人"也。

才望兼著,理合褒升,考中上。 说以特诏褒升,仅得中上考。李渤为考功员外郎奏御史大夫李绛、左散骑常侍张惟素、右散骑常侍李益三人,请赐上下考,则唐时上上考,盖不恒有矣。

左司郎中阳伯诚。 《王晙传》有"户部郎中杨伯诚",《礼仪志》有"户部郎中杨伯成",盖即一人而字各异。今西安府学有《大智禅师碑》,阴记河南少尹阳伯成撰,当据碑为正。

魏知古传

寻改紫微令,姚崇深忌惮之。 紫微令,崇所居之官也。"寻改"二字衍。

卢怀慎传

时南海郡利兼水陆,瓌宝山积,刘巨鳞、彭杲相替为太守、五府节度,皆坐赃巨万而死。 按《唐会要》:"至德二年,贺兰进明除岭南五府经略兼节度使,自此始有节度之号。已前但称五府经略,自此遂为定额。"《新·方镇表》亦云"至德元载升五府经略讨击使为岭南节度使",是天宝已前,初无"节度"之称。此《传》云开元已来四十年,广府节度清白者有四,谓"宋璟、裴伷先、李朝隐及休",盖史家追称之。《宋璟传》云:"转广州都督,仍为五府经略使。"《李朝隐传》云:"兼判广州事,充岭南采访处置使。"俱不云"节度"也。

源乾曜传

恐代官之咸列。 "代官",谓"世官"也。避讳改。

张嘉贞传

令公四俊，苗、吕、员、训。 苗、吕、员三人，皆举其姓，不应崔训独称名。盖本是"苗、吕、崔、员"，史家不知"员"读去声，乃改"崔"为"训"，颠倒其文，以协韵耳。

张九龄传

谥曰"文宪"。 当作"文献"。

辛替否传

往者，和帝之怜悖逆也。 悖逆，谓安乐公主也。睿宗追贬为"悖逆庶人"。

吴兢传

迁相州长垣县子。[①] 当云"迁相州刺史"。不云"刺史"者，蒙上文也。"长垣"上当有"封"字。

高仙芝传

累劳至四镇十将、诸卫将军。 唐末，藩镇部下有十将都虞候。据此《传》，则"十将"之名，唐初已有之。《段秀实传》，以十将张羽飞为招召将。

韦坚传

先是，人间戏唱歌词云："得丁纥反。体都董反。纥那也，纥囊得体歌？"[②] 按：《广韵》，"体"，蒲本切；《集韵》，部本切；未闻有都董之音；且都董双声，不可以成切，必转写之讹也。"体"从本，其音必与"本"相近，故转读为"宝"尔。

杨国忠传

父珣，以国忠贵，赠兵部尚书。 "兵部"当作"武部"，今扶风县有《珣神道碑》，明皇御制并书题云"赠武部尚书"，可证也。

王琚传

四哥仁孝,同气惟有太平。　武后生子四人,睿宗居第四,故明皇称为四哥。又《棣王琰传》云:"臣与新妇,情义绝者,二年于兹。臣有二孺人,又皆争长,恐此三人所为也。惟三哥辩其罪。"明皇为睿宗第三子,故诸子称为"三哥",然则唐时以"哥"为君父之称矣。

韦见素传

加朝散大夫。　诸《传》多不书散官,惟此《传》云"加朝散大夫","加银青光禄大夫","加金紫光禄大夫";《归崇敬传》云"加银青光禄大夫","加光禄大夫","加特进";《令狐楚传》云"自朝议郎授朝议大夫";《牛僧孺传》云"加银青光禄大夫","加金紫阶";《李珏传》"自朝议郎进阶正议大夫";《崔铉传》"加正议大夫,累迁金紫光禄大夫",此亦例之不一也。

天宝五年。　按:天宝初改"年"曰"载",此《传》书"天宝五年"、"天宝十三年",误。

李光弼传

遽命郝玉曰:"尔往击之。"玉曰:"玉步卒也。"　当作"郝廷玉",脱"廷"字。此事又见《廷玉传》。

临阵擒其大将徐璜玉、李秦授、周挚。　据此似挚已被擒,而下文又云"生擒安太清、周挚、杨希文等",前后不相应。

高适传

自玄宗还京后,于绵、益二州,各置一节度。　按:至德二载,置东川节度,治梓州。"绵"当为"梓"字之讹。

韦元甫传

韦元甫。　按:列传失书里居者:韦元甫、卫伯玉、阎巨源、孟元阳、郝廷玉、高固、刘栖楚、张宿、熊望、韦贯之、郑纲、唐衢、李翱、宇文籍、韦辞、乌重胤、李祐、董重质、石雄、韩全义、王播、徐晦、赵宗儒、宋申锡、高钺、王璠、李渤、牛僧孺、朱朴、郑綮、周利贞、韦表微、许康佐等，以《新史》证之，则诸人籍贯，非尽无可考也。

严武传

出为绵州刺史。 按：《房琯传》，武自京兆少尹，出为巴州刺史。
旧相房琯，出为管内刺史。 琯时为汉州刺史，在成都节度管内。

郭英乂传

先朝陇右节度使、左羽林军将军知运之季子也。 "先朝"二字可省。

崔宁传

大历十四年入朝，迁司空、平章事，兼山陵使，寻代乔琳为御史大夫、平章事。 宁以西川节度入朝，加平章事，而未落节镇。此使相，非真相，故《新史·宰相表》[②]不书。其迁司空，亦是检校司空，非守司空，故《表》亦不书。

杨炎传

肃宗就加散骑常侍，赐号玄靖先生，名在《逸人传》。 按：《旧史》有《隐逸传》，无《逸人传》，而《隐逸传》亦无"杨播"名，盖亦沿旧文而未刊正也。

杨绾传

故事，舍人年深者，谓之"阁老"。公廨杂料，归阁老者五之四。 按：绾以起居舍人知制诰，即行中书舍人事，其后累迁司勋员外郎，职方郎中，仍知制诰，至是正授舍人，故以久次得称"阁老"也。给事中久次者，亦称"阁老"。《杜甫集》称严武为"严八阁老"，又有《留别贾严二阁老诗》，贾至为中书舍人，严武为给事中也。

崔祐甫传

祖晊，怀州长史。父沔，黄门侍郎，谥曰孝公。 沔在《孝友传》。

彼《传》云为中书侍郎,终太子宾客,不云为黄门侍郎,又不及其谥;彼《传》云"沔父皑,库部员外郎,汝州长史",此《传》云"名晊,官怀州长史",皆互异。考《新书·世系表》,沔父晧,安平公,非晊亦非皑也。晊官徐州司马,非怀州长史。其官汝州长史者,名暄,不名皑,与二《传》又相抵牾。

崔植传

祐甫弟庐江令婴甫子。　　上文云"祐甫无子,遗命犹子植为嗣",则祐甫与婴甫,当是亲兄弟矣。据《世系表》,祐甫乃晧之孙,沔之子;婴甫则晊之孙,滂之子,是祐甫、婴甫为小功昆弟,疑《表》有误也。

裴胄传

其先河东闻喜人,今代葬河南。　　以史例当云"河南人"。《裴谞传》云"河南洛阳人"。是其例也。

伯父宽,户部尚书,有名于开元、天宝间。　　此语又见《裴谞传》。谞为宽子,当删此存彼。彼云"礼部尚书",此云"户部",亦当从彼《传》也。且列传第五十卷已有《宽传》,若以谞、胄二人附见篇末,则文省而当矣。《宽传》不及谞、胄名,盖史局人多,彼此失于检照也。

校勘记

① "迁相州长垣县子",《旧唐书》卷一○二作"迁相州长史,封襄垣县子"。

② "纥囊得体歌","歌",《旧唐书》卷一○五作"耶"。

③ "宰相表","相",原本作"辅"。《新书》为"宰相世系表",据改。

旧唐书四

张镒传

朔方节度使齐丘之子也。　齐丘既未立传,当云"父齐丘,开元中朔方节度使"。

萧复传

普王为襄汉元帅,以复为户部尚书、统军长史。以复父名衡,特诏避之。　元帅府有行军长史,"衡"与"行"同音,故特避之。李贺父名晋肃,论者讥其举进士,亦其类也。

李揆传

迁司勋员外郎、考功郎中,并知制诰。扈从剑南,拜中书舍人。郎官知制诰,盖始于明皇时。

李泌传

其先辽东襄平人,西魏太保、^①八柱国司徒何_{此字误。}弼之六代孙,今居京兆。　以史例,当云"京兆人"。

李抱玉传

光弼自将于中滩城。　《李光弼传》作"中潬城"。且抱玉守南城事已见《光弼传》,此亦重出也。

卢从史传

其先自元魏已来,冠冕颇盛。　此篇首不书里居,但言先代冠冕之盛,亦非史例。

崔元翰传

李汧公镇滑台,辟为从事。 李汧公者,李勉也。此采用志状之
文,未合史法。

贾耽传

寻以本官为东都留守、东都畿汝南防御使。 "南"字衍。

姜公辅传

**授左拾遗,召入翰林为学士。岁满当改官,公辅上书自陈,以母老
家贫,以府掾俸给稍优,乃求兼京兆尹户曹参军。** 唐时翰林学士无
品秩,但为差遣,故常带它官,支其俸给。公辅本以左拾遗入翰林,岁
满改官,乃兼京兆户曹参军。元和初,白居易亦以左拾遗为翰林学士,
及当改官,引公辅例,除京兆户曹参军。盖拾遗虽为两省供奉官,秩止
从八品,京府参军,秩正七品,俸给较厚,故恬退者喜居之。居易为左
拾遗,赋诗云:"岁愧俸钱三十万。"及兼户曹,赋诗云:"俸钱四五万,月
可奉晨昏。廪禄二百石,岁可盈仓囷。"此实录也。

王镕传

伪梁加尚书令,及唐室中兴,去伪尚书令之号。 此《传》前云"河
东节度使李克用虎视山东,方谋吞噬",后云"唐室中兴,去伪尚书令之
号",词意自相矛盾。

刘怦传

今昌平故里,朝廷改为尉卿司徒里。 "尉"上当有"太"字,"卿"
当作"乡"。

李忠臣传

宝应元年七月,拜忠臣太常卿同正、兼御史中丞、淮 此下当脱"西"
字。**十一州节度;寻加安州刺史,仍镇蔡州。** 是岁,先以来瑱为淮西

河南十六州节度使,治安州;而以裴茙代瑱镇襄阳,既而瑱竟不行,乃除忠臣为帅。《传》云"加安州刺史",则治所亦当在安州矣。又据《新史·方镇表》,是时别有蔡汝节度使,乾元元年置,本名豫汝节度。大历八年始废,则忠臣初授淮西时,未得镇蔡州也。

大历五年,加蔡州刺史。 淮西节度移治蔡州,当在是年。《方镇表》在八年,未知其审。

严绶传

绶在镇九年,以宽惠为政,士马蕃息,境内称治。 按:《裴垍传》称"绶在太原,政事一出监军李辅光,绶但拱手而已"。本传讳而不书。

萧昕传

迁中书舍人,兼扬府司马,佐军仍旧。 据此,则唐时中书舍人,亦有带出外任者,而史不多见。

杜佑传

贞元十三年,徐州节度使张建封卒,其子愔为三军所立,诏佑以淮南节制检校左仆射、同平章事,兼徐泗节度使。 据《本纪》,在贞元十六年。

裴垍传

李吉甫自翰林承旨拜平章事。 《李吉甫传》不云为承旨。

李吉甫传

父栖筠,代宗朝为御史大夫,名重于时,国史有传。 按:《李德裕传》亦云"祖父自有传",然本书却无《栖筠传》。

权德舆传

德舆居西掖八年,其间独掌者数岁。 唐人称门下为"左掖",中书为"西掖"。据《六典》,中书舍人本六人,中叶以后,常以它官知制诰,行舍人之职。德舆以贞元十年迁起居舍人,即兼知制诰,至十八年,拜礼部侍郎,故云"居西掖八年"也。至德以后始置翰林学士,专掌内制,而中书但掌外制,西掖之员渐少,乃有一人独掌制诰,如权德舆者。

奚陟传

时中书令李晟所请纸笔杂给,皆不受,但告杂事舍人,令且贮之。《新史·百官志》,舍人以久次者一人为"阁老",判本省杂事,所谓"杂事舍人"也。

蒋系传

李德裕用事,恶李汉,以系与汉僚婿。　系与汉,皆韩愈之婿。

刘昌裔传

杨琳之乱,昌裔说其归顺。　当作"杨子琳",脱"子"字。
及琳授泸州刺史。　"洺"当作"泸"。

高固传

高祖侃,永徽中为北庭安抚使,有生擒车鼻可汗之功,官至安东都护,事具前录。　此篇盖沿《宪宗实录》之文,故有"事具前录"一语。侃以右骁卫郎将擒车鼻,见《突厥传》。

刘迺传

高祖武斡,武德初拜侍中,即中书侍郎林甫兄子也。　按:《宰相表》,[2]无侍中刘武斡名,此必误也。《宰相世系表》,武斡,会宁五州留守,袭金乡公。

孔戣传

迁吏部侍郎,转左丞。　按:韩退之撰《戣墓志》云"改给事中,权知尚书右丞,明年拜右丞",与此《传》不合。《韩集》有作"左丞"者,注家定从"右",而以《新》、《旧史》为误,恐未然。
上谓裴度曰:"尝有上疏论南海进蚶菜者,词甚忠正,此人何在,卿第求之。"度退访之,或曰祭酒孔戣尝论此事,度征疏进之。 按:《新书》:"戣为华州刺史,明州岁贡淡菜蚶蛤之属,戣以为自海抵京师,道路役凡四十三万人,奏罢之。"《墓志》亦云"明州岁贡",独此云"南海",盖史家因其为岭南节度使,妄益"南海"字耳。此《新史》之胜于《旧》者。

长庆四年正月卒,时年七十三。 《志》作"七十四"。

武元衡传

曾祖德载。 当作"载德",武后时封颍川王。

祖平一,终考功员外郎、修文馆学士,事在《逸人传》。 按:《旧史》无《逸人传》。平一事,史亦阙之。

八年,元衡自蜀再辅政,时太白犯上相,历执法。占者言:"今之三相皆不利,始轻末重。"月余,李绛以足疾免。明年十月,李吉甫以暴疾卒。至是,元衡为盗所害。 按:《天文志》及《本纪》俱不载元和八年太白星变事,且李绛罢相在九年二月,吉甫之卒即在其年十月,《传》云"明年",亦误。

郑从谠传

国之名臣,文忠有焉。 此《传》词多溢美,盖出于门生故吏志状之文。

乌重胤传[3]

乌重胤,潞州牙将也。 《宰相世系表》"张掖人"。

卢简辞传

三辟诸侯府。 此亦沿志状之文,当时以方镇为诸侯也。《李宗闵传》:"随牒诸侯府。"《杨授传》:"释褐从事诸侯府。"《李让夷传》:"释褐诸侯府。"《杨严传》:"释褐诸侯府。"《路岩传》:"累辟诸侯府。"

王正雅传

其先太原尹,东都留守翃之子。 "尹"当作"人",不连下读。

伯父翊，代宗朝御史大夫。　按：翊事已附其弟《翃传》，彼《传》但云为御史中丞。

柳公权传

拜右拾遗，充翰林侍书学士。　翰林有侍书书诏，学士惟见于《公权传》。

殷盈孙传

昭宗郊祀圆丘，两中尉杨复恭及两枢密，皆请朝服。盈孙上疏。按：《昭宗纪》"太常博士钱珝、李绰等奏论"，不及盈孙名。

元稹传

二十四调判入第四等。　此试书判拔萃科也。四等尚为优选，则上三等尤难得，所谓久虚之等也。

白敏中传

懿宗即位，征拜司徒、门下侍郎、平章事，复辅政。　按：《本纪》失载敏中复相事。

赵宗儒传

昭肃晏驾。　"昭肃"当作"昭愍"，敬宗谥也。

钱徽传

吴郡人。　当作"吴兴人"。

文昌面奏，言徽所放进士郑朗等十四人，皆子弟，艺薄，不当在选中。　朗乃宰相珣瑜之子，是年重试被落，后竟为宰相。

令狐楚传

入为吏部尚书，仍检校右仆射。故事，检校官高者便从其班。楚以正官三品不宜从二品之列，请从本班。优诏嘉之。　仆射从二品，尚书正三品。唐初检校官，乃任职而未正授之称，故《新史·宰相表》，①开元以前检校左右仆射、侍中中书令者，皆与正官同列。肃、代以后，检校但为虚衔，故检校之三公三师不入于表。令狐楚以检校仆射，但从正官尚书之班也。

牛僧孺传

以其所管汉阳、汶川两县，隶鄂州。　"汶"当作"汉"。

郑覃传

复为闵、孺所排。　谓宗闵、僧孺也。两字名，不宜举一字。

郑朗传

长庆元年，登进士甲科。　是岁，钱徽知礼部，举放进士十四人，朗居第一。穆宗命王起、白居易覆试，朗等十人皆落下。此《传》书登科而不书黜落，失其实矣。

李绅传

高祖敬玄，则天朝中书令，封赵国文宪公，自有传。　按：敬玄相高宗，非武后时。本传又不载其封谥。

李珏传

武宗即位之年，九月与杨嗣复俱罢相，出为桂州刺史、桂管观察使。三年，长流骧州。　按：《武宗纪》，会昌元年三月"贬桂管观察使李珏端州司马，杭州刺史裴夷直骧州司户"，此武宗即位之次年也。嗣复与珏同时贬州司马，其贬骧州者，乃裴夷直，非李珏；且为司户，非长流，《传》殆误矣。珏、嗣复罢相，《纪》在八月，而《传》云九月，亦不合。

李德裕传

史臣曰：臣总角时，亟闻耆德言卫公故事。　按：史局非一人之手，而论辞称"臣总角时"，果何人之语乎？且自开运二年史成，上溯会昌之末，已百年矣，盖沿唐人纪载之词，而未及修正也。

嗣襄王煴传

嗣襄王煴。　按：《旧史》不叙煴之世系。考：肃宗子僙、敬宗子执中，俱封襄王。《新史》以煴为僙之裔孙，《通鉴》亦以为肃宗玄孙。

李宗闵传

元和四年，复登制举贤良方正科。　按：《本纪》、《裴垍传》俱云"元和三年"。

李让夷传

时起居舍人李褒有痼疾，请罢官。李固言欲用崔球、张次宗，郑覃曰："崔球游宗闵之门，赤墀秉笔记注为千古法，不可用朋党。如裴中孺、李让夷，臣不敢有纤芥异论。"　此事又见《郑覃传》。《覃传》言"起居郎阙"，据此乃是起居舍人阙，非郎也。

崔慎由传

清河武城人。　按：《崔融传》云"齐州全节人"，而此云"清河武城人"，盖举其姓望也。

曾祖翘，位终礼部尚书、东都留守。　《崔融传》云："翘，开元中，中书舍人。"

赵光逢传

鼎没于梁，累官至宰辅。　《王镕》、《王处存传》称梁为"伪梁"，此《传》亦云"鼎没于梁"，皆后唐史臣之词。

张裼传

乾符三年，出为华州刺史。其年冬，检校吏部尚书、郓州刺史、天平军节度观察等使。四年卒于镇。　按：《僖宗纪》，裼为天平军节度使在二年七月，此云三年冬，似误也。《纪》称"四年四月，黄巢攻郓州，陷之，逐节度使薛崇"，盖裼卒而崇代之。《新本纪》，裼卒于五年，乃若承薛崇之后者，误之甚矣。

辉王时拜中书侍郎平章事。 《本纪》题"哀帝",而此《传》及《司空图传》称为"辉王",似非史法。

王徽传

其先出于梁魏。魏为秦灭,始皇徙关东豪族实关中。 此《传》叙徽先世,首尾二百余言,皆碑状之繁文,于史例无当也。

刘崇望传

其先代郡人,随元魏孝文帝徙洛阳,遂为河南人。八代祖隋大理卿坦,生政会。 《政会传》在列传第八卷,崇望先世出于代北,当见《政会传》。

徐彦若传

父商,咸通初,加刑部尚书,充诸道盐铁转运使,迁兵部尚书。四年,以本官同平章事。六年罢相,检校右仆射、江陵尹、荆南节度观察等使。 按:《懿宗纪》,咸通六年二月,以御史中丞徐商为兵部侍郎、同平章事。四月,转中书侍郎。七年八月,兼工部尚书。八年十月,兼刑部尚书。十年正月,以门下侍郎、兼刑部尚书、同平章事徐商检校兵部尚书、江陵尹、荆南节度使。盖商以咸通六年入相,十年罢相。其拜相之初,官止兵部侍郎,中间三转官,至罢相出镇,始得检校兵部尚书耳。《传》所书拜罢之年及官秩,皆误也。

柳璨传

菜为中书舍人,判史馆,引为直学士。 按:史馆无"直学士"之名,盖引为直馆也。唐时三馆职事人,皆以"学士"目之,史家不察,讹为"直学士"尔。

若循两省迁转拾遗,超等入起居郎。 两省供奉官拾遗从八品,补阙从七品,起居郎从六品,给事舍人正五品,谏议大夫正四品。由拾遗叙迁,当历补阙,若迁起居郎,是为超等。柳璨以拾遗骤加谏议入相,越过正从九等。

李可举传

中和中，累官至检校太尉。　《僖宗纪》，广明元年六月，加可举检校司徒、同平章事。⑤唐自中叶以后，方镇以使相为最荣，此《传》书"检校太尉"而不书"平章事"，是舍重而举其轻者矣。

何进滔传

累官至司徒平章事。　《新书·宰相表》无进滔名，盖检校司徒，非真司徒也。⑥《唐会要》，文宗朝使相五人，亦无进滔名。

何弘敬。大中后，宣宗务其姑息，继加官爵，亦至使相。　按：《武宗纪》，会昌四年八月"以魏博节度使、检校尚书右仆射、同平章事何弘敬进封庐江郡开国公"。是弘敬除使相，乃在武宗朝，非宣宗姑息使然也。《唐会要》，武宗使相四人，弘敬已预其一。

韩简传

遂移兵攻郓。郓帅曹全晸出战，为简所败，死之。郓将崔君裕收合残众，保郓州。简进攻其城，半年不下，河阳复为诸葛爽所袭。简因欲先讨君裕，次及河阳，乃举兵至郓，君裕请降。寻移军复攻河阳，行及新乡，为爽军逆击，败之。　按：《朱瑄传》，郓帅薛崇为王仙芝所杀，郓将崔君裕权知州事。全晸知其兵寡，袭杀君裕，据郓州，自称留后。光启初，韩简欲兼并曹郓，以兵济河。全晸出兵逆战，死之。瑄收合残卒，保州城。然则君裕权知郓州，乃在全晸之前，全晸袭君裕而代之，非全晸死而君裕为之守也。全晸既死，保郓州者乃朱瑄，非君裕。此《传》殊疏谬矣。两《传》卷第相连，不知何以抵牾若此。

罗弘信传

子威。　当云"绍威"，脱"绍"字。

王重荣传

乾宁初，重盈卒。　据《唐会要》，重盈在僖、昭两朝，皆在使相之列，重盈子珙，亦昭宗朝使相也。而《传》皆不书。

朱温初伏镇、定。 《旧书》例称"朱全忠",独王珂、王处直两《传》,称"朱温"。

诸葛爽传

明年正月,简为牙军所杀。 据此《传》,韩简以中和元年十一月,为爽所败。二年正月,为牙军所杀。而《韩简传》云,简为爽军击败,单骑奔回,疽发背而卒。时中和元年十一月也。则简但以兵败病死,非为牙军所害。其年月亦异。《僖宗纪》亦云简为部下所杀,而书于中和三年二月,其互异如此。

宦官传

田令孜。为予报令公,建至此,无所归也。 《僖宗纪》,中和三年七月,赐陈敬瑄铁券已称守太尉、同平章事,此《传》王建称敬瑄为"令公",盖昭宗嗣位之始,加至中书令也。

酷吏传

王旭。曾祖珪,贞观初为侍中,尚永宁公主。 按:珪封永宁郡公,未尝尚主。尚南平公主者,珪之子敬直也。

儒学传

盖文达。文懿者,贝州宋城人。 "宋城"当作"宗城"。

文苑传

袁朗。朗十三代祖汉司徒滂。 此叙袁氏先世百六十余言,冗杂无当,大意谓琅邪王氏,世有台辅,不若袁氏之世笃忠贞也。

贺知章。知章与越州贺朝万、齐融,扬州张若虚、邢巨。 按:下文云:"朝万止山阴尉,齐融昆山令,若虚兖州兵曹,巨监察御史。"皆举其名。今鄞县有《育王寺常住田碑》,秘书监正字万齐融撰。盖"贺朝万"一人,"万齐融"又一人也。《传》脱一"万"字。

李白。山东人。 "山东"非唐时州县之名,杜甫诗虽有"山东李白"之称,不可以入史也。白既家任城,即当云"任城人"矣。《李琪传》

云："山东甲姓。"《卢士玫传》云："山东右族。"其失与此同。

李商隐。大中末,仲郢坐专杀左迁,商隐废罢,还郑州。　按:柳仲郢节度东川时,商隐在其幕府。以《仲郢传》考之,则云"大中年,转剑南东川节度"矣。"在镇五年,美绩流闻,征为吏部侍郎",非坐事左迁也。其坐决赃吏过当左迁,则在镇山南西道时,其纪年为咸通,非大中末,商隐亦不在幕矣。

隐逸传

王绩。兄通,字仲淹,隋大业中名儒,号文中子,自有传。　按:通名附其孙《勃传》,非自有传也。

列女传

宋庭瑜妻魏氏。隋著作郎彦泉之后也。　"彦泉"当是"彦渊",避唐讳追改。

突厥传

西有歌罗禄,北有结骨。　"歌罗禄"亦作"葛逻禄",声之转也。

黄巢传

召故相驸马都尉于琮于其第。琮曰:"吾唐室大臣,不可佐黄家草昧,加之老疾。"贼怒,令诛之。广德公主并贼号咷而谓曰:"予即天子女,不宜复存,可与相公俱死。"是日并遇害。　此事已见《于琮传》。

杨复恭露布献捷于行在,陈破贼事状。　复恭露布七百余言,已载《僖宗纪》,而《巢传》又重出之,当存此而删彼。

忠武黄头军使庞从等三十都。　《僖宗纪》作"三十二都"。庞从,即庞师古也。

校勘记

① "西魏太保","西",原本作"而",误。据《旧唐书》卷一三〇改。

② "宰相表","相",原本作"辅",径改。

③ "乌重胤",原本作"乌重裔",盖避清世宗讳,据《旧唐书》卷一六一改。

④ "宰相表","相",原本作"辅",径改。

⑤ 《旧唐书》卷一九《僖宗纪》未见此事。

⑥ "宰相表","相",原本作"辅",径改。

廿二史考异卷六十一

五代史一

目录

梁本纪一

其父诚,以《五经》教授乡里。 按:朱梁自称舜司徒虎之四十六代孙,石氏自称卫大夫碏之后,刘氏自称东汉淮阳王昞之后,皆当时词臣傅会臆造,故欧公削而不书。

王铎承制拜温左金吾卫大将军、河中行营招讨副使。 按:《旧唐书·僖宗纪》:"承制拜华州刺史、潼关防御镇国军等使。"

天雄军乱,囚其节度使乐彦贞。 按:《唐书·方镇表》:"天祐元年,赐魏博节度号天雄军。"此彦贞被囚,在文德元年,其时未赐天雄军号,盖史家追称之。

淮西牙将申丛执秦宗权,折其足。 按:申丛执宗权事,据《唐书·僖宗纪》,在文德元年十一月,此系于龙纪元年者,盖因郭璠杀丛事而追叙之。

曹州将郭绍宾,杀其刺史郭饶来降。 《唐书·昭宗纪》"曹州将郭铢,杀其刺史郭词",与此《纪》姓同而名异。

战于洹水,擒克用子落落。 《唐本纪》亦云"亡其子落落"。 按:《唐太祖家人传》克用八子,无"落落"名。

取其泌、随、邓三州。 "泌"当作"唐"。《唐书·昭宗纪》"是年七月,朱全忠陷唐州、隋州,八月,陷邓州",即其事也。曾三异据《唐地理志》,证"泌"字之误,其说良是,但未及引《昭宗纪》耳。曾氏校正,只有四条,俱在第一卷,惟元椠本及汲古阁本有之。

遣朱友谦杀胤于京师。 曾三异校定曰:"按《家人传》,杀崔胤者,朱友谋,非友谦。" "友谋"当作"友谅",此刊本之讹也。全忠杀崔胤,《唐书·昭宗纪》在天祐元年正月,与此差一年。

遣蒋玄晖杀德王裕等九王于九曲池。 九王,谓德王裕、棣王祤、虔王禊、沂王禋、遂王祎、景王祕、祁王祺、雅王、名犯庙讳。琼王祥也。见《通鉴》。《唐书·昭宗纪》失书沂、雅二王。

梁本纪二

开平元年五月,封子友文博王、友珪郢王、友璋福王、友贞均王、友徽建王,俚—本脱"俚"字。**友谅衡王、友能惠王、友诲邵王。** 按:《家人传》,同日封者,尚有贺王友雍一人,《纪》失之。

二年三月,封鸿胪卿李崧介国公。① 《五代会要》作"李岚"。

四月,翰林学士承旨礼部侍郎张策为刑部侍郎、同中书门下平章事。 按:《唐六臣传》,策由中书舍人、翰林学士迁工部侍郎奉旨。盖梁祖之父名诚,"诚"、"承"同音,故改"翰林学士承旨"为"奉旨"也。开平三年九月,翰林学士承旨杜晓,本传亦作"奉旨",与此正同。后唐以后,仍复"承旨"之名。校书家失于稽考,并《梁本纪》中"奉旨"字,亦改为"承",误矣。《传》称工部,而《纪》云礼部,考之《薛史》本传,则策由工部侍郎转礼部,及拜相,乃转刑部也。唐宋六部之次,吏、户、礼在左,兵、刑、工在右,吏、兵为前行,户、刑为中行,礼、工为后行,由工而转礼,自右转左也,由礼而转刑,自后行转中行也。此当时叙迁之格,考官制者,不可不知。

五月,潞州行营都虞候康怀英及晋人战于夹城。 夹城,梁人谓之"夹寨",以"诚"、"城"同音,避讳改称也。《欧史》作"夹城",则据晋人之词。

六月,忠武军节度使刘知俊。 按:是年三月,书"匡国军节度使刘知俊",此又书"忠武军"者,考其年五月改匡国军为忠武,与许州节镇两易其名,要之仍镇同州,名异而实不异,故《知俊传》不云"改忠武节度"也。

三年七月,襄州军乱,杀其留后王班。 《刘𨞢传》称"山南节度使"。

梁本纪三

贞明二年十月,中书侍郎郑珏同中书门下平章事。 按:本传,珏以中书舍人、翰林学士奉旨拜中书侍郎、同中书门下平章事,非由中书侍郎拜相也。《通鉴》据《唐余录》书"礼部侍郎郑珏为中书侍郎平章事",宜得其实。

六年四月,河中节度使朱友谦袭同州,杀其节度使程全晖,叛附于晋。 按:《朱友谦传》:"友谦遣其子令德袭同州,逐节度使程全晖,因求兼镇。"则全晖未尝被杀也。《旧五代史·末帝纪》亦云"友谦袭陷同州,节度使程全晖单骑奔京师",可证此《纪》之误。

唐本纪一

尽忠与其子执宜。 按:《唐书·沙陀传》"尽忠与朱邪执宜谋",不云"其子",且自金山至尽忠凡四世,彼《传》但称"沙陀",不系以"朱邪",则二人之非父子明矣。两史之互异如此。

咸通十三年,徙国昌云州刺史、大同军防御使,国昌称疾拒命。国昌子克用,尤善骑射,为云州守捉使。国昌已拒命,克用乃杀大同军防御使,据云州,自称留后。唐以太仆卿卢简方为振武节度使,会幽、并兵讨之。简方行至凤州,军溃,由是沙陀侵掠代北为边患矣。明年,僖宗即位,以李钧为灵武节度使、宣慰沙陀六州三部落使,以招辑之。拜克用大同军防御使。 按:《唐书·沙陀传》,克用以乾符三年杀文楚,边校共丐克用为大同防御留后。不许,发诸道兵进捕。诸道不甚力,而黄巢方引度江,朝廷度未能制,乃赦之,以国昌为大同军防御使。国昌不受命。据《五代史》,则国昌拒命在先,克用据云州在后,据《唐史》则克用杀文楚在先,国昌拒命在后;且一云懿宗咸通之末,一云僖宗乾符之年,其互异如此。考《旧唐书·懿宗纪》,咸通十三年十二月,[②]以李国昌为检校右仆射、云州刺史、大同军防御等使。国昌称病辞军务。是月,李国昌小男克用,杀云中防御使段文楚,据云州,自称防御留后。十四年三月,以新除大同军使卢简方为单于大都护、振武节度使。时李国昌据振武,简方至岚州而卒。与《五代史》大略相同,惟《五代史》以"岚州"为"凤州",则转写之讹耳。《薛史·武皇纪》、《新书·沙陀传》以为乾符三年,《僖宗纪》又以为五年,盖均失之。《通鉴》于咸通十三年书国昌徙大同防御,称疾不赴,至克用杀文楚事,则书于乾符五年,亦未甚核也。

克用得从者薛铁山、[③]贺回鹘等,随电光,缒尉氏门出。 《唐书·沙陀传》,克用与薛志勤等间关升南谯门缒走营。志勤与铁山,盖即一人。

遣弟克修,将兵万人。 《沙陀传》作"克勤"。 按:《唐家人传》,太祖诸弟无名"克勤"者。

葬克用于雁门。 《五代会要》,太祖葬建极陵。

以朱邪为姓,拔野古为始祖。 《五代会要》,懿祖讳执宜、沙陀府都督拔野之六代孙。

为契苾何力所败，遂没不见。　今考《唐书·沙陀传》，高宗朝即有沙陀金山，从薛仁贵讨铁勒，金山子辅国，辅国子骨咄支，即尽忠之父也，何云"没不见"邪？

唐本纪二

梁谢彦章军于杨刘。　《李存进碑》作"阳留"。

同光元年闰月，祖国昌，祖妣秦氏，皆谥曰文景。　按：《五代会要》，国昌追尊文皇帝，而太祖之母曰文景皇后秦氏。盖帝谥文而后谥文景也，《纪》以为"皆谥文景"者，失之。《李存进碑》亦称"献祖文皇帝"。

二年二月，群臣上尊号曰昭文睿武光孝皇帝。　《五代会要》，是年四月，上尊号曰昭文睿武至德光孝皇帝，多"至德"二字，又以二月为四月。

四年四月，皇帝崩。注年四十三。　按：《五代会要》，庄宗以唐光启元年十二月二十二日生于晋阳宫，天祐二十年四月即位于魏州，年三十九。同光四年崩，年四十二。光启元年乙巳，同光四年丙戌。此云"四十三"者，转写之讹也。吴缜据此误文，谓庄宗以甲辰生，乃疑破王行瑜献捷时，不止十一岁，则误之甚矣。克用破邢州，孟方立饮药死，在龙纪元年，己酉。其时庄宗恰五岁，吴氏乃举文德元年戊申。晋兵破奚忠信事以实之，亦非也。

唐本纪三

父霓，为雁门都尉。[④]　一本"霓"作"电"，误。《五代会要》亦作"霓"。

天成元年三月壬子。　《通鉴》作"壬戌"。依《长历》，此月丁巳朔无壬子日，壬戌乃月之六日也。当以《通鉴》为正。下三条并同。

甲寅，军变。　《通鉴》作"甲子"，乃三月八日也。

丁巳，以其兵南。　《通鉴》作"丁卯"。

壬寅，入汴州。　《通鉴》作"壬午"。

四月丁亥，庄宗崩。　丁亥下当有"朔"字。

壬子，魏王继岌薨。　继岌死于非命，似不当以薨书。

八月，平卢军节度使霍彦威杀其登州刺史王公俨。　按：《符习传》，公俨擒平卢监军杨希望，杀之，因自求为节度使。明宗乃以房知温镇平卢，拜公俨登州刺史。公俨不时承命，知温擒而杀之。此云霍彦威杀之，未知孰是。《薛史·本纪》亦作"霍彦威"。

二年七月，随州刺史西方邺取夔、忠、万州。 按：《邺传》云拜夔州刺史，不云为随州刺史。

长兴四年八月戊申，大赦。 是日，上尊号曰圣明神武广道法天文德恭孝皇帝。见《通鉴》。故有大赦。《欧史》书赦而不书上尊号。

其即位时，春秋已高。 明宗生于唐咸通八年丁亥，以同光四年丙戌即位，恰六十岁矣。

唐本纪四

愍皇帝。 《五代会要》"愍"作"闵"。

明宗第五子从厚也。 按：《家人传》，明宗四子，从厚次居三。《五代会要·帝号篇》亦称第三子，而于《诸王篇》则云"明宗第二子从璟，第三子从荣，第四子从璨，第五子从益"，盖其时以从珂为长子，又以侄从璨列于昆弟之次，则从厚当居第五，而从益为第六矣。《纪》、《传》虽异词，要之各有所据。

应顺元年正月，回鹘可汗王仁美，遣使者来。 按：《四夷附录》称唐庄宗册王仁美为英义可汗。《纪》在同光二年。是岁，仁美卒，其弟狄银立。同光四年，狄银卒，阿咄欲立。天成二年，权知国事王仁裕遣李阿山等来，明帝遣使者，册仁裕为顺化可汗。《纪》在三年。晋高祖时，又册为奉化可汗。仁裕讫五代，常来朝贡。今《本纪》于是年书"仁美遣使者来"，又清泰二年书"回鹘可汗王仁美使其都督刘福海来"；《晋本纪》，天福三年书"回鹘可汗王仁美使翟全福来"，四年书"封回鹘可汗王仁美为奉化可汗"，此四条"仁美"字，似皆"仁裕"之讹。

三月戊辰，如卫州。 此下当书"皇帝崩"而不书，乃欧公之疏。徐氏注谓当于《废帝纪》书"弑"，此亦文过之词。论史例，自宜两见，如不书"帝崩"，亦当云"从珂入京师，废帝为鄂王"，庶几首尾完备也。

庄宗呼其小字曰："阿三不徒与我同年。" 按：潞王与庄宗皆以乙巳岁生，故云"同年"。

清泰元年，四月，弑鄂王。 徐氏注失书愍帝之年。 按：《五代会要》，唐天祐十一年十一月二十八日生于晋阳，长兴四年即位，年二十一。应顺元年即清泰元年。遇弑，年二十二。此可据以补徐注之阙矣。然《会要》之文，亦有抵牾。考天祐十一年，即梁乾化四年。岁在甲戌，应顺元年，岁在甲午，首尾仅二十一年，若以年二十二推之，当生于天祐十年，若果生于天祐十一年，则年止二十有一。二者必有一误也。《薛史》年二十一。

三年十一月，皇帝崩，注年五十三。　按：《五代会要》，帝以唐光启元年正月二十三日生，应顺元年即位，年五十。清泰三年崩，年五十二。此云"五十三"者，亦转写之误也。吴氏据此误本，谓潞王以甲辰生，不可信。

晋本纪一

天福二年五月，追尊高祖璟。　《五代会要》"璟"作"景"。

曾祖郴。　汲古阁本"郴"作"彬"。《会要》亦作"郴"。

考绍雍，庙号献祖。　绍雍，即臬捩鸡也，后更制名耳。献祖，《五代会要》作"宪祖"。

六月，张从宾寇河阳，杀皇子重义，寇河南，杀皇子重信。　按：《家人传》，重义为东都留守，即河南。重信为河阳三城节度使，则河阳所杀者，当是重信，河南所杀者，乃是重义也。"义"、"乂"音相同，实即一人。

三年八月，冯道及左仆射刘昫为契丹册礼使。　按：《辽史》，会同元年"晋遣守司空冯道、左散骑常侍韦勋来上皇太后尊号，左仆射刘昫、右谏议大夫卢重上皇帝尊号"。此《纪》所书者，两正使之名耳。

四年正月，旌表深州民李自伦门闾。　按：《一行传》称"深州司功参军李自伦"，则非编户之民也。

七年六月，皇帝崩于保昌殿。　保昌殿在邺都。

注年五十二。　按：《五代会要》，晋高祖以唐景福元年壬子岁。二月二十八日生，清泰三年即位，年四十五。天福七年壬寅岁。崩，年五十一。此云"五十二"者，转写之讹。

晋本纪二

高祖六子，五皆早死。　考《家人传》及《会要》，高祖子凡七人，重英、重义、重胤、重信、重进、重杲皆先死，此《纪》云"六子，五皆早死"者，误也。

天福七年十一月，葬圣文章武孝皇帝于显陵。　"章武"下脱"明德"二字。

开运三年十二月，奉国都指挥使王清。　本传作"奉国都虞候"。

汉本纪

天福十二年四月，蕃汉兵马都孔目官郭威。　按：《周本纪》不言为孔目官，史之阙也。

秋闰七月。　依史例当书闰月。

天平军节度使高行周为邺都行营都部署。　按：《薛史·高祖纪》，是年七月，以邺都留守天雄军节度使杜重威为宋州节度使，以宋州节度使高行周为邺都留守。其时天平节度李守贞与河中节度白文珂亦互相更代，初无行周移镇天平之事，盖《欧史》误也。

周本纪一

隐帝即位，是岁三月，河中李守贞、永兴赵思绾、凤翔王景崇相次反。　按：《汉本纪》，惟守贞反在三月，思绾则以四月，景崇则以七月，此《纪》总系之三月，非也。《李守贞传》云："守贞乃决计反，而赵思绾先以京兆反，遣人以赭黄衣遗守贞，守贞大喜。"又与《汉本纪》不同。

诏镇宁军节度使李弘义。　《宋史》作"洪义"，盖宋初避讳改名也。予因悟"李业"即弘义之弟，亦当名"弘业"。史家避讳，省上一字耳。

请立泰宁军节度使赟为嗣。　"泰宁"当作"武宁"。徐州军号也。

周本纪二

本姓柴氏，邢州龙冈人也。　按：《周太祖家人传》："圣穆皇后柴氏，邢州尧山人也。与太祖同里，遂以归焉。"太祖亦尧山人。此《纪》称龙冈，与《传》互异。《后山谈丛》云：欧阳《五代史·周家人传》柴后邢州龙冈人，《世宗纪》为尧山人。《后山》所引与今本正相反，恐是误记。

显德元年七月，枢密院直学士、工部侍郎景范为中书侍郎、同中书门下平章事。　按：宰相除、罢，例皆书，范独不书罢免月日。据《通鉴》，二年八月，范罢判三司，寻以父丧罢政事，《欧史》偶失书耳。

显德四年四月，追册彭城郡夫人刘氏为皇后。　按：世宗追册刘后，《本纪》书之，太祖追册柴后则不书，此义例之未一者。

六年六月，封子宗训为梁王、宗谊燕国公。　按：宗谊，世宗长子，汉末为刘铢所杀。显德四年，追封越王。凡追封之王，《本纪》例不书，此必误也。以《家人传》证之，当为"宗让"之讹。宗让即熙让，恭帝之弟。《薛史》本作宗让。

校勘记

① "介国公"，"介"，《新五代史》中华本卷二作"莱"。

② "咸通"，"通"，原本作"遇"，误，径改。

③ "克用"，"克"，原本作"京"，误，径改。

④ "雁门都尉"，"都尉"，《新五代史》卷六作"部将"。

廿二史考异卷六十二

五代史二

梁家人传

文惠皇后王氏，其生三子：长曰广王全昱，次曰朗王存，次太祖。后少寡，携其三子佣食萧县人刘崇家。黄巢起，太祖与存俱亡为盗，从巢攻广州，存战死。　按：《太祖纪》云，"父诚，生三子：曰全昱、存、温。诚卒，三子贫，不能为生，与其母佣食萧县人刘崇家。黄巢起曹、濮，存、温亡入贼中。巢攻岭南，存战死。"与此文已为重出。而此《传》叙朗王存事，又云："初与太祖俱从黄巢攻广州，存战死。"何其词之不惮烦也。

太祖即位，立四庙，追尊皇考为文穆皇帝。　按：立四庙，上父谥，已见《本纪》，此亦可省。

元贞皇后张氏。末帝立，追谥曰元贞皇太后。　"太"字衍。

末帝德妃张氏。贞明五年，妃病甚，帝遽册为德妃，其夕薨。按：《康王·友孜传》，妃薨于贞明元年，此云"五年"，误也。汲古阁本无"五"字。

次妃郭氏。度为尼，赐名誓正。　"誓"当作"晉"，即"辩"字。六朝俗体，所谓"巧言为辩"也。

太祖二兄：曰全昱、曰存。　按：太祖二兄之名，一见于《本纪》，再见于《文惠后传》，此则三见矣。《欧史》本以简胜，今即此篇论之，其重复可省者，正复不少也。

其一养子曰友文。　《五代会要》以友文为第二子。

开平元年五月乙酉，封友文为博王。　诸王受封之月日，已具《本纪》，而《传》又书之，是亦可省也。《唐太祖家人传》同光三年十二月辛亥封存美等，《唐明宗家人传》天福四年九月癸未封李从益，《周世宗家人传》显德六年六月癸未封宗训等,其月日皆可省。

贞明二年,全昱以疾薨。 《五代会要》,赠尚书令,谥"德靖"。

贞明四年,友能以陈州兵反。 《纪》在龙德元年。

唐太祖家人传

大将军李存信等。 "军"字衍。

同光二年四月己卯,皇帝御文明殿,遣使册刘氏为皇后。 按:《本纪》是年二月癸未,立刘氏为皇后,与此《传》月日不同。《五代会要》云:"四月十三日,行皇后册礼。"今检《通鉴长历》,是月己巳朔,则己卯乃十一日,亦非十三日也。

后嫁契丹突厥李赞华。 突厥当作"突欲"。"李赞华"即突欲之赐姓名也。史或称本名,或称赐名,不当重出。

太祖四弟:曰克让、克修、克恭、克宁,皆不知其父母名号。 按:《唐书·宰相世系表》,国昌子克恭、克俭、克用、克柔四人。克恭乃克用之兄,而《五代史》以为克用弟。克柔之名,见于《义儿传》,而《家人传》不及焉,皆欧公之疏也。克让、克修、克宁三人,疑非国昌之子。《唐书·孟方立传》:克修,克用从父弟。

存义。 《目录》、《唐本纪》、《伶官传》俱作"存乂"。

唐明宗家人传

和武宪皇后曹氏。 曹后与废帝俱焚死,此谥乃晋天福五年正月所上。晋高祖所尚公主,即其女也,故为追行册谥。《欧史》不载追谥事,亦太疏矣。《五代会要》,"宪"作"显"。

魏氏初适平山民王氏,生子十岁矣。明宗为骑将,掠平山得其子母以归。 此事又见《废帝纪》,此云"十岁",而《纪》云"十余岁",亦小异。

从荣大宴元帅府,诸将皆有颁给:控鹤、捧圣、严卫使,人马一匹,绢十匹。 按《五代会要》,应顺元年三月,改左右羽林四十指挥为严卫左右军,龙武神武四十指挥为捧圣左右军。此从荣为元帅,在明宗朝,似不应有"捧圣"、"严卫"之名。

有侄四人:曰从璨、从璋、从温、从敏。 《五代会要》以从璨为明宗第四子。

从璋,天福二年卒。 《旧史·晋高祖纪》,赠太师。

从温,历安国、忠武、义武、成德、武宁五节度,封兖王。晋高祖立,复为忠武军节度使。 按:《旧史·唐明宗纪》,长兴元年六月,以左武卫上将军李从温为许州节度使。二年九月,移镇河东。四年正月,为郓州节度使。五月,封兖王。十一月,为定州节度使。《闵帝》、《末帝》二《纪》失载从温事。《晋高祖纪》,天福二年,泰宁军节度使李从温加食邑、实封。三年,加兼侍中。五年,为徐州节度使。《少帝纪》,天福七年,加兼中书令。八年,为许州节度使。《欧史》失书河东、天平、即郓州。泰宁三镇。其镇武宁,乃在晋高祖时,其复镇忠武,则在出帝时,《欧史》皆失之也。又按:唐中叶以后,诸道节度使带平章事、兼侍中中书令,并列衔于敕牒后侧书“使”字,故有“使相”之称。五代因之。在京枢密三司使及侍卫亲军都指挥使等加相衔者,亦使相也。《欧史》于诸节度加相衔者,往往略而不书,则使而非相矣。《五代会要》每帝宰相若干人,使相若干人,各书其姓名,当时之重使相如此。今据《旧史》,以补欧公之阙。

徙河阳三城,卒于官。 按:《旧史》,从温以开运三年卒,赠太师。

从敏,汉高祖时为西京留守。 按:《旧史·汉高祖纪》,天福十二年,以从敏为西京留守、加同平章事。《少帝纪》,乾祐元年三月,加兼侍中。

周广顺元年卒,赠中书令。 予论《欧史》于使相不应略而不书。或谓当时藩镇之权已重,不系乎相衔之有无,果尔,则如秦王从荣、雍王重美之加平章事,何以不删乎?生前之侍中、中书令、平章事,尚可不书,追赠之中书令,又何足书乎?此史例之当归画一者,未可置而不论也。

唐废帝家人传

应州浑元人也。 “浑元”盖即“浑源”,避唐明宗讳,改为“元”字尔。

清泰二年,为枢密使,天雄军节度使。 按:《本纪》,清泰二年五月“宣徽南院使刘延皓为枢密使”,七月,刘延皓罢。盖由枢密出为天雄军节度也。此文"枢密使"之下,当有"出为"二字。

憨帝遣人杀重吉于宋州。　《五代会要》,清泰元年七月,追册为太尉,立庙于宋州。

晋家人传

后初号永宁公主,清泰二年,封魏国长公主。　按:《五代会要》,永宁公主,天成三年四月封,至长兴四年正月,改封魏国公主。清泰二年三月,进封晋国长公主。此《传》云"清泰二年封魏国"者,误也。《唐家人传》,曹后生晋国公主,即敬瑭所尚者,而此《传》不见"晋国"之名,亦疏漏。

公主自太原入朝千春节。　《五代会要》,废帝正月二十三日生,以其日为千春节。

德光报曰:"可无忧,管取一吃饭处。"　此语又见《契丹附录》。

汉家人传

太祖入京师,以谓汉大臣必相推戴,及见宰相冯道等,道殊无意,太祖不得已,见道犹下拜,道受太祖拜如平时。　此事又见《冯道传》。

周世宗家人传

宣懿皇后符氏,其祖秦王存审,父魏王彦卿。　按:《存审传》失载封爵。《五代会要》"周显德元年,进封卫王符彦卿为魏王",史亦失书。

朱珍传

珍军已入瓮城,而垂门发。　垂门,即悬门也。宋人避圣祖嫌名,改为"垂"字。

葛从周传

拜昭义军节度使,封陈留郡王,食其俸于家。　是时,泽潞为晋所有,但假其名以宠从周,俾食其俸耳。王景仁为宁国军节度使,奉朝请;袁建丰遥领镇南军节度使,俾食其俸,此两镇亦非梁所有,皆遥领也。宋世节度使在家食俸,盖亦因于五代。然考诸《唐史》,昭宗天复初,孙德昭为静海军节度使,孙承诲邕州节度使,董从实容州节度使,并同平章事,此三使相遥领边镇,皆不之任。又朱全昱领岭南西道节度使,朱友宁领邕州节度使,朱友伦领容州节度使,皆在唐末,即唐盛时皇子除节度大使者,亦皆不之镇也。《五代会要》,梁末帝使相三十二人,从周居其一。予尝见《从周神道碑》云"检校太师兼侍中",此《欧史》所失书也。

张存敬传

谯郡人也。 当云"亳州人"。

取其瀛、漠、祁、景四州。 "漠"当作"莫"。

符道昭传

晋兵攻破夹城,道昭战死。 按:《五代会要》,梁太祖朝使相二十七人,道昭居其一。据《薛史》,则唐昭宗时授秦州节度使,已加平章事矣。《欧史》竟不书其所授之官,文虽简而非史法。

寇彦卿传

拜彦卿感化军节度使。 梁置感化军于华州,而移镇国军额于陕州。寇彦卿、康怀英之镇感化皆在华州,张归厚为镇国军节度,则治陕州也。

康怀英传

徙镇永平,卒于镇。 按:《薛史》,怀英为感化节度使,已加平章事。

刘鄩传

以长安为永平军,拜鄩节度使。 《薛史·末帝纪》,乾化四年,以永平军节度使、检校太傅、同平章事刘鄩为开封尹,遥领镇南军节度使。则鄩在永平时,已为使相矣。

子遂凝、遂雍事唐,皆为刺史。 遂凝官隰州刺史,见《范延光传》。又为华州节度使,见《一行传》。

郏妾王氏,有美色,郏卒,后入明宗宫中,是为王淑妃。明宗晚年,淑妃用事,郏二子皆被恩宠。　此事已见《唐家人传》。若依刘知幾点烦之例,稍易其文云"明宗晚年,王淑妃用事,郏故妾也,故郏子皆被宠",而其它尽芟之,则文省而意更显矣。

张归霸传

开平二年,拜河阳节度使,以疾卒。　据《会要》,归霸于太祖、末帝时,皆为使相,则其卒当在乾化三年以后,而镇河阳时,已加平章事也。

杨师厚传

颍州斤沟人也。　唐宋《地理志》皆无斤沟县。胡三省云:"《九域志》,颍州万寿县有斤沟镇。万寿,唐汝阴县之百尺镇也。开宝六年置县。"

王景仁传

乾化元年正月庚寅,日有食之。　按:《司天考》,是年正月丙戌朔,日有食之。《五代会要》,梁开平五年正月丙戌朔,日食,即乾化元年也。以《通鉴长历》推之,正月朔合是丙戌,此云庚寅而不书朔,皆失之。

是日,景仁及晋人战,大败于柏乡。　按:《宋本纪》"正月丁亥,景仁及晋人战于柏乡,败绩",则非庚寅,亦非日蚀之日。考《五代会要·月蚀篇》云"正月二日,为唐庄宗败于柏乡",则《纪》书丁亥日为是矣。吴氏《纂误》,亦举此二事而疑而未决,故特考正之。

贺瑰传

末帝时,迁左龙虎统军、宣义军节度使。　按:《薛史》,贞明三年除宣义军节度使,加检校太傅、同平章事。

王檀传

徙镇天平。　《通鉴》云,兼中书令。

安重诲传

徒陷彦温于死,而不能去潞王之患;李严一出而知祥贰,仁矩未至而董璋叛。　杨彦温、孟知祥、李仁矩,不书姓而书名,前史无此例。虽下文有之,然先后殊倒置矣。此篇乃欧公用意之作,然叙事之中,杂以断制,大似论体,盖学《史记》而失之。

户部尚书李鏻,得吴谍者言:"徐知诰欲举吴国以称藩,愿得安公一言以为信。"鏻即引谍者见重诲,重诲大喜以为然,乃以玉带与谍者,使遗知诰为信,其直千缗。初不以其事闻,其后逾年,知诰之问不至,始奏贬鏻行军司马。　此事又见《李鏻传》。《鏻传》称"杨溥",而此云"徐知诰",知诰相溥,专其国政故也。

重诲过凤翔,节度使朱弘昭延之寝室,使其妻子奉事左右甚谨。重诲酒酣,为弘昭言:"昨被谗构,几不自全,赖人主明圣,得保家族。"因感叹泣下。重诲去,弘昭驰骑上言:"重诲怨望。"　此事又见《弘昭传》。

但恨不与国家除去潞王。　按:重诲死于长兴二年闰五月,而从珂之封潞王乃在四年五月,重诲口中,安得称"潞王"乎?此亦《欧史》之失检也。

周德威传

其小字阳五。　《葛从周碑》作"扬五"。

符存审传

拜忠正军节度使、侍卫马步军都指挥使。　按:后唐天成三年,升寿州为忠正军,州属淮南,不在唐疆域之内,盖遥领也。药彦稠以侍卫步军都虞候,领寿州节度使,与此同。

史建瑭传

晋王东追黄巢于冤朐,还过梁,军其城北。梁王置酒上源驿,独敬思与薛铁山、贺回鹘等十余人侍。晋王醉,留宿梁驿,梁兵夜围而攻之。敬思登驿楼,射杀梁兵十余人,会天大雨,晋王得与从者俱去,继尉氏门以出。　此事已见《唐本纪》，本传只叙敬思死事，自可以一二语了之。

元行钦传

及庄宗之崩，不能自决，而反逃死以求生。　予谓行钦之不负庄宗明矣。其出奔也，安知非志出于复仇。欧阳之论，所谓责人斯无难也。

符习传

后徙镇安国，又徙平卢。　按：《薛史》，同光元年，加同平章事。天成元年，加兼侍中。

孔谦传

邺北都也。宜得重人镇之，非张宪不可。崇韬以为然，因以宪留守北都。　按：《唐本纪》，同光元年，以魏州为东京，即邺也。《张宪传》亦云"为东都副留守"，此作"北都"，误。

李严传

知祥发怒曰："天下藩镇皆无监军，安得尔独来此？此乃孺子荧惑朝廷尔。"即擒斩之，明宗不能诘也。　此语亦见《后蜀世家》。

毛璋传

璋累历藩镇。　按：《薛史》，天成元年，邠州节度使毛璋加同平章事，亦使相也。

朱弘昭传

以弘昭与冯赟代延寿、延光。　按：《五代会要》，明宗使相三十八人，愍帝使相二十三人，弘昭、赟皆与焉。又《会要》载，长兴四年九月敕："冯赟有经邦之茂业，宜进位于公台，但缘平章字犯其父名，不欲斥其家讳，可改同平章事为同中书门下二品。"此文有关于官制者，而《欧史》略不及焉，何也？弘昭以枢密使加平章事，亦使相也。

药彦稠传

拜澄州刺史。 《职方考》不载此州。考《唐志》,岭南道有澄州。盖遥授,非正任也。

萧希甫传

幽州李绍宏荐希甫为魏州推官。 按:《欧史》之例,凡称某州某人者,皆节度使也。是时幽州节度使周德威战殁,晋王自领节度,以绍宏提举军府事。《宦者传》有宣徽使马绍宏,尝赐姓李,即其人也。

希甫希旨,诬奏:"革纵田客杀人,而说与邻人争井。" 此事亦见《豆卢革传》。

桑维翰传

及维翰为枢密使,复奏置学士。 《五代会要》,开运六年六月敕:翰林学士与中书舍人,旧分为两制,各置六员。偶自近年,暂停内署。况司诏命,必在深严,将使从宜,却仍旧贯,宜复置翰林学士院。以《本纪》考之,正维翰除枢密使之月也。

景延广传

出帝立,延广有力,颇伐其功。 按:《通鉴》,天福七年七月,加延广同平章事。开运元年四月,加兼侍中,出为西京留守。《传》皆失书。

李业传

高祖皇后之弟也。后昆弟七人,业最幼。 按:《宋史·李洪信传》称后弟六人,又称洪义为洪信之少弟,与此《传》异。《薛史》亦称业昆仲凡六人,此"七"字盖"六"之讹。

侍卫马军都指挥使阎晋卿等。 按:《周本纪》称客省使阎晋卿,盖以客省使领侍卫马军也。

后赞传

后赞。 《通鉴》作"后匡赞",史避宋讳,省上一字。

王朴传

显德三年,拜户部侍郎、枢密副使,迁枢密使。　按:《周本纪》,显德三年九月,端明殿学士左散骑常侍王朴为尚书户部侍郎、枢密副使。四年八月,王朴为枢密使。《传》并为一年事,误矣。朴迁枢密使,当书于"留守京师"之下。

郑仁诲传

显德元年,拜枢密使。　按:《通鉴》,是年正月,为枢密使、同平章事。五月,兼侍中。《传》皆失书。

谥曰忠正。　按:谥法无"正"字。本当谥"忠贞",避宋讳追改耳。张承业谥"正宪",亦当为"贞"字。

夏鲁奇传

徙镇武信。　按:《通鉴》,长兴元年四月,加鲁奇同平章事。《传》失书。

王思同传

兴元张虔钊攻城西,督战甚急,士卒苦之,反兵攻虔钊,虔钊走。羽林指挥使杨思权呼曰:"潞王,吾主也!"乃引军自西门入,降从珂。此事又见《杨思权传》。

张敬达传

徙镇武信、晋昌。　胡三省云:"明宗置武信军于遂州,寻为孟知祥所陷。敬达未尝往镇,晋得中国,始改长安为晋昌军。《欧史》考之未详也。《通鉴》书敬达自建雄节度代敬瑭。建雄军,晋州也。欧误以晋昌耳。又,不知武信缘何而误。"予按:《旧史·末帝纪》:"清泰二年十一月,以徐州节度使张敬达为晋州节度使。"《旧·敬达传》亦云"自彭门移镇平阳",则"武信"当是"武宁"之讹。武宁,徐州军额也。

翟进宗传

翟进宗、张万迪者,皆不知其何人也。 万迪为懋光远胁降,以罪诛死,不在死事十五人之列。《传》宜别而出之。读开端二语,似皂白不分矣。

史彦超传

彦超为汉龙捷都指挥使。 按:《五代会要》:"周广顺元年四月,改侍卫马军曰龙捷左右军,步军曰虎捷左右军,御撰其名。"是汉时尚无"龙捷"之名,殆因下文有"虎捷"字,而并追书之耳。

孙晟传

亟召侍卫军虞候韩通。 按:韩通名,惟此《传》及《契丹附录》两见之。昔人讥欧阳公不为通立传,失《春秋》之旨。予考前史之例,如王凌、毋丘俭、诸葛诞之死,魏未亡也,故列于《魏志》。袁粲、刘秉之死,宋未亡也,故列于《宋书》。若通之死事,乃在宋已受禅之日,于例不当入《五代史》矣。《五代史》七十四篇,自世家而外,绝不涉宋一字。符彦卿、李洪信等,功名显于五代,而没在宋初,即不为立传,史家限断之法宜尔。不得以通一人而紊其例也。

郑遨传

唐明宗祖庙讳遨。 明宗曾祖名"敖",与"遨"同音。

石昂传

昂既去而晋室大乱。 此语亦可省。

李自伦传

天福四年。 "天福"上当有"晋"字。

唐六臣传

初,唐天祐三年。 "三"当作"二"。考《唐书·本纪》,彗出西北及裴枢等之见杀,皆天祐二年事。

守太保致仕赵崇。 按:《唐本纪》,崇官检校司空、兼太子太保,此称"守太保"者,误也。

明年三月,唐哀帝逊位于梁。 白马之祸,在天祐二年。其四年,哀帝逊位。《梁本纪》与《唐史》所载同,独此《传》误以为三年事,故云"明年",其实中隔一年也。

张文蔚。昭宗迁洛,拜中书侍郎、同中书门下平章事。 据《唐史·本纪》及《宰相表》,文蔚拜相在哀帝时,非昭宗时。

张策。河西燉煌人也。 按:汉、魏、六朝,以郡领县,故称人里居者,必举其郡。唐、宋则以州领县,故例书州而不书郡。此史张策、李琪称"河西敦煌人",薛贻矩、裴迪称"河东闻喜人",皇甫遇称"常山真定人",史圭称"常山石邑人",李愚称"渤海无棣人",皆举郡而不举州,此体例之可议者也。若开封、大名,当时尝升为府,则例当书府不书州。如氏叔琮、张廷蕴之称"开封",马全节、刘词之称"大名",是也。

李嗣昭传

天祐三年。 按:天祐改元,晋王仍称"天复",及梁篡位,晋始称"天祐四年"。《传》据晋事而言,当云"天复六年",不当称"天祐"也。

还营而卒。 《五代会要》,长兴二年四月,敕故昭义节度使李嗣昭、故幽州节度使周德威、故汴州节度使符存审,配享庄宗庙。《欧史》惟《德威传》载配享事,而《嗣昭》、《存审篇》中则失之。

李存进传

存进,振武人也。 按:吕梦奇撰《存进神道碑》云:"字光嗣,乐安人也。"

太祖攻破朔州,得之,赐以姓名,养为子。从太祖入关,破黄巢,以为义儿军使。 此《传》叙历官本末颇略。以《存进碑》考之,国昌帅振武时,存进已在麾下,及从克用立功,为节度押衙、左厢衙队威雄第一都副兵马使,奏授银青光禄大夫、检校太子宾客兼监察御史。大顺元年,迁殿中侍御史。景福二年五月,始赐姓名,补充右厢义儿第一院军使。其时距入关破巢,几及十年。攻破朔州,又在其前,安得即有赐姓名为养子之事乎？

历慈、沁二州刺史。 以《存进碑》考之，则太祖时已尝权知汾、石二州军州事。庄宗时真授石州刺史，再知汾州军州事，又授慈州刺史，又权知沁州军州事。盖未尝真授沁州刺史也。

以为天雄军都部署。 《通鉴》作"天雄都巡按使"。《考异》云："《庄宗实录》称军城使，《存进传》作都部署，《庄宗列传》及《薛史·存进传》皆云天雄军都巡按使，今从之。"予考《存进碑》，本云"天雄军都部署巡检使"，它书作"巡按"者，即"巡检"之讹。或云"都部署"，或云"都巡检"，各就省文，似异而实同也。

存进亦殁于阵。 《碑》云年六十八。

子汉韶。 《碑》载存进七子：汉韶、汉威、汉殷、汉郇、汉筠、禄儿、欢儿。《史》惟载汉韶一人。

伶官传

皇后刘氏素微，其父刘叟，[①]卖药善卜，号刘山人。 此语又见《唐家人传》。

四月丁亥朔，朝群臣于中兴殿。 庄宗殁于洛阳，中兴殿、绛霄殿皆在洛中。《传》但云"东幸汜水"，而不云"还洛"，亦疏漏也。

校勘记

① "刘叟"，"叟"，《新五代史》卷三七作"叜"。

廿二史考异卷六十三

五代史三

王镕传

其先回鹘阿布思之遗种，曰没诺干，为镇州王武俊骑将，武俊录以为子，遂冒姓王氏。没诺干子曰末坦活，末坦活子曰昇，昇子曰廷凑。按：《旧唐书·王武俊传》，"武俊初号没诺干。"《唐书·张孝忠传》："燕、赵间共推张阿劳、王没诺干，二人齐名。没诺干，王武俊也。"《王廷凑传》："曾祖五哥之，王武俊养为子，故冒姓王。"《宰相世系表》："安东王氏五哥之生末怛活，末怛活子升朝，升朝子廷凑。"《旧书·廷凑传》叙其世系，与《表》正合。然则"没诺干"与"王武俊"乃是一人。而廷凑之曾祖，自名五哥之，非没诺干也。《五代史》误矣。"坦"、"怛"声相近。"升朝"或作"昇"，未知谁是。

唐中和二年卒，子镕立。 《通鉴》，景崇卒在中和三年。

罗绍威传

魏博牙军乱，逐杀其帅乐彦贞。 《新》、《旧唐史》皆作"彦祯"，此作"贞"者，宋人避仁宗讳改之。

立其将赵文建为留后。 《旧唐书·乐彦祯》、《罗弘信传》皆作"文玠"。

谥曰贞壮。 《五代会要》作"贞懿"。

刘守光传

匡威为弟匡俦所逐。 《唐书》作"匡筹"。

李茂贞传

光启元年,朱玫反,僖宗出居兴元。 《唐书·僖宗纪》在光启二年。

加拜茂贞尚书令,封岐王。 此事不著年月,据《通鉴》则天复元年正月事也。今考《旧唐书·昭宗纪》,景福元年以岐王李茂贞为兴元尹、山南西道节度等使。[①]是茂贞之封岐王已久,至景福二年十一月制以凤翔节度使李茂贞守中书令,进封秦王,则已由岐而进王秦矣,不应至是始封岐王也。

但称岐王,开府置官属。 今凤翔法门寺有碑,题云:"大唐秦王重修法门寺塔庙记。天祐十九年二月,礼部郎中薛昌序撰文。"盖茂贞称制时所立。称茂贞为秦王,不云岐王,然则唐亡以后,茂贞自称秦王,可证也。岐者,一州之名,秦者,大国之号。茂贞在昭宗朝已封秦王,必不舍秦而称岐。且同时吴、晋、燕、赵诸镇,皆取大国名,茂贞何故辄自贬降,必不然矣。

以妻为皇后。 当云"王后"。盖取战国及汉初诸侯王妻称后之例。胡三省谓"妻之贵逾于其夫"者,妄也。

庄宗已破梁,茂贞称岐王,上笺。及闻入洛,乃上表称臣,遣其子从曦来朝。庄宗以其耆老,甚尊礼之,改封秦王。 按:《通鉴》,同光二年二月,进岐王爵为秦王。《考异》云:"茂贞改封秦王,《薛史》无的确年月,《实录》同光元年十一月已称秦王,茂贞遣使贺收复,自后皆称秦王,至二年辛巳制,秦王李茂贞可封秦王,岂有秦王封秦王之理! 必是至是时,始自岐王封秦王也。"予谓茂贞在唐昭宗时已封秦王,《实录》所书本不误,温公以意改之,却非其实。何也? 茂贞,唐之旧藩,与河东均附属籍,其上笺庄宗,犹以季父行自处,俨然敌国之礼,至是始上表称臣,乃因其旧封授之,锡以册命。上云"秦王"者,茂贞自称;下云"秦王"者,庄宗所命,于文义何嫌。《欧史》之误,与温公同。

茂贞承制,拜从曦彰义军节度使。 按:《通鉴》,同光二年加中书令。

废帝入立,复以从曦为凤翔节度使,卒年四十九。 按:《五代会要》,从曦在晋高祖朝使相之列。据《薛史·本纪》,从曦以开运三年十月卒,则晋少帝朝,犹是使相也。《欧史》不书其卒年,似卒于唐世矣。从曒有子永吉,见《苏逢吉传》。

李仁福传

当唐僖宗时,有拓拔思敬者。　思敬,当作"思恭"。宋人避"敬"字,多改为"恭"。而同时又有拓拔思敬其人者,乃并思恭亦误转为"敬"矣。

开平二年,思谏卒。　按:《旧史·世袭传》,开平元年授检校太尉兼侍中。

其弟彝兴。　《五代会要》、《通鉴》皆作"彝殷"。后避宋朝讳,改名"彝兴"。

韩逊传

军中立其子洙为留后,梁即以为节度使。　按:《旧史·本纪》,贞明四年,加洙同平章事。唐同光二年,兼侍中。

至庄宗时。　庄宗上当有"唐"字。

天成四年,洙卒,即以洙子澄为朔方军留后。其将李宾作乱,澄乃上章请帅于朝。　按:《康福传》以澄为洙之弟。《通鉴同》。此云洙子,似误。彼《传》作"李从宾",此云"李宾",盖史家避后唐讳,省一字。犹"杜重威"避晋讳而称"杜威"也。《通鉴》作李匡宾。又按:韩洙,于庄宗时加兼侍中,至明宗天成四年乃卒。《五代会要》,梁末帝使相三十二人,唐庄宗使相三十二人,皆有洙名,而明宗使相三十八人,无洙名,亦考之未审也。

高万兴传

是时,周密为彰信军节度使。　"彰信"当作"彰武",延州军额也。

以允权为留后,闻汉高祖起太原,遂归汉,即拜节度使。　按:《五代会要》,允权在汉隐帝、周太祖朝,皆在使相之列。《薛史》,乾祐元年加同平章事,周广顺元年加兼侍中。

广顺三年卒。　"广顺"上当有"周"字。

温韬传

茂贞又以美原县为鼎州,建义胜军。　　按:义胜军治耀州,鼎,特其属州耳。文义未明白。且鼎州之名,已见《职方考》,此传可省。

以韬为节度使。　　茂贞承制,加同平章事,其后事梁事唐,皆仍其旧官,故《五代会要》入之梁末帝、唐庄宗使相之列。

明年,流于德州,赐死。　　韬有子延沼,见《娄继英传》。

雷满传

杨行密攻杜洪于鄂州,荆南成汭出兵救洪,汭战败,溺水死于君山。满袭破荆南,不能守,焚掠殆尽而去。　　按:《赵匡凝传》:"成汭死,雷彦恭袭取荆南,匡凝遣其弟匡明逐彦恭。"两《传》同在一卷之中,而自相乖舛。考《唐书·昭宗纪》,天复元年"武贞军节度使雷满卒,其子彦威自称留后"。其三年,"荆南节度使成汭及杨行密战于君山,死之。武贞军节度使雷彦威之弟彦恭,陷江陵"。则袭取荆南乃彦恭,非满也。

天祐中,满卒,子彦恭自立。　　按:《唐史》,满卒于天复元年,子彦威继之。

赵匡凝传

子匡凝自立,是时,成汭死,雷彦恭袭取荆南。　　按:匡凝自立,据《通鉴》在景福元年壬子,而成汭之战死在天复三年癸亥,相距十有二年,何得云"是时"乎?

是时,梁已破兖、郓,遣氏叔琮、康怀英等攻匡凝,叔琮取泌、随二州,怀英取邓州,匡凝惧,请盟,乃止。　　按:《唐史》,梁破兖、郓在乾宁四年丁巳,梁取唐、即泌州。随、邓三州在光化元年戊午,皆在天复纪元之前,叙事殊为颠倒。若移"成汭死"以下五十八字于"请盟乃止"之下,则首尾有伦矣。

朱宣传

宣乃去事青州节度使王敬武为军校,敬武以隶其将曹全晟。

按：全晟，即全晸也。考《通鉴》：全晸于广明元年由淄州刺史为天平节度使，而王敬武之得青州乃在中和二年，则全晸不得为敬武部将，而朱宣为平卢军校时，敬武尚未得节度也。

郓州节度使薛宗卒，其将崔君预自称留后。　按：《唐书·本纪》，乾符四年，黄巢陷郓州，天平军节度使薛崇死之。五年，"天平军节度使张裼卒，牙将崔君裕自知州事。"是薛崇之后，尚有张裼一人，与此《传》不合。"崇"与"宗"、"裕"与"预"，形声相涉而讹。

王师范传

唐广明元年，无棣人洪霸郎为盗齐、棣间，平卢节度使安师儒遣敬武率兵击破之。敬武反兵逐师儒，自称留后。　按：《唐书》，王敬武逐安师儒在中和二年。

孟方立传

唐广明中，潞州节度使高郡攻诸葛爽于河阳，遣方立将兵出天井关为先锋。郡为其将刘广所逐，广为乱兵所杀，方立引兵自天井入据潞州。　按：《唐书·方立传》："中和元年，昭义节度使高郡击黄巢，战石桥，不胜，保华州，为裨将成邻所杀。还据潞州，方立率兵攻邻，斩之，自称留后。"中和元年，即广明二年也。彼云成邻杀郡而代之，与此《传》不合。《旧唐书·僖宗纪》、《新唐书·王徽传》与此《传》同。

王珂传

重荣卒，弟重盈立。　《唐书》以重盈为重荣之兄。

冯行袭传

洋州葛佐辟行袭行军司马，使以兵镇谷口，通秦、蜀道。　按：《唐书·行袭传》：附《刘巨容传》。"武定节度使杨守忠表为行军司马，使领兵扼谷口，以通秦、蜀"。武定者，洋州军号也。而节度使名姓各别，考《旧唐书·宦官传》，守忠乃杨复光假子，"葛佐"殆其本姓名也。

事梁，官至司空。　按：《五代会要》，行袭在梁太祖朝使相之列。《薛史·本传》，官至兼中书令。

氏叔琮传

太祖遣友宁兵万人。　　"友宁"上当有"朱"字。

孙德昭传

季述将朝,德昭伏甲士道旁,邀其舆斩之。　　据《唐书·宦者传》,德昭所斩及所掷之首,乃王仲先,非刘季述也。此《传》恐误。

蒋殷传

是时哀帝方卜郊,殷与蒋元晖等有隙,因谮之太祖,言元晖等教天子卜郊祈天,且待诸侯助祭者以谋兴复,太祖大怒。　　此事亦见《孔循传》。

丁会传

光启四年,东都张全义袭破河阳,逐李罕之,罕之召晋兵围河阳,全义告急。　　据《梁本纪》,此事在文德元年,即光启四年也。且此事已详见罕之、全义两《传》,何必又缕述之?当云"李罕之召晋兵围张全义于河阳,太祖遣会及葛从周将万人救之",则文简而当矣。

庄宗立,以会为都招讨使。　　按:《五代会要》,会在庄宗朝使相之列,似同光初会尚无恙。《薛史》,天祐七年十一月卒。

贺德伦传

仍为天雄军,以德伦为节度使。　　按:《五代会要》,德伦在末帝使相之列。

末帝优诏答之,言:"王镕死,镇人请降,遣郭以兵定镇州,非有它也。"　　按:魏博军乱,在梁贞明元年,即天祐十二年也,王镕死在天祐十八年,与此时初不相涉。若云以给魏军,则镇、魏二州壤地相接,声息易通,非可以此相欺也。

阎宝传

贞明三年,贺德伦以魏博降晋。　　当云"贞明元年"。《张源德传》亦误作"三年"。

康延孝传

二年,迁保义军节度使。　当云"同光二年"。

左厢马步军都指挥使董璋。　据《璋传》,为行营右厢马步军都虞候。

朱友谦传

以其子令德为遂州节度使。　按:《五代会要》,庄宗朝使相有朱令得,即令德也。据《薛史本纪》,令德在同州节度使任已加平章事矣。

袁象先传

末帝留守东都,以大事谋于赵岩,岩曰:"此事如反掌耳,但得招讨杨令公一言谕禁军,则事可成。"　此语已见《杨师厚》传,宜去此存彼。

末帝即召龙骧军在东京者告之曰:"上以重遇故,欲尽召龙骧军至洛而诛之。"乃伪为友珪诏书示之,龙骧军恐惧,不知所为,因告之曰:"友珪弑父与君,天下之贼!尔能趋洛阳擒之,以其首祭先帝,则所谓转祸而为福也。"军士踊跃曰:"王言是也。"　此事已见《末帝纪》,词意略同,亦宜去此存彼。

在宋州十余年。　按:象先以贞明四年为平卢节度使,其徙镇宣武,未详何年。就使当年移镇,而自贞明四年戊寅至同光元年癸未,相距止六岁,安得有十余年之久乎?

复献五万缗,求为真刺史。　宋时防御团练使刺史,皆有遥授正任之分,盖始于此。但宋时所谓正任者,亦仅食其俸,非真履其任也。

拜雄州刺史,州在云武之西吐蕃界中。　按:五代之际,雄州有四:一为周世宗所置,即今直隶雄县;一为南汉所置,即今广东之南雄府,皆见于《职方考》。一为南唐所置,即今江南六合县,周平江北遂废,故《职方考》不及焉。此雄州,《职方考》亦无之。考《唐书·地理志》,雄州在灵州西南百八十里,中和元年徙治承天堡者即此。

赵在礼传

军士皇甫晖作乱,推其将杨仁晟为首,仁晟不从,杀之;又推一小校,小校不从,又杀之;乃携二首诣在礼。　此事又见《皇甫晖传》。

历镇泰宁、匡国、天平、忠武、武宁、归德、晋昌。　按:《旧史》,唐明宗长兴元年七月以前,兖州节度使赵在礼为左骁卫上将军。九月,为同州节度使。四年十月,为襄州节度使。末帝清泰元年,加同平章事。二年,为宋州节度使。《欧史》不书山南东道者,漏也。在礼于明宗朝,自魏州移镇沧州,横海。又移兖州、泰宁。同州、匡国。襄州。山南东。末帝时移宋州。归德。晋高祖时移郓州、天平。许州。忠武。少帝时改徐州,武宁。再除兖州,改晋昌军。《欧史》既脱襄州一镇,其再镇泰宁,亦阙而不书,前后移镇,亦失其序,不若《旧史》之核。

契丹入汴,在礼自宋驰至洛阳。　按:契丹入汴,时在礼为晋昌节度,非宋州也。

汉高祖立,赠中书令。　按:在礼于晋天福三年已加兼侍中,史不书兼[②]侍中而书赠中书令,何也?

霍彦威传

天成三年冬,彦威卒于镇。　按:《旧史》,天成元年,加彦威兼侍中。二年,加兼中书令。

房知温传

末帝患魏军强难制,与赵岩等谋分相、魏为两镇,魏军由此作乱,劫德伦叛梁而降晋,梁遂失河北。　此语亦屡见,可省。

王建立传

若文珂、守恩,皆位兼将相,汉大臣也。　按:《旧史》,文珂时为保义节度使、同平章事,守恩为西京留守、同平章事,故有"位兼将相"之语。《欧史》不为文珂立传,非读《旧史》,安知文珂之亦使相乎?

康福传

乃拜福凉州刺史,河西军节度使。　按:《韩逊传》以福为朔方河西节度使。考唐时灵武与河西,各为一镇,灵武为朔方节度使,例兼灵州大都督府长史,河西节度治凉州,故带凉州刺史。韩氏世镇灵武,唐庄宗时,乃命遥领河西节度。福既代韩澄兼领两镇,而本传不书朔方节度,但书河西节度,是舍重而举其轻也。《五代史》于节度所领之刺史,例不书,独此书凉州刺史,于例已不归一;且又不书灵州长史,而书凉州刺史,盖欧公于官制未甚了了,故删节旧文,而未得其要也。

李周传

晋高祖时,复镇静难,罢还。　按:《五代会要》,周在唐末帝、晋高祖、出帝朝,俱在使相之列。《旧史·本纪》,清泰三年,以西京留守李周为汴州节度使、同平章事。晋天福三年,加兼侍中。

刘处让传

唐制,枢密使常以宦者为之,自梁用敬翔、李振,至庄宗始用武臣,而权重将相。　此语已见《郭崇韬传论》,且敬翔等但为"崇政使",不名"枢密使"也。

张希崇传

迁灵武节度使。　代康福。

居四岁,上书求还内地,徙镇邠宁。　按:《晋家人传》,天福二年,"诏前灵武节度使张从宾,发河阳兵"。盖希崇徙镇之后,以从宾代之。天福初,从宾入为东都巡检,而希崇复镇灵武也。

天福三年,月掩毕口大星。　按:《司天考》不载此事,惟四年九月癸未,月掩毕。恐即此条传闻之误。

张廷蕴传

李继韬叛于潞州,庄宗遣明宗为招讨使,元行钦为都部署。　按:《通鉴》同光二年,"安义牙将杨立聚众攻潞州子城,节度副使李继珂弃城走,立自称留后,遣将士表求旌节。诏以李嗣源为招讨使,李绍荣即元行钦。为部署",即此事也。立乃继韬之牙将,继韬先已诛死,而此《传》以为继韬,误矣。《明宗纪》书"同光二年五月,破杨立于潞州",即指此事。但失书招讨使一事耳。《元行钦传》不云为潞州行营都部署,则史之疏漏也。

马全节传

徙全节镇昭义,又徙安国。 按:《旧史》,天福七年六月,以昭义节度使马全节为邢州节度使、加同平章事。开运元年,除邺都留守、加兼侍中。

开运二年,徙镇顺国。 按:上文已有开运元年,则此"开运"二字当删。

赠中书令。 《五代会要》谥"忠武"。

皇甫遇传

以功拜义成军节度使。 按:《旧史》,开运二年,加遇同平章事。《通鉴》安审琦称遇为"皇甫太师",盖尝加检校太师也。

安彦威传

晋高祖入立,拜彦威北京留守,徙镇归德。 按:彦威留守北京时,已加平章事,徙归德,加兼侍中。出帝时,加兼中书令。

刘景严传

义兵乱,杀汉章。 延州军乱,杀其节度使杨汉章,当书于《唐废帝纪》。

又徙武胜。 按:《五代会要》,景严在晋出帝朝使相之列。考《旧史·本纪》,却无加使相一节。

校勘记

① 据《旧唐书》卷二〇《昭宗纪》,李茂贞除兴元尹、山南西道节度使在景福二年七月,此称景福元年,误。

② "兼",原本作"生",按上下文意难通,当作"兼侍中"为是。

廿二史考异卷六十四

五代史四

卢文进传

庄宗以属其弟存矩。　　按:《唐家人传》无存矩名。

天福元年冬,杀其行军司马冯知兆、副使杜重贵,送款于李昇。《本纪》在二年正月。

王周传

汉高祖入立,徙镇武宁。　　按:《旧史》,汉天福十二年,加周同平章事。

高行周传

出帝时,代景延广为侍卫亲军都指挥使。　　按:《旧史·晋少帝纪》,天福八年十二月,诏行周赴阙。开运元年正月,为北面行营都部署。四月,为侍卫亲军都指挥使。二年,移镇郓州,侍卫如故。三年六月,复为宋州节度使。史失书赴阙充都部署及移镇天平事。

是时,李彦韬、冯玉等用事,乃求归镇。　　按:《通鉴》:"开运三年,契丹南侵,以归德节度使高行周为北面都部署、武宁节度使,符彦卿副之,共戍澶州。德光入京师,行周、彦卿皆诣契丹牙帐降。明年,东方群盗大起,陷宋、亳、密三州,契丹主亟遣符彦卿等归镇。"则行周之归镇,当亦在此时。本传讳而不书,难以言直笔矣。

汉高祖入京师,加行周守中书令。　　按:《旧史·晋少帝纪》:"天福七年,西都留守、襄州行营都部署高行周加兼侍中。"则行周之为使相已久矣。

徙镇天平,封临清王。　　按:《旧史·本纪》,天福十二年七月,以宋州节度使、检校太师、兼中书令高行周为邺都留守,加守太傅。闰月,杜重威据邺都叛,诏以行周为行营都部署,率兵进讨。十一月,重威出降,加行周守太尉,封临清王。乾祐元年,进封邺王。二年,加守太师。三年三月,自镇来朝,乃移镇郓州。《欧史》于此《传》既失书徙镇天雄及讨杜重威事,又不载邺王之封,又书徙天平于封临清王之前,疏漏亦已甚矣。

追封秦王。 《五代会要》谥“武懿”。

安叔千传

拜昭武军节度使。 “昭武”当作“振武”。

历静难、横海、安国、建雄四镇。 按:上文云“唐明宗时”,下文云“晋出帝时”,则似所历四镇,皆在后唐之世矣。考《旧史》,晋高祖天福四年以前,邠州节度使安叔千为沧州节度使。七年,为邢州节度使。少帝开运元年,以邢州节度使安叔千为晋州节度使,加同平章事。然则叔千任静难、_邠。横海、_沧。安国_邢。三镇,实在晋高祖朝,其镇建雄_晋。则在出帝朝。至开运二年八月,乃罢镇为金吾卫上将军耳。《传》所书殊未核也。《旧史·叔千传》云:“晋祖践祚,就加同平章事。”据《本纪》,则加平章事,乃在少帝时。《五代会要》晋高祖、少帝、汉高祖三朝使相,皆有叔千名,盖据《旧传》,恐当以《本纪》为正。

冯晖传

徙镇灵武。 代张希崇。

皇甫晖传

以卫将军居京师。 唐以后不置卫将军官,晖所授盖金吾屯卫之类。史有阙文耳。

常思传

徙镇昭义。 按:《旧史》,汉乾祐元年,潞州节度使常思加同平章事。周广顺元年,加兼侍中。

孙方谏传

孙方谏。　　本名"方简"，避周庙讳，改"谏"字。

郑州清苑人也。　　"郑"当作"鄚"。

汉高祖嘉之，即拜方谏义武军节度使。　　按：《旧史》，汉乾祐二年十月，加方谏同平章事。周广顺元年正月，加兼侍中。八月，移镇华州。显德元年七月，为同州节度使，加兼中书令。八月卒。

王峻传

太祖入立，拜峻右仆射、同中书门下平章事。　　此真宰相也。例当书于《本纪》，失书。

折从阮传

徙镇武胜。　　按：《旧史》，周广顺元年，邓州折从阮加同平章事。武胜，邓州军额也。

周太祖入立，从阮历徙宣义、保义、静难三镇。　　"宣义"当作"义成"，滑州军额也。梁时避讳，改为"宣义"，后唐仍复旧名，晋、汉、周皆因之。从阮，周之藩镇，不当用"宣义"之号。

朱守殷传

守殷尤不自安，乃杀都指挥使马彦超，闭城反。　　按：下文又云："守殷之将反也，召都指挥使马彦超与计事，彦超不从，守殷杀之。"前后重出。

董璋传

少与高季兴、孔循，俱为汴州富人李让家僮。梁太祖镇宣武，养让为子，是为朱友让。其僮奴以友让故，皆得事梁太祖。　　此事又见《南平世家》及《孔循传》。

使者还，多言璋欲反状，重海患之，乃稍择将吏为两川刺史，以精兵为其牙卫，分布其诸州。又分阆州，置保宁军，以仁矩为节度使，遣姚洪将兵千人从仁矩戍阆州。　　此事又见《安重海》及《李仁矩传》。

知祥遣人告璋,欲与俱谢过自归,璋曰:"唐不杀孟公家族,于西川恩厚矣。我子孙何在? 何谢之有!"璋由此疑知祥卖己。 此事又见《后蜀世家》。

范延光传

末帝复召延光为枢密使。 《五代史》称潞王为"废帝",惟此卷称"末帝",于《延光》及《杨光远传》两见之,盖沿《旧史》之文而未刊正也。《五代会要》称梁均王为"少帝",唐潞王为"末帝",晋出帝为"少帝",《宋史·礼志》亦称"梁少帝"、"后唐末帝",而《范质》、《罗彦瑰》、《符彦卿》、《侯益》、《张从恩》、《王景》、《杨承信》、《药元福》、《李谷》、《窦贞固》、《边归范》、《窦仪传》皆称"晋少帝",《李洪信传》又称唐愍帝为"少帝",《李洪信》、《郭进传》称汉隐帝为"少帝",皆纪载异词。

以太子太师致仕。 按:《旧史》,长兴二年九月,加枢密使范延光同平章事。四年九月,加兼侍中。清泰二年,加兼中书令。史皆失书。

安从进传

高祖为之幸邺,郑王重贵留守京师。 宰相和凝曰:"陛下且北,从进必反,何以制之?"高祖曰:"卿意奈何?"凝曰:"臣闻兵法,先人者夺人,愿为空名宣敕十数通授郑王,有急则命将以往。" 此事又见《和凝传》。

授李建崇、郭金海等。 《晋本纪》作"郭海金"。

降襄阳为防御。 此事《职方考》失书。

杨光远传

封东平王。 按:《薛史》,天福二年四月,加兼侍中。三年四月,加兼中书令。

杜重威传

高祖即帝位,封石氏为公主。 《通鉴》,重威尚帝妹乐平长公主,进封宋国长公主。

引兵攻秦州,破满城、遂城。 "秦",当作"泰"字之讹也。《五代会要》，后唐天成三年，升奉化军为泰州，以清苑县为理所。晋开运二年，移就满城县，周广顺二年，废州。《欧史·职方考》失载此州。而《杜重威》、《李守贞》、《张彦泽》诸《传》，并讹"泰"为"秦"，莫能正矣。

李守贞传

与重威等攻下秦州，破满城。　"秦"当作"泰"。

张彦泽传

败契丹于秦州。　"秦"当作"泰"。

德光渡河，帝欲郊迎，彦泽不听，遣白德光，德光报曰："天无二日，岂有两天子相见于道路邪？"　此语又见《契丹附录》。

王景崇传

永兴赵赞。　本名"匡赞"，延寿之子也。避宋讳，去上一字。

慕容彦超传

汉高祖同产弟也。　异姓而称"同产"，当是同母异父弟。《汉家人传》不书汉祖父母事。

而彦超徙镇泰宁。　按：《通鉴》，高行周以彦超在澶州，固辞邺都，乃徙彦超为天平节度使，加同平章事。至乾祐三年三月，乃徙彦超泰宁，而以行周徙天平。《薛史》所载亦同。史脱去徙镇天平一节，其在郓州加兼侍中，周太祖即位加中书令，史皆失书。

是岁镇星犯角、亢。　此广顺元年也。《司天考》不载此事。

冯道传

道相明宗十余年。　按：明宗在位才八年，道以天成二年拜相，相明宗止七年耳。而《传》云"十余年"，非其实矣。

其击旻也，鄙道不以从行，以为太祖山陵使。　按：道为首相，依故事，当为山陵使。且据《本纪》，山陵使之命在二月丁卯，而世宗亲征乃于三月乙酉启行，则非因道之进谏而有是命也。欧公恶道而甚其辞耳。儒者好以成败论人，若以当日时势论之，则新造之邦，人情未固，加以大丧未葬,千里出师,一有败衄,国亦随之,亲征固危事也。此与宋澶渊之役,时势迥殊,道言虽不验,究为老成练事之言,不可以人废之。

李琪传

乃得罢为太子少保。 按:《梁本纪》,琪以贞明六年四月拜相,无罢相事,盖《纪》之漏也。

枢密使安重诲,专权用事,重诲前驺过御史台门,殿直马延误冲之,重诲即台门斩延而后奏。 此事已见《重诲传》。

乃刻牙板为金字曰:"前乡贡进士李琪。" 此称"前乡贡进士",而不称"前进士",则是举而未第者也。唐人之重乡举如此。

刘昫传

长兴三年,拜中书侍郎兼刑部尚书、同中书门下平章事。 《唐本纪》在四年。

先是冯道与昫为姻家而同为相,道罢,李愚代之。愚素恶道为人,凡事有稽失者,必指以诮昫曰:"此公亲家翁所为也。"昫性少容恕,而愚特刚介,遂相诋诟。 此事已见《李愚传》,而此较详。道与愚、昫三人拜相,皆在明宗朝。废帝清泰元年五月,道先罢,其十月,愚、昫二人亦罢。今《愚传》云:"道出镇同州,以刘昫为相。"此《传》又云"道罢,李愚代之",既已互相矛盾,证之《本纪》,则两人为相已久,非道罢而始入相,此疏舛之甚者。

明宗崩,太常卿崔居俭以故事当为礼仪使,居俭辞以祖讳蠡。冯道改居俭秘书监。 此事亦见《居俭传》。予谓居俭只有此一事,不足别立传。

开运中,拜司空、同中书门下平章事。 按:《晋本纪》,昫拜相在开运元年,当云"开运初"。其罢相在契丹主入汴之后,契丹主所命,故《晋本纪》不见其罢也。《五代会要》:"开运二年六月,史馆上新修前朝李氏书纪志列传,共二百二十卷,并目录一卷,赐监修宰臣刘昫、修史官张昭远、直馆王申等,缯彩银器各有差。"《欧史》于《贾纬传》载其与修《唐书》,昫以宰相监修,而本传略不一见,何也?

马胤孙传

清泰,废帝年号也。　年号人所共知,此语可省。

崔棁传

八年,高祖诏太常复文武二舞。　据《本纪》及《五代会要》,乃天福五年事。此云"八年"者,误也。吴氏《纂误》亦及之。今据《会要》,断以《棁传》为误。

赵莹传

华州华阴县人也。　"县"字衍。

李崧传

初,汉高祖在晋,掌亲军,为侍卫都指挥使,与杜重威同制加平章事,汉高祖耻之,怒不肯谢,晋高祖遣和凝谕之,乃谢。　此事已见《汉本纪》。

贾纬传

唐自武宗已后无实录,史官之职废,纬采次传闻,为《唐年补录》六十五卷。　按:《旧唐书》诸帝《纪》,皆详赡可据,至懿宗以后,疏舛脱漏,由于无实录也。《五代会要》载:"长兴二年十一月四日史馆奏'当馆,昨为大中已来,迄于天祐,四朝实录,尚未纂修,寻具奏闻,谨行购募。敕命虽颁于数月,图书未贡于一编。盖以北土州城,久罹兵火,遂成灭绝,难可访求。伏念江表列藩,湖南奥壤,至于闽越,方属勋贤,戈铤自扰于中原,屏翰悉全于外府,固多奇士,富有群书,其两浙、福建、湖广,伏乞特降诏旨,委各于本道,采访宣宗、懿宗、僖宗、昭宗以上四朝野史,及逐朝日历、除目、银台事宜,内外制词,百司沿革,簿籍不限卷数,据有者钞录进上。若民间收得,或隐士撰成,即令各列姓名,请议爵赏。'从之。"以是知唐末文献无征,已非一日,非关史臣见闻之陋也。

与修《唐书》。　按:《五代会要》,天福六年二月,敕户部侍郎张昭、起居郎贾纬、秘书少监赵熙、吏部郎中郑受益、左司员外郎李为先等修撰《唐史》，仍令宰臣赵莹监修。其年四月，纬丁忧，以吕琦为户部侍郎，尹拙为户部员外郎，令与张昭等同修《唐史》。

汉隐帝时，诏与王伸、窦俨等，同修晋高祖、出帝、汉高祖实录。

《五代会要》，乾祐二年二月，敕左谏议大夫史馆修撰贾纬、左拾遗直史馆王伸，宜令同修高祖实录，仍令宰臣苏逢吉监修。其年十月，修成实录二十卷，上之。其年十二月，敕宜令监修国史苏逢吉与史馆贾纬，并窦俨、王伸等，修晋朝实录呈进。周广顺元年七月，史馆新修《晋高祖实录》三十卷，《少帝实录》二十卷，上之。然则汉祖实录，成于汉朝，惟晋二主实录，成于广顺初，《传》似混而一之。

广顺元年，《实录》成。 "广顺"上当有"周"字。

王仁裕传

显德三年卒。 "显德"上当有"周"字。

仁裕门生王溥，凝门生范质，皆至宰相。 按：和凝知贡举选范质事，已见本传，何烦屡见邪？

赵延义传

太祖召延义问："汉祚短促者，天数邪？"延义言："王者抚天下，当以仁恩德泽，而汉法深酷，刑罚枉滥，天下称冤，此其所以亡也！"是时太祖方以兵围苏逢吉、刘铢第，欲诛其族，闻延义言悚然，因贷其族，二家获全。 按：《宋史·方技传》，周祖举兵入汴，访求王处讷，得之，问以刘氏祚短事，对曰："人君未得位，尝务宽大，既得位，即思复仇。刘氏据中土承正统，以历数推之，其大祀犹永，第以高祖得位之后，多报仇杀人，及夷人之族，结怨天下，所以运祚不长。"周祖蹶然太息。适发兵围汉大臣苏逢吉、刘铢等家，待旦将行孥戮，遽命止之。逢吉已自杀，止诛刘铢，余悉全活。此即一事，而传闻异词。或以为延义，或以为处讷耳。《宋史》载处讷语，尤中当日情事。《通鉴考异》，亦以为处讷。

廿二史考异卷六十五

五代史五

司天考一

在乎知天之变者也。 "天"下当有"人"字。据《五代会要》增。

以其日损益率乘之。 按:《日躔》《月离》两篇,当有盈缩分损益朓朒诸数,史皆失之。后世即有刘羲叟其人者,亦无从布算矣。

羲叟为予求得其本经,然后朴之历大备。 按:羲叟所得者,《步发敛》一篇,欧公已载入矣。其《日躔》《月离》两篇,所言盈缩二历迟疾二百四十八限,乃推步之原。羲叟既尽见之,而此考仍阙而不言,殆欧公厌其繁重而删弃之耳。欧公于推步一家,本未究心,其刊修《唐史》时,与羲叟同局,《天文》《历志》皆出羲叟一手,此书《司天考》,亦必出于羲叟也。但羲叟于《唐书》告成之后,旋即物故,而《五代史》成书,乃在其后十余年,不及预参订之役,遂致有不应删而删者,使大备之典,终于不备,良可惜已。

司天考二

开平四年十二月庚午,月有食之。 按:前史不书月食,此书"月有食之",与日食同文,似失《小雅》诗人之义。

同光三年六月丙寅,岁犯右执法。 当云"岁星",后仿此。

天成元年三月,恶星入天库。 "恶星"当作"客星",见《唐家人传》。

天福五年十一月丁丑,日有食之。 "日"当作"月"。

开运元年三月戊子,日有食之。 "日"当作"月"。

显德三年十二月癸酉,日有食之。 此事不见于《会要》。据《通鉴长历》,是月己未朔,癸酉乃十五日,亦月食非日食也。

职方考

西有岐、蜀。 按：李茂贞不列《世家》而入《杂传》，至《职方考》仍以岐与闽、蜀诸国并举，拓拔李氏世有夏、绥、银、宥、静五州之地，与荆南高氏同，俱非五代所得而有也，既不列诸《世家》，而《职方考》亦未殊而异之，皆义例之未画一也。

北有燕、晋。 按：梁初，幽、涿、檀、蓟、顺、营、平、沧、景、德、瀛、莫诸州为刘守光所据，僭号称"燕"，寻为唐庄宗所并，《表》于幽、沧诸州但书"唐"而不书"燕"，与《序》文不相应。

而朱氏所有七十八州。 按：表所列梁有州八十一，此云"七十八"者，不数金、虔、韶也。究其实，则镇、冀、深、赵属王镕，易、定属王处直，夏、绥、银、宥属李仁福，灵、盐属韩逊，皆自擅其地，与吴越、荆湖无异。然则朱氏所有，实六十余州耳。

其增置之州一。 谓寰州。

又增置之州一。 谓威州。

隐帝时增置之州一。 谓解州。

又增置之州五，而废者三。 按：周增置五州，谓济、滨、雄、霸、通也。其所废之州，本《考》只有景、威二州，据《五代会要》则有景、威、衍、武、泰五州，与此文俱不合。而《表》于"威州"下又失注"废"字，亦太不检照矣。河北道之泰州，《欧考》竟未一见，惟《杂传》第四十卷内屡及之。

自湖南北十州为楚。 按：《宋史·地理志》，建隆四年，平湖南得州一十五，谓潭、衡、邵、郴、道、永、全、岳、澧、朗、蒋、辰、铜、溪、叙也。此以郴属南汉，与《宋志》异。蒋、溪等州，以蛮地故略之。

自岭南北四十七州为南汉。 按：《宋史·地理志》，开宝四年，平广南，得州六十。以此《考》校之，所多者十四：潮也、循也、龚也、恭也、思唐也、澄也、贵也、蛮也，《九域志》作"峦"，恐误。《唐书·地理志》亦作"蛮"。牢也、党也、绣也、顺也、监本《宋史》误作"颐"。禺也、监本误作"万"。按《九域志》，禺州领县四，开宝五年废州，省峨石、扶莱、罗辩三县入容州。北流县，即此州也。振也，所少者一郴也。潮、循皆岭南名郡，不应略不及之，明系史家绖漏。其余十二州，或因开宝五年省并，故略而不言。然《职方考》所列严、春、罗、潘、勤、泷诸州,亦开宝中省并,何以有书、有不书也? 郴州,唐时属江南西道,五代为马氏所有,马氏灭而郴入于南汉。《宋志》,建隆四年,平湖南,得州一十五。郴居十五州之一,似误。又考《唐书·地理志》,岭南道为州七十三,都护府一,五季,安南都护府及管内十一州不在南汉封域之内,其余六十二州,皆南汉有也。《职方考》只列四十有七,而郴州不在岭南部;内化与辩本是一州;英、雄二州,又刘䶮新置,实止四十三州耳。其四十二州,皆《唐志》所有。惠州即循州所分。南汉本名祯州,欧公避宋讳,依宋时州名名之也。又潮州之程乡县,南汉尝立为敬州,《宋志》作"恭州",避讳改。宋初改梅州,此亦《考》所应列而失之者也。唐岭南道又有义州,宋初加"南"字,太平兴国初,改曰南仪,至熙宁四年始省入藤州,此亦南汉所有之州,而《职方考》及《宋志》皆失举其名,又何也? 岭南但有东、西两道,此《考》称"岭南北",殊非其实。

合中国所有,二百六十八州。　按:表所列州,凡二百八十有五。燕云十六州入契丹,景州已废,故云"二百六十八"。然威、衍、武三州,周末亦已废省,实止二百六十五州耳。

而军不在焉。　按:五代置军六,晋置德清军于顿丘,周置保顺军于无棣、汉阳军于汉阳、雄胜军于凤州固镇,又废景州为定远军、威州为通远军。

兖。周有。罢。　注云"罢"者,谓罢节度使,降为防御州也。广顺二年,慕容彦超初平,故废此镇。《表》于此类或云"罢军",或但注"罢"字,于例似未画一。

青。晋有。　"有"下当注"罢军"二字。开运二年,以杨光远平,降为防御州也。汉天福十二年复旧,亦当于第四格"有"字下,增注"复"字。

金。梁有蜀。　按:下文云:"唐末置戎昭军,已而废之,遂入于蜀。"则梁代未有金州也。此"有"字衍。

唐。梁有。　按:天祐三年,朱全忠徙州治泌阳,改名泌州。此《表》有唐无泌,盖后唐灭梁之后,复其旧耳。当于第一格"有"字下注"泌州"二字,第二格"有"字下注"改曰唐州"四字。晋初又改为泌州,汉复旧名,此第三格"有"字下亦应注"改曰泌州"四字,第四格"有"字下应注"改曰唐州"四字。

耀。唐有。复曰耀州。改顺义。 "顺义"下当有"寻罢军"三字。

衍。周有。[①] 《五代会要》,显德五年废为定平镇,隶邠州,此《考》失书。

威。周有。改曰环州。 按:显德四年,州废为通远军,此失注"废"字。

武。周有。 《五代会要》,显德五年,废为潘源县,隶渭州,此《考》失书。又按:此《表》所列有两武州,一在关内,一在河东。两新州,一在河东,一在岭南。两通州,一在淮南,一在山南。两雄州,一在河北,一在岭南。两剑州。一在江南,一在剑南。

贝。周有。 此下当注"罢军"二字。《五代会要》,显德元年,降为防御州。

镇。晋有。顺德。 "顺德"当作"顺国"。

定。梁有。义成。 "义成"当作"义武"。

沧。唐。横海。 按:《五代会要》,梁乾化二年三月,改为顺化军,以张万进归顺故也。此事史亦失书。

漠。 "漠"当作"莫"。

福。闽。武威。 "武威"当作"威武"。今福州有唐天祐三年《王审知德政碑》,正作"威武军节度"。

朗。楚。武平。 "武平"当作"永顺"。按:《楚世家》,马殷请升朗州为永顺军,表张佶节度使。是梁时朗州为永顺军也。周广顺三年,刘言请移治所于武陵,乃升朗州为武平军。然则"武平"二字,当注于第五格"周行逢"之下。

广。南汉。 当注"清海"二字。

化。南汉。 按:唐岭南道无化州。《元丰九域志》,化州,唐辩州,皇朝太平兴国五年改。是南汉之世未有化州也。此《考》既有辩又有化,乃重复舛谬之甚者。

惠。南汉。 按:南汉析循州置祯州。宋天禧五年,避仁宗讳,改惠州。《欧史》于庙讳多不回避,如崔垂休、马庆先,皆直书其名而缺末一笔,盖取古人临文不讳之义,而此州名独追避宋讳,失纪实之体矣。且又有惠而无循,亦为脱漏。

曹州，故属宣武军节度。　　按：唐时曹州在天平军节度管内，非宣武军也。

梁破赵匡凝，分邓州置宣化军。　　《五代会要》，开平三年，升邓州为宣化军，割泌、随、复、郧四州隶之。

耀州，本华原县，唐末属李茂贞，建为耀州。　　按：《唐志》，京兆华原县，天祐三年，李茂贞墨制以县置耀州。

后唐复耀州，改曰顺义。　　按：《五代会要》，同光二年三月，降为团练州。至周显德二年，降为刺史州。盖自华温琪徙镇之后，顺义军即废。史不书"寻废"者，漏也。

魏州，后唐建邺都，晋、汉因之。　　按：《本纪》，同光元年，以魏州为东京，三年，改东京为邺都。此失书升东京一节。

镇州，唐复曰成德。　　按：《本纪》，同光元年，尝以镇州为北都。此亦失书。

晋又改曰顺德，汉复曰成德。　　按：《通鉴》："天福七年正月，改镇州为恒州，成德军为顺国军。"《五代会要》亦云"顺国军"，此称"顺德"者，误也。镇州，晋时尝更名恒州，汉初复为镇州，史皆失书。

并州，后唐建北都。　　按：《本纪》，同光元年四月，以太原为西京。十一月，以太原为北都。此失书升西京一节。

潞州，唐灭梁，改曰安义，晋复曰昭义。　　按：《五代会要》："潞州，唐同光元年为安义军，长兴元年三月，复旧名昭义。"是昭义之更名，不始于晋也。

福州曰武威。　　"武威"当作"威武"。

乾州，李茂贞置，治奉先县。　　"奉先"当作"奉天"。《唐志》，京兆奉天县，乾陵在北五里。乾宁二年，以县置乾州。盖州以乾陵得名，非同州之奉先县也。

磁州，梁改曰惠州。　　按：《唐志》，天祐三年，以"磁""慈"声一，更名。其时梁未受禅也。

雄州，周显德六年，克瓦桥关置，治归义。　　归义县本属涿州。

霸州，周显德六年，克益津关置，治永清。　　永清县本属幽州。

筠州，南唐李景置，割洪州之高安、上高、万载、清江四县为属。按：《唐志》，洪州但有高安县，余三县未详何时置。《文献通考》："南唐以洪州高安置筠州,仍置上高、万载、清江三县隶之。"是三县亦置于南唐也。徐铉《重修三清观记》,保大庚戌岁,诏复高安县为筠州,析其北鄙为清江县。

剑州,南唐李景置,割建州之延平、剑浦、富沙三县为属。 按:《唐志》建州无此三县。《文献通考》:"闽以建州永平镇置镡州及龙津县,后州废,南唐改延平镇,俄置为剑州,以汀州之沙县、福州之尤溪来属。"与此《考》异。

全州,楚王马希范置,以潭州之湘川县为清湘县,又割灌阳县为属,而治清湘。 按:《唐志》潭州领县六,有湘潭、湘乡而无湘川,亦未审何时置。且潭与全相距颇远,或即永州之湘源乎?《文献通考》,晋以永州湘源县置全州。灌阳,本属永州。

雄州,南汉刘龑割韶州之保昌置。 按:《唐志》韶州属县有浈昌无保昌,未审何时更名。

雍丘,晋改曰杞。 晋高祖父名"绍雍",故改之。

叶、襄城,故属许州,唐割隶汝州。 按:《五代会要》:"后唐同光二年,租庸使奏:'二县原属汝州,今隶许州,伏缘最近京畿户口全少,伏乞却割隶汝州。'从之。"考《唐志》,叶、襄城二县,本隶汝州,其云"今隶许州"者,当是唐末或梁所改也。

美原,故属同州。 按:《唐志》美原属京兆府,不属同州。

平凉,故属泾州。 "泾州"当作"原州"。

安陵,故属景州,周割隶德州。 按:《唐志》:"德州安陵县,景福元年隶景州,寻复来属。"是唐末安陵隶德州,不知何时又改隶景州也。

福州闽清。 按:福州有福唐县,梁开平二年改为永昌,唐同光二年复为福唐,晋改为福清。此亦当见于《考》,而史失之。

汉川,故属沔州。 按:唐初置沔州,治汉阳县,以汉川为属。宝历二年,省入鄂州。故《唐志》无沔州之目。且上文云"汉阳,故属鄂州",可证五代亦未立沔州矣。此"沔"字必"鄂"之讹也。

洛南,故属华州,周割隶商州。 按:《唐志》洛南本属商州,不知何时改隶华州。

秦州天水陇城,唐末废。 按:《唐志》秦州领县六,有陇城无天水。

自唐有方镇，而史官不录于地理之书。　此所云"史官不录"者，谓刘昫《旧唐书》也。《新史》撰《方镇表》，于诸镇所领州，独详言之，盖矫《刘史》之失也。宋时节度不领它州，虽有节镇之名，实与诸州等耳。

校勘记

① "周有"，"有"，《新五代史》卷六〇作"废"。

廿二史考异卷六十六

五代史六

吴世家

刺史郑棨。 “棨”当作“綮”。

二年，取滁、和州。 上文有“龙纪元年”，则此当为龙纪之二年。然龙纪改元之明年正月，即改元大顺，不得有二年也。以《唐书·昭宗纪》及《行密传》证之，当云“大顺二年”，史脱两字耳。

友宁，梁太祖子也。 友宁乃梁祖兄子，盖脱“兄”字。

天复二年，钱镠为其将许再思等叛而围之。 上文已叙天复二年、三年事，此因田頵之诛，追述頵衅端，故再举“天复二年”。然亦史家失于回避之病也。

瑾已杀知训，携其首驰府中示隆演曰：“今日为吴除患矣。”隆演曰：“此事非吾敢知。”遽起入内。瑾忿然，以首击柱，提剑而出，府门已阖，逾垣，折其足，遂自刎死。 此事已见《朱瑾传》，宜去此存彼。

南唐世家

以彦能为抚州节度使。 按：南唐节镇，见于《五代史》、《通鉴》、《马令》、《陆游书》及徐铉《骑省集》者，有润州节度使、号镇海军。扬州节度使、号建武军。庐州节度使、号德胜军。寿州节度使、号清淮军。泗州节度使、号静淮军。濠州节度使、号定远军。鄂州节度使、号武昌军。宣州节度使、号宁国军。洪州节度使、号镇南军。江州节度使、号奉化军。池州节度使、号康化军。饶州节度使、号安化军。抚州节度使、号昭武军。虔州节度使、号百胜军。建州节度使、号忠义军。泉州节度使。号清源军。润、鄂、宣、洪，皆沿唐时节镇旧额，余皆杨氏、李氏所置。又有舒州节度使，其军额不可考。偶忆徐铉撰《抚州节度使马希崇除舒州节度使制》

有"永泰全军，舒庸旧国"之语，疑永泰即其军号也。又林仁肇尝为宁化军节度副使，见南昌府龙兴寺铜钟题款。此军未审置于何所。

以知询为右统军。　《吴世家》作"左统军"。

始改名景，以避周庙讳。　周太祖之高大父名"璟"，故去旁以避之。

濠州刺史郭廷谓。　《周本纪》作"濠州团练使"。

燕王冀为太子。　本名"弘冀"，避宋讳，省上一字。

太祖皇帝之出师南征也，煜遣其臣徐铉朝于京师。　按：五代之臣卒于宋初者，《欧史》皆不立传，诸传亦无及宋初事者，唯南唐、后蜀、南汉、东汉、吴越诸世家，皆叙入宋以后事，盖欲其首尾完备，故不拘限断之例。然如宋祖答徐铉之语，初无关于李氏之兴废，自当于《宋史》见之。且"父子一家，即当同其忧乐，亏子以益父，于心岂安？"此特一时强词，何足服李煜君臣之心。不若"卧榻鼾睡"之言简而当也。

予读周世宗《征淮诏》，怪其区区捃摭前事，务较曲直以为辞，何其小也！　按：《景定建康志》载宋太祖诏谕救榜文，亦皆捃摭细故，以为兵端，盖词臣代言之体，自当尔尔。欧公岂未见此救耶？

前蜀世家

行至兴元，逐节度使牛丛。　《唐书·僖宗纪》作"牛勖"，《田令孜传》作"牛顼"。"顼"与"勖"同音。《旧唐书·纪》作"牛蔚"。

唐以建为检校司徒、成都尹、剑南西川节度副大使、知节度事、管内观察处置云南八国招抚等使。　此承《旧史》之文，以本书之例言之，但当云"检校司徒、西川节度使"也。

黔南节度使王肇。　本名"建肇"，避蜀主讳，止称"肇"。

以剡王为凤翔节度使。　"剡"当作"郯"，《唐史》避武宗讳，改"郯"为"覃"，所谓"覃王嗣周"也。

彦晖将顾彦瑶。　按：《唐书·顾彦晖传》，瑶为彦晖养子，且单名"瑶"，无"彦"字。

武定节度使拓拔思敬。　此与《李仁福传》之思敬非一人。

天复四年，唐迁都洛阳，改元天祐，建与唐隔绝而不知，故仍称天复。　按：《李彦威传》："昭宗改元天祐，迁于东都，为梁所迫，而晋人、蜀人以为天祐之号,非唐所建,不复称之,但称天复。"与此所云异,盖《世家》误也。

唐袭为枢密使。 《通鉴》作"唐道袭",其官名"内枢密使"。盖沿唐之名,但不用宦者耳。《欧史》去"内"字,而下文又有"内枢密使毛文锡"。

庄,见素之后。① 顾张思曰:《五代世家》以韦庄为见素之孙,《唐宰相世系表》韦庄为待价之后,出逍遥公房,见素则出南皮公房,初非同系,二书皆出欧公之手,而矛盾若此。

开崇贤府,置官属。 《通鉴》作"崇勋府"。

后蜀世家

邢州龙冈人也。 按:知祥为孟迁之兄子。《孟方立传》称"邢州平乡人",此云"龙冈人",县名互异。

前此为中门使者多以罪诛,知祥惧,求它职,庄宗命知祥荐可代己者,知祥因荐郭崇韬自代。 此事已见《崇韬传》。

庄宗建号,以太原为北京。 《唐本纪》、《职方考》皆作"北都"。

是月应圣节。 《五代会要》,明宗九月九日生,以其日为应圣节。

明日遂举兵反。 据此则知祥以九月十日反,而《唐本纪》以为十月反,与此不合。

二年正月,李仁罕克遂州,夏鲁奇死之。 按:《明宗纪》及《鲁奇传》俱云董璋陷遂州,而《璋传》及此《世家》俱以为知祥所陷。又《明宗纪》及《璋传》俱云九月陷遂州,②此乃云正月,其互相乖角如此。

行成都尹、剑南东西两川节度、管内观察处置、统押近界诸蛮,兼西山八国云南安抚制置等使。 当云"东西两川节度使"。

三月,唐潞王举兵于凤翔。 《唐本纪》在二月。

明德三年三月,荧惑犯积尸。 按:《司天考》:"天福元年三月壬子,荧惑犯积尸。"即蜀明德三年也。

刘光义、曹彬等出归州。 《宋史·太祖纪》作"刘光义"。此作"光义"者,避宋太宗讳也。《宋史》或作"光毅"。

是时刘钧尚在。 《东汉世家》作"承钧"。

注:盖自同光二年乙酉。 "二年"当作"三年"。

惟《旧五代史》云,同光三年丙戌,至乾德三年乙丑,四十年者,谬也。 按:同光四年,岁在丙戌,即天成元年。此云"三年"者,误也。据《世家》,知祥本以同光四年正月至成都,至乾德乙丑,恰合四十年之数,则《旧史》云"四十年",非谬矣。

南汉世家

父谦为广州牙将。 《唐书》作"知谦"。

是时交州曲颢。 按:《通鉴》,唐天祐三年,加静海节度使曲承裕同平章事。梁开平元年,承裕卒,以其子颢为节度使。其后颢子承美《五代会要》作曲美。复嗣为节度。曲氏据交州凡三世,据黎崱《安南志略》,曲氏只有颢、承美二世,未知《通鉴》采自何书。

邕州叶广略,容州庞巨昭。 《通鉴》,唐天祐三年,以权知宁远留后庞巨昭、岭南西道叶广略,并为节度使。宁远者,容州军号也。《五代会要》,广略、巨昭二人,梁太祖、末帝朝,皆在使相之列。

昌岌卒,弟昌濬立。 按:下文无昌濬事,惟于刘鋹大宝八年,书"交州吴昌文卒"。《通鉴》,后周显德元年,昌岌卒,弟昌文立。《宋史·交阯传》亦云"昌岌死,其弟昌文袭位"。则昌濬与昌文,似是一人。今据黎崱《安南志略》云:"吴权本杨廷艺牙将,矫公羡杀廷艺而代之,权起爱州兵杀公羡。权卒,子昌岌立,昌岌卒,弟昌濬立,昌濬卒,弟昌文立。凡四世而为丁部领所代。"则昌文实昌濬之弟。相继嗣立,授受分明。崱生长安南,距宋初未远,所言必得其实,较之正史为可信也。

显德三年,世宗平江北。 按:《世家》例书其本国之纪年,此独书"显德",又不系以"周"字,皆史之疏也。

大宝五年,鋹以宦者李托养女为贵妃专宠。托为内太师。 按:韶州乳源县云门山《匡圣弘明大师碑》,大宝七年建,其文云:"列圣宫使、甘泉宫使、玩华宫使、开府仪同三司、行内侍监、上柱国李托。"不见有"内太师"之名。

七年。 按:《云门山碑》称"鋹尊号曰睿圣文武隆德高明弘道大光孝皇帝",碑立于大宝七年四月,则鋹上尊号当在七年以前矣。《欧史》诸世家,惟杨溥、王建、王衍、刘晟、刘旻五人书所上尊号,余皆无之。

楚世家

杨行密袁州刺史吕师周来奔。 据《通鉴》,师周之奔在梁开平元年,其时杨渥已嗣位,不当言"行密"也。

太祖拜殷天册上将军。 按:《铜柱记》作"天策"。"策"与"册"同。

拓拔常为仆射。 《通鉴》作"拓拔恒"。史作"常",避真宗讳。

溪州刺史彭士然。 "然"当作"愁",字之讹也。李弘皋《铜柱记》、《宋史·蛮夷传》皆作"士愁"。

遣其子师昺。 《铜柱记》作"师杲"。

希范乃立铜柱为表,命学士李皋铭之。 《铜柱记》作"李弘皋"。史避宋讳,去上一字。考刘勍攻溪州在天福四年九月,士愁乞降立誓在五年正月。其五月,命弘皋撰铭,七月铸铜柱成,八月镌文于柱,十二月立之。柱高一丈二尺,重五千斤。

希范卒,年四十九,谥曰文昭。 《五代会要》,希范官至守尚书令,赠太师。

希广立。 希广先为武安军节度副使、判内外诸司事、永州团练使。见《铜柱记》。

景封希萼楚王,居洪州。 按:《景定建康志》,周广顺二年,即南唐保大十年。唐江西观察使楚王马希萼入朝,唐主留之,后数年卒于金陵,谥曰孝恭。

希崇领舒州节度使,居扬州。 以《徐铉集》考之,希崇归唐,先授抚州节度使,后乃改除舒州也。

王进逵,武陵人也。 《通鉴》作"王逵"。

与行军司马何景真等。 《通鉴》作"敬真",此作"景",疑亦避庙讳。

夫人严氏谏曰。 《通鉴》作"邓氏"。胡三省云:路振《九国志》作"严氏"。

吴越世家

石鉴镇将董昌。 《唐书》作"石镜",此避宋庙讳改。

镠具军礼,郊迎,馆宝于樟亭,宝病卒。 《唐书·僖宗纪》、《周宝传》俱云镠杀之,与此异。

及其将马绰。 按:《通鉴》注引路振《九国志》云:"马绰,余杭人。少与钱镠俱事董昌,以女弟妻镠,镠复为元瓘娶绰女。"又引《薛史》:"梁贞明四年,秦州节度使检校太傅、同平章事马绰加检校太尉。"考秦州不在吴越管内,盖遥授也。

元瓘立,袭封吴越国王。 按:吴越《文穆王神道碑》和凝撰。题云:"天下兵马都元帅、守尚书令。"《欧史》失书。

子佐立。 本名"弘佐",避宋讳,止称下一字。倧、俶皆仿此。

闽世家

唐以福州为武威军。 当作"威武军"。下文云"李景以李仁达为威武军节度使"可证也。

闽人以为审知德政所致。 《旧唐书·哀帝纪》,天祐三年"闰十二月己酉朔,福建百姓僧道诣阙,请为节度使王审知立德政碑"。此其事也。

后兴事败,亦被杀。 按:《通鉴》,林兴诈觉,流泉州,在昶通文四年六月。其年闰七月,曦立遣使诛兴于泉州。《世家》以为昶所杀,误也。

代以季弟继镛。 《通鉴》作"继镕"。

延羲令其子继业。 按:《通鉴》,继业为延羲之兄子,故称新君叔父也。《世家》脱"兄"字。

改元永隆。 按:福州有崇妙保圣坚牢塔,永隆中建,其《记》称曦尊号曰"睿明文广武圣光德隆道大孝皇帝"。《世家》失书。

程赟守漳州。 《通鉴》作"程文纬"。

南平世家

追封季兴楚王,谥曰武信。 季兴谥武信,上文已见,此重出。

东汉世家

潞州李筠遣穆令钧。 《通鉴》作"令均"。

显德元年。 《世家》例书本国之纪年,此不书"乾祐"而书"显德",亦与例不合。

明年十一月卒。 按:《年谱》,旻卒而承钧立,即于显德元年,而此云"明年"者,盖据《五代旧史》、《周世宗实录》、《运历图》诸书谓旻卒于二年冬,二文自相矛盾。考《辽史》,穆宗应历五年十一月乙未朔,汉主崇殂。即显德二年也。则当以《世家》为正。《通鉴》书旻殂于显德元年十一月,盖承《欧史·年谱》之误。

承钧立十三年病卒。 按:《宋史》,承钧卒于开宝元年戊辰,此云"立十三年"者,盖据《世家》。承钧以周显德二年乙卯冬嗣位,其次年丙辰为即位之始年,至戊辰,恰十三年也。然则《年谱》云"旻卒于显德元年"者,未足信矣。李恽《天龙寺碑》称承钧为"睿宗皇帝",史失书。

生子继元。 按:《天龙寺碑》云:"今英武皇帝天会中出阁,授检校司徒、归义府都督,罢解公府,特恩加检校太保、右金吾卫大将军、充大内都点检。"此继元在承钧之世所授官也。又云:"□□皇帝践祚,加检校太师、行太原尹,寻领侍卫亲军事。"则在继恩之世矣。

无为迎继元而立之。 按:《天龙寺碑》云:"值仓卒之变,震骇非常,上独执雄断,入平内难。时戊辰秋九月嗣升宸极。"盖继元以天会十二年嗣位,即宋开宝元年也。

遣嬖者范超图杀郭氏。 按:《天龙寺碑》称"宣徽北院使、永清军节度使、检校太保范超",盖超自是遂任用矣。

继元立,改元曰广运。 按:《天龙寺碑》后题"广运二年,岁在乙亥"。而其文云:"上御宇之八年,乙亥岁于正殿受册英武皇帝。"则是继元即位之始,犹承"天会"之号,至七年而改元也。杨梦申撰《刘继颙神道碑》云:"天会十二年,今皇帝践祚之初年也。"十七年继颙卒。末题"广运元年岁次甲戌",与《天龙寺碑》正合。又考《辽史》,景宗保宁五年十二月,"汉将改元,遣使禀命"。其年岁在癸酉,则广运改元在甲戌岁,正史有明征矣。契丹册继元为"英武皇帝",亦见《天龙寺碑》,而史失书。

十国世家年谱

独得其封落星石为宝石山制书,称宝正六年辛卯,则知其尝改元矣。 洪迈《容斋四笔》云:"王顺伯收碑,有《临安府石屋崇化寺尊胜幢》云：‘时天宝四年，岁次辛未四月某日，元帅府府库使王某。’又《明庆寺白伞盖陀罗尼幢》云：‘吴越国女弟子吴氏十五娘建，天宝五年太岁壬申月日题。’顺伯考其岁年，知非唐天宝。而辛未乃梁开平五年，_{其五月改乾化。}梁以丁卯篡唐，武肃是岁犹用唐天祐，次年自建元也。钱唐《湖广润龙王庙碑》云：‘钱镠贞明二年丙子正月建。’《新功臣坛院碑》、《封睦州墙下神庙敕》，皆贞明中登圣寺磨崖，梁龙德元年，岁次辛巳，钱镠建。又有龙德三年《上宫诗》。是岁梁亡。《九里松观音尊胜幢》云：‘宝大二年岁次乙酉建。’《衢州司马墓志》云：‘宝大二年八月殁。’顺伯按，乙酉乃唐庄宗同光三年，其元年当在甲申，盖自壬申以后，用梁纪元，至后唐革命，复自立正朔也。又《水月寺幢》云：‘宝正元年丙戌十月，具位钱镠建。’《招贤寺幢》云：‘丁亥，宝正二年。’又《小昭庆》、《金牛》、《码磁》等九幢，皆二年至五年所刻。贡院前桥柱刻‘宝正六年岁在辛卯造’，然则宝大止二年，而改宝正，宝正尽六年。次年壬辰，有《天竺日观庵经幢》复称‘长兴三年八月’，用唐正朔。其年三月，武肃薨，子元瓘以遗命去国仪，用藩镇法。然则吴越有天宝、宝大、宝正三名，欧阳公但知其一耳。”予谓《容斋》据王顺伯说，考定吴越三改元，既精审矣。其云“丁卯岁犹用天祐号”，则未然。考越州《崇福侯庙记》，题“开平二年”，则其时武肃亦用“开平”之号，而即于是年自建元也。“宝正”之号，当尽于七年。至三月以后，文穆嗣立，乃去“宝正”号而称“长兴”耳。

四夷附录一

契丹。以其所居横帐地名为姓，曰世里。世里，译者谓之耶律。按：“耶律”亦作“移剌”，译音之转也。“世”与“耶”声不相近，疑当为“也”字。“也里”与“耶律”正相转。

名年曰天赞。　按：《辽史》，太祖初建元神册，尽六年，乃改天赞。

立其次子元帅太子耀屈之。　《辽史》作“尧骨”。

德光立三年，改元曰天显。　据《辽史》，太祖改元天显，其年崩，而德光嗣之，即承天显之号。此云“立三年改元”者，误也。

于盐沟置良乡县。　后唐置良乡、三河两县，《职方考》失书。

吾命大相温从尔渡河。　“相温”，即“详稳”也。

德光遣中书令韩颀,奉册高祖为英武明义皇帝。　据《辽史》,是时册使乃中台省右相耶律述兰迭烈哥及节度使赵思温也。与此互异。

德光将高牟翰,亦诈以瀛州降。　《辽史》作"模翰"。"模"、"牟"声相转。

谥德光为嗣圣皇帝。　按:《辽史》太宗即位,即上尊号曰嗣圣皇帝,非谥也。

四夷附录二

麻答者,德光之从弟也。德光灭晋,以为邢州节度使。兀欲立,命守镇州。　宋白曰:麻答本名解里,阿保机之从子也。其父曰撒剌,归梁,死于汴。见《通鉴》注。予考《辽史》无《麻答传》,而有《耶律解里传》。然《解里》世为小吏,则非德光从弟。且亦无镇邢州、守镇州事。惟《耶律拔里得传》称"太祖弟剌葛之子","太宗入汴,以功授安国军节度使,总领河北道事。师还,州郡往往叛,以应刘知远,拔里得不能守而归。世宗即位,迁中京留守。卒。"安国军即邢州,中京即镇州,则麻答即《辽史》之拔里得,与解里初非一人矣。《辽史·皇子表》,剌葛神册二年南奔,为人所杀。《薛史》亦云"麻答父萨剌阿保机,时自蕃中奔唐庄宗,寻奔梁,庄宗平梁获之,磔于市",与宋白说略同。但一云"撒剌",一云"萨剌",一云"剌葛",其名小异耳。"撒"、"萨"声相近。

燕王述轧与太宁王呕里僧等率兵杀兀欲于大神淀。　按:《辽史》,弑世宗者,泰宁王察割也。"述轧"与"察割",声相近。泰宁王,即察割之封号。其时封燕王者为牒蜡,亦以党逆伏诛。无名"呕里僧"者。考之《逆臣传》,其时有六院大王耶律朗,字欧新,以持两端伏诛。当即此所云"呕里僧"也。呕里僧,《通鉴》作"沤僧",皆"欧新"之转。两史所述,封爵互异,盖《五代史》得于传闻,不如《辽史》之可据也。"大神",《通鉴》作"火神"。胡三省引宋白云"火神淀在新州西"。《辽史·世宗纪》:"次归化州祥古山,遇弑。"归化州,即唐之武州,去新州不远也。辽改新州为奉圣州。辽之上京,亦有大神淀,与此非一地。

德光子齐王述律。　按:《辽史》,述律封寿安王,无"封齐王"之文。

嵚与部曲东之福州。福州,翰所治也。　《辽史·地理志》,上京道有福州。国舅萧宁建。南征俘掠汉民,居北安平县故地。西北至上京七百八十里。

东行,过一山,名十三山。 《辽史·地理志》,东京道显州有十三山。

过卫州,有居人三千余家,乃契丹所虏中国人,筑城而居之。按:《辽史·地理志》未见"卫州"之名,上京道有"渭州",中京道有"惠州",音皆相近。

四夷附录三

奚。常采北山麝香、仁参。 仁参,即人参。

达靼。咸通中从朱邪赤心讨庞勋,其后李国昌、克用父子。 国昌,即赤心赐名也。此文似误以为二人。

吐蕃。自梁太祖时,尝以灵武节度使兼领河西节度。 按:《韩逊传》云:"唐庄宗时,以洙兼河西节度。"与此不合。

南诏蛮。遣大鬼主傅能何华来朝贡。 《五代会要》作"傅能阿花"。

又以大渡河南山前印州六姓。 "印"当作"邛"。

占城。遣使者莆诃散来贡。 《五代会要》作"甫阿散"。

校勘记

① "见素之后",《新五代史》卷六三《前蜀世家》作"见素之孙",与《五代世家》同。

② 董璋陷遂州时日,《新五代史》卷六《明宗纪》为长兴二年夏四月,卷五一《董璋传》为长兴元年九月,俱非此所谓长兴二年九月。

廿二史考异卷六十七

宋史一

太祖纪

建隆元年正月,江宁军节度使高怀德为义成军节度使。 "江宁",《长编》作"宁江",盖夔州军额也。宋时节镇无江宁军,当从《长编》。下文"张光裕为江宁军节度使","乾德二年江宁军节度使刘光义",皆"宁江"之误。高怀德、刘廷让二《传》,误与此同。廷让,即光义也。

五月,遣昭化军节度使慕容延钊、彰德军节度使王全斌,会讨李筠。 按:《长编》,延钊时为镇宁军节度使,全斌时为彰德军留后,《纪》所书皆误也。《延钊传》亦称镇宁军节度使。镇宁,澶州军号也。故《传》有"诏还澶州"之语。《全斌传》称相州留后。彰德,相州军号也。与《长编》俱合。

以枢密使吴廷祚留守上都。 《宰辅表》作"东都留守"。《地理志》,东都亦无"上都"之名。独《本纪》"上都留守"字凡三见。

乾德五年正月,王全斌责崇义军节度使,崔彦进责昭化军节度使。按:节度使非责授官。据《全斌传》,二人皆责授节度观察留后,故制词云"止停旄钺,犹委藩宣"也。《长编》同。唐时方镇各擅其地,未奉朝命者,往往自称留后,权势与使无异。宋初除藩镇专擅之弊,留后与使,品秩攸殊。全斌二人,由节度降授留后,《纪》仍书"节度使",误之甚矣。

开宝元年八月,命昭化军节度使李继勋等征北汉。 按:《继勋传》作"昭义军节度使"。《长编》亦同。昭义者,潞州军号。泽潞与北汉接境,故命为前军都部署。《纪》作"昭化"者,误。

十一月,上尊号曰应天广运大圣神武明道至德仁孝皇帝。 《长编》无"仁孝"二字,又以"大圣"为"圣文",未详孰是。

五年正月，前卢县尉鄢陵许永，年七十有五，自言父琼，年九十九，两兄皆八十余，按：《长编》云："长兄年八十有一，次兄年七十有九。"非皆八十余也。《隐逸传》与《长编》同，《纪》误。乞一官以便养。因召琼厚赐之，授永鄢陵令。　此事又见《隐逸传》，唯彼云"授郾城令"，与《纪》异。《长编》亦作"鄢陵"，盖授本县令，以便养耳。此当以《纪》为正。

八年正月，御长春殿。谓宰相曰："朕观为臣者比多不能有终，岂忠孝薄而无以享厚福邪？"宰相居正等顿首谢。　此语又见《薛居正传》，而彼较详。彼乃君臣交儆之词，此则专责臣下，当删此存彼。

十月，改润州镇江军节度为镇海军节度。　按：唐时润州置镇海军节度，至是改军额为"镇江"，非本名"镇江"而改为"镇海"也。《长编》本云："改镇海军为镇江军。"《纪》误。

大中祥符元年，加上尊谥曰启运立极英武睿文神德圣功至明大孝皇帝。　按：此十六字，乃祥符五年再加之谥，若元年所上，则"启运立极英武圣文神德元功大孝"十四字也。史误。

太宗纪

太宗神功圣德文武皇帝。　按：宋诸帝谥皆十六字，独《太宗纪》首止六字，而篇末亦无增加尊谥之文，此史家脱漏也。考《东都事略》云："大中祥符元年，加谥至仁应运神功圣德文武大明广孝皇帝。五年，再加谥曰至仁应运神功圣德文武睿烈大明广孝皇帝。"《礼志》亦载两次加谥，惟以再加系于天僖元年，似与王偁说异。然《真宗纪》于祥符五年亦书"加太庙六室尊谥"。盖加谥在祥符，而上册在天禧耳。《纪》皆缺而不书。

太平兴国三年五月，李飞雄矫制，乘驿至清水县，缚都巡检周承瑨及刘文裕、马知节等七人，将劫守卒据城为叛，文裕觉其诈，禽缚飞雄案之，尽得其状，诏诛飞雄及其父母妻子同产。　按：《知节传》不及被缚事，据李氏《长编》引《知节传》，有"知节先辨飞雄之诈，因语文裕"云云，则旧史固有之，元人刊修偶遗漏耳。

七月，右千牛卫上将军李煜卒。　按：《太祖纪》，孟昶书"薨"，此《纪》李煜、刘𬬮、刘继元皆书"卒"。昶官中书令，在使相之列故也。

四年正月，置签署枢密院事，以石熙载为之。　按：《太祖纪》，枢密使除授皆书，副使则不书。如建隆元年八月除赵普，三年十月除李处耘，乾德二年正月除王仁赡，五年二月除沈义伦，开宝六年九月除楚昭辅，《纪》皆无之。至是始立"签署"之名，以熙载为之。未几，真授副使，自后枢副、知院、同知、签书除授，《本纪》皆书之，独《英宗纪》不书，它《纪》间有不书者，史脱文也。

五年七月，讨交州黎桓，命兰州团练使孙全兴、八作使张潘、左监门卫将军崔亮、宁州刺史刘澄、军器库副使贾湜、阁门祗候王僎并为部署。全兴、潘、亮由邕州，澄、湜、僎由廉州。　按：《长编》，是时充邕州路都部署尚有鞍辔库使陈钦祚一人。"张潘"，《交阯传》作"张璘"，《长编》作"张守璘"。

六年三月，交州行营破贼于白藤江口，知邕州侯仁贵讨之。　"仁贵"当作"仁宝"。

诏斩刘澄、贾湜于军中。　按：《交阯传》："上遣使就勑澄、湜、僎，澄寻病死，戮湜等邕州市。"与《纪》不同。考《长编》称"王僎病死，澄与湜并戮于邕州市"，则《传》误也。

九月辛亥，以赵普为司徒。　此普再入相，除司徒、兼侍中。侍中为真宰相，故得入政府视事。司徒，三公之官，非宰相也。《纪》书司徒，不书侍中，盖未通于官制矣。宋初，宰相官至侍中，则不复称平章事。端拱元年，赵普三入相，以太保兼侍中，加同中书门下平章事。自后虽侍中而不加平章事，只为使相，非真相矣。

雍熙三年三月，武宁军节度使、同平章事、岐国公陈洪进卒。按：石守信以使相书"薨"，陈洪进、潘美亦使相而书"卒"，《真宗纪》张玄德书"薨"，石保吉、魏咸信书"卒"，均为使相，而书法各异，此义例之可议也。

淳化元年三月丙子朔。　此无事而书"朔"，盖衍文。

乙未，幸西京留守赵普第视疾。　是岁正月戊子，普罢相，以太保兼中书令，充西京留守，《纪》屡书视疾，而于罢相一节，则反失之。

真宗纪

至道三年五月，以镇安军节度使李继隆同平章事。　此使相非真宰相，当云"加某官某人同平章事"，方与真相有别。

六月，以工部侍郎、同知枢密院事钱若水为集贤院学士。　此罢枢密而除学士，当有"罢免"字。《本纪》中此类甚多，略举一条，以见拜罢书法之不分也。集贤院，《宰辅表》作"秘书院"。^①

大中祥符七年三月，制加宰相王旦、向敏中、楚王元佐、相王元偓、舒王元偁、荣王元俨枢密使、同平章事。　按：旦与敏中除平章事已久，又未尝兼枢密使，诸王例无授枢密使者，此文必有讹舛。《长编》亦无此事。

八年七月，王嗣宗为大同军节度使。　《宰辅表》及《宰辅编年录》并作"天平军"，《长编》亦作"大同"。

九年九月丙午，陈彭年、王曾、张知白并参知政事。　按：《宰辅表》只有曾、知白，不及彭年，《表》之漏也。

八月丙戌，以陈尧叟为右仆射。　《编年录》作"甲申"。

天禧元年四月，陈尧叟卒。　按：《太宗纪》，石熙载以前枢密使官仆射书"薨"，尧叟亦前枢使，且加平章事，官亦至仆射，而书"卒"，于例未安。

八月壬申，王旦对于便殿。　是岁七月丁巳，旦罢政，《纪》当书而失书。

九月癸卯，以参知政事王曾为礼部侍郎。　按：《曾传》"罢为礼部侍郎判都省事"，即其事也。

己酉王旦薨。　《宰辅表》作"癸卯"。

乾兴元年二月庚子，大赦天下。癸卯，上尊号曰应天尊道钦明仁孝皇帝。　按：《东都事略》："二月庚子朔，大赦天下。诏自今中外所上表，咸去称号。群臣请上尊号曰应天尊道钦明仁孝皇帝，从之。"盖真宗以咸平二年受"崇文广武圣明仁孝皇帝"之号，大中祥符元年增至十六字，五年增至十八字，天禧三年增至二十二字，至是诏去尊号，又因群臣之请，只称"应天尊道钦明仁孝"八字尔。《宋史》删去"诏中外上表去称号"一语，而前后尊号字数多寡之故，遂难通矣。

仁宗纪

乾兴元年十一月，钱惟演罢。　此《纪》宰执去位，皆书"罢"而不书所授之官，以《宰辅表》已有之也。它卷或详或略，或不书"罢免"字，盖史局多人，彼此不相检照，自昔然矣。

天圣元年闰月，冯拯卒。 前宰相以礼始终者，例书"薨"，此《纪》冯拯、王钦若、王随三人，独书"卒"，狄青、王德用皆前执政，官使相，例当书"薨"，而亦书"卒"。

康定元年八月戊申，夏守赟罢。 《宰辅表》失书。

庆历四年七月，封宗室十人为郡王、国公。 按：《燕王德昭传》亦云"庆历四年，诏封十王之后"，然十人之名，《纪》、《传》俱未详列。《文献通考》引《国朝会要》云"庆历四年，制封宗室，乃以皇叔德文为东平郡王、秦王廷美子。皇兄允让为汝南郡王、陈王元份子。皇弟允良为华原郡王、周王元偁子。皇侄从蔼为颖国公、魏王德昭孙。从煦为安国公、岐王德芳孙。宗说为祁国公、楚王元佐孙。昭成太子孙宗保为建安郡王、昭成太子名元僖。华王孙宗达为恩平郡王、华王即楚王元偁。邢王孙宗望为清源郡公。邢王即越王元杰。"则止有九人。又《魏王廷美传》称庆历中宗室王者四人，据《会要》却有五人，皆不相合。惟王伯厚《玉海》云："制封德文东平郡王、濮王汝南、即允让。允弼北海、允良华原郡王、从蔼颖国公、八月壬辰，改命守冀。从煦安国公、宗说祁国公、宗保建安郡公、宗达恩平郡公、宗望清源郡公。"其叙四王六公之名，最为分晓。《会要》盖脱允弼一人。又宗保、宗达本郡公，而误为郡王耳。允弼盖镇王元偓之子。十人者，太祖子二房，太宗子七房，秦王廷美子一房也。《长编》与《玉海》正同。

神宗纪

治平四年三月壬申，欧阳修知亳州。癸酉，吴奎参知政事。罢。 "罢"字衍，当移于"欧阳修"之下。

熙宁二年四月，唐介薨。 按：执政例书"卒"，而介独书"薨"。欧阳修以前执政亦书"薨"。熙宁五年。陈升之以前宰相而反书"卒"。元丰二年。欧阳修、张昇，皆前两府致仕，修官太子少师，升官太子太师，修书"薨"而升书"卒"，皆义例之未当者也。吕诲以右谏议大夫书"卒"，熙宁四年。诲非两府，非使相，其卒不当书于《本纪》。《高宗纪》尹焞、杨时书"卒"，《宁宗纪》朱熹书"卒"，或以尊崇道学，特变其例，然周敦颐、二程，又未尝书"卒"也。

八年八月，韩绛罢。　《神宗纪》中，宰执罢政、外除，皆书"知某州"，或云"判某州"，独是年绛知许州，元丰七年王安礼知江宁府，则略而不书。

元丰三年九月丙戌，薛向罢知颍州。　《宰辅表》失书。

四年正月，龙图阁直学士韩缜同知枢密院事。　按：《宰辅表》及《编年录》，同日除知枢密院尚有吕公著一人。

哲宗纪

元祐六年十一月壬辰，尚书右丞苏辙罢知绛州。　按：《宰辅表》，是年二月，苏辙自龙图阁学士、御史中丞除尚书右丞，明年六月，自守尚书右丞除门下侍郎，中间无罢政一节。

绍圣元年五月乙丑，邓润甫卒。　哲宗朝执政赵瞻、孙固、傅尧、俞纪皆书"薨"，独润甫书"卒"。《徽宗纪》温益、朱谔、张康国、邓洵武皆执政而书"卒"，赵挺之、刘正夫、何执中皆前宰相而亦书"卒"。南渡以后执政，《本纪》多书"薨"。间有书"卒"者，不过十之一耳。惟《宰辅表》于执政皆书"卒"。

元符二年八月戊寅，皇太子薨。②　按："皇太子"，当作"皇子茂"。茂生三月而夭，未有封号，既殁，乃追封越王。下文书十月"己未，越王茂薨"，即其人也。《徽宗纪》崇宁元年十二月"赠哲宗子邓王茂为皇太子"，则《哲宗纪》中安得预书"皇太子"乎？此《纪》称"越王"，而《徽宗纪》作"邓王"，当有一误。

十月甲寅，日有食之，既。　按：日食必在朔，《纪》先书十月壬子，而后及甲寅，其非朔日审矣。《天文志》亦不载此食，必史臣之误也。考《辽史》朔考，是岁十月，实己亥朔，甲寅为月之十六日，而《天文志·月食篇》中却有"十月甲寅，月食，既"一事，乃知史臣误以"月食"为"日食"耳。《本纪》之例，书日食不书月食。

徽宗纪

元符三年十月，升端州为兴庆军。　端州本军事州，徽宗自端王入继大统，乃升为节镇，以兴庆为军额，非改州为军也。当云"升端州为兴庆军节度"。

政和三年十一月,升端州为兴庆府。　按:重和元年十月,又书"改兴庆军为肇庆府",似政和三年已有府名,后乃改称肇庆也。及考《地理志》,元符三年升兴庆军节度,重和元年赐肇庆府名,初无政和三年升府之事。予尝游七星岩洞中,得石刻云:"政和丁酉暮春,程江古革初自新昌移守兴庆。是年仲夏,真阳冯齐荀起于祥除,来贰府政,相与咨询,有请于朝。次年春,乃被旨升作大藩。"其云"升作大藩"者,谓升州为府也。据石刻,始知改府之议,乃由端州守臣所请,在政和七年丁酉之夏,至次年春,乃得俞旨,即重和元年也。其赐名肇庆,当在次年冬,故《纪》系于十月。然则政和七年以前,端州尚未称府,明矣。

七年三月,升鼎州为常德军。四月,升温州为应德军。五月,升庆州为庆阳军、渭州谓平凉军。　此四州皆以潜藩升为节度州,赐军额,当增"节度"二字。《地理志》,温州为"应道军",此云"应德",似误。

宣和元年十二月,升泸州为泸川,睦州为建德,岳州为岳阳,宁州为兴宁,宜州为庆远,光州为光山,均州为武当军。　此七军皆节度军额也。当增"节度"二字。

钦宗纪

靖康元年正月己巳,尚书左丞宇文粹中。　按:粹中以宣和六年除右丞,初未转左,其时左丞则赵野也。此"左"字当作"右"。

二月辛亥,宇文粹中罢知江宁府。　《宰辅表》失书。

高宗纪

建炎二年二月戊子,卢益为尚书左丞。壬寅,卢益罢。　按:是月辛巳,以卢益为尚书右丞,[3]未拜,复罢为资政殿学士。距戊子才八日。一月之中,再除而再罢,似非情理。《宰辅表》只书辛巳之除,而无戊子再除一节,《纪》殆重出也。考《编年录》:"戊子,召王孝迪为中书侍郎,与资政殿学士、尚书左丞卢益并奉使金国。益辞行,遂以本职提举崇福宫。益执政凡八日。"然则益乃以戊子日罢,辛巳至戊子,恰八日也。孝迪与益俱被命使金,而益之除左丞乃在其前,《纪》所书俱未足信。

七月己丑,以资政殿大学士王绹参知政事,兵部尚书周望同签书枢密院事。 《宰辅表》作"壬寅"。

四年二月乙亥，诏复以卢益为资政殿学士，李回端明殿学士，并权知三省、枢密院事。 八月癸未，卢益罢。《宰辅表》失书益拜罢事。

十月丁亥，以李回同知枢密院事。 "丁亥"，《表》作"己丑"。

绍兴元年五月丙辰朔。 当是"丙申朔"。

十月乙丑，李回罢。 《表》作"九月癸丑"。

十一月庚戌，富直柔罢。 《表》作"戊戌"。

三年五月丁卯，以韩肖胄等充金国军前通问使。 是月除肖胄同签书枢密院事，《本纪》失书。

四年正月己卯，韩肖胄罢。 "己卯"，《表作》"癸酉"。

五月甲子，以孟庾兼权枢密院事。 《表》失书。

八月庚辰，以赵鼎知枢密院事。 《表》失书。

十一月戊午，以胡松年兼权参知政事。 《表》失书。

五年闰月乙卯，以孟庾、沈与求并兼权枢密院事。 《表》失书。

五月己丑，以孟庾知枢密院事。 《表》作"四月乙丑"。④

七月己卯，以沈与求兼权枢密院事。 《表》失书。

六年二月，以兵部尚书、都督府参谋折彦质签书枢密院事。《表》在三月。又是月沈与求罢，以彦质权参知政事，《表》亦失书。

五月戊戌朔。 当是"戊辰朔"。

九年四月丙寅，以孙近兼权同知枢密院事。 《表》失书。

十二月甲子，李光罢。 "甲子"，《表》作"辛酉"。

十年四月壬申，韩肖胄罢。 《表》及《编年录》并在二月。

十一年四月辛巳，以王次翁兼权同知枢密院事。 《表》失书。

十四年六月，内侍白鄂坐诽谤，及其客张伯纶俱黥配吉阳军。按：《秦桧传》，右武大夫白锷有"燮理乖谬"语，刺配万安军。太学生张伯麟尝题壁曰："夫差，尔忘越王杀尔父乎？"杖脊刺配吉阳军。"鄂"与"锷"，"纶"与"麟"，音之讹也。《纪》云"俱黥配吉阳军"，据《传》则锷配万安军，与吉阳军非一地。

二十年正月甲午，⑤金就遣完颜思恭等来贺天申节。 《金史·交聘表》，是年遣完颜思恭、翟永固为报谕宋国使，完颜元宜、高怀贞为贺宋生日使，非即遣思恭也。

二十一年二月癸亥,以余尧弼兼签书枢密院事。　《表》失书。

十二月金遣兀术鲁定方等来贺明年正旦。　《金史·交聘表》作"孛尤鲁阿海"。"孛"之为"兀",声之讹也。定方即阿海,一人而二名,犹宗弼、宗翰之类。余仿此。

二十二年十二月,金遣张利用等来贺明年正旦。　按:《金史》,是年以张用直为贺宋正旦使。用直卒,改遣左瀛。与《纪》所载姓名异。

二十六年八月辛卯,程克俊罢。　《表》失书。

二十九年六月丙申,陈诚之罢。　《表》作"丁酉"。

己亥,以陈康伯兼权枢密院事。　《表》失书。

三十年四月丙辰,贺允中兼权同知枢密院事。　《表》失书。

孝宗纪

绍兴三十二年甲戌,御笔赐字元永。乙亥,内降御札:"皇太子可即皇帝位。"　按:甲戌,六月九日。乙亥,六月十日也。史失书"六月"。《高宗纪》,六月丙寅朔。《礼志》,六月十日降御札。

七月壬寅,[6]以黄祖舜兼权参知政事。　《表》失书。

十月,以岳阳军节度使居广,开府仪同三司。　按:居广为益王頵之曾孙,乾道四年封永阳郡王。九年加少保。淳熙八年薨。近封永王,当附见于《頵传》。又孝宗时有保康军节度使、天水郡公居中尝权主奉益王祭祀,见《周益公集》。亦当附《頵传》。史皆失之。

史浩兼权知枢密院事。十一月,史浩免权知枢密院事。　《表》皆失书。

隆兴元年六月戊辰,诏虞允文。　此下似有脱文,或云"诏"当作"召"。

二年十月丁卯,贺允中罢为资政殿大学士,致仕。　《表》失书。

己巳,以周葵兼权知枢密院事,王之望兼同知枢密院事。　《表》失书。

乾道元年六月癸未,王刚中薨。　《表》失书。

九月甲戌,以洪适兼同知枢密院事。　《表》失书。

五年二月壬寅,以给事中梁克家签书枢密院事。甲辰,以王炎参知政事兼同知枢密院事。　《宰辅表》俱在甲寅,《编年录》俱在甲辰。

七年七月庚子,以王炎为枢密使、四川宣抚使。 《表》失书此事。然于九年书"王炎罢枢密使",则是本有而刊本脱之也。

淳熙元年十月丙寅,郑闻薨。 《表》失书。

二年六月庚戌朔,以沈夏同知枢密院事。 《表》在五月,而阙其日。

九月丁未,沈夏罢。 《编年录》及《表》并作"闰九月"。按:是年闰九月己酉朔,无丁未日,当从《纪》。

四年六月己卯,以王淮参知政事。 《表》作"五月",而阙其日。

五年三月己未,以王淮知枢密院事,赵雄参知政事。 "三月",《表》作"六月"。

七年十二月,以新除成都府路提点刑狱禄此字疑讹。东之权四川制置司应。 监本此下脱一叶,误以第三十三卷之第十一叶搀入。

九年七月壬辰,以资政殿学士李彦颖参知政事。 彦颖以十年正月甲申罢,《宰辅表》俱失书。《编年录》则云,是月壬辰,彦颖罢参知政事,依旧资政殿学士,提举洞霄宫。十年正月,右谏议大夫张大经论彦颖不能治家体国,诏特降为中大夫。与此《纪》异,而又阙其复拜参政之岁月,未审孰是。

九月庚午,以王淮为左丞相,梁克家为右丞相。 《表》失书。

十年正月丁丑,以给事中施师点签书枢密院事。 《表》在去年十二月,以历推之,丁丑乃正月十一日,《表》误。

十五年二月,金遣使蔡克忠等来吊祭。 《金史·交聘表》作"蒲察克忠"。蒲察,女直氏也。当从《表》。

光宗纪

绍熙二年二月,遣宋之瑞等使金吊祭。 《金史·交聘表》作"宋之端"。

金遣完颜亶等来告哀。 按:金熙宗名亶,不应使者与同名。《金史·交聘表》作"亶"字。

四年六月戊申,胡晋臣薨。 《表》失书。

宁宗纪

嘉泰二年。　是年七月己巳,程松以父忧去位,则《表》有而《纪》失之。

嘉定元年六月甲申,林大中薨。八月辛未,邱崈卒。　崈与大中皆见任执政,而一书"薨",一书"卒",又同在一年之内,何不检照乃尔。

十二月,升嘉兴府为嘉兴军。　当云"嘉兴军节度",脱"节度"二字。

淮西拣刺二万六千余人以为御前定武军。　"定武"当作"武定"。

七年三月丁卯,以安丙同知枢密院事,成都府路安抚使。　《表》失书。八月戊申,改观文殿学士、知潭州,《表》亦失之。

理宗纪

太祖十世孙。　按:孝宗、理宗并以宗子入继大统。《孝宗纪》历叙世系所出,而理宗止及其父,于史例殊未画一。当云"太祖子燕王德昭生冀王惟吉,惟吉生庐江侯守度,守度生嘉国公世括,世括生房国公令稼,令稼生子奭,子奭生伯旰,伯旰生师意,师意生希瓐"。

绍定四年七月庚戌,葛洪资政殿学士、知绍兴府。　《表》失书。

端平元年六月,诏故端明殿学士、开府仪同三司史弥远赠资政殿大学士,谥忠宣。　此别是一人,非"弥远"也。当是刊本之讹。

二年五月庚戌,以乔行简兼参知政事。　《表》失书。

十一月乙丑,郑性之兼权参知政事。　《表》失书。

十二月甲辰,曾从龙薨。余嵘同签书枢密院事。　《表》皆失书。

嘉熙元年正月辛酉,以李壆同知枢密院事、四川宣抚使。　《纪》于四月壬午朔,又书"以李壆同知枢密院事、四川宣抚使、知成都府"。盖一事而重出。然《表》皆不书。

二月癸未朔,李鸣复罢,以资政殿学士知绍兴府。　《表》与本传皆不书。

六月癸巳,以邹应龙为资政殿学士、知庆元府、沿海制置使。《表》失书。

二年四月癸未,以李壆同签书枢密院事,督视江淮、京湖军马。

《表》不书。

五月丙戌,诏崔与之提举洞霄宫,任便居住。 按:《宰辅表》,三年六月庚子,崔与之力辞相位,特授观文殿大学士,致仕。《与之传》亦云"嘉熙三年,以观文殿大学士提举洞霄宫"。此《纪》书于二年五月,恐误。

李鸣复复参知政事。 《表》失书。

淳祐四年正月壬寅朔,以李鸣复参知政事,杜范同知枢密院事。据《宰辅表》,是月丁巳,鸣复罢知福州,范罢知婺州。《纪》书除而不书罢,亦脱漏也。

八年六月戊戌,以徐鹿卿为枢密使兼参知政事兼侍讲。 按:《鹿卿传》无除执政之事,《宰辅表》亦不载,此必传写之讹。

宝祐二年十月,追削余玠资政殿学士,夺其子晦刑部侍郎告身。按:宝祐元年,余玠卒,以余晦权刑部侍郎、四川安抚制置使、知重庆府代之。晦乃天锡之从子,非玠子也。且玠籍蕲州,晦籍明州,本非一族,史殆误矣。

三年六月,王塈以御史胡大昌言罢给事中,依旧端明殿学士、提举洞霄宫。 按:《宰辅表》,是月王塈自礼部尚书除端明殿学士、签书枢密院事,寻罢。《王塈传》亦云:"拜签书枢密院事,与宰相不合,言者攻之,以前职主管洞霄宫。"《纪》云罢给事中,又不书除签枢,盖失之矣。

四年正月,诏史嵩之观文殿大学士,依前金紫光禄大夫、永国公致仕。 已见淳祐六年,此重出。

十二月乙丑,以张磏兼参知政事。 《表》失书。

五年六月丁酉,马天骥以台臣言罢,诏依旧端明殿学士、提举临安府[7]洞霄宫。 《表》失书。

景定二年十月,皇太子择配,帝诏其母族全昭孙之女择日入见。宝祐中,昭孙没于王事,全氏见上,上曰:"尔父死可念。"对曰:"臣妾父固可念,淮、湖百姓尤可念。"上曰:"即此语可母天下。"迨开庆丁大全用事,以京尹顾嵓女为议,大全败,故有是命。 此事已见《后妃传》。以史例言之,当载本传,不应入《纪》也。

三年五月辛未,马光祖以病请词,[8]诏知福州兼福建安抚使。《表》失书。

四年九月甲午，杨栋同知枢密院事兼权参知政事，^⑨叶梦鼎签书枢密院事。 《表作》"三月庚子"。

五年四月乙丑，何梦然、马天骥以台臣劾罢。 梦然见任执政，其罢当载于《表》，而《表》失书。

七月丙申，台臣言太子宾客杨栋指彗为蚩尤旗，欺天罔君，诏栋罢职予祠。 栋亦见任执政，其罢《表》亦失书。

度宗纪

咸淳二年。 是岁四月壬午，姚希得罢。五月甲寅，王熵除参知政事，留梦炎同知枢密院事，包恢签书枢密院事。三年正月壬辰，王熵知枢密院事兼参知政事，留梦炎、叶梦鼎并参知政事，常挺签书枢密院事。三月壬辰，程元凤除少傅右丞相兼枢密使。丁未，程元凤罢。六月己卯，王熵罢。八月辛未，叶梦鼎除右丞相兼枢密使，留梦炎除枢密使，常挺同知枢密院事兼权参知政事。十一月庚戌，常挺除参知政事，马廷鸾同知枢密院事。四年正月乙巳，留梦炎罢。四月庚寅，马廷鸾兼权参知政事。十二月丙戌，包恢罢。六年正月丙寅，陈宗礼除签书枢密院事，赵顺孙同签书枢密院事。《纪》皆失书。盖《本纪》自宁宗以后，繁简无法，而度宗、瀛国公两《纪》，尤为冗杂。若咸淳四年"右正言黄镛言：'今守边急务，非兵农合一不可。一曰屯田，二曰民兵，川蜀屯田为先，民兵次之，淮、襄民兵为先，屯田次之，此足食足兵良策也。'不报"。此当入《兵志》。德祐元年六月，王应麟言："开庆之祸，始于丁大全，请凡大全之党在谪籍者，皆勿宥。"从之。又应麟缴还章鉴、曾渊子录黄，言韩震为逆，二人实芘之，且渊子芘翁应龙，致有逸罚，又尝窃府库金以遁。命削鉴一官，放归田里，渊子再削一官，徙吉州，诛翁应龙，籍其家。应麟复缴还曾渊子贬吉州录黄，遂贬韶州。八月，赵淇除大理少卿，王应麟封还录黄，言昔内外以宝玉献似道，淇兄弟为甚。十月，应麟与常楙请立济王后。^⑩此数事，当入《应麟传》。七月，"王熵子嗾京学生刘九皋等伏阙上书言：'陈宜中擅权，党似道，芘赵潜，^⑪潜说友，使门客子弟交通关节，其误国将甚于似道。'"此事已入《陈宜中传》，唯不载九皋名耳。

三年六月壬戌，加授吕文德少傅，马光祖参知政事，李庭芝兵部尚

书,并职任仍旧。　按:《景定建康志》:"六月六日,三省同奉御笔,马光祖除参知政事,寻具辞免。再奉御笔,马光祖可依前观文殿学士仍旧任。"是光祖参政之命虽下,而旋即辞免。如《纪》所书,似光祖以参知衔仍旧任。《宰辅表》但书除参知政事,不言仍旧任,又似光祖去建康而入参大政,皆失其实。《建康志》乃光祖幕僚所撰,必不误也。

瀛国公纪

　　德祐元年六月己未,以李庭芝知枢密院事、兼参知政事。　《表》失书。

　　八月壬寅,加夏贵枢密副使。　《表》失书。

　　十月癸亥,陈合坐匿廖莹中家资,夺执政恩数。　合见任执政,其罢免当见于《表》,而《表》失之。

校勘记

　　①《宋史》卷二一〇《宰辅表》:"六月乙巳,钱若水自同知枢密院事以集贤院学士免。"与此所谓"集贤院,《宰辅表》作秘书院"不符。

　　②"皇太子薨",《宋史》卷一八作"皇子生"。

　　③"尚书右丞","右",《宋史》卷二五作"左"。

　　④"四月乙丑","乙",《宋史》卷二一三作"己"。

　　⑤"正月甲午","正月",《宋史》卷三〇作"五月"。

　　⑥"壬寅",《宋史》卷三三作"壬戌"。

　　⑦"临安府","府"字,《宋史》卷四四无。

　　⑧"以病请词","词",《宋史》卷四五作"祠"。

　　⑨"兼权参知政事","兼",原本作"楝"。语意不通,误。据《宋史》卷四五改。

　　⑩"常梀","常",原本作"当",误。据《宋史》卷四七改。

　　⑪"赵潜","潜",《宋史》卷四七作"潨"。

宋史二

天文志三

《晋志》以织女、渐台、辇道皆属太微垣，以河鼓、左旗、右旗、天桴属天市垣。 按：《晋书·天文志》，天文经星，分为三段：一为中官，一为二十八舍，一为星官，在二十八宿之外者。古人谓之"外官"。其中官之星，以北极紫宫为首，而北斗次之。文昌诸星，直斗魁前者也。太微诸星，与斗衡相直者也。自摄提、大角以至贯索、天纪、织女、渐台、辇道，皆在斗杓下者也，故次于北斗。自平道以至少微长垣，俱在二十八宿之上，故亦属之中官。其序则自东而北，而西而南焉。《隋志》星名较多于《晋志》，其分目次第，则一与《晋志》同。盖古无以太微、天市配紫宫为"三垣"者。《史记·天官书》只有中官，而太微属南官，天市属东官。晋、隋两《志》，则分中、外官与二十八舍为三列，而太微、天市亦杂叙于中官之内。《晋、隋志》皆出李淳风之手，无云"三垣"者，则"三垣"之名，在淳风以后矣。上元太微，下元天市，始见于《步天歌》。歌不著撰人名氏，相传以为唐王希明自号丹元子者所撰，郑渔仲独非之，以为丹元子隋之隐者，然唐初尚无三垣之说，则非隋人所撰审矣。后世以中官之星分属三垣，又以二十八宿内外诸星按其经度，分属各宿，皆始于《步天歌》。晋、隋以前所未有也。修《宋史》者，不加详考，辄云"《晋志》某星属太微垣，某星属天市垣"，诬甚矣。即如扶筐、织女、渐台、辇道，北方之星也，岂得越紫宫而南属于太微乎？大陵、积尸、天船、积水、天大、将军、轩辕、酒旗，西方南方之星也，岂得越紫宫而东属于天市乎？

天文志五

七曜。　《七曜》一篇，皆袭用前史之文，于宋事无涉。

今绍兴历法，岁星每年行一百四十五分，是五年 当作"每年"。行一次之外有余一分，积一百四十四年剩一次矣。　按：岁星百四十四年而超一次，此汉《三统术》也。《志》以为《绍兴术》，误。

日食。　按：日食，《本纪》失书者：开宝元年十二月己酉朔、乾兴元年七月甲子朔、宝元元年正月戊戌朔、庆历二年六月癸酉朔、嘉定十一年七月庚午朔。其它以阴云不见而不书者，不胜纪也。

乾兴元年七月甲子朔，日食几尽。　据《辽史》朔考，是年七月实戊辰朔，此云"甲子"，疑误。

建炎三年二月壬午，月食于轸。　按：是岁二月庚戌朔，其月无壬午日。

五行志四

乘鸡登宝位。　"乘"，一作"抱"；"登"，一作"升"。

子建司南位。　"司"，一作"居"；"位"，一作"极"。

东邻家道阙，随虎遇明兴。　一作"东邻娇小女，骑虎踏河冰"。

凡云"一作"者，皆《景定建康志》引江少虞《类苑》之文。

煜，丁酉年袭位。　当作"辛酉"。

律历志一

惟《奉元》、《会天》二法不存。　按：《奉元术》，淮南人卫朴所造，知制诰沈括提举，熙宁八年闰四月奏上，诏进括一官，赐朴钱百千。朴言《崇天》气后天，《明天》朔先天，更以己学为之，视《明天》朔减二刻。《玉海》载"绍兴九年，诏陈得一、裴伯寿补修《奉元历》，以史官修神宗正史历志，《奉元历》缺故也"，则南渡初《奉元术》已亡，绍兴虽诏补修，讫未成书，故洪迈等修四朝史，仍不著其法也。《奉元术》虽失传，其改造本末，亦应见于《志》，而史家略不及之，此挂漏之大者。又按：此《志》惟《总序》一篇，乃元史臣之笔，自一卷至三卷，本之《三朝史》，四卷至九卷，本之《两朝史》，十卷至十三卷，本之《四朝史》，十四卷以后，本之《中兴史》。四史体裁，本未画一，史臣汇为一志，初未镕范，故首尾绝不相应。加律历二端，宜各以类从，若以宋初和岘《论律吕》，仁宗时著《乐髓新经》，及阮逸、胡瑗、房庶、范镇诸人之《论律》，南渡后胡铨之《审律论》，蔡元定之《律吕新书》，李如篪之《乐书》，程迥之《三器图议》并为一篇，岂不首尾完善？而乃沿袭旧文，错杂于历议之中，大可笑也。又如浑仪之式，俱载《天文志》，独皇祐制仪，乃在《律历篇》中，亦为不伦。

《乾元元率》，九百四十。　元率，即日法也。以岁周轨率参校，当是"二千九百九十"，史有脱文。

《应天》岁盈：二十六万九千三百六十五。　李锐曰：此条甚误。以意求之，当作岁总七十三万六百三十五，其岁盈则一万四百九十一也。置气策小余二千一百八十五秒一十五，刊本作二十四，误。以二十四乘内秒，得五万二千四百五十五。大昕按：此即一岁气盈分数，以元法收之，得五日四分日之一弱也。术家欲省算，故以五约之，其求天正冬至，大小余皆半，而进位仍以五乘之也。以五除之，即岁盈之数。以三百六十乘元法而五除之，加入岁盈，即岁总之数也。

气策：十五、小余二千一百八十五、秒二十四。　按：《应天术》以二十四为秒法，满二十四则小余当进一，而无秒数矣。此"二十四"，必后人妄改。今从李生校改，作"一十五"。

候策：五、小余七百二十八、秒二。　此秒数亦误。置岁余五万二千四百五十五，以七十二候除之，得七百二十八，不尽三十九。以秒法通之，得九百三十六，以七十二除之，当为秒十三也。

求六十四卦。　此即六日七分之法。以坎、离、震、兑分主四时。其直日用事者，惟公辟、诸侯、卿大夫，凡六十卦耳。此云"六十四卦"，盖后人妄增"四"字。

律历志三

屯田员外郎吕奉天上言：案经史，周秦以前，多无甲子。太史公司马迁，虽言岁次，详求朔闰，则与经传多不符合，乃言周武王元年岁在乙酉。　按：《史记·年表》本无甲子，裴骃采徐广《注》附入，后人误认为正文耳。其云"周武王元年岁在乙酉"，则《史记》无此文。

王起撰《五位图》，言周桓王十年，岁在甲子。　按：汉人据诸纬书，谓获麟之岁，岁在庚申，依此上推，鲁庄公恒星不见之岁，不直甲子。

又言孔子生于周灵王庚戌之岁，卒于周悼王四十一年壬戌之岁，皆非是也。　"悼王"当作"敬王"。古法，太岁百四十四年而超一辰，与汉以后人所说异。若依后人追命之，则孔子生于庚戌，卒于壬戌，初无误也。

乃知唐尧即位之年，岁在丙子，迄太平兴国元年，亦在丙子，凡三千三百一年矣。　按：《汲冢纪年》称"唐尧元年岁在丙子"。隋袁充亦云"唐尧丙辰生，丙子年受命"。吕氏之说，盖本于此。今人以甲辰为尧元载，出于邵氏《皇极经世书》，邵又本于皇甫谧《帝王世纪》。刘恕《通鉴外纪》又以戊辰为尧元年，要之皆无的据，学者存而不论可也。

自尧即位年，距春秋鲁隐公元年，凡一千六百七年。　按：自尧丙子，依此岁数推之，则隐公元年在癸亥矣。汉以后儒，皆言隐公元年岁在己未，吕说未可信。吕奉天说较今人所推少三十二年。

律历志七

以等数约之，得三万九千为元法，九千五百为斗分，二万六百九十三为朔余，六百二十四万为日度母，二十二亿七千七百二十万四百四十七为周天分，八万四百四十七为岁差。　此注与前后文重复，可删。

新历斗分九千五百，以万平之，得二千四百二十五半盈，得中平之数也。　置斗分九千五百，以万通之，如日法三万九千。而一，得二千四百三十五又百分之八十九强，故云"半盈"也。"二十五"当作"三十五"。

天正冬至，大余五十七，小余一万七千。　推得治平元年天正冬至辛酉日，实嘉祐八年十一月二十四日。

六十四卦。　当作"六十卦"。

竟六日三千四百八十六秒。　盖三万九千分之三千四百八又十八分秒之六也。"十"字衍。

律历志八

唐徐升作《宣明历》，悟日食有气、刻差数。　"徐升"，盖"徐昂"之讹。然昂所撰术名《观象》，非《宣明》也。《唐志·宣明术》，不著撰人姓名。

自《元嘉历》后所立日法，以四十九分之二十六为强率、以十七分之九为弱率，并强弱之数为日法、朔余。　此语已见前卷。

思恭又尝推刘羲之为知历焉。　"羲之"当作"羲叟"。

律历志十

元祐《观天历》。　按：元祐之《观天》，崇宁之《纪元志》，皆不叙改造原委。考《玉海》："元祐二年九月，以《奉元历》疏命保章正、黄居卿等六人考定。初，《卫朴历》冬至后天一日，元祐五年十一月癸未冬至，验景长之日，乃在壬午，遂造新历。六年十一月八日，赐名《观天》。工侍王钦臣为序，绍圣元年颁行。徽宗时，有司以《观天》推崇宁二年十一月朔为丙子。颁历之后，始悟其朔当进而失进，遂造《占天历》，改十一月朔为丁丑，而再颁历焉。既而历官言：'《占天》成于私家，不经考验，不可施用。'乃命姚舜辅等复造新历，视《崇天》减六十七刻半，始与天道相合。崇宁五年五月十六日历成，赐名《纪元》，御制序。"则《观天》、《纪元》二术，改造本末，非无可考也。

律历志十二

崇宁《纪元历》。演纪上元上章执徐之岁。　《玉海》云，《纪元历》取徽宗受命年登极日元，用庚辰日起己卯，失古历之法。

律历志十四

宋历，在东都凡八改，曰《应天》、《乾元》、《仪天》、《崇天》、《明天》、《奉元》、《观天》、《纪元》。星翁离散，《纪元历》亡。　此卷全是中兴国史之文。追叙东都改术，以为缘起，今既合为一篇，当云"南渡星翁离散，《纪元术》亡"。何必更数八改之名乎？

律历志十五

无非推求上元开辟为演纪之首,气朔同元,而七政会于初度。从此推步,以为历本,未尝敢辄为截法,而立加减数于其间也。 按:推步家先据近测,乃求历元,以为布算之始。然每易一术,必更一元,演纪之数,积至亿万,大率荒邈无稽。杨忠辅创立截法,近取绍熙甲寅岁以为上加下减之端,又追溯三千八百三十年前以为上元,则载籍所纪,尽于此矣。郭守敬《授时术》不立积年,实祖述其意。而当时鲍澣之反用是为訾议,此如祖冲之立岁差、破章法,为后世所宗,而见非于戴法兴。大音不入里耳,自昔然矣。

赐名《会天》,宝祐元年行之,史阙其法。 按:尤焴撰《会天术序》云:积年一千一百余万日,法五百五十八。

浙西安抚司准备差遣臧元震言:历法以章法为重,章法以章岁为重。 按:十九年七闰为一章,乃秦、汉以前粗率,盖古术皆用四分。章蔀纪元,皆四分之积也。刘洪始改四分减岁实,以合天行,而章闰犹沿旧法。祖冲之始改章法,三百九十一年有百四十四闰。与旧法相课,则七千四百二十九岁之中,旧法当有二千七百卅七闰,新法只有二千七百卅六闰,此戴法兴所诋,以为七千四百二十九年,辄失一闰者也。中朔与闰相为表里,岁实既减于四分,则七闰一章,自不可为定率。法兴未达天行,故有此难。嗣后张宾、张胄元、刘焯之徒,所立章岁章闰,虽各不同,要皆本冲之之法而稍增减之。李淳风造《麟德术》,始并气朔闰余通为一术,但以岁实与十二朔实相校,所多之数,即为一岁之闰积,而不更求章岁之率。此后推步家无有言章岁者。盖十九年七闰,止是约率,积之又久,必有不得七闰者,但使晷景不差,即为密合天行,虽六闰何妨乎?元震所陈,仅摭拾经生肤浅之谈,皆祖冲之、李淳风辈唾弃弗道者,而畴人子弟,已不能置对。元震又称:"一大一小为平朔,两大两小为经朔,三大三小为定朔。"不知"经朔"即"平朔"也。平朔一大一小,间有两大而无两小者。三大两小,皆为定朔。既用定朔,则十九年七闰之恒率,自不能拘,而有司亦不知也。当时局官浅陋如此,欲其改宪以合天,难矣。《会天术》今已失传,姑以《开禧》言之,岁闰一十八万三千八百四,积十九年,得三百四十九万二千二百七十六,以朔率四十九万九千六十七除之,止有六个月又四十九万七千八百七十四分,不盈一朔策之数。又以《成天》言之,岁闰八万六百九十七,积十九年,得一百五十三万三千二百四十三,以朔实二十一万九千一百一十七除之,亦止六个月又二十一万八千五百四十二分,仍不盈一朔策之数。然则当时虽因元震之言而改术,终不能复七闰一章之旧率,而元震亦不能诘。迂儒强作解事,大率若此。

律历志十六

以旬周去之,不尽,①总法约之为大余。 按:《统元术》以元法为日法。总法即元法也。

律历志十七

岁分:四百三十八万二千九百一十,余六万二千九百一十。 以万万通岁余满策法一万二千。而一,得五日二十四分二十五秒,与《授时》所定岁实正同,乃知郭守敬暗写《统天法》,但讳而不言耳。

气策:十五、余二千六百二十一少,二十一分、秒八十四。 置气余分进二位满策法而一,得二十一分不尽,复进二位满策法而一,得八十四秒有奇也。当云“约分二十一、秒八十四”,则与周天约分同例矣。

朔策:二十九、余六千三百六十八,五十三分、秒六。 置朔余分进二位满策法而一,得五十三又百分之六有奇。当云约分五十三秒六也。按周琮言:“古人以一百万平朔余之分,得五十三万六百以下,五百七十以上,是为中平之率。”今考李淳风、一行以后,朔余未有过百万分之五十三万六百者,独《统天》朔余,得五十三万六百六十六奇,较之《授时》亦多七十三数,虽有百五乘距差退位减积之法以消息之,然岁实弱而朔实太强,行之未久,而日食不验,置闰渐差,职是故也。

气差:二十三万七千八百一十一。 按:气差者,上元冬至后,距甲子之日数也。《统天》之术,起上元甲子,至绍熙甲寅中,距三千八百三十年。以岁分乘之,得一百六十七亿八千六百五十四万五千三百为岁积分,减气差,得气泛积一百六十七亿八千六百三十万七千四百八十九,其年无躔差。即以泛积为定积满策法而一,得积日一百三十九万八千八百五十八,大余十八,小余一万一千四百八十九。以万二千通大余并小余，得廿二万七千四百八十九，即气积差。是为绍熙甲寅天正冬至，大小余实壬午日亥正四刻也。乃置上元以来岁积分减气积差，得一百六十七亿八千八百三十一万七千八百一十一，又以斗分差乘距算万分约之，得四十八为躔差，再以躔差乘距算，得一十八万三千八百四十，加入岁积分，得一百六十七亿八千八百六十五万一千六百五十一。满策法而一，得积日一百三十九万八千八百七十四，大余三十五，小余一千六百五十一。转减纪法，得大余二十四，小余一万三百四十九。然则上元天正冬至，乃是戊子日戌正三刻弱也。凡步气朔，当以甲子日为起算之端，今上元冬至不值甲子，依《授时术》，当加气应二十四日有奇，乃得从甲子起算。今减去气差，是以上元冬至后甲子日起算也。冬至日距甲子廿四日一〇三四九，并气差十九日九八一一，仅得四十四日八一六〇，以较六十甲子，尚欠十五日三八四〇，即躔差乘距算所得之数。何以便得甲子日？《统天》虽置上元，实近取绍熙甲寅为元，上考下求，俱以甲寅距算为断，若于是年又加躔差，布算既繁，益滋昧者之惑，故但减十九日有奇，而六十之数，已周其所欠之数。即此三千八百三十年中，应加岁余之数，自相除补，而隐而不言。《梅氏春秋》以来，冬至考亦不言减气差之由，予积疑有年，顷乃求而得之，故详述其说，冀同志者审定焉。

以积算与距算相减，余为距差；以斗分差乘之，万约，为躔差；复以距差乘之，以减气泛积，余为气定积；如其年无躔差，及以距差乘躔差不满秒半以上者，以泛为定。　　梅文鼎曰：此即《授时历》加减岁余法也。积算减距算为距差者，距绍熙甲寅为算也。斗分差乘距差为躔差者，百年加减一分也。《授时》每百年加减一分，《统天》则一分零六秒弱。复以距差乘躔差者，百年加减一分奇，而又以其距年乘之也。减泛积为定者，《授时》不立元，以当时所测截算为主，故有上考下求之别，而加减亦明。《统天》虽以当时所测截算为主，而又立元，故只用减，所求在距算以后减之，则冬至差而早。早则其岁实减矣。所求在距算以前减之，则冬至益早，早则其岁实加矣。减之而岁实减，人知之，减之而岁实加，人不知之，此算家转换之法也。若距差乘躔差不满秒半以上者，是所求正在绍熙前后百年内，其岁实平故无加减，而以泛为定。

如求径，^②径以躔差加减岁余，距差乘之，纪实去之，余以加减气积差二十万_{当作"二十二万"}。七千四百八十九，如策法而一，余同上法。其加减躔差乘，积算，^③少如距算者加之，多如距算者减之，其加减气积差，即反用之。　按：气积差者，绍熙甲寅天正冬至前，距甲子之日分，即《授时》之气应也。积算少于距算者，以躔差加岁余，距差乘之，纪实去之，余减气积差，又转减纪实所得，如策法而一，以命大小余，即《授时》上考之法，减气应为通积分也。积算多如距算者，以躔差减岁余，距差乘之，纪实去之，余以加气积差，如策法而一，以命大小余，即《授时》下求之法，加气应为通积分也。有此捷法，可省以岁分乘积算之繁，而仍设本法者，为求天正经朔地也。《授时》不立积年，设诸应数以为上考下求之根，其法全出于此。

周天度：三百六十五、余一千九百一十、秒六十一。　按：《统天》术，周天分四百三十八万三千九百，满策法去之，余数三千九十，无秒数，约之为二十五分七十五秒。此云"余一千九百一十、秒六十一"者，乃《成天术》之度余，非《统天》之度余也。此"十有一"字当删。

赤道过宫。　此条脱"巳宫"一行，李锐曰："周天分十二宫，每宫应三十度四十三分八十一秒弱，以算补之，当云'□□□□□张十五度九分□秒八。入楚分，鹑尾之次，在巳，用甲、丙、庚、壬。'"

校勘记

① "不尽"，《宋史》卷八三作"不满"。

② "如求径"，"径"，《宋史》卷八四作"巳"。

③ "乘积算"，"乘"字原本脱，据《宋史》卷八四补。

宋史三

地理志

乾德三年，平蜀，得州、府四十八。 以《注》考之，实四十六州。《五代史·职方考》亦云"四十六州"。武英殿板本是"六"字。

至道三年，分天下为十五路。 《长编》云："国初罢节镇，统支郡，以转运使领诸路事，其分合未有定制。京西或为两路，河北既分南路，又分东、西路，陕西分为陕西河北、河南两路，又为陕府西、北路，淮南分为两路，江南分为东、西路，荆湖两路或通置一使，两浙或为东、北路，其西、南路，实兼福建。剑南，初曰西川，后分峡路，西川又分东、西路，寻并之。是岁，始定为十五路：一京东，二京西，三河北，四河东，五陕西，六淮南，七江南，八荆湖南，九荆湖北，十两浙，十一福建，十二西川，十三峡路，十四广南东，十五广南西也。"

天圣析为十八。 按：十八路之名，史无明文，以《志》、《传》参考，盖分江南为东、西两路，川峡两路为益、即成都。梓、利、夔四路也。夔路即"峡路"，是时移转运司于夔州，而以峡州属荆湖北路，自后遂无"峡路"之名矣。川峡四路之分，在真宗咸平四年，见《通鉴长编》。

青州，镇海军节度。建隆三年以北海县为军。淳化五年，改军名。 按：青州自唐以来为平卢军节度治所，淳化五年，改平卢军曰镇海。《志》不云"本平卢军"者，略也。建隆置北海军，已见潍州，毋庸重出。且宋时称军者有二等：一为节度军号，以宠大州；一为小郡之称，大约由县升军，由军升州，如北海军后升潍州是也。军名虽同，而品秩大小迥殊。如《志》所云，似北海军改名镇海，失之远矣。

济南府，兴德军节度。本齐州。 按：齐州防御使李汉超、张耆皆尝为之。英宗以齐州防御使继大统，治平二年，升齐州为兴德军，盖由防御州升节度州也。当云"本齐州防御,治平二年升节度",乃为得之。

袭庆府,本兖州。 予见石刻,知兖州孔道辅结衔云"提举兖、郓、濮、齐州清平军兵马衣甲巡检公事"。盖宋时诸州守臣,例兼兵职。考孙逢吉《职官分纪》云:国朝知兖州,提举郓、濮等五州军兵甲巡检公事;知青州,提举青、潍等八州军兵马衣甲巡检公事;知徐州,兼提举徐、宿等七州军兵甲巡检公事,京东诸州军都提举、都巡检使,郓、博等六州都大巡河兼提举捉贼;知单州,提举曹、单、徐、兖州、应天府、淮阳、广济军、利国莱芜监巡检捉贼;知定州,同管句、真定府州等路驻泊;知博州,滨、棣、德、博等州缘河两岸水陆巡检使,兼提举郓、齐、淄、濮、济等七州巡检捉贼公事;知永兴府,兼提举乾、耀、商、华、坊、丹等州军巡检兵甲事;知凤翔府,兼管勾凤翔、陇州一路巡检驻泊军马公事;知陕府,提辖陕府、河中府、虢、解、绛州巡检兵甲公事;知秦州,兼秦陇凤阶成路驻泊马步军副都总管,提举本州管界兼诸寨巡检公事;陕府兵马钤辖兼提举陕府、河中府、虢、解、绛州巡检兵甲盗贼,华州陕府、西京路陕府、河中府、同、华、虢、解、丹等州提举巡检捉贼,其廨宇在华州;西京陕府驻泊捉贼兼提举缘黄河两岸至绛州界六寨公事;知并州,兼同管勾并、代州军马提举巡检事;知潞州,提举泽、潞、晋、绛、慈、隰州、威胜军一路屯驻驻泊就粮本城兵马巡检公事;知扬州,提举扬、楚、泗、通、泰、海、真州、高邮、涟水军兵马衣甲巡检公事;知庐州,兼提举庐、寿、蕲、黄、光、舒、濠州、无为军兵甲器械事;知杭州,提举杭、苏一路兵甲巡检公事;知越州,兼提举温、台明、越、衢、婺处等州一路兵甲巡检事;知洪州,兼提举江南西路一十州军巡检兵甲事;知荆南,荆湖北路兵马都钤辖,管勾夔、施州一路巡检兵马公事;知潭州,管勾潭州并全、邵等州一路巡检公事;知辰州,提举辰州、新兴等四寨兵甲;知福州,兼提举福建、剑、汀州、邵武军一路兵甲巡检公事;知泉州,兼提举泉、漳州、兴化军都同巡检公事;知益州,充本城兵马钤辖,提举益州路诸州军兵马巡检公事;知利州,提举兵甲巡检公事;知文州,同提举利州路巡检公事;知夔州,兼梓、夔州路兵马都监,提举两路州军巡检兵甲公事;知容州,提举容、琼路诸州兵马都同巡检公事;邕州提举邕、贵、钦、廉两路巡检,充管界缘边溪洞都巡检使,兼驻泊事。诸州军及缘边,又有管勾一州,或一路二路兵甲巡检者,《志》惟兼兵马钤辖者多书之,其兼巡检公事者,仅于潞州、石州河中府、陕州、江陵府、梓州、兴元府偶一载之,殊不备也。

济州,防御。　按:《王禹偁传》:"臣本鲁人,占籍济上,未及第时,一州止有刺史一人、司户一人,自后有团练推官一人。"是济州尝为团练州也。

随州随县。熙宁元年,废光化县为镇入焉。　按:随州之光化县,本安化县,后周改名,此熙宁元年所废之光化也。乾德二年,以襄州之阴城镇置光化军,并置乾德县隶焉。熙宁五年,废军为光化县,隶襄州,此别一光化。虽同在京西路,初不相涉,或疑此条为误,非也。今襄阳府有光化县,即宋所置。

均州,武当军节度。本防御。乾道六年,移入上州防御。　按:《宋湜传》,淳化二年,坐累降均州团练副使。

郢州,防御。　按:真宗朝,王曙贬郢州团练副使。

郑州,奉宁军节度。　按:太祖朝,司超为郑州防御使,真宗时又有郑州团练使高汉美、魏能。

滑州,太平兴国初,改武成军节度。　本"义成军节度",避太宗名改。《志》不云"义成军",亦脱漏。

蔡州,淮康军节度。　按:建隆中,司超为蔡州防御使。

汝州,本防御州。　按:宋制,州有四等:曰节度州,曰防御州,曰团练州,曰刺史州。《志》称"军事"者,即刺史也。刺史州之幕职,例称"军事推官"、"军事判官",故《志》称"军事"。《春明退朝录》云:"节度州为三品,刺史州为五品。"以此推之,防御、团练州必皆四品矣。种谔尝责授汝州团练使,苏轼尝责授汝州团练副使,则汝当为团练,而《志》云"防御",殆先为团练而升防御乎?轼又尝授黄州团练副使、常州团练副使,《志》于黄、常二州皆云"军事",亦此类。盖诸州之升降,史家不能悉书也。

地理志二

雄州。　按:《真宗纪》,咸平三年,置河北缘边安抚使于雄州,《志》失书。

中山府,太平兴国初,改定武军节度。　本"义武军节度",避太宗名改。《志》不书"义武军",亦脱文。

澶州,天圣元年改通利为安利。　　盖避刘太后父讳。

洺州,建隆元年,升为防御。　　按:真宗朝有洺州团练使翟明。

太原府,河东节度。太平兴国四年,平刘继元,降为紧州,军事。当云"降为并州,嘉祐五年,复为太原府"。

旧领河东路经略、安抚使。　　按:太原守臣,例兼并代泽潞麟府岚石路兵马都总管,又兼监牧使。

地理志三

陕西路。庆历元年,分陕西沿边为秦凤、泾原、环庆、鄜延四路。按:上言陕西路者,转运司所辖之界,下言秦凤、泾原、环庆诸路,则安抚司所分理也。言地理者,以转运使所辖为断。宋初陕西只置一转运司,元丰以后分为永兴军、秦凤两转运,若鄜延、环庆、泾原、熙河,皆不在二十三路之数。

陕州,大都督府,太平兴国初,改保平军。　　本保义军节度,避太宗名改。《志》不云"本保义军节度"者,脱文也。

同州,定国军节度。　　本"匡国军",宋初避太祖名改。

渭州安化县。　　按:庆阳府、潭州,俱有安化县。洪氏《容斋五笔》举宋时县名相同者,若河南静江府、巩州皆有永宁县,饶、邛、衡州皆有安仁县,蔡、英之真阳,庐、汝之梁,光、台之仙居,临安、建昌之新城,越、筠之新昌,婺、蜀之永康,处、吉之龙泉,严、池之建德,渭、秀之华亭,信、吉之永丰,郴、兴国之永兴,衢、嘉之龙游,施、临江之清江,洪、万之武宁,福、循之长乐,郴、连之桂阳,福、桂之永福,而未及安化及金、绵之石泉,江、泉之德化,平、定化之乐平,临安、南宁之昌化。

德顺军。庆历三年,即渭州陇干城建为军。　　欧阳修撰《王尧臣墓志》,作"笼竿城"。

地理志四

镇江府镇江军节度,开宝八年改。　　按:唐时润州置镇海军,后以钱镠之请,移治杭州。至是江南始平,润州复入版图,吴越尚未纳土,故改节镇额也。

常州，毗陵郡军事。　按：《咸淳毗陵志》云：唐制，郡刺史带团练守捉使，所置幕职曰团练判官、团练推官。国初诸郡，或不置刺史，置权知州事，则曰军事判官、军事推官。毗陵自开宝入版图，守臣曰权知州。初置判官，天圣六年，增置推官。然结衔犹带团练字，盖铨司因旧也。以是推之，苏子瞻除常州团练副使，亦铨司沿唐故事，不考之失耳。

安庆府。端平三年，移治罗刹洲，又移杨槎洲。景定元年，改筑宜城。　宜城，即今安庆府城也。《景定建康志》："宜城者，雁汊对岸一要害处，吴、魏相拒时，尝设疑城于此。方言讹'疑'为'宜'。景定初，马光祖等言：'自旧安庆府荒榛之后，寓治杨柴洲上，即杨槎洲也。"柴"、"槎"声相近。鸿雁飞鸣，无城郭可恃，旧城既未可修复，此地去寓治不远，有险可恃，徙民为便。'诏光祖城之。"

江宁府。开宝八年，平江南，复为昇州节度。天禧元年，[1]升为建康军节度。　按：南唐建都金陵，以昇州为江宁府。宋平江南，复为昇州，置江宁军节度。天禧元年，升江宁府，改江宁军额曰建康。此《志》殊未分晓。

旧领江南东路兵马钤辖。　按：江宁守臣兼钤辖衔自绍圣二年何正臣始，南渡后置安抚使，即《志》所谓帅府也。则兼马步军都总管矣。

句容，天禧四年，改名常宁。　按：《景定建康志》，初无改句容为常宁之事，但云"天禧元年，置常宁镇于句容县"。又云"以镇置寨"耳。此《志》误。

信州，军事。　按：王琪责授信州团练副使，在仁宗朝。

常德府，常德军节度。乾德二年，降为团练。政和七年，升为军。盖由团练升节镇也。当云"升节度"。

岳州，岳阳军节度。本军事州，宣和元年，赐军额。　按：英宗以岳州团练使升储位，故州升为节镇。此云"军事州"，当为团练州也。

永州，军事。　按：真宗朝有永州团练使郑怀德。徽宗朝，钱即责授永州团练副使。

宝庆府，本邵州，邵阳郡，军事。大观九年，升为望郡。　按：理宗以邵州防御使升储位，是邵州本防御州，而《志》失书。

地理志五

福州，永福。　本唐永泰县，崇宁元年改名，《志》失书。

罗源，旧永贞县。　按：《三山志》，天禧五年，改为永昌县，避皇太子名。乾兴元年，改为罗源。

成都府，本益州，剑南西川节度。太平兴国六年，降为州。端拱元年，复为剑南西川成都府。　当云"复为成都府剑南西川节度"。

淳化五年，降为节度。　按：《太宗纪》，是年降成都府为益州，以王小波、李顺相继叛乱故也。下云"复节度"，则是降府为州之时，并罢节度矣。《志》云"降为节度"，大误。或云：当作"降为州，罢节度"。《志》脱两字耳。

潼川府。　宋末，川蜀诸州，多依险为治。如遂宁府权治蓬溪砦，顺庆府徙治青居山，叙州徙治登高山，合州徙治钓鱼山，渠州徙治礼义山，广安军徙治大良平，富顺监徙治虎头山，阆州徙治大获山，政州徙治雍村，涪州移治三台山，皆载于《志》，而潼川府之治长宁山，隆庆府之治苦竹隘，蓬州之治运山，《志》独遗之。

隆庆府。端平三年兵乱。　此下当有"徙治苦竹隘"之文，或刊本脱漏。

金州，安康郡。　按：金州已见京西南路，成州、即同庆府。阶州、凤州、岷州即西和州。已见秦凤路，而于利州路又出之，当删并为一，方合史法。

达州，本通州。乾德三年改。　按：《嘉泰会稽志》云："天圣初，以章献明肃太后家讳，避'通'字，如改通进司为承进司，通州为达州，诸州通判为同判，通事舍人为宣事舍人之类是也。仁宗亲政皆复故，惟通州遂为达州，至今不复。"据此，则达州改名在天圣初矣。今考李氏《长编》，亦载于乾德三年，殆因淮南有通州，避重名而改，《会稽志》得于传闻，不足据。

地理志六

肇庆府肇庆军节度。本端州，军事。　按：真宗时，有端州防御使靳忠。

德庆府，本康州，军事。　　按：真宗时，有康州团练使魏能。

惠州。　　本祯州。天禧四年，避仁宗御名改，《志》失书。

昭州，军事。　　按：真宗时有昭州团练使白文肇。

庆远府。本宜州，庆远军节度。旧军事州。　　按：太宗时，宋沆贬宜州团练副使。

河池县。不详何年并省。　　按：本卷载“大观元年，以宜州河池县置庭州，倚郭县曰怀德”。是河池初未并省，而其升州之年，固可考也。但彼文云“大观四年，废庭州”，而不言仍隶宜州，此云“南渡后增县，一曰河池”，而不言庭州并省，本末一卷之中，不相检照如此。

镇州。大观元年置镇州，赐静海军额。政和元年，废镇州，以静海军额为琼州。　　“静海”，当作“靖海”，音之讹也。据本《志》及《徽宗纪》。静海乃交州军额。

河渠志一

我世祖皇帝，命学士蒲察笃实西穷河源。　　《元史》作“都实”。“都”、“笃”，声相近。

校勘记

① “天禧元年”，“元年”，《宋史》卷八八作“二年”。

廿二史考异卷七十

宋史四

礼志五

又加上五岳帝后号：东曰淑明，南曰景明，西曰肃明，北曰正明。"正明"本是"贞明"，史家避仁宗嫌名追改。

二月七日，宴群臣于大明殿。　史家纪日，例书干支，从无以一二数者，惟《宋史·礼志》则否。

可遣官往建康府元符万岁宫。　"万岁"当作"万宁"。《景定建康志》："元符万宁宫在茅山，徽宗皇帝御题榜。"

礼志八

伯鱼母开官氏郸国夫人。　"开"当作"并"，"郸"当作"郓"。今曲阜孔庙石刻追封敕，文字完好可证。《汉礼器碑》，并官圣妃在安乐里。元至顺元年，加封文宣王妻并官氏为大成至圣文宣王夫人诏，今句容县有石刻，亦作"并"，与宋碑正同。世俗称孔子娶开官氏，本于《家语》。《家语》近代刊本多讹字，考汉、宋、元石刻，俱是"并"字，殆明以来转写之误尔。

二年五月乙卯，诏追封十哲为公，七十二弟子为侯。　按：《文献通考》，是年赠侯者六十二人，并十哲为七十二人。《志》云七十二侯，误也。又考大观二年，追封公夏首等十人，改封曾参等八人，政和五年，追封乐正子克等十七人，又大观三年，追封算学从祀风后等六十六人，《礼志》皆备书，而祥符追封七十二人爵号，独不备载，亦例之疏也。

后魏商绍长乐子。　"商绍"即"殷绍"，避宋庙讳改。《艺文志·五行类》有商绍《太史堪舆历》一卷。《唐书》作"殷绍"。

咸淳三年，诏封曾参郕国公，孔伋沂国公，配享先圣。　按：自唐至于治平，先师配位，惟有颜子。熙宁始增孟子，政和又进王安石，未几降入从祀，仍止颜、孟二配。至是始进曾子、子思，升居孟子之上，其位皆东面，非若十哲之分列东西也。

费公闵损、薛公冉雍、黎公端木赐、卫公仲由、魏公卜商，居殿上东面，西向北上，郓公冉耕、齐公宰予、徐公冉求、吴公言偃、陈公颛孙师，居殿上西面，东向北上。　按：大中祥符初，追封闵损琅邪公，冉耕东平公，冉雍下邳公，宰予临淄公，端木赐黎阳公，冉求彭城公，仲由河内公，言偃丹阳公，卜商河东公。其进封一字公，未详何时，《志》亦失书。

秦将王翦镇山伯。　当是"恒山"，避讳，易"恒"为"镇"。

礼志十

时宰臣赵汝愚既以安石之论为非，异议者惧其轧己，藉以求胜，事既不行。熹时已得罪，遗汝愚书。　予谓僖祖之当祧久矣。熙宁集议，则韩维是而安石非，绍熙集议，则汝愚是而元晦非，元晦尊程氏学，而伊川亦取安石之说，故持其议甚坚，至诋汝愚以为拆祖宗之庙，以快其私，此负气之强词，非至公之正论也。宗庙之礼，有以功德而尊之者，是百世不祧者也。有以四亲而尊之者，是亲尽则祧者也。宋之帝业，创于太祖，自宣祖而上四庙，以天子之高曾祖祢而祀之，非以其有功德而祀之也。五服之制，父至亲而祖次之，曾高又次之，宣祖尚可祧，何独僖祖不可祧乎？僖祖既非得姓之始，又非封爵之始，方诸殷、周，则报乙、组、绀之流也。而欲拟稷、契以为始祖，谬矣。如谓已立之庙，不当更毁，则礼何以有庙祧坛墠之别？如谓太祖在天之灵，必有所不忍，则顺、翼、宣三祖，何又忍而去之？安石之颇僻，固不足道，元晦南渡儒宗，乃守一先生之言，不复权其当否，斯为通人之蔽矣。

礼志十二

元丰五年，始就宫作十一殿，悉迎在京寺观神御入内，尽合帝后，奉以时王之礼。　按：《长编纪事本末》云："诏有司度宫之东西，建六殿为原庙，奉祖宗之灵，设以昭穆之次，列于左右。又为别殿五于其北，以奉母后。宣祖殿名曰天元，艺祖曰皇武，太宗曰大定，真宗曰熙文,仁宗曰美成,英宗曰治隆。"《长编》不载母后五殿名,以此《志》参考之,当即太始、俪极、辉德、衍庆,而尚缺其一,后读《咸淳临安志》,载景灵宫诸殿名,宣祖天元后太始,太祖皇武后俪极,太宗大定后辉德,真宗熙文后衍庆,仁宗美成后继仁,英宗治隆后徽音,乃知所缺者继仁一殿也。元丰间英宗后尚无恙,故帝六而后止五。

其殿名:徽宗曰承元,钦宗曰端庆,高宗曰皇德,孝宗曰系隆,光宗曰美明,宁宗曰垂光。 按:《临安志》,徽宗后曰顺承,钦宗后曰缵德,高宗后曰章顺,孝宗后曰嗣徽,光宗后曰光顺,宁宗后曰体德。此《志》亦失书。

礼志十四

绍兴十三年闰四月十七日,册贵妃吴氏为皇后。 按:《高宗纪》:"闰月己丑,立贵妃吴氏为皇后。"以前后月日检之,己丑非十七日,当有一误。

礼志十六

元祐二年九月,经筵讲《论语》彻章,赐宰臣、执政、经筵官宴于东宫,帝亲书唐人诗赐之。 此事一卷两见,一在大宴,一在曲宴。

景德二年十二月五日,宴尚书省五品云云。 按:景德纪元,止于四年,而此下有"六年七月二十九日,诏辅臣观粟于后苑"云云,当是大中祥符之六年也。其下又云"四年七月十一日,诏近臣及寇准、冯拯观内苑谷"云云,"十月二十九日,诏皇太子、宗室、近臣诸帅赴玉宸殿观稻"云云,则天禧之四年也。真宗以天禧二年册皇太子,此有皇太子,必在天禧以后矣。《真宗纪》"天禧四年十月丙午,召皇子、宗室、近臣玉宸殿观稻赐宴",即其事也。

礼志二十一

又诏:"应节镇郡守往令陛辞,归许登对,不特审观人材,亦所以重外任也。" 节镇郡守,谓节度州之知州也。《春明退朝录》云,凡节度州为三品,刺史州为五品。

礼志二十二

至和初,太常博士祖无择言:"案前史,孔子后袭封者,在汉、魏曰褒成、褒尊、宗圣,在晋、宋曰奉圣,后魏曰崇圣,北齐曰恭圣,后周、隋并封邹国,唐初曰褒圣,开元中,始追谥孔子为文宣王。又以其后为文宣公,不可以祖谥而加后嗣。"遂诏有司,定封宗愿衍圣公。　无择疏已见本传。太常博士,盖其寄禄官,而《传》失书。"褒尊"当作"褒亭"。

熙宁中,以四十八代孙若蒙为沂州新泰县主簿,袭封。　考《阙里志》,若蒙、若虚,皆宗愿之子,当云"四十七代"。《志》称"若虚卒,以若蒙子端友袭,端友卒,弟端操子玠袭,玠卒,子搢袭,搢卒,子文远袭,文远卒,子万春袭,万春卒,子洙袭",史但书其名而不著世系,亦疏漏也。

礼志二十六

太祖建隆二年六月二日,皇太后杜氏崩于滋德殿。　诸后妃崩薨谥号、祔庙先后之序,已见《后妃传》,其月日则《本纪》复详书之,而《礼志·园陵篇》又一一载入,此重复之甚也。

选举志一

直史馆苏轼曰:得人之道,在于知人,知人之法,在于责实。使君相有知人之明,朝廷有责实之政,则胥史、皂隶,未尝无人,虽用今之法,臣以为有余;使无知人之明,责实之政,则公卿、侍从,常患无人,况学校贡举乎?虽复古之制,臣以为不足矣。时有可否,物有兴废,使三代圣人复生于今,其选举亦必有道,何必由学乎?且庆历间尝立学矣,天下以为太平可待,至于今惟空名仅存。今陛下必欲求德行道艺之士,责九年大成之业,则将变今之礼,易今之俗。又当发民力以治宫室,敛民财以养游士,置学立师,而又时简不帅教者,[①]屏之远方,徒为纷纷,其于庆历之际何异?至于贡举,或曰乡举德行而略文章;或曰专取策论而罢诗赋;或欲举唐故事,采誉望而罢封弥;或欲变经生帖、墨而考大义,此数者皆非也云云。帝读轼疏曰:"吾固疑此,得轼议,释然矣。"　按:《轼传》亦载此疏五百余言,大略相同。

愿以解额之归升贡者一二分,不绝科举。　此语难解,考《毛注传》本云"愿留贡籍三分,暂存科举,以待学外之士",较之此文稍明白。

选举志二

先召试蔡延庆等十人。 按:十人之名,见于《麟台故事》,盖度支员外郎蔡延庆,屯田员外郎叶均,太常博士刘攽、夏倚,太子中允张公裕,大理寺丞李常,光禄寺丞胡宗愈,雄武军节度推官章惇,前密州观察推官王存,而尚缺其一也。及召试学士院,以刘攽、王存为馆阁校勘,张公裕、李常为秘阁校理,胡宗愈为集贤校理。夏倚、章惇虽入等,以御史有言,倚得江西转运判官,惇改著作佐郎而已。《宋史·蔡延庆传》不云为度支员外郎,《李常传》不云为大理丞,《章惇传》不云为雄武军节度推官,盖程俱所记皆寄禄之官,而史所载者差遣之官,似异而实非异也。

选举志四

凡改官,留守、两府、两使谓节度、观察。**判官,进士授太常丞,余人太子中允;支使,掌书记,防御、团练判官,进士授太子中允,余人著作佐郎;两使推官、军事判官、令、录事参军,进士授著作佐郎,余人大理寺丞;初等职官知县,知录事参军,防御、团练、军事推官,军、监判官,进士授大理寺丞,余人卫尉寺丞;惟判、司、主簿、县尉七考,进士授大理寺丞,余人卫尉寺丞。** 此选人改官之制,亦见《职官志》,所云有出身者,进士也;无出身者,奏荫也。《选举志》谓之"余人"。

凡制举、进士、《九经》出身者,校书郎、正字、寺监主簿、助教并转大理评事,《职官志》无助教一官。**评事转本寺丞,任太祝、奉礼郎者转诸寺监丞,诸寺监丞转著作佐郎,或特迁太子中允、秘书郎;由大理寺丞转殿中丞,由著作佐郎转秘书监、丞,资浅者或著作郎,优迁者为太常丞;**《职官志》,第一人及第者,评事转著作佐郎,著作佐郎转太常丞。**由太子中允、秘书郎转太常丞,**《职官志》,秘书郎与太常、宗正丞、著作郎,同在一行。**三丞、著作皆迁太常博士,转屯田员外郎,优者为礼部、工部、祠部、主客;由屯田转都官,优者为户部、刑部、度支、金部;由都官转职方,优者为吏部、兵部、司封、司勋;其转郎中亦如之。**六部二十四司,分为前行、中行、后行,凡三等。**左右司员外郎,太平兴国中有之,后罕除者。左右司郎中，惟待制以上当为少卿者即为之。由前行郎中转太常少卿、秘书少监，《职官志》，脱秘书少监一官。由此二官转右谏议大夫或秘书监、光禄卿；谏议转给事中，资浅者或右转左；给事中转工部、礼部侍郎，至兵部、吏部转左右丞，由左右丞转尚书。自侍郎以上，或历曹，或超曹，皆系特旨。侍郎叙迁，则由工而刑而兵而转右丞，由礼而户而吏而转左丞，凡三阶，尚书则六部各为一阶矣。诸科及无出身者，校书郎、正字、寺监主簿、助教并转太祝、奉礼郎，太祝、奉礼郎转大理评事，评事转诸寺监丞，诸寺监丞转大理寺丞，大理寺丞转中舍，优者为左右赞善，资浅者为洗马。由幕职为著作佐郎者转太子中允。由中允、赞善、中舍、洗马皆转殿中丞，《职官志》，太子中允转太常丞。殿中丞转国子博士，由国子博士转虞部员外郎，优者为膳部；由虞部转比部，优者为仓部；由比部转驾部，优者为考功；或由水部转司门，司门转库部；为郎中亦如之。至前行郎中转少卿、监，或一转，或二三转，即为诸司大卿、②监，自大卿、监特恩奖擢，或入给谏焉。《职官志》，前行郎中转司农少卿，再转光禄少卿，三转司农卿，四转少府监，五转卫尉卿，六转光禄卿，七转秘书监，八转太子宾客，九转至工部侍郎。其为台省官，则正言、监察比太常博士，殿中、司谏比后行员外郎，起居、郎舍人同。侍御史比中行员外郎；起居转兵部、吏部员外郎，《职官志》失载吏部。侍御史转职方员外郎，优者为兵部、司封，《职官志》侍御史只转司封员外郎，恐有脱文。知制诰；由正言以上至郎中，皆叙迁两资，中行郎中为左右司郎中，若非次酬劳，有迁三资或止一资者；左右司郎中为知制诰若翰林学士者，知制诰与翰林学士，谓之两制。迁中书舍人，由中书舍人转礼部以上侍郎，入丞、郎即越一资以上。内职、学士、待制亦如之。　此文官叙迁之制，亦见《职官志》。

其内职，自借职以上皆循资两迁，"两"疑是"而"字。至东头供奉官者转阁门祗候，阁门祗候转内殿崇班，崇班转承制，承制转诸司副使。此亦见《职官志》，但彼《志》东头供奉官即转内殿崇班，少阁门祗候一资。

至皇城使者转昭宣使，昭宣使转宣政使，宣政使转宣庆使，③宣庆使转景福殿使。　此亦见《职官志》。

凡入官，则进士《职官志》又有明经。入望州判、司，次畿簿、尉，《九经》入紧州判、司，望县簿、尉，《五经》、《三礼》、《通礼》、《三传》、《三史》

明法入上州判、司,紧县簿、尉,学究有出身人《职官志》云"武举得班行人"。入中州判、司,上县簿、尉,太庙斋郎入下州《职官志》云"中下州",此脱"中"字。判、司,中县簿、尉,郊社斋郎、试衔、无出身人入下州判、司、中下县簿、尉。 此亦见《职官志》。

除授职事官,并以寄禄官品高下为法:凡高一品以上者为行,下一品者为守,二品以下者为试,品同者不用行、守、试。 此亦见《职官志》。

中书舍人程大昌言:旧制,选人改秩后复任关升通判,通判两任关升知州,知州两任即理提刑资序。除授之际,则又有别,以知县资序隔两等而作州者,谓之"权发遣",以通判资序隔一等而作州者,谓之"权知",上而提刑、转运亦然。隔等而授,是择材能也,结衔有差,是参用资格也。今得材能、资格俱应选者为上,其次,则择第二任知县以上有课绩者许作郡,初任通判以上许作监司,第二任通判以上许作职司,庶几人法并用。 按:此奏见《周必大集》,盖与大昌连名具奏者。

选举志六

淳熙二年,因臣僚言,沿边七路,每路以文臣一人充安抚使以治民,武臣一人充都总管以治兵。 此亦见《职官志》。七路,谓扬州、庐州、荆南、襄阳、金州、兴元、兴州也。

校勘记

① "而又时简不帅教者","而",《宋史》卷一五五作"以"。

② "为诸司大卿","司",《宋史》卷一五八作"寺"。

③ "昭宣使转宣政使,宣政使转宣庆使",原本脱"宣政使,宣政使转"数字,据《宋史》卷一六九补。

宋史五

职官志一

又以文彦博落兼侍中,除守太尉。 彦博先以守司徒兼侍中领节镇,元丰改官制,以侍中为职事官,非退闲者所宜带,故落侍中之名,仍迁一官以宠之。太尉在司徒之上也。

太保十一人:蔡攸、肃王枢至仪王㮰。《文献通考》同。 今以《徽宗纪》考之,宣和中皇子除太保者,肃王枢、景王杞、济王栩、康王构、祁王模、徐王棣、沂王㮰,只有七人,郑居中除太保而即薨,定王桓由太保正储位,嘉王楷由太保进太傅,俱不当在计数之内,疑《志》误也。仪王当为沂王,音之讹。

自建隆至熙宁,真拜侍中才五人。 洪迈《容斋随笔》云:国朝见任宰相带侍中者才五人,范鲁公质、赵韩王普、丁晋公谓、冯魏公拯、韩魏王琦。

左司谏、左正言。 按:司谏、正言,即唐之补阙拾遗也。宋初亦沿其名,端拱元年二月,改补阙为司谏,拾遗为正言。《志》失书。

登闻检院,隶谏议大夫;登闻鼓院,隶司谏、正言。 唐时有匦院。太宗雍熙元年,改匦院为登闻鼓院,东延恩匦为崇仁检院,南招谏匦为思谏检院,西申冤匦为申明检院,北通玄匦为招贤检院。

重和元年,给事中张叔夜言。 《文献通考》作宣和元年。

中书令,国朝未尝真拜,以它官兼领者不预政事,然止曹佾一人。 《容斋随笔》云:国朝创业之初,吴越国王钱俶、天雄节度符彦卿、雄武王景、武宁郭从义、保大武行德、成德郭崇、昭义李筠、淮南李重进、永兴李洪义、凤翔王彦超、定难李彝兴、荆南高保融、武平周行逢、武宁王晏、武胜侯章、归义曹元忠十五人,同时兼中书令。太宗朝惟除石守信，而赵普以故相拜。真宗但以处亲王。嘉祐末，除宗室东平王允弼、襄阳王允良。元丰中除曹佾，与允弼、允良相去十七八年，爵秩固存。沈括《笔谈》谓有司以佾新命，言自来不曾有活中书令请俸则例，盖妄也。

舍人四人，旧六人。掌行命令，为制词。　按：中书舍人六员，分押尚书六曹，本唐代故事。宋初以舍人为寄禄官，别置知制诰，行舍人之职。《春明退朝录》载端拱中西掖六舍人，既而田锡罢职知陈州，宋湜贬均州团练副使，王元之商州团练副使，是知制诰亦以六人为额也。又考《容斋三笔》载至和元年，邓州缴进王泌《春秋通义》一书，二年，有旨送两制看详，于是具奏列名知制诰五人。起居舍人王珪、右司谏贾黯、兵部员外郎韩绛、起居舍人吴奎、右正言刘敞。《春明录》又载熙宁二年，阁老钱君倚守江宁，明年，予自请出院，李才元、苏子容皆落职，惟吴冲卿权三司使，不供职阁下，无人草制，则其时知制诰亦止五人矣。《志》云舍人四人，则元丰新定之制也。

国初，为所迁官，实不任职，复置知制诰及直舍人院，主行词命，与学士对掌内外制。　唐中叶以后，翰林学士掌内制，中书舍人掌外制，谓之两制。然亦恒以它官知制诰行舍人事。唐末，赵光逢以中书舍人为翰林学士，其弟光裔亦由膳部郎中知制诰，对掌内外命书，士歆羡之。后晋时，陶谷以虞部员外郎知制诰，会晋祖废翰林学士，遂兼掌内外制。周广顺中，窦俨以主客员外郎知制诰，其兄仪自阁下入翰林，兄弟同日拜命，分居两制，时人荣之。又扈蒙以右拾遗知制诰，从弟载，时为翰林学士，兄弟并掌内外制，时号"二扈"。盖知制诰与学士对掌两制，自唐、五代皆然，不始于宋初矣。直舍人院，太平兴国初置，以张洎、王克正为之，自后不复除。熙宁三年，宋敏求、苏颂、李大临皆以知制诰缴还李定词头罢免，王安石乃请以蔡延庆、王益柔直舍人院，欲令草李定制，乃除知制诰也。自元丰官制行，舍人始复举其职，以资浅而除直院者益多矣。

凡有除拜，中书吏赴院纳词头。　《文献通考》：富弼为知制诰，封还刘从愿妻遂国夫人词头。唐时唯给事中得封还诏书，中书舍人缴词自弼始。

南渡后，置左、右丞相，省仆射不置。　南渡初，亦仍左右仆射之名,至乾道八年,乃改为丞相耳。《志》所云未核。

职官志二

签书院事、同签书院事。　按:太平兴国四年,置签署枢密院事,以枢密直学士石熙载为之。八年,以张齐贤、王沔同签署院事。景德三年,马知节、韩崇训亦为签署。史家避英宗讳,改"署"为"书"尔。治平中,郭逵以检校太尉同签书枢密院事,签书之名始于此。

三司使。　《五代会要》:后唐长兴元年八月,敕张延朗可充三司使,班位在宣徽使之下。唐朝以户部度支掌泉货,盐铁则别置使名,户部度支则尚书省本司侍郎、郎中判其事。天宝中,杨慎矜、王鉷、杨国忠虽承恩顾,皆守本官,别带使额,下及刘晏、第五琦亦如旧制。自后又以宰臣各判一司,不带使额。伪梁置租庸使,总天下征赋,庄宗亦踵其事。暨今上登位,削去使名,命重臣一人专判,曰判三司。至是,延朗自许州入掌国计,白于枢密使,请置三司使,宣下中书门下,宰臣以非故事,拟授延朗充诸道盐铁使,兼判户部度支,上不从。三司置使名,自延朗始也。

翰林学士。　洪容斋云:翰林本以六员为额,刘沆作相,典领温成皇后丧事,以王沔同其越礼建明,于是员外用之。至和二年,邓州缴进王沘《春秋通义》,有旨送两制看详,其时学士七人,曰学士承旨礼部侍郎杨察,学士中书舍人赵概、杨伟,刑部郎中胡宿,吏部郎中欧阳修,起居舍人吕溱,礼部郎中王沔,即其时也。予案《新唐志》虽云学士无定员,然白居易诗有"同时六学士,五相一渔翁"之句,则唐时学士亦六员矣。《五代会要》载开运元年敕,"翰林学士与中书舍人,旧分为两制,各置六员"。是五代亦六员也。南渡后,学士不轻授,常以它官直院,然亦不过二员。间有三员者,则周必大所记:绍兴八年,承旨孙近、直院曾开、勾龙如渊;三十一年,学士何溥、直院虞允文、刘珙;隆兴初,承旨洪遵、学士史浩、直院刘珙是也。见《淳熙玉堂杂记》。

知制诰。　《却埽编》云:翰林学士,祖宗时多有别领它官,如开封府、三司使之类者,不复归院供视草之职,故衔内必带知制诰,则掌诏命者也。官制后虽不领它职,然犹带知制诰如故,遇阙则以侍郎、给舍兼直学士院。近岁有以尚书兼权翰林学士者,而不带知制诰,议者谓不若止称直学士院也。予案，元丰以前，两制皆称知制诰，学士而知制诰者，掌内制也，但称知制诰者，掌外制也。学士而不掌制，则衔内不云知制诰。

直学士院。 直院始于宋初。《春明退朝录》：开宝二年，李文正以中书舍人，卢相以知制诰，并命直学士院；六年，知制诰张公澹直学士院；太平兴国元年，汤率更悦、徐骑省铉直学士院是也。自后久无除者。熙宁初乃复置。

凡他官入院未除学士，谓之"直院"；学士俱阙，他官暂行院中文书，谓之"权直"。 周必大《玉堂杂记》：国初凡为学士，官至八座，已罢职，或再来直院。神宗改官制后，中丞并权六曹尚书。若兼内制，亦止云直学士院。舒亶等是也。中兴初，詹乂已为龙图阁学士，犹曰权直院。其它如正侍郎以下，多带兼权。汪藻等是也。厥后程克俊、林待聘、杨愿等，初以给舍兼权，稍久乃落权字，以为恩数。至正尚书，则带兼权学士。胡交修等是也。乾道三年，洪景卢迈奏请自庶官迁侍从，便落权字，正兼直院，故先以起居郎权直院，既迁中书舍人，即落权字。庚寅秋，予以少蓬秘书少监也。兼权直院，明年正除权礼部侍郎，吏引近制，申明合正为直院，予固抑之，兼权如故。翰长王日严晔亦不复问，其后王季海淮以太常少卿兼权直院，既除三字，中书舍人也。即径落权，遂为定例。

翰林侍读学士。 侍读、侍讲、崇政殿说书，皆经筵官也。程俱《麟台故事》云：翰林侍读学士、翰林侍讲学士，班秩次翰林学士，禄赐如之。设直庐于秘阁，侍读更直侍讲，长上日给尚食珍膳，夜则迭宿，令中使日具当宿官名于内东门进入，召对询访，或至中夕焉。

中兴后，王宾为御史中丞，建请复开经筵，遂命兼讲。自后十五年间，继之者惟王唐、徐俯二人。 按：《朝野杂记》云为王唐公、徐师川二人，盖皆举其字。唐公未详其名，《志》称王唐，恐误。

正言兼说书，自端明巫伋始，副端兼说书，自端明余尧弼始。 端明殿学士，盖二人所终之官，非说书时已任端明也。当删去"端明"二字，乃合史法。

察官兼说书，自少卿陈蘷始。 "少卿"二字亦当删。

修注兼说书，自朱震始。 按：震以秘书少监转起居郎，兼侍讲，非说书也。

龙图阁直学士，景德四年置，以杜镐为之，班在枢密直学士下。
按：枢密直学士，五代置。宋初尤为要职，石熙载、张齐贤皆由枢密直
学士签署枢密院事。亦有带出外任者，如刘筠自翰林为台丞，以枢密
直学士知颍州，李谘以翰林权使三司，以枢密直学士知洪州是也。元
丰改制，不置此官，《志》遂阙而不书。

国初，有集贤殿修撰、直龙图阁、直秘阁三等。   此三等，谓贴
职也。

直馆、直院，则谓之馆职。   自太宗建崇文院及秘阁而后，士大夫
以馆职为荣，皆试而后除，曰直昭文馆、直集贤院、直史馆、直秘阁，其
次为集贤校理、秘阁校理，又其次为馆阁校勘，皆馆职也。其除授则由
校勘迁校理，又自校理迁直馆、直院，亦有召试径除直馆、直阁者。

**凡状元、制科一任还，即试诗赋各一而入，否则用大臣荐而试，谓
之入馆。**   《选举志》，英宗时欧阳修言："往时入馆有三路：进士高科，
一路也；大臣荐举，一路也；因差遣例除，一路也。"此《志》只言高科及
荐举，盖因差遣而除者，皆年劳久次之人，不试而授，所谓贴职，非真馆
职也。以史考之，王曾以进士第一人通判济州，代还，召试政事堂，除
著作郎，直史馆；李谘以进士第三人通判舒州，召试中书，为太子中允，
直集贤院，此进士甲科入馆之例也。富弼举茂材异等科，授签书河阳
判官，又通判绛州，迁直集贤院；钱易进士第二人，又举贤良方正科，策
入等，除秘书丞，通判信州，东封，献《殊祥录》，改太常博士，直集贤院；
钱藻进士第，又中贤良方正科，为秘阁校理，此制科入馆之例也。彭乘
以进士及第授凤州团练推官，用寇准荐，为馆阁校勘；聂冠卿以进士授
连州军事推官，用大臣荐召试，校勘馆阁书籍；尹洙以进士又举书判拔
萃科，知伊阳县，用大臣荐召试，为馆阁校勘，此大臣荐举入馆之例也。
又有自荐而试者，咸平初，秘书丞孙冕上书言事，召赐绯鱼，令知制诰，
王禹偁试文，除直史馆，是也。有大臣子弟，乞恩召试者，至和初，宰相
刘沆监护温成园寝毕，辞恩赉而为其子瑾请召试馆职，遂得秘阁校勘，
是也。至如包拯为京东转运使，除直集贤院，徙陕西；韩亿自河北转运
使进直史馆，知青州；文彦博自殿中侍御史除直史馆，河东转运副使；
孙冲由转运使入判登闻鼓院，以目疾改直史馆，知河中府，此因差遣例

除者也。

职官志三

初,淳化三年,置磨勘京朝官院。四年,改。太平兴国中,置差遣院,至是并入审官院。 按,《文献通考》:淳化三年,置磨勘京朝官院,又以兴国中所置差遣院并入,号磨勘差遣院,亦名考课院。淳化四年,以考课京朝官院为审官院。此《志》所云,殊未明晓。又熙宁中置审官西院,以主武选,改审官院为审官东院。此《志》所当载而失之者也。元丰定官制,以审官东院为尚书左选,审官西院为尚书右选,流内铨为侍郎左选,三班院为侍郎右选,《志》亦失书。三班院亦淳化三年置。

凡文官自京朝官,武官自大使臣以上。 元丰官制,文官通直郎以上为升朝官,承务郎以上为京官,下此则为幕职令录之属。

职官志四

台谏例不兼讲读,神宗命吕正献,亦止命时赴讲筵。中兴,兼者三人,万俟卨、罗汝楫皆以秦桧意。庆元后,司谏以上无不预经筵者矣。详见第二卷侍讲学士下,此重出也。中兴兼者三人:谓王宾、王唐公、名未详。徐俯。

凡六察之事。 六察者,吏察、户察、礼察、兵察、刑察、工察也。

孙觉荐秀州军事推官李定,对称旨,为太子中允、监察御史里行。军事推官,乃迁人阶官之卑者,乃越京官五阶,而骤迁朝官,故当时讥其资浅。

宋初,置三馆长庆门北,谓之西馆。 《文献通考》:先是,朱梁都汴,正明中,始以今右长庆门东北庐舍十数间列为三馆。则宋初三馆尚沿五代之旧也。

东廊为集贤书库,西廊分四部,为史馆书库。 "东廊"下有脱文,当云"东廊为昭文书库,南廊为集贤书库"。

大中祥符八年,创外院于右掖门外。 按:是年,荣王宫火焚及崇文院,故有外院之设。天圣九年,徙三馆于左升龙门外,因直集贤院谢绛之请也。《志》当书,而阙之。

天禧初,令以三馆为额,置检讨、校勘等员。 按:《长编》,端拱元年，以史馆检讨杜镐为秘阁校理。又《麟台故事》云，大中祥符元年，崇文院检讨杜镐等校定《南华真经》。则检讨之名，不始于天禧矣。

元祐五年，置集贤院学士。　按：唐制，弘文馆、集贤院分隶门下、中书省，以见任宰相领大学士，其下则有学士、直学士，弘文则有直馆，集贤则有校理。宋初尚沿其制，惟改弘文为昭文，而集贤亦置直院焉。昭文馆学士，罕见除授，集贤院学士，则自宋初至于熙宁史不绝书。或判院事，如咸平之钱若水；或带外任，如天禧之马亮、庆历之李宥；或判留台，如天禧之晁迥、皇祐之吴育，而《志》于《学士篇》中初不之及，盖阙漏也。《志》云元祐五年置者，盖元丰改官制后废之，至是乃复置尔。

监修国史。　按：宋初，史馆与昭文、集贤列为三馆，以宰相一人监修国史，其下有修撰，有直馆。元丰更官制，废三馆为秘书省，分四案，国史案其一也。此亦《志》所当书而失书。

职官志六

乾道中，臣僚言三衙军制名称不正。　此洪迈在翰林日所上札子也。殿前司、侍卫马军司、侍卫步军司，当时谓之三衙，各置都指挥使、副都指挥使、都虞候，皆帅也，故有三帅。殿前、步军二司题名，今不可考矣。马军司题名，则《景定建康志》有之。考其所载，自建炎以后，皆称主管侍卫马军司公事。至乾道九年，始除赵樽都指挥使。淳熙二年除李川、王明皆都虞候，三年除吴拱都指挥使，六年除马定远，七年除雷世贤，皆都虞候，十二年世贤迁副都指挥使。绍熙元年除张师颜都虞候。是容斋之议，固已见诸施行。开禧以后，复有主管马军司公事之称，间有除副都指挥使及都虞候者，不过十之一二耳。

侍卫亲军马军。　按：孝宗乾道七年，移侍卫马军司屯建康，故《志》有"出屯建康"之语。

次府，通判一人，大藩或置两员。　凡通判置两员者，则称东厅、西厅以别之。南渡后，建康府于两员外添差一员，谓之南厅。

中兴，诸大将，若韩、张、吕、岳、杨、刘之流，率至两镇节度使。谓韩世忠、张俊、吕文德、岳飞、杨存中、刘光世也。吕当在杨、刘之下，或云吕当作吴，吴玠亦尝兼两镇也。

刘锜护国、宁武、保静。　刘锜，当作刘光世。

自建炎至嘉泰,宰相特拜者六人。 按:宝庆以后,宰相除节度者,乔行简、郑清之、赵葵三人。《志》于理宗以后事多阙漏。

团练使。 宋时有节度副使、团练副使,皆为责授官,不得签书公事。吕惠卿责授建宁军节度副使,范纯仁、章惇皆责授武安军节度副使,吕大防责授舒州团练副使,刘挚责授鼎州团练副使,是也。责授官亦宜见于《志》。

职官志七

开禧间,江淮、四川并置大使。休兵后,独成都守臣带四川安抚、制置使。 按:《景定建康志》,开禧三年,置江淮制置使,治建康。嘉定十年,省。绍定三年,复置。六年,改沿江制置使。是建康不设制司,中间只十年耳。《志》云休兵后,独成都守臣带制置使者,非也。开禧置使,本无"大"字,嘉定元年,邱崈始加大使,何澹代崈,亦为大使,皆前执政也。绍定四年,赵善湘亦为大使。自改沿江以后,宝祐六年除赵与蔿,开庆元年除马光祖,皆为大使。

又有沿海制置使,以明州守臣领之。 按:宋末,沿江沿海,皆有制司,又有京湖制置使,或治江陵,或治鄂州。两淮制置使,治扬州。又尝置淮东制置司于楚州,广南制置司于静江。《志》皆失于讨论也。

留守。 绍兴五年,即建康府治建行宫,自后建康守臣皆兼行宫留守。此《志》亦失书。

经略安抚司,经略安抚使一人。 按:真宗咸平二年,以王钦若为西川安抚使,安抚之名始此。四年,以张齐贤为泾原等路安抚经略使,以梁颢为副,陕西有经略安抚使自此始。然皆不常置也。六年,钱若水除并代经略使,知并州,此太原置使之始。景德元年,以张齐贤兼青淄潍安抚使,知青州,后称京东东路。丁谓兼郓齐濮安抚使,知郓州,后称京东西路。此京东置使之始。是年,向敏中为鄜延路缘边安抚使。三年,置河北缘边安抚使于雄州。大中祥符元年,置河东缘边安抚司。三年,诏升、洪、扬、庐州长吏兼安抚使。八年,曹玮知秦州,兼泾原仪渭镇戎沿边安抚使。天禧三年,玮为鄜延路副都部署,环、庆、秦等州缘边安抚使。然皆或置或省,非有定员。仁宗宝元元年,知永兴军夏竦兼泾原、秦凤路安抚使,知延州。范雍兼鄜延、环庆路安抚使。康定元年，以夏守赟为宣徽南院使、陕西马步军都总管、经略安抚使。庆历四年，罢陕西四路马步军都总管、经略安抚招讨使，复置随路都总管经略安抚招讨使。四路者，秦凤、治秦州。泾原、治渭州。环庆、治庆州。鄜延治延州。也。其后罢招讨之名，又置永兴军、治京兆。熙河治熙州。两路，而陕西六路安抚有定员矣。庆历三年，置京东西路安抚使。八年，置河北四路安抚使。大名府、真定府、定州、瀛州。皆无经略之名。皇祐四年，诏广、桂二州带经略安抚使。自是以后，诸州府带安抚使者益多矣。

熙宁初，诏河东、河北、陕西三路漕臣许乘传赴阙。 按：宋人称转运为漕司，安抚为帅司，提点刑狱为宪司，提举常平为仓司，故有漕臣、帅臣、宪臣之目。

提点刑狱公事。 吕祖谦曰：太宗淳化二年，诏应诸路转运使各命常参官一人，专知纠察州军刑狱公事，此置外路刑狱官之始，时犹隶转运司。行之二年，劳扰无补，降诏省罢。真宗景德四年，遂复置之，不隶转运，别为一司。仁庙天圣六年，诏令诸路提点刑狱司朝臣、文臣也。使臣武臣也。交割本职公事与转运使副。既罢两年，天圣八年九月复置，仍令所至毋得送迎，其吏人约旧数裁减之。降诏十月九日，是月壬申，却权罢。又三年，至明道二年冬复置。自后提刑一司，虽专以刑狱为事，封桩、钱谷、盗贼、保甲、军器、河渠事务浸繁，权势益重，而转运司所总，惟财赋纲运之责而已。

其后，文武官参为知州军事。 予见石刻《孔道辅祭祖庙文》，题衔"知兖州军府事"，又《游师雄墓志》，题衔"知陕州军府事"，盖大都督府亦称军府，不称军州也。

二品以上及带中书、枢密院、宣徽使职事，称判。 按：宋敏求《春明退朝录》云：国初，曹翰以观察使判颍州，是以四品临五品州也。品同为知，隔品为判，自后唯辅臣、宣徽使、太子太保、仆射为判，余并为知州。又徐度《却埽编》云：祖宗时，凡官仆射及使相以上，领州府则称判。元符末，章仆射罢相，以特进守越州，止称知，盖谪也。宣和中，余太宰深以少傅、节度使守福，复称知。建炎中，吕仆射颐浩以使相守池、守潭、守临安，皆称知。赵丞相鼎官本特进，再罢相，初以节度使守绍兴，后改本官守泉，皆称知。近岁孟郡王忠厚以使相守镇江，亦称知,后改婺州,改称判。

若河南、应天、大名府则兼留守司公事。 南渡后,建康府亦兼行宫留守。

太原府、延安府、庆州、渭州、熙州、秦州则兼经略安抚使、马步军都总管。 按:《嘉泰会稽志》云,国初,节度使领马步军都部署,英宗即位,避御名改称都总管。其后守臣兼一路安抚使者,皆带马步军都总管。以此推之,河东、陕西诸路经略安抚使,皆置于仁宗朝,当为都部署。《志》称都总管者,据后来改名也。

泸州、潭州、广州、桂州、雄州则兼安抚使、兵马钤辖。 南渡后,潭、广、桂三州皆带马步军都总管。

宋史六

职官志八

建隆三年三月，有司上《合班仪》："太师，太傅，太保，太尉，司徒，司空，东宫三太，嗣王，郡王，仆射，三少，_{谓东官三少。}三京牧，大都督，大都护，御史大夫，六尚书，常侍，门下、中书侍郎，太子宾客，太常、宗正卿，御史中丞，左、右谏议大夫，给事中，中书舍人，左、右丞，_{监本脱"丞"字，依《礼志》增。}诸行侍郎，秘书监，光禄、卫尉、太仆、大理、鸿胪、司农、太府卿，^①国子祭酒，殿中、少府、将作监，前任、见任节度使，开封、河南、太原尹，詹事，诸王傅，司天监，五府尹，国公，郡公，中都督，上都护，下都督，庶子，五大都督府长史，中都护，副都护，太常、宗正少卿，秘书少监，光禄等七少卿，司业，三少监，三少尹，少詹事，谕德，家令，率更令、仆，诸王府长史、司马，司天少监，起居郎、舍人，侍御史，殿中侍御史，补阙，拾遗，监察御史，郎中，员外郎，太常博士，五府少尹，五大都督府司马，通事舍人，国子，五经博士，都水使者，四赤县令，太常、宗正、秘书丞，著作郎，殿中丞，六尚奉御，大理正，中允，赞善，中舍，洗马，诸王友，谘议参军，司天五官正，凡杂坐之次，以此为准。"_{所谓杂压也。}诏曰："尚书中台，万事之本，而班位率次两省官；_{监本"次"作"比"，误。今依《礼志》改。}节度使出总方面，其检校官多至师傅、三公者，而位居九寺卿监之下，甚无谓也。其给事中、谏议、大夫，^②宜降于六曹侍郎之下；补阙次郎中，拾遗、监察次员外郎，节度使，升于中书侍郎之下。" 此亦见《礼志》。

开宝六年，诏："晋王位望俱崇，亲贤莫二，宜位在宰相之上。" 此亦见《礼志》。

翰林、资政、保和殿大学士。 翰林无大学士之称，此"翰林"二字衍文。

职官志九

太师、太傅、太保，谓之三师，太尉、司徒、司空，谓之三公，凡除授，则自司徒迁太保，自太傅迁太尉，检校亦如之。　此文已见《本志·三师·三公篇》，又见《合班篇》，一《志》之中，前后三见。

治平二年，翰林学士贾黯奏："近者皇子封拜，并除检校太傅。臣谨案三师训导之官，③盖天子之所师法。今皇太子以师傅名官，于义弗安，莫甚于此。盖前世因循，失于厘正。臣愚以为自今皇子及宗室卑者除官，并不可带师傅之名，随其叙迁改授三公之官。"诏："俟将来，④因加改正。"自此，皇子及宗室卑行，遂不除三师官。　此事又见《贾黯传》。政和中，罢三公官，以太师、太傅、太保为三公，而皇子之除保、傅者，益多矣。

元丰官制定，有请并易内侍官名者。神宗曰："祖宗为此名，有深意，岂可轻议?"政和二年，始遂改焉。　此语已见《本志·入内内侍篇》。其所改则通侍、正侍、中侍、中亮、中卫、拱卫大夫及供奉官、左侍禁、右侍禁、左班殿直、右班殿直凡十一阶，并黄门为十二。此卷则以通侍大夫以下六官列于武阶之内。中亮大夫，本易宣庆使，而此云"客省使"；中卫大夫，本易宣政使，而此云"引进使"，拱卫大夫，本易昭宣使，而此失书旧官名，其乖舛如此。但中亮、中卫、左武、右武四阶，本以换横班之名，而宣庆、宣政二使，亦同换斯名，此又史文之可疑者也。

勋一十二：上柱国、柱国、上护军、护军、上轻车都尉、轻车都尉、上骑都尉、骑都尉、骁骑尉、飞骑尉、云骑尉、武骑尉。　此已见本《志·司勋篇》。⑤

绍兴以后阶官。　按：南渡乂武寄禄官阶，一遵元丰、政和之旧，而《志》复重列之，连篇累牍，皆可省也。

职官志十

幕职。初授则试校书郎，再任如至两使推官，则试大理评事。掌书记、支使、防御团练判官已上试大理司直、评事，又加则兼监察御史，亦有至检校员外郎以上者。其解褐评事、校书郎、正字、寺监、主簿、助教者，谓之试衔。有选集，同出身例。　此已见本《志·试秩篇》。

在京宫观,旧制以宰相、执政充使,或丞、郎、学士以上充副使,两省或五品以上为判官,内侍官或诸司使、副为都监,又有提举、提点、主管。 按:宫观之设,昉于真宗祥符七年建玉清昭应宫,以宰相王旦充使,参知政事丁谓为副使,户部侍郎林特同副使,左正言直集贤院夏竦为判官。是年,置景灵宫使,以中书侍郎平章事向敏中为之,尚书右丞赵安仁为副使,知制诰刘筠为判官。九年,置会灵观使,以参知政事丁谓为之,翰林学士李迪为副使,知制诰乐黄目为判官。天禧中建祥源观,以枢密副使钱惟演为都大管句祥源观公事。天圣初,枢密副使张士逊为祥源观使。此宰执领宫观使之例也。见李氏《长编》。其后天圣七年,玉清昭应宫灾,遂罢辅臣为宫观,而景灵、会灵、祥源三宫观,以学士、舍人管句。康定元年,李康靖公若谷罢参知政事,为资政殿大学士,提举会灵观,自后学士皆为提举。至和初,晏元献公殊以旧相为观文殿大学士,提举万寿观,而武臣李少师端愿为观察使,止得管句祥源观,自陈乃加以都管句,见《春明退朝录》。盖提举之名,不轻授如此。熙宁以后,乃有以朝官充提举者,非故事也。玉清昭应之灾,独长生崇寿殿存,诏改为万寿观。皇祐五年,会灵观火,独三圣御容得存,诏权奉安于景灵宫,更名集禧观。治平中,又建醴泉观。徽宗朝,又有祐神观。先是雍熙元年,修东太一宫,天圣七年,修西太一宫,熙宁元年,又建中太一宫于集禧观之东,此在京宫观之目也。玉清、会灵先后焚毁,祥源观亦于至和元年灾,自后不置使职。徽宗重和元年,诏宰臣兼神霄玉清宫使,蔡京、郑居中、余深、童贯。执政官充副使,邓洵武、薛昂、白时中、王黼、蔡攸。开封尹充判官,少尹充管句。又诏天下天宁万寿观改为神霄玉清宫,小州监无道观者,以僧寺充,知州军带"管句"字,通判带"同管句"字。此亦宜见于《志》。今《志》但有靖康元年罢内外官见带提举主管神霄玉清宫之文,而于置使副管句则不书,盖失之矣。宫观本置管句官,南渡后避思陵嫌名,改为主管。《志》述东都事,而云"主管",或云"管干",则史臣追改也。

其戚里、近属及前宰执留京师者,多除宫观,以示优礼。 按:明道中,钱文僖为景灵宫使,其后王贻永、王德用、贾昌朝皆以前执政为景灵宫使。治平中,武康节度使李端愿以外戚为醴泉观使。又仁宗时,李端懿以镇国军节度留后提举集禧观,亦外戚也。

又诏:"杭州洞霄宫、亳州明道宫、华州云台观、建州武夷观、台州崇道观、成都玉局观、建昌军仙都观、江州太平观、洪州玉隆观、五岳庙自今并依嵩山崇福宫、舒州灵仙观,置管干或提举、提点官。" 徐度《却扫编》云:"在外州府宫观,旧惟西京崇福宫、南京鸿庆宫、舒州灵仙观、凤翔府上清太平宫、兖州仙源县景灵宫、太极观有提举管句官,熙宁初,始诏杭州洞霄宫、永康军丈人观、亳州明道宫、华州云台观、建州武夷观、台州崇道观、成都府玉局观、建昌军仙都观、江州太平观、洪州玉隆观、五岳庙、太原府兴安王庙皆置。"此《志》不及丈人观、兴安王庙。又《文献通考》:崇宁三年,添宫观十。政和三年,添宫观三十。《志》亦失书。灵仙观后改真源万寿宫,太平观后改太平兴国宫,玉隆观后改玉隆万寿宫,武夷观亦称冲祐观。列传所载,又有亳州太清宫、建康府崇禧观、兖州岱岳观、庆元府至道宫、绍兴府千秋鸿禧观,盖政和以后增置。又有元封观、太冲观,未详所在。

元丰中,王安石以右仆射、观文殿大学士为集禧观使。 《却扫编》:天圣初,辅臣罢领宫观使,其后惟以使相、节度、宣徽使为之。无所职掌,奉朝请而已。熙宁间,又有以使居外者,王荆公以使相领集禧观使,居金陵,张文定公以宣徽南院使领西太一宫使,居睢阳,盖优礼也。

吕公著、韩维以资政殿学士兼侍读,仍提举中太一宫兼集禧观公事。 此已见本《志·宫观》兼《侍读篇》,惟彼文称公著为大学士。以《公著传》考之,其时实由学士进大学士也。范镇落致仕,以端明殿学士提举中太一宫兼集禧观公事,亦兼侍读,然镇固辞未拜也。

元祐间,冯京以观文殿学士、梁焘以资政殿学士为中太一宫、醴泉观使。 谓京为中太一宫使,焘为醴泉观使也。案:《却扫编》,梁左丞焘罢政事,除资政殿学士,特置同醴泉观使之名以命之。梁公言,故事无以学士领宫观使者,且同使之名,前所未有。力辞不受。然自是前二府往往以学士直为宫观使矣。焘除醴泉使,有"同"字,《志》所书未核。

高遵固年八十一,乞再任宫观,高遵礼年七十六,乞再任亳州太清宫。 按:《高琼》及《外戚传》不见二人名。

三省言:"张方平元系宣徽南院使、检校太傅、太子少师致仕,元丰官制行,废宣徽使,元祐三年复置,仪品恩数如旧制,方平依旧带宣徽南院使致仕。"此已见本《志·宣徽篇》。

食货志上二

都官员外郎冯康国言:"四川地狭民贫,祖宗时,正税重者折科稍轻,正税轻者折科稍重,二者平准,所以无偏重偏轻之患。百有余年,民甚安之。近年,漕、总二司辄更旧法,反复纽折,取数务多,⑥致民弃业逃移。望并罢之,一遵旧制。"诏如所请,令宪臣察其不如法者。此又见《康国传》。

食货志上三

大中祥符三年,河北转运使李士衡又言:"本路岁给诸军帛七十万,民间罕有缗钱,常预假于豪民,出倍称之息,至期则输赋之外,先偿逋欠,以是工机之利愈薄。请预给帛钱,俾及时输送,则民获利而官亦足用。"诏优予其直。自是诸路亦如之。 此又见《士衡传》。彼文"士"作"仕",误。

食货志上四

苏辙自大名推官上书,召对,亦除条例司检详文字。安石出青苗法示之,辙曰:"以钱贷民,使出息二分,本非为利。然出纳之际,吏缘为奸,虽有法不能禁;钱入民手,虽良民不免非理费用;及其纳钱,虽富民不免违限。如此则鞭笞必用,州县多事矣。唐刘晏掌国计,未尝有所假贷。有尤之者,晏曰:'使民侥幸得钱,非国之福,使吏倚法督责,非民之便。吾虽未尝假贷,而四方丰凶贵贱,知之未尝逾时。有贱必籴,有贵必粜,以此四方无甚贵甚贱之病,安用贷为?'晏之言,汉常平法耳,公诚能行之,晏之功可立俟也。"安石自此逾月不言青苗。 此又见《苏辙传》。

司马光曰:"青苗出息,平民为之,尚能以蚕食下户至饥寒流离,况县官法度之威乎?"吕惠卿曰:"青苗法愿则取之,不愿不强也。"光曰:"愚民知取债之利,不知还债之害,非独县官不强,富民亦不强也。"及拜官枢密副使,光上章力辞至六七,曰:"帝诚能罢制置条例司,追还提举官,不行青苗、助役等法,虽不用臣,臣受赐多矣。不然,终不敢受命。"竟出知永兴军。 此又见《司马光传》。

食货志下六

天圣三年八月,诏翰林侍讲学士孙奭等同究利害。 按:《长编》、《纪事本末》,是月辛卯,命翰林侍读学士孙奭、知制诰夏竦、同工部郎中卢士伦、殿中侍御史王硕、如京使卢守懃再加详定。

兵志一

太平兴国二年,诏改簇御马直曰簇御龙直,铁骑曰日骑,龙捷曰龙卫,控鹤曰天武,虎捷曰神卫,骨朵子直曰御龙骨朵子直,宽衣控鹤曰宽衣天武,雄威曰雄勇,龙骑曰骁猛。 按:诸军改名,既总叙于前,而下文又逐条列之,当删存其一。惟控鹤之为天武,则后条失书。

建康五万,池州一万二千,镇江四万七千,楚州武锋军一万一千,鄂州四万九千,荆南二万,兴元一万七千,金州一万一千。 《文献通考》:今镇江大军,则韩世忠之旧部。建康大军,则张俊之旧部。鄂州大军,则岳飞之旧部也。绍兴末,荆南、江州、池州又皆新创兵籍。荆南所屯,则刘锜所招效用,益以鄂州之卒;江、池之军,则三衙疲弱之卒屯戍者。江州一军,大抵皆茶寇也,而兴元府、兴州、金州三都统兵,则本曲端、吴玠、关师古之徒,关西之旧部也。又云:四川之兵,曲端死,吴玠并将其兵,王庶、刘子羽在兴元又招其流散,立成部伍。子羽罢,玠又并将其兵,故玠之兵十万。玠死,胡世将为宣抚,命吴璘以二万守兴州,杨政以二万守兴元,郭浩以八千守金州,而玠之中部三万人分屯仙人关内外,璘并将之。是以四川之兵,独偏重于兴州。

其禁军将校,则有殿前司都指挥使、副都指挥使、都虞候各一人;诸班直都虞候、指挥使、都知、副都知、押班;御龙诸直有四直都虞候,本直各有都虞候、指挥使、副指挥使、都头、副都头、十将、将虞候;马步军有捧日、天武左右四厢都指挥使,捧日、天武左右各有都指挥使,每军有都指挥使、都虞候,[⑦]每指挥有指挥使,[⑧]副指挥使,每都有军使、步军谓之都头。副兵马使、步军谓之副都头。十将、将虞候、承局、押官。此又见《职官志》,当去此存彼,侍卫司仿此。

兵志二

熙宁以后之制。 按：熙宁以后，三衙军额与前不甚相远，史家第据《三朝》、《四朝》两《志》之文，分而列之，若考其沿革，并为一篇，则文省而例亦不紊矣。

侍卫司，侍卫亲军马步军都指挥使、副都指挥使、都虞候各一人。马军都指挥使、副都指挥使、都虞候各一人，步军亦如之。自马步军都虞候以上，其员全阙，即马军、步军都指挥使等各兼领其务。马步军有龙卫、神卫左右四厢都指挥使，龙卫、神卫左右厢各有都指挥使，每军有都指挥使、都虞候，每指挥有指挥使、副指挥使，余如殿前司之制。其所领骑步军之额如左。 此文与前卷全同。

武锋、精锐、敢勇、镇淮、疆勇、雄胜、武定。 按：武锋以下诸军，不言屯驻之所，盖有脱文。据本《志》称楚州武锋军一万一千，则武锋等军当在楚州屯驻矣。又按：建康、镇江、江州、池州、鄂州俱有驻劄都统司兵，建康又有马军行司，而沿江制司所领又有防江军、效用军、破敌军、精锐军、御前策胜军、淳祐五年置，三万人，分六军，前军、左军屯镇江，右军、中军屯建康，先锋、后军屯池州。制效军、游击军、义士军，皆宜见于此篇。盖此卷脱漏甚多，惜无善本补之。

明州水军，绍兴置。乾道元年，二千人，分两右两将。 按：《宝庆四明志》：制置司水军。绍兴二年置，十一年，兵随司罢。三十一年，金人寇边，明州复屯殿司水军二千人。隆兴元年，海寇朱百五等倡乱，户部侍郎赵子潚复带沿海制置使知明州，就领殿司军二千人收捕。二年，寇平，屯兵以次起发，子潚言明州密迩行都，水陆控扼，事体非轻，乞存留未起发人，并招置水军一千人，升水军统领郑广为统制，听明州使唤。自是明州驻兵为额三千。乾道七年，差林文充统制，仍将本官自福州带来水手一千拨付，兵额始有四千人。与史所载额数不合。窃意《志》文"二千"当为"三千"之讹。下文又有一条云："沿海水军，乾道六年置，一千人。"当即指林文所带水手而言，若将二条并为一，改此文"二千"为"三千"，则与《四明志》相应矣。

兵志三

建炎后禁厢兵。 "厢"字衍。按:南渡禁厢军,《志》但言所隶州军,其指挥多少之数,则未之及,盖典籍残阙,不及东都九朝之完具矣。今就可考者书之,临安府禁军,廿九指挥:曰威捷弟一,曰威果弟四,曰威果弟五,曰威果弟六,曰雄节弟八,曰雄节弟十六,曰全捷弟二,曰全捷弟三,右东南弟三将。曰武骑弟六,曰武骑弟七,曰广勇左一四,曰广勇左一五,曰广勇左一六,曰广捷弟四,曰广捷弟五,曰广捷弟六,曰忠节弟二,曰骁猛弟一,曰神威弟七,曰雄勇弟二,曰雄威弟六,曰效忠弟二十四,曰效忠弟七十五,曰效忠弟七十七,右京畿弟二将。曰雄节弟十七,曰威果弟六十一,曰全捷弟十七,曰龙骑,曰归远。右兵马钤辖司。厢军廿六指挥:曰崇节弟一,曰崇节弟二,曰崇节弟三,曰崇节弟四,曰崇节弟五,曰崇节弟六,曰捍江弟一,曰捍江弟二,曰捍江弟三,曰捍江弟四,曰捍江弟五,曰修江,曰都作院,曰小作院,曰清湖闸,曰开河司,曰北城堰,曰西河广济,曰楼店务,曰长安堰闸,曰秤斗务,曰壮城,曰鼓角匠,曰横江水军,曰船务,曰牢城。建康府禁军十一指挥:曰威果十三,曰威果十四,曰威果十五,曰威果四十四,曰忠节十一,曰全捷弟一,曰全捷弟六,曰武雄弟一,曰马军,曰忠义,曰横江。水军厢军四指挥:曰效一,曰效二,曰牢一,曰牢二。效者,效勇也。牢者,牢城也。平江府禁军五指挥:曰威果二十八,曰威果四十一,曰威果六十五,曰雄节弟九,曰全捷二十一。厢军十指挥:曰崇节弟九,曰崇节弟十,曰崇节弟十一,曰崇节弟十二,曰壮城,曰中军鼓角,曰横江,曰宁节弟三,曰城下开江,曰作院。绍兴府禁军九指挥:曰雄节弟一,曰威捷弟二,曰威果二十二,曰威果二十三,曰全捷弟四,曰全捷弟五,以上为系将。曰威果五十四,曰全捷十三,以上不系将。曰防守步军司。主守护橹官。厢军七指挥:曰崇节弟七,曰崇节弟八,曰壮城,曰牢城宁节弟二,曰屯驻营,曰作院,曰剩员。庆元府禁军五指挥:曰威果三十,曰威果五十五,曰雄节,曰威胜,曰全捷。厢军九指挥:曰崇节二十八,曰崇节二十九,曰崇节三十,曰壮城,曰都作院,曰船场,曰剩员,曰宁节,曰清务。徽州禁军三指挥:曰威果,曰忠节,曰武雄。俱未详其弟。厢军三指挥:曰效勇,曰牢城,曰壮城。福州禁军三指挥:曰威果二十四,曰威果二十五,曰全捷弟九。本弟三十,大观元年改。又有马雄略指挥、荻芦寨水军、延祥寨水军,亦称禁军。厢军九指挥:曰保节弟一,曰保节弟二,曰保节弟三,曰保节弟四,曰壮城,曰牢城,曰剩员,曰都作院,曰养老宁节。今《志》于禁兵威果、忠节、武雄下,失注"建康徽"字,全捷下失注"建康"字,忠节下失注"杭"字,厢兵效勇下失注"建康"字,保节下失注"福"字,宁节下失注"平江庆元"字,都作院下失注"庆元福"字,平江亦有作院。清务下失注"庆元"字。若临安之武骑、广勇、广捷、骁猛、神威、雄勇、雄威、效忠、龙骑、归远,皆称禁军,而《志》皆不见其名。

刑法志一

先是太祝刁衎上疏言:"古者投奸人于四裔,今乃远方囚人,尽归象阙,配务役。神京天子所居,岂可使流囚于此聚役。《礼》曰:'刑人于市,与众弃之。'则知黄屋紫宸之中,非行法用刑之所。望自今外处罪人,勿许解送上京,亦不留于诸务充役。御前不行决罚之刑,殿前引见司钳黥法具、敕杖,皆以付御史、廷尉、京府。或出中使,或命法官,具礼监科,以重明刑谨法之意。"帝览疏甚悦,降诏褒答,然不能从也。此又见《衎传》。

刑法志二

太府寺主簿蔡渭奏:"臣叔父硕,尝于邢恕处见文及甫元祐中所寄恕书,具述奸臣大逆不道之谋。及甫,彦博子也,必知奸状。"诏翰林学士蔡京、吏部侍郎安惇同究问。初,及甫与恕书,自谓:"毕禫当求外,入朝之计未可必,闻已逆为机阱,以榛塞其途。"又谓:"司马昭之心,路人所知。"又云:"济之以粉昆,朋类错立,欲以眇躬为甘心快意之地。"及甫尝语蔡硕,谓司马昭指刘挚,粉昆指韩忠彦,眇躬,及甫自谓。盖俗称驸马都尉为"粉侯",人以王师约故,呼其父尧臣为"粉父",忠彦乃嘉彦之兄也。及甫除都司,为刘挚论列。⑨又挚尝论彦博不可除三省长官,故止为平章重事。乃彦博致仕,及甫自权侍郎以修撰守郡,母丧除,与恕书请补外,因为躁忿诋毁之辞。及置对,则以昭比挚如旧,眇躬乃以指上,而粉昆乃谓指王岩叟面如傅粉,故曰"粉",梁焘字况之,以"况"为兄,故曰"昆",斥挚将谋废立,不利于上躬。京、惇言:"事涉不顺,及甫止闻其父言,无他证佐,望别差官审问。"乃诏中书舍人蹇序辰审问,仍差内侍一员同往。　此又见《刘挚传》。尧臣当是克臣之讹。

校勘记

① "太府卿","太",原本作"大",误。据《宋史》卷一六八改。

② "大夫",《宋史》卷一六八作"舍人"。

③ "臣谨案三师训导之官",《宋史》卷一六九作"《六典》曰:'三师,训导之官也。'"

④ "俟将来","俟",《宋史》卷一六九作"候"。

⑤ 《宋史·职官志》唯有《勋篇》,无《司勋篇》,所叙勋一十二亦仅见《勋篇》。

⑥ "取数务多","多",原本作"少"。据《宋史》卷一七四改。

⑦ "都虞候","都"字原本脱,据《宋史》卷一八七补。

⑧ "每指挥有指挥使","有",原本作"副"。据《宋史》卷一八七改。

⑨ "为刘挚论列","刘",原本作"自",据《宋史》卷二〇〇改。

廿二史考异卷七十三

宋史七

艺文志一

宋旧史,自太祖至宁宗,为书凡四。志艺文者,前后部帙,有亡增损,互有异同。今删其重复,合为一志。 按:此志合《三朝》、《两朝》、《四朝》、《中兴国史》汇而为一。当时史臣无学,不能博涉群书,考其同异,故部分乖刺,前后颠倒,较之前史,踳驳尤甚,有一书而两三见者。如陆德明《经典释文》三十卷,见《经解类》,又见《小学类》。李涪《刊误》二卷,见《经解类》,又见《传记类》。《传记》作一卷。程大昌《易老通言》十卷,见《易类》,又见《道家类》。《汲冢周书》十卷,见《书类》,又见《别史类》。《战国策》三十三卷,见《纵横家》,又见《兵书类》。僧辨机《唐西域记》十二卷,见《道家类》,又见《地理类》。[①]杨九龄《桂堂编事》二十卷,见《传记类》,又见《别集类》。李筌《阃外春秋》十卷,见《别史类》,又见《兵书类》。杜延业《晋春秋略》二十卷,见《编年类》,又见《史钞类》。萧方《三十国春秋》三十卷,见《编年类》,又见《霸史类》。本名方等,误去"等"字。常璩《华阳国志》十卷,见《别史类》,又见《霸史类》。作十二卷。《王通元经薛氏传》十五卷,见《编年类》,又见《传记类》。刘恕《十国纪年》四十二卷,见《别史类》,又见《霸史类》。作四十卷。司马彪《九州春秋》十卷,见《别史类》,又见《霸史类》。作九卷。赵晔《吴越春秋》十卷,见《别史类》,又见《霸史类》。余知古《渚宫旧事》十卷,见《传记类》,又见《地理类》。作"故事"。林铖《汉隽》十卷,见《史钞类》,又见《类事类》。蒋之奇《广州十贤赞》一卷,见《传记类》,又见《文史类》。江少虞《皇朝事实类苑》二十六卷,见《故事类》,又见《类事类》。曾致尧《清边前要》五十卷,见《故事类》,又见《兵书类》。作十卷。欧阳修《集古录》五卷,见《目录类》,又《集古录跋尾》六卷,见《小学类》。赵明诚《金石录》三十卷,见《目录类》,又见《小学类》。宋敏求《宝刻丛章》三十卷,见《小学类》,又见《总集类》。晁公武《读书志》四卷,见《目录类》,又见《传记类》。作二十卷。皇甫松《醉乡日月》三卷,见《小说类》,又见《杂艺术类》。僧赞宁《物类相感志》五卷,见小说类,又见《杂家类》。作十卷。荆浩《笔法记》一卷,见《杂艺术类》,又见《小学类》。王皞《唐余录》六十卷,见《别史类》,又见《传记类》。作十六卷。毛友《左传类对赋》六卷,见《类事类》,又见《文史类》。于政立《类林》十卷,见《传记类》,又见《类事类》。《新唐志》作"于立政"。[②]郑至道《谕俗编》一卷,见《刑法类》,又见《杂家类》。丘光庭《海潮论》一卷,见《小说家类》,又见《别集类》。范镇《东斋记事》十二卷,见《故事类》,又见《传记类》。张宗诲《花木录》七卷,见《杂家类》,又见《小说家类》。邵亢《体论》十卷,见《儒家类》,又见《杂家类》。《杂家》误"亢"为"元"。韩熙载《格言》五卷,见《儒家类》,又见《杂家类》。丘光庭《兼明书》四卷,见《礼类》,又见《经解类》,作三卷。又见《杂家类》。作十二卷。祝充《韩文音义》五十卷,见《小学类》,又见《别集类》。王晋《使范》一卷,见《仪注类》,又见《刑法类》。李绰《张尚书故实》一卷,见《传记类》,而《小说家》又有《尚书故实》一卷。范成大《桂海虞衡志》三卷,[③]见《地理类》,而《传记类》又有范成大《虞衡志》一卷。辛怡显《云南录》三卷,见《故事类》,又有辛怡显《至道云南录》三卷。汪洙《荣观集》五卷,见《故事类》,而《总集类》又有汪洙《元祐荣观集》五卷。武密《帝王兴衰年代录》二卷,见《编年类》,而《别史录》又有武密《帝王年代录》三十卷。姚宽《西溪丛话》二卷,见《小说家类》,而《杂家类》又有姚宽《丛语》上下二卷。吴曾《能改斋漫录》十三卷,见《小说家类》,而《杂家类》又有吴曾《漫录》十二卷。[④]徐度《却埽编》三卷,见《传记类》,而《杂家类》又有徐度《崇道却埽编》十三卷。"十"字疑衍。钱景衍《南岳胜概》一卷,见《地理类》,而《道家类》又有钱景衍《南岳胜概编》一卷。李璋《太原事迹杂记》十三卷,见《传记类》,而《地理类》又有李璋《太原事迹》十四卷。胡峤《陷辽记》三卷,见《传记类》,而《地理类》又有胡峤《陷虏记》一卷。龚颖《运历图》三卷,见《编年类》,而《别史类》又有龚颖《年历图》八卷。《李司空论事》七卷,见《故事类》,而《别集类》又有《李司空论事》十七卷。令狐绹《制表疏》一卷,见《故事类》,而《别集类》又有令狐绚《表疏》一卷。崔升《鲁史分门属类赋》一卷，见《别集类》，而《春秋类》又有崔升《春秋分门属类赋》三卷，注云："杨均注。"又《类事类》有《鲁史分门属类赋》，注云："不知作者。"⑤郭宪《洞冥记》四卷，见《传记类》，而《小说家类》又有《汉武帝洞冥记》四卷，注云："东汉郭宪编。"宋绶《本朝大诏令》二百四十卷，见《总集类》，而《故事类》又有《宋朝大诏令》二百四十卷，注云："绍兴中，出于宋绶家。"洪兴祖《韩子年谱》一卷，见《传记类》，又见《别集类》，而《谱牒类》又有洪兴祖《韩愈年谱》一部，注云："卷亡。"薛齐谊《六一居士年谱》一卷，见《传记类》，而《别集类》又有薛齐谊《六一居士事证》一卷，⑥疑即一书也。颜师古《刊谬正俗》八卷，已见《经解类》，而《儒家类》又有颜师古《纠谬正俗》八卷，此书本名《匡谬正俗》，宋人避讳，或改为"刊"，或改为"纠"，其实一书也。殷璠《丹阳集》一卷，见《总集类》，而《别集类》又有商璠《丹阳集》一卷，宋人避讳，改"殷"为"商"，其实一书也。章怀太子《修身要览》十卷，已见《儒家类》，而《杂家类》又有李贤《修书要览》十卷，疑亦一书，讹"身"为"书"也。《仁宗观文览古图记》十卷，已见《别史类》，而《故事类》又有《仁宗观文鉴古图》十卷。李淑《三朝训鉴图》十卷，已见《故事类》，而《别史类》又有李淑《三朝训览图》十卷，"鉴"与"览"字形相似，疑皆重出也。吕夷简《三朝宝训》三十卷，林希《两朝宝训》二十一卷，并见《别史类》，而《故事类》又有吕夷简、林希进《五朝宝训》六十卷，盖即合此两书而为一，其实亦重出也。《经解类》有苏鹗《演义》十卷，《杂家类》又有苏鹗《演义》十卷。沈颜《聱书》十卷，已见《杂家类》，而《别集类》又有沈颜《声书》十卷，误"聱"为"声"，实一书也。《小说家类》有狐刚子《灵图感应歌》一卷，《杂家类》有狐刚子《感应类从谱》一卷，疑亦一书而重出也。胡旦《演圣通论》六十卷，已载于《经解类》，而又分见于《易类》、《书类》、《诗类》。张九成《中庸》、《大学》、《孝经说》各一卷，已载于《经解类》，而又分见于《礼类》、《孝经类》。郑樵《通志》二百卷，已载于《别史类》，而《六书略》又入《小学类》。《图谱有无记》即《图谱略》也，又入《目录类》；《谥法》三卷即《谥略》也，又入《经解类》；《叙论》二卷，又入《文史类》，非重出乎？陆德明《经典释文》，已于《经解》、《小学类》两见之矣，而又分见于《易类》、《书类》、《诗类》、《春秋类》、《礼类》、《论语类》，至《小学类》已载《释文》全部，又别出《尔雅音义》二卷,⑦非重复之甚乎？有一类之中，前后重出者。如沈棐《春秋比事》二十卷,《春秋类》两见。张九成《语录》十四卷,《儒家类》两见。《赵君锡遗事》一卷,《传记类》两见。王晋《使范》一卷,《刑法类》两见。⑧《李新集》四十卷,《别集类》两见。陆修静《老子道德经杂说》一卷,《道家类》两见。⑨秦再思《洛中记异》十卷,《小说家类》两见。李嗣真《画后品》一卷,郭若虚《图画见闻志》六卷,皆于《杂艺术类》两见。王琚《射经》亦《杂艺术类》两见,而前云一卷,后云二卷。《小说家类》前有乐史《续广卓异记》三卷,后有乐史《广卓异记》三卷。⑩《别集类》前有《李煜集》十卷,后有南唐《李后主集》十卷。《释氏类》前有般刺密帝弥伽释迦译《首楞严经》十卷,后有般刺密谛译《楞严经》十卷。《历算类》前有谢察微《算经》三卷,后有谢察微《发蒙算经》三卷。《传记类》前有王岩叟《韩忠献公别录》一卷,后有《韩琦别录》三卷,王岩叟撰。《故事类》前有《三朝训鉴图》十卷,仁宗制序,后有李淑《三朝训鉴图》十卷。《兵书类》前有《郭代公安边策》三卷,后有《定远安边策》三卷,实一书也。见晁氏《读书志》。《兵书类》前有余壹《兵筹类要》十五卷,后有余台《兵筹类要》十五卷,"台"与"壹"字形相涉,疑即一书也。《历算类》前有王孝通《缉古算经》一卷,后有王孝适《缉古算经》一卷,"适"即"通"字之讹,亦一书也。《农家类》前有李绰《秦中岁时记》一卷,后有李绰《辇下岁时记》一卷。绰,唐时人,唐都关内,辇下即秦中也。前有刘时靖⑪《时镜新书》五卷,后有刘靖《时鉴杂书》一卷,注云："'杂'一作'新'。"宋人避讳改"镜"为"鉴",其实一书也。《总集类》前有蔡省风《瑶池集》二卷,后有叶省风《瑶池集》一卷,"叶"与"蔡"字形相涉,疑亦一书也。《新唐志》：蔡省风《瑶池新咏》二卷,集妇人诗。《释氏类》前有《华严法界观门》一卷,宋密注,后有《华严法界观门》一卷,僧杜顺集,刊本"杜"讹作"法"。僧宗密注。"宋"即"宗"字之讹,亦一书也。《传记类》前有《晋朝陷蕃记》二卷,后有《开运陷虏事迹》一卷,俱云"不知作者",疑亦一书也。晁公武云：《石晋陷蕃记》一卷,范质撰。盖即此书。《春秋类》前有《公羊疏》三十卷,后有徐彦《公羊疏》三十卷。《总集类》前有宋白《文苑英华》一千卷,后有李昉、扈蒙《文苑英华》一千卷。前有《唐百家诗选》二十卷,后有王安石《唐百家诗选》二十卷。皆一书而重出也。《别集类》前有《廖光图诗集》二卷,后有《廖正图诗》一卷,本名匡图,宋人避讳,或改为"光"，或改为"正"，其实一书也。《小说家类》前有钟辂《前定录》一卷，后有钟辂《感定录》一卷，疑亦一书也。若夫编次之失当者，如《南唐烈祖实录》、《后蜀高祖实录》、《后蜀主实录》当入《霸史》，而入之《编年》；《高宗过江事实》、《广王事迹》当入《故事》，而入之《霸史》；赵志忠《大辽事迹》当入《霸史》，而入之《杂家》；吕本中《童蒙训》、朱熹《小学之书》、吕祖谦《少仪外传》皆《儒家》也，而入之《小学》；邵雍《皇极经世》书、《观物内篇》、《观物外篇》亦《儒家》也，而入之《易类》；杨王休《诸史阙疑》、赵粹中《史评》、王应麟《小学绀珠》，类事也，而入之《小学》；[12]又《通鉴地理考》、《通鉴地理通释》、《汉艺文志考证》、《汉制考》皆史钞也，而入之《职官》；陈师道《后山诗话》、陆游《山阴诗话》、胡仔《渔隐丛话》、僧惠洪《冷斋夜话》、无名氏《垂虹诗话》皆《文史》也，而入之《小说》；范成大《吴门志》当作《吴郡》。《地理》也，而入之《传记》；晁公武《昭德堂稿》别集也，而入之《传记》；同一音义也，杨齐宣《晋书音义》入《正史类》，刘伯庄《史记音义》、萧该《汉书音义》、董衡《唐书释音》、窦苹《唐书音训》入小学类；同一年谱也，薛齐谊《六一居士年谱》入《传记类》，王宗稷《苏文忠年谱》入《别集类》，洪兴祖《韩子年谱》则《传记》、《别集》、《谱牒》三类皆有之；[13]同一蒙求也，李翰《蒙求》、叶才老《和李翰蒙求》入《类事类》，洪迈《次李翰蒙求》入《小学类》；同一花木谱也，蔡襄《荔枝谱》、邱濬《洛阳贵尚录》纪牡丹。入《小说类》，欧阳修《牡丹谱》、孔武仲、刘攽、王观《芍药谱》入《农家类》；同一钱谱也，封演《钱谱》、张台《钱录》入《农家类》，顾协《钱谱》、董逌《钱谱》入《小说类》，洪遵《泉志》入《传记类》，皆义例之未一也。又如《类事类》有徐天麟《西汉会要》，而《东汉会要》则失之。《总集类》有洪迈《唐一千家诗》，而《唐人万首绝句》则失之。《故事类》有陈骙《中兴馆阁录》，而《续录》则失之。《传记类》有洪适《五代登科记》，而《唐登科记》则失之。

　　盖以崇宁以后，史之所未录者。　　"盖"当作"益"，"崇宁"当作"宁宗"，皆刊本之讹。

　　《易类》。史文徽《易口诀义》六卷。　　按：《崇文总目》云："河南史证撰。"晁氏云："唐史证撰抄注疏，以便讲习，田氏以为魏郑公撰，误也。"陈振孙亦云："避讳作'证'字。"则此《志》"徽"字当作"征"之讹。

晁补之《太极传》五卷,《因说》一卷。　《文献通考》以为晁以道撰。以道名说之,非补之也。

杨简《己易》一卷。　《文献通考》在《儒家类》。

《书类》。王晦叔《周书音训》十二卷。　本名曙,避英宗讳,称其字,而《传记类》有王曙《戴斗奉使录》、《故事类》有王曙《群牧故事》,所谓史驳文也。

朱熹《书说》七卷,黄士毅集。　"黄士毅集"四字,应改分注。

《礼类》。《礼粹》二十卷。注"不知作者"。　《崇文总目》:唐宁州参军张频纂。

石塾《中庸集解》二卷。　"塾"当作"𡐛",字子重,与敦义为近,故知当从敦也。

《乐类》。赵邦利《弹琴手势谱》一卷。　"邦"当作"邪",字之讹也。此《志》讹字颇多,如方勺《泊宅编》,讹"勺"为"匀",徐度《却埽编》,讹"度"为"庆",杜佑《宾佐记》,讹"宾"为"实",陈翥《桐谱》,讹"桐"为"相",吕渭《广陵止息谱》,讹"渭"为"谓",吕祖谦《左氏博议》,讹"博"为"传",叶模《石林过庭录》,讹"林"为"杯",胡仔《孔子编年》,讹"仔"为"仔",王仁裕《开元天宝遗事》,讹"裕"为"豁",宋庠《尊号录》,讹"庠"为"祥",钱惟演《金坡遗事》,讹"坡"为"陵",赵抃《成都古今集记》,讹"抃"为"扑",杨倞注《荀子》,讹"倞"为"保",辛崇《僧伽行状》,讹"辛"为"卒",僧杜顺《集华严法界观门》,讹"杜"为"法",僧神会《荷泽显宗记》,讹"神会"为"会神",刘邵《人物志》,讹"刘邵"为"即郡",沈括《忘怀录》,讹"忘"为"志",黄希聱《隅书》,讹"聱"为"声",陈翰《异闻集》,讹"翰"为"输",温畬《续定命录》,讹"畬"为"奢",王辟之《渑水燕谈》,讹"辟"为"关",王绩《补妒记》,讹"妒"为"姑",黄休复《茅亭客话》,讹"休"为"林",上官融《文会谈丛》,讹"文"为"友",张丘建《算经》,讹"丘"为"立",贾耽《备急单方》,讹"耽"为"沈",沈颜《聱书》,讹"聱"为"声",史正志《清晖阁诗》,讹"志"为"心",郑准《渚宫集》,讹"渚"为"者",谈钥《吴兴志》,讹"兴"为"与",《离堆志》,讹"堆"为"准",又《别集类》束皙讹为"晢",沈炯讹为"堈",王绩讹为"续",胡曾讹为"会",孟宾于讹为"子",张耒讹为"来",鱼元机讹为"鲁",此类皆刊本之讹,非尽史臣之失也。

聂崇义《景祐大乐图》二十卷。　"崇义"当作"冠卿"。崇义仕于宋初,不当景祐时。

《春秋类》。朱瑗《春秋口义》五卷。　"朱瑗"当是"胡瑗"之讹。

崔昇《春秋分门属类赋》三卷。注:杨均注。　此书又见《别集类》,云《鲁史分门属类赋》,而《类事类》又有《鲁史分门属类赋》,注云"不知作者",疑即一书也。晁氏《读书志》:"《鲁史分门属类赋》三卷,皇朝杨筠撰,以《左氏》事类分十门,各为律赋一篇,乾德四年上之。"此《志》云崔升撰,而杨均注之,与昇《志》异。

程大昌《演繁露》六卷。　按:程大昌《演繁露》十四卷,《续演繁露》六卷,已见《类事类》。《文献通考》入之《杂家类》。此又入《春秋类》,盖以其取董生《繁露》之名,疑为说《春秋》而作,而不知其非一类也。

《经解类》。刘㻾《六说》五卷。《兼讲书》五卷。《授经图》三卷。按:《唐志》,《六说》五卷,乃刘迅所撰,迅乃㻾之弟也。《唐书·迅传》云:"续《诗》、《书》、《春秋》、《礼》、《乐》五说。"《崇文总目》亦云,迅作《六书》,以继《六经》,故标概作书之谊,而著其目,惟《易》阙而不叙。然则此书名为《六说》,实止五说矣。《兼讲书》及《授经图》则《唐志》无之,疑非㻾、迅兄弟所作。

胡旦《演圣通论》六十卷。　陈氏云:"《易》十七,《书》七,《诗》十,《礼记》十六,《春秋》十。其第一卷为目录。"此《志》于《易》、《诗》、《书》三类,别出《演圣通论》之目,而《春秋》、《礼类》仍复阙之。据陈氏《解题》,《诗》止十卷,此《志》云二十卷,亦恐误。

《小学类》。谢利贞《玉篇解疑》三十卷。　《崇文总目》作赵利正。

《象文玉篇》二十卷。　《崇文总目》云:释慧力撰。《志》列《玉篇解疑》之下,似亦利贞所撰。

罗点《清勤堂法帖》六卷。　宋自太宗《淳化法帖》而后,模刻法帖,亡虑数十家,《志》皆不载,而独取罗点一家,恐难免挂漏之诮矣。

艺文志二

《正史类》。杨齐宣《晋书音义》三卷。　此书何超所撰,杨齐宣为序,《志》误以为齐宣。

《编年类》。萧方《三十国春秋》二十卷。 本名方等,脱"等"字。

孙盛《晋阳春秋》三十卷。 "春"字衍。

程正柔《大唐补纪》三卷。 本名匡柔,避讳改。

《五代唐懿宗纪年录》一卷。《五代唐献祖纪年录》一卷。 懿宗当作懿祖,谓朱邪执宜也。献祖,克用之父国昌也。《五代会要》:天成四年十一月,史馆上新修《懿祖》、《献祖》、《太祖纪年录》,共二十卷。据此《志》,《懿》、《献》二祖各一卷,则《太祖纪年录》,当是十八卷,《志》独失书。

《宋太祖实录》五十卷。注:李沆、沈伦修。 按:《太祖实录》本有两本,各五十卷,太宗太平兴国中初修,史臣李昉、扈蒙、李穆、郭贽、宋白等,宰相沈伦为监修表进。真宗咸平中重修,史官则钱若水、李宗谔、梁颢、赵安仁,而宰相李沆监修表进之。《志》误并两本为一,又以李沆列沈伦之前,益为不伦矣。

《别史类》。常璩《华阳国志》十卷。《江南志》二十卷。 《江南志》非璩所作。

《史钞类》。刘希古《历代纪要》五十卷。 希古当作熙古。《本传》作十五卷。《小学类》有刘希古《切韵十玉》五卷,《本传》作《切韵拾玉》二篇。亦当为"熙"字。

《故事类》。王琳《魏郑公谏录》五卷。 "琳"当作"綝",即方庆也。《唐志·故事类》有王方庆《文贞公事录》一卷,即此书。

刘公铉《邺城旧事》六卷。 《地理类》有刘公铉《邺城新记》三卷,疑即一书。《新唐志》作公锐。有《新记》而无《旧事》。

龚颐正《续稽古录》一卷。 本名惇颐,避讳更名。和州人,给事中原之曾孙也。又撰《元祐党籍列传谱述》一百卷,淳熙修四朝国史,多取其书。以洪迈奏补和州文学,后赐出身,《志》失载。

洪迈《翰》刊本讹作"汉"。《苑群书》三卷。又《会稽和买事宜录》七卷。 按:《和买事宜录》,迈所撰,《翰苑群书》,则迈兄遵所撰也。《志》皆以为迈撰,误。

《职官类》。蔡元道《祖宗官制旧典》三卷。 本名惇,避讳称其字。

《传记类》。刘谏—作练。《国朝传记》三卷。 "谏"当作"谏"。

按:《唐志·小说家》有刘悚《传记》三卷,注云:"一作《国史异纂》。"则《异纂》与《传记》本是一书。此《志·小说家》既有刘悚《传记》三卷,而《传记类》又有刘悚《国史异纂》三卷,已为重出,又不知"谏"、"练"皆"悚"字之讹,而更出之,益可笑矣。

李巨川《许国公动阯录》三卷。 《故事类》有李巨川《勤王录》二卷,盖即此书。温公《通鉴考异》亦引许国公《勤王录》,知"动阯"必"勤王"之讹。

《乾宁会稽录》一卷。《三楚新录》一卷。《英雄佐命录》一卷。《世宗征淮录》一卷。《濠州干戈录》一卷。 此五书非李巨川所作,当注云"并不知作者"。《三楚新录》疑即周羽冲所撰,已见《霸史类》。

柳程《柳氏家学》一卷。 《小说家类》有柳珵《家学要录》二卷,又有柳涅《常侍言旨》一卷,盖即一人也。晁氏云:《家学要录》一卷,柳珵采其曾祖彦昭、祖芳、父冕家集所记累朝典章因革著此录。又《常侍言旨》一卷,柳珵记其世父芳所著,凡六章。然则"程"、"涅"皆字之讹。珵既为芳之孙,不当又称芳为世父。考《唐史》,芳未尝为常侍,惟芳子登官至右散骑常侍,实珵之世父,则所谓常侍者,盖谓登也。

刘昶《岭外录异》三卷。 《地理类》有刘恂《岭表录异》三卷。"昶"与"恂"字形相涉,疑即一书。《唐志》有刘恂,无刘昶。

赵普《飞龙记》一卷。 亦名《龙飞日历》。

《韩文公历官记》一卷。 注:程俱撰。 陈振孙云:新安张敦颐撰。

王襄《南阳先生传》二十卷。 "先生"当作"先民"。

李纲《近世厚德录》一卷。 此李元纲所撰,非李忠定也。史脱"元"字。

艺文志三

《仪注类》。欧阳修《太常因革礼》一百卷。 即苏洵、姚辟所修。

郑樵《乡饮礼》三卷。又《乡饮礼图》三卷。 《礼类》有郑樵《乡饮礼》七卷,疑亦重出。

《目录类》。商仲茂《十三代史目》一卷。 本姓殷,避讳追改。《别集类》有商璠《丹阳集》、商文圭《从军稿》,《艺术类》有张仲商《射训》,《五行类》有商绍《太史堪舆历》,皆本"殷"字也。

《地理类》。曹璠《国照》十卷。　　按：下文又有曹璠《须知国镜》二卷，宋人避讳，往往改"镜"为"照"，此两书疑亦重出也。

达奚洪－作"通"。《海外三十六国记》一卷。　　按：上文有达奚弘通《西南海蕃行记》一卷，疑即一书。此作"洪"者，避讳改也。《唐志》作达奚通《海南诸蕃行记》，无"弘"字。

陆游《会稽志》二十卷。　　此与沈作宾、赵不迹《会稽志》二十卷本是一书，沈、赵皆绍兴守臣，而陆游为之序；游子子虞尝预纂修，《志》以为游所撰，又分陆《志》与沈、赵《志》为二，皆失之不考尔。

李献父《相台志》十二卷。　　晁氏《志》作李琮。

刘灏《清源志》七卷。　　陈振孙云："《清源志》七卷，通判州事永嘉戴溪撰。时庆元己未，太守信安刘颖。"盖即此书。"颖""灏"字形相涉，未知孰是。

《霸史类》。《南唐书》十五卷，不知作者。　　按：《南唐书》传于今者，有马令、陆游二家，马《书》三十卷，陆《书》十五卷，此云十五卷，疑是陆氏书也。

蒋文怿《闽中实录》十卷。　　陈氏《书录解题》作蒋文恽。

艺文志四

《儒家类》。马融《忠经》一卷。　　《隋》、《唐志》俱无此书，盖宋人伪托。

《外书》十二卷。注：程颢、程颐讲学。　　当在《程氏遗书》、《语录》之下。

《伊洛渊源》十三卷。注：不知作者。　　或云朱熹撰。

曾大公《公侯正术》十卷。　　《唐志》在《杂家类》，题云："鲁人初，初者其名，而姓则未详。"此《志》作曾大公，刊本之讹也。

名、墨、纵横家，无所增益。　　按：宋《三朝》《两朝》《四朝国史》，各志艺文，前《志》已著录者，则后史不复登载，故有无所增益之语。元人修史，既汇而为一，而秉笔之臣，空疏浅陋，不能删其繁复，正其次第，以至一类之中，前后失次，甲乙乖方，徒凭钞胥，照本增入，此语亦遂存而不删。昔人讥作奏虽工，宜去葛、龚，岂意兰台、东观之儒，亦复谬滥至此。

《道家类》。刘向《关尹子》九卷。　诸子多出刘向校定,独此书系之刘向,似《关尹》九卷,乃中垒所作也。

《释氏类》。法林《辨正论》八卷,陈子良作。　按:法琳《辨正论》八卷,又见于《破邪论》之下,此讹"琳"为"林",实一书也。晁氏云:"颍水陈良序。"《唐志》云:"陈子良注。"此以为子良作,亦误。

李遵《天圣广灯录》三十卷。　本李遵勖撰,避讳去下一字。

杨士达《禅关八问》一卷。注:宗美。　《唐志》云:"杨士达问,唐宗美对。"此脱"对"字。

僧肇《宝藏论》一卷。又《般若无知论》一卷。《涅槃无名论》一卷。上文已有僧肇《宝藏论》三卷,盖合三论为一部。

魏静《永嘉一宿觉禅师集》一卷。　上文有魏静《永嘉一宿觉禅宗集》一卷,此重出。

《道院集要》三卷。注:不知作者。　陈振孙云:"王古撰。以晁迥《法藏碎金》、《耄智余书》删重集碎,别为此书。"

李通玄《华严合论》一卷。　按:李长者《华严合论》本一百二十卷,此云一卷者,乃真际禅师所撰《华严法相撮要》也。

《崇正辨》三卷。胡演撰。　"演"当作"寅"。寅著此辨,专以排斥释氏,当列于《儒家》,不当在《释氏类》。

《神仙类》。陈处士《同洪让书老子道经》一卷。　"同"当作"周",即周弘让也。宋人避讳,改为"洪"字。

王用德《晋州羊角山庆历观记》一卷。⑭　"庆历"当作"庆唐"。

《农家类》。李绰《辇下岁时记》一卷。　此与《秦中岁时记》当是一书。

刘靖《时鉴杂》一作"新"。《书》四卷。　上文有刘安靖《时镜新书》五卷,疑即此书。改"镜"为"鉴"者,避讳也。

周绛《补山经》一卷。　"山"当作"茶"。

《杂家类》。皇甫选注《何亮本书》三卷。　按:下文又有何亮《本书》三卷,亦重出。

潘祖《志筌书》三卷。　陈氏《书录解题》有潘植《忘筌书》二卷,此《志》讹"植"为"祖",讹"忘"为"志"也。

艺文志五

《小说家类》。李义山《杂稿》一卷。　此与李商隐《杂纂》当是一书。

洪迈《夷坚志》六十卷。甲、乙、丙志。《夷坚志》八十卷。丁、戊、己、庚志。　陈氏《书录解题》,《夷坚志》甲至癸二百卷,支甲至支癸一百卷,三甲至三癸一百卷,四甲四乙二十卷,凡四百二十卷。

王焕《北山纪事》十二卷。　陈氏云:"户部侍郎王遘少愚撰。"

陈师道《谈丛究理》一卷。　按:《儒家类》有陈师道《后山理究》一卷,《传记类》有陈师道《后山居士丛谈》一卷,此又别出《谈丛究理》一卷,不惟重出,且复舛讹。今后山书具存。

黄朝英《青箱杂记》十卷。　按:朝英所撰,本名《缃素杂记》,其《青箱杂记》十卷,则吴处厚所撰也。

《天文类》。《符天经》一卷。曹士为《符天经疏》一卷。《符天通真立成法》二卷。　"士为"当是"士芳"之讹。《历算类》已有曹士芳《七曜符天历》二卷,[15]《七曜符天人元历》三卷,此必重出也。

《五行类》。《珞录子赋》一卷,不知姓名,宋李企注。　晁《志》:"《珞琭子疏》五卷,皇朝李全、东方明撰。""全"与"企"字形相似也。下文又有珞琭子《三命消息赋》一卷,当是重出。

郭璞《山海经》十八卷。　按:《山海经》古书,郭氏为之注,非郭所撰。且下文即有"《山海图经》十卷,郭璞序,不著姓名"。谓非自相矛盾乎?《汉志》虽以《山海经》列于《形法家》,要是《地理家》之权舆,《志》既以《山海经赞》二卷入《地理类》,而此复入之《五行类》,似未尝寓目此书者,大可怪矣。

《蓍龟类》。《周易三备》三卷。题孔子师徒所述,盖依托也。《史记正义》引《中备》,孔子为商瞿母筮,得大畜,与子贡、颜回问答之语。《中备》盖即《三备》之一篇。又《五行类》有《周易三备杂机要》一卷,亦此类也。《唐志》蓍龟即在《五行》之内。此《志》既别立《蓍龟》一家,而许季山《易诀》、《周易六帖》、[16]《周易髓要杂诀》、《周易天门子诀》、《周易三略经》、《易林》、《诸家易林》、《易新林》、《易旁通手鉴》、《易玄图》、《周易荄荑诀》、《易颂卦》、《太清易经诀》、《周易通占》、[17]《周易子夏占》、《周易口诀开题》、《周易飞燕转关林》、《周易括世应颂》、《周易鬼灵经》、《周易三空诀》、《周易三十六占》、《周易爻咏》、《周易鬼镇林》、《周易金鉴歌》、《周易联珠论》、《周卦辘轳关》、《易辘轳图颂》、《易大象》歌、《周易卜卦》、郭璞《周易玄义经》、《周易察微经》、《周易鬼御算》、⑱《周易逆刺》、《易鉴》、黄子玄《易颂》、王守一《周易探玄》、《易诀杂颂》、《易杜秘林》、《易大象林》、李鼎祚《易髓》、成玄英《易流演》、虞翻注《京房周易律历》、陶隐居《易髓》、王郜《周易通神歌》、张胥《周易缭绕词》、灵隐子《周易河图术》、焦氏《周易玉鉴领》、《周易三备杂机要》、《周易经类》、《法易》、一作《易诀》。《周易窍书》、《周易灵真述》、《周易灵真诀》、《易卦林》、《周易飞伏例》、《周易火窍》、《周易备要》、《周易六神颂》、天门子《易髓》、《六十四卦歌》，凡六十家，仍列于《五行类》，此亦义例之未当者。

艺文志六

《兵书类》。陶弘景《真人水照》十三卷。　《唐志》作"水镜"，宋人避讳追改。

《杂艺术类》。宋景真《唐贤名画录》一卷。　"宋"当作"朱"，字之讹也。本名景玄，宋人避讳，易为"真"字，如玄武为真武也。

《类事类》。章得象《国朝会要》一百五十卷。宋初至庆历四年。按：下文有"《宋六朝会要》三百卷，章得象编，刊本"象"或作"蒙"，误。王珪续"。则得象此书，即在三百卷内。庆历五年以后，至神宗朝，则王珪所续也。《志》中前后重复，似此者非一，略举以见例。

大孝一作"存"。僚《御览要略》十二卷。　"大孝僚"三字不可解，当考。

《册府元龟音义》一卷。　按：王钦若《册府元龟》一千卷尚在下文，而《音义》转列于前，此亦义例之可议者。

李知实一作"宝"。《检志》三卷。　《唐志》作李知保。"保"与"宝"同音。又讹为"实"尔。

《文选双字类要》四十卷。注：不知作者。　陈振孙云："苏易简撰。"

《医书类》。林亿《黄帝三部针灸经》十二卷。　即皇甫谧所撰《甲乙经》也。嘉祐中,诏光禄卿直秘阁林亿、国子博士高保衡等校正医书,如《素问》、《灵枢》、《难经》、《甲乙经》、《脉经》,皆亿等所校,而史家无学,偶见此书卷首有亿名,遂以为亿所撰,此亦刘向、关尹子之类也。

　　杨介存《四时伤寒总病论》六卷。　　按:晁氏《志》有杨介《存真图》一卷,其人名介,非名介存也。窃意"介存"下当有脱文,《四时伤寒总病论》则别是一人所撰。

　　唐慎微《大观经史证类备急本草》三十二卷。　　按:元初刊本,首载康州防御使入内医官曹孝忠序云:蜀人唐慎微,因本草旧经,衍以《证类》,臣亲奉玉音,谓此书实可垂济,乃诏节使臣杨戬总工刊写,又命臣校正而润色之。谨奉明诏,删繁绪紊,务底厥理,凡六十余万言,请目以《政和新修经史证类备用本草》云。盖慎微书初刻于大观二年,_{有杭州仁和县尉管句学事艾晟序。}故系以大观及政和奉诏校正,即易以政和之号,非有二书也。

　　成无己《伤寒论》一卷。　　按:无己撰《伤寒明理论》四卷,又注仲景《伤寒论》十卷,《志》称《伤寒论》一卷,误也。《志》不载成氏《伤寒明理论》,而别有严器之《伤寒明理论》四卷,未审即一书否。

艺文志七

　　《别集类》。《司空文明集》一卷。　　本名曙,宋人避讳,故举其字。包幼正本名佶,避徽宗讳,亦称字。李泰伯本名觏,避高宗讳,亦称字。

　　祝光《韩文音义》五十卷。　　即祝充《韩文音义》也。一类之中,前后重出,又讹"充"为"光"尔。

　　赵抃《成都古今集》三十卷。　　《地理类》有赵朴《成都古今集记》三十卷,盖即此书。讹"抃"为"朴"尔。此地理总集之流,不当入别集。

　　《恭翔集》十卷,又《表奏集》十卷。　　即敬翔也。《总集类》有许恭宗《文馆辞林诗》,即许敬宗也。史臣避宋讳追改之。

　　王禹偁《小畜集》三卷。　　当作"三十卷"。

　　石柔《橘林集》十六卷。　　陈氏作"石柔"。

　　刘一止《苕溪集》五十五卷。　　按:下文别出《刘一止集》,注云:"《苕溪集》多五卷。"此亦一书重出,当删并为一。

　　张嗣良《敝帚集》十四卷,又《南涧甲乙稿》七十卷。韩元吉《愚戆录》十卷。　按:《南涧甲乙稿》乃韩元吉撰。元吉字无咎,门下侍郎维之玄孙,居广信溪南,故自号南涧。《志》误。

《连宝学奏议》二卷。不知名。　盖宝文阁学士连南夫也。

《李焘文集》一百二十卷。　《焘传》云:"《文集》五十卷,《奏议》三十卷。"

王惟之《雪溪集》八卷。　当作"性之"。

《得全居士词》一卷,不知作者。　陈振孙云:"《得全词》一卷,赵鼎元镇撰。"此卷前有赵鼎《得全居士集》,而于此词独失其名,何也?

艺文志八

《总集类》。《朱梁宣底》八卷。　《故事类》有《梁宣底》三卷,此亦重出。

《吴越石壁集》二卷。　《别集类》有钱镠《吴越石壁记》一卷,疑即一书。

杨俅《南州集》十卷。　陈振孙云:太平州教授林桷《子长集》。按:杨俅于淳熙中尝知太平州,疑即与桷同时。桷任纂修,而俅为郡守,均得列名卷端也。

曾肇《滁阳庆历前集》十卷。　陈氏云:《滁阳庆历集》十卷,朝散郎滁人徐徽仲元集。断自庆历以来。曾肇子开,绍圣中谪守,为之序。此《志》前有徐徽《滁阳庆历集》十卷,而复出此,其实非有二本也。

校勘记

① 僧辨机《唐西域记》仅见《道家类》,未见地理类。

② "于立政","于",原本作"干",误。据《新唐书》卷五八改。

③ "范成大桂海虞衡志",原本"桂"字上有"卷"字,衍。据《宋史》卷二〇四删。

④ "十二卷",《宋史》卷二〇五作"十三卷"。

⑤ 注云不知作者　《宋史》卷二〇七无是语。

⑥ "六一居士事证","居士",宋史卷二〇八作"先生"。

⑦ "尔雅音义","雅",原本作"疋",据《宋史》卷二〇二改。

⑧ 《宋史》卷二〇四,王晋《使范》仅载《仪注类》,未入《刑法类》。

⑨ "陆修静《老子道德经杂说》",《宋史》卷二〇五仅一载,未两见。

⑩ "《广卓异记》三卷","三卷",《宋史》卷二○六作"二十卷"。

⑪ "刘时靖","时",《宋史》卷二○五作"安"。

⑫ 《宋史》卷二○二《小学类》无杨王休《诸史阙疑》、赵粹中《史评》。

⑬ 《宋史》卷二○八《别集类》未载《韩子年谱》。

⑭ "王用德","王",《宋史》卷二○五作"李"。

⑮ "《七曜符天历》二卷","卷",原本作"十"。误,据《宋史》卷二○六改。

⑯ "周易六帖","六",《宋史》卷二○六作"八"。

⑰ "周易通占","占",《宋史》卷二○六作"贞"。

⑱ "周易鬼御算","御",原本作"衔",误。据《宋史》卷二○六正之。

廿二史考异卷七十四

宋史八

宰辅表一

建隆元年二月,吴廷祚自枢密使加同中书门下平章事。 《本纪》作"同中书门下二品"。廷祚父名璋,故改平章事为二品。后晋天福四年,升中书门下平章事为正二品故也。《表》书平章事,误。三年,依前同中书门下平章事,亦当作同中书门下二品。

八月戊子。 《宰辅编年录》作"甲申"。

太平兴国四年正月,石熙载自枢密直学士迁签书枢密院事。"签书"当作"签署"。张齐贤、王沔、杨守一、张逊、冯拯、陈尧叟、韩崇训、马知节、曹玮、王德用诸人,皆除签署或同签署,史家避讳,追改为"书"字。又考是时,熙载寄禄官兵部员外郎。四月,除副枢,进官给事中。十月,迁刑部侍郎。《表》失书。

八年正月戊寅,枢密使曹彬以天平军节度使。 此事《太宗纪》失书。

雍熙二年十二月,柴禹锡自枢密副使以右骁卫大将军免。 此事《太宗纪》失书。

四年四月,张宏自枢密副使以御史中丞免。 此事《太宗纪》失书。

端拱元年二月,杨守一自内客省使迁宣徽北院使签书枢密院事。九月,杨守一卒。 此事《太宗纪》失书。

淳化二年三月,辛仲甫自给事中、参知政事以工部尚书知陈州。此事《太宗纪》失书。

四月,张宏自枢密副使以吏部侍郎免。 此事《太宗纪》失书。

九月,王显自枢密使责授随州刺史、崇信军节度观察处置等使。

按:节度使例兼观察处置等使及本州刺史,此文但当云责授崇信军节度使,余皆可省。

五年九月,寇准自守同知枢密院事除参知政事。　按:准于淳化二年罢枢府,安得更云守同知枢密院事?此必误也。据《宰辅编年录》,是年,准自左谏议大夫知青州召,当云守左谏议大夫也。

至道元年正月,赵昌言自参知政事以户部侍郎知凤翔府。　此事《太宗纪》失书。

三年六月,钱若水自同知枢密院事以秘书院学士免。　按:秘书省无学士之称,亦无院名。据《本传》,乃集贤院学士也。若水时官工部侍郎,史亦失书。

咸平三年二月,王显自枢密使以山南东道节度使、同中书门下平章事免。　此事《真宗纪》失书。

景德四年七月,[1]冯拯自参知政事以刑部尚书知河南府兼西京留守。　此事《真宗纪》失书。

五月九月戊子,马知节自检校太保、宣徽北院使、[2]签书枢密院事进枢密副使。同日,参知政事赵安仁以兵部侍郎仍领玉清昭应宫使免。　此事《真宗纪》失书。

七年六月,马知节自检校太傅、宣徽北院使以颍州防御使免。此事《真宗纪》失书。

九年正月,张旻自侍卫马军副都指挥使、威塞军节度使、检校太保加宣徽南院使兼枢密副使。　此事《真宗纪》失书。

九月丙辰,丁谓自参知政事以平江军节度使免。　当作"甲辰"。

王曾自翰林学士、兵部侍郎、知制诰加左谏议大夫,张知白自谏议大夫、权御史中丞加给事中,并除参知政事。　此九月丙午事也,《表》失书日。又据《本纪》及《宰辅编年录》,同日除参政者,尚有陈彭年一人。彭年班在曾与知白之前,当是《表》有脱文尔。当云:九月丙午,陈彭年自翰林学士、工部侍郎、知制诰兼龙图阁学士,加刑部侍郎除参知政事,依前会灵观使。另为一行,列于王曾诸人之前。

任中正自枢密直学士、给事中、权知开封府加工部侍郎,迁枢密副使。　此事《真宗纪》失书。

天禧元年七月,王旦自太尉兼侍中、同中书门下平章事以玉清昭应宫使免。　此事《真宗纪》失书。

八月,张旻自枢密副使以河阳三城节度使免。　此事《真宗纪》失书。

二年六月,曹利用自检校太尉、宣徽北院使、同知枢密院事进知枢密院事。　此事《真宗纪》失书。

十二月,张知白自参知政事以刑部侍郎、翰林侍读学士知天雄军。此事《真宗纪》失书。

四年八月,钱惟演自翰林学士、刑部侍郎、知制诰迁枢密副使。此事《真宗纪》失书。

九月,周起自礼部侍郎、枢密副使以户部侍郎知青州。曹玮自签书枢密院事以宣徽南院使出为环庆路马步军都部署。　此二事《真宗纪》失书。

十一月戊辰,检校太尉、同平章事丁谓,太子少傅、同平章事李迪,忿争于上前,谓以户部尚书知河南府,迪以户部侍郎知郓州。　按:是日,谓、迪同罢。次日,诏谓赴中书视事如故。又明日,进谓左仆射、太子少师。《表》但书罢而不书复留及加官,此脱漏之甚矣。

宰辅表二

景祐四年。初,吕夷简、王曾不协,曾言夷简招权,交论于上前,参知政事宋绶善夷简,枢密副使蔡齐颇附曾。　此叙诸臣罢免之由,当书于《本传》。《表》惟记拜罢官位月日,不应赘出。

宝元元年。先是,右司谏韩琦屡言宰执非才。　此语亦可省。

二年十月丁酉。　《仁宗纪》作"十一月",此误。《编年录》亦云十一月。

十月壬寅。　《仁宗纪》作"十一月",此误。

庆历四年,陈执中除参知政事,蔡襄、孙甫等言其刚愎不可任,上不听。　蔡襄以下皆可省。

五年。先是,枢密副使韩琦上疏,论富弼不当轻罢,不报。董士廉又讼水洛城事。　此语皆可省。《表》无叙事之例,卷内似此者甚多,略举数条,以见其繁而无当也。

皇祐元年。是岁,贾昌朝自山南东道节度使、同平章事、安国公、判郑州依前尚书右仆射、观文殿大学士判尚书都省。　按：昌朝于前二年罢相，此判尚书都省，非执政之职，不当阑入。

嘉祐四年五月，田况自枢密使以尚书右丞、观文殿学士兼翰林侍读学士提举景灵宫事。　此事《仁宗纪》失书。

六年闰八月，欧阳修自礼部侍郎、枢密副使除参知政事。　此事《仁宗纪》失书。

治平元年十二月，王畴自翰林学士、礼部侍郎除枢密副使。　此事《英宗纪》失书。

枢密副使吴奎丁父忧。　奎以父忧去位，明年诏起复，固辞，而《英宗纪》不书罢，亦脱漏也。

二年二月，枢密副使王畴卒。　此事《英宗纪》失书。

五月，陈旭自资政殿学士、礼部侍郎除枢密副使。　此事《英宗纪》失书。

七月，吕公弼自工部侍郎、权三司使、枢密直学士除枢密副使。此事《英宗纪》失书。

三年四月，胡宿自枢密副使以观文殿学士、吏部侍郎知杭州。郭逵自殿前都虞候、容州观察使加检校太保，除同签书枢密院事。十月，郭逵自同签书枢密院事除陕西四路沿边宣抚使兼判渭州。　此三事《英宗纪》失书。

四年九月，韩绛自三司使、吏部侍郎，邵亢自枢密直学士、兵部员外郎、知开封府，并除枢密副使。　《神宗纪》止载邵亢一人，《纪》之漏也。

郭逵自同签书枢密院事以宣徽南院使判郓州。　此事《神宗纪》失书。

熙宁元年十二月，邵亢自枢密副使以资政殿学士、给事中知越州。此事《神宗纪》失书。

七年十二月，王韶自观文殿学士、兼端明殿学士、龙图阁学士、礼部侍郎、知熙州除枢密副使。　此事《神宗纪》失书。其十年二月，书以"王韶知洪州"。亦无罢字。

元丰元年闰正月，签书枢密院事曾孝宽丁父忧。　孝宽，公亮之子也。《神宗纪》书公亮薨，而不书孝宽之去位，亦阙漏。

宰辅表三

元祐元年闰二月，安焘自同知枢密院事进知枢密院事。　此事《哲宗纪》不书。考《宰辅编年录》称焘自同知迁知院，命既下，而给事中王岩叟封还之，侍御史刘挚、右谏议大夫孙觉、左司谏苏辙亦言之，俱不听，命再下，而给舍又封还。三月，诏安焘坚辞知枢密院事，特依所乞，依旧同知枢密院事，仍令班左丞李清臣上。是焘之除命，既下而中止，故次年六月又有知院之除也。《表》失书仍旧任一节。

三年四月壬午。　是日，刘挚自中大夫、尚书左丞除中书侍郎，与孙固并命，《表》失书。

四年六月丙午。　是日，许将自翰林学士除中大夫、尚书右丞，《表》失载。

元符二年闰九月，黄履自通议大夫、尚书右丞以守本官知亳州。此事《哲宗纪》失书。

建中靖国元年十一月庚申。《编年录》作"丙子"。

崇宁元年六月丙申。　据《徽宗纪》及《编年录》，陆佃之罢在五月己卯，许将四人之除官在五月庚辰，与《表》异。

三年十二月，同知枢密院事安惇卒。　此事《徽宗纪》失书。

五年二月，赵挺之自尚书右仆射兼中书侍郎加特进、光禄大夫、尚书右仆射兼中书侍郎。　按：挺之于去年六月罢相，为观文殿大学士、中太乙宫使，此当云自观文殿大学士、中太乙宫使，不当仍举前官也。

政和六年八月乙巳，《编年录》作"己巳"。薛昂自银青光禄大夫、尚书右丞除尚书左丞。侯蒙自中大夫、尚书左丞除中书侍郎。　《徽宗纪》以为十一月戊申事。

十一月，童贯自节度使、开府仪同三司、陕西河东河北宣抚使除签书枢密院事。　《徽宗纪》不载此事，《编年录》载于是年二月。

靖康元年正月甲戌，耿南仲自签书枢密院事进同知枢密院事。《钦宗纪》、《编年录》俱不载此事。

宰辅表四

建炎三年二月己巳，叶梦得自试户部尚书迁中大夫，除尚书左丞。

按：《宰辅编年录》，梦得执政才十四日，自己已至辛巳，只十三日。至三月辛巳罢，授资政殿学士、提举中太乙宫兼侍读，表只书除而不书罢，亦疏漏也。

三月庚辰，朱胜非自守中书侍郎除通奉大夫、守右仆射兼中书侍郎兼御营使。故事，命相进官三等。胜非特进五官。　按：胜非任中书侍郎日，官已至太中大夫矣。由太中而上，则有通议、通奉、正议、正奉、宣奉五等，此云进五官，当是宣奉大夫，非通奉也。

辛巳，卢益自中大夫、同知枢密院事除尚书左丞。　按：《高宗纪》：益"未拜，复罢为资政殿学士"。《编年录》亦云："戊子，召王孝迪、卢益并奉使金国，益辞行，遂以本职提举崇福宫执政凡八日。"《表》亦只书除而不书罢，盖史之疏漏多矣。

四年二月乙未，杜充罢右相，以观文殿大学士提举江州太平观。充于去年十一月降金，至是乃有罢相奉祠之命，所谓文而不实也。

六月丙戌，前宰相吕颐浩、朱胜非罢为江东西、两浙安抚大使。前宰执除官，《表》例不书，且其时颐浩为江东安抚，胜非为江西安抚，若两浙路安抚则刘安世为之。安世非前宰相也，"两浙"二字当删，又不当有"罢"字。绍兴元年，汪伯彦除江东安抚大使。二年，李纲除湖广宣抚使。九年，张浚复资政殿学士知福州。三十一年，张浚复观文殿大学士，判建康府。与此同。

绍兴三年十月癸丑，[③]朱胜非以右仆射起复。　胜非起复，《本纪》在七月乙亥，《编年录》在七月癸酉。

秦桧。　按：桧以二年八月罢相，至八年三月复自枢密使入相。《表》于三年、四年、五年、六年、七年第一格俱有秦桧字，[④]误也。汤思退于绍兴二十年十二月罢相，而《表》于三十一年犹书汤思退，误与此同。柯氏《宋史新编》皆删去。

六年十二月，张守自资政殿学士、提举洞霄宫，除参知政事。按：自是年至绍兴三十二年，执政除罢，皆失书寄禄之官，至孝宗即位，史浩、张焘辈乃复书寄禄官。隆兴末，钱端礼、虞允文、王刚中初除签枢，亦失书官，自后或书或否，至淳熙七年周必大以后，执政书官者，十不得一矣。

八年十二月甲戌。　此条当移于己未之后。

十一年十月癸巳，韩世忠罢枢密使云云。 当在第四格，误列于第三格。

十五年十月，秦熺自翰林学士承旨除知枢密院事。 按：《高宗纪》不载此节，但书以翰林学士承旨秦熺为资政殿学士、提举万寿观兼侍读，恩数视执政。班签书枢密之下而已。考之《编年录》，熺除知院，力请依李淑故事避亲而罢，乃有资政学士之命，《表》书除而不书罢，盖失之矣。至十八年三月壬午，再以熺知枢密院事。四月，熺乞避父子共政，以为观文殿学士、提举万寿观兼侍读、提举秘书省。恩礼视宰臣班次，亚右仆射。《表》却失书。

十八年正月乙未，段拂罢参知政事。 《纪》在二月。按：是岁正月庚申朔，无乙未日。

七月丙申。 《纪》在八月。第三格丁酉同。

二十六年八月。 是月辛卯，程克俊罢参政，以资政殿学士提举洞霄宫。《表》失书。

二十九年正月丁亥。 当作七月。柯氏《新编》作七月。

九月甲午，陈康伯右仆射。 当云陈康伯自参知政事兼权枢密院事除右仆射、同中书门下平章事。

三十一年六月庚申，周麟之罢同知枢密院事。 《高宗纪》失书。

十月，张浚复观文殿大学士，判建康府。 据《高宗纪》，是月甲子，复张浚观文殿大学士，判潭州。十一月壬申，以浚判建康府。《表》误并为一事。

隆兴元年五月癸亥。 《孝宗纪》作六月。

乾道元年二月戊申，陈康伯罢左仆射，授少师、观文殿大学士、鲁国公致仕。 按：《孝宗纪》，二月丁未，陈康伯薨，在罢相前一日。《编年录》，康伯既薨，锁院降麻，以少师、观文殿大学士致仕。洪氏《容斋随笔》言：宣和以前，未有既死而方乞致仕者。南渡之后，故实散亡，于是朝奉、武翼郎以上，不以内外高卑，率为此举。其最甚而无理者，虽宰相辅臣，考终于位，其家发哀，即服，降旨声钟给赙，既已阅日，方且为之告廷出命，纶书之中，不免有亲医药介寿康之语，如秦太师、万俟丞相、陈鲁公、沈必先、王时亨、郑仲益是已。

四月丙戌，洪适自翰林学士、左中奉大夫、知制诰除端明殿学士、签书枢密院事。⑤ 《孝宗纪》作六月丙戌,许及之撰适《行状》亦云六月,此《表》误也。《编年录》亦作四月,《表》盖承其误。

三年十一月,刘珙自翰林学士、知制诰除同知枢密院事。 据朱熹撰《墓记》,珙自朝散郎除中大夫。

七年三月己丑,张说自明州观察使、知阁门事兼枢密副都承旨除签书枢密院事。 "己丑"当作"己卯"。据《孝宗纪》,是月戊子,说罢为安庆军节度使、提举万寿观,至次年二月癸亥,复除签书枢密院事。《表》于罢而复除两事,皆略而不书,失其实矣。

淳熙九年。 是年九月庚午,王淮自右丞相兼枢密使、福国公加特进、左丞相,封冀国公。梁克家自观文殿学士、醴泉观使兼侍读,迁金紫光禄大夫、右丞相,封仪国公。《表》既失书,又自是年至十三年第一格俱当有梁克家字,亦并失之,而于十三年第二格内却有梁克家罢右丞相一节,则是《表》本有而刊本脱去之耳。盖此《表》第四卷多阙文。如高宗建炎三年七月,郑毂卒,八月刘珏权同知三省枢密院事,十一月周望同知枢密院事,四年正月滕康、刘珏罢,绍兴三年二月权邦彦卒,六年二月沈与求罢,七年六月沈与求卒,孝宗乾道七年七月王炎除枢密使,淳熙十五年正月施师点罢,黄洽知枢密院事,萧燧参知政事,光宗绍熙元年十二月王蔺罢,五年九月罗点卒,宁宗庆元四年七月叶翥罢,六年六月许及之以母忧去位,嘉泰二年十一月陈自强知枢密院事,许及之参知政事,嘉定元年六月林大中卒,八月丘崈卒,六年正月宇文绍节卒,三月楼钥罢,七年正月章良能卒,八年二月雷孝友罢,十二年四月曾从龙罢,十四年十二月郑昭先罢,皆《本纪》所书而《表》无之。然柯氏《新编表》中一一具书,知柯所见本尚未脱落,监本屡经修补,寖失其旧,非尽史臣之失也。

绍熙五年八月,留正罢左相。 当云以观文殿大学士判建康府,方合前后之例。

嘉定三年正月,⑥傅伯寿自翰林学士除端明殿学士、签书枢密院事。 《宁宗纪》云:"伯寿辞不拜。"

宰辅表五

宝庆元年四月,薛极端明殿学士、正议大夫、签书枢密院事。

按:《极》于嘉定十五年已除签书,中间不闻罢免,盖因转官正议大夫而书也。此卷于宰执转官皆书,较之前卷加详。

绍定五年十月丙辰,⑦以火延太庙故,薛极、郑清之、乔行简诏各降一官。　按:薛极等复官在五月,则降官必在五月以前,此云十月者,刊本之讹。

端平二年六月,葛洪除资政殿大学士、通议大夫、提举临安府洞霄宫。按:《理宗纪》,绍定四年七月,洪已除资政殿学士、⑧知绍兴府矣,此后未见复除执政之事。

十二月,⑨魏了翁自同签书枢密院事、督视京湖军马除签书枢密院事,力辞,改资政殿学士、湖南安抚使。　按:《理宗纪》,了翁知潭州在次年四月。知潭州例带荆湖南路安抚使,其实一也。

三年九月乙亥,郑性之兼同知枢密院事。李鸣复兼参知政事。《理宗纪》失书。

癸亥,宣缯自资政殿大学士、光禄大夫、提举临安府洞霄宫除观文殿大学士,致仕。　按:《宣缯传》:"嘉定十四年,同知枢密院事兼参知政事。明年,拜参知政事以资政殿学士奉祠。端平三年,召赴阙,升大学士、提举洞霄宫,以观文殿大学士致仕。"缯之罢政奉祠,当在宝庆三年以后,《纪》、《表》俱失书。此年被召进官致仕,则又例所不应书也。

嘉熙二年正月戊申,余天锡自少中大夫、试吏部尚书除端明殿学士、同签书枢密院事。　《理宗纪》失书。

七月庚辰,赵以夫自右文殿修撰、枢密都承旨除沿海制置副使兼知庆元府、同知枢密院事。　《理宗纪》不书。淳祐元年三月以夫罢,《纪》亦不书。

三年二月壬寅,余天锡兼同知枢密院事。　《理宗纪》失书。

十月庚申,许应龙罢签书枢密院事。林略罢同签书枢密院事。《理宗纪》失书。

四年九月癸亥,乔行简自少傅、平章军国重事特授少师、保宁军节度使、醴泉观使,奉祠。　《理宗纪》失书行简罢政事。

淳祐元年十二月,资政殿大学士、通议大夫、知庆元府余天锡乞守本官致仕。　按:《天锡传》,罢政,授资政殿学士、知绍兴府、浙东安抚使。此云知庆元府,岂初除绍兴而改除庆元乎?《表》失书其罢政之月日。

二年二月,游侣出帅浙东,寻奉祠。　当云自知枢密院事兼参知政事除知绍兴府、浙东安抚使,寻改提举洞霄宫。

十二月丙寅,别之杰自同知枢密院事兼权参知政事除资政殿学士、湖南安抚大使知潭州。　《理宗纪》失书。

四年三月己未,金渊除端明殿学士、签书枢密院事。　《理宗纪》失书。

九月丙午,史嵩之依前官起复,加永国公。　按:《理宗纪》,是岁十二月,诏许右丞相史嵩之终丧。则起复之诏虽下,仍不果行也。《表》既失书诏终丧一节,而于五年、六年第一格俱有史嵩之字,则误以为嵩之真起复矣。柯氏《新编》于五年、六年无嵩之名。

五年正月乙卯,刘伯正罢参知政事。十二月癸未,李性传除职予郡。　《理宗纪》失书。

六年十二月乙未,右丞相史嵩之守本官致仕。　是月,嵩之服除,诏依前守金紫光禄大夫、观文殿大学士、永国公。当云前右丞相,乃与见任有别。

七年三月戊辰,李韶依旧端明殿学士、提举万寿宫兼侍读。　韶非执政,不当列于《表》。

九年闰二月,吴渊以端明殿学士、沿江制置使、江东安抚使兼知建康府兼行宫留守。　渊非执政,以次年诏与执政恩数,故预书之,非例也。

十年三月,贾似道除端明殿学士、两淮制置大使、淮东安抚使、知扬州。　是时似道未为执政,例不当书。

宝祐二年五月,李曾伯除参知政事,帅蜀郡。　按:《曾伯传》但云"进资政殿学士、制置四川边面,与执政恩例",不云除参政也。《理宗纪》亦不书除参政,疑《表》误。

开庆元年正月乙丑,林存以资政殿学士、知建宁府。　已见上年十一月,此重出。

景定元年九月,厉文翁依旧端明殿学士、提举临安府洞霄宫。文翁非执政,不当列于《表》。

三年九月辛未,资政殿学士沈炎薨。 《表》于执政例书卒,此书薨,误也。

四年六月丁巳,马光祖依旧观文殿学士、提举临安府洞霄宫。据《理宗纪》,乃上年十一月癸巳事,疑《表》误。

五年八月乙丑,姚希得除参知政事。十一月乙未,叶梦鼎自同知枢密院事除参知政事。姚希得自签书进同知枢密院事兼参知政事。《本纪》俱失书。

咸淳元年二月丁未,姚希得自同知枢密院事除参知政事。江万里自签书枢密院事进同知枢密院事。 《度宗纪》俱失书。考《江万里传》,万里自同签书去官后知建宁府,改知福州。度宗即位,召同知枢密院事。此云自签书进同知院事,亦误也。

壬申,王爚依旧端明殿学士除签书枢密院事。 《度宗纪》失书。

十一月辛丑,留梦炎自权礼部尚书除端明殿学士、签书枢密院事。《度宗纪》失书。

八年三月丙子,赵顺孙自同知枢密院事兼参知政事授中大夫。按:顺孙于六年正月除同签书枢密院事,其迁同知院,未详何时。

德祐元年三月乙亥,王爚自观文殿学士除左丞相兼枢密使。按:爚于上年十一月已除左丞相矣。考《瀛国公纪》,是岁二月,似道上书请迁都。下公卿杂议,爚言已不能与大计,遂去。己巳,召爚为浙西、江东宣抚招抚大使,使居京师,以备咨访。盖罢相于二月,而再相于三月也。《表》失去中罢一节。

二月丁未,姚希得除参知政事。 按:《希得传》,咸淳五年卒。安得德祐初尚存,此必误也。《瀛国公纪》亦陈此事。

二年正月庚午,黄镛自同签书除参知政事。 按:《瀛国公纪》,是日,同签书枢密院事黄镛、参知政事陈文龙遁。谓镛与文龙同遁也,《表》殆误。

己卯,全允坚加太尉,除参知政事。 按:《瀛国公纪》,是日,加全永坚太尉,即允坚也。"允"、"永"声相近。参知政事常楙遁,本各是一事。"参知政事"四字属下句。永坚以后族加太尉,不为参政也。《表》又误。

校勘记

① "景德四年"，"景德"，《宋史》卷二一〇作"大中祥符"。

② "检校太保"，"太保"，《宋史》卷二一〇作"太傅"。

③ "绍兴三年十月癸丑"，"十月"，《宋史》卷二一三作"七月"。

④ 《宋史》卷二一三绍兴三年、四年、五年，七月第一格无秦桧名。

⑤ "除端明殿学士"，"除"字上原本有"诰"字，衍。据《宋史》卷二一三删。

⑥ "嘉定三年正月"，"嘉定"，《宋史》卷二一三作"嘉泰"。

⑦ "绍定五年"，"五"，《宋史》卷二一四作"四"。

⑧ "绍定四年七月"，"七月"，原本作"六月"。据《宋史》卷四一改。

⑨ "十二月"，"月"，原本作"年"。按：原本此考书于端平二年之后、三年之前，按原本体例，决无插书十二年事之理，且《宋史》卷二一四亦记此事于端平二年十二月之下。"年"当为"月"之讹。今改之。

廿二史考异卷七十五

宋史九

后妃传

真宗章怀潘皇后,忠武军节度使美第八女。 按:《潘美传》,美子惟熙,娶秦王女,平州刺史。惟熙女,即章怀皇后也。二《传》或以为美女,或以为孙女,必有一误。

章献明肃刘皇后。蜀人龚美者,以锻银为业,携之入京师。后为美人。以其无宗族,乃更以美为兄弟,改姓刘。 按:《长篇》,刘氏始嫁蜀人,龚美携以入京。既而家贫,欲更嫁之,张旻时给事襄王宫,言于王,得召入,遂有宠。美因改姓刘,为美人兄云。此《传》不言嫁美者,史家讳之。《外戚刘美传》,直以美为刘通之子,略不及改姓事,更失其实矣。

仁宗郭皇后。初,帝宠张美人,欲以为后,章献太后难之。 按:《长篇》云:骁卫上将军张美曾孙女,与郭后同入宫,上属意之,将选为后。即此传之张美人也。既立郭后,以张为才人。天圣六年,进美人,寻卒。明道二年,追册张为皇后。盖仁宗朝,内职追册后者二人,皆张姓。史但为温成立传,而不及明道追册之后,亦疏漏矣。

尚氏与杨美人俱幸,数与后忿争。一日,尚氏于上前,有侵后语,后不胜忿,批其颊,上自起救之,误批上颈,上大怒。入内,都知阎文应因与上谋废后,且劝上以爪痕示执政。上以示吕夷简,且告之故,夷简亦以前罢相怨后,乃曰“古亦有之”。后遂废。 此事又见《宦者传》。

慈圣光献曹皇后,枢密使周武惠王彬之孙也。 按:《曹彬传》,追封济阳郡王,累赠韩王,不云周王,盖《传》逸其文。

张贵妃。父尧封。尧封妻钱氏。 按:《长篇》,尧封,天圣初客南都,依大姓曹氏。曹以女妻之。后擢进士第,补石州军事推官,未行,卒京师。从兄尧佐，将赴官于蜀，曹氏请以诸孤从行，尧佐以道远弗许。尧封母，钱氏女也。张氏时八岁，与姊妹三人由钱氏入宫寝。是钱氏乃尧封母，非尧封妻。《传》误以为一人。

皇祐初，进贵妃。后五年薨。 按：《仁宗纪》，庆历八年戊子。十二月丁卯，册美人张氏为贵妃。其明年，改元皇祐。此云皇祐初进贵妃者，误也。《纪》载至和元年甲午。正月癸酉贵妃张氏薨。自戊子至甲午，凡七年，不得云后五年。

哲宗昭慈圣献孟皇后。太后生辰，置酒宫中，从容谓帝曰："宣仁太后之贤，古今母后未有其比。昔奸臣恣为诬谤，虽尝下诏明辨，而国史尚未删定，岂足传信？吾意在天之灵，不无望于帝也。"帝闻之悚然。后乃更修《神宗》、《哲宗实录》。 此事又见《范冲传》，而彼文较详。又《句涛传》称，重修《哲宗实录》，帝谕之曰："昭慈圣献皇后病革，朕流涕问所欲言，后怆然谓朕曰：'吾逮事宣仁圣烈皇后，见其任贤使能，约己便民，忧勤宗社，疏远外家，古今母后，无与为比。不幸奸邪罔上，史官蔡卞等同恶相济，造谤史以损圣德，谁不切齿！在天之灵，亦或介介。其以笔属正臣，亟从删削，以信来世。'朕痛念遗训，未尝一日辄忘。今以命卿，词意亦与此同，惟以为临没之训，小有异尔。"以史例言之，此事当入《后妃传》，详此而删彼，庶几简而有要。

徽宗显恭王皇后。大观二年崩，谥曰静和。绍兴中，始祔徽宗庙室，改上今谥云。 按：《徽宗纪》，大观四年十二月，改谥靖和皇后为惠恭。《礼志》亦有之，独《本传》失书，又讹"靖"为"静"。

宁宗恭圣仁烈杨皇后。杨次山官至少保，封永阳郡王。次山二子：谷封新安郡王，石永宁郡王。自有传。 按：《外戚传》，次山由永阳郡王进会稽郡王，官自少保进少傅加太师，非终于少保、永阳郡王也。谷官太傅、永宁郡王。石由少保、永宁郡王进封魏郡王。较之此《传》为详备。此但当云次山自有传，余文皆可省也。

度宗全皇后，理宗母慈宪夫人侄孙女也。 按：《刘克庄集》有《全安民赠太保唐国公》、《全份赠太傅豫国公》、《全大节赠太师徐国公制》，大节者，慈宪夫人之父，《余天锡传》所称全保长也。全祖望据其《家乘》云，份五子：长思聪、次大中、次大节、次大声、次大用。大中无嗣，以再从子昭孙为后，即全后之父。然则后为慈宪之侄女，非侄孙女矣。度宗时追赠大中太师、申王，昭孙太师、和王。《宋史·外戚传》不立《昭孙传》，盖宋末事迹缺佚，史臣失于采访也。

　　弟清夫、庭辉等一十五人，各转一官。　　按：刘克庄撰《全清夫制词》云，属以储闱，正人伦之始；选诸戚畹，得邦媛之贤，如卿行尊，盖主婚礼。是清夫于后为尊行，史云后弟，误。

魏王廷美传

　　廷美母陈国夫人耿氏，朕乳母也，后出嫁赵氏。　　按：《杜太后传》，生邕王光济、太祖、太宗、秦王廷美、夔王光赞，则廷美与太宗同母。此云乳母耿氏所生者，盖廷美得罪之后，造为此言。

燕王德昭传

　　惟吉生甫弥月，太祖命辇至内廷，择二女媪养视之。　　按：《长编》，惟吉初名德雍，太祖爱之，视如己子，故与诸叔联名，及出阁始改名。此《传》所失书也。秦王廷美第四子，亦名德雍，似不应与惟吉先名同，或《长编》传写有讹字。

　　绍兴元年，诏曰："太祖皇帝创业垂统，德被万世。神祖诏封子孙一人为安定郡王，世世勿绝。今其封不举，朕甚悯之。有司其上合封人名，遵故事施行。"　　此诏又见《高宗纪》。

　　元祐六年，签书颍州公事。　　是时苏轼知颍州，赵令時为签判，其衔当云：签书颍州节度判官厅公事。史删去"节度判官"四字，竟似签书州事矣。史家不通官制，涉笔便误，一至于此。

　　初，懿王生昌州团练使惟固，惟固生楚安僖王从信，从信生益公世逢，世逢生令廙。　　今按：从信乃惟忠之子，惟忠尝为昌州团练使，非惟固也。从信赠楚国公，此称楚王，一篇之中，自相抵牾。《宗室世系表》亦称楚国公。又以《世系表》考之，令廙乃北海侯世爽之子，从信子无名世逢者，未知孰是。令廙，《表》作令宪。乃刊本之讹。

　　建炎二年，分西外宗子于泰州。　　《朱子语类》：徽宗以宗室众多，京师不能容，故令秦王位下子孙，出居西京，谓之西外；太祖位下子孙，出居南京，谓之南外。

秀王子偁传

时孝宗为普安郡王,疑所服,诏侍从、台谏议。秦熺等请解官如南班故事。　按:徽宗分宗室出居西京、南京,惟太宗以下子孙留京师,其中又分两等,惟濮园之后恩礼尤优,所谓南班宗室也。

汉王元佐传

谘议赵齐王通、翊善戴元顿首请罪。　王通,《姚坦传》作王适。

神宗封王后,以允言子宗说恭宪王长孙,嗣封祁国公。　神宗当作仁宗。

昭成太子元僖传

宗保累官代州防御使,袭封燕国公。　庆历四年,封建安郡公,《传》失书。

越王元杰传

尝作假山,既成,置酒召僚属观之。翊善姚坦独颣首不视,元杰强之,坦曰:"坦见血山,安得假山。"言州县鞭挞微民,以取租税,假山实租税所为耳。　语见《姚坦传》中。《坦传》与此略同,当去此存彼。

宗望,终右武卫大将军、舒州防御使。　庆历四年,封清源郡公,《传》失书。

楚王元偁传

允则无子,以平阳懿恭王之子宗达为后。　庆历四年,封宗达恩平郡公,《传》失书。

徽宗诸子传

次陈国公机。　按:《世系表》,机赠太师兼右弼、陈王,谥悼惠。《传》失书。

公主传

仁宗十三女。徐国、邓国、镇国、楚国、商国、鲁国、唐国、陈国、豫国九公主,皆早亡。 按:《长篇》,仁宗第三女安寿公主生三岁而封,薨,追封唐国公主。第四女宝和公主二岁而封,薨,追封越国公主。皆张修媛所生也。《传》有唐国无越国,叙次亦不合。

王溥传

谥文献。 按:《王洙传》,夏竦卒,赐谥文献,洙当草制,封还其目曰:"臣下不当与僖祖同谥。"因言前有司谥王溥为文献,章得象为文宪,皆当改。于是,溥、得象皆易谥。又《张揆传》,仁宗诏改王溥谥,有欲议为文忠者,揆曰:"溥,周之宰相,国亡不能死,安得为忠!"乃谥为文康。此《传》失书改谥事。

石守信传

追封威武郡王,谥武烈。 守信追封卫王,累封秦王,见杨亿撰《石保兴碑》。

保兴本名保正。 按:《保兴碑》云:公初名贞,太祖改锡今讳。此云保正者,史家避仁宗嫌名改之。

与戴兴、杨守一并为澶州前军驻泊。李继迁入钞,徙银、夏、绥府都巡检使。 据《碑》,保兴由银、夏、绥、麟府州都巡检丁内艰,起复澶州驻泊都监。《传》书除澶州驻泊于巡检夏、绥之前,又失书母丧起复事。

淳化五年,真拜蕲州防御使为永兴军钤辖,[①]改夏、绥、麟府州钤辖。至道二年,徙延州都巡检使。 据《碑》,保兴自京兆府即永兴军。兵马钤辖徙延州路钤辖,无再任夏、绥事。

未几卒,年五十八。[②] 保兴封西安郡公,追赠贝州观察使,《传》皆失书。

高怀德传

行周历延、潞二镇及留守洛都,节制宋、亳,皆署以牙职。晋开运初,辽人侵边,以行周为北面前军都部署。怀德始冠,白行周愿从北征。以功领罗州刺史,及行周移镇郓州,仍领牙校。从行周再镇宋州。晋末,契丹南侵,以行周为邢赵路都部署御之,留怀德守睢阳。会杜重威降契丹,京东诸州群盗大起,怀德坚壁清野,敌不能入。行周率兵归镇,敌遂解去。汉初,行周移镇魏博,及再领天平,以怀德为忠州刺史领职如故。　按:《五代史·高行周传》,唐明宗时,迁振武军节度使。历镇章武、即延州。昭义。即潞州。晋高祖时,为西京留守,徙镇天雄。安从进叛,以行周为襄州行营都部署,讨平之,徙镇归德。即宋州。出帝时,代景延广为侍卫亲军都指挥使。是时,李彦韬、冯玉等用事,乃求归镇。汉高祖入京师,加守中书令,徙镇天平。其叙行周历官,与此《传》互异。今以《通鉴》及两史参考之,则各有疏漏。《欧史·晋本纪》,开运元年正月,契丹陷贝州,归德军节度使高行周为北面行营都部署。此即《怀德传》所载辽人侵边,行周为都部署事。而《行周传》不书,殆以其无功略之欤?怀德以宋太平兴国七年壬午岁卒,年五十七,上溯开运元年甲辰,盖年十九,故云始冠也。《旧五代史·本纪》,开运元年四月,高行周为侍卫亲军都指挥使。二年四月,移镇郓州,侍卫如故。三年六月,行周为宋州节度使,加兼中书令,充北面行营副都统。盖行周本以归德帅领侍卫亲军,及移镇郓州,亦不之任,至三年六月,再镇宋州,乃不典军职。《欧史》谓李彦韬等用事,求归镇者,当在其时。惟《欧史》失书移镇郓州一节,不如《怀德传》之详备耳。《宋史·符彦卿传》,杜重威以大军降,急诏彦卿与高行周领禁兵屯澶渊。会张彦泽引辽兵入汴,彦卿与行周遂归辽。此即《怀德传》所云行周为邢赵路都部署事也。《行周传》既失书领禁兵北征事,其降于契丹,则两《传》皆讳而不言。《彦卿传》又云,会徐、宋寇盗蜂起,辽主即遣彦卿归镇。是时彦卿为徐帅,得遣归镇,则行周之归宋州,亦契丹所遣也。《汉本纪》,天福十二年,杜重威反,天平节度使高行周为邺都行营都部署以讨之。考《薛史·本纪》,是年七月,[3]以杜重威为宋州节度使,以高行周为邺都留守。本是互相更换,及重威拒命,行周讨平之,因留镇天雄,至乾祐三年三月,乃自天雄再徙天平耳。《欧史·本纪》既误,而《传》尤脱漏,不如此《传》之核。

慕容延钊传

加殿前都点检,同中书门下三品。 "三品"当作"二品"。

郭从义传

父绍古,事后唐武皇。 按:《东都事略》,从义父古,无"绍"字。

卒,年六十三。 《东都事略》作六十四。

杨承信传

杨承信。 《通鉴》作杨信,盖避汉隐帝讳,去上一字也。同时又有瀛州杨信,自有传。而杨业之父亦名信。

冯继业传

加灵州大都督府长史,迁朔方节度,灵、环观察、处置、度支,温池榷税等使。 当云迁朔方节度使,余文皆可省。

三年,改镇定国军。 按:同州龙兴寺有开宝八年碑文,称府主连帅太师,又云门下平章之命,禁殿宣麻,则继业镇同州日,尝加检校太师、同中书门下平章事,而《传》失书。

张从恩传

父存信,振武军节度。后唐明宗微时,尝隶存信麾下。 《五代史·义儿传》李存信本姓张氏,当是从恩之父也。《欧史》不云为振武节度。

赵赞传

晋祖起并门。 "并门"当云"太原"。

晋祖命赞奉母归蓟门。 蓟门当云幽州。《传》盖采碑志之文,未及刊改。

张永德传

年七十三。 《东都事略》作七十二。

吴廷祚传

加同中书门下三品。 "三品"当作"二品"。

李崇矩传

遵勖初尚主,诏升为崇矩子,授昭德军留后、驸马都尉。 遵勖官不止留后,当云见《外戚传》。

李处耘传

赠宣德军节度使。 按:《五代会要》,周显德二年,升湖州为宣德军节度使。

子继隆、继和,自有传。 凡父子祖孙各传分在它卷者,例书自有传。此继隆、继和二人,即附处耘之后,非别有传,当时史臣岂未考前史之例邪?

昭庆改名昭亮,至东上閤门使、高州刺史。 昭亮更名,避章献太后祖讳也。昭亮官至节度使,不止刺史,当云见《外戚传》。

郭守文传

并州太原人。 守文字国华,见《东都事略》。

崇仁为解州团练使。 崇仁官亦不止团练,当云见《外戚传》。

刘廷让传

刘廷让字光义。 按:《太祖纪》,乾德二年十一月,江宁军当作宁江军。节度使刘光义为西川行营前军兵马都部署,当作副都部署,脱"副"字。将步骑二万,出归州道以伐蜀。光义,即廷让也。《长编》亦作光义。光义必廷让之名,后来避太宗讳,改以字行耳。其书"义"字,或为"乂",或为"毅",《曹彬》、《曹翰》、《刘福传》并作光毅。皆避讳所改。

领江宁军节度。 "江宁"当作"宁江",其时江南称臣,未入版图,不当遥授节镇也。

李怀忠传

累迁殿前都指挥使、都虞候。 按:殿前都指挥使乃武臣之最贵者,怀忠名位尚微,不得除授,盖都指挥使麾下别置都虞候,并非殿前都虞候也。

陈承昭传

江表人。 江表非郡县之名,史家失考其本贯。亦当云江南人,方合史例。李之才,青社人,高文虎,四明人,李曾伯,覃怀人。青社、四明、覃怀,皆非县名。

李涛传

晋祖幸大梁,张从赏以孟津叛。 "从赏"当作"从宾"。

刘载传

建隆四年,贝州节度使张光翰来朝。 按:《光翰传》不载镇贝州事。

张昭传

诏正国军节度卢质。[④] 本匡国军,避太祖讳追改。
及梁郢王、均帝。 "均帝"当作"均王",或称"末帝"。

窦仪传

乾德二年,范质等三相并罢。越三日,始命赵普平章事。制书既下,太祖同翰林学士曰:"质等皆罢,普敕何官当署?"承旨陶谷时任尚书,乃建议相位不可以久虚,今尚书乃南省六官之长,可以署敕。仪曰:"谷所陈非承平之制,皇弟开封尹、同平章事,即宰相之任。"太祖曰:"仪言是也。"即命太宗署敕赐之。 此事又见《职官志》及《赵普传》。谷引唐大和中甘露事,数日无宰相,左仆射令狐楚等奉行制书,故仪以为非承平之制。今删去谷引甘露事,则仪语为无著矣。

校勘记

① "蕲州防御使","防御使",《宋史》卷二五〇作"团练使"。

② "年五十八","五",原本作"二"。《宋史》卷二五〇《石守信传》载,保兴"建隆初,年十四"。咸平年中卒。时已过四十有余。原本"二"字显误。据《宋史》本传改。

③ "是年七月","七月",原本作"八月"。《旧五代史》卷一〇〇《汉高祖纪》载:天福十二年七月丙申,以杜重威为宋州节度使,高行周为邺都留守。原本"八月",盖刊本之误,径改。

④ "正国军","军"字原本脱,据《宋史》卷二六二补。

宋史十

李昉传

预宴大明殿,上见昉坐卢多逊下,因问宰相,对曰:"多逊学士,昉直殿尔。"当作"直院"。**即令真拜学士,令居多逊上。** 按:学士无品秩,而以官寄禄。昉时官中书舍人,而多逊为兵部郎中,班居舍人之下,及预宴列坐,乃在昉上,盖词臣班序,直院例居学士之下,初不论寄禄官之高卑也。

昉坐左迁太常少卿,俄判国子监。 按:太常少卿正四品,自舍人而除,乃称左迁者。学士职居清要,号称内相,罢内直而任卿监官,品虽升,犹为左迁也。

李宗谔传

耻以父任得官,独由乡举,第进士。 按:洪容斋引《国史·许仲宣传》云,仲宣子待问,雍熙二年举进士,与李宗谔、吕蒙亨、王扶并预廷试。宗谔,即宰相昉之子。蒙亨,参知政事蒙正之弟。扶,盐铁使明之子。上曰:"斯并势家与孤寒竞进,纵以艺升人,亦谓朕有私也。"皆下第。见《容斋四笔》。《宋史·吕蒙正传》亦云:"蒙亨,举进士高等,既廷试,以蒙正居中书,故报罢。"而《宗谔传》云:"第进士。"《王明传》云:"子挺、扶,并进士及第。"《许仲宣传》云:"子待问再举及第。"然则终于不第者,惟蒙亨一人耳。

先是,后苑陪宴,校理官不与,京官乘马不得入禁门。至是,皆因宗谔之请复之。 按:淳化初,宴近臣后苑,三馆学士皆预,閤门吏第令直馆赴会,宗谔以校理不得预宴,献诗有"无聊独出金门去,恰似当年下第归"之句,乃诏自今游宴,宣召直馆,其集贤、秘阁校理并令预会，即其事也。其请京官乘马入禁门，亦指京官任馆职者，非凡为京官者皆得援此例也。宗谔时官秘书郎，正是京官，故有是请。又案：《麟台故事》，至道元年十月，三馆学士各献歌颂，以李宗谔、赵安仁、杨亿词理精当，有老成之风，召至中书奖谕。明日，以秘书丞李宗谔为太常博士，依前直昭文馆。此事《本传》失书。

吕蒙正传

自是宰相子止授九品京官，遂为定制。 按：《闻见录》云，大理评事，为状元及第，宰相任子之初官评事，正九品京官也。

咸平四年，以本官同平章事、昭文馆大学士。 宋初循旧制，昭文馆、集贤院大学士及监修国史，皆以宰相领之。若三相，则首相领昭文，其次领国史，其次领集贤。宋人集中，称昭文相公、集贤相公、史馆相公者，是也。列传或书或不书，于例初不画一。

张齐贤传

擢右谏议大夫、签书枢密院事。 齐贤以太平兴国二年登科，六年为转运使，八年召还，遂由密学除执政。宋初用人之速，未有如齐贤者。

张子宪传

迁右谏议大夫、知桂州，不赴，御史劾之，降秘书监。复为光禄卿，加直秘阁、知庐州，迁秘书监。 按：《麟台故事》，嘉祐三年，以光禄卿张子宪、赵良规、掌禹锡、齐廓、张子思并直秘阁。先是张子宪等皆为太常少卿直秘阁，当迁谏议大大，而中书以为谏议大夫不可多除，故并迁正卿，而故事，大卿监无带馆职者，故特为请而还之。今据《本传》，则子宪已迁谏议，因御史劾而左迁，且亦未尝先直秘阁，与程俱所记殊不合。且既云降秘书监矣，而又云迁秘书监，亦必有讹脱也。

贾黄中传

与宋白、吕蒙正等同知贡举。 《蒙正传》失书知举事。

钱若水传

　　赠户部尚书。　　按：列传失载诸臣之谥，如钱若水谥宣靖，吕余庆谥文穆，辛仲甫谥康节，李穆谥文恭，崔翰谥武毅，楚昭辅谥景襄，杨亿谥文，杨徽之谥文庄，孙沔谥威敏，高永年谥忠愍，王溥改谥文康，田况谥宣简，李东之谥懿靖，任福谥壮愍，姚麟谥忠愍，王中正谥恭僖，张茂则谥僖俭，李继勋谥庄武，郭逵谥忠穆，蒲宗孟谥恭敏，王存谥庄定，郑侠谥介，吕惠卿谥文敏，韩忠彦谥文定，韩粹彦谥文惠，胡宗愈谥修简，温益谥定简，龚夬谥节肃，李邦彦谥文和，管师仁谥文懿，耿傅谥忠宪，王云谥忠介，姚麟谥忠愍，张阐谥忠简，郑毂谥忠穆，胡世将谥忠献，韩彦直谥庄敏，张俊谥忠烈，王德谥威定，王忠植谥义节，辛次膺谥简穆，吴芾谥康肃，范成大谥文穆，吕祖俭谥忠，徐荣叟谥文靖，赵汝谈谥文懿，至若李纲、刘安世谥忠定，吴璘谥武顺，张栻谥宣，洪咨夔谥忠文，吴渊谥庄敏，游似谥清献，赵与懽谥忠宪，赵与腾谥忠清，岳飞改谥忠武，秦桧改谥缪很，则《帝纪》具载，而《本传》转不书。

温仲舒传

　　三年，判昭文馆大学士，命下，卒。　　按：昭文馆、集贤院大学士，惟见任宰相兼之，仲舒虽前执政，未应遽有大称，当是除学士判馆事耳。《东都事略》、《长编》俱不载此事。

柴禹锡传

　　景德初，子宗庆选尚，召禹锡归阙，令公主就第谒见，行舅姑礼，固辞不许。　　按：《外戚传》，宗庆祖禹锡，镇宁军节度。父宗亮，太子中舍。宗庆尚太宗女鲁国长公主，升其行为禹锡子。《公主传》亦云：宗庆，禹锡之孙，帝命主以妇礼谒禹锡第。则宗庆实宗亮之子。此《传》所书，失其实矣。宋制，尚公主者，皆升与父同行，如王贻永本贻正之子，升为溥子；李遵勖本继昌之子，升为崇矩子。《本传》皆著其实，独此篇乃自乱其例也。

　　宗庆，永清军节度。　　宗庆终于彰德军节度，[①]且加平章事，当云见《外戚传》。

王著传

有传，见《五代史》。 按：著卒于宋初，不当入《五代史》。《欧阳史》亦无《著传》，恐误。

王祐传②

继以用兵岭表，③徙知襄州。湖湘平，移知潭州。 按：太祖平湖湘，在乾德元年，此《传》上文言太祖亲征太原，则在开宝二年，符彦卿离大名，亦在开宝二年，是时湖湘之平已久矣。祐知襄州，必在用兵岭南之时，而史误以为湖南耳。

马令琮传

父全节，历横海、定远、昭义、彰德、定武、天雄六节度。 "定远"当作"安远"，字之讹也。定武本是义武，史家避太宗讳追改。

何继筠传

父福进，历事后唐至周，累官忠武、成德、天平三节度。 《春明退朝录》，何中令福进，谥庄烈，在宋朝使相之列。据此《传》，福进实卒于周代，盖宋初追谥也。安审琦亦卒于五代，而宋初追谥恭惠。

李汉超传

守恩子祐之、顺之、用之、润之、庆之、成之、藏之。 按：祐之昆弟官位事迹，皆不著，而一一具列其名，似志状之文，非史法矣。王继忠子怀节、怀敏、怀德、怀政，苏辙三子迟、适、远，苏远七子箫、籍、節、筊、筜、篗、箭，汪藻子六人恬、恪、恫、憺、懔、憘，洪适子九人槻、秘、榴、樛、槿、桴、楹、槤、栩，刘光祖子端之、靖之、翊之、竑之，张俊子五人子琦、子厚、子颜、子正、子仁，卫肤敏子仲英、仲杰、仲循，句龙如渊子佃、僎，似此类，皆可省。

郭进传

少贫贱，为钜鹿富家佣保。嗜酒蒲博。其家少年患之，欲图杀进，

妇竺氏阴知其谋，以告进，遂走晋阳。　　按：《东都事略》，进少依钜鹿富人家佣作。人有欲杀之者，富人妇竺氏阴告之，乃至晋阳。太平兴国初，判邢州，访竺氏妇，已死，家甚贫，得其女，抚养如己子，厚其资装以嫁之。史但云妇竺氏，而不云富人妇，似竺氏为进之妇矣。

太平兴国初，又赐宅一区。　　上文已云"太平兴国初，赐京城道德坊第一区"，此重出也。

安守忠传

赠太尉。　　按：宋时武臣，有两安守忠。《长编》载：元丰七年九月，户部尚书王存言，准诏具析安守忠预绘像，因依勘会所采臣僚勋绩，并于国史、实录考求事迹。据《本传》所载，赠太尉安守忠有战功，故迹当预绘像。其捧日左厢都指挥使、钦州团练使安守忠，史册无载，即无预绘像人数。诏景灵宫改绘，赠太尉安守忠像，并推恩其家。先是景灵宫绘像，管勾官误以钦州团练使安守忠充数，而赠太尉安守忠之孙自言，故命存考定，而降是诏。

王昭远传

谥惠和。　　《春明退朝录》作和惠。

张鉴传

建议割瑞州清江。　　瑞州当作筠州。南渡后避理宗嫌名，改"筠"为"瑞"。此时无瑞州之名也。

马全义传

幽州蓟人。　　按：王安石撰《知节神道碑》云，马氏故扶风人，至公高祖，徙处云中。云中为契丹所得，故马氏又徙处浚仪，今开封府祥符也。《传》云幽州人，与《碑》不合。

马知节传

谥正惠。　　按：谥法无"正"字。宋初，马知节、吕端谥正惠，高保融谥正懿，李昉、王旦谥文正，本皆"贞"字，史臣避仁宗嫌名追改之。

其后范仲淹、司马光、蔡卞之文正,吴育之正肃,吕公著之正献,吕大防之正愍,亦以"正"代"贞",非有二义。元、明以后,"正""贞"始兼用,或谓"正"美于"贞",盖未考其缘起耳。

王继忠传

遂陷于契丹。　　继忠后事,具见《辽史》,其力战被陷事,已见《王超传》,不当更为立传。

王延范传

诣休复,告延范将谋不轨及诸不法事。　　延范诞妄取祸,不足立传,当附见《徐休复传》。

吕端传

幽州安次人。父琦,晋兵部侍郎。　　端与余庆为昆弟,籍贯家世,已见《余庆传》,当云参知政事余庆之弟,乃合史例。王旦父祐自有传,而《旦传》又载先世三代官爵及父祐行事;司马光父池自有传,而《本传》又书陕州夏县人,父池,天章阁待制;李壁父焘自有传,而《本传》又书眉之丹棱人,父焘,典国史,皆当准此例刊正。

李沆传

吾老,不及见,此参政它日之忧也。　　按:沆为相时,年止五十余,未可云老。旦少于沆仅十岁,与沆同年登科,其参知政事,距沆入相之始不过一年有余,安得遽以新进目之。沆虽先旦而卒,然人命修短不齐,岂能预卜。考《吕氏家塾记》,李文靖居相位,王公参预朝政,一日,便殿论边事退,公叹曰:"何日边候彻警,使吾辈得为太平宰相。"文靖不答,至中书,独召公语云:"至非圣人,外宁必有内忧。譬人有病,常在目前,则知忧而治之。沆死,子必为相,遽与契丹和亲,一朝疆场无事,不有盘游之乐,必兴土木之工矣。"又《元城语录》云,李丞相每朝谒奏事毕,必以四方水旱、盗贼、不孝、恶逆之事奏闻,上为之变色,惨然不悦,同列以为非,丞相曰:"人主一日岂可不知忧惧,若不知忧惧,则无所不至矣。"史臣据此二事,稍改窜增饰之,遂有此失。《吕氏记》"沆死子必为相"之语,本无病也。

李维传

除柳州观察使。　"柳"当作"相"。柳州非节镇,不得有观察也。

向敏中传

翰林学士李宗谔当对,帝曰:"朕自即位,未尝除仆射,今命敏中,此殊命也。"　此事洪迈《容斋随笔》尝辨之。

传范娶南阳郡王惟吉女安福县主,为密州观察使,谥惠节。传亮子经,定国军留后,谥康懿。经女即钦圣宪肃皇后也。　当云见《外戚传》。

王钦若传

王曾对曰:"钦若与丁谓、林特、陈彭年、刘承珪,时谓之'五鬼'。"林特附见《钦若传》,以五鬼之目牵连及之也。及叙特事又云:"当时与陈彭年等号'五鬼',语见《王钦若传》。"一篇之中,重复如此。

丁谓传

真宗崩,议草遗制,军国事兼取皇太后处分,谓乃增以"权"字。按:《王曾传》,曾入殿庐草遗诏,以明肃皇后权听断军国大事。丁谓入,去"权"字。曾曰:"皇帝冲年,太后临朝,斯已国家否运,称"权"犹足示后。且增减制书有法,表则之地,先欲乱之邪?"遂不敢去。《长篇》亦云丁谓欲去"权"字,以王曾言乃止。与此《传》正相反,似当以《曾传》为是。然遗制出自中书,而谓为首相,终能听用说论,亦自足多,故太后恶之。

陈尧咨传

子述古,太子宾客致仕。　按:欧阳修撰《尧佐神道碑》,以述古为尧佐子。予见述古题名石刻,称孟父中令,大人太尉相公,季父太尉康肃公。中令者,尧叟也;太尉相公者,尧佐也;太尉康肃公者,尧咨也。述古为尧佐子,史系于《尧咨传》,误矣。中令、太尉皆赠官,史于尧叟书赠侍中,不云中书令,于尧佐书赠司空,不云太尉,盖后来加赠,史家不能悉书也。

宋祁传

预修《广业记》。 "业"当作"乐"。

景祐中,诏求直言。 按:景祐纪年,在庆历之前,上文书庠复知政事,罢祁翰林学士,改史馆修撰,修《唐书》,皆庆历中事,不应更叙景祐,恐是皇祐之讹。下文封张贵妃云云,正皇祐元年事也。

宋湜传

谥曰忠定。 《春明退朝录》谥恭质。

王嗣宗传

嗣宗尝自言知武事,可授廉车。 廉车,谓观察使也。

即拜耀州观察使、知永兴军府。 宋时以观察使为武臣寄禄官。嗣宗进士第一人出身,官至侍郎,秩四品,换观察使,武资,秩三品也。《石林燕语》云,国朝侍从官,间有换武职者,依唐袁滋故事,例皆换观察使。如李尚书维自承旨,李左丞仕衡自三司使,皆然。天圣间,陈康肃、尧咨以翰林学士知开封府,亦换宿州观察使、加检校司徒、知天雄军。陈力辞,明肃后谕之曰:"天雄,朔方会府,非文武兼才不可。"陈不得已受命。自是加留后,遂建节。《石林》博于典故,然不知嗣宗换武资,更在李、陈诸人之前也。尧咨亦进士第一人,正用嗣宗故事。

子尧臣,内殿承制。 与参政王尧臣同姓名,且又同时。

夏侯峤传

咸平元年,以户部郎中罢。 "郎中"当作"侍郎"。

张观传

字思正。 《宋史列传》有两张观、两王著、两黄震。

校勘记

① "彰德军节度使"，"彰"，原本作"成"。《宋史》卷四六三《外戚传》载：宗庆"又徙永清、彰德军，拜同中书门下平章事"。"历拜彰德军节度使"。是知宗庆终于彰德而非成德，据改。

② "王祐传"，"祐"，原本作"祜"。据《宋史》卷二六九改。

③ "用兵岭表"，"岭"，原本作"岳"。据《宋史》本传，祐用兵岭南时徙职，原本"岳"字误，据改。

廿二史考异卷七十七

宋史十一

田锡传

出知陈州。坐稽留杀人狱,责授海州团练副使。 按:《容斋四笔》云,陈州民张矩,杀里中王裕家两人,知州田锡未尝虑问,又诣阙讼冤,遣二朝士鞫之,皆云非矩所杀。裕家冤甚,其子福应募为军,因得见,曰:"臣非欲隶军,盖家冤求诉耳。"太宗怒,付御史府治之,置矩于法。二朝士皆坐贬,锡与通判郭渭谪为海、郓州团练副使。史于《锡传》既不详书,而《刑法志》亦不之及,何也?

王禹偁传

宪宗尝命裴洎铨品庶官。 "洎"当作"垍"。

尹洙传

年四十七。 欧阳修撰墓志作"四十六"。

谢绛传

年四十六。 欧阳修撰墓志作"四十五"。

梁颢传

年九十二。 按:陈正敏《遁斋闲览》称梁颢八十二岁,状元及第,卒年九十余。士大夫多以为口实。洪文敏引《国史》,颢卒年四十二。史臣云"梁之秀颖,中道而摧",以正《遁斋》之误。《东都事略》亦云年四十二,与《国史》同。李心传《朝野杂记》载状元年三十以下者云:梁内翰颢,年二十三。颢登第在雍熙二年乙酉,至景德元年甲辰卒,恰是四十二岁也。《传》作九十二，未知何据。即如其言追溯及第之时，止合七十三岁，与《遁斋》说亦不合。

适相仁宗，别有传。　　按：适为颢之子，《颢传》在第五十五卷，而《适传》在四十四卷，先后亦为乖次。

杨徽之传

周显德中，举进士，刘温叟知贡部，中甲科。　　据《五代会要》，在显德二年。

时刘昌言拔自下位，不逾时参掌机务，惧无以厌人望，常求自安之计。童俨为右计使，欲倾昌言代之，尝谓徽之曰："上遇张洎、钱若水甚厚，旦夕将大用。"有直史馆钱熙者，与昌言厚善，诣徽之，徽之语次及之。熙遽以告昌言，昌言以告洎。洎方固宠，谓徽之遣熙构飞语中伤己，遂白上。上怒，召昌言质其语。出徽之为山南东道行军司马，熙落职通判朗州。　　此事又见《张洎》、《钱熙传》。"童俨"当作"董俨"。

查道传

享年六十四。　　《新安志》，年六十二。

许元传

累迁国子博士，监在京榷货务，三门发运判官。　　按：欧阳修为元志墓，但云三司使，言公材以主榷货，不云为三门发运判官也。

进金部，特赐进士出身。　　按：元由任子入官，以会计特赐进士，非常格也。

既而元欲专六路财赋。　　六路者：江南东路、江南西路、淮南路、两浙路、荆湖北路、荆湖南路也。

钟离瑾传

后徙淮南转运副使，历京西、河东、河北转运使，改江、淮制置发运使。　　按：《文潞公奏状》言，转运使有路，分轻重远近之差，河北、陕西、河东三路为重路，岁满多任三司使副或发运使，发运任满，亦充三司副使。成都路次三路，京东西、淮南又其次，江东西、荆湖、两浙又次之，二广、福建、梓利夔路为远小。瑾自淮南、京西移河东、河北，改发运，乃任三司户部副使，与潞公所云正合。

杜杞传

父镐，荫补将作监主簿。 按：《东都事略》，杞为镐孙，当云以大父镐荫补。

杨畋传

保静军节度使重勋之曾孙。 按：史无《重勋传》，惟列传第三十二卷有杨美，并州文水人，官至保静军节度使，疑即此《传》所云重勋也。畋称杨业为曾伯祖，则美与业盖昆弟行。

杨日严传

河南人。进士及第。 按：杨克让之孙日严，亦登进士第，官职方员外郎。彼《传》云同州冯翊人，此云河南人，两人同时，又同姓名，其兄同名日华，疑本是一人，祖贯冯翊，后徙洛阳尔。

贾黯传

以人菡啖之。 "菡"读如"矢"。《说文》："菡"，粪也。

吴及传

建请择馆职，分校馆阁书，并求遗书于天下，语在《艺文志》。 按：《艺文志》不载吴及奏议。

杨亿传

卒，年五十七。 《东都事略》作年四十七。亿尝代寇准草奏，请皇太子亲政，斥丁谓奸邪。准既逐，亿亦以忧卒。景祐元年，枢密使王曙上其事，诏赠礼部尚书，谥曰文。有司言："故事，非尝任二府及事东宫四品，无赠官。"仁宗曰："亿为国竭忠，可拘常典乎？"此事《传》所当载，而史失之。亿官工部侍郎，秩四品。

乐黄目传

又撰《学海搜奇录》四十卷。　《艺文志》作六十卷，黄目父子撰述。《志》所载者不及其半，盖《志》、《传》之文，多不相应。

杨覃传

唐有京兆尹凭居履道坊，仆射于陵居新昌坊，刑部尚书汝士居靖恭坊，时称"三杨"，皆为盛门，而靖恭尤著。　按：覃与大雅皆虞卿之后，所述世系，两《传》略同，而此篇尤冗。史家失于删并，由不出一人之手也。"三杨"之目，乃唐代故事，而《宋史》载之，失限断之例矣。

昭宗朝，以兵部员外郎使吴越。　《杨大雅传》及《唐书·宰相世系表》并作刑部员外郎。

杨允恭传

请建大庾县为军，官摧盐市之。诏建为南安军。　按：《地理志》，淳化元年，以虔州大庾县建为军。据此《传》，似在太平兴国间。

巢、庐江二县，旧隶庐州，道远多寇，民输劳费。允恭请以二县建军，诏许之，以无为为额。　按：《地理志》，太平兴国三年，以庐州巢县无为镇建为军，以巢、庐江二县来属。据此《传》，似在淳化以后。

王曾传

旧用郎中官判大理寺，帝欲重之，特命曾。且谓曾曰："狱，重典，今以屈卿。"　按：是时曾以右正言知制诰兼史馆修撰。正言官从七品，尚在郎中之下，其后再迁，才得主客郎中，而此时转以判寺为屈，何邪？盖宋时宰执之下，即以两制为华选，知制诰与学士对掌内外制，地望清华，不与它官校品秩，以侍从充郎官差遣，故云屈也。按阁门仪制，大宴，知制诰与尚书丞郎同行；见《宋朝事实》。朝会班，知制诰在秘书监、光禄卫尉、太仆大理诸卿之上。史所载"宁登瀛'不为卿，宁抱椠'不为监"之谚，正谓此尔。

皇祐中，仁宗为篆其碑曰旌贤之碑。大臣赐碑篆自曾始。　《春明退朝录》，皇祐中，王侍郎子融守河中还，以唐明皇所题《裴耀卿碑额》上之,仁宗遂御篆赐沂公碑曰旌贤。其后踵之者:怀忠、吕许公。显忠、李忠武。旌忠、寇莱公。全德元老、王太尉。教忠积庆、文潞公父洎。亲贤、李侍中用和。褒亲、齐国献穆公主。旌功、曹襄悼。旧学、晏元献。崇儒、丁文简。旧德、张邓公。显先积庆、赵中令子丞。旌忠怀德、张侍中耆。儒贤、高文庄。褒贤、范文正。思贤、刘丞相沆。清忠、王武恭。旌忠元勋、狄武襄。褒忠、陈恭公。纯孝。张文孝。英宗御篆:忠规德范。宋元宪。上御篆淳德守正、吕文穆。大儒元老。贾魏公。今考《宋史》,吕夷简、寇准、王旦、李用和、曹利用、晏殊、张士逊、范仲淹、刘沆、陈执中、宋庠、贾昌朝《传》皆载赐额,与宋敏求所记合,而它《传》则遗之。又按:杜大圭名臣、《琬琰集》所载。仁宗御篆程琳碑额曰:旌劳;神宗篆高琼碑额曰:决策定难显忠基庆;哲宗篆赵抃碑额曰:爱直,韩绛曰:忠弼考宗;赐韩世忠曰:中兴佐命,定国元勋;吴璘曰:安民保蜀,定功同德。《传》皆失书。丁文简者,度也。高文庄者,若讷也。王武恭者,德用也。狄武襄者,青也。张文孝者,观也。

张知白传

罢为刑部侍郎、翰林侍读学士、知大名府。 《春明退朝录》,祖宗时宰相罢免,唯赵令得使相,余多本官归班,参枢亦然。天禧中,张文节始以侍读学士知南京,天圣中,王文康曙。以资政殿学士知陕州,自庆历后,解罢率皆得职焉。 按:次道举张知白、王曙两人为执政罢免加职出外之例,若除职而留京师者,则如至道二年钱若水自同枢除集贤院学士判院事,咸平元年夏侯峤自枢副除翰林侍读学士,皆实履其职。景德二年王钦若自参政除资政殿学士,亦居京师奉朝请,非外任也。《宰辅表》,王曙罢参政出知郓州在明道元年七月,而宋云天圣者,本天圣十年。其十一月,方改明道也。

晏殊传

宰相寇准曰:"殊,江外人。"帝顾曰:"张九龄非江外人邪?" 宋初,南人罕登贵仕,治平以前拜相,惟丁谓、晏殊、章得象、曾公亮四人。自王介甫后,南人入相者浸多矣。寇、丁之隙,亦起于南北分党,莱公固贤相,未免有意排抑南人。

吕夷简传

帝始与夷简谋,以张耆、夏竦皆太后所任用者也,悉罢之,退告郭皇后。后曰:"夷简独不附太后邪?但多机巧、善应变耳。"由是夷简亦罢。及宣制,夷简方押班,闻唱名,大骇,不知其故。而夷简素厚内侍副都知阎文应,因使为中诇,久之,乃知事由皇后也。　此事又见《宦者传》。

韩琦传

庆历二年,与三帅皆换观察使,范仲淹、庞籍、王沿不肯拜,琦独受不辞。　按:是时范仲淹帅环庆,除邠州观察使;庞籍帅鄜延,除延州观察使;王沿帅泾原,除泾州观察使,琦所受者必秦州观察使也。《仲淹》、《籍传》俱云辞观察不拜,独《沿传》不书辞不肯拜,亦疏漏。

常平使者散青苗钱,琦亟言之。帝出其疏以示宰臣,曰:"琦真忠臣,虽在外,不忘王室。朕始谓可以利民,今乃害民如此。且坊郭安得青苗,而亦强与之乎?"安石勃然进曰:"苟从其欲,虽坊郭何害。"明日,称疾不出。　此事又见《食货志》。

王琪传

徙知江宁。　按:《景定建康志》,嘉祐二年二月,尚书工部郎中龙图阁待制王琪知府事。三年八月,琪除知制诰,就移知苏州。五年二月,工部郎中知制诰王琪再知府事。四月,移知陈州。《传》只载知江宁一任,余并失书。戈宙襄云:王珪兄名琪,王德子亦名琪,一文臣,一武臣也。

文彦博传

自澶州商湖河穿六漯渠。　《河渠志》,"湖"作"胡","漯"作"塔"。"塔""漯"同音。《吴中复》、《蔡挺传》亦作"六漯"。

遂加彦博两镇节度使。　两镇者,河东及永兴军也。

韩维传

字持国。　司马光《传家集》称其字曰秉国。温公父名池,与"持"

同音,故易之。

熙宁二年,迁翰林学士。 按:《石林燕语》,韩门下维以赐出身,熙宁末,特除翰林学士。崇宁中,林彦振赐出身用韩例,亦除翰林学士。国朝以来,学士不由科第除者惟此二人。彦振谓摅也。今《摅传》书"赐进士第",而《维传》不书"赐出身",亦史文之阙。

包拯传

知天长县。有盗割人牛舌者,主来诉。拯曰:"第归,杀而鬻之。"寻复有来告私杀牛者,拯曰:"何为割牛舌而又告之?"盗惊服。 按:《穆衍传》,调华池令,民牛为仇家断舌而不知何人,讼于县,衍命杀之,明日仇以私杀告,衍曰:"断牛舌者乃汝邪?"讯之具服。此二事正相类。

欧阳修传

左迁知制诰、知滁州。 此据《四朝国史·本传》之文,然知制诰非左迁之官,以《欧阳年谱》及《文集》考之,是时修方以龙图阁直学士充河北转运使,坐孤甥事,落直学士,罢转运使,仍带右正言知制诰,出知滁州耳。

时在外十二年矣。 按:修以庆历四年甲申自谏院出为河北转运使,至至和元年甲午服除赴阙,实十有一年,史云十二年者误。

刘敞传

奉使契丹,素习知山川道径,契丹导之行,自古北口至柳河,回屈殆千里,欲夸示险远。敞质译人曰:"自松亭趋柳河,甚径且易,不数日可抵中京,何为故道此?"译相顾骇愧曰:"实然。但通好以来,置驿如是,不敢变也。" 按:《阎询传》,使契丹时,契丹在靴淀,迓者王惠导询由松亭往,询曰:"此松亭路也,胡不径葱岭而迂枉若是,岂非夸大国地广,以相欺邪?"惠惭不能对。此二事亦相类。

曾巩传

建昌南丰人。 按:《曾致尧传》云,抚州南丰人。考宋初,南丰已隶建昌军矣，当从《巩传》。巩为致尧之孙，《致尧传》失书孙巩自有传。
《巩传》又不言其祖，于史例为疏漏矣。

王巩传

从苏轼游。轼知滁州。　"滁"当作"徐"。

登魋山，吹笛饮酒。　魋山本桓山，史家避讳改。

廿二史考异卷七十八

宋史十二

陈襄传

尝访人材之可用者。襄以司马光、韩维、吕公著、苏颂、范纯仁、苏轼至于郑侠三十三人对。　今苏州府学有石刻《熙宁经筵荐士章稿》，题云:枢密直学士、尚书右司郎中兼侍读臣陈襄上进。三十三人者:端明殿学士、右谏议大夫、集贤院修撰、提举西京嵩山崇福宫司马光,端明殿学士、翰林侍读学士、尚书吏部郎中知许州韩维,翰林侍读学士、宝文阁学士、尚书户部侍郎、提举西京嵩山崇福宫吕公著,秘书监、集贤院学士知杭州苏颂,右司谏、直集贤院孙觉,尚书祠部员外郎、秘阁校理知齐州李常,尚书兵部员外郎、直集贤院知和州范纯仁,尚书祠部员外郎、直史馆、权知河中府苏轼,尚书祠部员外郎、集贤校理、权知洪州曾巩,尚书祠部员外郎、集贤校理、同修起居注孙洙,秘书丞、集贤校理、史馆检讨王存,太子中允、馆阁校勘、判武学顾临,秘书省著作佐郎、集贤校理、知太常礼院林希,太子中允、馆阁校勘、签书应天府判官厅公事刘挚,太常博士、崇文院校书、句当宗正丞公事虞太熙,太子中允、监西京洛河抽税竹木务程颢,太子中允、权发遣淮南西路转运判官公事刘载,殿中丞、新差充秦凤熙河路措置边事司句当公事兼催督军需薛昌朝,秘书省著作佐郎、前崇文院校书张载,权兴国军节度掌书记、见磨勘苏辙,前台州司户参军、召试馆阁孔文仲,新差歙州军事推官吴贲,前润州延陵县令吴恕,尚书屯田郎中、知开封府太康县事林英,尚书都官员外郎、监泗州河南转般仓孙奕,秘书省著作佐郎、监扬州粮料院林旦,太常博士、新差监衡州在城盐仓邹何,尚书右司郎中、分司南京李师中,尚书兵部员外郎傅尧俞,太常博士、新差河东路提点刑狱公事胡宗愈,前秘书省著作佐郎王安国,太子中允、降授大理评事唐坰,前光州司法参军、监安上门英州安置勒停郑侠也。绍兴元年十一月,诏以襄荐章写示百僚,并镂版行下诸路,此事史亦失书。

孙洙传

寻干当三班院。 "干当"本是"句当",史家避高庙嫌名追改。《王师约传》:"同管当三班院。"《杨佐传》:"干当河渠司。"《曾孝蕴传》:"管干发运司枭籴事。"《王韶传》:"管干秦凤经略司机宜文字。"韶子厚:"干当熙河公事。"《萧注传》:"管干麟府军马。"《傅尧俞》传:"赵继宠越次管当天章阁。"《林旦传》:"干当奏院。"《宋球传》:"干当礼宾院。"《张整传》:"管干马军司。"《宇文昌龄传》:"辟干当公事。"《汪藻传》:"迁江西提举学事司干当公事。"《外戚传》:李评"干当三班院"。《向传范》:"管干客省閤门皇城司。"《宦者传》:刘惟简"干当延福宫"。李舜举"历干当内东门、御药院、讲筵阁、实录院"。又为"广西干当公事"。高居简"干当御药院"。苏利涉"干当御药院"。又"干当皇城司"。《奸臣传》:蔡确"管干右厢公事"。《选举志》:"管干御药院使臣。"又户部"干官麴院榷税务将作监管干公事"。《职官志·枢密院篇》:"神宗以存等皆馆职,不欲令承旨提举,诏改为管干。"《户部篇》"增置干当公事二员"。"绍圣元年,罢户部干当公事,置提举管干官"。"建中靖国元年,复干当公事官二员"。《司农寺篇》:"熙宁四年,诏诸路提举常平管干官令提举司保明,计功赏之。""六年,置干当公事官"。"九年,以干当公事官所至辄用喜怒,罢之"。《皇城司篇》:"干当官七人。""元丰六年,诏干当皇城司"。"元祐元年,诏干当官阅三年无过者,迁秩一等"。《开封府篇》:"左右厢公事干当官四人。"《经略安抚司篇》:"其属有干当公事。""崇宁五年,诏河东同管干沿边安抚司公事"。《合班篇》:"管干殿中省尚舍、尚药、尚酝、尚辇、尚衣、尚食局。""干当左右厢公事"。《宫观篇》:"自今并依嵩山崇福宫、舒州灵仙观置管干或提举。""诏卿、监、职司以上提举,余官管干"。"又有以京官为干当者"。《职田篇》:"发运司干当公事。""转运司管干文字"。"提举常平仓司干当公事"。"蔡河许汝石塘河都大催纲,管干机宜文字,府界提点司干当公事"。《食货志·农田篇》:"政和六年,立管干圩岸围岸官。"《常平义仓篇》:"诏诸路各置提举官二员,以朝官为之,管当一员,京官为之。""河北转运司干当公事王广廉"。《会子交子篇》:"崇宁三年,置京西北路专切管干通行交子所。"《盐中篇》:"提举江西常平张根管干运淮盐于江西。"《茶下篇》:熙宁七年,"始遣三司干当公事李杞入蜀"。又"令茶场都大提举视转运使,同管干视转运判官"。《阬冶篇》:以"许天启同管干陕西阬冶事"。"天启为同管干,欲专其事"。"诸路阬冶自川陕京西之外,并令常平司同管干"。"入内皇城使裴绚为泾原干当"。《市易篇》:"因命韶为路帅司干当兼领市易事。""诏在京市易干当公事孙迪"。又"诏三司干当公事李杞等"。《兵志·乡兵篇》:"每五十顷为一营,差谙农事官一员干当。""诏将陇山一带弓箭手人马别置一将管干"。"每路各置干当公事使臣二员"。"尝充巡检或管干本族公事"。《保甲篇》:"增同判一、主簿二、干当公事十。""提举司之干当公事者"。《训练篇》:"部队将干当公事,凡三十九人。"《军甲篇》:"始置军器监。属有丞,有主簿,有管当公事。"《马政篇》:"诏熙河路应县、镇、城、砦、关、堡官并兼管干给地牧事。"皆以"干"代"句",或以"管"代"句"也。神宗以后,《四朝国史》成于淳熙之世,故多追改字,史家承其旧文,未及改正尔。

孟元传

赠遂州观察使。 元有女孙为哲宗皇后,赠太尉。曾孙忠厚,在《外戚传》。此《传》皆失书。

侍其曙传

侍其曙字景升。 史失其里居。

祥符二年,黎州夷人为乱,诏曙乘驿往招抚,其酋首纳款,杀牲为誓。曙按行盐井,夷人复叛。曙率部兵百余,生擒首领三人,斩首数十级。因上言蛮阻险拒命,请必加讨。诏知庆州孙正辞、环庆驻泊都监张继勋领陕西兵同曙俱进,所至皆降。 按:《蛮夷传》,大中祥符元年,泸州言江安县夷人为乱。诏遣阁门祗候侍其旭乘传招抚。旭至,蛮人首罪,杀牲为誓。未几,复叛。旭因追斩数十级,擒其首领三人。二年,旭言夷人恃岩险,未即归服。诏文思副使孙正辞等为都巡检使,乃分三路入其境,胁以兵威,皆震慑伏罪。两《传》一云黎州,一云泸州,地名互异。正辞官名,一称其寄禄官,一称其差遣,非有异同。其易曙为旭,则避英宗讳也。曙乘传招抚,抚而复叛,据《蛮夷传》在祥符元年,孙正辞等进讨则在二年,《本传》俱以为二年事,似误。

王安石传

自礼部侍郎超九转,为吏部尚书。 按:《职官志》,文臣叙迁之例,礼部侍郎当转户部、吏部左丞,而后递转六曹尚书,故云超九转。

神宗欲命相,问韩琦曰:"安石何如?"对曰:"安石为翰林学士则有余,处辅弼之地则不可。" 此语已见《琦传》。

蔡挺传

元丰二年薨。 列传书薨、卒,当有一定之例。赵普、文彦博、王安石、苏颂皆宰相,而书"卒",吕公弼、蔡挺、邓洵武以执政书"薨",此可议也。

王韶传

蕃部俞龙珂。 《长编》或作龙渴。"渴""珂"声相近。

沈遘传

年四十。 王安石撰墓志云年四十三。

李大临传

定以初等职官超朝籍,躐宪台。 宋初,选人寄禄官凡四等。留守、节察判官,节察掌书记、支使,防、团判官;留守、节察推官,军、监判官,[①]谓之两使职官。防、团军事推官、军监判官,谓之初等职官。录事参军、县令,谓之令录。军巡判官,司理,司法,司户,县主簿,县尉,谓之判司簿。据《职官志》,李定时为秀州军事推官,故云初等职官。而苏颂及《定传》,俱云秀州判官,则是两使职官,不当云初等矣。颂、大临争李定事,详见《颂传》,此文重出。

自争李定后名益重,[②] 世并宋敏求、苏颂称为"熙宁三舍人"云。此语亦见《苏颂》传。

吕夏卿传

夏卿学长于史,贯穿唐事。 夏卿有《唐书直笔新例》一卷。

又通谱学,创为《世系诸表》。 欧阳公《新唐书·宗室》、《宰相世系》二表,出于吕夏卿,《律历》、《天文》、《五行志》,出于刘义叟,《方镇表》出于梅尧臣。能集众人之长,故较《旧史》为善。

程师孟传

程师孟字公辟,吴人。 师孟,一见列传第九十卷,一见《循吏传》,两篇无一字异者,《循吏传》多两字。前后不检照如此。又列传第一百廿二卷《李光传》末附见其子孟传事,凡百十五字,而第一百六十卷复为孟传立传。

司马光传

陕州夏县人也。父池,天章阁待制。 按:吕公著父夷简、陈执中父恕、富直柔祖弼、张鉴父藏英皆有传,故《本传》不书某县人。若戚纶父同文已有传矣,而《同文传》复书应天楚丘人;应天府即宋州。韩琦父国华已有传矣,而《琦传》复书相州安阳人,琦曾孙《肖胄传》又书相州安阳人;司马光父池已有传矣,而《光传》复书陕州夏县人;曾布祖致尧、兄巩皆有传矣,而《布传》复书南丰人;孙瑜父奭已有传矣,而《瑜传》复书博平人;张焘父根已有传矣,而《焘传》复书饶之德兴人;刘光世父延庆已有传矣,而《光世传》复书保安军人;刘子羽父韐已有传矣,而《子羽传》复书建之崇安人;杨存中父震已有传矣,而《存中传》复书代州崞县人;胡世将曾祖宿已有传矣,而《世将传》复书常州晋陵人;徐俯父禧已有传矣,而《俯传》复书洪州分宁人;常同父安民已有传矣,而《同传》复书邛州临邛人;沈晦祖遘已有传矣,而《晦传》复书钱塘人;蒋芾曾祖之奇已有传矣,而《芾传》复书常州宜兴人;留正六世祖从效自有《世家》矣,而《正传》复书泉州永春人;李壁父焘已有传矣,而《壁传》复书眉之丹稜人;孟珙父宗政已有传矣,而《珙传》复书随州枣阳人;高文虎从父闶已有传矣,而《文虎传》复书四明人;王阮曾祖韶已有传矣,而《阮传》复书江州人;郑望之父仅已有传矣,而《望之传》复书彭城人;

吴潜父柔胜已有传矣,而《潜传》复书宣州宁国人;梅尧臣从父询已有传矣,而《尧臣传》复书宣州宣城人;傅察从祖尧俞已有传矣,而《察传》复书孟州济源人;郭忠孝父逵已有传矣,而《忠孝传》复书河南人,其子《雍传》又云其先洛阳人;邵伯温父雍已有传矣,而《伯温传》复书洛阳人;贾似道父涉已有传矣,而《似道传》复书台州人;苗傅祖授已有传矣,而《傅传》复书上党人,上党即潞州。此类皆可从省。

王广渊除直集贤院,光论其奸邪不可近:"昔汉景帝重卫绾,周世宗薄张美。广渊当仁宗之世,私自结于陛下,岂忠臣哉?宜黜之以厉天下。" 此语已见《广渊传》。

请判西京御史台归洛。 光以端明殿学士、翰林侍读学士判留台,元丰初,提举嵩山崇福宫,《传》皆失书。

田夫野老,皆号为司马相公。 光尝除枢密副使,虽辞不拜,而当时犹以相公称之,盖非两府不得称相公也。

范镇传

超授直秘阁。 故事,馆阁校勘须迁校理,乃得直阁。邵亢自国子直讲、馆阁校勘进集贤校理,加直史馆,司马光亦自国子直讲为馆阁校勘,加集贤校理,改直秘阁,是也。镇以校勘径迁直阁,故云超授。

范百禄传

对入三等。 范祖禹撰《百禄墓志》云:国朝制策三等,惟吴育、苏轼及公三人。

改吏部侍郎。 《墓志》云:右选官冗,累岁乃得调。既赴官而宗室许占射成资即罢去,为筦库者患之,公奏请宗室员外置,不独恩厚公族,且使在官无非次替移之怨。此事《本传》不书。

范祖禹传

字淳甫。 一作纯夫。

苏轼传

欧阳修以才识兼茂荐之。 按:宋制科之目,贤良方正、能直言极谏为一科,才识兼茂、明于体用为一科。二苏当日同举直言极谏科。颍滨志其兄墓亦云:文忠以直言荐之。《传》云才识兼茂者,误也。凡应制科者,先就秘阁试论六首,中格,然后天子亲策之。所谓秘阁试六论也。

及试二论,复入三等,得直史馆。 按:《选举志》:"太宗以来,凡特旨召试者,于中书学士舍人院,或特遣官专试,所试诗、赋、论、颂、策、制诰,或三篇,或一篇,中格则授以馆职。"据此《传》,则治平中召试馆职,惟试论二篇也。

哲宗立,复朝奉郎。 轼知湖州日,寄禄官为祠部员外郎。及官制行改后行,员外郎为朝奉郎,轼始叙复元官朝奉郎,正当昔之祠部员外郎也。

遂以本官知英州,寻降一官。 轼在定州为御史所论,落端明殿学士、翰林侍读学士两职,但以朝奉郎知英州。降一官者,由朝奉降承议郎也。杭、扬、颍、定皆节度州,英则刺史州,以差遣言之,亦降两三等。

轼自元祐以来,未尝以岁课乞迁,故官止于此。 轼于元祐中任礼部尚书,从二品,翰林学士,正三品,而寄禄官止于朝奉郎,才正七品。盖京朝官虽有四年一转之法,亦必申请吏部乃得之。《容斋三笔》载神宗即位,以刑部郎中刘述今朝散大夫。久不磨勘,特命为吏部郎中;今朝请大夫。兵部员外郎张问今朝请郎。十年不磨勘,特迁礼部郎中。今朝奉大夫。东坡之久不迁官,亦此类也。

苏辙传

六年,拜尚书右丞。 《宰辅表》称苏辙自龙图阁学士、御史中丞除中大夫、尚书右丞,《本传》失书加龙图阁学士一节。

已而复大中大夫。 辙除右丞时,转官中大夫,在门下侍郎任内。转大中大夫,《传》皆不书。盖《四朝国史》于寄禄官多略之,史家因其旧文,不复增益。如此《传》前无转官大中之文,而后云降朝议大夫,复大中大夫,首尾殊不相应矣。

苏颂传

泉州南安人。 按：《苏绅传》称泉州晋江人，此称泉州南安人，曾肇撰《颂墓志》则云泉州同安人，俱不合。

大临还侍从，颂才授秘书监。 大临时为天章阁待制，故称侍从。其时未改官制，卿监在侍从之下也。

及修两朝国史。③ "及"当作"召"。据《墓志》，召修国史，提举中太一宫。史局兼宫观，盖始于此。南渡后，陆游以提举祐神观兼同修国史，亦用此例，而《职官志》亦不之及。

赵瞻传

服除，易朝请大夫、知沧州。 按：《元丰寄禄格》，以朝请大夫换前行郎中。瞻于神宗初已官司封员外郎矣，史盖失书转郎中一节也。元丰改官制后，史家于寄禄官多略而不书，惟王存、孙固、赵瞻、杨简诸《传》，犹见一斑尔。

郑雍传

初，邢恕以书抵宰相刘挚，挚答之，④有"自爱以俟休复"之语，排岸司茹东济录书示雍与殿中侍御史杨畏，雍、畏释其语曰："俟休复者，俟他日太后复辟也。"遂并以此事论挚威福自恣，乞罢之。 此事已见《挚传》。

陆佃传

遂罢为中大夫、知亳州。 按：佃除执政时，寄禄官已至中大夫矣，此乃以本官出知亳州耳。《宰辅表》云依前大中大夫，与《传》互异。

陈师锡传

调昭庆军掌书记，郡守苏轼器之。 是时轼知湖州。⑤昭庆，湖州节镇额也。

颜复传

颜子四十八世孙也。父太初,以名儒为国子监直讲,出为临晋簿。当云父太初,自有传。

陶节夫传

晋大司马侃之裔也。 按:史传之例与碑、志不同。文人谀墓,追溯得姓之始,胪举前代名贤,以表世阀,至于史家,宜存限断,高曾以上,事隔先代,虽谱牒分明,亦当芟汰。《宋史》诸传,如《刘温叟》云:"唐武德功臣政会之后。"《刘熙古》云:"唐左仆射仁轨十一世孙。"《刘载》云:"唐卢龙节度济之六世孙。"《王著》云:"自言唐相石泉公方庆之后。"《张藏器》云:"自言唐相嘉贞之后。"《石扬休》云:"唐兵部郎中仲览之后。"《杨偕传》:"唐左仆射于陵六世孙。"《李谘》云:"唐赵国公峘之后。"《范仲淹》云:"唐宰相履冰之后。"《薛映》云:"唐中书令元超八世孙。"《鲜于侁》云:"唐剑南节度使叔明裔孙。"《齐恢》云:"唐宰相映之后。"《郭申锡》云:"自言唐代公元振之后。"《石普》云:"自言唐河中节度使雄之后。"《张浚》云:"唐宰相九龄弟九皋之后。"《李焘》云:"唐宗室曹王之后。"《朱倬》云:"唐宰相敬则之后。"《魏矼》云:"唐丞相知古后。"《杜莘老》:"唐工部甫十三世孙。"《张运》云:"唐宰相文瓘之后。"《杨大异》云:"唐天平节度使汉公之后。"《陆九龄》云:"八世祖希声,相唐昭宗。"《韩溥》云:"唐相休之裔孙。"《罗处约》云:"唐酷吏希奭之裔孙。"《李邈》云:"唐宗室宰相适之之后。"《颜诩》云:"唐太师真卿之后。"皆承用志状之文,未及刊削。若依此例,则苏之出味道、欧阳之出询,何以又不书也? 此篇叙陶氏而及东晋遥遥华胄,尤无谓矣。《司马池传》,自言晋安平献王孚后。《杨覃传》,汉太尉震之后,与此同。

郭成传

子浩,绍兴中为西边大将,至节度使。 当云子浩自有传。

赵挺之传

赠司徒,谥曰清宪。 挺之子明诚,建炎初以秘阁修撰知江宁府,移湖州,史失书。

校勘记

　　① "军、监判官","监",原本作"事"。与宋官制不符,盖刊本误。据《宋史》卷一六九改。

　　② "自争李定后名益重","自",《宋史》卷三三一作"因"。

　　③ "及修两朝国史","国史",《宋史》卷三四〇作"正史"。

　　④ "挚答之","之",原本作"曰"。文意欠通。据《宋史》卷三四二改。

　　⑤ "是时","时",原本作"是"。刊本字讹。据文意改之。

宋史十三

李纲传上

尚书右丞许翰言纲忠义,舍之无以佐中兴。会上召见陈东,东言:"潜善、伯彦不可任,纲不可去。"东坐诛。翰曰:"吾与东皆争李纲者,东戮都市,吾在庙堂可乎?"遂求去。 此事又见《许翰传》,当去此存彼。

后有旨,纲落职居鄂州。 按:纲罢相在建炎元年七月,其落职在是年十月,落职者,削观文殿大学士之职也。鄂州居住在是年十一月,皆出殿中侍御史张浚之论劾。史于《浚传》既讳而不言,此《传》但于罢相时一言浚劾,余亦略不及之,盖史家为张护短,非直笔也。纲于洪刍、陈冲辈,皆为救解,而独致宋齐愈于死,固难免上下其手之嫌。乃浚于纲罢相之后,抨击不已,甚至指为国贼,又谓纲于蔡氏门人,虽误事乱政,力加荐引,非窜殛不足以靖天下,而于汪、黄之奸邪则缄口不言,斯诚变乱黑白之甚者矣。浚疏具载李心传《系年要录》。予故表而出之,读史者勿以其晚节之善,而置之不论也。

李纲传下

赠少师,官其亲族十人。 按:《宋史·纪》、《传》于东都九朝,繁简尚为有法,南渡以后,芜杂殊甚。李纲固贤相,其《传》乃至两卷,毋乃太繁乎?其谥忠定,则《传》仍漏而不书,何也?列传第百七十八宣缯、李鸣复、邹应龙、别之杰、金渊,第百七十九张磻、马天骥、朱熠、饶虎臣、戴庆炳、沈炎,第百八十二赵与𥰁诸人,但叙官阶,全无事实,又何太简乎?盖史于南渡七朝,叙事不如九朝之密,而宁宗以后,又不如高、孝、光三朝之详赡也。

张浚传

始，粘罕病笃，语诸将曰："自吾入中国，未尝有敢撄吾锋者，独张枢密与我抗。我在，犹不能取蜀；我死，尔曹宜绝意，但务自保而已。"兀术怒曰："是谓我不能邪！"粘罕死，竟入攻，果败。　按：此语本之朱文公所撰《行状》，然粘罕以天会十四年卒，即绍兴七年也，而吴玠破敌乃在绍兴元年，其时粘罕尚无恙，富平之战，粘罕亦未入陕，皆不可信。李心传云：案诸书，此时粘罕在云中，实娄宿死。《行状》误也。

连日南军小不利，忽牒报敌兵大至，显忠夜引归。浚上疏待罪。按：袁桷《跋外高祖史魏王尺牍》云，朱文公作《张忠献行状》，一出南轩之笔，不过题官位名姓而已，后考三败事迹，始悔昔年不加审核，归咎南轩，然亦无及矣。符离之败，陵阳李伯微甫载其事甚详，云符离之役，军资器械失亡殆尽，张魏公初闻之，疑金人踵至，甚惧，即军中解所佩鱼，遣归朝官太平州通判刘蕴古假朝议大夫，使北求和，僚吏有止之者，乃奏乞致仕。又乞朝廷遣使，孝宗不从。既而金人不复南，魏公乃谋再举，上亦不从。及和议将成，魏公持之甚确，左相汤庆公因白蕴古之事，由是魏公遂绌。李与张俱蜀士，史笔不敢有所隐避也。伯微，心传字。浚有恢复之志，而无恢复之才，平居好大言，以忠义自许，轻用大众，为侥幸之举，故苏云卿料其无成。史家以其子为道学宗，因于浚多溢美之词。符离之败，但云南军小不利而已，岂信史乎！

吕颐浩传

以知绍兴府朱胜非同都督诸军事。　《胜非传》失书知绍兴府事。《系年录》，胜非除知绍兴府在五月戊子，除同都督在七月辛巳，复知绍兴在八月壬辰，改除经筵在是月戊戌。史家以其未赴任，故略之耳。

给事中胡安国论胜非必误大计，胜非复知绍兴府，寻以醴泉观使兼侍读。安国持录黄不下，颐浩特命检正诸房文字黄龟年书行。安国以失职求去，罢之。桧上章乞留安国，不报。　此事又见《安国传》，当去此存彼。

韩世忠传

始补进义副尉。　《神道碑》作守阙进义副尉。守阙者，未正授之名也。此二字不可省。

转进勇副尉。 《神道碑》作进武副尉。

宣抚副使李弥大斩之。 碑作宣抚使李纲。

以功迁左武大夫果州团练使，诏入朝，除正任单州团练使。 正任者，落阶官也。《职官志》，凡未落阶官者为遥郡，除落阶官者为正任。靖康元年，臣僚言：遥郡正任，恩数辽绝。自遥郡迁正任者，合次第转行。今自遥郡与落阶官而授正任，直超本等正官，是皆奸巧希进躐取。乞应遥郡承宣使有功劳除正任者，止除正任刺史。从之。世忠以遥任团练使，当历遥郡防御观察承宣使及正任刺史，而后转正团练使，今就迁正任，非常格也。

时张遇自金山来降，抵城下，不解甲，人心危惧，世忠独入其垒，晓以逆顺。 按：《吕颐浩传》："颐浩单骑与世忠造其垒，说之。"

授检校少保，武宁昭庆军节度使。 《武宁碑》作武胜。

孝宗朝，追封蕲王，谥忠武。 诏礼部尚书赵雄撰《神道碑》，御书额曰：《中兴佐命定国元勋之碑》。《传》失书。

刘琦传

德顺军人。 《刘仲武传》云：秦州成纪人。父子别传，而籍贯互异。

吴璘传

追封信王。 《传》失书璘谥。又乾道八年，以子挺请立碑，诏翰林学士王曮撰文，赐额曰：《安民保蜀定功同德之碑》。《传》亦不及之。

杨存中传

父震，知麟州建宁砦，金人来攻，亦死于难。 当云父震见《忠义传》。

存中既显，请于朝，宗闵谥忠介，震谥忠毅。 按：《忠义传》，震谥恭毅，王明清《挥麈录》亦同。此云"忠毅"，疑误也。宗闵谥不见于《忠义传》，当移此就彼。

郭浩传

顺德军陇干人。 "顺德"当作"德顺"。《郭成传》云：德顺中安堡人。与此《传》地名小异。

王德传

再赠少傅。二子琪、顺亦以骁勇闻。 德谥威定，赠至太师。琪官武康军承宣使、主管殿前司公事。皆见《景定建康志》。德第三子琪，名见《忠义传》。史讹琪为拱，又不云德子，皆疏漏也。

张宪传

飞爱将也。 "飞"上脱"岳"字。宪与杨再兴、牛皋、胡闳休俱当附《岳飞传》。刊修者改其次第，未及订正尔。《宪》、《再兴》两《传》，俱不著里居。

曲端传

娄宿攻陕西。 "娄宿"即"娄室"也。"室""宿"声相近。

赵密传

太原清河人。 "清河"当是"清源"之讹。

胡世将传

赐三品服。 宋初承唐制，三品以上服紫，五品以上服绯。元丰官制，大中大夫从四品，即服紫，朝奉大夫从六品，即服绯，与唐制异矣。史家以赐紫为三品服，赐绯为五品服，盖失其实。

冯澥传

靖康元年，澥为左谏议大夫。 是时钦宗惩王安石、蔡京之误国，政事悉以仁宗为法，澥上言："仁宗，陛下之高祖也，神宗，陛下之祖也，子孙之心，宁有厚薄？王安石、司马光皆天下之大贤，其优劣等差，自有公论，愿无作好恶。允执厥中，则是非自明矣。"诏榜诸朝堂，侍御史李光驳之，不听，复为右正言崔鸥所击，宰相不复问，而迁瀚吏部侍郎。其在崇宁中，首上书请废元祐皇后，自选人除寺监丞。见《容斋随笔》。《传》皆讳而不书，失惩恶之旨矣。请废后事，虽附书于《钱通》传，而《本传》绝不一及，且云登进士第，历官入朝，以言事再谪，似入官以来言行无玷者，岂非变乱黑白之甚者乎？

王伦传

帝使伦谓左副元帅昌曰。 此《传》前称左副元帅昌，后称挞懒。挞懒，即昌也。《宋汝为传》前称完颜宗弼，后称兀术。兀术，即宗弼也。

金欲以伦为平滦三路都转运使，伦曰："奉命而来，非降也。" 按：《金史·本传》："以伦为平州转运使，伦已受命，复辞逊，上曰：'此反复之人。'遂杀之。"与《宋史》异。伦既耻事二姓，甘以身殉，岂有先已受命之理？当从《宋史》为正。

宇文虚中传

淳熙间，赠开府仪同三司，谥肃愍。 按：虚中与王伦俱奉使为金人所杀。宋、金二《史》各为立传，但虚中仕金已久，虽以不忘故国获祸，究宜入于《金史》。伦则宋之纯臣，即列之《忠义》，亦无愧词，断不应附于《金史》也。

尹穑传

字少稷。建炎中兴，自北归南。 《传》失书其里居。

洪皓传

绍兴十二年七月，见于内殿。 按：皓于建炎己酉出使，留金十五年，其归当以绍兴十三年癸亥，《传》云十二年者，误。戈宙襄云：案《系年录》，绍兴十三年六月，金人遣皓还行在，七月戊戌引见内殿。

洪遵传

知隆兴二年贡举，拜同知枢密院事。 按：宋自治平以后，三岁一科举，隆兴二年非贡举之岁，盖元年之误。《楼钥传》，隆兴元年试南宫，策偶犯旧讳，知贡举洪遵奏，得旨以冠末等。是其证也。遵入枢府，在元年五月，亦非二年事。

洪迈传

六年，除知赣州。　按：《中兴学士院题名》，乾道四年，迈自直院除集英殿修撰宫观。盖自禁林罢职予祠，复起知州，史失载奉祠一节。

十一年知婺州。迁敷文阁待制。明年，召对，以提举佑神观兼侍讲、同修国史。进敷文阁直学士，直学士院。十三年九月，拜翰林学士。　按：《传》先书乾道二年、三年、六年，以次及十一年、十三年，然乾道纪元止于九年，下得有十一年、十三年也？考《中兴学士院题名》，淳熙十三年四月，洪迈以敷文阁直学士兼直院，九月，除翰林学士。又《容斋随笔》云：淳熙十二年，迈自婺召还。又云：淳熙十四年当作十三年。九月，予以杂学士拜翰林学士。则史所云十一年、十三年者，实淳熙之十一年、十三年矣。

淳熙改元，进焕章阁学士、知绍兴府。　淳熙当为绍熙之讹。《容斋随笔》云：绍兴元年，予自当涂徙会稽，过阙者是也。考《学士院题名》，迈以淳熙十五年四月由翰林学士差知镇江府。又《太平州瑞麻赞》作于己酉八月，云"予假守十阅月"，则是十五年之冬，由镇江移知太平州，至绍熙改元，移绍兴府。除授次第，班班可考，《本传》皆缺而不书，又误绍熙为淳熙，失之甚矣。

明年，再上章告老，进龙图阁学士。寻以端明殿学士致仕，是岁卒，年八十。　据《传》文，似淳熙二年告老，即以其年卒。今考之，不特淳熙字误，即谓卒于绍熙二年，亦误也。《容斋三笔》成于庆元二年六月，其序云：予从会稽解组还里，于今六年，年龄之运，逾七望八。则是庆元二年丙辰，迈年尚未盈八十也。据《续笔》云：乾道己丑，年四十七。迈既寿至八十，其卒当在嘉泰二年壬戌矣。

富直柔传

故事，签书有以员外郎为之，而无三丞为之者。中书言非旧典，时直柔为奉议郎，乃特迁朝奉郎。自是寄禄官三丞除二府者，迁员外郎，自直柔始，遂为例。　予案：《元丰寄禄格》，以朝奉郎换后行员外郎，以奉议郎换太常、秘书、殿中丞。所谓三丞也。直柔时为奉议郎，当昔之三丞，故中书以为非，例因特迁两官。自后以奉议除两府者，皆迁朝奉郎，由直柔始也。元丰以后，员外郎三丞，皆为职事官，不以寄禄。中书所引故事，乃元丰以前名目，非南渡后名目。《传》乃云："自是寄禄官三丞除二府者，迁员外郎。"似南渡尚以三丞员外郎寄禄，误甚矣。石熙载以太平兴国四年正月自右补阙为兵部员外郎、枢密直学士，才七日，签书院事。见《容斋四笔》。此员外郎签书枢密故事也。

上虞县丞娄寅亮上书言宗社大计，欲选太祖诸孙"伯"字行下有贤德者视秩亲王，使牧九州，以待皇嗣之生，退处藩服。疏入，上大叹悟，直柔从而荐之，召赴行在，除监察御史。　寅亮已自有传，此文重出。

潘良贵传

会户部侍郎向子諲入见，语言烦亵，良贵故善子諲，是日摄起居，立殿上，径至榻前厉声曰："子諲以无益之谈久烦圣听！"子諲欲退，高宗顾良贵曰："是朕问之。"又谕子諲且款语。子諲复语久不止，良贵叱之退者再，高宗色变，阁门并弹之。　此事又见《子諲》传。

向子諲传

临江人，敏中玄孙。　敏中，开封人，南渡后子孙迁居临江。蔡襄，仙游人，而后徙居雪川。《蔡洸传》。任伯雨，眉州人，而其后居邵武。《任希夷传》。刘挚，东光人，而其后居龙游。《刘甲传》。

李朴传

翰林承旨范纯礼。　按：《纯礼传》，尝为枢密都承旨，非翰林承旨也。

杨愿传

愿字原仲。　史失书其里居，李心传《系年录》云山阳人。

句龙如渊传

句姓本出古句芒,高宗即位,避御名,更句龙氏。　按:《容斋续笔》:政和中,禁中外不许以龙、天、君、玉、帝、上、圣、皇等为名字,于是毛友龙但名友叶,天将但名将乐,天作但名作,句龙如渊但名句如渊,卫上达赐名仲达,葛君仲改为师仲,方天任为大任,方天若为元若,余圣求为应求,周纲字君举,改曰元举,程振字伯玉,改曰伯禹。然则如渊本是句龙氏,政和中回避去"龙"字,南渡避高宗嫌名,复其旧耳。《广韵》,"句"当字与句姓,并与"构"同音。句龙之"句"则平声,故无嫌也。句芒字,《经典》亦读古侯切,唯《华阳国志》云,王平、句扶、张翼、廖化并为大将军,时人曰:"前有王句,后有张廖。"此"句"字乃是去声。《传》云出句芒者,疑非其实。句涛亦蜀人,仕高宗朝,独不改姓,史未详其故。

即擢如渊中司。　中司者,御史中丞也。此流俗之称,不当用之正史。

陈俊卿传

殿前指挥使王琪。　琪,德之子。

子五人,宓有志于学,终承奉郎,朱熹为铭其墓。宓自有传。　当云子宓自有传。

钱端礼传

拜端明殿学士、签书枢密院事。　史失书赐进士出身。宋制非进士而入两府者,必先赐出身。

孙象祖,嘉定元年为左丞相,自有传。　今《宋史》无《象祖传》,盖史臣初拟立传,而后缺之。《王安节传》云:节度使坚之子。《吕文信传》云:文德之弟似坚。文德亦有传。而史无之。南渡七朝,事多疏漏,不及前九朝之完善,由于程限迫促,草草成书,不暇检照也。

刘珙传

殿前指挥使王琪被旨案视两淮城壁,还,密荐和州教授刘甄夫。

上谕执政召之,珙请曰:"此人名位微,何自知之?"上以琪告。 此事又见《陈俊卿传》。俊卿与珙,同时执政,而珙在西府,琪之罢斥,珙当有力焉。史家推美俊卿亦载此节,宜去彼存此。

范成大传

除吏部郎官,言者论其超躐。 按:周必大撰《神道碑》云,除吏部员外郎,言者以不先摄为超迁。盖当时除郎官,率先权而后兼,然后正授,故以不先摄为超躐也。

绍熙二年,加大学士。四年薨。 《碑》称绍熙三年加资政殿大学士,知太平州,下车逾月,请祠禄,复得洞霄而归。《传》失载知太平一节,纪年亦互异。

李焘传

除兵部员外郎兼礼部郎中。 按:周必大撰《焘神道碑》云,除兵部郎中,以父讳下行员外郎,又兼礼部。其云兼礼部者,兼员外郎也。《碑》又云十二月正除礼部员外郎。此《传》两书郎中,皆误。《律历志》称礼部员外郎李焘。

时《乾道新历》成,焘言:"历不差不改,不验不用。未差无以知其失,未验无以知其是。" 此语又见《律历志》。

进秘阁修撰、权同修国史、权实录院同修撰。 按:《中兴馆阁录》,李焘以淳熙三年正月除秘书监兼权同修国史、兼权实录院同修撰,此不书秘书监而书秘阁修撰,误也。秘书监正官也,秘阁修撰外任带职也,焘既为秘书监,不当更带此职。

尤袤传

迁江西漕。 按:宋人称转运为漕司,或使或副使或判官,视其资历浅深授之。依史例,当称江西转运某官。此云江西漕,乃案牍之文,不合史法。《李椿传》:"移湖北漕上。"《刘光祖传》:"将漕利路。"《徐邦宪传》:"除江西宪,改江东漕。"《杨大异传》:"兼漕、庾二司。"其失并同。"宪"、"庾"亦流俗之称。宪者,提刑也。庾者,提举常平也。

廿二史考异卷八十

宋史十四

周必大传

婆州,四年易守者五,平江,四年易守者四。 按:必大此奏,在乾道七年。以《吴郡志·牧守题名》考之,乾道三年,直秘阁姚宪知府事。五年,宪改两浙运判,而敷文阁待制徐嚞代之。六年,嚞除宫观,而端明殿学士汪应辰代之。是年,应辰除宫观,而观文殿学士魏杞代之。所谓四年而更四守也。

留正传

六代祖从效,事太祖,为清远军节度使,封鄂国公。 清远当作清源。从效事见《世家》,此但当云清源军节度使从效之六世孙。

绍兴十三年,第进士。 按:正卒于开禧二年丙寅,年七十八,则是生于建炎三年己酉,至绍兴十三年,才十有五岁耳。恐登第不当如是之少。今据曾宏父《凤墅帖跋》称梁文靖绍兴庚辰魁多士,先君少师,乃是年擢第,与留忠宣俱为同年友。知留正实绍兴三十年进士,《传》写颠倒,以三十为十三耳。

子恭、丙、端皆为尚书郎。 按:恭在嘉定初提举浙西常平,改浙西提刑知绍兴府。

黄裳传

迁国子博士,以母丧去。 按:楼钥撰《墓志》,其时除国子录,非博士也。

林大中传

知抚州金溪县。郡督输赋急,大中请宽其期,不听,纳告敕投劾而归。 按:楼钥撰《神道碑》云,郡督财计太急,公请宽以岁月,不敢有负,又贻书再三,不听,公取告敕纳之州,请劾而去。守愧谢,许之,邑民感公,恐其受责,竞输于郡,视岁额反加焉。然则未尝投劾归也。

詹体仁传

光宗即位,提举浙西常平,除户部员外郎、湖广总领。 按:《吴郡志》,朝奉郎张体仁淳熙十六年六月时光宗已即位。到浙西常平任,绍熙元年十月除户部郎,官湖广总领。即其人也。今苏州府学有石刻同年酬唱诗,亦题浦城张体仁元善,而史作"詹",其更姓之故,史家失书。考叶适撰《墓志》云:初后其舅张氏,既复为詹氏。

梁汝嘉传

绍兴二十三年卒。 汝嘉仕高宗朝,不与韩侂胄同时,乃与胡纮、何澹诸人同卷,且殿之卷末,殊失其次。论内亦绝不及汝嘉,此编次之误也。权邦彦绍兴初执政,乃列于赵雄、程松之间,亦失其次。列传第百五十八卷郑毅、仇悆、高登、娄寅亮、宋汝为五人,皆高宗朝士,而卷次乃在光、宁朝臣之后,编第尤为乖刺。

徐应龙传

字允叔。 史失书里居,据徐清叟题名石刻,乃建安人。

知瑞州高安县。 "瑞州"当作"筠州",避理宗讳追改。

子荣叟,官至参知政事,谥文靖;深叟,官终将作监丞;清叟,知枢密院事兼参知政事,各有传。 按:《荣叟传》在百七十八卷,《清叟》在百七十九卷,清叟初未有传也。《荣叟传》但云签书枢密院事,不云参知政事,又不载文靖之谥。

王阮传

曾祖韶,神宗时开熙河,擒木征;祖厚,继辟湟鄯。 当云曾祖韶、祖厚,自有传。

陆游传

荫补登仕郎。 祖孙父子各有传,而不同卷者,例当互见,以征世系。陆游为尚书左丞佃之孙,以荫入官,而两传绝无一言及之,何也?

绍熙元年,迁礼部郎中兼实录院检讨官。 按:陆游《渭南集》、《跋松陵集》云,淳熙十六年四月二十六日,予以礼部郎兼膳部。又考《剑南诗稿》有《南省宿直诗》,在己酉元日之后,行在春晚之前,则其除礼部郎必在淳熙十六年之春,正光宗即位之初也。《集》中又有《跋金奁集》一篇,题云:淳熙己酉立秋,观于国史院直庐。则其兼史局检讨,亦在是年立秋以前也。其冬,即被劾还里。故《斋中杂感》诗有“去国己酉冬”之句。明年改元绍熙,游已奉祠去官矣。游以提举冲祐观,庆元五年致仕。明年,加直华文阁。嘉泰二年,有诏以元官提举佑神观兼实录院同修撰、兼同修国史。盖自礼部罢官奉祠者十年,致仕又三年,而后应修史之召。《本传》所书,太疏漏矣。

遂升宝章阁待制。 “宝章”当作“宝谟”。

嘉定二年卒,年八十五。 按:陈氏《书录解题》云,嘉定庚午,年八十六而终。今考《剑南集》有绝句诗云:“嘉定三年正月后,不知几度醉春风。”则嘉定三年正月,游尚无恙,《传》云年八十五者,非也。

丘崈传

其西路则同转运使张颖拣刺为御前武定军,以三万人为额,分为六军。 按:《兵志》,淮西庐州有武定游奕军,濠州有武定选锋军、武定后军,定远有武定军,当是左军,脱“左”字。安丰有武定前军、武定右军,所谓六军也。

宇文绍节传

父子皆以使北死,无字,孝宗愍之,命其族子绍节为之后。 按:楼钥撰《宇文师说墓志》,绍节实师说之少子。师说父时中,则虚中弟也。

汪大猷传

没，赠二官。　据周必大撰《神道碑》，大猷本宣奉大夫，遗奏赠特进，中隔金紫银青光禄两阶，乃是赠三官也。

李孟传传

尝诫其子孙曰："安身莫若无竞，修己莫若自保。守道则福至，求禄则辱来。"　四语本王弼注《易》。

商飞卿传

金陵故有帅、漕治所，合戎骑二帅、留钥、内侍，号六司。　帅司，谓江东安抚使司；漕司，谓江东转运使司；戎司，谓御前诸军都统制司；骑司，谓侍卫马军司；留钥内侍，谓行宫匙钥司，以内侍一员掌之。凡五司，并江东淮西总领所，是为六司。

洪咨夔传

嘉定二年进士。　按：嘉定二年非贡举之岁，当从《咸淳临安志》作嘉泰。

史嵩之入相，召赴阙下，进刑部尚书。　按：《理宗纪》，咨夔卒于端平三年六月，其时嵩之尚未入相，且咨夔方在朝任用，何以又有召赴阙之语？《传》殆误也。及检《临安志·人物传》云：时有自诡和戎除刑书者，咨夔缴驳之，乃出。方悟此《传》致误之由。夫所谓自诡和戎者，即史嵩之也。嵩之除刑部，意在大用，因咨夔缴驳，改除外任。史乃谓嵩之入相，召赴阙下，似咨夔为嵩之所引者，岂非颠倒黑白之甚者乎？本是嵩之除刑部尚书，今以为咨夔之官，益荒唐可笑矣。

加端明殿学士，卒。　按：咨夔有子勋、煮，皆通显。勋，字伯鲁，登淳祐四年进士，少为崔与之、魏了翁所知，仕至兵部尚书，谥文靖。《传》何以略而不书？

吴昌裔传

蚤孤，与兄泳痛自植立。　按：《泳传》在第一百八十二。泳字叔永,昌裔字季永。《泳传》云潼川人,而《昌裔传》云中江人,中江即潼川属县也。于史例当合传,今既分而二之,又不云兄泳自有传,失史法矣。

陈宓传

丞相俊卿之子。 史家之病,在乎立传太多,祖孙父子,事迹可比附者,当连而及之。如王素当附其父《旦传》,刘瑾当附其父《沆传》,鲁有开当附其从父《宗道传》,张璨、张瑑当附其祖《洎传》,孙瑜当附其父《奭传》,马仲甫当附其父《亮传》,吴遵路当附其父《淑传》,而以子瑛次之,张泰当附其父《奎传》,王尧臣当与叔父洙合传,杨寊当附其兄《察传》,尹源当附其兄《洙传》,颜复当附其父《太初传》,王楠当附其祖《伦传》,宇文绍节当附其祖《虚中传》,李孟传当附其父《光传》,张忠恕当附其祖《浚传》,陈宓当附其父《俊卿传》,袁甫当附其父《燮传》,蔡抗当附其祖《元定传》,孟珙当附其父《宗政传》,赵葵兄弟当附其父《方传》,陆持之当附其父《九渊传》,洪芹当附其曾祖《适传》。

少尝及登朱熹之门。 按:《宋史》最推崇道学,而尤以朱元晦为宗。朱氏门人黄榦、李燔、张洽、陈淳、李方子、黄灏既入《道学传》,而《儒林传》又列蔡元定及子沈、廖德明、叶味道四人。至如《詹体仁传》则云:"少从朱熹学。"《任希夷传》则云:"从朱熹学。"《陈宓传》则云:"少及登朱熹之门。"《刘爚传》则云:"与弟韬仲受学于熹。"《王介传》则云:"从熹游。"《曹彦约传》则云:"尝从熹讲学。"《傅伯成传》则云:"少从熹学。"《徐侨传》则云:"登熹之门。"《黄黼传》则云:"尝从熹学。"《薛叔似传》则云:"雅慕朱熹穷道德性命之旨。"《赵蕃传》则云:"年五十犹问学于熹。"《赵汝谈》则云:"尝从熹订疑义十数条,[①]熹嗟异之。"《陈韡传》则云:"父孔硕为熹门人。"《包恢》则云:"父扬、世父约、叔父逊从熹学。"《杜范传》则云:"从祖受学熹。"《牟子才传》则云:"学于魏了翁,又从李方子,朱熹门人也。"《吴昌裔传》则云:"闻汉阳守黄榦得熹之学,往从之。"《董槐传》则云:"闻辅广者朱熹之门人,复往从广。"《赵葵传》则云:"遣从南康李燔为有用之学。"《黄师雍传》则云:"从黄榦学。"《徐元杰传》则云:"闻陈文蔚讲书铅山,实熹门人,往师之。"《李道传》则云:"虽不及登熹之门,而访求所尝从学者与讲习。"《赵景纬传》则云："恨不及登熹之门，熹门人叶味道谓之曰：'度正吾党中第一人也。'由是往来味道、正之间。"《史弥巩传》则云："子蒙卿，著书立言，一以朱熹为法。"盖自嘉定以后，朱学盛行，理、度二宗，皆以尊尚道学为先务，故一时士大夫莫不援附朱氏渊源以自重耳。

徐经孙传

字子立。② 史失书其里居。

牟子才传

作书与孔光、张禹切责清之。③ "与"当作"以"。

又写力士脱靴之状，为之赞而刻诸石。 按：子才所刻《太白脱靴》、《山谷返棹》二图，在太平州学，今尚存。

赵汝谈传

字履常。 按：汝谈、汝谠、希錧、希呐四人，《传》失书其世系，与它篇异。且宗室子湜等廿五人传，既列于诸王之次，而汝谈等七人，别编于南渡诸臣之列，均为宗室，何以区分如此？此亦体例之可议者。窃谓宋之宗室，唯汝愚当自为传，而以子崇宪、孙必愿、曾孙良淳附焉，其余皆可类叙为一卷。汝腾、与懃、不试、令峸、师樲、与择、士崶、伯振、时赏、希泊、孟棨等，亦当入《宗室传》，毋庸散入别传。柯氏《宋史新编》并汝愚父子亦入《宗室》，余俱与予说同。

赵与欢传

时嵩之犹子璟卿诵言其过忽毙，而杜范、刘汉弼、徐元杰三贤暴死，人皆疑嵩之致毒。④ 按：徐、刘二人暴卒，当时疑嵩之所为，三学诸生上章论列，置狱鞫治，然亦无验。考其时嵩之失权归里已半年矣，鄞与临安相隔又远，谓能肆毒于朝贵，此理之难信者。人云亦云，姑存为莫须有之案可也。若杜范暮年入相，力疾赴召，《本传》于范之薨，初无疑词，以是咎嵩之，未免疾之已甚矣。程公许奏元杰事云：汉弼之死固可疑，范之死，人言籍籍。然汉弼类风淫末疾，范亦尫弱多病，诿曰天命犹可也。则公许于范之死，亦未尝质言也。

史弥远传

弥远力陈危迫之势，皇子询闻之，亟具奏，乃罢侂胄并陈自强右丞相。既而台谏、给舍交章论驳，侂胄乃就诛。　按：弥远称奉密旨，在十一月甲戌，翌日，侂胄入朝，已为夏震所诛。其时诏旨尚未宣布外廷，何待台谏、给舍交章论驳而始就诛乎？史家欲宽弥远擅杀之罪，故为此语。

宁宗崩，拥立理宗。　按：弥远之奸，倍于侂胄，而独不预奸臣之列；《传》于谋废济王事，并讳而不书，尚得云直笔乎？推原其故，则以侂胄禁伪学，而弥远弛其禁也。弥远得政，只欲反侂胄之局，虽秦桧之奸慝众著，尚且为之昭雪，岂能崇尚道学者？使朱元晦尚存，未必不排而去之。史臣徒以门户之见，上下其手，可谓无识矣。

郑清之传

是时金虽亡而入洛之师大溃。　按：端平入洛之师，最为无名，赵范、全子才辈，寡谋召衅，固不足责，而主张其事者，清之也。理宗德其立己之功，委任如故，而《传》亦讳之，竟若置身局外者，难以言直笔矣。

史嵩之传

庆元府鄞人。　当云弥远从子，不必更举里居。其父弥忠，官亦显而《传》失书。

傅伯成传

两为部使者。　按：刘克庄撰《伯成行状》云：知抚州，未至，除湖北提举常平，改成都路提点刑狱。即《传》所云两为部使者也。

迁工部侍郎。　《行状》无"侍"字。下文方云进右司郎官，则此时当除工部郎官，非侍郎也。

御史中丞邓友龙遂劾伯成，罢之。　据《行状》，劾罢之后，复除浙东提刑，迁直龙图阁，知庆元府，皆有政绩，而《传》失书。

拜左谏议大夫。　据《行状》，论倪思、李壁二事，在拜谏议之后，《传》所书盖失其次。《行状》又云：高似孙尝献侂胄九诗，皆有锡字，公论其有无君之心。丁常任以尝谏用兵牵复，公言常任始结曾觌，后结苏师旦，前日之议，非真知兵之不可用，受教于师旦耳。此二事亦《传》所当书也。

以集英殿修撰知建康府。 建康当作建宁。

嘉定八年，召赴阙。 上文有嘉定元年，此不当更有嘉定字。据《行状》，嘉定四年请祠，进焕章阁待制、提举太平兴国宫。《传》又失书。

除宝谟阁直学士，通奉大夫，致仕。 按：《行状》，是年除宝谟阁直学士、提举玉隆万寿宫。十年，告老不获，提举鸿庆宫。十二年，复请老，进显谟阁直学士、通奉大夫，致仕。盖是年，自待制迁直学士，犹食祠禄，及再任祠禄满，始易阁衔致仕也。《传》误合为一事。

理宗即位，升直学士。 "直"当作"真"。伯成久为直学士矣，此由直学士升学士，故云真。

葛洪传

进端明殿学士、同签书枢密院事。 《宰辅表》，嘉定十七年十二月，⑤洪除同签书枢密院事。宝庆元年十一月，进签书枢密院事。绍定元年十二月，除参知政事。《传》失书签书一节。

曾三复传

乾道六年进士。 按：三复之子宏父刻《凤墅法帖》，其跋云：梁文靖绍兴庚辰冠多士，乾道壬辰入相。南渡百年，以大魁秉钧，方见文靖。先君少师乃是年擢第，与留忠宣俱为同年。详其文义，谓三复亦绍兴庚辰进士，与梁、留二相为同年耳。林大中亦绍兴三十年进士，故与三复帖自称年末也。史于《留正传》云：绍兴十三年第进士。盖三十字误颠倒耳。此《传》作乾道六年，尤误。岂误读《凤墅帖》，谓三复以乾道壬辰擢第，壬辰本乾道八年，又讹"八"为"六"邪？宋时进士，三年一举，常以辰戌丑未年，乾道六年庚寅，非科举之岁也。

转太常少卿。 按：《金史·交聘表》，明昌六年正月，宋试礼部尚书曾三复贺正旦。即宋庆元元年也。本《传》失书。

赵葵传

淳祐四年，授同知枢密院事。十二月，拜知枢密院事兼参知政事。又特授枢密使兼参知政事，督视江、淮、京西、湖北军马，封长沙郡公。寻知建康府、行宫留守、江东安抚使。　按：《理宗纪》，葵以淳祐四年十二月同知枢密院事。五年十二月知枢密院事兼参知政事。七年四月授枢密使兼参知政事，督视江、淮、京西、湖北军马，寻兼知建康府、行宫留守、江东安抚使。《宰辅表》所书年月，亦与《纪》同，惟以知建康府、行宫留守、江东安抚使、封长沙郡公系于八年五月。考《景定建康志》，葵知府事在七年六月九日，盖《表》误也。《传》所书年月殊疏漏。

吴潜传

字毅夫，宣州宁国人。　按：《中兴馆阁续录》，潜字毅父，建康府溧水人。《四明续志》，潜自署金陵吴潜毅父，与《馆阁录》合。

授承事郎、签镇东军节度判官。　按：南宋诸臣列传，于寄禄官皆略而不书，此《传》云授承事郎转朝散郎，转中大夫，与它传异，盖史臣不谙官制，芟削有未尽也。戈宙襄云：《杨简传》中载寄禄官亦甚详。

端平元年，诏求直言，潜所陈九事。　按：《景定建康志》，潜自淮西总领，端平元年四月二十七日，准省札除秘阁修撰枢密都承旨。五月六日离任。此应诏言事，必在入朝以后。《传》失书除枢密承旨一节。

以久任丐祠，且累章乞归田里，进封庆国公。[⑥]　按：《四明续志》，宝祐四年九月，大使丞相吴公出镇，开庆元年八月十七日，再疏乞归田里。奉御笔，吴潜三年海阃，备竭勤劳，屡疏丐归，高节可尚，可依旧观文殿大学士，判宁国府，特进封崇国公。史作庆国，则与下文进封庆国重出，当依《四明续志》改正。

属将立度宗为太子，潜密奏云："臣无弥远之材，忠王无陛下之福。"帝怒。　按：《刘应龙传》亦云："理宗久无子，以弟福王与芮之子为皇子，宰相吴潜有异论。"今以时事考之，殊不近情。盖潜于端平初奏事，已有植国本之语，其后又有请养宗子以系国本之奏，其后又有遴选近族以系人望之奏,岂容皇子既立之后,更有异议?且立度宗为皇子,在宝祐元年,其时潜固未在朝,若复相之后,皇子名分久定,岂有弥远更立之嫌?尤为拟于不伦矣。推原其故,特以鄂围未解,潜有迁幸之议,为帝积衔,故似道之潜易入,乃赞成建立东宫,授意台谏,谓其不乐建储耳。

文天祥传

南官,王绩翁。 《元史》作积翁,附见其子《都中传》,却不载荐天祥事。

宣缯传

庆元府人。 按:缯官至执政,而《传》无一事可纪。考袁燮《絜斋集》,有《何夫人宣氏墓志》,即缯之妹也。《志》称其母史氏,故太师越忠定王之从妹,则缯实以史氏甥为弥远援引,而《传》隐而不言。

陈宗礼传

字立之。 史失书其里居。

史弥巩传

子能之、有之、胄之俱进士。 能之,咸淳初由太府寺丞知常州,撰《毗陵志》三十卷。

杨大异传

除秘阁修撰、太中大夫,提举崇禧观、醴陵县开国男,食邑三百户,赐紫金鱼袋。 按:五等之封,唯国公、郡公书之,自侯以下例不书。食邑、食实封、赐绯紫,例皆不书,太中大夫,寄禄官也,亦可不书。以史例言之,但当云除秘阁修撰、提举崇禧观耳。

校勘记

① "疑义","疑",原本作"凝"。文意不通,径改。

② "字子立","子",《宋史》卷四一〇作"中"。

③ "作书"，"书"，原本作"言"，据《宋史》卷四一一改。

④ "人皆疑嵩之致毒"，"疑"，原本作"凝"，文意不通，径改。

⑤ "十二月"，原本作"十一月"，《宋史》卷二一三作"十二月戊子"，据改。

⑥ "进封庆国公"，"庆"，《宋史》卷四一八作"崇"。

廿二史考异卷八十一

宋史十五

循吏传

赵尚宽。河南人,参知政事安仁子也。　按:《安仁传》有子温瑜、良规、承裕,无尚宽名。

高赋。乞于禁中建阁,绘功臣像,如汉云台、唐凌烟之制。　按:元丰中绘功臣像于景灵宫,其议自赋启之。

道学传一

邵雍高明英悟,程氏实推重之,旧史列之《隐逸》,未当。　旧史者,《四朝国史》也。《东都事略》亦入《隐逸传》。

张栻之学,亦出程氏,既见朱熹,相与博约又大进焉。其它程、朱门人,考其源委,各以类从,作《道学传》。　按:《宋史》创立《道学传》,别于《儒林》,意其推崇程、朱之学。如刘勉之、刘子翚、胡宪,元晦之师也;吕祖谦,元晦之友也,皆不入《道学》,而独取张栻一人,栻与祖谦均为元晦密友,乃退吕而进张,岂以吕之博不如张之约乎?然元晦亦未始不博也。吕大临在程门四先生之列,而不入《道学传》,以附见《大防传》也。栻不附其父,而大临独附其兄,非有心抑吕乎?蔡元定父子,朱氏门人之尤著者,乃入《儒林》而不入《道学》,此又何说乎?张戬附见《载传》,而邵伯温又别入《儒林》,此皆义例之可议者也。

程颢。世居中山,后从开封徙河南。高祖羽,太宗朝三司使。按:《列传》第二十一卷有程羽,深州陆泽人,太宗朝官文明殿学士、兵部侍郎,不云为三司使,疑非一人。及考程琳所撰《世录》,羽生希振,希振次子通,官黄陂令,通三男,珦则通之长子。世系分明,亦不言羽为三司使。韩维撰《颢墓志》,但云高祖赠太子少师羽,则羽未尝为三司使,可信也。当云高祖羽,自有传。

　　张载。沐浴更衣而寝,旦而卒。　　按:载弟戬,年四十七,具书于《传》,而载之年寿,史乃失书,此阙漏也。予按:列传失书诸臣年寿,今尚可考见者:寇准年六十三,吕夷简年六十六,曹利用年五十九,曹玮年五十八,丁谓年七十二,刘筠年六十一,孙奭年七十二,马亮年七十三,薛映年七十四,陈从易年六十六,杨大雅年六十九,胥偃年五十七,陈执中年七十,王随年六十七,章得象年七十一,晏殊年六十五,宋庠年七十,宋祁年六十四,鲁宗道年六十四,韩亿年七十三,宋绶年五十,程琳年六十九,薛奎年六十八,司马池年五十三,孔宗翰年六十,孔道辅年五十四,周起年五十九,丁度年六十四,段少连年四十六,彭乘年六十五,蒋堂年七十五,燕肃年八十,赵师民年六十九,晁宗悫年五十八,狄棐年六十七,梅询年七十八,孙甫年六十,俞献卿年七十六,魏瓘年七十一,许元年六十九,张锡年六十八,狄青年五十,石元孙年七十三,欧阳修年六十六,王尧臣年五十六,余靖年六十五,王洙年六十一,王质年四十五,胡瑗年六十七,尹源年六十,石延年年四十八,孙复年六十六,石介年四十一,梅尧臣年五十九,苏舜钦年四十一,江休复年五十六,苏洵年五十八,张载年五十八,刘绚年四十二,游酢年七十一,尹焞年七十二,汪藻年七十六,汪伯彦年七十三,赵鼎年六十三,胡铨年七十九,韩世忠年六十三,梁汝嘉年五十九,汪大猷年八十一,范成大年六十八,娄机年七十九,陈居仁年六十九,刘清之年五十七,陆九渊年五十四,陈亮年五十五,蔡沈年六十四,真德秀年五十八。

　　邵雍。年七十六。　　程颢撰《雍墓志》云:熙宁丁巳孟秋,尧夫先生疾终于家。先生生于祥符辛亥,至是盖六十七矣,《传》云七十六,误。

道学传二

　　尹焞。世为洛人。曾祖仲宣七子,而二子有名:长子源,字子渐,是谓河内先生;次子洙,字师鲁,是谓河南先生。源生林,官至虞部员外郎。　　按:源与洙各有传,此《传》但当云知怀州,源之孙。

道学传三

朱熹。本部侍郎林栗尝与熹论《易》、《西铭》不合,劾熹:"本无学术,徒窃张载、程颐绪余,谓之'道学'。所至辄携门生数十人,妄希孔、孟历聘之风,邀索高价,不肯供职,其伪不可掩。"上曰:"林栗言太过。"太常博士叶适上疏与栗辨,谓其言无一实者,"谓之道学"一语,无实尤甚,往日王淮表里台谏,阴废正人,盖用此术。　林栗、叶适两疏,详见二人《本传》,此重出。

父松病亟,尝属熹曰:"籍溪胡原仲、白水刘致中、屏山刘彦冲三人,学有渊源,吾所敬畏,吾即死,汝往事之,而惟其言之听。"三人,谓胡宪、刘勉之、刘子翚也。　此事已载《熹传》,而又为三人立传,敷衍其说,繁复如此,何怪乎汗青无日也。

张栻。明年,召为吏部侍郎。　按:下文方除左司员外郎,此时岂得即为侍郎? 史误也。　按:朱熹撰《神道碑》,召为吏部员外郎,兼权左右司侍立官。

儒林传一

孙奭。赠左仆射。　贾昌朝撰《奭神道碑》云:赠太尉,封乐安郡公。

瑜官至工部侍郎致仕。　当云"瑜自有传"。

孔宜。孔子生鲤,字伯鱼。　按:列孔子后于《儒林》,始于《东都事略》,而《宋史》因之。篇中备载历代褒崇之典,及绍袭次序,然自伯鱼至于延年,世次见于《汉书》,初无受封之事,毋庸载也。宋兴,以孔宜袭文宣公,子孙相承,后改为衍圣公,南渡后犹勿替。史家当考其世系行事列之《本传》,而自宜以下,所载惟延世、圣祐两代,余皆阙如。《礼志》载文宣公袭封则自四十六世孙宗愿始,而宜、延世、圣祐又不及焉,皆所谓自乱其例也。若并为一条,则首尾相应矣。《文苑·颜太初传》:文宣公孔圣祐卒,无子,除袭封且十年。蔡齐为言于上,遂以圣祐弟袭封。据阙里文献考,宗愿为延世弟,延泽之子,实圣祐之从弟。

加谥孔子为玄圣文宣王,追封孔子父叔梁纥齐国公,母颜氏鲁国太夫人。　此事已见《礼志》。

时勖为殿中丞、通判广州，王钦若言其有声于乡曲，召赴阙，改太常博士，赐绯，令知曲阜县。　此事又见《孔道辅传》，但彼《传》不载钦若名。

后改名道辅，为左司谏、龙图阁待制，自有传。　道辅官不止司谏，职亦不止待制，此《传》误。

田敏。又《尔雅》"椴，木槿"。注曰"日及"，改为"白及"。　按：《抱朴子·论仙篇》云："蜉蝣校巨鳌，白芨料大椿。"白芨，亦"日及"之讹，古书为后人妄改，如此者不少矣。

崔偓佺。臣闻刀用为角，音榷。两点为甪，音鹿。一撇一点，俱不成字。　予谓"角"古音禄。《诗》，麟之"角"，与"族"叶。谁谓雀无"角"，与"屋"、"狱"叶。《广韵》觮，东方音，即角徵之角也。后世转读如觉。唯《汉书》角里字，犹存古音，而俗人妄造加撇加点，或加两点，皆可笑之甚。偓佺俗生，一时妄对，史家不加辩证，而载之《本传》，陋矣。自古未有不识字而能通经者，即此一事，不当滥入《儒林》。

李之才。友人尹洙，以书荐于中书舍人叶道卿。　道卿者，清臣也。史当书名而称字，盖沿志状之文。清臣尝为知制诰，故以舍人称之。

儒林传二

胡旦。有佣书人翟颖者，旦尝与之善，因为改姓名马周，以为唐马周复出，上书诋时政，且自荐可为大臣。又举材任公辅者十人，其辞颇壮。当时皆谓旦所为。　此事又见《赵昌言传》。

王向。戏作《公默先生传》。　列传所载文，如王向之《公默先生传》，夏侯嘉正之《洞庭赋》，朱昂之《广闲情赋》，路振之《祭战马文》，罗处约之《黄老先六经论》，词既不工，亦无关于劝戒，皆可删也。陈彭年为五鬼之一，则《大实箴》不足录，种放无管宁之操，则《景德诏书》不足录。

儒林传三

林之奇。紫微舍人吕本中。　当云"中书舍人"。盖沿时俗之称。

儒林传四

叶适。俄得御批,有"历事岁久,念欲退闲"之语,正惧而去,人心愈摇。　此语《宁宗纪》、《吴皇后》、《留正》、《赵汝愚》诸传,已屡见矣。且绍熙内禅,汝愚实主之,适以郎官与闻斯议,而《传》叙其事,首尾三百余言,盖文人作志状者攘美之词。史家因而书之,斯无识矣。

儒林传五

范冲。字元长。　当云"祖禹之子"。

胡宏。高闶为国子司业,请幸太学,宏见其表,作书责之。　宏书已见《本传》,而《闶传》又略载其语,当删存其一。

儒林传六

李道传。隆州井研人。父舜臣,尝为宗正寺主簿。　按:舜臣、心传、道传、性传父子四人,各自为传。道传、心传又同在《儒林》,而分入两卷,不相比附,此亦体例之可议者也。心传、性传,传首俱云宗正寺主簿舜臣之子,而不书籍贯,于史例尚合。此《传》书籍贯,书父某官,而不云有传,盖秉笔者非一人,不知舜臣已有传故也。

儒林传七

刘清之。州有民妻张以节死,嘉祐中,诏封旌德县君,表其墓曰"烈女",中更兵火,至是无知其墓者,清之与郡守罗愿访而祠之。　张氏已见《列女传》,此事可附见彼《传》。

文苑传一

和岘。开封浚仪人。　按:和岘,凝之子。《五代史·凝传》云:"郓州须昌人"。而《宋史》称开封浚仪人。冯吉,道之子,《五代史·道传》云:"瀛州景城人"。而《宋史》称河南洛阳。安德裕,重荣之子,《五代史·重荣传》云:"朔州人"。而《宋史》称河南。高怀德,行周之子,《五代史·行周传》云:"妫州人"。而《宋史》称真定常山。王偁,朴之子,《五代史·朴传》云:"东平人"。而《宋史》称开封浚仪。张铸,文蔚

之子,《五代史·文蔚传》云:"河间人"。而《宋史》称河南洛阳。安忠,
叔千之孙,《五代史·叔千传》云:"沙陀三部落人"。而《宋史》称河南
洛阳。

文苑传二

宋准。族子郊、祁,并天圣二年进士甲科,别有传。　并天圣以下
九字可省。《郊传》云:安州安陆人,后徙开封之雍丘。

文苑传三

洪湛。昇之上元人。　按:《新安志》以为休宁人。

路振。又尝采五代末九国君臣行事,作《世家》、《列传》,书未成而
卒。　《艺文志》:路振《九国志》五十一卷。即此书也。

文苑传四

苏舜钦。舜钦娶宰相杜衍女,衍时与仲淹、富弼在政府,多引用一
时闻人,欲更张庶事。御史中丞王拱辰等不便其所为。会进奏院祠
神,舜钦与右班殿直刘巽辄用鬻故纸公钱召妓乐,间多会宾客。拱辰
廉得之,讽其属鱼周询等劾奏,因欲摇动衍。　此事又见《王拱辰传》,
当去彼存此。

其友人韩维责以世居京师而去离都下,隔绝亲交。　按:《易简
传》称梓州铜山人,此云世居京师,盖宋世朝士,多寓居汴、洛,罕有返
故乡者。

颜太初。徐州彭城人。　太初子复,别有传。彼称鲁人,此称徐
州,地名互异。据此《传》云,所居在凫、绎两山之间,则当为鲁人矣。

是时有医许希以针愈仁宗疾,拜赐已,西向拜扁鹊曰:"不敢忘师
也!"帝为封扁鹊神应侯,立祠西城。　此事又见《方技传》。《长编》,
嘉祐八年三月,封神应侯扁鹊为神应公。

文苑传五

苏洵。乃以为霸州文安县主簿,与陈州项城令姚辟同修礼书。
此文安主簿与项城令皆选人阶官,非莅其任也。程颢为上元主簿、

晋城令,欧阳修为夷陵令,则皆履其任矣。

黄伯思。 其远祖自光州固始徙闽,为邵武人。祖履,资政殿大学士。 当云"祖履自有传"。

文苑传六

晁补之。 济州钜野人,太子少傅迥五世孙,宗悫之曾孙也。 按:《迥传》云,澶州清丰人,自其父佺始徙家彭门。盖迥之后又徙钜野也。

郭祥正。 知瑞州。 "瑞"当为"端"。今肇庆府七星岩有石刻云:元祐戊辰二月廿有八日,当涂郭祥正子功来治州事,明年上书乞骸骨。此其证也。南渡后避理宗嫌名,改筠州为瑞州,元祐之际,尚无瑞州也。

米芾。 吴人也。 按:蔡肇撰《芾墓志》云:世居太原,后徙襄阳,尝过润州,爱其江山,遂定居焉。卒葬丹徒长山下。《传》云吴人者,盖据《宝章待访录》有"予居苏,与葛藻近居"之语。然芾书画每自题襄阳米芾,其居苏,不过偶然游历,讵可竟目为吴人乎?

以母侍宣仁后藩邸旧恩。 吕居仁《轩渠录》,元章母入内祗应老娘。元章以母故命官,厥后为礼部员外郎。言者诋其出身冗浊,不宜冒玷清选,遂罢知淮阳军,盖以此也。

卒年四十九。 按:米芾《跋晋谢安真迹帖》云:余生年辛卯。是芾生于皇祐三年矣。《宝晋英光集》有绍圣二年八月十八日《浙江亭观涛诗》注云:时年四十五。正与辛卯生年相合。崇宁四年,除礼部员外郎。是年岁次乙酉,芾年五十有五。蔡肇撰墓志云:年五十七,卒于淮阳郡斋。可证《宋史》之误。

文苑传七

陈与义。 其先居京兆,自曾祖希亮始迁洛,故为洛人。 按:《希亮传》,其先京兆人,唐广明中违难,迁眉州青神之东山,不云迁洛。希亮子恺,又隐居光、黄间,而苏子瞻为作传,称洛阳园宅壮丽,与公侯等。此希亮迁洛之证也。

叶梦得。 绍兴初,起为江东安抚大使兼知建康府,兼寿春等六州宣抚使。 六州,谓寿春府、滁、濠、庐、和四州及无为军也。《景定建康志》，绍兴元年十一月，梦得以资政殿学士、左中大夫知府事。二年闰四月，提举临安府洞霄宫。八年六月，再以资政殿学士、左中大夫知府事，兼制置大使兼留守。史失书中间奉祠一节。

程俱。徐俯为谏议大夫，俱缴还，以为"俯虽才俊气豪，所历尚浅，以前任省郎，遽除谏议，自元丰更制以来，未之有也。昔唐元稹为荆南判司，忽命从中出，召为省郎，便知制诰，遂喧朝听，时谓监军崔潭峻之所引也。近闻外传，俯与中官唱和，有'鱼须'之句，号为警策。臣恐外人以此为疑，仰累圣德。陛下诚知俯，姑以所应得者命之"。不报。此疏又见《俯传》。

廿二史考异卷八十二

宋史十六

忠义传三

李彦仙。乾道八年,易谥忠威。　按:《挥麈后录》彦仙谥忠节。

忠义传四

崔纵。　崔纵、吴安国、林冲之、滕茂实、魏行可、郭元迈、阎进、朱勣诸人,[①]皆奉使不屈者,当与朱弁、张邵等合传。

忠义传五

李苕。赠端明殿大学士。　"大"字疑衍。

忠义传七

李大成。[②]文定公李迪之从子也。　此文定,未详其人,若天禧宰相,则年代远不相涉。

忠义传八

王拱。　"拱"当作"珙"。赠太帅德之第三子。史失其世系。

诏赠正任观察使。　《景定建康志》,赠阆州观察使。

孙逢。　孙逢、喻汝砺、李熙靖、赵俊、姚邦基、刘化源、米璞、刘长孺、李矗皆不臣僭伪,宜改入《卓行传》。

忠义传九

邹沨。　自沨以下一十九人,皆从文天祥勤王死事者,当附见《天祥传》。

忠义传十

杨宏中。孝宗崩,光宗以疾不能执丧。时赵汝愚知枢密院。奏请太皇太后迎立宁宗于嘉邸,以成丧礼,朝野晏然。遂命汝愚为右丞相,登进耆德及一时知名之士,有意庆历、元祐之治。韩侂胄窃弄国柄,引将作监李沐为右正言,首论罢汝愚,中丞何澹、御史胡纮章继上,窜汝愚永州。国子祭酒李祥、博士杨简连疏救争,俱被斥。　本因宏中上书留祭酒等,而及汝愚之窜逐,又追叙汝愚定策之功,首尾百廿余言,史之冗复如此,虽万卷不能了也。何不云祭酒李祥、博士杨简以疏救赵汝愚,被斥。

孝义传

陈竞。　陈宜都王叔明之后。叔明五世孙兼,唐右补阙。兼生京,秘书少监、集贤院学士,无子,以从子褒为嗣,褒至盐官令。褒生灌,高安丞。灌生伯宣。③　伯宣,即竞之高祖也。叙陈氏义门,当自伯宣始,今自灌以上一一胪列,似家乘非国史矣。

姚宗明。县令苏辙。　此唐人与子由同姓名。

隐逸传

戚同文。字同文。　按:《戚纶传》,同文字文约。

王砺事母甚谨,太平兴国五年进士,至屯田郎中。子涣、渎、渊、冲、泳。涣子稷臣,渎子尧臣,并进士及第。涣子梦臣,进士出身。　砺,即洙之父也。其事当见于《洙》与《尧臣传》。"泳"当是"洙"字之讹。

隐逸传中

孙侔。字少述。　史失其里居。

吴瑛,蕲州蕲春人。以父龙图阁直学士遵路任补太庙斋郎。　遵路,淑之子。《淑传》云:"润州丹阳人。"盖瑛始居蕲州也。瑛当附《遵路传》,不必别入《隐逸》。

至虞部员外郎。　《遵路传》作比部。

松江渔翁。　此子虚亡是之流,非实有其人,而史家以充隐逸之数,可乎?

方技传下

魏汉津。或言汉津本范镇之役,稍窥见其制作,而京托之于李良云。 此语亦见《乐志》。

外戚传上

贺令图。是役也,武州防御使、高阳关部署杨重进死之。 重进当入《忠义传》,不应附《外戚篇》。

刘从德。御史曹修古、杨偕、郭劝、推直官段少连上疏论之,皆坐贬。 按:修古四人《本传》皆载此事,而《修古传》兼载诸人名,与此《传》更为重复。

郭宗仁。④守文之子。 按:郭宗仁、符惟忠、柴宗庆、王贻永、李昭亮、李遵勖、曹佾、高遵裕、向传范、孟忠厚、钱忱皆勋旧之裔,当从魏咸信、王承衍诸人之列,附见《家传》。

外戚传下

孟忠厚。起复镇海军节度使。 今绍兴府城隍庙石刻尚书省牒,后题镇潼军节度使、判绍兴军府事孟忠厚名,史作镇海,误。镇潼,华州军号也。

吴益。初既建节,以桧故,授文资,直秘阁。桧进徽宗御制,辞免加恩,帝乃特命赐益三品服。 宋时臣僚,以带职为荣。益虽缘外戚建节,只是武资,以秦相门婿,乃得换文资,而除直阁。韦璞以少卿除焕章阁,论者以为非祖宗旧制,遂换授明州观察使,亦其证也。

郑兴裔。曾祖绅,封乐平郡王。祖翼之,陆海军节度使。 绅,进封南阳郡王,谥僖靖。翼之,赠鲁国公,谥荣恭,见周必大所撰《兴裔神道碑》,史失书。

叔父藻以子字之。 藻封荣国公,谥端靖,亦见《周必大集》。

宦者传一

阎承翰。子文应,西京左藏库使。 文应,当即鸩杀郭后者。彼

《传》云开封人，而此云真定人，籍贯虽异，要非两人也。

张继能。大中祥符二年，入内都知李神福等坐事悉罢。 "神福"当作"神祐"。

宦者传二

李舜举。开封人。世为内侍，曾祖神福，事太宗以信谨终始。神福事见前卷，当云神福之子，或合为一篇。

谥曰忠敏。 王明清《挥麈后录》作忠愍。

宦者传三

童贯。更武信、武宁、护国、河东、山南东道、剑南东川等九镇。山南东道为一镇，剑南东川为一镇，实止六镇尔。

宦者传四

康履。统制苗傅等切齿曰："此辈使天子至此，犹敢尔邪？" 此篇之文，与《苗傅传》略同者，几三百言。

关礼。孝宗崩，光宗疾，不能执丧，枢密赵汝愚等请建储以安人心，光宗御批又有"念欲退闲"语，丞相留正惧，纳禄去，人心愈摇。汝愚遣戚里韩侂胄因内侍张宗尹以禅位之事奏，太皇太后曰："此岂可易言！"明日，汝愚再遣侂胄附宗尹以奏，未获命而侂胄退，与礼遇，礼知其意，问之，侂胄不以告。礼指天自誓不言，侂胄遂白其事，礼即入宫，泣告太后以时事可忧之状，且曰："留丞相已去，所恃者赵知院耳。今欲定大计而无太皇太后之命，亦将去矣。"太后惊曰："知院，同姓也，事体与它人异。"礼曰："知院未去，恃有太后耳。今有请不许，计无所出，亦惟有去而已。天下将若何？"太后悟，遂命礼传旨侂胄以谕汝愚，约明日太后垂帘上其事。 此事已见《赵汝愚传》。

奸臣传一

章惇。哲宗崩，皇太后议所立，惇厉声曰："以礼律言之，母弟简王当立。"皇太后曰："老身无子，诸王皆是神宗庶子。"惇复曰："以长则申王当立。"皇太后曰："申王病，不可立。"惇尚欲言，知枢密院事曾布叱之曰："章惇,听太后处分。" 此事已见《徽宗纪》。

奸臣传二

赵良嗣。 按:良嗣、觉、药师三人,自北投南,倘处置得宜,均可收其力用,《宋史》列之奸臣,殊非其伦。药师反复,当在《叛臣》之列,良嗣与觉,宋既纳之,而又不能芘之,其死皆非其罪。天之厌宋久矣,宋之亡,宋自亡耳,岂三人之咎哉!

张觉。 《金史》作张毂。

奸臣传三

秦桧。 监察御史刘一止,桧党也,言:"宣王内修,修其所谓外攘之政而已。今簿书狱讼,官吏差除,土木营缮俱非所当急者。" 此语已见《一止传》,但彼《传》讳言桧党,及自叛其说之事。

浚求去,帝问:"谁可代卿?"浚不对。帝曰:"秦桧何如?"浚曰:"与之共事,始知其暗。"帝曰:"然则用赵鼎。" 此语亦见《浚传》。

初,帝无子。建炎末,范宗尹造膝有请,遂命宗室令廱择艺祖后,得伯琮、伯玖入宫。 按:高宗建立宗子,其议始于娄寅亮,而富直柔荐之。其时宗尹方为宰相,或亦预闻。然《宗尹》、《直柔传》内,绝不及之。

二十二年,又兴王庶二子之奇、之荀、叶三省、杨炜、索敏求四大狱,皆坐谤讪。 按:王、叶、杨三狱,皆见《本纪》,惟敏求事《纪》失书。《系年录》:是年十二月,免解进士袁敏求杖脊,送海外州军编管,坐撰语言故也。"索"盖"袁"字之讹。

奸臣传四

丁大全。 太学生陈宗、刘黻、黄唯、陈宜中、林则祖等六人,伏阙上书。 按:自宗而下,止有五人。以《宜中传》证之,有黄镛、曾唯而无黄唯,盖此《传》脱两字也。则祖,彼《传》作测祖,恐误。

叛臣传上

刘豫。 字彦游,景州阜城人也。 今苏门山有豫题诗石刻,自称济南刘豫，其诗云："我居东秦济水南。"盖豫虽生阜城，实居济南也。豫字彦由，当取《易》"由豫大有得"之义，《传》作"游"，盖音之讹，当从石刻。

叛臣传中

李全。晞稷乃潜授世雄胜军统制。　"雄"字下当更有"雄"字。

世家序

　　王偁《东都事略》用东汉隗嚣、公孙述例，置孟昶、刘铱等于列传，旧史因之。　此所云旧史者，宋《三朝国史》也。《三朝史》，乃仁宗朝史臣所修，王偁撰《东都事略》则在南渡以后，即使体例相同，亦是偁袭旧史，非旧史袭偁也。如《宋史》所云，是吕尚盗陈恒之齐矣。

　　今仿欧阳修《五代史记》，列之《世家》。　按：梁武帝《通史》叙三国事，别立《吴蜀世家》，《欧史》盖用其例。以十国非五代所得而臣，其传授世次，较于五代亦稍长久，列于世家，颇为允当。艺祖削平僭伪，南唐、西蜀、南汉诸国，既无世可传，而犹沿《欧史》之目，甚无谓矣。李煜、孟昶、刘铱、刘继元当依陈胜、项籍、世充、建德之例，列于开国功臣之前。钱俶、陈洪进纳土入臣，其初本未僭号，可援窦融之例，与功臣并列，惜乎柯维骐辈，见不及此也。

南唐世家

　　请传位于世子冀。　本名上一字犯宋讳，故史臣去之。

南汉世家

　　太祖幸讲武池，从官未集，铱先至，赐铱卮酒。铱疑为酖，泣曰："臣承祖父基业，违拒朝廷，劳王师致讨，罪固当死，陛下不杀臣，今见太平，为大梁布衣足矣。愿延旦夕之命，以全陛下生成之恩，臣未敢饮此酒。"太祖笑曰："朕推心于人腹，安有此事！"命取铱酒自饮之，别酌以赐。　此事已见《太祖纪》，而彼文较简，当可悟史家刊削之法。

夏国传

授夏州刺史,充定难军节度使、夏绥银宥静等州观察处置押蕃落等使。 唐制,除节度使,例兼观察处置等使及本州刺史。宋时,内地节镇虽不之任,结衔犹依此例。元丰以后始省去。史家省文,但称某军节度使,或书所莅之州府,云某州节度使而已。此《传》继捧、继迁、德明、元昊除节度俱书全衔。又《交阯传》,制授黎桓使持节交州诸军事、安南都护、充静海军节度、交州管内观察处置等使。黎龙廷、李公蕴、李龙翰、⑤陈威晃授静海军节度观察处置等使、安南都护。《阇婆传》,建炎三年,授国主怀远军节度、⑥琳州管内观察处置等使、使持节琳州诸军事、琳州刺史兼御史大夫。《沙州传》,张义潮为节度使,领河、沙、甘、肃、伊、西等州观察、营田处置使。皆冗赘可省。

祥符五年,德明追上继迁尊号曰:应运法天神智仁圣至道广德光孝皇帝。⑦元昊追谥曰神武,庙号太祖。 按:下文又云,五年,德明追尊继迁为太祖应运法天神智仁圣至道光当作"广"。德光孝皇帝,庙号武宗。于文既为重出,且太祖已是庙号,而又云庙号武宗,又何说乎?《德明篇》中叙事,自大中祥符元年、三年、四年、五年以至七年、八年、九年,而其下复有五年、七年,首尾亦无伦次。

夏国传下

绍兴七年十月,伪齐知同州李世辅谋执金帅撒里曷归宋,不克,遂奔夏。世辅父母亲族在延安者,金人杀之无遗类。九年,乾顺以世辅为静难军承宣使、鄜延岐雍等路经略安抚使。世辅请兵,将报延安之役,夏主俾先讨别种酋豪号"青面夜叉"者,世辅擒之以报。乾顺乃为出兵,遣文臣王枢、武臣哆讹等随之。世辅军至延安,撒里曷走耀州,世辅购得害其父母者,杀之东城,闻金人降赦,归宋河南地。乃说王枢等归宋。哆讹不从,世辅抽刀斫之,不中,遂缚枢,命王晞韩护送行在。五月丙午,世辅以其众三千人归宋,授世辅护国承宣使、枢密行府前军都统制,赐名显忠。 按:显忠事已详《本传》,且无关于夏之兴亡,此二百余言,岂非冗赘乎?据《显忠传》,知同州乃兀朮所授,其时刘豫已废,此《传》称伪齐,亦非也。

吐蕃传

咸平元年,河西军左厢副使、归德将军折逋游龙钵来朝。　游龙钵,疑即喻龙波。"喻"与"游","波"与"钵",声皆相近。

唃厮啰传

本名欺南陵温钱逋。钱逋犹赞普也,羌语讹为钱逋。《长编》作篯逋。"篯"与"赞",声尤相近。吐蕃种族多称折逋,亦赞普之讹也。元时河西贵族有称甘卜者,或译为铃部,要亦赞普之讹。辽之贵臣有称详稳、相温、详衮者,译字虽异,要亦效汉语相公之讹。

嘉祐中河州刺史。王韶经略熙河。　熙河之役,在熙宁中,此云嘉祐中,误。或中间有脱文。

蛮夷传四

高州蛮。宋初,其酋田仙以地内附,赐名珍州,拜为刺史。仙以郡多火灾,请易今名。　此事已见《本传》第一卷,彼云田景迁,或作"千"。此作仙,盖以"迁""仙"字形相涉而讹。

校勘记

① "朱勘","勘",原本作"勋"。据《宋史》卷四四九改。
② "李大成",《宋史》卷四五二作"李成大"。
③ "灌生伯宣","生",《宋史》卷四五六作"孙"。
④ "郭宗仁","宗",《宋史》卷四六三作"崇"。
⑤ "李龙翰","翰",《宋史》卷四八八作"斡"。
⑥ "授国主怀远军节度","主",原本作"王"。据《宋史》四八九改。
⑦ "广德光孝皇帝","光孝",《宋史》卷四八五作"孝光"。

廿二史考异卷八十三

辽　史

太祖纪

元年四月丁未朔，唐梁王朱全忠废其主，寻弑之。　按：《五代史》，梁主即位在四月甲子，其明年正月，弑济阴王，此系之四月朔，非也。

六年四月，梁郢王友珪弑父自立。　《五代史》在六月。

神册元年四月乙酉朔，晋幽州节度使卢国用来降，以为幽州兵马留后。　按：《五代史》，卢文进，字大用，疑即《纪》所云卢国用也。而次年二月，复书晋新州裨将卢文进杀节度使李存矩来降，疑是一事而重出也。且是时周德威为幽州节度使，无缘更有卢国用其人者，盖因契丹置卢龙军于平州，以文进为节度使，遂误以契丹所授之官为唐官耳。

十一月，攻蔚、新、武、妫、儒五州，自代北至河曲逾阴山，尽有其地。遂改武州为归化州，妫州为可汗州。　按：《地理志》，归化州本汉下洛县，元魏改文德县，唐升武州，晋高祖割献于辽，改今名。《太宗纪》亦云：会同元年，改武州为归化州。正在石晋赂地之后，此《纪》所书，恐非其实。又《地志》可汗州下云："五代时，奚王去诸以数千帐欲_{欲字误}妫州，自别为西奚，号可汗州，太祖因之。"此与《太祖纪》似合。然太祖攻蔚、新、武、妫、儒五州，得而旋失。其改名可汗，亦当在石晋赂地之后也。

三年十二月，以于越曷鲁弟汙里轸为迭烈部夷离堇。[①]　按：《耶律觌烈传》，觌烈字兀里轸。此作汙里轸，音之讹也。《纪》于是年及五年书汙里轸，于天赞二年书迭剌部夷离堇觌烈，一称其字，一称其名。

天显元年四月，郭存谦弑其主存勖。　存谦当作从谦。

十月,卢龙军节度使卢国用叛,奔于唐。　按:《五代史》,明宗即位,文进自平州率众数万归唐,即其事也。以是证之,则神册元年之卢国用,与二年之卢文进,其为一人无疑。

太宗纪

天显三年四月,铁剌败唐将王晏球于定州。　铁剌,《五代史》作秃馁,译音之转。

十二年三月,晋天雄军节度使范延广。　即范延光也,避辽讳改之。

会同元年七月,遣中台省右相耶律述兰迭烈哥使晋。　按:《逆臣传》,牒蜡字述兰,天显中为中台省右相。会同二年,与赵思温持节册晋帝。即其事也。迭烈哥,即牒蜡之转声。《纪》在会同元年,而《传》云二年,此《传》之讹。

大同元年二月丁巳朔,建国号大辽,大赦,改元大同。　按:《五代史》,改晋国为大辽国,开运四年为会同十年,不载大同之号。

四月,降重贵为崇禄大夫。[②]　崇禄,即光禄也。避辽讳改名。

穆宗纪

讳璟,小字述律。　按:李焘《长编》,开宝二年,契丹主明,为帐下所弑,即穆宗也。当是后周避庙讳更改,宋史臣因之耳。

应历十八年七月辛丑,汉主承钧殂,子继元立。　按:承钧殂而继恩嗣立,立六十日而继元代之,则九月事也。此《纪》误。

景宗纪

小字明扆。　《长编》作明记。

圣宗纪

统和元年。　按:辽自太宗建国,号大辽,至圣宗统和元年,去辽号,仍称大契丹。道宗咸雍二年,复称大辽。《辽史》皆没而不书。《长编》,契丹主明记卒,隆绪继立,改大辽为大契丹。

四年九月辛巳,纳皇后萧氏。　按:统和十九年三月,皇后萧氏以罪降为贵妃,其五月,册萧氏为齐天皇后。《纪》不言复立,而《仁德皇后传》亦无中废之文,其非一人可知。《后妃传》不载,盖史阙文也。至开泰六年六月,德妃萧氏赐死,其即废后与否,史无明文,无以知之矣。

五年四月丁酉,上率百僚册上皇太后尊号曰睿德神略应运启化承天皇太后,礼毕,群臣上皇帝尊号曰至德广孝昭圣天辅皇帝。 按:《本纪》,二十四年十月,上皇太后皇帝尊号,与此无一字异者,若非重出,则彼文有遗脱也。《后妃传》止有二十四年加上尊号,别无五年加尊之文。

十八年十一月,授西平王李继迁子德昭。 《宋史》作德明。

二十二年十一月,次澶渊,萧挞凛中伏弩死。 《宋史》作挞览。"览""凛",声相近也。统和四年,有彰德军节度使萧闼览,六年有太师闼览,与此本一人,而前后译字互异。

道宗纪

清宁六年五月,监修国史耶律白请编次御制诗赋,仍命白为序。咸雍六年六月,以惕隐耶律白为中京留守。八月,耶律白薨,追封辽西郡王。 按:此三事,俱见《耶律良传》。《纪》与《传》当有一误,或一人而二名也。

大安九年十月,宋遣使告其母后曹氏哀。 按:是岁,宋元祐八年。太皇太后高氏崩,非曹氏也。

寿隆元年。 按:洪遵《泉志》载寿昌元宝钱,引李季兴《东北诸蕃枢要》云:契丹主天祚,年号寿昌。又引《北辽通书》云:天祚即位,寿昌七年改元乾统。予家藏《易州兴国寺碑》、《安德州灵岩寺碑》、《兴中府玉石观音像唱和诗碑》,皆寿昌中刻。《东都事略》、《文献通考》皆宋人书也,亦称寿昌,无有云寿隆者,可证寿隆乃寿昌之讹也。辽人谨于避讳,如光禄改为崇禄,避太宗讳也;女真改为女直,避兴宗讳也;天祚名延禧,乃追改重熙年号为重和,于嫌名犹必回避如此,道宗乃圣宗之孙,而以寿隆纪年,此理所必无者。

天祚帝纪

保大三年四月,金兵至居庸关,擒耶律大石。九月,耶律大石自金来归。四年七月,天祚既得林牙耶律大石兵归,又得阴山室韦谟葛失兵,自谓得天助,再谋出兵,复收燕、云。大石林牙力谏不从。大石遂杀乙薛及坡里括,置北、南面官属,自立为王,率所部西去。　按:《纪》末叙大石事云,金兵至,萧德妃归天祚,天祚诛德妃,责大石曰:"我在,汝何敢立淳?"对曰云云。上无以答,赐酒食,赦其罪。大石不自安,遂杀萧乙薛、坡里括,自立为王,率铁骑二百宵遁。西至可敦城,驻北庭都护府,得精兵万余。明年二月甲午,以青牛白马祭天地祖宗,整旅而西。先遗书回鹘王毕勒哥假道,毕勒哥得书,即迎至邸,大宴三日。临行,献马驼羊,送至境外。所过,敌者胜之,降者安之。兵行万里,归者数国,军势日盛。至寻思干,西域诸国举兵十万,号忽儿珊,来拒战。三军俱进,忽儿珊大败。驻军寻思干凡九十日,回回国王来降。又西至起儿漫,文武百官册立为帝,以甲辰岁二月五日即位。考:天祚诛德妃,在保大三年,岁在癸卯。其明年,即是甲辰岁,大石以二月整旅而西,兵行万里,时日已久,驻军寻思干,又九十日,然后西行,至起儿漫,当已逾年矣。乃云以甲辰岁二月五日即位,何其谬耶? 若据此《纪》之文,则大石以甲辰岁七月始率所部西去,较《纪》末所书,又差一年,传闻之互异如此。

兵卫志

永昌宫正丁一万四千。　按:《营卫志》载各宫正户转户之数,《兵卫志》载正丁转丁之数,丁数常倍于户数,是一户出二丁也。独永昌宫,彼《志》云正户八千,此云正丁一万四千,当有一误。

地理志

太宗立,晋有幽、涿、檀、蓟、顺、营、平、蔚、朔、云、应、新、妫、儒、武、寰十六州。　按:《太宗纪》,会同元年十一月,晋遣赵莹奉表来贺,以幽、蓟、瀛、莫、涿、檀、顺、妫、儒、新、武、云、应、朔、寰、蔚十六州并图籍来献,有瀛、莫无营、平。此《志》平州下云:"太祖天赞二年取之。"营州下云:"太祖以居定州俘户。"是营、平非石晋所赂明矣。瀛、莫二州得而旋失,后周显德六年,取瀛州、莫州。即辽应历九年。而营、平元系唐故地,后人因以当十六州之数。《志》谓营、平亦太宗立晋所得,盖相沿之误。辽分蓟之遵化县为景州,而易州则圣宗统和七年侵宋所得。《辽史》:南京析津府统州六。谓顺、檀、涿、易、蓟、景也。宋徽宗宣和五年四月,金人来归燕京六州,亦即此。

龙化州。太祖于此建东楼。天显元年,崩于东楼。 按:《太祖纪》,太祖所崩行宫,在扶余城西南两河之间,后建升天殿于此,而以扶余为黄龙府。此《志》于龙州黄龙府亦云:"太祖平渤海还,至此崩。"此乃云崩于东楼,误矣。

北安州兴化军领县一:利民县。 按:《金史·地理志》,兴州本辽北安州兴化军兴化县。承安五年,升为兴州,领兴化、宜兴二县。兴化为倚郭。辽旧县又有利民县,承安五年以利民寨升,泰和四年废。盖辽之北安州有兴化县,无利民县,惟金承安中尝升利民寨为县,未久旋废。作《辽史》者,乃以金所置之利民为辽时旧县,而不及兴化,误矣。

建州,汉乾祐元年。 按:乾祐元年,辽世宗天禄二年也。史当书辽年号。

隰州平海军统县一:海阳县。 按:《金史·地理志》,北京路瑞州有海阳县,辽润州海阳军故县也。有海滨县,辽隰州平海军故县也。《辽志》则云,隰州平海军统海阳县,润州海阳军统海滨县,与彼《志》互异。考海阳军名与县名相符,当以《金志》为正。

三河县,本汉临朐县地。 "朐"当作"沟",字之讹也。《两汉志》俱无临沟县。唐武德二年,析潞县置临沟,贞观元年省,开元四年复析潞县置三河县,盖即临沟故地。临沟,唐县,非汉县明矣。《明一统志》又承《辽志》之误。

归化州。元魏文德县。唐升武州,僖宗改毅州。后唐太祖复武州,明宗又为毅州,潞王仍为武州。晋高祖割献于辽,改今名。 按:本卷武州下云:魏置神武县。唐末置武州。唐改毅州,重熙九年复武州。此两武州,当有一误。

历象志

司天监马绩奏上《乙未元历》。 《五代史》作马重绩,盖避晋出帝讳,去上一字。

《大明历》,本宋祖冲之法,具见沈约《宋书》。 祖冲之历已见前史，而此《志》全录之，盖作史者徒求卷帙之富，于史例无当也。

百官志

遥辇侍中。一作世烛。　世烛，与侍中声相近，盖取汉人侍中之名，译音转讹尔。此如常衮，一作敞稳，又作详隐，其实乃袭用汉人相公之称，因音讹而异其文也。

圣宗统和十二年，命室昉为中京留守，治大定府。　按：辽有两中京，一为镇州，一为大定府。镇州自太宗北还，其地仍入中国。《辽史》所称中京，皆大定府也。惟《赵延寿》、《耶律拔里得传》之中京，乃是镇州。《地理志》：统和二十四年，五帐院进故奚王牙帐地。《圣宗纪》，奚王府五帐六节度献七金山土河川在统和二十年，与《志》不同。二十五年，城之，实以汉户，号曰中京，府曰大定。是则中京之名，始于统和二十五年，不应昉先得为留守。考昉《本传》，称保宁间改南京副留守，迁工部尚书，改枢密副使参知政事。统和八年，请致政。诏入朝免拜，赐几杖，太后遣阁门使李从训持诏劳问，令常居南京，封郑国公。病剧，遣翰林学士张干就第授中京留守，加尚父。窃疑中京本南京之讹。《志》云治大定者，史家不知而附益之耳。

礼志

二月八日，为悉达太子生辰。　按：二月当为四月。叶隆礼《契丹国志》本作四月八日。《志》载此条于二月一日之后，三月三日之前，则史文固然，非转写之误。《金史·海陵纪》，正隆元年，禁二月八日迎佛，亦一证。

皇子表

功罪。　按：义宗、章肃皇帝、顺宗、逆臣重元诸《传》，与此《表》所述功罪略同，此史文之重复也。

皇族表

于越洼，于越休哥。　按：列传，洼与休哥，皆南院夷离堇绾思之子。《表》于上一格失书绾思名，似与痕只皆滑哥之子矣。释鲁庶子又有海思,《表》亦失载。《皇子表》释鲁子亦止载滑哥一人。

义宗传

小字图欲。 《五代史》作突欲。"突""图"声相近。

晋王敖卢斡传

保大元年,南军都统耶律余睹与其母文妃密谋立之,事觉,余睹降金,文妃伏诛,敖卢斡实不与谋,免。《皇子表》与《传》同。 按:《天祚纪》《萧奉先》《耶律余睹传》俱称奉先讽人诬余睹结驸马萧昱等谋立晋王,此《传》与《皇子表》则云余睹与文妃密谋,盖据诬告之词,而不知其自相矛盾也。

耶律觌烈传

六院部蒲古只夷离堇之后。父偶思,亦为夷离堇。 按:觌烈为于越曷鲁之弟,乃《皇族表》有曷鲁,无觌烈,又《曷鲁传》云,祖匣马葛,简宪皇帝兄。《皇族表》作简献皇帝。父偶思,遥辇时为本部夷离堇。既偶思之名同,则匣马葛与蒲古只当即一人矣。乃史于《耶律铎臻》《耶律沤里思》《耶律吼》《耶律勃古哲》《耶律裹履》《耶律合里只》《耶律那也》《耶律牒蜡传》并云六院夷离堇蒲古只之后,而《皇族表》皆不列其名,何也?《皇子表》称懿祖第二子帖剌九任迭剌部夷离堇,故六院司呼为夷离堇房。而简献皇帝为懿祖第三子,则帖剌正简献之兄,与匣马葛非两人矣。而《皇族表》又歧而二之,何也?《辽史》杂采它书,往往自相矛盾。予以《纪》《表》《志》《传》参而考之,则帖剌也、蒲古只也,匣马葛也,盖一人而三名也。

耶律拔里得传

耶律拔里得,字孩邻。 《五代史》所称麻答,即其人也。

耶律安抟传

祖楚不鲁,父迭里。 按:《皇族表》以安抟为楚不鲁之子,误也。《传》称安抟任撒给,左皮室详稳。《表》以撒给与安抟为兄弟行,亦误。

萧阳阿传

父卒。　按：阳阿为萧乐音奴之子，乐音奴在列传第二十六卷，而阳阿在列传第十二卷，是子先于父也。且此卷内耶律隆运、耶律勃古哲、武白、萧常哥、耶律虎古五人，皆显于统和间，独阳阿以天祚时人厕其间，亦失伦也。

耶律仆里笃传

太平中，累迁彰圣军节度使。十六年知兴中府。　按：太平纪元终于十一年，此后惟重熙纪元乃有二十四年，且兴中府初为霸州，至重熙十年始升为府，安得于太平中有知兴中府者？此为重熙之十六年无疑矣。史脱重熙二字。

萧韩家奴传

重熙十三年春上疏言："累圣相承，自夷离堇湖烈以下，大号未加，天皇帝之考夷离堇的鲁犹以名呼，臣以为宜依唐典，追崇四祖为皇帝。"　按：《太祖纪》，雅里生毗牒，毗牒生颏领。颏领生耨里思，是为肃祖。肃祖生萨剌德，是为懿祖。懿祖生匀德实，是为玄祖。玄祖生撒剌的，是为德祖，即太祖之父也。与《传》所称不同。意《纪》所称者其名，而《传》所举者其号乎？《地理志》，辽国五代祖勃突，生于勃突山，因以名。《太祖纪》亦不见勃突名。

宋奉使诸臣年表

开宝八年辽保宁七年。　七月，西上阁门使郝崇信、太常丞吕端使契丹。是年三月，契丹始遣使来聘。十一月，校书郎直史馆宋准、殿直邢文度《宋史》作"文庆"。充契丹贺正旦使。

九年辽保宁八年。　五月，东上阁门副使田守奇、右赞善大夫房彦均充贺契丹生辰使。十一月，著作郎冯正、著作佐郎张玘使契丹告哀。

太平兴国二年辽保宁九年。　五月，起居舍人辛仲甫、右赞善大夫穆被使契丹贺生辰。十一月，监察御史李涚、阁门祗候郑伟贺契丹正旦。

三年辽保宁十年。 五月,左补阙李吉、通事舍人薛文宝贺契丹生辰。 十一月,供奉官阁门祇候吴元载、太常寺太祝母宾古贺契丹正旦。其明年,太宗亲征幽州不克,南北不通使者二十五年。

景德元年辽统和廿二年。 十月,阁门祇候假崇仪、副使曹利用使契丹。十一月,利用再使契丹。又遣西京左藏库使奖州刺史李继昌持誓书报聘。

二年辽统和十三年。 二月,开封府推官太子中允直集贤院孙仅、右侍禁阁门祇候康宗元贺国母生辰。十月,度支判官太常博士周渐、侍禁阁门祇候郭盛贺国主生辰。职方郎中直史馆韩国华、衣库副使通事舍人焦守节贺国母正旦。盐铁判官秘书丞张若谷、内殿崇班阁门祇候郭允恭贺国主正旦。

三年辽统和廿四年。 三月,兵部员外郎直史馆任中正、西上阁门使奖州刺史李继昌贺国母生辰。十月,太常博士王曙、内殿崇班阁门祇候高维忠贺国主生辰。户部员外郎直集贤院李维、崇仪使雅州刺史张利涉贺国母正旦。太常博士段晔、如京副使孙正辞贺国主正旦。

四年辽统和廿五年。 三月,户部副使水部员外郎崔端、侍禁阁门祇候张利用贺国母生辰。九月,户部副使祠部郎中宋传、供奉官阁门祇候冯若拙贺国母正旦。著作郎直史馆陈知微、供奉官阁门祇候王承僎贺国主正旦。户部判官殿中丞滕涉、侍禁阁门祇候刘煦贺国主生辰。

大中祥符元年辽统和廿六年。 三月,都官员外郎乔希颜、供奉官阁门祇候景元贺国母生辰。九月,御史马亮、西京作坊使魏昭易贺国母正旦。都官员外郎孙奭、侍禁阁门祇候薛贻廓贺国主正旦。是岁贺国主生辰使副,《长编》失书。

二年辽统和廿七年。 二月,太常博士直史馆王随、供奉官阁门祇候王承瑾贺国母生辰。九月,工部侍郎冯起南、作坊使李继源贺国母正旦。殿中侍御史赵祯、六宅使嘉州团练使杜守元贺国主正旦。太常博士直史馆乐黄目、东染院使浔州刺史潘惟吉贺国主生辰。十二月,以契丹国母殂,遣太常博士直史馆王随、内殿承制阁门祇候郭允恭为祭奠使。太常博士判三司催欠凭由司王曙、供奉官阁门祇候王承瑾为吊慰使。

三年辽统和廿八年。　十月，右司谏直史馆李迪、六宅使合州团练使白守素贺国主生辰。监察御史乞伏矩、供奉官阁门祗候翟继思贺正旦。既而守素不行，以内园副使崔可道代之。

四年辽统和廿九年。　九月，工部郎中龙图阁待制张知白、崇仪副使薛惟正贺国主生辰。兵部员外郎兼侍御史知杂事赵湘、供奉官阁门祗候符承翰贺正旦。

五年辽开泰元年。　十月，主客郎中知制诰王曾、宫苑使荣州刺史高继勋贺国主生辰。屯田郎中兼侍御史知杂事李士龙、内殿崇班阁门祗候李余懿贺正旦。

六年辽开泰二年。　九月，翰林学士晁迥、崇仪副使王希范贺国主生辰。龙图阁待制查道、供奉官阁门祗候蔚信贺正旦。

七年辽开泰三年。　九月，殿中侍御史周实、西京作坊副使段守伦贺国主生辰。屯田员外郎赵世长、内殿崇班阁门祗候张舜臣贺正旦。

八年辽开泰四年。　九月，左司谏知制诰刘筠、供奉官阁门祗候宋德文贺国主生辰。户部副使吏部员外郎李及、侍禁阁门祗候李居中贺正旦。

九年辽开泰五年。　九月，枢密直学士工部侍郎薛映、东染院使刘承宗贺国主生辰。寿春郡王友、户部郎中直昭文馆张士逊、供备库使王承德贺正旦。

天禧元年辽开泰六年。　九月，兵部员外郎龙图阁待制李行简、左骐骥使宜州刺史张佶贺国主生辰。太子中允直龙图阁冯元、内殿阁门祗候张纶贺正旦。

二年辽开泰七年。　九月，起居舍人吕夷简、供奉官阁门祗候曹琮贺国主生辰。工部郎中直史馆陈尧佐、侍禁阁门祗候张君平贺正旦。

三年辽开泰八年。　九月，吏部郎中直史馆兼太子左谕德崔遵度、西京左藏库使王应昌贺国主生辰。三司盐铁判官监察御史刘平、供奉官阁门祗候张元普贺正旦。

四年辽开泰九年。　九月，知制诰宋绶、阁门祗候谭伦《辽史》作骆继伦。贺国主生辰。太子左谕德鲁宗道、阁门祗候成吉贺正旦。

五年辽太平元年。　九月，翰林学士李谘、《辽史》作懿，误。内殿崇班王仲宝《辽史》"宝"作"宾"。贺国主生辰。太常博士苏耆、侍禁阁门祗候周鼎贺正旦。着以母丧不行,改命兵部员外郎苏维甫。

乾兴元年<small>辽太平二年。</small> 二月,真宗崩,遣内殿承制阁门祗候薛贻廓为契丹告哀使,礼部郎中薛田<small>《辽史》作"由"。</small>供备库副使李余懿为遗留礼信使。四月,兵部员外郎判盐铁句院任中行、崇仪副使曹珣为告即位使。七月,户部郎中直史馆刘锴、客省副使曹仪为皇太后回谢使。工部郎中赵贺、内殿承制阁门祗候杨承吉为皇帝回谢使。八月,礼部郎中知制诰张师德、西京左藏库副使赵忠辅贺契丹后生辰。<small>契丹后生辰遣使始此。</small>吏部员外郎刘晔、西京作坊副使郭志言贺国主生辰。屯田员外郎王鬷、西头供奉官阁门祗候刘怀德贺正旦。

天圣元年<small>辽太平三年。</small> 六月,龙图阁待制知开封府薛奎、西上阁门使郭盛贺国后生辰。九月,度支副使户部员外郎王臻、内殿承制阁门祗候慕容惟素贺国主生辰。权户部判官太常博士直集贤院同修起居注程琳、右侍禁阁门祗候丁保衡贺正旦。

二年<small>辽太平四年。</small> 七月,刑部郎中直史馆章得象、供奉官阁门祗候冯克忠贺国后生辰。<small>初命刑部郎中李若谷、阁门祗候范守庆,以拜辞日不俟垂帘请对,忤太后,因令二人代之。</small>九月,度支副使礼部员外郎蔡齐、供奉官阁门祗候李用和贺国主生辰。盐铁判官兵部员外郎张传、供奉官阁门祗候张士禹贺正旦。

三年<small>辽太平五年。</small> 七月,翰林学士承旨李维、庄宅副使张伦贺国后生辰。九月,工部郎中龙图阁待制马宗元、<small>《辽史》作冯元宗,误。初命户部郎中知制诰夏竦,竦辞,以宗元代。</small>内殿承制阁门祗候史方贺国主生辰。度支副使兵部郎中姜遵、内殿承制阁门祗候许怀信贺国主正旦。右正言直史馆张观、东头供奉官阁门祗候赵应贺国后正旦。<small>贺后正旦始此。</small>

四年<small>辽太平六年。</small> 七月,工部郎中龙图阁待制韩亿、<small>以名犯北朝讳,权改名意。《辽史》作翼,恐误。</small>崇仪副使田承说贺国后生辰。九月,右谏议大夫权三司使范雍、东染院使带御器械侯继隆贺国主生辰。起居郎知制诰徐奭、供奉官阁门祗候裴继已贺国主正旦。淮南江浙荆湖制置发运使刑部郎中张若谷、右侍禁阁门祗候崔准贺国后正旦。

五年<small>辽太平七年。</small> 八月,户部副使兵部员外郎王博文、六宅使王准<small>《辽史》"准"作"双"。</small>贺国后生辰。九月,吏部郎中知制诰石中立、崇仪使石贻孙贺国主生辰。户部判官职方员外郎张宝雍、<small>《辽史》作保维。</small>

崇仪副使孙继邺《辽史》作"业"。贺国主正旦。左正言直史馆孔道辅、左侍禁阁门祗候马崇《辽史》"崇"下多"至"字。贺国后正旦。

六年辽太平八年。 七月，度支副使工部郎中唐肃、内殿承制阁门祗候葛怀敏贺国后生辰。八月，枢密直学士给事中寇瑊、内殿从班阁门祗候康德舆《辽史》脱"舆"字。贺国主生辰。殿中侍御史判三司开拆司朱谏、供奉官阁门祗候曹荣改名英。贺国主正旦。开封府判官殿中侍御史张逸、左侍禁阁门祗候刘永钊贺国后正旦。

七年辽太平九年。 七月，刑部郎中狄棐、作坊使陈宗宪贺国后生辰。 八月，礼部员外郎兼侍御史知杂事鞠咏、供奉官阁门祗候王永锡贺国主生辰。职方员外郎判三司理欠司张群、如京副使石元孙贺国主正旦。户部判官度支员外郎苏耆、内殿承制阁门祗候王德贺国后生辰。

八年辽太平十年。 七月，盐铁判官兵部员外郎直史馆张宗象、香药库使李渭贺国后生辰。八月，工部郎中龙图阁待制梅询、供备库副使王令杰贺国主生辰。度支员外郎秘阁校理户部句院王夷简、西染院使窦处约贺国主正旦。开封府判官侍御史张亿、《辽史》"亿"作"易"，盖避辽讳改名。礼宾副使张士宣《辽史》"宣"作"宜"。贺国后正旦。

九年辽太平十一年。 六月，辽圣宗殂，遣御史中丞王随、西上阁门使曹仪为祭奠使。龙图阁待制孔道辅、崇仪副使孙继邺《辽史》作"业"。为贺登位使。龙图阁待制梅询、昭州刺史张纶为国母吊慰使。盐铁副使司封员外郎王礿、内殿承制阁门祗候许怀信为国主吊慰使。七月，改命枢密直学士寇瑊为贺登位使，孔道辅及西染院使魏昭文为国母册礼使。册礼使始此。瑊病不能行，改命天章阁待制范讽。十月，度支员外郎知制诰郑向、供备库使郭遵范贺国主生辰。淮南江浙荆湖制置发运使祠部郎中任布、左藏库副使王遵范贺国母正旦。度支判官殿中侍御史陈琰、西染院副使王克忠《辽史》"忠"作"善"。贺国主正旦。

明道元年辽重熙元年。 八月，盐铁副使刑部员外郎刘随、内殿承制阁门祗候王德基《辽史》"基"作"本"。贺国母生辰。开封府判官职方员外郎杨日严、客省副使王克基《辽史》"基"作"纂"。贺国主生辰。太常博士直集贤院同修起居注胥偃、阁门宣事舍人王从益贺国母正旦。监察御史崔暨、内殿崇班阁门祗候张怀志初命东染院副使赵振，寻以怀志代之。贺国主正旦。

二年_{辽重熙二年。} 三月,皇太后崩。四月,遣东上閤门使曹琮为告哀使,翰林学士章得象、崇仪使安继昌为遗留国信使。八月,度支判官刑部郎中刘赛、_{《辽史》"赛"作"宝"。}西染院副使符惟忠_{辽史脱"惟"字。}为谢国母吊慰使。度支判官司封员外郎李昭述、东染院副使张茂实为谢国主吊慰使。兵部员外郎知制诰丁度、右骐骥使王继凝贺国母生辰。度支副使兵部员外郎李绒、礼宾副使李继一贺国主生辰。度支判官刑部郎中章频、礼宾副使李遵懿_{《辽史》无"遵"字。}贺国母正旦。开封府推官金部员外郎王仲睦、_{《辽史》"仲"作"冲"。}供奉官閤门祇候郭崇贺国主正旦。崇留不行,以供备库副使张玮_{《辽史》作"纬"。}代之。

景祐元年_{辽重熙三年。} 八月,度支员外郎直集贤院谢绛、内殿承制閤门祇候李守忠贺国主生辰。度支判官刑部员外郎直集贤院段少连、供奉官閤门祇候杜赞_{《辽史》作杜仁赞。}贺国主正旦。_{是岁,罢国母生辰正旦遣使。}十月,谢绛以父疾辞,以户部员外郎兼侍御史知杂事杨偕代之。

二年_{辽重熙四年。} 八月,盐铁判官度支郎杨日华、礼宾副使张士禹贺国主生辰。太常博士直史馆修起居注郑戬供奉官閤门祇候柴贻范贺正旦。

三年_{辽重熙五年。} 八月,左正言知制诰史馆修撰宋祁、_{《辽史》"祁"作"郊"。}礼宾副使王世文贺国主生辰。工部郎中判户部句院李宗咏、供奉官閤门祇候岸准贺正旦。

四年_{辽重熙六年。} 八月,兵部员外郎知制诰谢绛、供备库使连州刺史带御器械张茂实贺国主生辰。起居舍人直史馆知谏院高若讷、西京左藏库使兼閤门通事舍人夏元正贺正旦。

宝元元年_{辽重熙七年。} 八月,工部郎中知制诰王举正、礼宾副使张士禹贺国主生辰。右司谏直集贤院韩琦、左藏库使高继嵩贺正旦。既而继嵩不行,改命西染院副使兼閤门通事舍人王从益。

二年_{辽重熙八年。} 八月,刑部员外郎天章阁待制庞籍、内殿崇班閤门祇候杜赞贺国主生辰。右正言直集贤院判都磨勘司王拱辰、西京左藏库副使彭再问_{《辽史》"问"作"思"。}贺正旦。十一月,以兵部郎中知制诰聂冠卿为生辰使,代庞籍。

康定元年辽重熙九年。 七月,遣刑部员外郎集贤校理同修起居注郭稹,《辽史》作"桢"。供备库副使夏防使契丹,告用兵西夏也。八月,刑部员外郎知制诰苏绅,《辽史》"绅"作"伸"。西京左藏库副使向传范贺国母生辰。右正言知制诰吴育、东头供奉官阁门祗候冯载《辽史》"载"作"戴"。贺国主生辰。右正言梁适、西染院副使张从一贺国母正旦。太常丞史馆修撰富弼、供备库副使赵日宣贺国主正旦。是年,国母生辰元旦复遣使。

庆历元年辽重熙十年。 八月,右正言知制诰刘沆、崇仪副使王整贺国母生辰。礼部员外郎兼侍御史知杂事施昌言、左侍禁阁门祗候何九龄贺国主生辰。权盐铁判官工部郎中张沔、内殿崇班侯宗亮贺国母正旦。权度支判官兵部员外郎王球、内殿崇班阁门祗候侍其濬贺国主正旦。

二年辽重熙十一年。 四月,遣右正言知制诰富弼、西上阁门使符惟忠报聘。五月惟忠病卒,以供备库使恩州团练使张茂实代之。七月,弼、茂实使旋,复遣往议誓书。八月,兵部员外郎兼侍御史知杂事程戡、西上阁门副使张得一贺国母生辰。太常丞直集贤院张方平、东头供奉官阁门祗候刘舜臣贺国主生辰。兵部员外郎集贤校理判三司开拆司杨伟、礼宾副使王仁旭贺国母正旦。盐铁判官兵部员外郎方偕、礼宾副使王易贺国主正旦。十月,遣右正言知制诰梁适报聘。《长编》不见副使,未详。

三年辽重熙十二年。 八月,起居舍人知制诰孙抃、洛苑副使冯行己贺国母生辰。盐铁副使工部郎中张昷之、西头供奉官阁门祗候丁亿贺国主生辰。户部员外郎兼侍御史知杂事鱼周询、阁门通事舍人李惟贤贺国母正旦。工部郎中李钺、东头供奉官阁门祗候赵牧贺国主正旦。仍诏惟贤权更名宝,亿为意,以避北讳。十月,昷之除转运,以右正言集贤校理余靖为国主正旦使。

四年辽重熙十三年。 八月,以契丹来告伐夏,遣右正言集贤校理同修起居注余靖为报聘使。亦不见副使。右正言秘阁校理孙甫、如京使夏防贺国母生辰。太常少卿直史馆刘夔、崇仪使杨宗让贺国主生辰。盐铁判官祠部员外郎秘阁校理张瓌、内园副使焦从约贺国母正旦。开封府推官监察御史刘湜、东头供奉官阁门祗候李士勋贺国主正旦。

五年_{辽重熙十四年。}正月，复遣右正言知制诰史馆修撰余靖、引进使恩州刺史王克基为报聘使。八月，右正言知制诰杨察、东上阁门使新州刺史王克忠贺国母生辰。户部判官祠部郎中张尧佐、西上阁门副使张希一贺国主生辰。度支判官祠部员外郎集贤校理李昭遘、供备库副使阁门通事舍人李璋贺国母正旦。监察御史包拯、阁门通事舍人郭琮贺国主正旦。

六年_{辽重熙十五年。}八月，刑部员外郎知制诰王琪、六宅使嘉州刺史钱晦贺国母生辰。右司谏知制诰钱明逸、内园副使阁门通事舍人杨宗说贺国主生辰。户部判官侍御史王平、左班殿直阁门祗候王道恭贺国母正旦。金部郎中判三司句院许宗寿、内殿承制夏元吉贺国主正旦。

七年_{辽重熙十六年。}八月，刑部员外郎知谏院吴鼎臣、崇仪副使柴贻庆贺国母生辰。太常博士集贤校理同修起居注判度支句院韩综、供备库副使柳涉贺国主生辰。户部判官刑部郎中崔峄、内殿崇班阁门祗候侍其演贺国母正旦。盐铁判官司勋员外郎刘立之、内殿崇班李中佑贺国主正旦。寻以内殿承制阁门祗候夏侁代柴贻庆。

八年_{辽重熙十七年。}八月，太常丞直集贤院同修起居注李绚、如京使兼阁门通事舍人李珣贺国母生辰。度支判官太常博士集贤校理何中立、内殿承制阁门祗候郑余懿贺国主生辰。工部郎中判度支句院李仲偃、左侍禁阁门祗候孙世京贺国母正旦。司勋郎中判理欠凭由司李永德、左侍禁阁门祗候康遵度贺国主正旦。既而绚辞不行，改命祠部员外郎集贤校理同修起居注胡宿。

皇祐元年_{辽重熙十八年。}三月，契丹使来告西征，遣翰林学士钱明逸、西上阁门使荣州刺史向传范为报聘使。八月，右正言知制诰李绚、供备副使曹偕贺国母生辰。度支副使户部员外郎梅挚、内殿承制阁门祗候李永宝贺国主生辰。礼部员外郎兼侍御史知杂事何郯、内殿崇班阁门祗候柴贻范贺国母正旦。著作佐郎直集贤院同修起居注吕溱、阁门通事舍人侯宗亮_{初命右班殿直阁门祗候魏公佐，以御史言，改命宗亮。}贺国主正旦。

二年_{辽重熙十九年。}三月，契丹使来告捷，遣翰林学士刑部郎中知制诰赵概、西上阁门使贵州团练使钱晦为报聘使。八月，工部郎中天章阁待制李东之、西京左藏库使李绶贺国母生辰。户部员外郎兼御史知杂事李兑、供备库副使李赓贺国主生辰。盐铁判官司封员外郎崇文院检讨孙瑜、阁门通事舍人王道恭贺国母正旦。司勋员外郎判三司开拆司寇平、内殿崇班阁门祗候郑余庆贺国主正旦。

三年辽重熙二十年。　八月，翰林学士刑部郎中知制诰兼侍讲史馆修撰曾公亮、西京左藏库使郭廷珍贺国母生辰。工部郎中知制诰史馆修撰兼侍讲王洙、阁门通事舍人李惟贤贺国主生辰。户部判官屯田郎中燕度、内殿崇班阁门祗候张克己贺国母正旦。太常博士直集贤院同修起居注王珪、东头供奉官阁门祗候曹偓贺国主正旦。

四年辽重熙二十一年。　八月，户部副使兵部郎中傅永、文思副使潘承嗣贺国母生辰。礼部员外郎兼侍御史知杂事张择行、西染院副使兼阁门通事舍人夏偶贺国主生辰。权盐铁判官都官员外郎蒋贲、内殿承制阁门祗候李中谨贺国母正旦。太常博士直集贤院同修起居注判盐铁句院韩绛、东头供奉官阁门祗候王易贺国主正旦。

五年辽重熙二十二年。　八月，度支副使工部郎中周沆、左藏库副使钱晒贺国母生辰。起居舍人知谏院韩赞、供备库副使彭再升贺国主生辰。户部判官刑部员外郎张去惑、内殿崇班夏僖贺国母正旦。右正言直集贤院贾黯、左侍禁阁门祗候王咸宣贺国主正旦。

至和元年辽重熙二十三年。　八月，起居舍人直集贤院同修起居注吴奎、礼宾副使郭逵贺国母生辰。盐铁判官主客郎中宋选、供备库副使王士全贺国主生辰。开封府判官殿中侍御史俞希孟、阁门通事舍人夏伸贺国母正旦。司封员外郎直龙图阁兼天章阁侍讲卢士宗、西头供奉官阁门祗候李惟宾贺国主生辰。九月，契丹使告与夏平，遣三司使吏部侍郎王拱辰、德州刺史李珣为报聘使。

二年辽清宁元年。　八月，辽兴宗殂，遣翰林学士吏部郎中知制诰史馆修撰欧阳修、四方馆使果州团练使向传范为贺登位使。初命贺国母生辰，至是改。龙图阁直学士兵部郎中吕公弼、西上阁门使英州刺史郭谘为祭奠使。盐铁副使工部郎中李参、内苑使兼阁门通事舍人夏佺为吊慰使。右正言知制诰刘敞、文思副使窦舜卿贺国母生辰。初命贺国主生辰，后改。户部副使工部郎中张揆、西染院副使兼阁门通事舍人王道恭贺国主生辰。起居舍人直秘阁知谏院范镇、内殿承制阁门祗候王光祖贺国母正旦。权度支判官刑部员外郎李复圭、染院副使兼阁门通事舍人柴贻范初差内殿崇班阁门祗候李克忠，以御史言，改差。贺国主正旦。

嘉祐元年辽清宁二年。　八月，刑部员外郎知制诰石扬休、文思使康州刺史沈惟恭贺国母生辰。刑部员外郎直史馆同修起居注唐询、东头供奉官阁门祗候王错贺国主生辰。祠部员外郎判度支句院集贤校理刁约、初命侍御史范师道，师道疾，改差。供备库副使刘孝孙贺国母正旦。右司谏马遵、内殿崇班阁门祗候陈永图贺国主正旦。

二年辽清宁三年。　三月，契丹遣使求御容，以右谏议大夫权御史中丞张升、单州防御使刘永年为回谢使。八月，盐铁副使刑部员外郎郭申锡、西京左藏库副使王世延贺国母生辰。右司谏吕景初、西京左藏库副使张利一贺国主生辰。度支判官祠部郎中直秘阁王畴、西染院使李珹贺国母正旦。殿中侍御史吴中复、东头供奉官阁门祗候宋孟孙贺国主正旦。九月，契丹再遣使求御容，十月以翰林学士兼侍读学士工部郎中知制诰史馆修撰胡宿、礼宾使李绶为回谢使，且许送御容。

三年辽清宁四年。　正月，以契丹国母殂，遣侍御史朱处约、宫苑使潘若冲为祭奠使。度支判官兵部员外郎集贤校理李仲师、六宅副使雍规为吊慰使。八月，度支副使右谏议大夫周湛、阁门通事舍人王咸有贺国母生辰。开封府判官度支郎中李及之、内殿崇班阁门祗候王希甫贺国主生辰。度支判官刑部郎中朱寿隆、礼宾使王知和贺国母正旦。太常博士直集贤院判户部句院祖无择、内殿承制阁门祗候王怀玉贺国主正旦。湛辞不行，改命吏部员外郎杨畋，畋又辞，乃命权盐铁副使工部郎中王鼎。

四年辽清宁五年。　八月，户部员外郎天章阁待制唐介、六宅使梅州刺史桑宗望贺国母生辰。侍御史丁讽、左藏库副使刘建勋贺国主生辰。开封府判官工部郎中张中庸、左藏库副使冯文显贺国母正旦。太常博士集贤校理判理欠凭由司沈遘、供备副使高继芳贺国主正旦。

五年辽清宁六年。　八月，刑部郎中天章阁待制兼侍读钱象先、西染院副使阁门通事舍人夏伟贺国母生辰。侍御史陈经、东头供奉官阁门祗候郭霭贺国主生辰。盐铁判官刑部郎中阎询、西京左藏库副使刘禧贺国母正旦。度支判官祠部员外郎直集贤院王安石、西头供奉官阁门祗候赵元中贺国主正旦。安石辞，改命户部判官兵部郎中秘阁校理王绎代之。

六年辽清宁七年。　　闰八月，户部郎中知制诰张瓌、如京使朱克明贺国母生辰。度支判官刑部员外郎集贤校理宋敏求、西染院副使阁门通事舍人张山甫贺国主生辰。司封郎中杨佐、供备库副使李宗贺国母正旦。盐铁判官度支员外郎集贤校理王益柔、内殿崇班阁门祗候王渊贺国主正旦。

七年辽清宁八年。　　《长编》失载贺生辰、正旦遣使事，《宋史》亦无之。

八年辽清宁九年。　　三月，仁宗崩。四月，遣引进副使王道恭为告哀使。是年，当有告即位、致遗留物、谢吊慰及贺生辰、正旦诸使，《长编》皆失书，《宋纪》止见韩贽一人。遣韩贽等为告即位使。起居舍人龚鼎臣充贺正旦，辞不行，当在此两年间。

治平元年辽清宁十年。　　八月，遣兵部员外郎吕海等四人贺国母生辰、正旦，刑部郎中章岷等四人贺国主生辰、正旦。《长编》失载，据《宋史·英宗纪》补。下二年同。

二年辽咸雍元年。　　八月，以工部郎中蔡抗等贺契丹生辰，侍御史赵鼎等贺契丹正旦。是年尚有起居舍人同知谏院傅尧俞、侍御史赵瞻，见《长编》。又贺正使王严，见《辽史》。

三年辽咸雍二年。　　八月，以傅卞等贺辽生辰，张师颜等贺辽正旦。

四年辽咸雍三年。　　正月，英宗崩，遣冯行己告哀，孙坦等告即位。《辽史》，宋以即位遣陈襄来报，与《宋纪》异。九月，遣孙思恭等报谢，且贺生辰、正旦。《长编》，自治平四年四月至熙宁三年三月皆阙。今据《宋史·神宗纪》得其大略耳。又按《宋史·苏寀传》，使契丹还，道闻英宗晏驾，契丹置宴仍用乐，撤之。《杨佐传》，英宗升遐，奉遗留物再往使，卒于道。此二人亦治平四年事也。

熙宁元年辽咸雍四年。　　八月，遣张宗益等贺生辰、正旦。

二年辽咸雍五年。　　九月，遣孙固等贺生辰、正旦。

三年辽咸雍六年。　　八月，司勋郎中权户部副使张景宪、供备库副使刘昌祚贺国主生辰。主客郎中户部判官李立之、内殿承制刘镇贺国主正旦。天章阁待制孙永、供备库使杨宗礼贺国母生辰。度支员外郎直舍人院吕大防、供备库副使张述贺国母正旦。大防辞不行，改命祠部郎中开封府判官赵瞻。

四年辽咸雍七年。八月，度支副使兵部郎中楚建中、西京左藏库副使夏球贺国主生辰。开封府判官太常博士秘阁校理韩忠彦、西染院副使阁门通事舍人李惟宾贺国主正旦。兵部员外郎知制诰陈绎、皇城使忠州团练使马俯贺国母生辰。度支判官司勋郎中王海、文思使郭宗古贺国母正旦。俯辞,改命文思副使梁交。

五年辽咸雍八年。　八月,司勋员外郎崔台符、供备库副使任怀政初命皇城副使田谞,寻改差。贺国主生辰。比部员外郎沈希颜、西作坊副使阁门通事舍人王文郁贺国主正旦。龙图阁待制权御史中丞邓绾、皇城使曹偓贺国母生辰。权发遣盐铁副使度支郎中王克臣、皇城副使刘舜卿贺国母正旦。绾、克臣辞不行,改命工部郎中集贤殿修撰沈起、起居舍人直集贤院章衡。

六年辽咸雍九年。　八月,权户部副使太常少卿贾昌衡、左藏库使许咸吉贺国主生辰。太子中允权监察御史里行蔡确、供备库使李谅贺国主正旦。龙图阁直学士张焘、西上阁门使种古贺国母生辰。金部员外郎判将作监范子奇、文思使夏元象贺国母正旦。

七年辽咸雍十年。　三月,辽遣使言代北疆界,以兵部郎中天章阁待制韩缜假龙图阁直学士给事中为报聘使。八月,兵部郎中集贤殿修撰张刍、皇城使忠州刺史石鉴贺国主生辰。屯田郎中权管句三司开拆使韩铎、内殿崇班王谨贺国主正旦。知制诰章惇、引进使忠州团练使苗授贺国母生辰。卫尉少卿宋昌言、西京左藏副使郭若虚贺国母正旦。授辞疾,改命东上阁门使李评,既以惇察访河北,改命知制诰许将。

八年辽太康元年。　三月,辽再遣使来,以右正言知制诰沈括假翰林侍读学士,西上阁门使荣州刺史李评假四方馆使,为报聘使。八月,工部郎中直龙图阁判将作监谢景温、文思使高遵路贺国主生辰。太常丞集贤校理直舍人院李定、皇城使兼阁门通事舍人李惟宾贺国主正旦。太常丞集贤殿修撰侍御史知杂事张琥、皇城使姚麟贺国母生辰。刑部员外郎集贤校理同修起居注窦卞、皇城使曹诵贺国母正旦。既而定不行,改命祠部员外郎集贤校理孙洙,麟遭母丧,改命东作坊使向纬。

九年辽太康二年。　四月,以契丹国母殂,遣户部副使度支郎中王克臣、西上阁门副使张山甫为祭奠使。太常丞集贤校理蒲宗孟、西上阁门副使王渊为吊慰使。八月,给事中程师孟、皇城使嘉州团练使刘永寿贺国主生辰。度支员外郎秘阁校理安焘、文思使高遵治贺正旦。

十年辽太康三年。 八月,秘书监集贤院学士苏颂、西上阁门使英州刺史姚麟贺国主生辰。太常博士集贤校理刘奉世、内藏库副使张世矩贺正旦。

元丰元年辽太康四年。 八月,知制诰兼侍讲黄履、皇城使雅州刺使姚兕贺国主生辰。太常博士周有孺、西京左藏库副使杨从先贺正旦。兕不行,改命东上阁门使荣州刺史狄谘。

二年辽太康五年。 八月,知制诰李清臣、西上阁门使曹评贺国主生辰。主客郎中范子渊、皇城使雅州刺史姚兕贺正旦。子渊辞免,改命太常丞检正中书户房公事毕仲衍。

三年辽太康六年。 八月,知制诰王存、皇城使济州防御使刘永保贺国主生辰。太子中允集贤校理兼同修起居注舒亶、西京左藏库副使王景仁贺正旦。亶辞不行,改命司门员外郎钱勰。

四年辽太康七年。 《长编》失载遣使事,《宋史》亦无之。

五年辽太康八年。 八月,承议郎宝文阁待制韩忠彦、引进使荣州团练使曹评贺国主生辰。朝奉郎守礼部郎中刘挚、内殿承制张赴贺正旦。

六年辽太康九年。 八月,奉议郎试起居郎蔡京、西上阁门使狄咏贺国主生辰。承议郎驾部郎中吴安持、供备库使赵思明贺正旦。

七年辽太康十年。 八月,鸿胪卿陈睦、西上阁门使曹诱贺国主生辰。奉议郎试右司员外郎范纯粹、文思副使侍其璀贺正旦。

八年辽大安元年。 三月,神宗崩,遣阁门通事舍人宋求《宋史》作球。为告哀使,权改名渊。四月,遣承议郎试中书舍人王震、内殿承制謇育为遗留国信使。《辽史》王震作王真,謇育作甄祐。承议郎左司郎中满中行、左班殿直阁门祗候焦颜叔为告即位使。八月,刑部侍郎杨汲、皇城使高州刺史王泽、朝请大夫户部郎中韩宗道、崇仪使嘉州刺史带御器械刘承绪贺国主生辰。光禄卿吕嘉问、左藏库使刘永渊、朝请郎卫尉少卿陈侗、西京左藏库使高遵治贺正旦。自是年始,贺生辰、正旦使皆四人。前二人为太皇太后使也。及太皇太后崩,仍用二人。九月,承议郎龙图阁直学士蔡卞、客省使沂州防御使曹评为太皇太后回谢使。中书舍人范百禄、左藏库副使兼阁门通事舍人高士毅为皇帝回谢使。士毅辞，改命左藏库副使知冀州刘惟清。

元祐元年辽大安二年。　八月，给事中胡宗愈、客省副使李琮、中书舍人苏轼、西京左藏库副使兼阁门通事舍人高士敦贺国主生辰。朝奉郎直龙图阁太仆少卿高遵惠、左藏库使李嗣徽、朝散大夫司勋郎中晁端彦、供备库使杨安立贺正旦。轼辞不行。不知更遣何人。

二年辽大安三年。　八月，户部侍郎张颉、皇城使杨永节、中书舍人曾肇、皇城使向绰贺国主生辰。太仆少卿王钦臣、西作坊使刘用宾、工部郎中盛陶、西头供奉官阁门祗候赵希鲁贺正旦。

三年辽大安四年。　八月，龙图阁直学士工部侍郎蔡延庆、皇城使海州防御使刘永寿、给事中顾临、文思副使段绰贺国主生辰。司农少卿向宗旦、西京左藏库使高遵礼、户部郎中王同老、内殿崇班阁门祗候贾祐贺正旦。

四年辽大安五年。　八月，刑部侍郎赵君锡、阁门通事舍人高遵固、翰林学士苏辙、阁门通事舍人朱伯材贺国主生辰。少府监韩正彦、阁门祗候贾裕、光禄卿范纯礼、阁门祗候曹晚贺正旦。纯礼辞疾，改命太府少卿陈纮。

五年辽大安六年。　八月，龙图阁待制枢密都承旨王岩叟、引进副使王舜封、兵部侍郎范纯礼、庄宅使张佑贺国主生辰。吏部郎中苏注、供备库使郭宗颜、户部郎中刘昱、西京左藏库副使毕可济贺正旦。岩叟以亲老，纯礼以疾辞，改命中书舍人郑雍、权工部侍郎马默。默又以病辞，改命天章阁待制吏部侍郎刘奉世，奉世又辞，改命太仆卿林旦。最后郭宗颜亦病，改命西头供奉官阁门陆孝立。

六年辽大安七年。　八月，中书舍人韩川、皇城使康州刺史訾虎、刑部侍郎彭汝砺、左藏库使曹谘贺国主生辰。吏部郎中赵偁、西京左藏库使王鉴、司农少卿程博文、左藏库副使康昺贺正旦。虎辞，改命西上阁门副使宋球、川辞，改命枢密都承旨刘安世，安世又辞，改命中书舍人孙升，升又辞，以韩宗道代之。汝砺辞，以鸿胪卿高遵惠代之。宗道又辞，乃复以命汝砺。

七年辽大安八年。　八月，权刑部侍郎王觌、皇城使忠州刺史张藻、权兵部郎中杜纯、六宅使郝惟几贺国主生辰。惟几改名惟微，避其国讳也。太常少卿宇文昌龄、供备库使曹读、殿中侍御史吴立礼、内殿承制阁门祇候向绰贺正旦。纯以目疾辞,改命户部侍郎范子奇,子奇辞足疾,改命刑部侍郎丰稷。

八年<small>辽大安九年。</small>　八月,遣使贺辽生辰及正旦。九月,太皇太后崩,遣使告哀,又遣使致遗留物。《长编》自元祐八年六月至绍圣四年三月皆阙,故不得奉使姓名。

按:《吕陶传》,以中书舍人奉使契丹,在哲宗亲政之前,当是此年事。又苏东坡有《送王敏仲北使诗》,施元之注:敏仲名古,以太常少卿奉使契丹。亦当在此年。

绍圣元年<small>辽大安十年。</small>　正月,遣秘书少监张舜民、郑介<small>不知何官。</small>为回谢吊祭使。八月,遣使贺辽生辰、正旦。

二年<small>辽寿昌元年。</small>　八月,遣使贺辽生辰、正旦。

三年<small>辽寿昌二年。</small>　八月,遣使贺辽生辰、正旦。

按:中书舍人朱服、右司员外郎时彦奉使,《本传》不载其年,当在绍圣中也。《毗陵志》,余中于绍圣中使辽。不知何年。又《长编》载元符二年,塞序辰奏取勘客省帐茶酒,有王晓例,是晓亦从前奉使者也。

四年<small>辽寿昌三年。</small>　八月,礼部侍郎范镗、左藏库使兼阁门通事舍人向绰贺辽生辰。太常少卿林邵、供备库使兼阁门通事舍人张宗离贺辽正旦。

元符元年<small>辽寿昌四年。</small>　八月,朝请郎权礼部尚书权侍读塞序辰、皇城使泰州团练使李嗣徽贺辽生辰。序辰权改名授之。朝散郎度支郎中王诏、西京左藏库副使曹曚贺辽正旦。

二年<small>辽寿昌五年。</small>　四月,以辽遣使为夏国请和,遣朝散郎中书舍人郭知章、东上阁门使文州刺史曹诱报聘。诱不行,改命东作坊使兼阁门通事舍人宋深。八月,遣使贺辽生辰正旦。《长编》失载使副姓名,惟贺正副使、供备库副使贾裕以李希道身亡遣代,特见耳。

三年<small>辽寿昌六年。</small>　正月,哲宗崩,遣阁门通事舍人宋渊为告哀使。二月,遣吴安宪、朱孝孙为遗留国信使。韩治、曹谱为告即位使。七月,遣陆佃、李嗣徽为回谢使。八月,遣董敦逸等贺辽生辰,吕仲甫等贺辽正旦。自元符三年二月以后,《长编》俱阙。据《宋史·本纪》载其姓名。生辰正旦二使,《本纪》不书其副。

建中靖国元年_{辽乾统元年}。　正月,辽道宗殂,三月,遣给事中谢文瓘、中书舍人上官均等为吊祭使。黄实为贺即位使。此据《宋纪》。《辽史》云:宋遣王潜等来告祭,未知孰是。又自是年以后,《宋》、《辽》二《纪》皆不载贺正旦、生辰使。⑤

崇宁元年_{辽乾统二年}。

二年_{辽乾统三年}。

三年_{辽乾统四年}。

四年_{辽乾统五年}。　五月,以辽遣使为夏求和,遣翰林学士林摅报聘。　八月,遣礼部侍郎刘正夫使辽。此二条据《宋史·本纪》。《辽纪》:是年四月,宋遣曾孝广、王鼗报聘。十二月,宋遣林洙来议与夏约和。与此不同。林洙当即林摅之讹。

五年_{辽乾统六年}。　以与夏通好,遣刘正符、曹穆报聘。《辽史》载于是年十月,《宋史》无之。疑刘正符即《宋史》之刘正夫也。

大观元年_{辽乾统七年}。

二年_{辽乾统八年}。

三年_{辽乾统九年}。

四年_{辽乾统十年}。

政和元年_{辽天庆元年}。　九月,遣端明殿学士郑允中、武康节度使童贯为贺辽生辰使。《中兴小历》作二年,盖以九月奉命,次年至辽也。

二年_{辽天庆二年}。

三年_{辽天庆三年}。

四年_{辽天庆四年}。

五年_{辽天庆五年}。

六年_{辽天庆六年}。

七年_{辽天庆七年}。　春,司封员外郎陶悦、知霸州李邈贺辽正旦。见《北盟会编》、《系年要录》。盖六年所遣也。

重和元年_{辽天庆八年}。

宣和元年_{辽天庆九年}。　遣画学正陈尧臣使辽。

二年_{辽天庆十年}。　遣国子司业权邦彦使辽。其冬以右司员外郎假太常少卿周武仲贺辽正旦。见《杨龟山集》。

三年_{辽保大元年}。

四年辽保大二年。　正月,辽主弃中京出奔,自是使命遂绝。

按:徽宗朝使辽者,有工部侍郎王汉之、右司员外郎张叔夜、右司员外郎陈过庭、据《会稽志》,过庭使辽,在政和中。卫尉少卿假给事中韩肖胄、贺生辰。太府少卿卢法原、监察御史假太常少卿李弥大,皆见《宋史·本传》。又施元之注《苏诗》云:范坦,徽宗时再使辽,时边议萌芽,故非时遣使以观衅,坦言不宜始祸,力辞行,帝怒,责团练副使。

又按《书录解题》有《李罕使辽见闻录》二卷。罕官膳部郎中,其奉使年代未详。

校勘记

①“汙里轸”,“汙”,原本作“汗”。《辽史》卷一作“汙”。觇烈字兀里轸,“兀”“汙”音近相转,当以《辽史》为是,径改。

②“四月”,《辽史》卷四《太宗纪》载:大同元年正月辛卯“降重贵为崇禄大夫”。“四”,盖为“正”之误。

③“贺正旦生辰使”,“使”,原本作“传”,文意不通,径改。

廿二史考异卷八十四

金史一

世纪

南人称"杨割太师",又曰杨割追谥孝平皇帝,号穆宗,又曰杨割号仁祖。金代无号仁祖者,穆宗讳盈歌,谥孝平,"盈"近"杨","歌"近"割",南北音讹。辽人呼节度使为"太师",自景祖至太祖皆有是称。凡《丛言》、《松漠记》、张棣《金志》等书皆无足取。　今《丛言》、《金志》二书不传,惟洪皓《松漠纪闻》所载九代世系颇与史合,而译字多异。又世所传宇文懋《昭大金国志》云太祖杨割,太师之长子,则与《金史》大相抵牾。史所讥为无足取者也。张棣书,徐氏《北盟会编》略引之。

太祖纪

太祖应乾兴运昭德定功仁明庄孝大圣武元皇帝。　按:天会三年,上太祖谥曰武元皇帝。皇统五年,增谥应乾兴运昭德定功睿神庄孝仁明大圣武元皇帝,凡十八字,《纪》首所书,疑误。

天会三年三月,上尊谥曰武元皇帝。　《礼志》作大圣武元皇帝。

太宗纪

天会二年二月,命徙移懒路都孛堇完颜忠于苏濒水。　按:《地理志》,恤品路本率宾故地,太宗天会二年,以耶懒路都孛堇所居地瘠,遂迁于此。海陵例罢万户置节度使,因名速频路节度使。又云,耶懒又书作押懒。[①]《完颜忠传》云:以耶懒地薄斥卤,迁其部于苏滨水。然则移懒、耶懒、押懒,一地也。率宾、恤品、速频、苏濒、苏滨,一地也。译音本无定字,史家亦不能画一。

八年诏曰:"娄室往者所向辄克,今使专征陕西,淹延未定,岂倦于兵而自爱邪？关、陕重地,卿等其戮力焉。" 此语又见《睿宗纪》。

海陵纪

他日,海陵与辩语及废立事,曰:"若举大事,谁可立者?"辩曰:"胙王常胜乎?"问其次,曰:"邓王子阿懒。"亮曰:当称海陵,此云亮者,史之驳文。"阿懒属疏,安得立?"辩曰:"公岂有意乎?"海陵曰:"果不得已,舍我其谁!"于是旦夕相与密谋。护卫将军特思疑之,以告悼后曰:"辩等公余每窃窃聚语,窃疑之。"后以告熙宗。熙宗怒,召辩谓曰:"尔与亮谋何事,将如我何。"杖之。 此事又见《胙王元》及《唐括辩传》。彼《传》阿懒作阿楞。"楞"、"懒"声相近也。邓王之父宗杰,景宣同母弟,故辩以为可立。又按:《金史》《纪》《传》多冗蔓无法,而《本纪》重复尤甚。姑即《海陵》以下诸《纪》言之:熙宗使小底大兴国赐亮生日,悼后亦附赐礼物,熙宗杖兴国,追其赐物,已见《后妃》及《兴国传》。海陵与唐括辩语及废立事,辩言胙王及邓王子可立,已见《胙王》及《唐括辩传》。河南兵士孙进自称皇弟按察大王,已见《胙王》及《张通古传》。贞元三年迎皇太后,命左右持杖请痛笞事,已见《后妃传》。世宗居贞懿皇后丧,方寝,有红光照室及黄龙见,已见《五行志》。大定二年,速频军士诬完颜谋衍子斜奇寄书其子谋反,讯之果诬事,已见《谋衍传》。七年谓敬嗣晖曰:"如卿不可谓无才,所欠者纯实耳。"已见《嗣晖传》。八年改旺国崖曰静宁山,曷里浒东川曰金莲川,已见《地理志》。又谓宰臣曰:"海陵起居注所书多不实。"孟浩言古帝王不自观史,已见《浩传》。大磐私取良弓,为护卫所告,已见《磐传》。十一年,谓丞相韩企先当与功臣图像,已见《企先传》。十二年,召皇太子及赵王上殿,言"京尝图逆"。此条别有辩证。又以德州防御使文赟产赐其兄子,皆已见《宗望传》。十年,夏臣任得敬胁其主李仁孝上表,请中分其国,上不许,并却其贡物,已见《西夏传》。十三年,御睿思殿,命歌女直词,并诫皇太子诸王,已见《乐志》。二十五年,宴上京宗室,上自歌本曲,道祖宗创业艰难,亦见《乐志》。二十七年,谓宰臣曰:"卿等老矣,殊无可以自代者乎?"云云,已见《张汝霖传》。章宗明昌二年,吴王永成、隋王永升闻国丧奔赴失期罚俸,汉王永中以疾失期,谕使回,已见《永中传》。敕汉辽唐宋等名,不得封臣下,令有司议改,已见《百官志》。四年,遣完颜匡使宋,权更名弼,以避宋讳,已见《匡传》。卫绍王大安三年,徒单镒请徙桓、昌、抚百姓入内地,又请置行省于东京,已见《镒传》。宣宗贞祐四年,内族承立进所获马驼事,已见《承立传》。兴定元年,宋使朝辞,上言:"宋人何故犯我?"高琪请伐之,不听。许古请遣使与宋议和,宰臣以为徙示微弱无足取,已见《高琪传》。五年,完颜赛不遣使献捷,监察御史劾其纵将士卤掠,诏勿问,已见《赛不传》。元光二年,与宰臣论人有才而心不正者不足贵,已见《高汝砺传》。哀宗正大元年,有男子服麻衣,望承天门且哭且笑,群臣请置重典,诏杖而遣之,已见《五行志》。天兴元年,议以曹王出质,密国公璹请代行,不听,已见《璹传》。而《本纪》又一一书之。至如宋、高丽、夏之通使,已立《交聘表》详言之矣,而《本纪》每年书某国使朝贺,遣某某使某国贺正旦生辰,不亦赘乎?粘割韩奴、魏全死节,已立《忠义传》表章之矣,而《纪》复详述之,亦复而无法。又如大定二十一年,移剌余里也之十子以母死更代庐墓,当载于《孝友传》;泰和四年,祭前代帝王十七君,当载于《礼志》,今皆入《本纪》中,虽非重复,于体例亦未当也。

世宗纪

大定二年四月,[②]立楚王允迪为皇太子。　允迪后改名允恭,即显宗也。《大金国志》谓大定三年立长子越王允升为皇太子,次子允猷封晋王。十九年,晋王允猷宴于南凉观,三鼓方散,及晨,晋王已殒,胸口皆伤,诏大兴府捕贼下狱鞫问。实太子使之。允升出奔至和龙,上遣明威将军完颜宇追之,至东谟与允升战,允升众散,为人所杀。谥允猷为元悼太子。二十年,立升王允恭为皇太子。又云,世宗有子七人,长曰太子允升,次曰升王允恭,次曰晋王允猷,第四第五失其名,次曰郑王允蹈,次曰卫王允济。今以史考之,世宗子十人,显宗母弟有赵王、越王,早卒,未赐名,此外无名允猷者。若夔王允升,大定十一年始封王,历事四朝,年齿最高,至宣宗初尚存,初无立为太子谋叛见杀之事,彼《志》所书,皆不足信。

十二年十月壬子,召皇太子及赵王永中上殿,上顾谓宰臣曰:"京尝图逆,今不除之,恐为后患。"又曰:"天下大器,归于有德。海陵失道,朕乃得之。但务修德,余何足虑。"遂释之。丙辰,以德州防御使文赀产赐其兄之子咬住,且谕其母:"文之罪,汝等皆当连坐。念宋王有大功于国,故置不问,仍以家产赐汝子。" 此二事俱见《宗望传》。彼《传》以"不除,恐为后患",为宰臣所言,故世宗有"但务修德,余何足虑"之语,《纪》皆以为世宗之言,误也。咬住乃文兄齐之子,此是谕齐妻之词。

十三年五月,禁女直人毋得译为汉姓。 按:《章宗纪》,明昌二年十一月,"制诸女直人不得以姓氏译为汉字"。相去才十有八年,而复降此制,盖习俗之难返甚矣。《国语解》所载完颜曰王、女奚烈曰郎之类,皆大定、明昌间所译也。

章宗纪

明昌四年八月辛亥,国史院进《世宗实录》,上服袍带,御仁政殿,降座,立受之。 按:泰和三年十月庚申,又书"尚书左丞完颜匡等进《世宗实录》。上降座,立受之"。疑一事重出也。

五年十月,参知政事马琪自行省回,具奏河防利害,语载《琪传》中。 按:《琪传》不载此语,当云见《河渠志》。

承安二年八月,左宣徽使膂尚书右丞。 按:"膂"字不见于字书,必是传写之讹。予见曲阜孔庙石刻,承安四年三月泰定军节度使兼兖州观察使完颜膂祭文,复有孔元措跋云:"相国完颜公,自尚书右丞出镇沇郡。"与此纪三年十二月"尚书右丞膂罢",年月相合。然则膂即膂之讹。《说文》:"膂,用也。从冎,从自,读若庸。"石刻作"膂",隶体小变耳。

泰和二年三月,蔡王从彝母充等太师卒,诏有司定葬礼葬仪,事载《从彝传》。 充等太师当是充华太妃之讹。《从彝传》亦未载此事,唯《张晞传》云:"霍王从彝母早死,温妃石抹氏养之。明昌六年,温妃薨,上问从彝丧服,晞奏:'请未葬以前服白布衣绢巾,既葬用素服终制,朝会从吉。'上从其奏。"或即指此事。然晞所议者,慈母服制,非葬礼,且明昌与泰和相隔六七年,未可合为一事也。从彝本充华田氏所生,《晞传》既云早卒,何以其卒转在温妃之后,尤为矛盾。《从彝传》亦云母早卒。

卫绍王纪③

户部尚书武都、拾遗田庭芳等三十人请降为王侯。 按:《执中传》云:"众相视莫敢言,独文学田廷芳奋然曰:'先朝素无失德,尊号在礼不当削。'于是,从之者礼部张敬甫、谏议张信甫、户部武文伯、庞才卿、石抹、晋卿等二十四人。"文伯,即武都字也。彼云不当削,此云降为王侯,则与张行简诸议无以异矣。

宣宗纪

兴定元年十月壬午,从宜移剌买奴言。 按:自壬午以后,当是十一月事,史失书月。

四年,益都贼张林来攻。 是时有两张林,皆在益都。见《蒙古纲田琢传》。此攻沧州者,本益都府卒,以功授治中,兴定三年,逐转运使田琢而据其地,史所称益都张林也。是年八月,李全犯东平府,监军王庭玉败之,禽其伪安化军节度使张林,此则益都桃林寨总领,号张大刀者也。

哀宗纪

正大五年完颜讷申改侍讲学士,充国信使。 讷申即奴申也。

末帝退保子城,闻帝崩,率诸臣入哭,谥曰哀宗。 按:《纪》、《传》皆称哀宗,独《食货》、《百官》二《志》称义宗,《大金国志》亦称义宗。又云宿州有僭位者,谥曰昭,故官侨于宋者,谥曰闵,或谓哀不足以尽谥,天下士夫咸以义宗谥,取《左氏》国君死社稷之义也。《完颜娄室传》,蔡凶问至,发丧设祭,谥哀宗曰昭宗。此息州行省所谥,《大金志》以为宿州者,误也。《归潜志》称哀宗为末帝,与史又异。

历志

元祐时,尚书右丞苏颂与昭文馆校理沈括奉敕详定《浑仪法要》。 按:沈括上浑仪议在熙宁七年,不与颂同时。

地理志上

建五京，置十四总管府，是为十九路。　按：《大金国志》云二十路，以此《志》校之，多临潢一路。彼《志》所言，皆据大定以前之制也。大定后罢临潢路入北京路，故云十九。

其间散府九，节镇三十六，防御郡二十二，刺史郡七十三，军十有六，县六百三十二。后复尽升军为州。　按：金初沿宋旧制，每路有州有军，至大定二十二年，始尽升军为州。然则《志》所举节镇防刺之数，亦大定以前之州郡，故与每路总计之数，不能尽合。然《志》所计节镇防御郡刺史郡之数，实多舛误。今据《大金国志》云京都六留守司五处，上等二处，中都大兴府，南京开封府。中等四处；北京大定府，东京辽阳府，西京大同府，上京会宁府。总管府十四处，上等七处，平阳、真定、益都、东平、京兆、太原、大名。中等四处，河间、庆阳、临洮、凤翔。下等三处；延安、咸平、临潢、散府八处，上等二处，河中、济南。中等三处，归德、河南、平凉。下等三处；广宁，兴中，彰德。节镇三十九处，上等十处，绛、定、怀、莱、密、沧、潞、汾、冀、邢。中等十处，代、同、雄、保、兖、邠、泾、朔、奉圣、平。下等十九处；蔚、义、许、徐、丰、岚、邓、鄜、巩、隆、应、云内、盖、宗、懿、锦、泰、卫、桓。防御二十一处，上等七处，博、德、洺、棣、孟、亳、沂。中等七处，清、蔡、华、濬、郑、泗、宿。下等七处；陕、肇、颍、河、秦、陈、陇。刺史七十五处，上等十四处，解、景、沃、深、泽、石、耀、环、原、汝、隰、兰、会、德顺。中等二十五处，涿、蓟、滦、沈、曹、淄、登、嵩、单、唐、祁、磁、辽、沁、海、滨、潍、恩、济、邳、开、丹、坊、乾、宁。下等三十六处；易、通、顺、霸、遂、利、信、安、庆、安肃、澄、复、弘、韩、睢、贵德、寿、建、莫、蠡、威、武、滑、管、宣德、濮、商、虢、献、吉、忻、洮、净、抚、宁边、东胜。十六军并改作州，上等三州，泰安、滕、宁海。中等三州，平定、钧、莒。下等十州，岢、岚、宁化、保德、陕绥、德保、安葭、镇戎、积石、来远。总京府州军计之，正合百七十九之数，是足以订史文之误矣。史所云散府九者，并临潢数之，若定州之为中山府，奉圣州之为德兴府，皆明昌以后所升，故不在此数也。上京路之肇州、西京路之抚州、南京路之蔡州，后皆升节镇。北京又增置全、兴两州，皆为节镇。又西京路之昌州，南京路之裕、息二州，皆明昌以后所置刺史州，若并增置州言之，京府州当为百八十有四也。大安以后，疆宇日蹙，所升置州郡，史家不入计数之内，故亦存而不论。

是以金之京府州凡百七十九,县加于旧五十一,城寨堡关百二十二,镇四百八十八。　此与《大金国志》之文正同,但彼所述者,大定之制,此兼及章宗一朝,故以诸路所计郡县数并之,总不相合。

上京路领节镇四,防御一。　按:上京路所领三州,隆州,节镇也;肇州,防御也;承安三年升节镇。信州,刺郡也。又有蒲与路、恤品路、胡里改路,皆设节度使,而不立州县,故不在节镇之数。今与隆州并列为四,于例既未画一,又失书刺郡一,尤疏漏矣。

东京路刺郡四。　"四"当作"五"。

婆速府路。　《元史》作婆娑府。

北京路领节镇七,刺郡三。　当云节镇八,刺郡二。

西京路刺郡八。　"八"当作"七"。

中都路刺郡九。　"九"当作"十"。

蓟州县五。旧又有永济县,大定二十七年以永济务置,未详何年废。　按:元至元七年,孙庆瑜撰《丰闰县记》云,金大定间改永济务为县,大安初,避东海郡侯讳,更名曰丰闰。史不知丰闰即永济之改名,而分而为二,乃以丰闰为泰和间置,又谓永济已废,而未得其年,皆误之甚也。

丰润,泰和间置。　按:卫绍王以泰和八年十一月即位,丰闰更名,当即在其年。史云泰和间者,亦未大失,但改名而非创置耳。朱彝尊据《清类天文分野书》云洪武元年,改"闰"为"润",今《金》、《元史》雕本,"闰"旁均著水,非也。

地理志中

南京路领节镇三,防御八,刺史郡八。　按:本路节镇,唯邓、许二州。泰和中,升蔡州为节镇,史既云节镇三,则防御止于七矣。刺郡本七,泰和中增置裕、息二州,则当云刺史郡九也。

归德府,散,中。宣武军。　军下当有"节度"二字。

济南府。济阳。　按:于钦《齐乘》云:"金初刘豫割章丘之标竿镇及临邑封圻之半,置济阳县。大定六年,当是泰和八年,或大安初。避金主允济讳,改曰清阳。允济遇弑,复旧名。"卫绍王事迹,史失其传,以济阳、永济之例推之，则济南府名亦当改易也。

礼志四

以粘哥宗翰、斡里不宗望。　《志》书配享诸臣，如斜也杲、阿思魁忠之类，皆本名与改名兼举，粘哥即宗翰，斡里不即宗望也。粘没喝又称粘罕，此又称粘哥；斡里不亦作斡离不，又作斡鲁补，此篇又作讹鲁补；兀术亦作斡出，或作斡啜，译字之无定如此。

十八年，黜辞不失。　按：金初有两辞不失，一为宗人辞不失，一为金源郡王习失，亦作辞不失，皆预配享。今据明昌所定，两人皆在东廊之位，则此云黜者，疑误也。

皇伯太师辽忠烈王宗斡斡鲁。　"斡鲁"当作"斡本"。

开府仪同三司金源郡毅武王习失。　即昭祖之孙习不失也。《本传》谥忠毅。

开府仪同三司金源郡明毅王完颜忠阿思魁。　《本传》失书谥，亦不云赠开府仪同三司。

特进宗人斡里古庄翼。　《传》作斡鲁古。

特进完颜辞不失。　即完颜石土门之子习失也。《本传》谥威敏。

开府仪同三司金源郡刚烈王斡鲁。　即韩国公劾者之子。《本传》失书其谥，又不云赠开府仪同三司。又《传》云："皇统五年，追封郑国王。"而此称金源郡王者，盖正隆中宗室属疏者，例降为公，大定三年，又例加金源郡王，诸《传》或书或不书尔。

皇叔祖元帅左都监鲁庄明王阇母。　《本传》谥壮襄。

开府仪同三司兖国英敏公刘彦宗。　《本传》失书配享庙廷事。

右丞相金源郡武定王纥石烈志宁。　按：《百官志》，纥石烈姓例封广平郡，《志宁传》亦云封广平郡王，此称金源郡，疑误。

礼部尚书张行简言："近奉诏从世宗十六拜之礼，臣与太常参定仪注，窃有疑焉。"　按：此事见《张行信传》。行简乃行信之兄，《志》误。

礼志六

班首降阶复位。　此下南北监本并脱一叶，《太宗诸子传》亦脱一叶，予尝见元椠本，钞补之。

礼志七

岳、镇、海、渎。其封爵并仍唐、宋之旧。明昌间，从沂山道士杨道全请，封沂山为东安王，吴山为成德王，霍山为应灵王，会稽山为永兴王，医巫闾山为广宁王，淮为长源王，江为会源王，河为显圣灵源王，济为清源王。　今以《宋史·礼志》考之，江、河、淮、济四渎之名，则宋康定元年封号也。吴山则宋元丰八年封号也。沂山、医巫闾山、霍山则宋政和三年封号也。会稽山，宋时封永兴公，政和进封永济王，今仍永兴之名，而加王号，亦非特创也。惟江渎，宋为广源王，此作会源，或亦转写之讹。要皆仍宋旧制，何待杨道士之请邪？然《章宗纪》，明昌六年十二月，明有加上"五镇四渎王爵"之文，岂别有"加上"之字，而史失之欤。予家藏金时石刻，有《济渎灵应记》文，称《显祐清源王碑》，立于正大五年，此四字王爵，或即明昌所上，或后来所加，惜乎史家语焉而未详也。又按：《大金集礼》载大定四年奏四渎王号，与此同，唯东镇安东公、南镇永兴公、中镇应圣公、西镇成德公、北镇广宁公，未加王号。

礼志八

武成王庙配祀。黜王猛、慕容恪等二十余人，而增金臣辽王赛也等。　按：阿离合懑之次子，名赛也，史不立传，恐不在武成配享之列。此赛也，疑即辽王斜也。"斜"与"赛"，声亦相近。

礼志十

奉册皇太后仪。天德二年正月，诏有司："择日奉册唐殷国妃、岐国太妃，仍别建宫名。"　按：《海陵本纪》，是月"尊嫡母徒单氏及母大氏皆为皇太后"。《志》所云唐殷国妃者，徒单氏；岐国太妃者，大氏也。海陵父宗干，史称封梁宋国王，《熙宗纪》、《本传》并同。徒单氏当云梁宋国妃，而云唐殷国妃，所未详也。海陵之封岐王，《本纪》亦阙而不书，惟《后妃传》云海陵后徒单氏为岐国妃。

百官志一

凡封王，大国号二十：曰恒、旧为辽。邠、旧为梁。汴、旧为宋。镐、旧为秦。并、旧为晋。益、旧为汉。彭、旧为齐。赵、越、谯、旧为殷。郓、旧为楚。鲁、冀、豫、绛、旧为唐。兖、鄂、旧为吴。夔、旧为蜀。宛、旧为陈。曹。次国三十：曰泾、旧为隋。郑、卫、韩、潞、幽、沈、岐、代、泽、徐、滕、薛、纪、升、旧为原。邢、冀、丰、毕、邓、郓、霍、蔡、瀛、按金格，葛当在此。沂、荆、荣、英、寿、温。小国三十：濮、遂、旧曰济。道、定、景、后改为邹。申、崇、宿、息、莒、郕、郜、舒、淄、郕、莱、旧为宗，以避讳改。郧、郯、杞、向、管、旧曰郇，兴定元年改。密、胙、任、戴、巩、蒋、《士民须知》云，旧为葛。萧、莘、芮。　按：此封号，盖明昌以后之制。其云旧者，则《大定格》也。考《大金集礼》云，天眷元年，定到国封等第，大国二十：辽、燕、梁、宋、秦、晋、汉、齐、魏、赵、越、许、楚、鲁、冀、豫、御名。世宗名雍也。兖、陈、曹。次国三十：蜀、隋、郑、卫、吴、韩、潞、幽、沈、岐、代、虞、徐、滕、薛、纪、原、邢、翼、丰、毕、邓、郓、霍、蔡、瀛、沂、荣、英、温。小国三十：濮、济、道、定、景、申、崇、宿、息、莒、郕、郜、舒、淄、郕、宗、郧、谭、应、向、郇、密、胙、任、戴、巩、葛、萧、莘、芮。皇统五年十月二十九日，奏定大国从上，添唐、殷、商、周，为二十四，余仍旧。是大定以前，已有封爵三等国名。《大定格》于大国去燕、殷、商、周、魏，而增吴、蜀，又改雍为唐；次国改岐为鄂，杞为纪，又增荆、寿；小国改应为杞，与旧稍有异同。《志》止举《大定格》，而不及天眷、皇统之制，未免漏落矣。明昌二年，以汉、辽、唐、宋之类，皆昔有天下之号，不宜封臣下，故皆改之。则虞之改泽，亦当与同时。《志》于泽下不云旧为虞，亦漏也。世宗初封葛王，章宗初封原王，故臣下不敢居其名。宗为睿宗名，景为章宗嫌名，济为卫绍王名，郇为宣宗嫌名，故亦改之。

校勘记

①“又书作押懒”，“又”，原本作“文”，字讹。据《金史》卷二四改。

②“四月”，《金史》卷六载：大定二年五月壬寅“立楚王允迪为皇太子”。

③“卫绍王纪”，“纪”，原本作“妃”，误。据行文径改。

廿二史考异卷八十五

金史二

宗室表

大定以前称宗室,明昌以后称内族,其实一而已,书名不书氏,其制如此。宣宗诏宗室皆称完颜,不复识别焉。　按:《熙宗》、《海陵》、《世宗》、《章宗纪》中宗室皆不书氏,其称完颜者,若娄室、若希尹、若谋衍、若守道、守能、守贞,皆异姓也。银术可,史称宗室子,而与其子殻英皆称氏,若思敬、若布辉、若匡皆始祖之系而亦称氏,则以属疏,稍示区别也。宣宗以后,内族亦称完颜,且有以汉人而赐国姓者,由是同异姓遂溷而莫辨矣。

贞祐以后,谱牒散失,大概仅存,不可殚悉,今掇其可次第者著于篇。　按:《表》所载世系,尚有脱漏,如秉德有弟特里乣里,见《秉得传》、《后妃传》,麻颇之后有扫合,扫合子撒合辇,撒合辇子惟镕,惟镕子从杰,见《撒合辇传》。乌带之子兀答补孙塘,见《本传》。撒八之子赛里,见《斡鲁传》。宗强孙思列。爽子,见《太祖诸子传》。胙王元之子育,见《元传》。宗本子莎鲁剌,宗固子胡里剌,见《后妃传》。南阳郡王襄之子思列,见《思列传》。《表》皆失书。

宗亨。　按:宗亨、宗贤、宗宪、宗尹、宗隽、宗杰、宗强、宗敏、宗磐、宗固、宗雅、宗本、宗美之徒,皆有本名。穆宗子挞懒又名昌,康宗子谋良虎又名宗雄,《表》有书有不书,于例殊未画一。

交聘表

天辅元年十二月,宋遣登州防御使马政来聘。　按:《宋史》,重和元年二月,遣武义大夫马政由海道使女真,约夹攻辽。当金天辅二年。

三年六月,宋遣马政及其子宏来聘。　按:马政报聘,《宋史·徽宗纪》在后一年九月。又据《宋史》,是年宣和元年。正月,金人遣李善庆来聘。明年九月,金人遣勃堇等来。又明年五月,金人再遣曷鲁等来。又明年九月,金人遣徒孤且乌歇等来议师期。十一月,金人遣李靖等来许山前六州。《表》皆失书。

天眷三年,宋礼部尚书莫将等来迎护梓宫。　按:莫将官工部侍郎,《表》所书者,假摄之官也。凡使臣官衔,两史不同,并准此例推之。其副使则宣州观察使韩恕也。

皇统二年五月,遣使赐宋誓诏。　按:是年使副为中书侍郎刘筈、礼部尚书完颜宗。《表》见《系年要录》。

十二月,宋使上表,谢归三丧及母韦氏。　正使参知政事王次翁、副使德庆军节度使钱愐。《表》于宋使姓名多阙漏。《宋史·本纪》但有正使名,而不书官职,惟《系年录》所载甚备,今取以补《表》之阙。又按:是年宋参知政事万俟卨为报谢使,荣州防御使那孝扬副之,《表》失载。

三年正月己丑朔,宋使贺正旦。　正使中书舍人杨愿、副使宣州观察使何彦良。

乙巳,宋使贺万寿节。　正使户部侍郎假礼部尚书沈昭远、《宋史》"沈"作"审"。副使福州观察使王公亮。李心传云:金主亶以七夕日生,以其国忌,故锡宴诸路用次日,朝廷每遣使金人循契丹旧例,不欲两接使人,因就以正月受礼,自此岁以为常。此事《金史》失书。又是年冬,金始遣右宣徽使完颜华、秘书少监马谔贺宋正旦,《表》失书。

四年正月癸卯朔,宋使贺正旦。　正使权兵部侍郎郑朴、副使保顺军承宣使何彦良。

己巳宋使贺万寿节。　正使权工部侍郎王师心、副使解州防御使康益。又是年正月,宋遣吏部尚书罗汝楫、镇东军承宣使郑藻为报谢使。谢金使贺正旦。① 其夏,金始遣安国军节度使乌延和、大理少卿孟浩贺宋生辰。宋又遣吏部侍郎假吏部尚书陈康伯、嘉州防御使假保信军承宣使钱恺报谢。其冬,金遣殿前右副都点检孛散温、东上阁门使高庆先贺宋正旦。《表》皆失书。

五年正月丁未朔,宋使贺正旦。　正使权吏部侍郎林保、副使知阁门事康益。

癸亥,宋使贺万寿节。　正使权礼部侍郎宋之才、副使阁门宣赞舍人赵璙。其夏,金遣殿前左副都点检完颜宗尹、翰林待制程寀贺宋生辰。其冬,金遣殿前右副都点检蒲察说、刑部侍郎吴磐福贺宋正旦。

六年正月辛未朔,宋使贺正旦。 正使权刑部侍郎钱周材、副使阁门祗候俞似。

丁亥宋使贺万寿节。 正使权工部侍郎严抑、阁门祗候曹授。其夏,金遣彰德军节度使乌古论海、同知宣徽院事赵兴祥贺宋生辰。其冬,金遣会宁尹卢彦论、四方馆使张仙寿贺宋正旦。又是岁九月,宋又遣端明殿学士何铸、宾德军节度使邢孝扬为祈请使。

七年正月乙丑朔,宋使贺正旦。 正使权户部侍郎边知白、副使阁门宣赞舍人孟思恭。

辛巳,宋使贺万寿节。 正使权礼部尚书周执羔、知阁门使宋钱孙。其夏,金遣殿前右副都点检完颜卞、东上阁门使大蛙贺宋生辰。其冬,金遣殿前左副都点检完颜宗藩、东上阁门使吴前范贺宋正旦。

八年正月庚申朔,宋使贺正旦。 正使礼部侍郎沈该、副使阁门宣赞舍人苏华。

丙子,宋使贺万寿节。 正使工部尚书詹大方、副使阁门宣赞舍人容肃。其夏,金遣会宁尹萧秉温、东上阁门使申奉颜贺宋生辰。其冬,金遣殿前右副都点检召守忠、同知宣徽院事刘君诏贺宋正旦。

九年正月甲申朔,宋使贺正旦。 正使起居舍人王墨卿、副使惠州刺史苏华。

庚子,宋使贺万寿节。 正使权礼部侍郎陈诚之、副使吉州刺史孟思恭。其夏,金遣殿前左副都点检唐括德温、四方馆使高居安贺宋生辰。其冬,金遣殿前右副都点检完颜兖、西上阁门使刘箴贺宋正旦。天德元年十二月,宋贺正旦使至广宁,遣人谕以废立之故,于中路遣还。② 按:是岁即皇统九年,宋绍兴二十年也。宋所遣贺正旦使,副则太常少卿张杞、和州团练使赵述。贺生辰使,副则司农卿汤鹏举、吉州刺史石靖也。贺生辰使,当同时遣还,史文不具耳。

二年二月甲子,以兵部尚书完颜元宜、修起居注高怀贞为贺生辰使。 《表》书贺宋生辰始于此。《系年录》:绍兴二十一年五月甲午,金国贺生辰使副侍卫马步军都指挥使完颜思恭、翰林直学士翟永固见于紫宸殿,思恭等来报,亮代立既出境,就遣来贺。与《表》互异,恐当以《表》为正。

三月丙戌，宋参知政事余唐弼。　《宋史》及《系年录》俱作余尧弼，此作"唐"，盖金史臣避世宗父讳追改之。是冬，金遣秘书监左谏议大夫萧颐、翰林待制王兢贺宋正旦。

三年正月癸酉朔，宋使贺正旦。　正使权礼部侍郎陈诚之、副使均州观察使钱恺。尚有贺生辰正使起居舍人兼权直学士院王曮、副使和州团练使赵述。《表》于是年失书宋使贺生辰一节。

三月，少府监耶律五哥。　《系年录》作耶律夔，官名亦异。大率金人多两名，《表》所载者本名，奉使则别有汉名耳。

六月，宋使奉表祈请山林地，不许。　正使签书枢密院事巫伋、副使保信军节度使郑藻。

十月，以右副点检不术鲁阿海。　《宋史》、《系年录》俱作兀术鲁定方。

四年正月丁酉朔，宋使贺正旦。　正使中书门下省检正诸房公事陈夔、副使惠州刺史苏华。

壬子，宋使贺生辰。　正使枢密院检详文字陈相、副使吉州刺史孟思恭。

十月，以太子詹事张用直、左司郎中温都斡带为贺宋正旦使。十二月，以张用直卒，改遣南京路都转运使左瀛为贺宋正旦使。[③]　按：《系年录》，是年十二月，金主使太子詹事张利用、尚书兵部郎中兼四方馆副使耨盌温都子敬来贺明年正旦。利用与用直当即一人，而不言改遣左瀛，殆以国书不及改易，故因而书之耳。《宋史》亦书张利用。

贞元元年正月，以皇弟兖莞，不视朝，命有司受宋贡献。　是年，宋贺正旦正使权国子司业孙仲鳌、副使阁门宣赞舍人陈靖。贺生辰正使吏部员外郎李琳、副使忠州防御使石靖。《宋史》绍兴二十二年，失书遣孙仲鳌、李琳事。

四月，以右宣徽使纥石烈撒合辇。　《宋史》及《系年录》作纥石烈大雅。

十一月，右司郎中娄室。　《系年录》作纥石烈师颜。

二年正月甲寅朔，以疾不视朝，宋使就馆燕。　正使中书门下省检正诸房公事施钜、副使带御器械冀彦明。《宋史》云吴桌贺正旦，施钜贺生辰,与《系年录》互异。

己巳,宋使贺生辰。　正使左司郎中吴桌、副使阁门宣赞舍人张彦攸。

十月,以刑部侍郎白彦恭为贺宋正旦使。　副使翰林待制胡励。

十二月丁未,宋使贡方物。　《宋史》及《系年录》俱无遣使事,殆即贺正旦生辰礼物。

三年正月己酉朔,宋使贺正旦。　正使国子司业沈虚中、副使敦武郎张抡。

甲子,宋使贺生辰。　正使左司郎中张士襄、副使阁门宣赞舍人张说。

十月,翰林学士承旨耶律归一为贺宋正旦使。　副使大理少卿马枫。

正隆元年正月癸卯朔,宋使贺正旦。　正使礼部侍郎王珉、副使阁门宣赞舍人王汉臣。

戊午,宋使贺生辰。　正使宗正丞郑楠、副使阁门宣赞舍人李大授。是岁四月,宋遣翰林学士陈诚之、假崇信军节度领阁门事苏华为贺尊号使,《表》失书。

十一月,以右司郎中梁铱、左将军耶律湛。　《系年录》"铱"作"球","湛"作"谌"。金无左将军之官,《录》作定远大将军,当从之。

二年正月戊辰朔,宋使贺正旦。　正使宗正少卿李琳、副使侍卫马军司干辨公事宋均。

癸未,宋使贺生辰。　正使左司郎中葛立方、阁门宣赞舍人梁份。

十一月,侍卫亲军马步军副都指挥使高助不古、户部侍郎阿勒根宬产。　《系年录》作高思廉、《宋史》同。阿勒根彦忠。

三年正月壬戌朔,宋使孙道夫贺正旦。　道夫时官太常少卿,副使则阁门宣赞舍人郑朋也。

丁丑,宋使贺生辰。　正使起居郎刘章、副使阁门宣赞舍人□邦杰。

十一月,吏部侍郎阿典和实懑。　《系年录》作阿典谦。

四年正月丙辰朔,宋使贺正旦。　正使秘书少监沈介、副使阁门祗候宋直温。

辛未,宋使贺生辰。　　正使国子司业黄中、副使阁门祗候李景夏。

十月,宋使上表谢赐戒谕。④　《系年录》,绍兴二十九年即正隆四年。九月乙酉,奉使大金称谢使同知枢密院事王纶、副使昭信军节度使曹勋等还朝入见,当即此事。然纶等于九月还临安,其在金上表,必更在其前,不当系于十月。

十一月,宿州防御使耶律辟里剌。　《系年录》作耶律翼。

十二月,宋使来告其母韦氏哀。　　正使翰林学士周麟之、副使吉州团练使知阁门事苏华。

五年正月庚辰朔,宋使贺正旦。　　正使起居舍人杨邦弼、副使荣州刺史张说。

乙未,宋使贺生辰。　　正使太府卿李润、副使阁门宣赞舍人张安世。

二月,宋参知政事贺允中等为韦后遗献使。　　副使保信军节度使郑藻。

四月,宋使叶义问等来谢吊祭。　　义问时为同知枢密院事,副使则和州防御使刘允升也。是岁,金遣殿前右副都点检萧荣、太子右谕德张忠辅贺宋生辰。《表》亦失之。

十一月,以济南尹仆散乌者。　《宋史》及《系年录》作仆散权。

六年正月甲戌朔,宋使贺正旦。　　正使起居舍人虞允文、副使知阁门事孟思恭。

己丑,宋使贺生辰。　　正使枢密院检详文字徐度、副使带御器械王谦。是岁七月,宋遣枢密都承旨假资政殿大学士徐嚞、文州刺史知阁门事张抡贺迁都至盱眙,金遣翰林侍讲学士韩汝嘉宣谕止之,自是使命遂绝。

四月,以签书枢密院事高景山为贺宋生日使。　　副使刑部侍郎王全。

大定二年六月,⑤宋翰林学士洪迈、镇东军节度使张抡贺上。　　是时迈官起居舍人,抡知阁门事,《表》所载皆假官也。

五年十一月,以殿前右副都点检乌古论粘没曷。　《宋史》作乌古论忠弼。

七年。　　是岁遣徒单忠卫等为贺宋正旦使,《表》失书。

八年十一月，以同金大宗正事宗室辟合土。　《宋史》作完颜仲仁。

十年十一月，以太子詹事蒲察速越。　《宋史》作蒲察愿。

十五年。　据《宋史》，前年淳熙元年。十二月，遣吴琚等贺金主生辰，此《表》不书宋使贺万春节，何也？

九月，以归德尹完颜王祥。　《宋史》作完颜禧。

十一月，以右宣徽使宗室靖。　《宋史》作完颜迨。⑥

十七年九月，以殿前右副都点检完颜习尼烈。　《宋史》作完颜忠。

十一月，以延安尹完颜蒲刺睹。　《宋史》作完颜炳。

十八年十一月，以静难军节度使乌延查刺。　《宋史》作乌延察。

二十一年八月，以殿前右副点检宗室胡什赛。　《宋史》作完颜实。又是岁遣魏贞吉等贺宋明年正旦，《表》及《本纪》俱失之。

二十二年三月辛未朔，宋使贺万春节。　按：《宋史》，前年十月遣施师点等使金贺正旦，十一月遣燕世良贺金主生辰，此《表》不书贺正旦事，而贺万春节使副姓名亦失之。考《本纪》，亦阙前年九月至本年二月事。

九月，以殿前左卫将军宗室禅赤。　《宋史》作完颜宗回。

十一月，以昭毅大将军孛尤鲁罕。　《世宗纪》作孛尤鲁阿鲁罕，《表》脱"阿鲁"二字，《宋史》作孛尤鲁正。

二十五年十一月，以临潢尹仆散守中。　《宋史》"中"作"忠"。

十二月，宋遣试礼部尚书王信、明州观察使吴璟贺万春节。　此贺正旦使，非贺生辰也。使副姓名，当书于次年正月庚辰朔之下。

二十六年八月，以益都尹崇浩。　《宋史》作完颜老。

二十七年三月，宋遣试兵部尚书张淑春。　淑春当作叔椿。

九月，以河中尹田彦皋、近侍局使宗室鹘杀虎为贺宋生日使。周必大《思陵录》云副使完颜琥。彦皋见任河中尹，借吏部尚书。

十一月，以殿前左副都点检崇安、翰林侍讲学士兼御史中丞李宴为贺宋正旦使。　《思陵录》称使镇国上将军兵部尚书元颜宗卞、副使中议大夫秘书少监李宴。元颜即完颜，避钦宗嫌名，改"完"为"元"也。

十二月，宋敷文阁学士韦璞、鄂州观察使特立。　特立上脱"姜"字。

二十八年正月丁酉朔,宜州观察使赵不违。　《思陵录》作赵不毸。

九月,以武安军节度使王克温、近侍局使鹃杀虎为贺宋生日使。《思陵录》云中奉大夫礼部尚书王克温、广威将军客省使元颜琥。

十一月,以河中尹田彦皋、吏部侍郎移剌仲方为贺宋正旦使。《思陵录》云中奉大夫吏部尚书田彦皋、广威将军户部郎中耶律仲方。

二十九年四月,宋葛廷瑞、赵不慢等来吊祭。　《宋史》作诸葛廷瑞。

五月,遣东北路招讨使温迪罕速可等使宋贺即位。　《宋史》作温迪罕肃。又据《宋史》,是岁,金遣张万公等来致遗留物,遣徒单镒等来告即位,《表》皆失书。

明昌六年十一月,遣刑部尚书纥石烈贞等。　《宋史》"贞"作"正",避仁宗讳也。

承安二年正月,宋试礼部尚书赵介、利州观察使朱龟年以母丧告哀。　按:宋宁宗母李氏以庆元六年崩,即金承安五年也,《表》殆因次年告曾祖母丧事而致误耳。赵介、朱龟年二人,与次年告哀使正同,其误显然。又按:《宋史》是年金遣奥屯忠孝来贺明年正旦,此《表》失书。

三年八月,宋试刑部尚书汤硕、福州观察使李汝翼等报谢。　按:《宋史》,是岁金遣乌林答天益来吊祭,此《表》但有宋报谢使,而无吊祭使,盖脱文。

九月,宋显谟阁学士王休。　《宋史》作杨王休,此脱"杨"字。

泰和元年十一月,遣殿前右卫将军纥石烈七斤等。　《宋史》作纥石烈真。

二年十一月,遣武安军节度使公弼等。　《宋史》作徒单公弼。

三年九月,遣刑部尚书承晖等。　《宋史》作完颜弈。

七年。宋开禧三年也。　据《宋史》,是岁六月,以林拱辰为金国通谢使,遣富琯使金告哀,时太皇太后谢氏崩。刘弥正贺金主生辰,《表》皆不书,盖其时以和议未定,不得达也。

八年。　是岁,宋遣曾从龙使金贺明年正旦,闻金章宗之丧,改命从龙充吊祭使,又遣宇文绍彭使金贺即位。金遣裴满正来告哀,又遣蒲察知刚致遗留物,又遣使告即位。《表》皆失书。盖卫绍王无实录,史臣失于采访也。

大安元年八月,宋使贺万秋节。 正使俞应符。按:大安元年、二年,崇庆元年,金遣使贺宋生日及明年正旦,俱载《宋史》,而失书使臣姓名,惟大安三年有贺正使,而无生辰使。

二年八月,宋使贺万秋节。 正使黄中。

三年正月乙酉朔,宋使贺正旦。 正使钱仲彪。是岁,宋遣余嵘来贺生辰,《表》亦失书。

崇庆元年正月,宋使贺正旦。 正使程卓。是岁,宋遣傅诚贺金生辰。

至宁元年。 是岁,宋使贺正旦,《表》失书。正使乃应武也。其秋,宋遣董居义贺金生辰,以国乱不至而还。

贞祐元年即至宁元年。**十一月,宋贺正旦使入境。** 正使李昷。按:此年及二年,均有贺宋正旦使见于《宋史》,而《表》阙之。

后妃传

海陵诸嬖。 元好问《中州集》载贾左丞益谦言,世宗大定三十年,禁近能暴海陵蚩恶者得美仕,史官修实录,诬其淫毒很鸷,遗臭无穷,自今观之,百可一信邪。及观《世宗纪》,大定八年,上谓宰臣曰:"海陵时修起居注,不任直臣,故所书多不实。可访求得实,详而录之。"《孟浩传》亦载此事,然则海陵事迹,多出于访闻,中冓之言,不如是之甚也。大抵蒙业而安者,务饰先世之美,废昏而立者,好谈前人之恶。然公论自在,古今难以一人手掩天下目也。海陵之恶极矣,世宗取之,固无惭德,乃必假细人之言以增成其丑,斯亦心劳而拙矣。益谦洵古之遗直哉。

章宗元妃李氏。诏曰:"朕之内人,见有娠者两位。如其中有男,当立为储贰。如皆是男子,择可立者立之。" 按:《金史》列传之重出者,如章宗内人范氏胎损,奉御贾氏诈称有娠事,一见于《后妃传》,再见于《卫王纪》,三见于《仆散端传》。宣宗王皇后梦丐者数万踬其后,遂敕京城设粥施冰药,一见于《五行志》,再见于《后妃传》。宝符李氏北行自缢,一见于《后妃传》,再见于《列女传》。张汝弼妻高氏即高陀斡。画镐王永中母像祈福被诛,一见于《永中传》,再见于《汝弼传》。

明德皇后之葬,元后张氏枢先行,永中令执黄伞者前导,及后枢至,呼执伞者不应,张仅言欲奏其事,显宗止之,一见于《显宗纪》,再见于《永中传》。孟铸劾纥石烈执中贪残纵恣,且言明天子在上,岂容有跋扈之臣,一见于《铸传》,再见于《执中传》。张行信奏朝廷括粮失民心,又言奥屯忠孝,饰诈不忠,一见于《忠孝传》,再见于《行信传》。路铎言董师中、张万公优劣,及胥持国不宜再相,一见于《铎传》,再见于《持国传》。完颜素兰请屏左右言事,一见于《素兰传》,再见于《高琪传》,两传重复几五百言。乌林答赞谋被诬事,一见于《温敦思忠传》,再见于《秉德传》。正隆五年地震,马贵中言命令严急所致,一见于《五行志》,再见于《贵中传》。大定策试进士于悯忠寺,夜半闻音乐声,一见于《五行志》,再见于《选举志》。

习不失传

习不失本作辞不失,后定为习不失。　按:译音本无定字,"辞""习"声相近,纪载异词,各就语音近似译之耳。《世纪》、《礼志》、《宗室表》诸篇皆书辞不失,何尝定作"习"字。

石土门传

石土门,汉字一作神徒门。　按:石土门亦汉字也。"石土"、"神徒",译音有重轻耳。《思敬传》又作神土懑。

子习失。　亦作"习室",又作"辞不失"。

思敬传

本名撒改,押懒河人,金源郡王神土懑之子,辞不失弟也。　此辞不失,即《石土门传》之习失,与昭祖之孙辞不失本传称习不失者。各是一人。《石土门传》已书耶懒路完颜部人,此又书押懒河人,亦重出也。

晏传

本名斡论,景祖之孙,阿离合懑次子也。　此《传》即在阿离合懑之后,何须更著其世系。

宗宁传

系出景祖,太尉阿里合懑之孙。 《阿里合懑传》不云赠太尉。

宗道传

太尉讹论之少子。 《表》作斡论,即晏也。"讹""斡"声相近,斡离不《礼志》作讹鲁补。

承安二年,为贺宋正旦使。 《交聘表》作完颜崇道,盖避显宗讳改"宗"为"崇"。

阿邻传

上即位于辽阳。 当云世宗。此称上者,因实录之文,未及更正。

案答海传

以猛安让兄子唤端。 《宗雄传》作桓端。

宗翰传

宗翰。 《金国志》、《系年录》皆作宗维。

本名粘没喝,汉语讹为粘罕。 按:《国语解》:"粘罕,心也。"译音有轻重,史臣遂以为讹。

蒲家奴、宗翰、鲁宗翰、宗磐副之。 宗翰字重复,上"翰"字当为"斡"之讹,"鲁"字疑衍。

遂会睿宗于濮。 《纪》、《传》多称宗辅,惟《宗翰》、《阿离补》、《赤盏晖传》称庙号。

宗翰朝京师,谓宗斡曰:"储嗣虚位颇久,合剌,先帝嫡孙,当立,不早定之,恐授非其人。宗翰日夜未尝忘此。"遂与宗斡、希定议,[7]入言于太宗,请之再三,乃从之。 此事又见《熙宗纪》。

熙宗即位,拜太保、尚书令,领三省事,封晋国王。乞致仕,诏不许。天会十四年薨。 按:《金国志》,天会十三年,封左副元帅粘罕晋国王,领三省事;除元帅府左监军兀室兀室,一作悟室,即完颜希尹也。尚书、左丞相,二帅乃金主所忌,故以相位易兵柄。是时刘豫有侵江之请,窝里嗢行,窝里嗢即宗辅,世宗之父也。《金史》作讹里朵。《纪》称薨于天会十三年,与此不合。则二帅兵柄已去矣。除知燕京枢密院事韩企先尚书右丞相、西京留守,高庆裔尚书左丞,萧庆尚书右丞,二人皆粘罕腹心,故不欲用之于外。十五年春,左丞高庆裔以赃下大理寺。庆裔乃粘罕腹心,宗磐之徒欲挫粘罕,故先折其羽翼也。夏,粘罕乞免官为庶人,赎庆裔之罪,国主不许,斩庆裔于会宁市。临刑,粘罕哭别之,庆裔曰:"我公早听某言,岂至于今日！我今死耳。我公其善保之。"以此知庆裔尝教粘罕反也。时山西路转运使刘思、肃州防御使李兴麟、河东北路转运使赵温讯坐庆裔下狱,思伏诛,兴麟杖脊为民,温讯值改元赦得免。其余连坐其众,皆粘罕之爪牙。粘罕自是失势矣,安得不愤闷而死。《系年录》亦载宗维卒于十五年,独《金史·熙宗纪》及此《传》以为十四年薨,未详孰是。宗翰以失兵柄愤恚而死,《传》虽讳而不言,然入相以后,即有致仕之请,其不乐居内可知。徐梦莘纪粘罕狱中上书及金人诛粘罕诏出于传闻,或未可信,要其晚年失势,则诚非无稽之言也。

宗望传

宗望。　《系年录》作宗杰。

张邦昌传

张邦昌,《宋史》有传。　按:张邦昌、刘豫、王伦、宇文虚中皆《宋史》有传。邦昌虽为金人所立,旋即返正,终为宋所杀,略见其事于《宗翰传》可矣,不必更为立传。且邦昌事与宗弼无涉,乃与刘豫并附于宗弼之后,殊非其次。王伦以宋臣奉使,始终不受金职,与虚中之仕金通显者有别,虚中宜入《金史》,伦宜入《宋史》,不必两见也。

刘彦宗传

辽太宗入汴,载路车、法服、石经以归。　按:汉、魏之石经在洛阳,唐之石经在京兆,汴都无石经也。汴都石经,宋嘉祐所刻,在辽入汴以后,彦宗所云殊未足信。或云石经,当是石鼓之讹。

施宜生传

其副使耶律辟离剌。　《交聘表》作辟里剌。

王伦传

皇统元年，宋人请和。三年二月，宋端明殿学士何铸、容州观察使曹勋进誓表。　按：《交聘表》，何铸等进誓表在皇统二年。

三月，遣左副点检赛里、山东西路都转运使刘祹送天水郡王丧枢，及宋帝母韦氏。　《表》不见二使臣名。

熙宗二子传

熙宗诸子。　按：《太祖》、《太宗》、《世宗诸子传》皆各为卷。宗望、宗弼以功大别立传，不附于太祖诸子之次，允合史例。熙宗、海陵、显宗、卫绍王、宣宗诸子，则以事迹太少，不能成卷，或列于诸臣之前，或殿于诸臣之末，虽论赞各殊，而总在一卷之中，编次终觉非法。若以熙宗、海陵诸子续于太宗诸子之末，显宗、卫绍王、宣宗诸子续于世宗诸子之末，岂不有条有理乎。

阿离补传

宗室子，系出景祖。　《宗室表》不见阿离补名。

耨盌温敦思忠传

耨盌温敦思忠。　按：《百官志》，温敦与耨盌，各是一姓，据此《传》，则是四字姓矣。《熙宗纪》称温都思忠，"敦"与"都"，声相近也。《海陵纪》前称温敦思忠，或称温都思忠，后称耨盌温敦思忠。逆臣《秉德传》亦称温敦思忠。

是时赞谟为行台参知政事，思忠黩货无厌，赞谟鄙之，两人由是交恶。海陵杀左丞相秉德于行台。赞谟妻，秉德乳母也。思忠因构谟，当作赞谟。脱"赞"字。杀之。　此即上文所云乌林答赞谋也。"谋""谟"声虽相近，但一篇之中，不应互异。此事亦见《秉德传》，当去彼存此。

天德三年，致仕。　《海陵纪》，思忠以贞元元年十一月致仕。⑧

镐王永中传

贞祐三年，太康县人刘全尝为盗，亡入卫真界，诡称爱王。所谓爱王，指石古乃。石古乃实未尝有王封，小人妄以此目之。 按：爱王事见于《金国志》甚详，云："明昌五年正月，大通节度使爱王大辨据五国城以叛。大辨，郑王允蹈之子也。允蹈二子，大辨居长，年十六，明断果决，封遂宁郡王。明昌初，迁爱王。会蒙人累寇边，大臣议遣亲王统兵镇抚，大辨请行，世宗以其年幼不许，完颜赤曰：'爱王虽年少，然志气明决，度必可任。'遂遣之。至镇，大得诸夷之心，及允蹈诛，其奴樵夫者，急遣人往报爱王，使为备，爱王为父发哀，调发上国兵七万人，为城守计。三路提点万俟兀驰驿奏爱王叛，国主遣皇弟东安王瑜、武定王瑶将兵五万往攻之。至桑乾川，遇爱王将骨孛兴，与战，河北兵大败，瑜仅以身免。三月，大起兵，命东安王瑜、完颜进等分路攻讨，约会于五国城。掌书记何大雅说爱王曰：'主上以君讨臣，今兹之来，势头甚重，万一战而不捷，后将谁继？不如求援于大朝，为讨之。'爱王许诺，遣大雅往聘，约以其子雄为质，破国之后，军储金帛，为其所取。许之。五月，完颜进等兵至东埇，骨孛兴战败，退保五楼城，进追至城下，爱王见势急，留其子雄守城，自往北路，至平天漠，而大朝将兵已至，爱王大喜，以手指天，下马与大朝首将稽首相见，奉献金宝十车。首将喜曰：'大王无虑，待郎与战，北人言我为郎也。'兵至五楼，进等与战，北人秃体大挞以入，以一当百，进兵大败，乘胜袭，遂至和龙东津。承安四年，时国兵屡败，爱王处和龙以北，凡国家始兴之地皆失之。五年，北军深入，至斯波川，和龙帅完颜太康集兵御之。大兵长驱而前，爱王兵与之合。十二月丁酉朔，陷大都城，围和龙，太康之兵皆溃。二十九日，和龙陷，遂取东、滦、平三州。泰和四年，爱王死，其子雄三大王立，大将共成其国，且约以进兵。雄以父丧辞，大将怒，遣其掌文官颜飞责让之。初，爱王定约，以国家初起之地及故辽封疆，自沟内以北，归之于北，沟南则为己有。累岁结谋用兵，爱王无分毫得也，至是使来责之，雄畏惧而从。十二月，葬父爱王于冷山。遂进兵。"爱王父子称兵事，不载于史，且据《金志》，爱王为郑王永蹈之子，而史以为镐王永中子，亦不相合。又明昌五年，岁在甲寅，其时元太祖尚未建元，所谓大朝者,又何所指乎?然金自明昌以后,北边实有用兵之事。据《章宗纪》,明昌五年九月,命上京等九路选军三万,俟来春调发,仍命诸路并北阻䪁,以六年夏会兵临潢。六年五月,命左丞相夹谷清臣行省事于临潢府。六月,左丞相清臣遣使来献捷。七月,行省都事犹吉永中来报捷。十月,命尚书左丞夹谷衡行省于抚州。十一月,左丞相夹谷清臣罢,右丞相襄代领行省事。承安元年正月,大盐泺群牧使移剌睹等为广吉剌部所败,死之。十月,诏选亲军八百人戍抚州,命左丞相襄行省于北京,签书枢密院事完颜匡行院事于抚州。十一月,特补群牧契丹陁锁德寿反,泰州军击败之。十二月,遣李仁惠劳赐北边将士。二年三月,以参知政事裔代左丞相襄行省于北京。五月,北京行省参知政事裔移驻临潢府。八月,以边事未宁,诏集六品以上官于尚书省,问攻守之计。九月,遣官分诣上京、东京、北京、咸平、临潢、西京等路,招募汉军。九月,以枢密使兼平章政事襄行省于北京。三年十一月,枢密使兼平章政事襄至自军中。此五年中,叛者何人,史皆不书其姓名,及行省还朝,又不言斩获克复之事,且其用兵,正在永蹈被诛之后一年,则爱王事或果有之,但其时助之者非蒙古耳。又据《夹谷清臣传》但云"密受命出师内族",《襄传》但云"边事急",俱不言首难之人,其诸部从乱者,则有阻䪁,有胡㩜虬,有特满,大约契丹旧部,《金志》指为大朝,则非其实矣。《金史》虽讳其事,然以此《传》所载推之,必实有爱王倡乱北边,久之病死,故内地奸人亦假其名,如陈胜诈称公子扶苏之事。且曰爱王终当奋发,则其事诚不可掩也。

纥石烈志宁传

是时,宋得窝斡党人括里、札八,用其谋攻灵璧、虹县,都统奚挞不也叛,入于宋。 挞不也,《宋史》称为萧琦。盖宋朝赐名。

纥石烈良弼传

追封金源郡王。 按:《百官志》,纥石烈徒单姓,皆封广平郡。今考诸《传》,如纥石烈良弼追封金源郡王,徒单克宁封延安东平郡王,与《志》皆不合。

刘玮传

唐卢龙节度使仁敬之裔。 仁敬即仁恭，史臣避金讳追改。

完颜匡传

章宗崩，匡受遗诏，立卫绍王。 章宗遗诏，当载于《卫绍王纪》，不宜入《匡传》。

贾益谦传

字彦亨。 《中州集》作亨甫。

完颜奴申传

奉使大元，至龙驹河。 龙驹河，即《元史》之龙居河也。长春《西游记》谓之陆局河。

上以东面元帅李辛跋扈。 《归潜志》作李新。

余见《崔立传》。 按：崔立卖国逞凶，贯盈自毙，置之《叛臣》，夫复何辞。史臣既以忌讳不敢斥言，则附其事于《奴申传》足矣，不当为专传以奖乱也。

祁字京叔，浑源人。 按：《文苑·刘从益传》末已附载祁事，此引祁语而复言其字与籍贯，何也？李献能亦在《文苑传》，而《徒单兀典传》又言"献能字钦叔，贞祐三年进士"。其复沓多此类。

崔立传

是日，御史大夫裴满阿忽带、谏议大夫左右司郎中乌古孙奴申、左副点检完颜阿散、奉御忙哥、讲议蒲察琦、户部尚书完颜珠颗皆死。 按：《归潜志》，立变三日，御史大夫裴满阿虎带、提点近侍局兼左右司郎中吾古孙讷申缢于台中，户部尚书完颜仲平亦自杀。仲平即珠颗，一人而两名也。"虎"与"忽"，"乌"与"吾"，"奴"与"讷"，北音皆相似。《忠义传》言诸人死在崔立变之明日，《归潜志》则以为后三日，非即在此日明矣。忠义固人所乐道，然此诸人者，既详见于《忠义传》，又见于《哀宗纪》，而此《传》又一一举之，无怪乎汗青无日也。

闻安国纳一都尉夫人。 《归潜志》云取故监军王守玉妻。

徒单兀典传

不知其所始。 按：《宣宗纪》，贞祐三年，遥授武宁军节度副使徒单吾典。告抹撚尽忠逆谋，亦见《尽忠传》。当即其人也。北音"吾"与"兀"相似。

石盏女鲁欢传

正大九年二月。 按：哀宗以是年正月十八日，据《归潜志》。改元开兴，四月又改天兴，则二月以后，不得称正大矣。《传》既不书改元天兴，则下文二年字，亦不可通。

二月戊辰朔。 按：《哀宗纪》，是年二月丙子朔，⑨非戊辰朔。其三月戊辰，官奴攻杀马用。戊辰，亦非朔日也。《传》误。

时青传

初于叔父全俱为红袄贼。 按：青本红袄贼，招降未久，即逃入宋，不足立传。

忠义传

完颜陈和尚。六年，有卫州之胜。八年，有倒回谷之胜。 按：卫州解围事，在正大七年十月，此云六年者，误。倒回谷之事，《本纪》不载，唯《完颜合达传》云：八年正月，北帅攻破小关，残卢氏、朱阳、潼关总帅求救于二省。省以陈和尚忠孝军千人往应，北军退，追至谷口而还。所云谷，即倒回谷也。

酷吏传

金史多阙逸，据其旧录得二人焉。 按：《金史·酷吏》、《宦者》，皆止二人，不能成卷。乃以《酷吏》与《佞幸》同卷，《宦者》与《方技》同卷，编次亦觉未当。愚谓高闾山死于国事，可掩其酷刑之罪，则《酷吏传》可省也。金之近侍局，皆世家子弟为之，宦寺无预政者，则《宦者传》可省也。宦者二人，梁玒当附《佞幸传》，宋珪与奉御绛山等同死，当附见《忠义传》。

佞幸传

张仲轲。宋余康弼贺登宝位。 "康"当作"唐"。

贞元二年正月,宋正旦使施臣朝辞。 "臣"当作"巨"。考《宋史》,是岁贺正旦使吴桌,巨乃生辰使也。

列女传

李英妻张氏。 按:列女二十一人,李宝符已载于《后妃传》,不当重出。若李英妻张氏、撒合辇妻独吉氏、胡土门妻乌古论氏、完颜素兰妻、完颜仲德妻自可附其夫传,冯妙真、聂舜英自可附其父传,史家必分而列之,识迂而词亦费矣。

逆臣传

言本名乌带。 监本以"言本名"三字属于《唐括辩传》之末,而以乌带提行,可笑之甚。

叛臣传

张觉。子仅言。 按:仅言仕世宗朝,无大过咎,不当附《叛臣篇》。

西夏传

德旺死,嗣立者史失其名。 据《宋史》,嗣立者清平郡王之子南平王晛也。两《史》总裁出一手,而不同若此。

金国语解

姓氏。 按:《百官志》所载白号、黑号之姓甚多,今译为汉姓者仅三十有一。移剌石抹则契丹人也,不当入女直姓氏之内。

校勘记

① "谢金使贺正旦","使",原本作"史",误。径改。

② "废立之故"，"故"，《金史》卷六〇作"事"。

③ "改遣南京路"，"南京"，《金史》卷六〇作"汴京"。

④ "十月"，"十"，《金史》卷六〇作"七"。

⑤ "大定二年六月"，"定"，原本作"走"，误。据《金史》卷六一改。

⑥ "宋史作完颜迨"，"史"，原本作"使"，文意不通，字误。径改。

⑦ "希定"，"定"，《金史》卷七四作"尹"。

⑧ "思忠以贞元元年十一月致仕"，"思"，原本作"恩"，刊本字讹。径改。

⑨ "二月丙子朔"，《金史》卷一七作"二月壬子朔"。

廿二史考异卷八十六

元史一

太祖纪

姓奇渥温氏。 　按:《元秘史》作孛儿只吉歹氏。明杨子器《元官词》注亦云世祖姓孛儿只斤。只斤即只吉歹,译音有轻重尔,今译为博尔济吉特。

遂有娠,产一子,即孛端叉儿也。 　按:陈柽《通鉴续编》,天后阿兰寡居,一乳三子,长曰孛完合答吉,即史所谓博寒葛答黑也。《秘史》作不忽合答吉。次曰孛合撒赤,即史所谓博合睹撒里直也。《秘史》作不合秃撒勒吉。[1]季曰孛敦察儿。即孛端叉儿。《秘史》作孛端察儿。《秘史》亦云阿兰豁阿即阿兰果火。嫁朵奔篾儿干,即脱奔咩哩犍。生二子,既寡居,又生三子,曰不忽合答吉、曰不合秃撒勒吉、曰孛端察儿。史独以孛端叉儿为夫亡后所生,而以博寒葛答黑二人当脱奔咩哩犍之二子,非其实也。帝王之兴,必有殊异,一乳三子之说,宜若可信。

自统急里忽鲁之野。 　《秘史》作统格黎克豁罗罕。豁罗罕者,小河也。

子葛不律寒嗣。 　《秘史》作合不勒合罕。合罕,犹言可汗也。元之先世,部众未盛,至葛不律始自称合罕。葛不律卒,遗言以叔父之子俺巴孩合罕代领其众,是为泰赤乌氏。

汪罕子亦剌合。 　《秘史》作儞勒合。亦称桑昆者,盖沿辽、金时详衮之称,是号非名也。《术彻台传》作鲜昆,《忠义传》作先毙,译音有轻重,其实一尔。

哈答斤部、散只兀部、朵鲁班部、塔塔儿部、宏吉剌部闻乃蛮、泰赤乌败,皆畏威不自安,会于阿雷泉,斩白马为誓。欲袭帝及汪罕。 按:下文又云:"弘吉剌归札木合部,与朵鲁班、亦乞列思、哈答斤、火鲁剌思、塔塔儿、散只兀诸部,会于犍河,共立札木合为局儿罕,盟于秃律别儿河岸。"所列诸部之名,惟多亦乞列思、火鲁剌思二种,余多相同。考《秘史》,此时从札木合者,实有十一部,立札木合者,以拒汪罕与太祖也。②史误分为两事,而诸部之名,亦多脱漏,且乃蛮、泰赤乌之败,乃在札木合等散去之后,《纪》所书皆非其实。

弘吉剌部长迭夷。 迭夷,疑即特薛禅也。"迭"、"特",声相近。

与帝麾下抄吾儿连姻。 《列传》第十卷有召烈台—作"臺"。抄兀儿,即其人也。"兀"、"吾",声相近。召烈台,盖其族姓。

岁癸丑,汪罕父子谋欲害帝。 "癸丑"当作"癸亥"。

围人乞力失。 当作乞失力。《哈剌哈孙传》作启昔礼,声相近也。《秘史》作乞失力黑。

虏弘吉剌别部溺儿斤以行。 《秘史》作帖儿格。

至班朱尼河。 《秘史》作巴勒渚纳浯儿。纳浯儿者,海子也。亦作脑儿。《元史》或作班术居河,又作辨屯河,又称黑河,言其水浑也。

谋于白达达部主阿剌忽思。 即阿剌忽思剔吉忽里也。白达达部,《本传》作汪古部。

元年。丙寅。初,金杀帝宗亲咸补海罕。 咸补海,即俺巴孩也。《秘史》,俺巴孩以女嫁塔塔儿部,亲送至兀儿失温河,为塔塔儿所执,送之金。金人杀之。诸部复立合不勒子忽图剌为合罕。

三年。戊辰。冬,再征脱脱及屈出律罕。 据《秘史》,征脱脱及屈出律事在乙丑岁。

时斡亦剌部等遇我前锋,不战而降,因用为向导。 按:《秘史》,太祖二年,皇子尤赤将右手军出征,斡亦剌部人忽都哈别乞不战而降,即以为向导,征斡亦剌、秃巴思诸部,皆下之。此与征蔑里乞事无涉,史系于征脱脱之后,非也。

六年。辛未。西域哈剌鲁部主阿昔兰罕来降。畏吾儿国主亦都护来觐。 此二事,《秘史》载在元年。

耶律阿海降,入见帝于行在。 按:《本传》,阿海及弟秃花俱与太祖同饮辨屯河水;金人讶其使久不还,拘阿海家属,皆在太祖未即位之前。其后从左帅阇别略地漠南,破乌沙堡,阿海咸在行间。《纪》于是年十月书阿海降,非也。

刘伯林、夹谷长哥等来降。　按:《刘伯林传》,来降在壬申岁,与此差一年。

八年。癸酉。**金西京留守忽沙虎。**　《金史》作胡沙虎,即纥石烈执中也。

拙赤觯、薄刹为左军。　拙赤觯,即尤赤台。

史天倪、萧勃迭率众来降,木华黎承制并以为万户。　按:《天倪传》亦云"以万户统诸降卒",而《石抹孛迭儿传》。即萧勃迭。但云"擢为千户",两《传》互异。考元初,万户为军官最要之职,太祖时惟木华黎、博尔尤为左右万户,纳牙为中军万户,此外虽蒙古世臣亦不轻授。天倪辈汉人初附,岂得便居此职?则《石抹传》云擢千户者,似为近之。然此条沿讹,亦非无因。考张匡衍撰《木华黎行录》云:史天倪、萧勃迭率众来降,王奏各统万户。其云各统万户者,谓令其领万人从征耳,非授以万户之职也。史臣昧于官制,遂以为真授万户矣。元制,除万户未有不赐金虎符者,今据《天倪传》,是年已为万户,至甲戌始赐金符,乙亥授副都元帅乃改赐金虎符,则其初降必未授万户也。史氏之授万户,始于天泽,盖在太宗即位之初。予尝见崔铉撰《史氏庆源碑》,称天倪曰河北西路都元帅,称天泽曰真定五路万户,则天倪之非万户审矣。

九年。甲戌。**木华黎征辽东。**　苏天爵《名臣事略》作辽西,此误。戈宙襄曰:《木华黎传》亦误作辽东。

十年。乙亥。**四月,诏张鲸总北京十提控兵从南征。鲸谋叛伏诛。黥弟致遂据锦州,僭号汉兴皇帝。**　按:《史进道神道碑》,丙子,锦州渠帅张致叛。丁丑,从王提大军攻拔之,张致伏诛。此《纪》书张致叛于乙亥,讨平于丙子,皆差一年,盖沿元明善所撰《木华黎世家》之误,当以《碑》为据。《史枢传》,父天安,丁丑,从讨叛人张致,平之。正与《碑》合。《何实》、《王珣传》俱以致叛系之丙子岁,惟《珣传》称诛致即在是年,稍有不合耳。《吾也而传》云十一年,亦即丙子也。

八月,木华黎遣史进道等攻广宁府,降之。　监本"史"或作"赐"者,误也。据《进道碑》,丁丑张致伏诛,王又令公招收广宁府,兵及城下,开门迎降。此亦丁丑年事。广宁与锦州接壤,故因平张致而并降之也。《纪》所书年月,多未可信。进道字道远,天倪父秉直之弟。癸西十一月,与秉直同降,从木华黎下山东。甲戌三月,还师,围中都。

八月，进兵围守北京。乙亥三月，城降。八月，进兵攻兴州，赵守玉望风送款。以勋授义州节度使，命管领北京句当。丁丑，从大军攻锦州，拔之。及广宁府降，就命留守广宁。未几，复命留守北京。在北京十有余年。甲午，荐其婿北京管民长官张之翼自代。又十年，卒。史不为进道立传，今据段绍先所撰碑叙次之，以备考。

十三年。戊寅。**是年伐西夏，围其王城，夏主李遵顼出走西凉。**按：陈柽《通鉴续编》、薛应旂《通鉴》皆在十二年。今考《金史·宣宗纪》，兴定二年正月，陕西行省获归国人言，大元兵围夏王城，李遵顼命其子居守，而出守西凉。兴定二年，即戊寅岁也。金人于正月传闻得之，则《通鉴》云在前年者为是。

命哈真、礼剌率师平之。 "礼"当作"札"。

十六年。辛巳。**帝攻卜哈儿、薛迷思干等城。** 薛迷思干，即寻思干也。一作邪迷思干。考：上年五月，已书克寻思干城矣，何以此春又书攻下之？岂克而又叛乎？抑史文重出乎？

金东平行省事忙古。 《金史》作蒙古纲。

宋涟水忠义统辖石珪率众来降。 《宋史》在嘉定十三年十二月，元太祖之十五年也。《石珪传》亦在庚辰年，惟《木华黎传》与《本纪》合。

宋京东安抚使张琳。 《宋史》作张林。林之叛宋，据《宋史·宁宗纪》，在嘉定十四年十一月，即太祖辛巳岁。与《纪》正合。而《李全传》系之十五年，恐《全传》误。

十八年癸未。**十月，金主珣殂，子守绪立。** 《金史》在十二月。

二十年乙酉。**二月，董俊判官李全亦以中山叛。** 此别一李全，非据青州之李全也。据《董俊传》，全之叛在庚辰岁，相距五六年，《纪》移于此，殆因次年有李全执张琳，郡王带孙围全益都事而牵连及之，是误仞两李全为一人也。

二十一年。 此下当有丙戌二字，传写脱之。

九月李全执张琳。 据《宋史·李全传》，全逐张林，入青州，在嘉定十五年壬午，至是年丙戌，全之据益都已四年矣。而《李鲁传》称，丙戌，李全陷益都，执元帅张琳送楚州。误也。《纪》但称执琳，不云陷益都，或壬午岁琳弃州走，至此时始见执乎？

十二月，**李全降。** 据《孛鲁传》，全之降在丁亥三月，《李全传》亦在宝庆三年四月，即丁亥岁。《纪》误书于前一年。

二十二年。丁亥。**德顺节度使爱申、进士马肩龙死焉。** 此二人金之忠臣，《金史》已列诸《忠义传》矣，于元家何与，而更书之邪？且金臣死于元者，又不止此二人也。史家昧于限断之例，故有此失。

太宗纪

讳窝阔台。 《秘史》作斡歌歹，陈桱《续编》作斡可歹，石刻或作月古台。

二年庚寅。**十二月，始置十路征收课税使。**③ 陈桱《续编》在二月。

三年辛卯。**二月，克凤翔，攻洛阳、河中诸城，皆下之。** 据《金史》，凤翔之陷在四月，非二月也。下文云："十月帝围河中。十二月拔之。"则此时不应有攻下河中事。

五年癸巳。**正月庚申，金主守绪奔归德。**④ 《金史》作己未，先一日。

四月，崔立以金太后王氏、后徒单氏及荆王从恪、梁王守纯等至军中，速不台遣送行在。 任大椿云：案《金史·哀宗纪》及刘祁《归潜志》，荆王、梁王皆遇害于青城，其北迁者，止两宫耳。此《纪》所载，似二王亦与两宫同送行在矣。又《金史》作梁王从恪、荆王守纯，此称荆王从恪、梁王守纯，或传写之误。

六年。甲午。**议自将伐宋。** 按：是春伐金之役，与宋合攻，金亡之后与宋约和，以陈、蔡东南为宋，西北为蒙古，各引兵还矣。乃宋相郑清之忽主收复二京之议，遣全子才等率淮西兵万余人，以六月出师，七月二日抵汴，行省李伯渊以书来降，五日，杀崔立，率父老出迎，子才遂入汴，而赵文仲以淮东师五万继至，乃遣徐敏子为监军西上，二十八日入洛阳。元戍兵先期空城而去矣，宋兵粮尽不能守，引还。八月二日，元兵追击之，大败。敏子中流矢，徒步间行，由浮光遁。子才在汴，闻洛东丧师，亦于二十五日弃城遁。此元太宗所以有自将伐宋之议也。《纪》于分地约和及宋背约北侵事俱不之及，则议伐宋为无名矣。

国王查老温。 即木华黎之孙塔思也。

八年丙申。**二月，命应州郭胜、钧州孛术鲁九住、邓州赵祥从曲出充先锋伐宋。** 按：郭胜等三人，史皆无传，唯姚燧撰《邓州长官赵公神道碑》于祥事颇详。祥字天麟，蔡之平舆人。金天兴癸巳，天兵围蔡，城中粮绝，公率部曲发富室藏粟，突围上馈，授提控。明年甲午，金亡，将麾下归宋，授信效左军统制，遣戍邓州。乙未十月，天兵略地汉上，开门纳降。居两月，太子南征即曲出也。还过，教以是城甚近襄阳，虞力孤不能自完，且岁荒，与邓、均、唐三州民徙洛阳之西三县，⑤邓治长水，均治永宁，唐治福昌，许公权宜行省事。乃先劳分苦，佐乏药疾，府寺田庐于粲一始。丙申，襄、樊亦徙洛阳。其年入觐，特赐金符锦衣，许出战督军，入守字民，别降银符八十，金符八，以酬从公将佐同力者。盖祥降元以后，即徙治内地，别无从曲出伐宋之事。元初不立史官，后来修实录者，大约道听途说，十不存一。故太祖四朝《纪》，大率疏舛，无可征信。

七月，诏以真定民户，奉太后汤沐。 按：《食货志》："睿宗子阿里不哥大王位，丙申年，分拨真定路八万户。"盖太后汤沐之邑，后为睿宗所有。

中原诸州民户分赐诸王、贵戚、斡鲁朵。拔都，平阳府。 《食货志》："术赤大王位，分拨平阳四万一千三百二户。"拔都者，术赤之子。

茶合带，太原府。 《食货志》："茶合𫘝大王位，分拨太原四万七千七百三十户。"茶合𫘝者，太祖第二子察合台也。《世祖纪》，太原乃阿只吉分地。阿只吉，即察合台之孙。

古与，大名府。 《食货志》："太宗子定宗位，分拨大名六万八千五百九十三户。"定宗名贵由，此作古与，声相近。

孛鲁带，邢州。 《食货志》：八答子"丙申年，分拨顺德路一万四千八十七户"。顺德路即邢州，则孛鲁带疑即八答子矣。《世祖纪》，邢州有两答剌罕：其一为启昔礼，即哈剌哈孙之大父；其一则《太祖纪》所谓把带，即八答子也。或云启昔礼之子，名博理察，与孛鲁带声亦相近。

果鲁干，河间府。 《食货志》："阔列坚太子子河间王位，分拨河间路四万五千九百三十户。"果鲁干，即阔列坚也。

孛鲁古带，广宁府。 《食货志》："孛罗古𫘝子广宁王位，丙申年，分拨恩州一万一千六百三户。"此云广宁府,疑《志》误。孛鲁古带,即别里古台。

野苦,益都、济南二府户内拨赐。 《食货志》:"搠只哈撒儿大王子淄川王位,分拨般阳路二万四千四百九十三户。"淄川王,名也苦,即野苦。

按赤带,滨、棣州。 《食货志》:"哈赤温大王子济南王位,分拨济南路五万五千二百户。"济南王,名按只吉歹,即按赤带也。

斡陈那颜,平、滦州。 《食货志》:"斡真那颜位,分拨益都等处六万二千一百五十六户。"案:斡陈即斡赤斤,其后为辽王,则《纪》云平、滦者,为得其实。

皇子阔端。 《食货志》:"阔端太子位,分拨东京路四万七千七百四十一户。"东京,盖东平之讹。《元典章》有东昌路达鲁花赤探马赤前去永昌府,将军粮交付了当云云。则东昌乃阔端太子分地。元初,其地隶东平行省也。

驸马赤苦。 《公主表》,郓国公主位,秃满伦公主适赤窟驸马,即此赤苦也。《食货志》:"郓国公主位,丙申年,分拨濮州三万户。"

公主阿剌海。 《公主表》,赵国大长公主阿剌海别吉适赵武毅王孛要合。《食货志》:"赵国公主位,分拨高唐州二万户。"

公主果真。 《公主表》,昌忠武王孛秃继室,以太祖女昌国大长公主火臣别吉。火臣,即果真也。《食货志》:"昌国公主位,分一万二千六百五十二户。"失书地名。

国王查剌温。 《食货志》:"木华黎国王,分拨东平三万九千一十九户。"查剌温,即木华黎之孙。

茶合带、锻真。 按:尤赤台有孙端真拔都儿,袭爵郡王,即锻真也。《高觿传》,父守忠,从段真郡王取中原有功。《食货志》:"尤赤台郡王,丙申年,分拨德州二万户。"茶合带,未详何人,恐是衍文。

蒙古寒札。 按:畏答儿之子忙哥,封郡王,疑即蒙古也。《食货志》:"愠里答儿薛禅,丙申年,分拨泰安州二万户。"愠里答儿,即畏答儿。寒札未详。

按赤那颜。 按赤那颜,即国舅按陈那颜也。《食货志》:"鲁国公主位,丙申,分拨济宁路三万户。"

圻那颜、火斜、木思,并于东平府户内拨赐。　"圻"当是"折"字之讹。哲别以骁勇事太祖,与虎必来、者勒篾、速不台称四先锋。《纪》、《传》或书遮别,或书者别,《郭宝玉传》作柘柏,《吾也而传》称折不那演,《巴而尤阿而忒的斤传》称者必那演,实一人也。《食货志》:"和斜漫两投下一千二百户。⑥丙申年,分拨曹州一万户。"和斜漫,即火斜木思也。而圻那颜则《志》遗之。又按:《志》所载丙申年分拨者,尚有太祖叔答里真官人、火雷公主、孛罗先锋、行丑儿、乞里歹拔都、笑乃带先锋、带孙郡王、孛鲁古妻佟氏、孛罗台万户、忒尤台驸马、斡阔烈阇里必、合丹大息千户、也速不花等四千户、也速兀儿等三千户、帖柳兀秃千户、灭古赤、塔思火儿赤、折米思拔都儿、迭哥官人、黄兀儿塔海、添都虎儿,《纪》俱不载。

九年。丁酉。蒙哥征钦察部,擒其酋八赤蛮。　按:《元史》载征钦察事,《纪》、《志》、《传》互异,此《纪》及《宪宗纪》,俱以八赤蛮为钦察之酋长。《地理志》:太宗甲午年,命诸王拔都征西域钦叉、即钦察。阿速、斡罗思等国。岁乙未,亦命宪宗往焉。岁丁酉,师至宽田吉思海傍,钦叉酋长八赤蛮逃避海岛中,适值大风吹海水去而乾,生擒八赤蛮。亦与《本纪》略同。而《速不台传》则云岁己卯,太祖十四年。大军至蟾河,与灭里吉遇,尽降其众。其部主霍都奔钦察,速不台追之,与钦察战于玉峪,败之。癸未,太祖十八年。速不台请讨钦察,许之。遂引兵绕宽定吉思海,展转至太和岭,凿石开道,出其不意。至则遇其酋长玉里吉及塔塔哈儿方聚于不租河,纵兵奋击,其众溃走。矢及玉里吉子,逃于林间,其奴来告而执之,余众悉降,遂收其境。乙未,太宗命诸王拔都西征八赤蛮,命速不台为先锋,与八赤蛮战,继又令统大军,遂虏八赤蛮妻子于宽田吉思海。八赤蛮逃入海中。然则钦察与八赤蛮,本是两部,速不台以太祖癸未平钦察,太宗乙未走八赤蛮,相距十有三年。而宪宗擒八赤蛮在丁酉岁,距钦察之平,盖已久矣。《土土哈传》,太祖征蔑里乞,即灭里吉。其主火都即霍都。奔钦察,钦察国主亦纳思纳之。太祖命将往讨,亦纳思已老,国中大乱,亦纳思之子忽鲁速蛮遣使自归于太祖。而宪宗受命帅师,已扣其境,忽鲁速蛮之子班都察举族迎降。其叙被兵之由,与《速不台传》合,而酋长之名,彼此互异。且速不台平钦察之时,宪宗仅十六岁,初无受命帅师之事,而《土土哈传》并而为一,益不然矣。

壬寅年,六皇后乃马真氏始称制。刊本"六"作"太",误。　按:《本纪》不书六皇后之名,《后妃表》云脱列哥那六皇后乃马真氏,太宗崩,后摄国。陈桱《通鉴续编》云太宗崩,六皇后秃里吉纳治国事。则脱列哥那、秃里吉纳本一人,译音有轻重尔。而《后妃表》别有秃纳吉纳六皇后,疑是重出。

乙巳年,宋制置赵蔡。　当作赵葵。

定宗纪

太宗长子也。　按:陈桱《续编》以为第二子。

定宗崩后,议所立未决。当是时,已三岁无君。　按:《后妃传》云,定宗后名斡兀立海迷失。抱子失列门垂帘听政者六月。陈桱《续编》则云皇太后秃里吉纳复治国事,未审谁是。

宪宗纪

元年。辛亥。西方诸大将班里赤。　疑即巴而尤阿儿忒也。

二年。壬子。合丹于别石八里地,蔑里于干叶儿的石河,海都于海押立地,别儿哥于曲儿只地,脱脱于叶密立地,蒙哥都及太宗皇后乞里吉忽帖尼于扩端所居地之西。　按:合丹、蔑里《表》作灭里。皆太宗之子,海都者,合失之子;脱脱者,哈剌察儿之子;蒙哥都者,阔端之子,皆太宗孙也。惟别儿哥不见于《表》。扩端即阔端,乞里吉忽帖尼,所谓三皇后也。据陈桱《续编》,则所迁者乃六皇后秃里吉纳。

四年。甲寅。会诸王于颗颗脑儿之西,乃祭天于日月山。　王祎《日月山祀天颂》,日月山,国语云阿剌温山,在和林之北。《金史·地理志》,西京路昌州宝山县北五百余里有日月山,大定二十年,更曰抹白山。此别是一山,名同而地异也。

校勘记

①"秘史","史",原本作"书",误。径改。

②"以拒汪罕与太祖也","汪",原本作"王"。《元史》所涉俱作"汪",原本误。径改。

③《元史》卷二记是事在冬十一月。

④ "金主守绪奔归德",《元史》卷二无"守绪"名。

⑤ "与邓、均、唐三州民","邓",原本脱,据上下文意补。

⑥ "和斜漫","漫",《元史》卷九五作"温"。

廿二史考异卷八十七

元史二

世祖纪一

中统元年，亲王合丹、阿只吉率西道诸王，塔察儿、也先哥、忽剌忽儿、瓜都率东道诸王。[①]　合丹，太宗之子，阿只吉者，察合台之孙，塔察儿者，斡赤斤之孙，也先哥，即移相哥，哈撒儿之子，忽剌忽儿，即忽列虎儿，哈赤温之孙，瓜都者，别里古台之子。

孛鲁海牙、刘肃并为真定路宣抚使。　孛鲁海牙，即布鲁海牙。

赐亲王穆哥银二千五百两。　睿宗子末哥大王也。

赐先朝皇后帖古伦银二千五百两；皇后斡者思银二千五百两；兀鲁忽乃妃子银五千两。　按：《后妃表》，世祖四斡耳朵无斡者思、兀鲁忽乃二人，而帖古伦大皇后守世祖大斡耳朵，非先朝后也。二者当有一误。

二年十二月，诏封皇子真金为燕王，领中书省事。　按：《元史·本纪》叙事多重复，如中统二年十二月，书封皇子真金为燕王领中书省事，而三年十二月，又书封皇子真金为燕王守中书令。至元十二年，书割江东南康路隶江西省，而二十二年，又书分江浙行省所治南康隶江西行省，二十三年，又书以南康路隶江西行省。至元十五年，书复立河中府万全县，“全”当作“泉”，下同。而十六年，又书复立万全县隶河中府。至元十五年，书改京兆府为安西路，而十六年，又书改京兆为安西路。至元二十一年五月，书赐北安王螭纽金印，而七月，又书赐皇子北安王印。至元二十五年，书改西南番总管府为永宁路，而二十七年，又书改西南番总管府为永宁路。至元二十九年，书罢徽州路录事司，而三十年，又书罢徽州录事司。元贞元年，书升赣州路之宁都、会昌二县为州，而大德元年，又书升宁都、会昌县为州，并隶赣州路。大德元年，书升全州为全宁路,而二年,又书改泉州为泉宁府。"泉"即"全"之讹。至大二年,书封知枢密院事容国公床兀儿为句容郡王,而延祐三年,又书封床兀儿为句容郡王。延祐四年,书以大宁路隶辽阳省,而五年,又书以大宁路隶辽阳省。延祐四年,书升靖州为路,而至治二年又书升靖州为路。延祐五年,书以者连怯耶儿万户府为右卫率府,而六年,又书以者连怯耶儿万户府军万人,隶东宫,置右卫率府。至治元年,书龙虎山张嗣成来朝,授太玄辅化体仁应道大真人,而泰定二年,又书加嗣汉三十九代天师张嗣成太玄辅化体仁应道大真人。至治三年十一月辛丑,书诸王怯别遣使来朝,^②而甲寅,又书诸王怯别遣使来朝。泰定元年正月,书敕封解州盐池神为灵富公,而致和元年四月,又书改封盐池神曰灵富公。泰定元年三月,书遣湘宁王八剌失里出镇察罕脑儿,而四年三月,又书命亲王八剌失里出镇察罕脑儿。元统二年,书四川大盘洞蛮谋谷什用遣男谋者什用来贡方物,即其地立盘顺府,而至正十二年,又书四川未附生蛮向亚甲洞主墨得什用出降,立盘顺府。皆一事而两三见者也。

世祖纪二

三年二月丙申,以兴、松、云三州隶上都。 按:升开平为上都在四年五月戊子,升望云县为云州、松山县为松州在四年五月庚子,不应此时先有上都及松、云二州之名。据下文四月庚戌,以望云、松山、兴州课程隶开平府,可证其时不称上都也。又是年十二月戊寅,书"割北京、兴州隶开平府",与此文亦重复。

四月,赐诸王也相哥金印。 即移相哥也。

至元元年,给诸王也速不花印。 按:《宗室世系表》,别里古台之子、阔端之孙,皆有名也速不花者。考中统三年赐广宁王瓜都印,乃是别里古台之孙,即也速不花之子,不应子之赐印乃先于父。则此给印者,必阔端之孙矣。

与诸王玉龙答失、阿速带、昔里给等。 玉龙答失三人,皆宪宗子。阿速带,《表》作阿速歹;昔里给,《表》作昔里吉。

世祖纪三

二年,分四亲王南京属州,郑州隶合丹,钧州隶明里,睢州隶孛罗赤,蔡州隶海都,它属县复还朝廷。　按:《食货志》,太宗丁巳年,分拨合丹、灭里、合失、阔出汴梁在城户。至是改以属州户赐之也。明里即灭里。孛罗赤者,阔出之孙,即失列门之子。海都则合失之子。

五年封诸王习怯吉为河平王。　即宪宗子昔里吉。"怯"字疑讹。

世祖纪四

九年,赐南平王秃鲁银印。　秃鲁,定宗之孙。《表》作秃里。

诏诸路府州司县达鲁花赤管民长官,兼管诸军奥鲁。　《经世大典序录》云,凡军出征戍,家在乡里曰奥鲁,州县长官结衔兼奥鲁官以莅之。

世祖纪五

十年,命诸王阿不合市药师子国。　阿不合,疑即旭烈兀大王之子阿八哈也。

十二年,驸马长吉。　长吉,《表》作昌吉。

诏中书右丞廉希宪行中书省于江陵府。　按:十三年,又书以北京行中书省廉希宪为中书右丞,行中书省事于荆南府。荆南即江陵府,亦一事而重见也。

世祖纪六

十三年二月,夏贵以淮西诸郡来降,惟镇巢军复叛,贵遣使招之,守将洪福杀其使,贵亲至城下,福始降,阿术斩之军中。　按:《宋史·忠义传》,贵既臣服,招福,不听,使其从子往,福斩之。大兵攻城,久不拔,遣贵至城下,好语语福,请单骑入城,福信之,门启而伏兵起,执福父子,屠城中。贵苢杀其二子,次及福,福大骂,数贵不忠,请身南向死,以明不背国也。福之节义,皎皎如此。《元史》谓贵之城下而福降者,诬也。福事附见《姜才传》。

十四年二月甲戌,西川行院不花率众数万至重庆,营浮屠关,造梯冲将攻之，其夜都统赵安以城降。张珏舣船江中，与其妻妾顺流至涪州，元帅张德润以舟师邀之，珏遂降。　　按：《宋史·忠义·张珏传》，张德润复破涪州，执守将程聪，在十四年六月，《宋史》于德祐二年之后书明年。《元史·本纪》则书于是年七月，其时重庆尚未被兵，何缘珏有出降之事？又据《本纪》，是年八月，始"诏不花行院四川"。则是春不花尚未至四川，史所载殊疏舛矣。《宋史·珏传》，至元十五年二月，珏率兵出薰风门，与大将也速觯儿战扶桑埧，珏兵大溃。城中粮尽，赵安以书说珏降，不听，安乃与帐下韩忠显夜开镇西门降。珏率兵巷战，不支，归索鸩饮，左右匿鸩，乃以小舟载妻子东走涪。明日，万户铁木儿追及于涪，执之送京师。珏之被执年月，当以《宋史》为正。《汪良臣传》云，十五年春，张珏悉众鏖战，良臣奋击，大破之，珏所部开门纳降，珏潜遁。与《宋史》年月相合。《纪》误书于前一年，其云出降，亦诬也。《纽璘传》，制置使张珏遁，追至涪州擒之，亦不云出降。

十二月，赐诸王也不干、燕帖木儿等。　　按：《宗室世系表》，宗王名也不干者三人，一为塔察儿之子，一为忽鲁歹之子，一为合丹之子，未审所赐何人。燕帖木儿，则《表》未见其名。

世祖纪七

十五年八月，制封泉州神女号护国明著灵惠协正善庆显济天妃。按：《本纪》，至元二十五年六月，诏加封南海明著天妃为广祐明著天妃。大德三年二月，加封泉州海神曰护国庇民明著天妃。天历二年十月，加封天妃为护国庇民广济福惠明著天妃。至正十四年十月，加号海神为辅国护圣庇民广济福惠明著天妃。此天妃封号，由二字加至十二字之次第也。《祭祀志》云，神号积至十字，指天历封号而言，祝文同。此所载封号十二字，盖非元制也。以二十五年加封四字推之，则至元初封止有"明著"二字，《纪》殆误矣。汪楫《使琉球杂录》云：天妃，光宗朝封灵惠妃，宁宗朝加封助顺，又加显卫护国助顺嘉应英烈妃，理宗朝加封协正，又封灵惠助顺嘉应慈济妃，寻加善庆，又进显济妃。

十一月行中书省自扬州移治杭州。　　按：至元二十一年，始徙江淮行省于杭州，不应此时即有移治之事。邵晋涵曰：考《地理志》，扬州、杭州两路，俱不载至元十五年移行省事，惟集庆路云至元十四年初立御史台于扬州，既而徙杭州，又徙江州，又还杭州。二十三年，自杭州徙治建康。然则《本纪》所云十五年自扬州徙治杭州者，乃行御史台，非行中书省，盖传写误尔。

世祖纪八

十七年二月，命梅国宾袭其父应春泸州安抚使职。泸州尝叛，应春为前重庆制置使张珏所杀。国宾诣阙诉冤，诏以珏畀国宾，使复其父仇。珏时在京兆，闻之自经死。 按：《宋史·忠义传》，珏至安西即京兆。赵老庵，其友谓之曰："公尽忠一世，以报所事，今至此，纵得不死，亦何以哉？"珏乃解弓弦自经厕中。与此《纪》互异，未详孰是。

六月，安西王薨，刊本作西安，误。罢其王相府。 按：《赵炳传》，至元十五年十一月，王薨。《名臣事略》亦云十五年冬王薨，十七年王相府罢。然则王相府之罢在王薨后二年，《纪》误以为同时事。《诸王表》，秦王忙哥剌即安西王，益封秦王。至元十七年薨。此又因《本纪》而误。

十月，赐云南王忽哥赤印。 按：忽哥赤于至元四年封云南王，赐印。八年，为宝合丁等毒死。此《纪》所书，盖以其子也先帖木儿袭封云南王，仍以父印赐之耳。《诸王表》："云南王也先帖木儿，至元十七年袭封。"可证此文之误。

十二月，以高丽国王王晭为中书右丞相。 按：王晭为丞相，不见于《宰相表》，盖授为征东行中书省右丞相耳。

世祖纪九

十九年正月，诸王昔里吉与脱脱木儿、籛木忽儿、撒里蛮等。按：《宗室表》旭烈兀大王、岁都哥大王之孙俱有脱脱木儿，未知孰是？籛木忽儿者，阿里不哥之子，药木忽儿也。撒里蛮者，玉龙答失之子。

六月己丑朔，日有食之。 《天文志》作乙丑，刊本之讹也。按：是年六月朔日食，而七月戊午朔又书日食，《天文志》亦同。邢云路曰："推是年六月朔，交二十四日有奇，不入食限，不应食。七月戊午朔，交九刻，入食限，是日巳时日食，合。何《元史》重载六月朔食耶？从古无比食之理，郭守敬论之详矣。岂以守敬十八年方定《授时》而不辨此？

此必修史者误书之也。"

二十年六月,命诸王忽牙都设断事官。　疑即镇远王牙忽都也。

世祖纪十

二十一年闰五月,封法里剌王为郡王,佩虎符。　按:《诸王表》,怯里歹郡王,至元十一年赐印,此"法"字疑"怯"之讹也。《表》云十一年,而《纪》书于二十一年,盖《表》脱"二"字。

世祖纪十一

二十四年二月,敕诸王阇里铁木儿。　即广宁王彻里帖木儿。

世祖纪十二

二十五年正月,赐诸王火你赤银五百两。　按:太宗子合丹大王之子有火你。

赐诸王亦怜真部曲钞三万锭。　阔端太子之孙。

十二月,赐案答儿秃等。　案答儿秃者,帖木儿驸马之赐号也。见《特薛禅传》。

二十六年四月,立诸王爱牙赤投下人匠提举司于益都。　按:世祖第六子名爱牙赤,此云诸王,则非皇子也。《宗室世系表》斡赤斤位下有爱牙哈赤王,灭里位下亦有爱牙赤大王。

世祖纪十三

二十七年十一月,降南雄州为保昌县,韶州为曲江县。　按:至元十五年,立南雄、韶州二路总管府。其时盖以路领州,以州领县,设官猥多,至是始省州存县,故云降也。

二十八年正月,给诸王爱牙赤印。　按:二十二年已赐皇子爱牙赤银印,则此给印者,别是一人矣。

以札散、秃秃合总兵于瓮古之地。　秃秃合,即土土哈。

成宗纪一

至元三十年乙巳,受皇太子宝。　当云"六月乙巳",有日无月,史脱文。

三十一年,封驸马阔里吉思为唐王。　当云高唐王,脱"高"字。

元贞元年十二月,赐诸王押忽秃。　即牙忽都也。

成宗纪二

二年三月,郡王庆童有疾,以其子也里不花代之。　此当是兀鲁兀台部之袭封郡王者,非宗王也。考《尤赤台传》,有庆童而无也里不花,亦不云庆童有子,《纪》《传》互异,今无从考其是非矣。《传》有匣剌不花,与也里不花音似相近,然《传》以匣剌不花为脱欢之孙,则系庆童之侄孙,非其子也。

九月,令广海、左右两江戍军,以二年或三年更戍③海都、兀鲁思不花部。　兀鲁思不花者,河平王昔里吉之子。

大德二年十二月,江浙行省平章政事答剌罕升左丞相。　答剌罕者,哈剌哈孙也。《本传》,大德二年,由湖广平章政事入朝,拜江浙行省左丞相,未尝平章江浙也。《纪》疑误。

成宗纪三

五年十月丙辰朔。　当是丙寅朔。

癸未,太阴犯东井。壬午,车驾还大都。　壬午,当在癸未之前。

成宗纪四

七年三月,小兰禧、岳铉等进《大一统志》。　"小"当作"卜"。

九月,复木八剌沙平章政事。　按:是年二月,以平章政事行上都留守木八剌沙为中书平章政事,中间初未有罢黜之事,非此条重出,则史文有脱漏也。

九年七月,以金千两、银七万五千两、钞十三万锭,赐兴圣太后及宿卫臣,出居怀州。　兴圣太后,即武宗、仁宗母也。此时不当有太后之称,史臣因实录旧文,未及厘正。

十月丁丑朔。　当作甲戌朔,此误。

武宗纪一

大德五年八月，与海都战于迭怯里古之地。 《床兀儿传》作铁坚古山。

十一年六月。进封高丽王王昛为沈阳王，加太子太傅、驸马都尉。按：《高丽传》，王谞，成宗初年尚宝塔实怜公主，十一年进封沈阳王，《纪》当云封高丽王王昛之世子谞为沈阳王，不得云封昛也。又按《朝鲜史》，忠烈王昛三十四年，王薨于神孝寺，遗教机务委付沈阳王，则沈阳为谞之封明矣。

七月庚辰。 按：上书七月癸亥朔，庚辰为月之十八日，不当重书七月。

御史大夫月儿鲁言："旧制，中书省、枢密院、御史台、宣政院许得自选其人，它司悉从中书铨择，近臣不得辄奏。如此则纪纲不紊。"帝嘉纳之。 按：玉昔帖不儿，世祖时为御史大夫，赐号月吕鲁那演，亦作月儿鲁，又作玉吕鲁，以元贞元年卒。此又有御史大夫月儿鲁，不知何人，恐误。

至大元年三月，赐定王药木忽儿金千五百两。 按：是年六月封药木忽儿为定王，而三月已书定王药木忽儿。二年三月，封驸马注安_{即术安}为赵王，盖由高唐王进封也，而其年九月，犹书高唐王注安。皇庆二年正月，封乞台普济为安吉王，而至大三年已书安吉王乞台普济。至顺元年三月，封王子阿剌忒纳答剌为燕王，而二月已书燕王阿剌忒纳答剌。至正二十年闰月，以甘肃行省左丞相阿吉剌为太尉，而十三年五月、十八年五月两书太尉阿吉剌。皆史臣失于检勘也。

武宗纪二

二年三月，辽阳行省右丞洪重喜诉高丽国王王章。 按：王章即王谞改名。予见赵孟𫖯书《圆通寺碑》，篆额者为沈王王璋，即高丽王也。《元史》作章，不从玉旁，误。

六月，宣政院奏免僧、道、也里可温、答失蛮租税。 按：《元典章》有一条云，答失蛮、迭里威失户，若在回回寺内住坐，并无事产，合行开除外，据有营运事产户数，依回回户体例收差。然则答失蛮乃回回之修行者也。《至元辨伪录》云，释道两路，各不相妨，今先生言道门最高，元人称道士为先生。秀才人言儒门第一，迭屑人奉弥失诃言得生天，达失蛮叫空谢天赐与，细思根本，皆难与佛齐。达失蛮，即答失蛮。

十二月，上太祖圣武皇帝尊谥、庙号，又上睿宗景襄皇帝尊谥、庙号。 按：太祖、睿宗庙号，至元三年所上，此年惟加上尊谥耳，不当云庙号也。

仁宗纪一

皇庆元年二月，赐世祖诸皇子也先铁木儿福州路福安县。 按：也先铁木儿乃世祖子忽哥赤之子，以下文例之，当有脱文。

三年乙亥。 当作己亥。

四月，赵王汝安郡告饥。 "汝"当作"注"，"郡"当作"部"。

二年二月壬戌。 是年失书三月、十一月。自二月丙申以后，皆三月事，自十月壬寅以后，皆十一月事也。

仁宗纪二

延祐二年三月，廷试进士，赐护都沓儿、张起岩等五十六人及第、出身有差。 按：是年初行科举，自后每科廷试，赐进士及第，皆书于《本纪》，惟顺帝元统元年赐同同、李齐等百人，至正十七年赐倪征、王宗嗣等五十一人，《纪》皆失书。元统癸酉之春，庚申君尚未即位，阙而不书，宜也。若至正丁酉之脱漏，史官难辞其咎矣。

泰定帝纪一

至治三年癸巳，即皇帝位于龙居河。 当云"九月癸巳"。有日无月者，史脱文。

泰定元年三月，册八八罕氏为皇后。 《后妃表》、《后妃传》、《特薛禅传》并作八不罕。八不罕者，其名也。当书弘吉剌氏，不当云八八罕氏。

十月乙卯。 是年失书十一月，自己丑以后，皆十一月事。

二年十月戊寅朔。 是年失书十一月，自戊申以后，皆十一月事。

泰定帝纪二

三年十一月庚子。 前一月辛未朔,则庚子乃今月朔日也。史不书朔,脱文。又按:是年失书十二月,自丁丑以后,当属十二月。

明宗纪

讳和世㻋。 《元典章》作火失剌。

悉发关中兵,分道自潼关、河中府入。 按:是时仁宗在位,而周王遣兴关中兵拒命,是谋反也。《仁宗纪》不书其事,盖深讳之。既而西行至金山,则附于西北诸叛王矣。

泰定皇帝崩于上都,倒剌沙专权自用,逾月不立君,朝野疑惧。 按:泰定以七月庚午崩,至八月甲午,燕帖木儿举事,为时尚未及三旬。元诸帝即位,皆俟诸王大臣毕会议之,距前君之崩或两月或三月,初无定期,盖其家法如是,况泰定践阼之日,储位早定,朝野本无异议也,燕帖木儿逆谋,早萌于泰定未崩之先,岂因逾月不立君,人心疑惧,始谋举事乎?此皆实录之诬词,史臣不能刊正也。

文宗纪一

致和元年八月,河南行省杀其参政脱㯍台。 即脱别台也。见《伯颜传》。时伯颜为河南行省平章政事。

天历元年九月乙丑,立太禧院。 "乙丑"当作"乙亥"。

十一月己未。 史不书朔,脱文。

文宗纪三

至顺元年二月辛卯朔。 按:上文已书二月壬午朔,以上下月日勘校,当为壬午朔,辛卯则月之十日也。"二月"二字,当属上文给粮赈之为句,"朔"字衍文。壬午,刊本作壬申,误。

文宗纪五

放燕帖古思于高丽。 监本于"燕"字下错入《顺帝纪》中语,凡四百言。

宁宗纪

八月甲寅。 上文已书八月己酉，此又书八月。

顺帝纪一

至元元年八月，诏以岐阳王完者帖木儿。 岐阳当作淇阳。月赤察儿之孙，承其祖父封号。

顺帝纪二

二年十二月，以甘肃行省白城子屯田之地赐宗王喃忽里。 按：《明史·哈密传》，元末以威武王纳忽里镇之，寻改为肃王，卒。弟安克帖木儿嗣。永乐二年，封为忠顺王。纳忽里，即喃忽里也。

顺帝纪三

至正元年十二月，立四川安岳县。 按：安岳县不见于《地理志》，疑潼川府属县也。

二年七月庚午。 以八月庚子朔推之，庚午为是月朔日，而史失书"朔"。欧阳原功《天马颂》云，至正二年七月十八日丁亥，二十一日庚寅，二十三日壬辰。逆计之，亦得庚午朔。

顺帝纪五

十二年三月，河南左丞相太不花克复南阳等处。 按：《太不花传》，是年拜河南行省平章政事，未为左丞相也。据《本纪》，十四年十二月，以河南行省平章政事泰不花即太不花。为本省左丞相。可证十四年以前，但为平章，此称左丞相者，误。

顺帝纪六

十三年六月，平章政事答失八都鲁总四川军。 按：《本纪》，是年正月，以答失八都鲁克复襄阳、樊城有功，升四川行省右丞，明年三月，始升本省平章政事，此时不应先称平章也。下文十二月答失八都鲁复均、房等州，《纪》仍书右丞，不称平章。

十四年二月,立镇江水军万户府,命江浙行省右丞佛家间领之。按:是年六月,《纪》书"江浙行省参知政事佛家间",此必由参政迁右丞者。领万户时,未为右丞也。纪前事而称后官,文家往往有之,施于《纪》、《传》则偾矣。

校勘记

① "瓜都","瓜",《元史》卷四作"爪"。

② "至治三年十一月","十一月",原本作"十月"。据《元史》卷二九,怯别遣使来朝在至治三年十一月,原本脱"一"字。故补。

③ "以二年或三年更戍","或",原本脱,据《元史》卷一九补。

元史三

历志一

庚辰岁,太宗西征。 梅文鼎曰:"元太祖以己卯岁亲征西域诸国,次年庚辰夏五月,驻跸也石的石河,有西域人与耶律楚材争月蚀,而西说并诎,故耶律作历,托于是年。"《志》讹为太宗,则太宗无庚辰也。

中书令耶律楚材。 按:太祖时楚材未为中书令,史因系庚辰于太宗,故官名亦从之。

且以中元庚午岁,国兵南伐。 按:耶律西征新术,演纪上元庚午至太祖庚辰,积年二千二十七万五千二百七十,满一百八十去之,上元、中元、下元各六十,并之为百八十也。余数七十,则庚辰为中元之第十一年,故太祖五年,为中元庚午也。

推上元庚子岁天正十一月壬戌朔,子正冬至,日月合璧,五星联珠,同会虚宿六度,以应太祖受命之符。 梅文鼎曰:"耶律作历,以太祖五年始绝金,次年伐之,不五年,天下略定,故推演上元庚午冬至朔旦七曜齐元为受命之符,谓之《西征庚午元历》。西征者,谓太祖庚辰也。庚午元者,上元起算之端也。"《志》讹上元为庚子,则于积年不合。

献公十五年戊寅岁,正月甲寅朔旦冬至。 按:鲁献公冬至,见于《汉书·律历志》,梅勿庵谓未知所据,盖偶失记耳。

历志二

梁中大通五年癸丑,四月己未朔食,在丙。 按:《梁书》、《南史》、《五代志》俱不载此食。

《三统历》。积年,一十四万四千五百一十一。 按:《三统术》,上元距汉太初元年一十四万三千一百二十七岁,自太初元年丁丑至至元辛巳,中积一千三百八十四,并之为十四万四千五百一十一也。四分以下积年,皆准此例推衍到至元辛巳,便于布算,或者讥其与本《志》不合,殆未审郭氏之旨矣。

《宣明历》。长庆二年壬寅徐昂造。　按:《唐志》,《宣明术》不著撰人姓名。若徐昂《观象术》,世已无传,且造于元和初,非长庆也。其误始于周琮,而守敬因之。

《奉元历》。熙宁七年甲寅卫朴造。积年,八千三百一十八万五千二百七十七。日法,二万三千七百。　按:《宋志》失载《奉元术》。

《占天历》。崇宁元年癸未姚舜辅造。[①]积年,二千五百五十万一千九百三十七。日法,二万八千八十。　按:《宋志》失载《占天术》。

《成天历》。咸淳七年辛未陈鼎造。　按:《宋志·成天术》,不载撰人姓名。

历志五

演纪上元庚午,距太宗庚辰岁。　"太宗"当作"太祖"。

地理志一

霸州,宋升永清郡,金置信安军。　按:宋承后周之旧,亦为霸州。政和三年,赐郡名曰永清。盖宋时诸州皆有郡名,以为封爵之号,其郡名皆依唐旧。若五代及辽增置之州,向无郡名,故政和中依例赐之,初非升州为郡。且郡名之有无,无关于沿革,本不必书,若有书有不书,又难免挂漏之讥矣。又考,宋时以霸州淤口砦建为信安军,金大定中降军为县,隶霸州,然则信安军非金所置,此《志》之误也。

蓟州,宋为广川郡,金为中都。　当云金属中都路,转写脱讹耳。广川郡名不必书。

丰闰,下。至元二年,省入玉田。四年,以路当冲要复置。　按:孙庆瑜《丰闰县记》,太祖庚辰岁升丰闰为闰州,至元初并入玉田,未及周岁,县治仍旧。《志》不言升州事,史之漏也。又考《世祖纪》称至元十三年,蓟州复置丰闰县。今据庆瑜《记》成于至元七年,其时庆瑜正为县令,则《纪》书十三年复置者,误矣。

顺州,宋为顺兴军。 按:《宋志》,顺州,宣和四年赐郡名曰顺兴。则顺兴乃郡名,《志》作军者,误。

檀州,辽为武威军,宋为镇远军。 按:辽之武威军为刺史军额,宋之镇远军为节度军额,虽各有军额,而州名如故也。

固安州,唐为固安县,隶幽州。宋隶涿水郡,金隶涿州。 按:宋制以州领县,辽时固安隶涿州,宣和收复之后,固安仍隶涿州,金特因宋之旧耳。但宋时诸州,又有郡名,故《宋志》于涿州下又有"赐郡名曰涿水"之文,非改州名为郡也。明初修史诸臣,昧于地理,妄疑升州为郡,故有此失。

上都路,中统元年,为开平府。五年,以阙庭所在,加号上都,至元二年,置留守司。五年,升上都路总管府。 按:《世祖纪》,升府为上都及升总管府皆在中统四年五月,与《志》互异。

顺宁府,金为宣德州,元初为宣宁府。太宗七年,改山东路总管府。 按:太宗二年,立十路征收课税使,宣德其一路也。山东路之名,不见于《纪》、《传》,疑未可信。

仍至元三年,以地震改顺宁府。 按:《地理志》阙顺帝一朝之事,惟有宣德府改顺宁、奉圣州改保安二条。

蔚州。 《武宗纪》,至大元年升蔚州为蔚昌府,《志》失书。

兴州,领二县:兴安、宜兴。 按:《文宗纪》,致和元年八月升宜兴县为州,即此宜兴,非常州路之宜兴也。县既升为州,当改隶上都路。土俗相传,以此为小兴州,而以兴州为大兴州,故《明实录》有大、小兴州之目。今为承德府地,俗名喀喇河屯者,即兴州故城也。《顺帝纪》,至元五年,革兴州兴安县,《志》亦未及。

松州,金为松山县。元中统三年,升为松州。 按:《世祖纪》,松、云二州,并置于中统四年五月,《志》于云州亦云四年升,则松州之升必在四年矣。

兴和路,中统三年,升隆兴路总管府。 考:《本纪》,至元四年,析上都隆兴府自为一路,行总管府事。至大元年,降隆兴为源州。四年,复隆兴路总管府。皇庆元年,改隆兴路为兴和路。《志》皆阙而不书。但据《志》,中统三年已升州为路,而《纪》于至元四年复有析隆兴自为一路之文,似不相照,岂此中统乃至元之误邪?抑中间更有改隶之事,而《纪》失之乎？

德宁路，领县一：德宁。　按：德宁、净州、泰宁、集宁、应昌、全宁、宁昌七路，及砂井总管府，《志》皆阙其沿革。予考《特薛禅传》，至元七年，斡罗陈万户及其妃囊加真公主请于朝曰："本藩所受农土，在上都东北三百里，答儿海子实本藩驻夏之地，可建城邑以居。"从之。遂名其城为应昌府。二十二年，改为应昌路。元贞元年，公主复请于帝，以应昌路东七百里驻冬之地创建城邑，大德元年，名其城为全宁路。则应昌、全宁二路，盖鲁王分地也。《仁宗纪》，延祐五年，改静安路为德宁路，静安县为德宁县。姚燧《河内李氏先德碣》云，郐王世居静安，黑水之阳。郐王，即赵王也。《文宗纪》，至顺二年，赵王不鲁纳食邑沙、净、德宁等处蒙古部民万六千余户饥。《元典章》，砂井、集宁、静州、按打堡子四处，壬子年，元籍爱不花驸马位下人户，揭照元籍相同，依旧开除。然则德宁、净州、集宁三路及砂井府，皆赵王分地也。《李秃传》，成宗封阿失为昌王，仁宗朝，复赐以宁昌县税入。《公主表》，李花弟唆都哥、唆都哥子不怜吉歹，并封宁昌郡王，则宁昌路盖昌王分地也。惟泰宁路未详何人分地。

净州路，领县一：天山。　按：《金志》，净州，大定十八年置，领天山一县，属西京路。元时州县，皆仍金旧名，延祐四年，升州为路，其沿革历历可考，不审《志》何以阙之。

泰宁路，领县一：泰宁。　按：《仁宗纪》，延祐二年，改辽阳省泰州为泰宁府。四年，升府为路，仍置泰宁县。考《金志》，北京路有泰州，治长春县，其地南至懿州八百里，东至肇州三百五十里。当即元之泰宁路也。

集宁路，领县一：集宁。　按：《金志》，西京之抚州有集宁县，疑即其地。

应昌路，领县一：应昌。　按：应昌府建于至元七年，廿二年升府为路。至正初，与全宁路俱废，拨属鲁王马某沙王傅府，十四年复立。

全宁路，领县一：全宁。　按：《成宗纪》，大德元年，升全州为全宁府。又复载于二年。盖初立全州，寻升为府。七年，又升府为路也。至正初废，十四年复立。

砂井总管府，领县一：砂井。　陈旅赠《砂井除判官诗》序：天山之北,皋陆演迤,联亘乎大漠,赵王之封国在焉。

宁昌路,领县一:宁昌。 按:《仁宗纪》,延祐五年,置宁昌府。《英宗纪》,至治二年,升宁昌府为路,增置一县。

保定路,本清苑县,唐隶郑州。"郑"当作"鄚"。**宋升保州。金改顺天军。** 按:宋制,州有节度、防御、团练、刺史即军事。四等。金无团练,惟节度、防御、刺史三等。保州在宋为军事,金升为节度州,以顺天为军额,而州名如故,非改保州为军也。修史者不通官制,故涉笔便误。

太宗十一年,升顺天路,置总管府。 据《张柔传》,升州为府,在辛丑岁,则为太宗十三年。

博野。下。至元三十一年立。 按:王恽《乌台笔补》有《论复立博野县事状》,称祁州博野县并入蒲阴县,盖元初县属祁州,后并蒲阴,至元末复立也。

雄州,宋为易阳郡,金为永定军。 按:宋、金皆为雄州,但宋为防御州,金升为节镇,以永定为军额耳。宋时诸州皆有郡名,大率沿唐之旧。雄、霸诸州,后周所置,向无郡名,故政和中特赐之名,非改州为郡也。

中山府,宋为中山郡,金为中山府。 按:《宋志》,政和三年,升定州为中山府,改赐郡名曰中山。当云"宋为中山府,金因之"。宋时诸州别有郡名,但为封爵之用,无关于沿革,不足书也。

赵州,宋为庆元军。 按:宣和元年,升赵州为庆源府,其初虽有庆源军节度之名,乃升刺史州为节度州,非改州为军也。当云"宋为庆源府"。

冀州,宋升安武军。 按:此亦升团练州为节度州,以安武为军额,而冀州之名如旧,非改州为军也。宋时亦有以军领县,如太平军、信阳军、涟水军、南康军之类,此固志沿革者所必书。然其地望在州之下,故常以县升军,以军升州,未有转以州升军者。《宋志》所载,由州升军,皆谓由防、团、刺史升为节度,初非废州称军,而明初史臣,茫然不察,殊可怪也。

蠡州,唐始置。宋改永宁军,金仍为蠡州。 按:唐无蠡州。宋雍熙四年,始以定州博野县建宁边军。景德元年,改为永宁军。金天会七年升宁州，天德三年更为蕰州。前史所载甚明，不知何以踳谬乃尔。

磁州，唐磁州，宋为滏阳郡。 宋亦为磁州。若郡名，诸州皆有之，不必书。

彰德路，唐相州，石晋升刊本作"尹"，误。**彰德军。** 按：升彰德军者，谓置彰德军节度，治相州也。

大名路，五代南汉改大名府。 按：称后汉为南汉，惟见于此。

滑州，唐改灵昌郡，宋改武成军，元仍为滑州。 按：唐、宋皆为滑州，唐改州为郡，惟天宝、至德十余载事，嗣后仍为滑州，又置义成军节度治此。宋避太宗讳，改义成军为武成，而滑州之名无改也。《志》误。

澶州，石晋置澶州，宋为通利军，又改平川军。金复为澶州。 按：《五代·职方考》不载石晋置澶州事，此必《志》之误也。宋初升黎阳县为通利军，后升为澶州，仍置平川军节度。以史例言之，当云本黎阳县，宋升通利军，又升澶州。

怀庆路，元初复为怀州。太宗四年，行怀孟州事。宪宗六年，世祖在潜邸，以怀孟二州为汤沐邑。七年，改怀孟路总管府。至元元年，以怀孟路隶彰德路。二年，复以怀孟自为一路。 按：中统五年，《重立孟州三城记》称，河南甫定，孟犹边鄙，版籍仍希，为怀所并。盖太宗初定中原，以孟州地并于怀，故有行怀孟州事之称。《葛思麦里传》云，岁壬辰，授怀孟州达鲁花赤。乙卯卒，子密里吉复为怀孟达鲁花赤。是其证也。予家藏中统元年《祭济渎记碑》，后列宣授怀孟州达鲁花赤蜜里及、即密里吉。宣授怀孟州总管覃澄、提领怀孟州课税所官石伯济名，碑立于世祖初，尚称州而不称路，然则宪宗之世，但置总管，未尝改为怀孟路也。《中堂事纪》：中统二年，奉圣旨道与真定路宣抚司，据怀孟达鲁花赤蜜里吉、总管覃澄奏告，管下地分，多有屯住蒙古头目，遇有关涉词讼公事，不肯前来对证，往往不服句追，以致迟滞公事。准奏仰遍谕诸路宣抚司，今后各州城管民官，遇有关涉蒙古军人公事理问时，分管军官一员，一同听断施行，毋得偏向。准此。是中统以前，怀孟隶真定路宣抚司，非别立一路审矣。

孟州，宋隶河北道。 按：十道之名，立于唐世，宋分天下为十五路，后又析为十八路，又析为二十三路，无诸道之名也。当云隶京西北路。

故城谓之下孟州,新城谓之上孟州。元初治下孟州。宪宗八年,复立上孟州。　按:元初并孟州于怀,曷思麦里父子三人相继为怀孟州达鲁花赤,盖中统纪元以前,孟未尝别为州也。考《元重立孟州三城记碑》,称中统二年,钦奉圣旨,宣授孟州长官并降到立城民户,至中统四年二月,宣差孟州达鲁花赤阿里理任新附之民,而并治之。是孟州之设,实在中统间,《志》不载并省及复置本末,可谓疏而舛矣。然史称宪宗八年复立上孟州者,其误亦有因。据《碑》称丁巳年,钦奉恩命复立新孟。丁巳,即是宪宗七年,与《志》复立上孟州之文颇合。而《碑》又云,荒残废邑,复见仪刑。又有倪一旦功成,改除它邑云云。言邑不言郡,则县而非州也。其所谓复立者,移县治于新孟州城,非即立为州也。而史遂以为州所治,不亦谬乎?

卫辉路,唐卫州,又为汲郡。金改河平军。　按:宋、金皆为卫州,河平乃节度军额,非改州为军也。

沧州,金升临海军。　按:沧州自唐时为横海军节度治所,宋、金皆因其名,此作临海,误。且州有军额旧矣,亦非金所升也。又《世祖纪》,至元二十五年,以沧州之军营城为沧溟县,《志》亦不书。

东平路,宋改东平府,隶河南道。　按:宋无十道之名,当云隶京东西路。

济宁路。　按:至正八年,黄河决,迁济宁路于济州。自后任城遂为济宁治所。

兖州,唐初为兖州,复升泰宁军。宋改袭庆府,金改泰定军。按:唐时兖州为泰宁军节度治所,五代及宋并为兖州,而节镇军额尚仍唐旧。徽宗朝升州为袭庆府。金仍为兖州,惟改军额为泰定耳。《志》误。

益都路,唐青州,又升卢龙军。宋改镇海军。　按:卢龙当为平卢之讹。宋改镇海军者,改其军额,青州之名,尚如故也。

滕州,领二县:滕县、邹县。　按:苏天爵《新升徐州路记》,至正戊子夏六月,诏升徐州为路,割滕、峄、邳、宿四州隶焉。迁滕之滕县于薛城,裂滕之西南四乡治之。东南六乡,滕自治之。盖滕县本州之附郭,至正间移县治薛城,而县与州不同治,故分县之十乡,半隶县,半隶州也。

般阳府路，唐淄州，宋属河南道。　当云宋属京东东路。宋无河南道之名也。

初，太宗在藩，^②置新城县。　按：新城县下亦云"本长山县驿台，太宗在潜，以人民完聚，创置县曰新城，以田、索二镇属焉"，而《世祖纪》云，至元十九年，并淄莱路田、索二镇，仍于驿台立新城县治。殆中废而复置也。

登州，宋属河南道。　当云宋属京东东路。

蓬莱。下。　按：登州之蓬莱县，宁海州之牟平县，滨州之渤海县，德州之安德县，许州之长社县，陈州之宛丘县，钧州之阳翟县，皆倚郭也，而《志》失书。

朔州，后唐升镇武军。　按：唐置振武军节度，治朔州，非始于后唐。《职方考》亦无改名镇武之事，《志》误。

忻州，金隶太原府，元因之。　按：王磬撰《郝和尚碑》云，忻州，乞忒郡王之属城也。戊子岁，升为九原府。《志》不载升府事，史之漏也。又考《世祖纪》，至元三年，以崞、代、坚、台四州隶忻州。意其时忻州尚为九原府，故得有属州也。

保德州，旧有倚郭县，元宪宗七年废县。　按：倚郭县，史失其名，以《金志》考之，盖保德县也。又《成宗纪》，大德元年，以隩州巡检司为河曲县，隶保德州。《志》亦失书。

河中府，宋为护国军，金复为河中府。　按：宋仍唐旧，亦为河中府。护国军乃节度军额，然不始于宋也。金为河中府，亦未废护国军节度之额，史家失于稽考，故语多抵牾。

潞州，宋改隆德军。　当云隆德府。

泽州，宋属河东道。　当云河东路。

解州，宋属京兆府。金升宝昌军。　"府"下当有"路"字。京兆府路，即永兴军路也。宝昌军，亦节镇之额。

地理志二

辽阳路，梁贞明中，阿保机以辽阳故城为东平郡。后唐升为南京。石晋改为东京。　按：《辽史》，天显三年升南京，十三年改东京。以时考之，在后唐、石晋之世，然是契丹升之改之，非晋唐升之改之也。即欲系以五代，亦当云"后唐时契丹升为南京，石晋时契丹改为东京"，不得如史所云。

以广宁府、婆娑府、懿州、盖州作四路。　婆娑府，金之婆速府路也。

懿州，初为懿州路。至元六年，为东京支郡。　按：《顺帝纪》，至正二年升懿州为路，以大宁路所辖兴中、义州属懿州。

广宁府路，元封孛鲁古歹为广宁王。　即别里古台。

肇州。　按：《金志》，上京路有肇州，旧出河店也。天会八年，以太祖兵胜辽，肇基王绩于此，遂建为州，领始兴一县，有鸭子河、黑龙江。元时立肇州屯田，盖因金之故名。

沈阳路，契丹为兴辽军。金为昭德军，又更显德军。　按：《辽志》，沈州，太宗置兴辽军，后更名昭德。《金史》亦为沈州昭德军，无更名显德军之事。

咸平府，辽号咸州安东军，领县曰咸平。金升咸平府，领平郭、安东、新兴、庆云、清安、归仁六县。　按：《金志》，咸平府领县八，有铜山、荣安、玉山，而无安东。

合兰府、水达达等路。　合兰府，即金之合懒路。

汴梁路，唐置汴州总管府。石晋为开封府。　按：唐无总管府之名，朱梁受唐禅，升汴州为开封府，建为东都，非始于石晋也。《志》皆误。

郑州，宋为奉宁军。　奉宁军亦节镇之名，非改州为军也。

许州，金改武昌军。　按：许州自唐为忠武军节度治所，宋、金皆为节度州，金惟改军额为昌武，而许州之名仍旧，非改府为军也。武昌当为昌武。

钧州，伪齐置颍顺军。金改顺州，又改钧州。　按：《金志》，钧州旧阳翟县，伪齐升为颍顺军。大定二十二年，升为州，仍名颍顺。二十四年，更今名。然则金升军为州之初，本名颍顺州，非顺州也。

陕州，宋为保义军。　按：陕州，唐末置保义军节度治此，宋避太宗名，改军名曰保平，而陕州之名仍旧。《志》云宋为保义军者，误也。

嵩州，唐为陆浑、伊阙二县。宋升顺州。金改嵩州，领伊阳、福昌二县。　按：《宋志》无顺州之名，《金志》但云旧名顺州，不言何代所置,此以为宋升顺州,未审何据。又考《金志》,嵩州领伊阳、永宁、福昌、长水四县,此云领伊阳、福昌二县,亦误。

光州,宋升光山军。 谓升光州为节度州,以光山为军额也。

归德府,后唐为归德军,宋升为南京。 按:后唐置归德军节度,治宋州。宋时升州为应天府,建为南京。《志》不云升应天府者,史之漏也。

徐州,至元二年,例降为下州。 按:至正八年,升徐州为路,附郭置彭城县,以邳、宿、滕、峄四州隶之。十三年,降为武安州,以所隶县属归德府,其滕、峄二州仍属益都路。

宿州,唐置。宋升保静军。 按:宿州升保静军,亳州升集庆军,均州为武当军,房州置保康军,皆节度军额,其州名初未改也。

均州,领二县:武当、郧县。 按:《世祖纪》,至元十四年,均州复立南漳县。此《志》南漳属襄阳路,无改隶均州事。

房州,宋置保宁军。 "保宁"当作"保康"。

蕲州路。 按:《世祖纪》,至元二十五年,以蕲、黄二州隶湖广省。《志》于蕲州、黄州两州,俱不书隶湖广事,亦脱漏也。

和州,宋隶淮南西道。 当云淮南西路。

通州,宋改静海郡。 按:宋时诸州皆有郡名,大率沿唐之旧。《志》皆不载。惟通州,五代所置,向无郡名,政和末,始赐名静海,史家遂误仞改州为郡矣。

德安府。 按:《世祖纪》,至元三十年,改德安府,隶黄州路。《志》失书。

随州,宋为崇信军,又为枣阳军,后因兵乱迁徙无常。 按:宋初,升随州为节镇,崇信,其军额也。枣阳军之置,不见于《宋志》,当是南宋末季,权升枣阳县为军,寄治于此,与崇信军名同而实异也。

校勘记

① "崇宁元年","元年",《元史》卷五三作"二年"。

② "太宗在藩","藩",《元史》卷五八作"潜"。

廿二史考异卷八十九

元史四

地理志三

奉元路,唐初为雍州,后改关内道。 按:唐太宗分天下为十道,非改州为道也。当云"属关内道"。

华州,唐改镇国军,宋改镇潼军,金改金安军。 按:华州本唐所置,而宋、金、元因之。镇国、镇潼、金安皆节度军额,非改州为军也。若依它州之例,当云"唐初为华州,又改华阴郡,又复为华州",乃为得之。又按,同州,宋为定国军;耀州,宋为感义军,又改感德军,皆节度之额也。京兆府在宋亦有永兴军节度之名,延安府在宋亦有彰武军节度之名,何以独不书乎? 总之军监之军名当书,而节度之军额不必书。史家于前代掌故,全未究心,而妄操笔削,毋怪乎纰缪百出也。

延安路,宋为延安府,金为鄜延路。 按:宋时延州置鄜延路安抚使,以守臣领之,后升州为府,而安抚司犹仍其旧。金因宋制,亦为延安府,仍立鄜延路于此,初非改府为路也。《志》误。

葭州,唐银州,宋为晋宁军。 按:《宋志》,晋宁军本西界葭芦砦,元符二年为军,知军领岚石路沿边安抚使。其地属河东路,又别有银州,隶鄜延路。此《志》以晋宁军即唐银州,未详其审。

洋州,唐改洋川郡,刊本"川"作"州",误。**又复为洋州,后更革不常。宋复为洋州。** 按:唐五代及宋,洋州之名未改,惟唐末尝置武定军节度于此,宋更军额曰武康尔。《志》云更革不常,误矣。

平凉府,唐为马监,隶原州。宋为泾原路,升平凉军。 按:宋为渭州,本刺史州,后升为节度州,以平凉为军额,置泾原路安抚使,以守臣兼领。《志》不言渭州,而言升平凉军,竟似升路为军,谬之甚矣。且路非一州之名,舍州府而言路,于义既乖。又宋时陕西有六路安抚司,

《志》但举泾原、环庆，而于熙河、鄜延、秦凤诸路，仍又遗之，尤为进退失据也。

庆阳府，唐庆州。宋环庆路，改庆阳军，又升府。金为庆源路。 按：宋亦为庆州。其云庆阳军者，节度使额也。宣和始升庆阳府，未几入于金，仍为庆阳府，置陕西西路治焉。后又改陕西西路为庆原路，而府名如故。《志》云金为庆原路，其误与鄜延同。"原"误为"源"，则刊本之失也。

秦州，唐初为秦州，宋为天水郡。 按：宋亦为秦州。郡名诸州皆有之，不必书。

陇州，领县二：汧源、汧阳。 按：《仁宗纪》，延祐四年，并汧源县入陇州，《志》失书。

定西州。 按：《顺帝纪》，至正十二年，以地震改定西为安定州。

会州。 按：至正十二年，以地震改会州为会宁州，即今会宁县。

礼店文州蒙古汉儿军民元帅府。 按：大德十一年，以礼店蒙古万户属土蕃宣慰司非便，命仍旧隶脱思麻宣慰司，防守陕州。

崇庆州，宋为崇庆军。 按：宋初亦为蜀州。绍兴十年，升节镇，以崇庆为军额。淳熙四年，升为崇庆府。当云宋为崇庆府，不当云军也。

保宁府，后唐为保宁军。 按：保宁亦节度军额，宋初改军额曰安德。而阆州之名，初未改也。

剑州，宋升普安军。 普安亦节度军额，当云宋升隆庆府。

巴州，宋领化城、难江、恩阳、《宋志》"恩"作"思"。**曾口、上通江、下通江六县。** 按：《宋志》，巴州领五县，通江初无上下之名，疑元初所分也。

沔州，唐为兴州，宋改沔州。元至元十四年，隶广元路。二十年废褒州，止设铎水县，迁沔州而治焉。 按：《元大一统志》，铎水县本西县旧镇也，戊午年始以其地升为褒州，改镇为县。至元二十年，废褒州，移沔州来治。《志》失书元初置褒州及铎水县事。

顺庆路，唐为南充郡，又改梁州，又改充州。 "梁"当为"果"字之讹。唐初置果州，天宝初改南充郡，乾元初复为果州，大历六年更名充州，十年复故名。唐时充州改名，仅四五年，志沿革者，本可略而不书，今既书改名，而不书复旧，似唐五代及宋初，常为充州矣。岂其然乎！

渠州，领二县：流江、大竹。　按：《世祖纪》，至元二十六年，省流江县入渠州。《志》失书。

潼川府，宋改静戎军，又改安静军。　安静，《宋志》作静安。此所改者，皆节度军额。然梓州旧为剑南东川节度治所，何以不书剑南东川之名乎？

永宁路。阙。　按：《世祖纪》，至元二十五年，改西南番总管府为永宁路，又重见于二十七年。

重庆路，领县三：巴县、江津、南川。　按：顺帝至元四年，立重庆路垫江县。

泸州，宋为泸川军。　泸川亦节度军额。

定远。下。本宋地，名女菁平。元至元四年，便宜都总帅部兵创为武胜军，后为定远州。二十四年，降为县。　按：《世祖纪》，至元四年，汪良臣请立寨母章德山，以当钓鱼之冲；五年，改母章德山为定远城，武群山为武胜军，即此事，而地名小异。

怀德府，领州四。阙。　按：《文宗纪》，至顺二年，四川行省招谕怀德府驴谷什用等四洞及生蛮十二洞，皆内附，诏升怀德府为宣抚司以镇之。

夔路。　当云夔州路，脱"州"字。

万州，宋为浦州。元至元二十年，以南浦为万州。　按：《宋志》，万州领南浦、武宁二县，初无浦州之名，此误。

新容米洞。　按：《顺帝纪》，至正十年立四川容美洞军民总管府。疑即容米洞也。

永昌路，宋初为西凉府，景德中陷入西夏。　按：《宋史·吐蕃传》，乾德四年有知西凉府折逋葛支，至道二年有西凉府押蕃落副使折逋喻龙波。盖羁縻之府，以蛮夷酋长领之。

至元十五年，以永昌王宫殿所在，立永昌路。　按：《世祖纪》，至元九年十一月，诸王只必帖木儿筑新城成，赐名永昌府。永昌王即只必帖木儿也。《诸王表》无永昌王之名，盖当时以地名称之，未有赐印。

沙州路，元太祖二十二年，破其城，以隶八都大王。　按：八都即拔都，太祖长子尤赤之子也。

山丹州,元初为阿只吉大王分地。　察合台太子之子。

西宁州,元初为章吉驸马分地。　按:《公主表》,郓国大长公主忙哥吉适爱不哥子宁濮郡王昌吉,即章吉也。

地理志四

云远路军民总管府,元贞二年置。　按:《成宗纪》,元贞二年云南省臣也先不花征乞蓝,拔瓦农、开阳二寨,其党答剌率诸蛮来降。乞蓝悉平,以其地为云远路军民总管府。

北胜府,在丽江之东。至元十五年,立为施州。十七年,改为北胜州。二十年,升为府。　按:《世祖纪》,至元二十五年,云南行省言:"金沙江西通安等五城,宜依旧隶察罕章宣抚司,金沙江东永宁等处五城宜废。以北胜、施州为北胜府。"从之。

蒗蕖州,至元九年内附。十六年,改罗共睒为蒗蕖州。　按:《世祖纪》,至元十六年,改云南宝山、蒗蕖二县为州。据《志》,宝山县立于至元十四年,则蒗蕖县亦当同时立也。

霑益州,领三县。　按:《顺帝纪》,至元元年"以霑益州所辖罗山、石梁、交水三县并归巡检司"。

石梁,下。至元十三年为县。　按:《世祖纪》,至元二十四年,复云南石梁县。盖十三年置县之后,寻即并省也。

罗罗蒙庆等处宣慰司都元帅府。　按:《顺帝纪》,至正二年,罢云南蒙庆宣慰司。

乌撒乌蒙宣慰司。　按:《顺帝纪》,至元元年"诏以乌撒乌蒙之地隶四川行省"。

地理志五

嘉兴路,石晋置秀州,宋为嘉禾郡。　按:秀州,吴越王钱元瓘置。宋亦为秀州,兼立嘉禾郡名,非改州为郡也。

昆山州,元元贞元年升州。　按:皇庆二年十月,徙州治太仓。即今太仓州也。至正十七年,复故治。《志》皆失书。

建德路,唐睦州,又为严州,又改新定郡。宋为建德军,又为遂安军。　按:唐时为睦州,天宝初为新定郡,乾元初仍为睦州。宋初,亦为睦州,宣和中平方腊之乱,始改睦为严。《志》云唐为严州,误之甚矣。建德、遂安皆节镇军额。

江阴州,至元十四年,升为江阴路总管府,今降为江阴州。 按:《世祖纪》,至元二十八年,降江阴路为州,隶常州路。《志》不系之常州路,而与松江府并列在直隶行省之数,未审何时改隶也。

婺州路,宋为保宁军。 保宁亦节镇军额。

台州路,唐改为台州,又改临海郡,又为德化军,宋因之。 按:宋因唐制,仍为台州,何尝有德化军之名乎?唐宋时台州皆不建节度。《志》云唐为德化军,真无稽之谈矣。考《宋史·吴越世家》,钱惟治为德化军使,迁检校太保、台州团练使。或吴越有国时,台州有德化军之称,因误以为唐制乎。

徽州路录事司。 按:《世祖纪》,至元二十九年,罢徽州路录事司。

饶州路。 按:《世祖纪》,至元十九年,以袁州、饶州、兴国军复隶隆兴省。《志》惟袁州一路隶江西行省,而饶州隶江浙省,兴国军隶湖广省。兴国之改隶,《志》有明文,在至元三十年。而饶州则无之,盖史家于前后沿革,多未该备也。

集庆路,宋仁宗以昇王建国,升建康军。 按:仁宗即位,升昇州为江宁府。建康军者,节镇军额也。当云升江宁府。

溧阳州,至元十六年,升为溧阳路。二十七年,复降为县,后复升为州。 按:《金陵新志》,至元十四年,改溧州。十五年,升溧阳府。十六年,改溧阳路,领溧阳县,并在城录事司。廿八年,革去路名,止存溧阳县。元贞元年,改升中州。《志》所载殊未备。

福州路,唐改福州,又为长乐郡,又为威武军。宋为福建路。 按:宋亦为福州。以威武军为节镇之额,与唐制同。又设福建路转运司,驻节于此。每路领数州或十数州,与元之路名同而实殊。

福宁州,唐长溪县。元升为福宁州。 按:《世祖纪》,升州在至元二十三年。

建宁路,宋升建宁军。 当云升建宁府。

泉州路,宋为平海军。 平海,节度军额也。与兴化、邵武军名各别。

延平路,至元十五年,升南剑路,后改延平路。 按:《仁宗纪》,延祐元年"改南剑路曰延平,剑浦县曰南平",《志》失书其年,而南平之即剑浦,亦失考。

宁州,元至元二十三年,于武宁县置宁州,分宁为倚郭县。 按:大德八年,分宁始为倚郭县。至元置州之始,武宁为倚郭,非分宁也。

江州路,宋为定海军。 定海当作定江,亦节镇军额,非改江州为军也。

韶州路。曲江。中。 按:《仁宗纪》,延祐五年,并翁源县入曲江县。《志》以翁源为英德所领之县,与《纪》异。翁源本唐宋旧县,而《志》云大德五年置,殆废于至元之世乎?

惠州,唐循州。宋改惠州,又改博罗郡,又复为惠州。 按:宋无改州为郡之事,盖因《宋志》有赐郡名曰博罗之文,而妄为之说也。宋时诸州皆有郡名,大率沿唐之旧,惟惠州南汉所置,本析循州之地,循有郡名,而惠无郡名,故宣和中特赐之,初非改州为郡。史家不学,故涉笔多误。

英德州。 按:《仁宗纪》,延祐元年,废真阳、含光二县入英德州。《志》失书。

梅州,至元十六年置总管府,二十三年,改为散州。 按:《仁宗纪》,延祐四年,改潮州路所统梅州隶广东道宣慰司。盖初改散州,本隶潮州路,后乃直隶宣慰司也。

桂阳州,为蒙古觯忽都虎郡王分地。 按:《食货志》,愠里答儿薛禅,至元十八年,分拨桂阳州二万一千户。愠里答儿,即畏答儿,本忙兀氏,《志》所谓蒙古觯也。忽都虎,盖畏答儿之后,袭封郡王者。世祖初定江南,凡后妃宗王驸马勋臣各有分户,具载《食货志·岁赐篇》,所谓江南户钞也。《志》皆不载,独载忽都虎一人,此又义例之失当也。

连州,元至元十七年,升为连州路总管府。十九年,降为散州。 按:《成宗纪》,元贞元年,降连州路为连州。与《志》异。

循州,唐改为海丰郡,仍改循州。宋为博罗郡。 按:宋时循州郡名海丰,盖因唐之旧。博罗,则惠州郡名也。惠虽循之故地,然疆界既分,岂可混而为一?

地理志六

武昌路，唐初为鄂州，又改江夏郡，又升武昌军。宋为荆湖北路。
按：唐时鄂州为武昌军节度治所。宋立荆湖北路转运司，治鄂州。州
名与节镇军额，初无改也。宋时十八路、二十三路之名，皆据转运司所
辖言之，非专指一州。志沿革者，本可不书，且如江南东路之治建康，
江南西路之治隆兴，两浙西路之治平江，两浙东路之治绍兴，此类《志》
皆不书，则湖北路、福建路何以特书乎！

岳州，宋为岳阳军。　岳阳亦节度军额。

天临路，唐为潭州长沙郡。宋为湖南安抚司。　按：宋时潭州守
臣例带湖南路安抚使，犹鄂州守臣例带湖北路安抚使，非改州为司也。
安抚司例不书。

衡州路，领县三：衡阳、安仁、酃县。　按：顺帝至元二年，分衡州
路衡阳县，立新城县。

郴阳，倚郭。旧为敦化县，至元十三年改今名。　按：宋时郴州倚
郭为郴县。"敦"字犯宋庙讳，敦化之名，必非宋所立。至元十三年，湖
南始入版图，何以又有旧名？殊可疑也。

桂阳路，唐郴州。　当云唐郴州地。

耒阳州，唐、宋皆为郡，[①]隶湘东郡。　当云隶衡州。衡州，郡名。
衡阳，非湘东也。

静江路，宋仍为静江军。　当云宋升静江府。

庆远南丹溪洞等处军民安抚司，唐为龙水郡，又改粤州。　粤州
当作宜州。唐虽有粤州之名，乃在改郡名以前。自唐至宋，常为宜州，
宋末乃升府耳。

平乐府，元改为平乐府。　按：《成宗纪》，大德五年"升昭州为平
乐府"。是元始得江南，尚称昭州也。

容州，宋为宁远军。　宁远亦节度军额。

至元十六年，改容州路总管府。　按：《成宗纪》"大德五年，降容
象横宾路为州"。《志》于此四州，皆失书降州事。

融州，宋为清远军。　清远亦节度军额。

乾宁军民安抚司。　按：顺帝元统二年，改乾宁军民安抚司曰乾

宁安抚司。

会同。下。**定安。**下。　按:《宋志》无此二县。《世祖纪》,至元二十九年"敕以海南新附四州洞寨五百一十九,民二万余户置会同、定安二县,隶琼州"。又《文宗纪》,天历二年"升定安县为南康州,隶海北元帅府"。《志》亦失书。

播州军民安抚司。　按:《世祖纪》,至元十五年,从播州安抚杨邦宪请,以鼎山仍隶播州。十六年,改播州鼎山县为播州县。二十六年,改播州为播南路。此皆当见于《志》,而《志》失之。

西北地附录。　按:元时西北塞外,皆为诸王分地,不立州县,有牙帐而无城郭。《志》所录诸地名,分为三列:一曰笃来帖木儿,一曰月祖伯,一曰不赛因,皆不著其说。考《泰定纪》内有云西域诸王不赛因部,又云北边诸王月即别。《文宗纪》至顺元年,遣诸王桑哥班等分使西北诸王燕只吉台、不赛因、月即别等所。其云月即别者,即《志》之月祖伯也。月祖伯分地在北方,不赛因分地在西域,惟笃来帖木儿一人不见于史。考《文宗纪》,至顺二年"西域诸王秃列帖木儿遣使献西马及蒲萄酒",当即其人,其分地亦在西域也。

校勘记

①"唐、宋皆为郡","郡",《元史》卷六三作"县"。

廿二史考异卷九十

元史五

河渠志一

兖州闸已见前。 按：兖州闸之名虽见于会通河条，初不载兴工年月及修广丈尺，不得云已见前也。此条据马之贞申文，亦但有"合用材物，已行措置完备，乞移文江淮漕司修治"语，究未详何时兴建。

河渠志二

至元十七年七月，耿参政、阿里尚书奏。 耿参政者，耿仁也。叙事之文，例当书名。此《志》耿参政、刘都水、王承德、郭嘉议、李承事、张奉政、董中奉、任奉政、毛中议、王征事、高朝列、丁将仕、史参政等，或书阶，或书官，皆当时案牍之文，而史家承之。《祭祀志》有田司徒、郝参政，《食货志》有何主簿、裴县尹、耿左丞，亦其类也。

中书丞相火鲁火孙。 即和礼霍孙。

姚总管等言。 姚总管即姚演也。

范殿帅、朱、张辈，必知其故。 朱、张，当谓朱清、张瑄二人也。下文直云"朱张言"，似误以为一人。

礼乐志二[①]

东平万户严光范。 当作忠范。

《太常集礼》曰："乐章据孔思逮本录之。[②]国朝乐章皆用成字，凡用宁字者，金曲也。" 按：宋乐章用安字，金用宁字，元用成字。《志》载至大二年，亲祫太庙，文舞退，武舞进，仍用旧曲，改名《肃宁》。注云：旧名《和成》。亚终献酌献，仍用旧曲，改名《肃宁》。注云：旧名《顺成》。彻豆曰《丰宁之曲》。注云：旧名《丰成》。然则至元四年，已改

《和成》、《顺成》、《丰成》之名，而至大中反改从金旧名，揆之情理，当不其然，此必承孔思逮本之误也。考第三卷载至大乐章云：文舞退，武舞进，奏《肃成之曲》，亚终献行礼，宫县奏《肃成之曲》。注云：孔本作《肃宁》。知思逮误以《肃成》为《肃宁》。又考《祭祀志》所载亲祀时享仪，即至大二年所定，其文云：诸太祝进彻笾豆，登歌《丰成》之乐作。知彻豆之奏《丰宁》，亦应作成字矣。大约思逮所录，乃国初之旧曲，史家误以为至大所定乐章耳。第四卷载泰定十室乐舞云：亚献终献，武舞《肃宁》之曲。《祭祀志》亲谢仪，太尉诣盥洗位，宫县乐作《肃宁》之曲。此类皆沿孔本之讹。

礼乐志三

至元四年至十七年，八室乐章。[3]迎神，奏《来成之曲》。 按：《志》第一卷《总序篇》云："至元三年，初用宫县、登歌乐、文武二舞于太庙，列祖至宪宗八室，皆有乐章。"第二卷《制乐始末篇》云：至元三年冬十有一月，"有事于太庙，宫县、登歌乐、文武二舞咸备。其迎送神曲曰《来成之曲》"云云。第四卷《宗庙乐舞篇》亦云，"至元三年，八室时享，文舞降神，《来成之曲》"云云。是八室乐章，定于至元三年也，而此卷云至元四年。又亲祀禘祫乐章内，皇帝诣罍洗，奏《顺成之曲》，迎神奏《思成之曲》，司徒捧俎奏《嘉成之曲》，文舞退、武舞进奏《肃成之曲》，亚终献奏《肃成之曲》，俱注云：至元四年词律同。又至大以后，亲祀摄乐章内，皇帝盥洗奏《顺成之曲》，迎神奏《思成之曲》，初献升殿奏《肃宁之曲》，司徒捧俎奏《嘉成之曲》，太祖室奏《开成之曲》，睿宗室奏《武成之曲》，文舞退、武舞进奏《肃成之曲》，亚终献行礼奏《肃成之曲》，彻笾豆奏《丰宁之曲》，送神奏《保成之曲》，注俱有"至元四年"字，似乐章定于至元四年。盖一《志》之中，前后舛错如此。

亲祀禘祫乐章，未详年月。《太常集礼》云：别本所录，以时考之，疑至元三年以前拟用。 按：至元以前，未行亲祀太庙之礼，禘祫则终元之代初未举行，此乐章不审何人所制，拟而未用，于例不当书。

皇帝出入小次，奏《昌宁之曲》。《太常集礼》云：此金曲，思逮取之。 按：《金史·礼志》载此曲，词句多同，惟"肃肃来止"作"有来肃肃"，"威仪孔彰"作"礼仪卒度"，"神之休之"作"孔时孔惠"。元代乐曲,例用成字,此采金曲,故仍用宁字也。元初祭太庙,皆有司摄事,至大始行亲享之礼,临时不及更造新曲,权用金旧,亦有司之失也。

宣圣乐章。　按:《志》载祀先圣乐章,前十六章,则释奠所用也,后十一章,则拟撰而未及用者也。前十六章,其十四章全用宋时大晟乐府拟撰之词,惟郕国公、沂国公酌献二章,宋大晟本无之。后十一章,九章存而二章亡,所亡者即郕、沂二公酌献之词。何以增于前而缺于后也?盖颜、曾、思、孟并配始于宋度宗咸淳三年,当大晟拟撰时,郕、沂二公尚未入配位,故无其乐章。元既袭而用之,则少此二配乐章,不得不增入以充其数,因于拟撰十一章之内,取而用之,夫是以前之所增,即后之所缺也。又考元初宣圣配享,止有颜、孟二人,本沿金制,而金又本宋政和仪,故即用宋乐章十四曲,至延祐三年,始增子思、孟子二位,则此十六章亦延祐所定也。

祭祀志一

世祖中统二年,亲征北方。　按:中统纪元止于四年,《志》于此条下书十二年、十三年、三十一年,皆改元至元以后事也,当于"十二年"之上,增"至元"两字。

尚书太尉右丞相、太保左丞相、田司徒、郝参政等。④　右丞相者,乞台普济,左丞相者,脱虎脱,田司徒者,忠良也,郝参政者,彬也。

祭祀志三

世祖元年秋七月丁丑。　世祖下脱中统二字。

皇帝还大次,宫县《昌宁之乐》作。　按:《礼仪志》,皇帝出庙廷,奏《昌宁之曲》,即此所云还大次也。上文云祼讫,礼仪使奏请还小次,皇帝行,宫县乐作,入小次,乐止。又礼仪使奏请诣盥洗位,出次,宫县乐作,至盥洗位,乐止。又饮福讫,礼仪使奏请还小次,宫县乐作,入小次,乐止。又彻豆讫,礼仪使奏请诣版位,出次,宫县乐作,至位,乐止。此四次宫县乐,即《礼仪志》所云"皇帝出入大次,奏《昌宁之曲》也"。《志》或书曲名,或不书,于例殊未画一。

祭祀志五

至大元年秋七月,诏加号先圣曰大成至圣文宣王。　按:《武宗纪》,[⑤]在大德十一年七月,《志》误。

皇庆二年六月,以许衡从祀。　按:皇庆纪元在延祐之前,此《志》先叙延祐三年以颜、曾四子配享事,继以皇庆二年云云,前后倒置。

诣兖国公神位前。至位,曰"东向立"。点视毕,曰"诣邹国公神位前"。　按:元初祀宣圣用金制,惟兖公、邹公配享。延祐三年始依南宋仪,增入郕、沂二公配享。此《志》所述释奠仪,止有兖、邹二公,盖延祐以前所定。

祭祀志六

至正亲祀南郊。　按:顺帝再举亲郊之礼,《志》止载至正三年十月,而不及十五年十一月,未免阙漏。

枢密知院阿鲁秃。　即阿鲁图。

至正亲祀太庙。　按:《顺帝纪》,至正十六年正月戊子,亲享太庙。《志》亦失书。

三皇庙乐章,前卷祀社稷乐章,俱在礼乐类中,今附于此。　按:《元史》纂修,始于洪武二年二月丙寅开局,至八月癸酉告成,计一百八十八日。《本纪》三十七,《志》五十三,《表》六,《传》六十三,《目录》二,为卷百六十一,而顺帝一朝之事缺焉。次年二月乙丑再开局,七月丁亥书成,计百四十三日,续成《本纪》十,《志》五,《表》二,《传》三十六,而前书所未备者,颇补完之。既又合前后二书,厘分而附丽之,共成二百一十卷,即国子监刊行本也。《志》之续者,惟《五行》、《河渠》、《祭祀》、《百官》、《食货》,《表》之续者,惟《三公宰相》,余俱阙之。前后史官既非一手,体例又不画一,附《乐章》于《祭祀》,附《选举》于《百官》,皆因经进之旧,不知厘正。《地理志》惟增入二条,《礼》、《乐》、《兵》、《刑》诸篇,全无增益,《列传》如《鲁》、《昌》、《赵》、《高昌诸王》及《释老》、《外国》诸篇,皆阙顺帝一朝之事,因陋就简,不详不备,宋景濂、王子充二公,可谓素餐而失职矣。

夫人戴氏兖国夫人谥贞素。　按:石刻诏书作宋戴氏,此脱

"宋"字。

宋五贤从祀。 按:此条文义,杭州路提控案牍胡瑜之牒,本谓杨时、李侗、胡安国、蔡沈、真德秀五人,俱应追锡名爵,从祀先圣庙廷。及中书省奏准,送礼部定议五先生封号,各给词头,宣命遗官赍往福建,访问各人子孙给付,如无子孙者,于其故所居乡里郡县学或书院祠堂之内安置。而从祀孔庙之请,当时固未之行也。明正统二年,始进胡安国、蔡沈、真德秀;弘治八年,进杨时;万历四十一年,进李侗。五先生从祀,盖定于明代,元时初未预从祀之列。《志》乃以五贤从祀为标目,疏矣。

舆服志一

天子之质孙。 质孙,亦作只孙。

命中书省定立服色等第于后。 按:服色等第一条,一见于《舆服志》,再见于《刑法志》,重复二十余行。入粟补官一条,一见于《选举志》,再见于《食货志》,重复三四十行。国子监黜罚科条一条,一见于《选举志》,再见于《刑法志》,重复七八行。

选举志一

得东平杨英等。 "英"当作"奂"。

蒙古、色目人,第一场经问五条,《大学》、《论语》、《孟子》、《中庸》内设问,用朱氏《章句》、《集注》。 按:《四书》取士,昉于元代。设科之始,本以《四书》文少,便于记诵,故令蒙古、色目人习之,汉人、南人,则《四书》之外,仍各占一经。经疑二问,于《四书》出题,限三百字以上。经义一道,限五百字以上。盖经义难通,《四书》易解。右榜第一场《四书》先于《五经》者,先易而后难,初非重《四书》而轻《五经》也。刘基登元统元年进士,检其文集,有《春秋》经义若干篇,而经疑不及焉,则元人之重《五经》可知矣。明初袭用元制,乡会试题,《四书》在《五经》之前,由是士子应试,专以揣摩《四书》文为事,经义徒有其名尔。

赐护都答儿、张起岩等。 《仁宗纪》作护都沓儿。

廷试进士护都达儿、霍希贤等。 《仁宗纪》作忽都达儿。

廷试进士达普化、宋本等。 《英宗纪》作泰普化,即泰不华也。石刻或作泰普华。

廷试进士捌剌、张益等八十有六人。 《泰定纪》作八剌。"六"纪作"四"。

廷试进士阿察赤、李黼等八十有六人。 《泰定纪》八十五人。

元统癸酉科,廷试进士同同、李齐等,复增名额,以及百人之数。按:是春顺帝尚未即位,故《本纪》不载廷试赐第事。

凡师儒之命于朝廷者,曰教授,路府上中州置之。命于礼部及行省及宣慰司者,曰学正、山长、学录、教谕,路州县及书院置之。路设教授、学正、学录各一员,散府上中州设教授一员,下州设学正一员,县设教谕一员,书院设山长一员。中原州县学正、山长、学录、教谕,并受礼部付身。各省所属州县学正、山长、学录、教谕,并受行省及宣慰司札付。 此段一百三十一字,依《史通》点烦之例,可去者五十七字。上文有命于礼部及行省云云,则自"中原州县"以下四十二字可省矣。下文有路设教授云云,则"路府上中州置之"两句可省矣。又考儒学设官之制,已载《百官志》,则此段百三十余言,以史例言之,皆可省也。

百官志一

三汉沽场、"汉"监本误作"义"。芦台场、越支场、刊本作"越贤",误。石碑场、济民场、惠民场。 《元典章》,惠民等六场隶大都运司,大德七年三月并入河间运司。

山东东路转运盐使司,盐场一十九所。 按:《元典章》,山东盐运司滨盐司七处:永利、宁海、永阜、丰国、富国、丰民、利国,乐盐司五处:官台、高家港、新镇、王家冈、个堤,《志》作固堤。胶莱盐司八处:西由、海沧、登宁、行村、信阳、即墨、石河、涛洛,凡盐场二十所。此《志》无即墨场。

至元八年,立玉宸院。二十年,改置仪凤司。 按:《世祖纪》,中统元年立仙音院,复改为玉宸院,括乐工立仪凤司。是仪凤与玉宸非一司,与《志》互异。

百官志四

管领诸路打捕鹰房民匠等户总管府,大德三年始置,元贞元年,拨隶中宫位下。　按:大德纪年在元贞之后,前后倒置。

管领诸路打捕鹰房民匠等户总管府。　此总管府及所领四提举司、十一提领所,俱与前一条无别,虽繁简不同,其实重出也。

百官志六

中统四年,设群牧所。　按:《世祖纪》在元年。

百官志七

至元二十二年,以福建行省并入江西。二十三年,又以福建省并入江浙。　按:《成宗纪》,大德元年二月改福建省为福建平海等处行中书省,徙治泉州。是成宗时福建省尚未裁并,与《志》互异。

至元二十三年,四川立行枢密院。　据下文,当云行中书省。

宣慰司,掌军民之务。　按:《世祖纪》,中统三年,立诸路宣慰司,以真定路达鲁花赤赵璹等为之。

宣慰使司,凡六道:山东东西道,河东山西道,淮东道,浙东道,荆湖北道,湖南道。　按:《地理志》,浙东道宣慰司都元帅府,治庆元路,则浙东道宣慰司亦兼都元帅府矣。

元帅府。李店文州,帖城河里洋脱,朵甘思,当阳,岷州,积石州,洮州路,脱思马路,十八族。　按:宣政院所属,惟洮州。十八族、积石州、礼店文州即李店。称元帅府,朵甘思称都元帅府,脱思麻路即脱思马。则称军民万户府,而属于吐蕃都元帅。常阳、即当阳。帖城、阿不笼等处合为一万户府,而属于吐蕃招讨司。岷州但有捕盗官,俱无元帅府之名。

安抚司,秩正三品。　按:宣政院所属,又有松潘、客叠、威、茂州等处军民安抚使司,碉门、鱼通、黎、雅、长河、西宁远等处军民安抚使司。

百官志八

中书省奏："阔端阿哈所分地方,接连西番,自脱脱木儿既没之后,无人承嗣。" 阿哈,蒙古言兄也。永昌,本阔端太子分地。据《宗室世系表》,阔端太子位下无脱脱木儿名。《诸王表》有荆王脱脱木儿,则睿宗子岁都哥之后也。未审即其人否。

食货志三

太宗子定宗位。 按:至元十八年,分赐宗王江南户钞,惟定宗位及灭里大王、合失大王、阔出太子、宪宗子阿速台大王、睿宗子旭烈大王、岁哥都大王位下不得与。考其时,海都阻兵,即合失之子,其余诸王必与海都同谋,故岁赐不及之。

右手万户三投下孛罗台万户。 孛罗台,博儿尤之子也。孛罗台与忒木台驸马、斡阔烈阇里必三人,所谓三投下。

左手九千户合丹大息千户。 按:合丹大息千户、也速不花等四千户、也速兀儿等三千户、帖柳兀秃千户,所谓九千户也。

帖柳兀秃千户。江南户钞,至元十八年,分拨藤州一千二百四十四户。 按:《伯颜传》,曾祖述律哥图事太祖,为八邻部左千户。至元十八年,颁群臣食邑,诏益以藤州等处四千九百七十七户。此《志》云帖柳兀秃,疑即述律哥图也。元初开国功臣,至元中赐江南户钞者,皆以子孙立功,世祖朝故有加赐。如木华黎国王以安童,孛罗浑即博尔忽。官人以月赤察儿,速不台官人以阿尤,八答子以哈剌哈孙,然则帖柳兀秃之加赐,必以伯颜之功也。惟《志》、《传》所载户数多寡不同,未知其审。

曳剌中书兀图撒罕里。 即耶律楚材也。《传》作吾图撒合里。蒙古语,吾图者,长也。撒合里者,黑也。故以为长髯之称。

昔宝赤。 谓掌鹰者。自昔宝赤而下,若八剌哈赤、阿塔赤、必阇赤、贵赤、厥列赤、八儿赤、不鲁古赤,皆举其官言之。

阿速拔都。 即杭忽思。

校勘记

①"礼乐志二","二",原本作"三"。查所考内容,为《元史·礼乐志二》中所有,刊本字讹。径改。

②"据孔思逮本录之","本",原本脱。据《元史》卷六八补。

③"八室乐章","八",原本作"入"。按:元世祖至元年间,宗庙设八室,即烈祖第一室、太祖第二室、太宗第三室、皇伯考术赤第四室、皇伯考察合带第五室、睿宗第六室、定宗第七室、宪宗第八室。刊本字误甚明。据《元史》卷六九改。又,是条凡"八",俱误作"入",俱径改。

④"郝参政等","郝",原本作"耿"。《元史》卷七二作"郝",本条下文亦作"郝",刊本字误。径改。

⑤"武宗纪","武",原本作"成"。是条所考内容,《元史》载入卷二二《武宗纪》,误。径改。

廿二史考异卷九十一

元史六

后妃表

太祖忽兰皇后。 按:《秘史》,太祖征蔑儿乞时,豁阿思蔑儿乞部人答亦儿兀孙以女忽阑来献。然则忽兰即忽阑。乃蔑儿乞氏。即蔑里吉。

也速皇后。 《秘史》作也遂,即也速干之姊。

也速干皇后。 按:《秘史》,太祖灭塔塔儿部,纳也客扯连之女也速干为夫人,有宠。也速干因言其姊也遂之美,太祖命访之,谓也速干曰:"汝姊至,汝能居其下否?"答曰:"愿之。"及也遂至,也速干让夫人位与之。

哈答皇后。 按:《秘史》,太祖为泰赤兀所执,锁儿罕失剌匿之,以女合答安侍。疑即哈答也。

太宗脱列哥那六皇后。 按:《秘史》,太祖平蔑儿乞,以其主脱黑脱阿即脱脱。子忽都之妻朵列格揑赐斡歌歹。即太宗。朵列格揑,即脱列哥那也。

世祖察必皇后。 按:《后妃表》但当列氏族名号册谥年月而已。此于察必皇后云:"后性明敏,达于事机,至元之政,左右弥缝,当时以为盖有力焉。"于南必皇后云:"世祖春秋高,后颇预政,相臣常不得见帝,辄因后奏事焉。"于成宗卜鲁罕皇后云:"成宗晚年多疾,后居中用事,而能信任相臣哈剌哈孙,以成大德之治,识者犹有取焉。"于顺宗答已妃子云:"后性聪慧,然不事检饬,及正位东朝,淫恣益甚,内则黑驴母亦列失八用事,外则幸臣失列门、纽邻等及时宰迭木帖儿怙宠作非,浊乱朝政。及英宗立,权幸诛,而后势焰顿息焉。"此数条俱已见《本传》,而复出于此,去此存彼可也。

　　泰定八不罕皇后弘吉剌氏,兖王买住罕女也。必罕皇后,八不罕妹也。速哥答里皇后,必罕妹也。　　按:《表》所称,似八不罕、必罕、速哥答里三人皆买住罕之女。而《后妃传》云:八不罕皇后,案陈孙斡留察儿之女,妃二人,曰必罕,曰速哥答里,皆兖王买住罕之女。《特薛禅传》亦云:泰定皇后,讳八不罕,案陈孙斡留察儿之女,其讳必罕、讳速哥答里者,皆脱怜孙买住罕之女。并与《表》不合。考《泰定纪》,泰定二年,封后父火里兀察儿为威靖王。《诸王表》亦云:火里兀察儿,泰定皇后父也。火里兀察儿,即斡留察儿,则八不罕皇后非买住罕之女,信矣。且兖王买住罕者,据《宗室世系表》,为察合台太子之曾孙,于泰定为诸父行,必无纳其女为后之理。若弘吉剌氏,亦有名买住罕者。《公主表》云:大长公主拜答沙,适案陈裔孙买住罕。又《特薛禅传》云:脱怜者,案陈之裔孙,世祖授本藩千户。卒,子迸不剌嗣。迸不剌卒,子买住罕嗣,尚拜答沙公主。此则必罕、速哥答里二后之父,初未有封兖王之文也。《后妃传》及《表》并以兖王买住罕为泰定后父,盖误以宗室之买住罕与弘吉剌之买住罕合为一人,而不觉其谬也。

　　睿宗唆鲁和帖尼妃子怯烈氏。[①]　　按:《秘史》,太祖纳王罕弟札合敢不长女,名亦巴合,以次女莎儿合黑塔泥赐拖雷,即唆鲁和帖尼也。

宗室世系表

　　脱奔咩哩犍妻阿兰果火。　　按:《秘史》,蒙古之始祖曰巴塔赤罕,生子曰塔马察,塔马察子曰豁里差儿蔑儿干,豁里差儿蔑儿干子曰阿兀站孛罗温,阿兀站孛罗温子曰撒里合察兀,撒里合察兀子曰也客你敦,也客你敦子曰挦锁赤,挦锁赤子曰合儿出,合儿出子曰孛儿只吉歹蔑儿干,孛儿只吉歹,今译为博尔济吉特。蒙古人自称博尔济吉特氏,盖由于此。孛儿只吉歹蔑儿干子曰脱罗豁勒真伯颜,脱罗豁勒真子曰朵奔蔑儿干,即脱奔咩哩犍也。自巴塔赤罕至朵奔蔑儿干,凡十一世。阿兰果火,《秘史》作阿兰豁阿,姓豁里剌儿氏。

　　八林昔黑剌秃哈必畜。　　《秘史》作把林失亦剌秃合必赤。

　　咩麻笃敦七子。　　《本纪》"麻"作"捻"。《秘史》作蔑年土敦。"年"、"捻"音相同。《表》作"麻"者,误也。七子之名,《表》阙其五。考《秘史》,蔑年土敦生子七人:曰哈赤曲鲁克、《表》作既拿笃儿罕。曰哈臣、曰哈赤兀、曰哈出剌、曰哈赤温、曰哈阑歹、曰纳臣把阿秃儿。《表》作纳真。哈臣子曰那牙吉歹，后为那牙勤氏。哈赤兀子曰巴鲁剌台，后为巴鲁剌思氏。哈出剌有四子，后各以名为氏，为大巴鲁剌、小巴鲁剌、额儿点图巴鲁剌、脱朵延巴鲁剌氏。哈赤温子曰阿答儿歹，后为阿答儿斤氏。哈兰歹子后为不答安惕氏。纳臣把阿秃儿子曰兀鲁兀歹、曰忙忽台，后各以名为氏，皆《表》所未及。

纳真。今兀察兀秃，其子孙也。 按：兀鲁兀台、忙兀台皆纳真之后，此云兀察兀秃，疑有讹。

拜住忽儿一子。 《纪》作拜姓忽儿，《秘史》作伯升豁儿多黑申。"升"与"姓"音相近，此作"住"者，误。

察剌哈宁温收兄拜住忽儿妻，生一子，真挈斯，今大丑兀秃，其子孙也。 按：《秘史》，察剌孩领忽子曰想昆必勒格，想昆必勒格子曰俺巴孩，是为泰赤乌氏。又收嫂为妻，生一子，名别速台，后为别速氏。与《表》皆不合。

獠忽真兀秃迭葛。今昔只兀剌，其子孙也。 按：《秘史》，海都第三子名抄真斡儿帖该，有子六人：曰斡罗纳儿、曰晃豁坛、曰阿鲁剌惕、曰雪你惕、曰合卜秃儿合思、曰格泥格思，后皆以名为氏。

敦必乃，六子。 《秘史》作屯必乃薛禅。薛禅，其号也。《秘史》，屯必乃二子：一曰合不勒合罕、即葛不律寒。一曰捍薛赤列。此云六子，而不见捍薛赤列之名，恐误。

葛不律寒。 "寒"当作"罕"，或作"汗"。蒙古至是始有君长之号也。

□斤八剌哈哈。 刊本"斤"上脱一字。《辍耕录》作笛不斤。《秘史》作斡勤巴儿哈黑，生一子，名忽秃黑秃主儿乞，忽秃黑秃主儿乞有二子：曰薛扯别乞、《纪》作薛彻别吉。曰台出，《纪》作大丑。是为主儿乞氏。《太祖纪》云："薛彻、大丑二人，实我伯祖八剌哈之裔是也。"

八里丹。 《秘史》作把儿坛把阿秃儿。把阿秃儿，即拔都儿，以勇为号。

忽都鲁咩聂儿。 《秘史》作忽秃黑秃蒙古儿。

忽鲁剌罕。刊本"罕"作"空"，讹。 《秘史》作忽图剌合罕。自葛不律始建号合罕，继之者从弟俺巴孩。《太祖纪》作咸补海。俺巴孩为金人所杀,而忽图剌继之。有子三人:曰拙赤,曰吉儿马兀,曰阿勒坛。《太祖纪》云,以按弹为我祖忽都剌之子。即阿勒坛也。

合丹八都儿。　《秘史》作合答安。

掇端斡赤斤。　《秘史》作脱朵延斡惕赤斤。

忽阑八都儿。　《秘史》,忽阑子名也客扯连。

蒙哥睹黑颜。刊本"哥"作"奇",误。　《秘史》作忙格秃乞颜。

聂昆大司。　《秘史》作捏坤太子。

答里真。　《秘史》作答里台斡赤斤。

搠只哈儿王。　即哈撒儿。《食货志》作搠只哈撒儿。

移相哥大王。　按:虞伯生撰《乐实碑》云,尚唆台公主,太祖弟哈撒儿王之曾孙女,移相哥王之孙女,野仙帖木儿之女。此《表》移相哥之子惟势都儿一人,无名野仙帖木儿者。

次五兀鲁赤。　陈柽《通鉴续编》作木儿彻歹。

次六阔列坚太子。　陈柽《续编》作郭列干。《辍耕录》作果里干。

脱脱蒙哥王。　《列传》"蒙"作"忙"。

月即列大王。　《列传》"列"作"别"。

越王秃剌。　按:《本传》,秃剌子西安王阿剌忒纳失里,天历初,以推戴功进封豫王。《文宗纪》,诸王乞八言,臣兄豫王阿剌忒纳失里弟亦失班。《顺帝纪》,阿剌忒纳失里弟答儿麻,征南阳贼有功,以西安王印与之,命镇宠吉里之地。《表》皆不见其名。而西平王奥鲁赤位下有豫王阿忒纳纳失里,次行有"乞"字,疑即乞八也。则《列传》以豫王为秃剌子,似失之矣。

太宗皇帝,七子:长定宗皇帝,次二阔端太子,次三阔出太子,次四哈剌察儿王,次五合失大王,次六合丹大王,次七灭里大王。　按:陈柽《通鉴续编》云:太宗七子,长曰合西歹,即合失。二皇后孛灰所生,蚤卒,有子曰海都。次讳贵由,是为定宗。曰阔端、曰屈出、即阔出,亦作曲出。曰合剌察儿,即哈剌察儿。六皇后所生也。曰合丹、曰灭立,即灭里,亦作明里。七皇后所生也。其次第与《表》互异。

昔列门太子。　亦作失列门。

定宗皇帝三子:长忽察大王,次二脑忽太子,次三禾忽大王。　陈柽《续编》云,定宗三子:曰和者,曰脑忽歹,曰忽也不干。《辍耕录》亦作忽歹太子。

旭烈兀大王。 《食货志》作旭烈。《至元辨伪录》作煦烈。

玉龙答失大王。 亦作玉龙歹失，又作玉龙塔思。

北安王那木罕。 《世祖纪》作南木合，又作那没罕。

营王也先帖木儿。 《辍耕录》，营王也先帖木儿之子有脱欢不花太子、脱鲁太子。

镇南王帖木儿不花、威顺平王宽彻普化、宣让王帖木儿不花。 按：此三人，《表》系于镇南王老章下，似皆老章之子。今据《列传》，则宽彻普化、帖木儿不花皆脱欢之子，与老章为昆弟。《传》又云，脱欢薨，子老章袭。老章薨，弟脱不花袭。《表》所称镇南王帖木儿不花，即此。脱不花薨，子孛罗不花幼，帖木儿不花乃嗣为镇南王。是此三人为老章之弟，承袭先后，次序井然。《辍耕录》失载老章，然亦以帖木儿不花三人为脱欢之子，可证此《表》之误。宣让王帖木儿不花后进封淮王，而宽彻普化之子有别帖木儿、答帖木儿、报恩奴、接待奴、佛家奴及义王和尚，《表》皆不载。大约《表》所据者，《经世大典·帝系篇》。陶氏《辍耕录》亦得之《经世大典》，故缺顺帝一朝之事也。

尝得一怀妊妇人曰插只来，纳之，其所生遗腹儿，因其母名曰插只来，自后别为一种。 按：《秘史》，孛端察儿纳怀孕妇人，生子名札只剌歹，后为札答剌氏。札只剌歹子曰土古兀歹，土古兀歹子曰不里不勒赤鲁，不里不勒赤鲁子曰哈剌哈答安，哈剌哈答安子曰札木合，即与太祖结为按答者。

诸王表

鲁王阿不歹驸马，大德十一年袭。 当即珊阿不剌。

定王要木忽尔。 即药木忽尔。

周王木失剌。[②] "木"当作"火"。火失剌，即和世瓎。

怀王脱帖木儿。 即图帖穆尔，或作脱脱木儿。

庆王。 《表》阙其名。按《辍耕录》有云，今上之长公主之驸马刚哈剌咱庆王，因坠马得一奇疾，两眼黑睛俱无，而舌出至胸。岂即其人乎？

高丽王大顺，以驸马封。 按：《高丽传》未见有名大顺者。

金印兽纽。　此《表》金印兽纽有二条，后一条当是驼纽之讹。

河间王兀古带，至元二年封。　按：《宗室世系表》有河间王忽察，而无兀古带。

永宁王卜颜帖木儿。　《宗室世系表》作伯颜木儿。又按：《中堂事纪》云，中统二年，皇弟摩哥大王即末哥，亦作穆哥。世子昌童，封永宁王，改其父玉宝为金印，制纽为驼，作三台，文曰永宁王印。则昌童已受永宁王之封，而《表》不及之。《表》又有永宁王卯泽，至顺元年封，则《宗室表》无其人。考《公主表》有完者台公主适来□□卯泽。③"来"疑"永"字之讹，当即此永宁王也。

广平王木剌忽驸马。　按：木剌忽为玉昔帖木儿之子，姓阿鲁剌氏。亦作阿儿剌。元之同族，不当有尚主事。《表》称驸马，似误也。元制，勋臣封王爵者，不得赐印。如国王木华黎、郡王带孙、淇阳王月赤察儿皆不列于《诸王表》，而广平独得与宗室驸马并列。考《文宗纪》，天历二年毁广平王木剌忽印，命哈班代之，更铸印以赐。则广平固有印矣。

建昌王。　《表》不著其名。考《中堂事纪》，中统二年六月二日，诏赐不花大王驼纽金镀银印，其文曰建昌王印。时王见征戍大理诸部。建昌，云南之别称也。

泰宁王买奴，至治二年封，泰定二年徙封宣靖王。　按：《本纪》泰定元年三月，泰宁王买奴卒，以其子亦怜真朵儿赤嗣。即此买奴也。又泰定三年，封诸王买奴为宣靖王，镇益都。顺帝至元二年，进封宣靖王买奴为益王。盖同时有两买奴，一为泰宁王，一为宣靖王。封宣靖者，答里真官人之后，益都乃其分地。封泰宁者，未详其世系。《表》误合为一人，因有徙封之说。

泰宁王亦进真多儿加。　"进"当作"连"。即亦怜真朵儿赤。"连"、"怜"，音同也。

公主表

昌国公主火臣别吉。　"火臣"亦作"果真"。
昌武定王琐儿哈。　《列传》"琐"作"锁"。
昌武靖王札忽尔陈。　《列传》作札忽儿臣。

昌忠宣王忽怜。　《列传》作忽怜。

公主伯雅伦。　《传》作伯牙鲁罕。

公主卜兰奚。　《传》作不兰奚。

公主益里海涯。　《传》作亦里哈牙。

拜哈弟郓王聂古觯。　拜哈，即字要合也。上云赵武毅王字要合，下云拜哈子赵武襄王爱不花，又云字答子赵忠襄王君不花。考《本传》，君不花、爱不花，皆字要合之子。则字要合也、拜哈也、字答也，实一人也。

赵国大长公主忽答迭迷失。　阎复撰《高唐忠献王碑》作忽答的美实。

公主爱牙迷失。　《传》作爱牙失里，《碑》作爱失里。

赵康禧王乔怜察。　《碑》作邱怜察。

郓忠襄王尤忽难。　《诸王表》作拙忽难。又赵王尤安尚晋王女阿剌的纳八剌公主，亦应见于《公主表》，而《表》独遗之。

鲁忠武王按嗔那颜。　按嗔亦作按陈，又作按真，《刘伯林传》。又作按只，《成宗纪》。又作按赤。《太宗纪》。

适斡陈男斡罗真驸马。　斡罗真，即斡罗陈也。据《本传》，乃斡陈弟纳陈之子。

公主南阿不剌。　《传》作喃哥不剌。

公主祥哥剌吉。　亦作相哥剌吉。程钜夫《应昌寺碑》。

彄阿不剌。　《仁宗纪》作刁斡八剌。程钜夫《应昌寺碑》作孛不剌。

阿里嘉实利。　即阿礼嘉世礼，《仁宗纪》。亦作阿里嘉室利，《特薛禅传》。又作阿剌哥识里，《文宗纪》。又作阿里加失立，《诸王表》。又作阿礼嘉世立。程钜夫碑。

斡可真公主。　《传》作斡可珍。

也立可敦公主。　《传》作也立安敦。

公主忽都鲁坚迷失。　《高丽传》作忽都鲁揭里迷失。

高丽王妃卜答失利。　《传》作宝塔实怜。

火鲁公主适哈答驸马。　《食货志》有大雷公主，大当作火。即火鲁也。《秘史》作"豁雷罕"，尤赤太子之女。哈答姓斡亦剌氏，脱亦列赤之兄也。

阔阔干公主,适脱亦列赤驸马。　按:《秘史》,忽秃阿别吉之子亦纳勒赤,尚扯扯亦坚公主,即阔阔干也。

三公表一

《和林广记》多载国初之事,内有太师阿海、太傅秃怀、太保明安之名。　阿海、秃怀,皆耶律氏。秃怀,即秃花也。明安,石抹氏。

至元二十六年。　是年四月,以月儿鲁为太傅,即玉昔帖木儿也。《表》于二十六年至三十年,俱不书月儿鲁。

三十一年。　是年成宗即位,以月儿鲁为太师,伯颜为太傅,月赤察儿为太保,《表》皆失之。

大德八年。　自是年至武宗至大初,太师月赤察儿尚无恙,《表》何以阙而不书?

十一年,太傅哈剌哈孙,太保塔剌海。　按:《武宗纪》,是年五月,加知枢密院事朵儿朵海为太傅,右丞相哈剌哈孙为太保,六月加左丞相塔剌海太保。《纪》不书哈剌哈孙为太傅之月日,当亦在六月也。

至大元年。　按:《武宗纪》,是年八月,特授㔉头太师。㔉头后赐名脱儿赤颜,即月赤察儿之子。盖父子同时为太师也。《表》于至大三年始有脱儿赤颜名,未知其审。又据《本纪》,是年有太保乞台普济。次年八月,乞台普济为太傅。《表》皆失之。

三年,太师阿剌不花、脱儿赤颜。　按:《武宗纪》,是年十一月,加脱虎脱太师。《表》亦不书。

四年,太傅帖可。　即铁哥也。《仁宗纪》,是年三月"命月赤察儿依前太师,宣徽使铁哥为太傅,集贤大学士曲出为太保"。《表》止书帖可一人。

皇庆元年,太师阿撒罕。　亦作阿思罕。

二年。　按:是年四月,以伯忽为太傅,《表》不书。

延祐六年,太师铁木迭儿。　按:是年四月,以铁木迭儿为太子太师,非太师也。至次年三月,始复除太师。《表》于是年已书铁木迭儿,误也。据《本纪》,是年闰八月,以伯忽为太师。九月,[4]以朵带为太傅。则《表》皆阙之。

七年，太傅朵觯。 《纪》作朵带。

至治三年。 按：《泰定纪》，是年十月，以内史案答出为太师。⑤《表》失书。

泰定元年，太师伯忽。 按：《泰定纪》，至治三年十二月，以前太师拜忽商议军国重事。拜忽，即伯忽也。其时按答出即按塔出。见为太师，而伯忽以前太师与议国政，非正授太师，不当书伯忽而略按答出也。

四年，太傅朵觯，太保秃忽鲁。 按：《泰定纪》，是年三月，以朵觯为太师，⑥秃忽鲁为太傅，伯答沙为太保。《表》失书。

天历元年。 是年十月，别不花为太保。《表》失书。

至顺三年。 按：《三公》、《宰相》二表，俱阙至顺三年。以《纪》考之，盖太师燕铁木儿、太傅伯答沙、太保伯颜也。

三公表二

元统二年，太保燕不邻。 康里氏，官辽阳行省平章政事，封兴国公，追封兴宁王，谥忠襄。伯撒里其弟也。

至元元年，太傅完者帖木儿。 月赤察儿之孙，嗣淇阳王。

六年，太保探马赤。 《纪》作塔马赤。

至正十五年，太保定住。 按：顺帝朝，太保名定住者二人。前定住，由枢密知院除中书平章政事加太保，至元三年二月卒官。后定住，康里氏，至正十四年由平章迁左丞相，进右丞相，即此定住也。

校勘记

① "唆鲁和帖尼"，"唆"，原本作"浂"。《元史》卷一〇六作"唆"，本条下文亦作"唆"。刊本字误，径改。

② "木失剌"，"木"，《元史》卷一〇八作"禾"。

③ "适来□□卯泽"，原本所缺之字，《元史》卷一〇九存，为"宁王"。今未补，以见版本之同异。

④ "九月"，原本作"六月"。《元史》卷二六记为九月事，又本条行文，上已言闰八月，依次决非"六月"，原本字误。据《元史》径改。

⑤ "是年十月"，"十月"，原本作"九月"。《元史》卷二九《泰定纪》载：冬十月壬申"以内史案答出为太师、知枢密院事"。据改。

⑥ "以朵觯为太师"，"觯"，《元史》卷三〇作"台"。

廿二史考异卷九十二

元史七

宰相年表

元初，将相大臣，年月疏阔，简牍未详者则阙之。　按：太祖之时，未有宰相。太宗三年立中书省，以耶律楚材为中书令，粘合重山为左丞相，镇海为右丞相。《表》当始于此年，何以阙而不书？宪宗朝有右丞相孛鲁欢，《表》亦失之。

中统元年，右丞相祃祃。[①]　按：《世祖纪》，是年七月，以祃祃行中书省事。二年，诏行中书省平章祃祃及王文统等率各路宣抚使赴阙。是祃祃亦为平章，未有丞相之名。《表》系于右丞相之列，恐误。

二年，右丞张。　按：《世祖纪》，是年六月，以张启元为中书右丞。《表》逸其名。又据《本纪》，是年十月，以右丞张启元行中书省于平阳、太原等路，而《表》于三年、四年，至元元年、二年俱有张字，盖元初行中书省即以省臣为之，初未有内外之分。商挺在中统间以参政行省陕西，而《表》于二年、三年、四年、至元元年并有商挺名，亦此例。

左丞张文谦。　按：《世祖纪》，中统元年四月，以张文谦为左丞。五月，中书左丞张文谦为大名、彰德等路宣抚使。《表》于二年始见文谦名，疑有脱文也。文谦已出为宣抚，而《表》于二、三、四年，至元元年俱列文谦名，盖以左丞行宣抚使也。

三年，右丞粘合，左丞阔阔。　按：《世祖纪》，中统二年八月"以宣抚使粘合南合为中书右丞，阔阔为中书左丞"。《表》书于三年，又失书粘合之名。粘合，女直姓，南合则其名也。又据《本纪》，二年九月，以粘合南合行中兴府中书省，而《表》于三年、四年皆有粘合。

四年，右丞相线真。　按：元代政事之柄，一出中书左右丞相，非蒙古人不得授焉。世祖朝间用汉人，成宗以后专用蒙古。盖甚重也。乃丞相之名,见于《表》者五十九人,史为立传者,不及其半。如世祖朝之线真、塔察儿、忽都察儿、和礼霍孙,成宗朝之阿忽台,武宗朝之答刺海、塔思不花、脱脱、《纪》作脱虎脱。乞台普济、三宝奴,泰定朝之旭迈杰、倒刺沙,顺帝朝之汪家奴、伯撒里,虽贤否不同,不当逸其事迹。元、明时代相接,访之故老,征之吏牍,何难补缀成篇!而任其湮没,史臣之失职甚矣。且如脱脱、三宝奴等不立传,则尚书省废置之始末不明,旭迈杰、倒刺沙不立传,则泰定一朝之事迹不备,此岂可委为无足重轻而略之乎?

至元元年,平章政事。 按:《世祖纪》,是年五月,以中书右丞粘合南合平章政事。《表》失书。

右丞阿里别。 《世祖纪》作阿里。

二年,左丞相忽都察儿。 按:《世祖纪》,至元三年十一月,以忽都答儿即忽都察儿。为中书左丞相。《表》系之二年,又以"左"为"右"。

右丞相伯颜。 《世祖纪》作左丞相。

平章政事阿合马。 按:《世祖纪》,阿合马以前年十一月除平章政事。

平章政事赛合丁。 《世祖纪》作宝合丁。

参知政事王。 《表》逸其名,以《世祖纪》考之,盖王晋也。晋以二月除参政,六月罢。《表》于次年仍有王字。

三年,左丞张。 以《本纪》考之,盖张文谦也。《纪》于是年二月,书以中书右丞张易同知制国用使司事,参知政事张惠为制国用副使,[②]《表》无此二人名。

四年,参知政事张惠。 按:是年六月,中书省臣例降,张文谦自左丞降参知政事。《表》无文谦名。

七年,参知尚书省事李。 以《本纪》考之,盖李尧咨也。

参知尚书省事麦术督丁。 《本纪》作麦尤丁。

八年,右丞赵。 按:《世祖纪》,是年二月,以中书左丞、东平等路行尚书省事赵璧为中书右丞,[③]即此人也。《表》于上年已有左丞赵,似误。

九年,平章政事哈伯。 按:《世祖纪》,至元十年九月,以合伯为平章政事。即哈伯也。《表》系之九年,似误。又考是年正月,以阿合马为中书平章政事。《表》当去哈伯而增阿合马。

右丞赵。　按:《世祖纪》,是年十月,以赵璧为平章政事。十年,赵璧卒①《表》于十年、十一年、十二年俱有左丞赵,似无迁平章之事,未审孰是。

十年,左丞张。　此左丞盖张惠也。据《世祖纪》,惠以九年正月除中书左丞,十年三月迁右丞,十九年五月罢。《表》于九年、十三年失载惠名,而十年至十二年并在左丞之例,似俱失之。

十三年,右丞。　按:《世祖纪》,是年正月,以昔班为中书右丞。三月,以中书右丞昔班为户部尚书。《表》不载昔班名,或除而未到任也。

十四年,右丞张。　此右丞盖张惠也。

参知政事。　按:《世祖纪》,是年十一月,以别都鲁丁参知政事。《表》不书。

十九年,左丞相阿合马。　按:阿合马未为丞相,此误高一格,刊本之讹。

右丞札珊。　《世祖纪》作扎散。

左丞张阿亦伯。　按:《世祖纪》,是年十二月,以中书左丞张文谦为枢密副使。未见有名阿亦伯者。

参知政事张鹏举。　即张雄飞也。

二十年,参知政事。　按:《世祖纪》,是年五月,以耶律老哥为中书参知政事。六月,以王椅为中书参知政事。《表》皆不书。

二十二年,平章政事阿必失哈。　《世祖纪》作合必赤合。

左丞史。　以《本纪》考之,盖史枢也。

参知政事廉。　《表》失其名。考《世祖纪》,二十一年十一月,以不鲁迷失海牙、撒的迷失并参知政事。则不鲁迷失海牙必廉氏也。

二十三年,左丞也速觯儿。　按:此《表》至元二十三年有左丞也速觯儿,二十四年至二十七年有平章政事帖木儿。帖木儿即也速觯儿也。至元三十年、三十一年,元贞元年,大德元年、二年、三年、四年、五年、六年、七年有平章政事赛典赤,元贞二年、大德八年、九年、十年有平章伯颜,赛典赤即伯颜也。伯颜者,赛典赤赡思丁之孙,故亦号赛典赤。一人两名,或可互见,若一卷之中,而称名互异,读者必以为两人矣。

据黄溍撰《安庆忠襄王碑》云，也速觩儿，兀里养哈觩氏，即兀良合氏，与速不台同族。本名帖木儿，避成宗讳改。然则至元之世，当称帖木儿，元贞、大德之际，当称也速觩儿。史官追改，未能画一也。

参知政事杨、郭。 《表》失书二人名。以《本纪》考之，盖杨居宽、郭佑也。又《纪》载二十二年十一月，以秃鲁欢为参知政事，依《表》例，当书于是年，《表》亦失之。

二十四年，左丞。 按：《世祖纪》，是年正月，以参政程鹏飞为中书右丞，阿里为中书左丞。《表》皆不书。盖征安南时，权立行中书省，非中书省臣也。

二十五年，平章政事伯答儿。 按：《世祖纪》，二十六年二月，以伯答儿为中书平章政事。《表》先书一年。

右丞崔。 《表》失其名。考《世祖纪》，至元二十八年三月，以崔彧为中书右丞。疑即其人。但《表》于二十五年、二十六年、二十七年，先有右丞崔，而二十八年以后，却无崔字，殊不可解。

参知政事何。 以《本纪》考之，盖何荣祖也。

二十六年，参知政事张吉甫。 按：《世祖纪》，是年五月，以张天祐为中书参知政事。盖即吉甫也。

二十八年，平章政事。 按：《世祖纪》，是年十月，以雪雪的斤为中书平章政事。十二月，以别都鲁丁前以桑哥专恣不肯仕，⑤命仍为中书右丞。⑥《表》未见二人名。

参知政事杜。 按：《世祖纪》，是年五月，尚书参知政事贺胜、高翥并参知中书政事。《表》无高翥而有杜姓者，未知其审。

二十九年，平章政事帖可。 《纪》作铁哥。

平章政事刺真。 《列传》作猎真，小云石脱忽怜之孙。

参知政事梁暗都刺。 即梁德珪也。

三十年，平章政事赛典赤。 《纪》作伯颜。回回人，赛典赤赡思丁之孙，袭祖号，仍称赛典赤。

左丞张。 即张九思。

三十一年，平章政事不忽木。⑦ 按：《成宗纪》，是年七月，以陕西行省平章政事不忽木为中书平章政事。《表》于二十八年至三十一年，俱有不忽木名，未审何时改任陕省也。《纪》又载是年六月，⑧以帖木而复为平章政事。盖即也速觯儿也。《表》却不书。

参知政事何。 以《本纪》考之,盖何伟也。

元贞元年,左丞杨。 以《本纪》考之,盖杨炎龙也。

二年,平章政事段那海。 即段贞也。

参知政事吕。 即吕天麟也。刊本或作只,误。据《成宗纪》,元贞元年二月,以吕天麟为中书参知政事。而《表》书于次年者,据到任之日也。

大德元年,右丞。 按:《成宗纪》,是年二月,以行徽政院副使王庆端为中书右丞。二年十一月,以中书右丞王庆端为平章政事。《表》皆不书。

参知政事张。 六月至十二月。 按:《成宗纪》,是年正月,以张斯立为中书参知政事。即其人也。《纪》书于正月,而《表》云六月者,据到任之日言之。《纪》所书除授月日,与《表》率差一两月,或至数月,大约《纪》在前,《表》在后,《纪》所据者,除授之日,《表》所书者,任事之日,非有抵牾也。斯立,济南章丘人。

二年,左丞八都马辛。 正月至六月。 按:《成宗纪》,是年五月,以湖广左丞八都马辛为中书右丞。据《表》,正月至六月,八都马辛尚在中书,而次年,右丞即有八都马辛名,中间似无改除湖广事,当是《纪》误。

四年,平章政事。 按:《成宗纪》,是年四月,以中书省断事官不兰奚为平章政事。闰八月,以中书右丞贺仁杰为平章政事。《表》皆不书。

六年,右丞。 按:《成宗纪》,是年七月,以江浙行省参知政事忽都不丁为中书右丞。《表》不书。疑即升本省右丞,《纪》误脱行省二字尔。

七年,右丞洪双叔。 《纪》作洪君祥。

参知政事朵觯。 《纪》作朵台。

参知政事张。 张斯立也。

参知政事董。 董士珍也。

八年,平章政事伯颜。 伯颜,即赛典赤也。《成宗纪》,是年九月,以伯颜、梁德珪复为中书平章政事。《表》不见梁暗都剌之名。考

《德珪传》，以大德八年九月卒于家。则是未闻命而卒也。

参知政事赵。　赵仁荣也。

参知政事张。　张祐也。考至元二十六年，《表》有参政张吉甫。《纪》作张天祐，与此张祐未知即一人否？

十年，平章政事彻里。　《纪》作阇里。

左丞章闾。　《纪》作张闾。《仁宗纪》作张驴。

左丞杜。　杜思敬也。又按：《成宗纪》，是年二月，以月古不花为中书左丞。《表》不书。

十一年，右丞相。　按：《武宗纪》，是年五月，以塔剌海为中书左丞相。七月，以塔剌海为中书右丞相，塔思不花为中书左丞相。《表》皆失书。

右丞王。　王寿也。《纪》作左丞。

右丞刘。　刘正也。是年五月，除左丞，九月改右。

右丞郝。　郝天挺也。《纪》作左丞。

左丞阿里伯。　《纪》作阿里。

左丞斡罗思。　《纪》作右丞。

参知政事刘。　刘源也。《纪》作前年闰正月。

参知政事乌伯都剌。　《纪》作兀伯都剌。

至大元年，平章政事察乃。　畏吾氏剌真之子。又按《武宗纪》，是年正月，以中书左丞也罕的斤为平章政事。《表》不书。

右丞扎忽儿觯。　按：柳贯有《扎忽儿台谥忠肃议》，绎其词，盖由中书右丞改授四川行省平章政事者。《纪》失载。

左丞何。　《表》失其名。

参知政事伯都。　太保曲出之子。

二年，平章政事阿散。　《纪》作合散。

左丞脱脱。九月至十二月。　按：是时，有中书左丞相脱脱，有尚书左丞相脱脱，复有左丞脱脱，盖同时有三脱脱也。

尚书左丞相脱脱。　《纪》作脱虎脱。

平章政事伯颜。　秦王伯颜也。

平章政事乐实。　高丽人，顺帝初追谥武敏。《武宗纪》称至大三年二月，以乐实为尚书左丞相。《表》不列于丞相者，盖遥授之官，与正授有别。《纪》误脱"遥授"二字。

三年,左丞斡只。 《纪》作斡赤。

参知政事帖里脱欢。 《纪》作铁里脱欢。

参知政事贾。正月至十一月。 《纪》作贾钧,与帖里脱欢俱以去年十月除。

四年,平章政事完泽。 畏吾氏叶仙鼐之子。

左丞李。 李士英也。

皇庆元年,平章政事。 按:《仁宗纪》,是年五月,以江浙行省平章张驴为中书平章政事。即章闾也。计其到任,当在秋冬。又李孟以是年十二月致仕,《表》皆阙而不书。

参知政事许。 许思敬也。

二年,参知政事薛。 薛居敬也。

延祐元年,平章政事。 按:《仁宗纪》,是年正月,以中书右丞刘正为中书平章政事,江浙行省左丞高昉为中书参知政事。《表》皆不书。

右丞拜住。 萧拜住也。与英宗朝丞相拜住,各是一人。

二年,参知政事曹。 曹从革也。见《帖木迭儿传》。

参知政事郭。 郭贯也。

三年,右丞阿里海牙。 当作阿卜海牙。刊本之讹也。下一格同。

左丞王毅。六月至八月。王。十月至十二月。 按:《仁宗纪》,是年五月,升参政郭贯为左丞。九月,以左丞郭贯为集贤大学士,集贤大学士王毅为中书左丞。然则《表》所云六月至八月者,当是郭贯。十月至十二月者,当是王毅。史文必有错误矣。

参知政事不花。 兀速儿吉氏曷速之子。

四年,参知政事焕住。 《纪》作换住。

参知政事张。 张思明也。

参知政事王。 王桂也。

五年,平章政事。 按:《仁宗纪》,是年四月,以干奴、史弼并为中书平章政事。《表》不书,疑二人本除行省平章,史有脱文尔。

参知政事燕只哥。 《纪》作燕只干。又,《纪》书九月,以金太常礼仪院事狗儿为中书参知政事。《表》不书。

六年,参知政事钦察儿。 《纪》无"儿"字。

七年,平章政事答失海牙。 《纪》作塔失海牙。又按:是年,平章十一人,依除授先后,当以乌伯都剌、亦列赤、阿里海牙居首,次秃满迭儿,次赫驴、赵世荣,次拜住,次答失海牙、乃剌忽、帖木儿脱,次廉米只儿海牙,《表》所书殊失其次。

平章政事廉米只儿海牙。 《纪》作廉恂。

平章政事赫驴。 《纪》作黑驴。

平章政事赵。 赵仁荣也。

至治元年,参知政事薛。 薛处敬也。与上文薛居敬未审即一人否。

三年,右丞相。 按:《泰定帝纪》,是年九月,以也先铁木儿为中书右丞相,寻伏诛,以旭迈杰为中书右丞相。《表》失书。

泰定二年,参知政事冯不花。 《纪》但作冯,而失其名。

天历元年。 按:是岁,泰定皇帝致和元年七月,帝崩。九月,怀王自立于大都,改元天历。此《表》书年号,虽依温公《通鉴》之例,以后改者为定,然九月以前,右丞相塔失帖木儿、左丞相倒剌沙、平章政事乌伯都剌、伯颜察儿、左丞朵朵、参知政事王士熙等,岂容略而不书?又《泰定纪》五月,以岭北行省平章政事塔失帖木儿为中书平章政事。此别是一人,非右丞相塔失帖木儿也。亦当列于《表》。

平章政事塔失海牙。 《纪》作塔失海涯。

右丞月鲁不花。 《纪》作玥璐不花。

参知政事张友谅。 字元朴,章丘人,斯立兄子。

参知政事月鲁帖木儿。 十月至十一月。 按:《文宗纪》,是年十二月,又参知政事跃里帖木儿为左丞。即月鲁帖木儿也。

二年,左丞相帖木儿不花。 即高昌王铁木儿补花。

平章政事。 按:《文宗纪》,是年正月,以陕西行台御史大夫阿不海牙为中书平章政事。次年二月,又书以太禧宗禋便阿不海牙为中书平章政事,未审即一人否?《表》于至顺元年有平章政事阿里海牙,即阿不海牙。而是年却不书。

右丞撒迪,左丞史惟良。 按:撒迪、史惟良二人,俱当列于至顺元年，刊本误移于前。撒迪，《纪》或作撒的。

至顺元年，左丞相伯颜。 按：是年八月，除伯颜知枢密院事，罢左丞相不置。

二年，参知政事。 按：《文宗纪》，是年二月，以陕西行台中丞朵儿只班为中书参知政事。《表》失书。

三年。 按：《表》脱至顺三年事。以《纪》、《表》参考之，右丞相燕铁木儿也，平章政事钦察台、阿里海牙、伯撒里、秃儿哈帖木儿、撒迪十月除。也，右丞撒迪、十月迁。阔里吉思十月除。即阔儿吉思。也，左丞赵世安也。

宰相年表二

元统元年，平章政事脱别歹。 即脱别台也。《顺帝纪》，二年正月以御史大夫脱别台为中书平章政事。而《表》于元年已有脱别歹名。

至元元年，参知政事普化。 《纪》作不花。

二年，左丞王懋德。 《纪》作王德懋。

至正元年，平章政事脱欢。 札剌儿氏，曹南王阿剌罕之子也。许有壬撰《曹南忠宣王碑》云：脱欢，至元六年拜中书平章政事，后除南台大夫。

二年，右丞太平。 即贺惟一也。至正五年，除御史大夫，始改今名。《表》于二年、三年、四年、五年已书太平，盖史臣追改之。

三年，参知政事伯颜。 此又一伯颜，由参政迁右丞，再迁平章政事。疑是铁哥之孙。

四年，左丞董守简。 文忠之孙，士珍之子。由御史中丞除。

五年，参知政事朵儿只班。 《纪》作朵儿直班。

七年，右丞脱欢。 此与至正元年平章政事脱欢未审即一人否？

参知政事遵童。 当作道童，刊本之讹。

九年，⑨参知政事撒马笃。 畏吾氏平章察乃之子。

参知政事玉枢虎儿吐华。 康里氏铁木儿塔识之弟。

十二年，右丞玉枢虎儿吐华。 按：是年二月，与左丞韩元善分省彰德。《表》于分省或不书，亦疏漏。

参知政事帖里帖穆尔。 《纪》作帖里帖木儿。是年二月，分省济宁。

十三年,右丞哈麻。正月,代玉枢虎儿吐华为正。 按:《顺帝纪》,是年正月,以中书添设平章政事哈麻为平章政事。据《表》,哈麻以上年八月除添设右丞,《本纪》同。至是乃正授右丞耳。《顺帝纪》于执政除拜多漏略,当以《表》为正。

十五年,平章政事拜住。 是年十二月,分省济宁。

右丞臧卜。 是年四月,与左丞乌古孙良桢分省彰德。十二月,复以参知政事月伦失不花、陈敬伯分省彭德。《表》惟载陈敬伯分省彰德,余俱阙之。

十七年,平章政事答兰。十一月。 按:《百官志》,十七年七月,以平章答兰、参政俺普、崔敬分省陵州。据《表》,答兰以十一月始除平章,崔敬亦以十一月除参政,亦不载有分省事,与《志》互异。

参知政事卜颜。 卜颜下当有帖木儿三字,监本脱去。

十八年,平章政事完不花。 《纪》作完卜花。

右丞完者帖木儿。 监本脱"帖"字。次行答失帖木儿,监本只有"木儿"二字。

二十年,平章政事达识帖木儿。 此当是别儿怯不花之子。达世帖木儿,非康里氏也。

参知政事也先不花。 札剌儿氏,乃蛮台之子也。

二十二年,平章政事扩廓帖木儿。 按:是年,扩廓帖木儿、孛罗帖木儿虽除平章,实未到省,而《表》列其名,与见任等。乃二十一年十月,以察罕帖木儿为中书平章政事,《表》却不书。

二十四年,参知政事李国凤。 济南人,至正十一年进士。见题名碑。

二十七年,平章政事伯颜帖木儿。 字元臣,大都人,由进士出身。

平章政事哈剌章。 盖蔑儿吉鱏氏脱脱之子。

平章政事蛮子。 按:《百官志》,是年八月,以枢密知院蛮子为添设第三平章,分省保定。《表》不书添设及分省事,亦漏也。

参知政事阿剌不花。 是年九月,分省大同,《表》失书。

校勘记

①"右丞相祃祃","右",原本作"左"。《元史》卷一一二系祃祃为右丞相,又,本条下文亦作右丞相,"左"为"右"之讹。径改。

②"参知政事","事",原本作"里",误。径改。

③"东平等路","平",《元史》卷七作"京"。

④"十年赵璧卒",按:《元史》卷八《世祖纪》至元十年未载赵璧卒事,《元史》卷一五九《赵璧传》谓:"十三年卒,年五十七。"盖赵璧卒于至元十三年。

⑤"别都鲁丁","鲁",《元史》卷一六作"儿"。

⑥"中书右丞","右",《元史》卷一六作"左"。

⑦"平章政事不忽木","木",原本作"尤"。《元史》卷一八《成宗纪》作"木",卷一一二《宰相年表》亦作"木"。"木""尤"字形相似,刊本误。径改。又,本条下文不忽木之"木",原本俱讹作"尤",俱改,不再记。

⑧"是年六月","六月",原本作"八月"。《元史》卷一八《成宗纪》载:三十一年六月"以帖木而复为平章政事"。盖刊本讹"六"为"八"。径改。

⑨"九年","年",原本作"月"。误,据《元史》卷一一三改。

廿二史考异卷九十三

元史八

后妃传一

太祖光献翼圣皇后，弘吉剌氏。 特薛禅与其子案陈从太祖征伐有功，赐号国舅，封王爵，以统其部族。有旨："生女为后，生男尚公主，世世不绝。"此文已见《特薛禅传》。

世祖至元二年十二月，追谥光献翼圣皇后。 按：《后妃表》，至元二年，追谥光献皇后。至大二年，加谥光献翼圣皇后。《传》但书至元追谥，而不及至大之加谥。其所载谥册，乃至大加谥之册，而误以为至元之册。又按：《祭祀志》，至元三年十月，太庙成，命平章政事赵璧等集议，制尊谥庙号，《世祖纪》同。定为八室。是累代帝后之谥，皆定于至元之三年，而《表》与《传》皆作二年，亦误也。又按：至元上谥在三年十月，至大加谥则在二年十二月，此云十二月，则为至大之谥号、谥册审矣。

定宗钦淑皇后。 史失书其氏族。

至元二年，追谥钦淑皇后。 当作三年。宪宗后同。

宪宗贞节皇后，弘吉剌氏。特薛禅孙忙哥陈之女。 按：《特薛禅传》以忙哥陈为案陈从孙。

世祖昭睿顺圣皇后，弘吉剌氏。 至元十年三月，授册宝，上尊号贞懿昭圣顺天睿文光应皇后。 按：《世祖纪》，至元十二年十二月，中书右丞相忽都带儿等请上皇后曰贞懿顺圣昭天睿文光应皇后，[①]不许。此云至元十年上尊号，与《纪》不合。所载尊号十字，先后亦微异。

南必皇后，弘吉剌氏。有子一人，名铁蔑赤。 按：《宗室表》，世祖十子，无铁蔑赤名。

成宗贞慈静懿皇后弘吉剌氏。大德三年十月，立为后。 按：《后

妃表》，失怜答里元妃早薨，至大元年，追尊谥曰贞慈静懿皇后，册文云
"先元妃弘吉剌氏"，又云"椒掖正名，莫际飞龙之会"。是贞慈之薨，在
成宗御极以前。成宗朝亦未加后谥，《传》称大德三年立为后者，误也。
考《成宗纪》，大德三年，册立为皇后者，乃伯牙吾氏，非弘吉剌氏。

卜鲁罕皇后，伯岳吾氏。　《纪》作伯牙吾氏。

大德十年。　　上文有大德三年，不应重书年号。

武宗速哥失里皇后。案陈哈儿只之女。　"案陈"下脱"从孙"
二字。

妃亦乞烈氏，生明宗，天历二年，追谥仁献章圣皇后。　按：《顺帝
纪》，至正六年十二月，省臣改拟明宗母寿童皇后徽号，曰庄献嗣圣皇
后。《传》既失载改谥一节，其名寿童亦失书。

仁宗庄懿慈圣皇后，弘吉剌氏。英宗即位，上尊号皇太后，明日，
受百官朝贺于兴圣宫。至治二年崩。　按：《英宗纪》，延祐七年八月
祔仁宗圣文钦孝皇帝庄懿慈圣皇后于太庙。英宗即位之始，《纪》只有
尊太皇太后及太皇太后受朝贺于兴圣宫事，别无尊皇太后之文。又其
册文云"为天下母而养弗逮"，知后之崩当在仁宗朝，《纪》不书者，史失
之也。此《传》所云上尊号、受百官朝贺及至治二年崩者，皆是太皇太
后，顺宗后弘吉剌氏。史误以为皇太后耳。所载册文，疑是武宗朝追上
尊号之册也。又按《英宗纪》，至治二年九月，太皇太后崩。次年，祔顺
宗庙。《后妃传》及《表》俱云至治三年崩，盖误以升祔之年为后崩之
年也。

泰定帝妃二人。兖王买住罕之女。　此弘吉剌氏之买住罕。若
宗室之买住罕封兖王者，乃别是一人。

明宗贞裕徽圣皇后，名迈来迪。　史失书其氏，据《顺帝纪》，乃罕
禄鲁氏也。

文宗立，谥贞裕徽圣皇后。　按：《顺帝纪》，至元二年二月追尊帝
生母曰贞裕徽圣皇后。此《传》以为文宗时谥者，误也。文宗方诏谕中
外，谓顺帝非明宗子，肯尊其生母为后且加美谥乎？

文宗卜答失里皇后。　《特薛禅传》作不答失里。

母鲁国公主桑哥吉剌。　《特薛禅传》作祥哥剌吉。北人读"祥"
如"相"，"相""桑"声相近。吉剌当为剌吉。

元统元年,尊为太皇太后。 按:《顺帝纪》,元统元年尊为皇太后,至元元年尊皇太后为太皇太后。此《传》似有脱误。

顺帝完者忽都皇后奇氏。 按:册文称肃良合氏。元人称高丽为肃良合。肃良合氏者,高丽氏也。犹河西人称唐兀氏,举其部不举其族。或谓改奇氏曰肃良合氏者,盖未通于国语。

睿宗传

世祖至元二年,改谥景襄皇帝。 按:至大二年,加谥景襄皇帝曰仁圣,《本传》失书。

裕宗传

十八年正月,昭睿顺圣皇后崩。 按:《后妃传》,后以至元十四年二月崩。

特薛禅传

女曰孛儿台,太祖光献翼圣皇后。 《后妃传》,名旭真。《表》作孛儿台旭真。

赐号国舅案陈那颜。 程钜夫《应昌报恩寺碑》称鲁国忠武王案赤那演。即按陈也。

元贞元年,追封济宁王。 按:仁宗朝进封鲁王,《传》失书。

弟纳陈,岁丁巳袭万户。 按:纳陈尚太祖孙薛只干公主,程碑作薛赤干。《传》失书。

帖木儿,至元十八年袭万户。二十四年,以功封济宁郡王。 按:《世祖纪》,至元二十四年,封驸马帖木儿济宁郡王。而《本传》不书帖木儿尚主事。考程钜夫《应昌府报恩寺碑》云:帖木儿尚帝季女囊加真公主。十四年,帖木儿北征有大勋,赐号按答儿图那演。元贞元年,封济宁王,主为皇姑鲁国大长公主。《碑》为奉敕经进之文,其纪事宜可信。监本《公主表》云,囊加真适纳陈子帖木儿,再适帖木儿弟蛮子台。新刊本改帖木儿为斡罗陈,盖欲合于《本传》。今以《表》、《传》及碑文反复参校,乃知斡罗陈兄弟三人相继尚囊加真公主,《传》不言帖木儿尚主,《表》不言主适斡罗陈,皆史家之缺漏。碑不言斡罗陈、蛮子台之尚主,则以碑文为帖木儿之子孛不剌即珊阿不剌。而作,故为之讳也。《传》称成宗即位,封皇姑鲁国大长公主以金印,封蛮子台为济宁王,《纪》书于元贞元年,其时帖木儿已前卒矣。而碑隐蛮子台之名,悉归之帖木儿,盖讳言公主改适事,当以史文为正。

帝赐名按察儿秃那颜。 《世祖纪》作按答儿秃,程碑作按答儿图,即下文按答儿也。"察"字疑误。

阿里嘉室利。 《纪》作阿礼嘉世礼。

是为不只儿驸马。② 不只儿者,火忽之孙,特薛禅之曾孙也。

顺宗昭献元圣皇后讳答吉,大德十一年十一月,武宗册上皇太后云云。 答吉,《后妃表》、《传》俱作答己。自大德十一年以下,叙累朝加上尊号,凡八十七字。此文一见于《帝纪》,再见《后妃表》,三见于《后妃传》,并此四见矣。

此则弘吉剌氏之为后者也。 按:《后妃传》,仁宗庄懿慈圣皇后名阿纳失失里,宁宗后答里也忒迷失,皆弘吉剌氏。裕宗徽仁裕圣皇后,显宗宣懿淑圣皇后,亦弘吉剌氏。此《传》俱不载。

孛秃传

亦乞列思氏。 张士观《驸马昌王世德碑》作亦启列氏。

太祖尝潜遣木儿彻丹出使。 "木",疑"术"字之讹。木儿彻丹即尤赤台也。

既而札赤剌歹、札尤哈、脱也等。 札尤哈,即札木合。"木""尤"两字,易相溷也。札木合者,札兰部人。札赤剌即札兰之转。

锁儿哈,事太宗。与木华黎取嘉州,降其民。 按:木华黎卒于太祖朝,亦无取嘉州事。嘉州恐是葭州之讹。太宗当为太祖。

锁儿哈娶皇子斡赤女安秃公主,生女,是为宪宗皇后。 按:斡赤,即太宗子阔出也。《后妃传》,宪宗皇后无亦乞列氏,恐误。据《世德碑》,所尚公主名不海罕,与此异。《传》失书锁儿哈封谥,《公主表》称为昌武定王,碑作忠定。

太宗命亲王安赤台。 即济南王按只吉歹。

月列台,娶皇子赛因主卜女。 赛因主卜,未该何帝之子,《宗室表》无其名。

忽怜,尚宪宗女伯牙鲁罕公主。 《世德碑》作忽邻,所尚公主名伯牙伦。

阿失,尚成宗女亦里哈牙公主。 《世德碑》作益里海涯。

阿失薨,子八剌失里袭封昌王。 按:《世德碑》,阿失子七人:曰失剌浑台,尚宗王木南子女亦勒真公主,曰盖藏八剌,曰阿剌纳失里,曰塔海,曰汝奴朵儿只,曰监臧朵儿只,未见有名八剌失里者。

阿剌兀思剔吉忽里传

子尤安幼。 《本纪》作注安。

诏以弟尤忽难袭高唐王。 《武宗纪》,至大元年,中书省臣言:"郇王拙忽难,人户散失,诏有司括索。"拙忽难,即尤忽难也。其封郇王,则《传》失书。

遂得归葬。 按:《本传》叙次赵国世系,自尤安而后,皆阙而不书。考《仁宗纪》,延祐元年,封阿鲁秃为赵王。《英宗纪》至治元年十月置赵王马札罕部钱粮总管府。《诸王表》,赵王马札罕,泰定元年封。《文宗纪》有赵王不鲁纳。又李晋《王影堂碑》,立于至正十五年,碑文称今赵王八都帖木儿。此皆汪古部之嗣王者。宋景濂尝仕元代,讵无闻见,乃不能稽考,以成一代之信史,良可愧矣。使以危太朴领其事,当不至疏舛乃尔。

木华黎传

札剌儿氏。 按:元明善撰《东平忠宪王碑》云,札剌尔氏亲连天家,世不婚姻。则札剌儿氏亦元之同姓。

父孔温窟畦。 《秘史》作古温兀阿。元明善《碑》作孔温兀答。

其下拔台知之。 《太祖纪》作把歹。《食货志》作八答子。

金守将银青。 银青,盖举其官名,谓银青光禄大夫。非人姓名也。

以前锋拓拔按察儿统蒙古军。 《列传》第九卷有按扎儿,姓拓跋氏,即其人也。

监国公主遣使来劳。 按:《阿剌兀思剔吉忽里传》,阿剌海公主明睿有智略,车驾征伐四出,尝使留守,军国大政,谘禀而后行。即所谓监国公主也。

遣按赤将兵三千断潼关。 按赤,即按陈那颜也。

孛鲁。 遣撒寒追及于紫金关。 撒寒者,肖乃台之弟。

子七人,长塔思,次速浑察,次霸都鲁。 按:元明善撰《东平忠宪王安童碑》,称霸都鲁为塔思之第二子。安童父霸都鲁,祖塔思,曾祖孛鲁,高祖木华黎。故《安童传》云,木华黎四世孙。此《传》以霸都鲁为孛鲁之子,则少一世矣。当是传闻之误。黄溍撰《郓文忠王拜住碑》云,高祖孛鲁,曾祖霸都鲁,亦误以霸都鲁为孛鲁子。

次阿里乞失。 《乃蛮台传》作阿礼吉失。

塔思。入汴京。守臣刘甫,置酒大庆殿。 按:《杨惟中传》,初灭金时,以监河桥万户刘福为河南道总管。"福""甫"声相近。

塔塔儿台,孔温窟哇第三子带孙郡王之后。 按:带孙为木华黎之弟。上文称孔温窟哇有子五人,木华黎其第三子,此又以带孙为第三子,前后必有一误。

脱脱,祖嗣国王速浑察,沈深有智略。尝奉命征讨,所向克捷。 按:速浑察事已见上文,叙述几三百言,此因脱脱而更及其祖,重复非体矣。

博尔朮传

阿儿刺氏。 《秘史》作阿鲁刺,阎复撰《广平贞宪王碑》作阿尔刺,危素《送彭公权序》称阿鲁图为阿刺纳公。阿鲁图即博尔朮四世孙也。

始祖孛端察儿,以才武雄朔方。 按:博尔朮与元同姓,其始祖孛端察儿,即太祖十世祖孛端义儿也。书法宜与它传不同。

及战于大赤兀里。 即泰赤乌也。乃部族之名,非地名。

蔑里期之战。 即蔑里乞,亦作灭里吉。

玉昔帖木儿。 《纪》、《传》或作玉速帖木儿。

赐号月吕鲁那演。 月吕鲁,或作玉吕鲁,或作月吕禄,或作月鲁,或作月儿鲁,或作月儿吕。

次脱脱哈,为御史大夫。 按:《仁宗纪》,延祐六年"以御史中丞秃秃合为御史大夫,谕之曰:'御史大夫职任至重,以卿勋旧之裔,故特授汝。当思乃祖乃父忠勤王室,仍以古名臣为法,否则将坠汝家声,损朕委任之意矣。'"《英宗纪》,延祐七年五月,有告御史大夫脱忒哈等谋废立,命悉诛之,籍其家。六月,收脱忒哈广平王印。即秃秃合、脱忒哈与此脱脱哈实一人也。阎复碑作秃土哈,《铁木迭儿传》作秃忒哈。脱脱哈被诛之后,其王爵当以木剌忽袭之。《文宗纪》,天历二年,毁广平王木剌忽印,命哈班代之,更铸印以赐。《顺帝纪》,至正十三年,以怯薛官广平王咬咬征讨慢功,削王爵。哈班、咬咬二人,盖亦博尔尤之裔,《本传》皆阙而不书。

博尔忽传

许兀慎氏。 元明善《淇阳忠武王碑》作许慎氏,孛尤鲁翀《河南淮北蒙古军都万户府增修公廨碑》作旭申氏。

事太祖,为第一千户,殁于敌。 按:博尔忽为四杰之一,《本传》叙其事甚略,乃于从孙《塔察儿传》内载博尔忽事,凡六十余言,详略可谓失当矣。

子月赤察儿。 按:姚燧撰《姚文献公神道碑》云,以太师淇阳王之兄故丞相木土各儿为太子伴读。木土各儿,亦作土木各儿。其为丞相,盖在中统初,而《本纪》、《表》、《传》俱失之。又按月赤察儿子七人:曰塔剌海,曰马剌,曰佤头,《赵孟頫集》作歪头。后更名脱儿赤颜,曰迭秃儿也不干,曰也先铁木儿,曰奴剌丁,曰伯都。塔剌海官至中书右丞相、太保,赠淇阳王,谥惠穆。佤头官至太师录军国重事,遥授中书右丞相、淇阳王。也先铁木儿官至中书右丞相、知枢密院事、淇阳王。马剌之子完者铁木儿官至御史大夫、太傅、淇阳王。一门贵显若此,而《传》皆阙而不书,史臣之失职甚矣。

札八儿火者传

太祖遽引去,从行者仅十九人,札八儿与焉。至班朱尼河。 班朱尼河,或作班尤居河,或作辨屯河。是时同饮河水者十有九人,其可考者:孛徒,亦乞烈部人,即孛秃也。札八儿、赛夷氏。镇海、怯烈台氏。哈散纳、怯烈亦氏。怀都、蒙古怯烈氏。绍古儿、麦里吉台氏。雪里坚那颜、彻兀台氏。阿兀鲁、斡鲁纳台氏。塔海拔都儿、逊都思氏。耶律秃花、耶律阿海。而哈撒儿父子当亦与焉,其余未详。

诸王哈扎儿。　　当即哈撒儿。

尣赤台传

尣赤台。　《秘史》作主儿扯歹。

其先剌真八都，[3]**以材武雄诸部。生子曰兀鲁兀台，曰忙兀。**按：《秘史》，纳臣把都儿子曰兀鲁兀歹、忙忽台，后为兀鲁兀歹氏，忙忽台氏。纳臣者，孛端察儿之曾孙，与元同姓，即此《传》之剌真八都也。《太祖纪》、《宗室表》俱作纳真，《畏答儿传》作剌真八都儿。忙忽台，即忙兀。

校勘记

① "中书右丞相"，"右"，《元史》卷八作"左"。

② "是为不只儿驸马"，"马"字下原本有一"后"字，衍。径删。

③ "其先剌真八都"，"先"，原本作"光"，误。据《元史》卷一二〇改。

廿二史考异卷九十四
元史九

镇海传

怯烈台氏。 按：许有壬撰《神道碑》云，系出怯烈氏，或曰本田姓，至朔方始氏怯烈。《长春西游记》亦称为田镇海。

大会兀难河。 即斡难河。

从攻塔塔儿、钦察、唐兀、只温、契丹、女直、河西诸国。 按：唐兀即河西。吴海《王氏家谱序》云，元初得天下，惟河西累年不服，最后乃服。世祖以其人刚直守义，嘉之，赐姓唐兀氏。《传》有唐兀，又有河西，盖史臣不通译语而误重出耳。《辍耕录》载，汉人八种，有竹温歹，疑即《传》所云只温也。

肖乃台传

遣监军李伯祐诣国王军前言状。 按：木华黎以太祖癸未岁卒，此时嗣国王者孛鲁也。

抹兀答儿。岁戊戌，从国王忽林赤行省于襄阳。 《木华黎传》作忽林池。

败阿里不哥于失木秃之地。 《世祖纪》作昔木土脑儿，《尤赤台传》作石木温都，《特薛禅传》作失木鲁，《铁迈赤传》作失木土，《囊加歹传》作失门秃，《杭忽思传》作失木里秃，《朵罗台传》作失亩里秃。

吾也而传

吾也而 《史天倪传》作乌野儿。

珊竹氏。 一作珊竹带，又作散尤台。郑玉撰《珊竹公遗爱碑》云，蒙古族珊竹台，亦曰散尤觲，其先盖与国家同出，视诸臣族为最贵。

《元秘史》,孛端察儿之兄曰不合秃撒勒吉,后为撒勒只兀惕氏。即散朮台也。姚燧撰《乌野而》即吾也而。《制词》云,展我同姓,岂伊异人。其撰《纽邻制词》云,率土之臣,莫如同姓。纽邻亦珊竹氏也。

太祖五年,吾也而与折不那演克金东京。　按:《太祖纪》,遮别即折不。克东京在七年。

九年,从太师木华黎取北京。　按:《太祖纪》,取北京在十年。

二十年,从木华黎围益都。　按:木华黎卒于太祖十八年,此围益都者,木华黎之弟带孙与其子孛鲁也。《传》误。

子四人,霅礼最有名。　姚燧撰《江东宣慰使珊竹公碑》作撒礼。撒礼子拔八忽,由同知北京转运司事累迁濮州尹、平滦路总管、江南浙西道提刑按察使,改江北淮东道提刑按察使,召为刑部尚书,统于江东宣慰使。而《传》失书。

曷思麦里传

攻乃蛮,克之,斩其主曲出律。　即屈出律也。

若可失哈儿、押儿牵、斡端诸城,皆望风降附。　可失哈儿,即合失合儿。今之哈什哈尔。押儿牵,即鸦儿看。今之叶尔羌。斡端,即于阗也。《玉堂嘉话》,古于阗,今曰斡端。

与其主札剌丁。　即札阑丁。

次子密里吉。　《中堂事纪》作蜜里吉。石刻《祭济渎记》作蜜里及。

速不台传

太宗刊本作太祖,误。**即位,以秃灭干公主妻之。**　《公主表》不见秃灭干名,盖宗王之女,非帝女也。

壬寅,太宗崩。　按:《本纪》,太宗崩在辛丑年。

兀良合台。卒年七十二。　按:兀良合台,赠太尉、开府仪同三司,追封河南王,谥武毅。《传》皆失书。①

按竺迩传

父黑公为金群牧使。岁辛未,驱所牧马来归太祖,终其官。　按:

《赵世延传》:"曾祖黥公为金群牧使,太祖得其所牧马,黥公死之。"二《传》互异。

攻巩昌,驻兵泰州。 "泰"当作"秦"。

畏答儿传

时太畴强盛。 即薛彻大丑也。

博罗欢传

蘸木曷之孙,琐鲁火都之子也。 按:《吴文正公集》,铁木合 即蘸木曷。赠太尉,追封泰安王,谥武毅。唆鲁火都 即琐鲁火都。赠太尉,追封泰安王,谥忠定。《传》皆不书。

皇子云南王爱哥赤。 当作忽哥赤。

伯都。泰定元年,还京师,卒。 按:伯都赠江浙行省左丞相,追封鲁国公,谥元献。《传》失书。②

巴而尤阿而忒的斤传

先世居畏兀儿之地,有和林山,二水出焉,曰秃忽剌,曰薛灵哥。 按:欧阳原功《高昌偰氏家传》云,伟兀者,回鹘之转声也。其地本在哈剌和林,即今之和宁路也。后徙居北庭。北庭者,今之别失八里城也。会高昌国微,乃并取高昌而有之。高昌者,今哈剌和绰也。和绰本汉言高昌。"高"之音近"和","绰"之音近"昌",遂为和绰也。哈剌,黑也。其地有黑山也。今伟兀称高昌,地则高昌,人则回鹘也。欧阳所云伟兀,即《元史》之畏兀,或作畏吾,要皆回鹘之转音。唐时回鹘牙帐本在中国之北,即元和林之地,唐末为黠戛斯所并,其种人西迁,据有北庭、高昌之地,其国王称亦都护,即叶护之转声也。

又有山曰天哥里干答哈,言天灵山也。 蒙古谓天曰腾格里,即天哥里也。

南有石山曰胡力答哈,言福山也。 胡力,犹言胡图里,蒙古语福也。

居是者九百七十余载,而至巴而尤阿而忒的斤。 按:唐末至元太祖之兴,仅三百余年耳,《传》云九百七十余载者,误也。巴而尤阿而忒之父曰月仙帖木儿，见《哈剌亦哈赤北鲁传》。

是时帝征太阳可汗，射其子脱脱杀之。脱脱之子大都、当作火都。赤剌温、焉札儿、焉当作马。秃薛干四人，以不能归全尸，遂取其头涉也儿的石河。　按：《太祖纪》，太阳罕即可汗。为乃蛮之长，脱脱为蔑里乞即灭里吉。之长，本各自一部，太阳罕为元祖所杀，其子屈出律罕与脱脱同奔也里的石河，而《传》乃以脱脱为太阳之子，谬之甚矣。《土土哈传》："太祖征蔑里乞，其主火都奔钦察。"《速不台传》："大军至蟾河，与灭里吉遇，一战而获其二将，尽降其众，其主霍都奔钦察。"霍都，即火都也。盖即脱脱之子矣。

与者必那演征罕勉力、锁潭、回回诸国。　罕勉力，即哈密力，《明史》所谓哈密也。锁潭，即算滩，西域王号。

其弟篯吉，乃以让嗣为亦都护高昌王。　按：《文宗纪》："至顺三年，高昌王藏吉薨，其弟太平奴袭位。"藏吉，疑即篯吉也。考虞集《高昌王世勋碑》，纽林的斤止有二子，与《本传》合。则太平奴似非纽林之子矣。又按《顺帝纪》，至正十三年"亦都护高昌王月鲁帖木儿薨于南阳军中，命其子桑哥袭亦都护高昌王爵"。月鲁帖木儿，亦未审何人之子。

按札儿传

岁壬午，元帅石天应守河中府，屯中条山。金侯将军率昆弟兵十余万，夜袭河中，天应遣偏裨吴权府率五百兵出东门，伏两谷间。谕之曰："俟其半过，即翼击之，俾腹背受敌，即成禽矣。"吴醉，敌至，声援弗继，城遂陷，天应死焉。　此事已见《木华黎传》。侯将军者，侯七也。《金史》作侯小叔。吴权府者，吴泽也。予谓天应戒吴权府语，当载于《本传》，若木华黎、按札儿两《传》，但以金兵陷河中府一语了之可矣。

岁庚寅，孛鲁由云中围绛州，刊本"绛"作"纬"，误。金将武仙恐，退保潞东十余里原上，孛鲁驰至泌南，未立鼓，乞石烈引兵袭其后，孛鲁战失利。　按：孛鲁卒于戊子岁，庚寅领兵者，孛鲁之子塔思也。孛鲁当作塔思，"泌"当作"沁"。《塔思传》本作沁南。

暨国王孛鲁。　孛鲁，亦塔思之误。

国王速浑察之子拾得。　按：《木华黎传》，速浑察子四人：忽林池、乃燕、相威、撒蛮,别无名拾得者。惟乃燕子名硕德,当即拾得。若然,则为速浑察之孙,非其子矣。《后妃传》云,木华黎曾孙世德。《杨桓传》云,木华黎曾孙硕德。"世""硕"声相近。考木华黎孙,国王塔思之子有硕笃儿,于木华黎为曾孙,声亦相近。然硕笃儿乃速浑察之兄子,亦非其子也。

雪不台传

雪不台,蒙古兀良罕氏。　雪不台,即速不台,译音无定字也。朱锡鬯云:《元史》既有速不台矣,而又别出雪不台;既有完者都矣,而又别出完者拔都;既有石抹也先矣,而又别出石抹阿辛;以及阿塔赤、忽剌出两人既附书于杭忽思、直脱儿之《传》矣,而又为立传;至于作佛事则《本纪》必书,游皇城入之《礼乐志》,当云《祭祀志》,朱误记。皆乖谬之甚者。予按:《元史》列传之重复者,如第十卷《也蒲甘卜传》附见其子昂吉儿,而第十九卷又有《昂吉儿传》,第十卷《塔不已儿传》附见其孙重喜,而第二十卷又有《重喜传》,第十卷已有《阿术鲁传》,而第十八卷《怀都传》又附书阿术鲁事,第五十四卷《谭资荣传》附见其子澄,而第七十八卷《良吏传》又有谭澄,皆朱氏所未及纠也。

远祖捏里弼。　即捏里必。

曾孙合饬温。[③]　即合赤温。

长虎鲁浑。　即忽鲁浑。

取驳里畏吾、特勒、赤悯等部。　驳里,即撒里。

讨兀鲁思部主野力班。　即也烈班。

攻马刲部。　即马札儿。

昔里钤部传

唐兀人,[④]**昔里氏。**　王恽有《大名路宣差李公神道碑》,李公即昔里钤部也。其文云:公讳益里山,其先系沙陀贵种,以世故徙酒泉郡之沙州,遂为河西人。又《中堂事纪》载,中统二年,黜大名路达鲁花赤爱鲁。河西人,小李钤部之子也。小李,讹为昔里。

与速卜带征西域。　即速不台。

赠其祖昔里钤部太师,谥贞献。　按:昔里钤部之父答加沙,仕其国为必吉,华言宰相也,亦以教化贵,累赠太傅、魏国公,谥康懿。史失书。

召烈台抄兀儿传

召烈台抄兀儿。　按:蒙古、色目人皆以名行,不系以氏族。召烈台者,抄兀儿之氏。当云"抄兀儿,召烈台氏",方合史例。《太祖纪》作抄吾儿。

阔阔不花传

岁庚寅,太祖命太师木华黎伐金,分探马赤军为五部。　按:太祖以丁亥岁殂,木华黎之卒,更在其前。庚寅,则太宗二年也,其时领兵者,盖木华黎之孙塔思,此《传》误。

阿术鲁传

蒙古氏。　当从《怀都传》作斡鲁纳台氏。

抄儿传

世居汴梁阳武县,从太祖收附诸国有功。　按:抄儿系出别速氏,与元同姓。太祖之世,汴梁未入版图,抄儿何以得居之?盖太宗灭金以后,其子孙始居阳武。史家误取后来志状之文书于篇首,而不悟年代之偃倒也。

赵阿哥潘传

制必帖木儿王承制。　即只必帖木儿。

纯只海传

赠温国公,谥忠襄。　按:《郑玉集》称纯直海,即纯只海。为定西王。

塔本传

下平滦、白霄诸城。　"霄"当作"霫",下同。

哈剌亦哈赤北鲁传

子八儿出阿儿忒亦都护年幼。　即巴而尤阿而忒也。

岳璘帖穆尔传

回鹘人，畏兀国相暾欲谷之裔也。　按：欧阳原功《高昌偰氏家传》云，偰氏其先世曰暾欲谷，本突厥部。突厥亡，其地入于回纥。暾欲谷之子孙，世为其国相。当从其主居偰辇河，因以偰为氏。数世至克直普尔，袭本国相答剌罕，锡号阿大都督，辽主授以太师、大丞相，总管内外藏事，国人称之曰藏赤立。死，子岳弼袭。岳弼七子：曰达林，曰亚思弼，曰衢仙，曰博哥，曰博礼，曰合剌脱因，曰多和思。岳璘帖穆尔，则亚思弼之次子也。

太祖即位，以中原多盗。　"太祖"当作"太宗"。

速哥传

昔使过崞州，崞人盗杀其良马，至是，兼以崞民赐之。　按：《食货志·岁赐篇》无速哥名。

忙哥撒儿传

察哈札剌儿氏。曾祖赤老温恺赤。　按：《秘史》，札剌亦儿种人，帖格列秃伯颜三子，长古温兀阿，即孔温窟哇。次赤剌温孩亦赤，盖即赤老温恺赤也。

宗王八都罕大会宗亲。　即拔都大王也。

汝高祖赤老温恺赤，暨汝祖搠阿，事我成吉思皇帝。　按：上文搠阿为忙哥撒儿之祖，此谕其子，当称汝曾祖，不当云汝祖也。

孟速思传

子九人，多至大官。　按：程钜夫撰《武都智敏王述德碑》述其世系甚详，孟速思子十一人。曰脱因，宣政院使、太府卿。曰帖木儿不花，翰林学士承旨。曰小云者，安西路同知总管府事。曰也迭列，平梁府达鲁花赤。曰买奴，大司徒、章佩卿、翰林学士承旨。曰阿失帖木儿,由宿卫起家,以字学授成宗、晋王、武宗。武宗即位,以师傅恩,授大司徒、翰林学士承旨,领太常礼仪院事。卒,赠太师,追封武都王,谥忠简。曰乞带不花。曰叔丹,吉州路达鲁花赤。曰月古不花,中书左丞。曰火你赤,云南都元帅。曰唐兀带,四川宣慰司副都元帅。脱因之子曰察牙孙,四川行省左丞。曰僧家奴,行大司农少卿。曰本牙失里,同知澧州路事。曰五十,唐州达鲁花赤。曰答纳失里。帖木儿不花之子曰黑哥、曰德福、曰脱烈不花、曰长寿。也迭列之子曰阿思兰,开成路达鲁花赤。买奴之子曰阿儿滩;曰朵儿吉班,翰林侍读学士。阿失帖木儿之子曰别帖木儿,庐州路达鲁花赤;曰忽秃,真州达鲁花赤;曰宽者,太常少卿;曰火你,宿卫士。月古不花之子曰狗儿,檀州达鲁花赤;曰长安。火你赤之子曰善善不花。唐兀带之子曰朵儿只、曰教化、曰牙八古、曰长安、曰伯颜察儿。史但书子九人,又不列其名。

赛典赤赡思丁传

回回人,别庵伯尔之裔。　史不言别庵伯尔为何人。考刘郁《西使记》,报达之西马行二十日,有天房,内有天使,神胡之祖葬所也。师名癖颜八儿。房中悬铁绳,以手扪之,心诚可及,不诚者竟不得扪。经文甚多,皆癖颜八儿所作。癖颜八儿,即别庵伯尔,彼国中圣人也。

其国言赛典赤,犹华言贵族也。　石刻《济渎灵异碑》作赛天知,《中堂事纪》作赛典只儿。赡思丁之父名苦鲁马丁,后追封王爵,见《济渎碑》。

葬鄯阐北门。　《地理志》作善阐。

纳速剌丁。　"纳"或作"讷"。

中书左丞相,封延安王。　按:《济渎碑》,纳速剌丁谥宣靖。

伯颜察儿,谥忠宪。　《顺帝纪》作忠宣。

安童传

从太子北平王出镇极边,在边十年。　按:《世祖纪》,至元十四年七月,诸王昔里吉劫北平王于阿力麻里之地,械系右丞相安童,诱胁诸王以叛。《本传》讳而不言。

廉希宪传

廉希宪,字善甫。 按:廉氏系出畏吾,虽读儒书,立名字犹循国俗,以畏吾语小字行。史惟载希贤一名中都海牙,予考之它书,乃知希宪一名忻都。其子恂,一名米只儿海牙。一作密知儿海牙。

西土亲王执毕帖木儿。 即只必帖木儿。

西域人匿赞马丁。 《宪宗纪》作匿咎马丁。

校勘记

① "传皆失书","传",原本作"唐"。文意不通,刊本字误。据意改。

② "传失书","传",原本作"病",误。据文意改。

③ "曾孙合饬温","温",原本作"酒",误。据《元史》卷一二二改。

④ "唐兀人","人",原本作"氏"。文意不通,误。据《元史》卷一二二改。

廿二史考异卷九十五

元史十

伯颜传

蒙古八邻部人。 按:《辍耕录》,八邻为蒙古七十二种之一。《秘史》孛端察儿妻阿当罕生子曰巴阿里歹,后为蔑年巴阿邻氏。即八邻也。

曾祖述律哥图。 元明善撰《淮安忠武王碑》云,尤律哥图赠太尉,追封淮安王,谥武定。阿剌赠太傅,追封淮安王,谥武康。晓古台赠太师,追封淮安王,谥武靖。

从宗王旭烈兀开西域。 旭烈兀,睿宗第六子也。《至元辨伪录》:今煦烈大王,即旭烈兀。皇帝亲弟,镇守西域,在寻思干西南雪山之西,使命往还,来往不绝。

通判权州事赵昂发。 "昂"当作"昴",或作"卯"。

乃命议事官张羽等。 羽字飞卿,秦中人。

调淮东都元帅孛鲁欢。 即博罗欢。

遣程鹏飞、洪双寿等入宫。 洪双寿,即洪双叔也。

又令军士有捕塔剌不欢之兽而食者。 塔剌不欢,即塔剌不花。兽名,状如獾,见《祭祀志》。

阿术传

生擒其将赵、范二统制。 即赵文义、范兴也。《伯颜传》云:"伯颜手杀文义,擒范兴杀之。"则文义非生擒矣。二《传》互异。

追封河南王。 按:阿术谥武定,其子不怜吉歹,官至河南行省左丞相,封河南王,《传》皆失书。

土土哈传

诸王脱脱木、失烈吉叛。　失烈吉，即河平王昔里吉也。脱脱木，或作脱帖木儿。见《楚王牙忽都传》。考《宗室表》，睿宗第十子岁都哥大王之孙有荆王脱脱木儿，疑即其人也。又睿宗第六子旭烈兀大王之孙亦有脱脱木儿王。

又败宽折哥等。[①]　《伯答儿传》作宽赤哥思。

宗王乃颜叛，阴遣使来结也不干、胜剌哈。　胜剌哈，即济南王胜纳合儿，或作胜纳哈，见《诸王表》。亦作声剌哈儿。见《李秃传》。也不干，或作也不坚。见《楚王牙忽都传》。考《宗室表》，斡赤斤国王位下、阔列坚太子位下、合丹大王位下俱有也不干大王。今据《世祖纪》，至元廿四年七月，"罢乃颜所署益都、平滦，也不干河间分地达鲁花赤及胜纳合儿济南分地所署官"。也不干分地在河间，则为阔列坚之曾孙无疑。

有诏进取乞里吉思。　《地理志》作吉利吉思。

师至欠河。　《地理志》作谦河。

身至玉龙罕界，馈饷安集之。　玉龙罕，疑即玉龙答失，宪宗第三子也。

导诸王岳木忽等入朝。　即药木忽儿。

床兀儿。命尚雅忽秃楚王公主察吉儿。　雅忽秃，即牙忽都。

诸王都哇、察八儿、明里帖木儿等。　都哇，或作朵瓦，或作笃娃。明里帖木儿，或作灭里铁木。而《宗室表》中未见此二人名。

答里，袭封句容郡王。　按：《文宗纪》，天历二年正月，以"床兀儿之子答邻答里袭父封，为句容郡王"。十一月，以答邻答里知行枢密院事。即此答里也。

纽璘传

子也速答儿。　世祖以属行枢密院火都赤。　按：下文有行枢密副使忽敦，疑即一人。

长子南加台，官至四川行省平章政事。　即囊加台也。文宗朝以拒命见诛。

阿剌罕传

祖拨彻。　按:拨彻累赠司徒,追封曹国公,谥忠定,进封曹南王。也柳干赠中书右丞相,追封曹国公,谥桓毅,进封曹南王。《传》失书。

幼隶皇子岳里吉为卫士。　按:《宗室表》,太宗七子,无岳里吉名。《表》又引《宪宗纪》,太宗以子月良不材,故不立为嗣。岳里吉岂即月良之转声乎?

岁乙未,从皇子阔出、忽都秃南征。　按:忽都秃别自一人,非皇子也。《太宗纪》作胡土虎。

四年春,授上万户,从都元帅阿术伐宋。　按:阿剌罕从阿术南伐,乃至元四年事,此《传》四年之上,当有至元字。中统纪元,止于四年,此有五年、十年、十一年、十二年、十三年、十四年、十八年,皆至元之年也。

行至庆元,卒于军中。　按:阿剌罕赠太师,追封曹国公,谥宣武。虞集《曹南王世德碑》作武定。进封曹南王,谥忠宣。《传》俱失书。

子拜降袭。　按:许有壬撰《曹南王神道》、《祠堂》两碑,俱云子男二人,长也速迭儿,山东河北蒙古军大都督、集贤大学士。次脱欢,中书平章政事、江南行台御史大夫。无所谓拜降者。虞集《曹南王世德碑》云,阿剌罕既殁,子也速迭儿幼。拜降,也速迭儿之兄也,袭世职为万户总其军。然则拜降乃阿剌罕昆弟之子,非其子矣。史以拜降为阿剌罕子,误。

李恒传

其先姓于弥氏,唐末赐姓李,世为西夏国主。[2]　按:西夏之先,本拓跋氏,于弥与拓跋音不相近,盖元时国俗之语。吴澄撰《李世安》即散术觯。《墓志》云,公西夏贺兰于弥部人也。

子散术觯,江西行省平章政事。　据吴澄《墓志》,知散术觯一名世安,囊加真一名世雄,逊都台一名世显。志称世安子五人,长屺,翰林直学士。屺,怀远大将军,袭万户。屺,疑即薛彻干。屹,疑即薛彻秃也。元时唐兀、畏吾人往往有两名。

彻里传

燕只吉台氏。 苏天爵《名臣事略》云衍只吉氏,《神道碑》作燕只吉台氏。

九年,召入为中书平章政事。十月,以疾薨。 按:《成宗纪》,大德十年闰正月,以江浙行省平章阇里为中书平章政事。阇里,即彻里也。《宰相表》亦于大德十年书彻里名,惟姚燧撰《神道碑》云九年召入平章中书,而《名臣事略》因之。盖被召在九年,而入中书则在十年,俱未误也。但碑文召入平章中书之下云:赞右丞相,专力一心,燮和庶政,才一寒暑,遂疾不出云云。而后云十月八日薨。则彻里之卒,仍在大德十年,非九年矣。《事略》于九年入拜中书平章政事之下,即云是岁薨,盖未细绎元文之故。《传》又承《事略》之误,而不知与《表》、《纪》自相抵牾也。

不忽木传

燕真未及大用而卒。 按:燕真后赠太傅、河南行省左丞相,追封晋国公,谥忠献。其父海蓝伯,亦追封河东郡公,史失书。

河东按察使阿合马。 此又一阿合马,非《奸臣传》之阿合马也。

吐土哈求钦察之为人奴者。 即土土哈。

帝每顾侍臣,称塞咥旃之能。 疑即赛典赤。

上柱国、鲁国公,谥文贞。 按:顺帝时,又加赠太师,进封东平王。

完泽传

父线真。中统初从世祖北征。四年,拜中书丞相。 丞相上脱"右"字。线真以宣徽使终,后赠太师,追封秦益国公,谥忠献,《传》失书。

年五十八。 完泽有子长寿,大德九年任中书右丞,《传》亦失载。

阿鲁浑萨理传

子三人,长岳柱。 赵孟頫撰《赵国文定公碑》,作爻著。

子四人,长普达,次安僧,次仁寿。　按:岳柱子四人,《传》惟载其三。考赵孟𫖯撰碑,称阿鲁浑萨理孙男四,曰普达、答里麻、安僧,则《传》所遗一人,当即答里麻也。岳柱昆弟三人,买住既早卒,久著又以兄之子为后,皆必无嗣,则答里麻亦岳柱之子无疑矣。碑不载仁寿者,孟𫖯卒于至治初,撰碑之时,仁寿尚未生也。

囊加歹传

祖合折儿。　按:《赵孟𫖯集》有《殊详院使执礼和台封赠三代制》,曾祖哈直儿赠太保,追封梁国公,谥庄襄。即合折儿也。祖马察赠太傅,追封梁国公,谥桓武。即麻察也。父囊加赠太师,追封浚都王,谥武忠。即囊加歹也。

忙兀台传

祖塔思火儿赤。　按:《传》失载忙兀台父名。今东平州有《忙兀台公光昭先祖神道碑》云,塔思子铁里哥,袭父职,授行军千户。铁里哥子曰札剌儿台,真州达鲁花赤、福建等处盐课市舶都转运使;曰雍乞剌台、曰亦乞里台,袭祖职,迁浙西道宣慰使。忙兀台,其季子也。

完者都传

子十四人,皆仕,而帖木秃古思、别里怯都尤显。　按:完者都十四子,曰帖木秃古思,袭高邮上万户府达鲁花赤,遥授右丞,淮东西宣慰使。曰别里怯都,江浙行省左丞,燕南道廉访使。曰插都,无锡州达鲁花赤。曰不花。曰别里,长兴州达鲁花赤。曰彻里帖木儿,高邮打捕屯田提举司达鲁花赤。曰伯不花、曰幢合儿、曰出不昆、曰八剌、曰黑黑、曰潮潮、曰佛保、曰和尚。见程巨夫所撰《林国武宣公碑》。

步鲁合答传

蒙古弘吉剌氏。　按:步鲁合答乃按竺迩之孙,系出雍古氏,非弘吉剌氏。雍古为色目之一种,非蒙古,史误。

祖按主奴。　即按竺迩。

父车里。　即彻理。

次黑子,次帖木儿。　黑子,即黑梓,一名国宝。帖木儿,一名国安。黑子之子那怀,即世荣也。

昂吉儿传

姓野蒲氏,世为西夏将家。岁辛巳,父甘卜率众归太祖。　即也蒲甘卜也。《也蒲甘卜传》附书昂吉儿事,《昂吉儿传》又追叙甘卜事,两传重出,而有繁简之殊,当去彼存此。

分木华黎及阿术所将河西兵,俾将之。　此木华黎,乃察罕之子万户木花里,非国王木华黎也。

翰林承旨和鲁火孙。　即和礼霍孙。

哈剌䚟传

哈鲁氏。　危素撰《合鲁公家传》云,合剌䚟公,系出合鲁氏。“合”与“哈”声相近。父八合,赐名奥栾拔都,赠沿海翼管军万户,追封汝南郡侯,史失载其父名。

忽剌出传

祖赤脱儿。　即直脱儿也,列传第十卷已为立传,并附及忽剌出事矣。此传重复,当删。

重喜传

祖塔不已儿。　此与第十卷《塔不已儿传》重复,当删。

完者拔都传

钦察氏,其先彰德人。　按:钦察内附之后,有徙居彰德者,故完者拔都有林国公之封。

孛兰奚传

雍吉烈氏,世居应昌。　即弘吉剌氏。

暗伯传

乃客居于于阗宗王阿鲁忽之所。　　按:《宗室表》,察合台之孙有阿鲁忽大王。

亦怜真班,湖广省左丞。　　亦怜真班有传在第三十二卷,官至湖广行省左丞相,终于江西行省左丞相,非左丞也。

撒吉思传

回鹘人,其国阿大都督多和思之次子也。　　按:多和思,亦噉欲谷之裔,与亚思弼为昆弟。

初为太祖弟斡真必阇赤。　　斡真,即斡赤斤也。

斡真薨,长子只不干早世,适孙塔察儿幼,庶兄脱迭狂恣,欲废适自立。　　按:《宗室表》,只不干大王之兄尚有斡端大王,《表》亦无脱迭名。

月乃合传

曾祖帖木尔越哥,仕金为马步军指挥使,官名有马,因以马为氏。按:《马祖常传》云,高祖锡里吉思,金季为凤翔兵马判官,子孙因其官,以马为氏。祖常撰《礼部尚书马公神道碑》云,公讳月合乃。即月乃合,又作月忽乃。父锡里吉思,仕金为凤翔兵马判官,死节,官名有马,因以立氏。与此《传》互异。祖常为月乃合之孙,叙其先世,似不应误。今考《金史·忠义传》:"马庆祥,字瑞宁,本名习礼吉思。先世自西域入居临洮狄道,以马为氏。"习礼吉思,即昔里吉思也。亦作锡里吉思。史既系以马姓,则以马立氏,由来已久。昔里吉思又以兵马判官死节,子孙引以为荣,故归之昔里吉思耳。且昔里吉思父名即有马字,若以己官命氏,又于父讳有嫌,故知马氏之始,当以此《传》为正也。

祖把扫马野礼属,徙静州之天山。　　按:《马祖常传》作靖州,《金史·忠义传》作净州,以《金》、《元》二史《地理志》证之,当从"净"为是。

父昔里吉思凤翔府兵马判官,死国事,赠恒州刺史。　　按:元好问撰《恒州刺史马君神道碑》云,子男三人,长三达,次铎剌,次福海。不见月乃合之名。盖金、元之际,多一人而两名也。

至仁宗朝,诏行科举,曾孙祖常,博学能文章,乡试、会试皆为举首。　按:马祖常既别为立传,此复附见六十余言,赘矣。当云"曾孙祖常,自有传"。

铁连传

然必先诣拔都、蒙哥铁木王所。　二人皆尤赤太子之子。蒙哥铁木,《宗室表》作忙哥帖木儿。

爱薛传

西域弗林人。　按:《世祖纪》,至元十年"改回回爱薛所立京师医药院,名广惠司"。则爱薛亦回回人。拂林,则其所居之地也。拂林,古大秦国,故有秦国公之封。

也里牙,秦国公。　《文宗纪》作野里牙。

腆合,翰林学士承旨。　《文宗纪》作典哈。

和尚传

玉耳别里伯牙吾台氏。　按:伯牙吾台者,钦察之族。玉耳别里则钦察所居地,名玉里伯里也。然则和尚乃钦察人。

迦鲁纳答思传

是年八月卒。　按:迦鲁纳答思之后称鲁氏,子铁柱,靖州路达鲁花赤。孙重喜,崇仁县达鲁花赤。

校勘记

① "又败宽折哥等","败",原本作"敢",误。据《元史》卷一二八改。
② "世为西夏国主","主",原本作"王"。据《元史》卷一二九改。

元史十一

小云石脱忽怜传

猎真,官至荣禄大夫、中书省平章政事。　按:《宰相表》自至元二十九年至大德三年俱有平章政事刺真,即猎真也。

子察乃,中书省平章政事。　按:《宰相表》至大元年闰十一月至四年有平章政事察乃,泰定三年、四年又有平章政事察乃。

察乃子十人,老章,知枢密院事;撒马笃,中书省参知政事。　按:察乃十子:曰孛孛实,河东道宣慰使;曰老汉;曰亦辇真,辽阳行省左丞;曰老章,知枢密院事,封和宁王;曰草地里,真定路达鲁花赤;曰捏烈秃宫傅;曰答刺海;曰罗罗,江东道廉访使;曰撒马笃,中书参知政事;曰伯颜帖木儿,光禄少卿。

也先不花传

与蒙哥撒儿密赞谋议。　即忙哥撒儿。

秃鲁,历事四朝。　《三公》、《宰相表》并作秃忽鲁。

追封广阳王。　按:秃鲁,谥清献,史失书。

子阿荣,由宿卫起家。　当云"阿荣自有传","由宿卫起家"以下三十七字,皆可删。

铁哥尤传

曾祖父达释。　按:下文云达释之子野里尤,又云铁哥尤,野里尤之长子,则此云曾祖父者,误也。

塔出传

塔出，布兀剌子也。　按：此《传》不言其氏族，布兀剌亦不见于它传。

阿答赤传

阿答赤，阿速氏。　《杭忽思传》作阿塔赤。

父昂和思。　即杭忽思。

阿里不哥叛，从也儿怯等征之。　《杭忽思传》作也里可。

哈剌哈孙传

曾祖启昔礼，始事王可汗脱斡璘。　《太祖纪》：汪罕名脱里。脱斡璘，即脱里，语有缓急尔。王可汗，即汪罕。

王可汗与太祖约为兄弟。　按：《太祖纪》，尊汪罕为父。盖约为父子，非约为兄弟也。

赐号答剌罕。　按：启昔礼子博理察，孙囊加台，皆袭答剌罕之号。刘敏中撰《顺德忠献王碑》云，启昔礼谥忠武，博理察谥忠毅，囊加台谥忠愍。三世皆赠太师，追封顺德王。

祖宗之制，非亲王不得加一字之封。　按：世祖之世，燕、秦、梁、晋诸王，皆皇子也。自武宗嗣位，而越王秃剌始以宗室得封，由是齐、楚、豳、宁、济、定以宗族，郐、鲁以驸马，皆得一字之封，皆自秃剌启之。

阿沙不花传

牙牙后封康国王，生六子。　按：牙牙了六人：曰字别舍儿；曰和者吉，赠太保，追封荣王，谥忠武；曰不别，遥授甘肃行省右丞；曰斡秃蛮；曰阿沙不花；曰脱脱。史有《传》者，惟阿沙不花、脱脱二人。和者吉之子四人：曰燕不邻，辽阳行省平章政事、太保、兴国公，追封兴宁王，谥忠襄；曰燕八思提，大司徒；曰别不花，岭北行省平章政事；曰伯撒里，太师、中书右丞相、永平王，《列传》略不及之。

诸王迷里帖木儿。　《武宗纪》作明里铁木儿。

拜住传

追封东平王,谥忠献。至正初,改正仁孚道一德佐运功臣,余如故。　按:至正中,进封郓王,谥文忠。夫人妥妥辉,谥贞静,又进封安童鲁王、兀都带兖王,并见黄溍所撰《郓文忠王碑》。史惟载改赐功臣号,而不及封谥,亦讨论之疏也。

子笃麟铁穆尔。　按:黄溍《碑》,拜住子二人:长答剌麻硕理,《泰定纪》作答儿麻失里。宗仁蒙古卫亲军都指挥使;次因牙纳硕理,文宗时赐名笃麟铁穆尔,袭职环卫宗仁蒙古卫亲军都指挥使,历大宗正府扎鲁忽赤、宣徽使知枢密院事、大司农。史惟载笃麟铁穆尔一人,又不著其官,宋景濂尝受业于晋卿,岂于其师之文集亦未寓目邪?总裁之失其职如此,曾脱脱之不若矣。

曲枢传

曲枢。　《纪》、《表》皆作曲出。

祖阿达台,父质理花台,世赠功臣,追封王爵。　按:阿达台、质理花台,俱追封祁连王。

后以疾薨于位。　按:曲出后赠太师,追封广阳王,谥忠惠。子伯帖木儿赠太傅,追封文安王,谥忠宪。

康里脱脱传

武宗与大将朵儿答哈语及之。　《土土哈》、《玉哇失传》作朵儿朵怀,《世祖纪》作朵儿朵海牙,《忽都传》作朵儿朵哈。

时诸王秃列等侍。　即越王秃剌也。

寻召拜中书左丞相。至大三年,尚书省立,迁右丞相。四年正月,复为中书左丞相。　按:《武宗纪》,脱脱未尝入尚书省,其为尚书右丞相者,乃脱虎脱也。至大四年正月,武宗崩,仁宗命罢尚书省,以丞相脱虎脱等变乱旧章,流毒百姓,命中书省臣参鞫,皆伏诛。安得有复为中书左丞相之事乎?《宰相表》于至大元年、二年、三年书中书左丞相脱脱,此康里脱脱也。又于至大二年书尚书左丞相脱脱,三年书尚书右丞相脱脱,此别是一人。《本纪》所云脱虎脱也。《传》误以为一人,而贤否混淆矣。

时帖赤先为大夫。 即铁失。

燕铁木儿传

辛酉,以燕铁木儿兼奎章阁大学士,领奎章阁学士院事。 此事据《文宗纪》,在至顺三年二月辛酉。《传》系于二年十一月,误也。又据上文书十一月癸未,癸未至辛酉,三十九日,不得在一月之内。

伯颜传

蔑儿吉觥氏。 按:马祖常《太师秦王佐命元勋碑》作灭儿吉觥氏。危素《送彭公权序》称脱脱为蔑里期公。

曾大父探马哈儿。 按:马祖常《碑》,探马哈儿赠太傅,追封梁国公,进封阳翟王,谥敬简,加赠太师,追封淮阳王,谥忠靖。

太父称海。 按:称海官领军百户,赠太师,追封梁国公,进封河南王,谥庄顺,又进封淮王,谥忠襄。

父谨只儿。 按:谨只儿赠太师,追封河南王,进封郑王,谥忠懿。

构陷郯王彻彻笃。 《宗室》、《诸王》二《表》,《脱脱传》皆作彻彻秃。

马札儿台传

泰定四年,拜陕西行台治书侍御史。 按:《文宗纪》,天历元年,河南行省召陕西行台侍御史马札儿台,不至。二年八月,以马札儿台为上都留守。马札儿台,前为陕西行台侍御史,坐涂毁诏书得罪,以其兄伯颜有功,故特官之。《传》不载其拒命获罪又起为上都留守一节,讳之也。然天历起兵,实为畔逆,西台助上都起兵,允合臣子之义。元时史臣,或未免曲笔,明初修史诸人,何亦昧于上下之分,没而不书乎?若囊加台等有死无二,《元史》竟不为立传,何以劝忠义之士? 宋、王两公不独无史才,并无史识矣。

乃蛮台传

木华黎五世孙。 按:乃蛮台之曾祖孛鲁,即木华黎之子,实止四世。

七年,拜岭北行省右丞。　按:此文在大德五年之下,则是大德七年矣。考大德十一年,始置和林行省,皇庆元年,改为岭北省,是大德以前,未有岭北行省,《传》文当有脱误。

奉命送太宗皇帝旧铸皇兄之宝于其后嗣燕只哥觩。　按:木赤、察合台皆太宗之兄,燕只哥觩必其后也。而《宗室世系表》不著其名。《泰定纪》,泰定四年,诸王燕只吉台袭位,遣使来朝。盖即其人。

朵儿只传

木华黎六世孙。　按:朵儿只父脱脱,祖撒蛮,曾祖速浑察,高祖孛鲁,距木华黎止五世。

天历元年,朵罗台国王自上都领兵至古北口。　按:朵罗台为乃蛮台之兄,当亦忽速忽尔之子。

吴王朵尔赤。　按:《宗室表》,哈赤温大王之后有吴王朵列揑、吴王木喃子,未见朵尔赤名。

朵儿直班传

木华黎七世孙。　按:朵儿直班,父别理哥帖木尔,祖硕德,曾祖乃燕,高祖速浑察,五世祖孛鲁,距木华黎止六世。

黜御史大夫懿怜真班。　即亦怜真班。

阿鲁图传

父木忽剌。　当作木剌忽。

太平传

国王朵而只为左丞相。　即朵儿只。

铁本儿塔识传

国王脱脱之子。　按:元时惟木华黎后裔得袭国王之号,铁木儿塔识系出康里氏,其父脱脱虽追封和宁王,不得蒙国王之称也。

时修辽、金、宋三史,铁木儿塔识为总裁官。　按:《辽史》总裁官六人：中书平章政事铁睦尔达世，中书平章政事贺惟一，翰林学士承旨张起岩，翰林学士欧阳玄，集贤侍讲学士兼国子祭酒吕思诚，翰林侍讲学士揭傒斯。《金史》总裁官八人：御史大夫帖睦尔达世，中书平章政事贺惟一，翰林学士承旨张起岩，翰林学士欧阳玄，翰林侍讲学士揭傒斯，治书侍御史李好文，崇文太监杨宗瑞，礼部尚书王沂。《宋史》总裁官七人：中书平章政事帖睦尔达世，御史大夫贺惟一，翰林学士承旨张起岩，翰林学士承旨欧阳玄，治书侍御史李好文，礼部尚书王沂，崇文太监杨宗瑞。《辽史》进表在至正四年三月，《金史》进表在四年十一月，《宋史》进表在五年十月。据《宰相表》，铁木儿塔识以至正五年七月为御史大夫，太平即贺惟一。亦以五年十月为御史大夫，则《表》上《金史》之时，铁木儿塔识尚为平章，何以即称御史大夫？及次年《宋史》告成，已授御史大夫，何以转称平章？太平拜御史大夫时，当已改名，而《表》仍书贺惟一，皆可疑也。

巎巎传

祖燕真，事世祖，从征有功。 燕真事已见《不忽木传》，此重出。

回回。 擢中书右丞，力辞还第。 按：《宰相表》，天历元年九月至十一月有右丞回回名，刊本作回四，误。盖任事未久即辞位也。

以疾卒。 按：回回子五人。祐童，济宁路总管；帖木列思，江南行台治书侍御史。于史例，当附书。

自当传

蒙古人也。 按：自当为别儿怯不花之兄，当云燕只吉觲氏。

会次三皇后姐，命工部撤行殿车帐，皆新作之。 按：《顺帝纪》，至正七年，隆福宫三皇后弘吉剌氏木纳失里薨。疑即此事。《传》误系之泰定二年后耳。

帝欲加号太后曰太皇太后，命朝堂议之。自当独曰："太后称太皇太后，于典礼不合。"众皆曰："英宗何以加皇太后曰太皇太后？"自当曰："英宗，孙也；今上，子也。太皇太后之号，孙可以称之，子不可以称之也。"议遂定。 按：《传》书此事于文宗即位之前，则亦在泰定朝也。考泰定初立时，母妃久已先殁，故《纪》书至治三年十二月，[①]请皇考、皇姒谥于南郊,尊皇姒晋王妃曰宣懿淑圣皇后。而《后妃传》载泰定四年册文,有云"仰徽音之如在,慨至养之莫加。"是泰定帝未尝加尊其母为太后,安得有加号为太皇太后之事乎?以太后为太皇太后,惟见于顺帝之世,使自当果有此议,当在顺帝时。然议而不从,又不当云议遂定也。

泰不华传

伯牙吾台氏。 按:伯牙吾台,钦察之氏,则兼善盖钦察人也。《传》又云,世居白野山。白野,即伯牙之转。盖蒙古诸部人,往往以所居地为氏。

初名达普化,文宗赐以今名。 予见至正三年《松江府庙学记》,题云:绍兴路总管兼管内劝农事知渠堰事泰普华篆额。普华,即不华也。译音无定字。"达"与"泰",不过音之转,普化与不华,北音亦无异。兼善登第时,榜书达普化,后来受制命又作泰不华,故史以为文宗赐名。然当时士大夫多以达兼善称之,或称为达秘书兼善,亦自题泰普华,可见赐名之说,未足深信。

年四十九。时十二年三月庚子也。 翁方纲云泰不华死台州。《本传》在壬辰三月。而铁崖《挽诗注》云:辛卯八月,殁于南洋。

余阙传

追封豳国公,谥忠宣。 按:程国儒《序青阳集》云:谥文忠,追封夏国公。张绅以为初赠夏国公,谥忠愍,改赠豳国公,谥忠宣。丁鹤年有《过安庆追悼余文贞公诗》。宋景濂手定《元史》,而《集》中《余左丞传》亦作文忠,未审孰得其实。

答里麻传

大父撒吉斯。 即撒吉思,有传在第二十一卷。

卜颜铁木儿传

唐兀吾密氏。 按:《察罕传》称唐兀乌密氏,北人读"吾"如"乌",盖同族也。《李恒传》称于弥氏,与乌密声亦相近。

星吉传

曾祖朵吉,祖搠思吉朵而只,父搠思吉。 按:朵吉赠河南行省平章政事,追封秦国公,改封雍王。搠思吉朵而只赠甘肃行省平章政事,追封代国公,改封凉王。搠思吉赠陕西行省平章政事,追封赵国公,改封邠吉王。

年五十七。 按:星吉赠江西行省丞相,追封威宁王,谥忠肃。

亦怜真班传

父俺伯。 即暗伯。

廉惠山海牙传

预修辽、宋、金三史。 今按《辽史》前列纂修官有兵部尚书廉惠山海牙名,而金、宋二史无之,其为兵部尚书,又《传》所失书也。

月鲁不花传

蒙古逊都思氏。 按:月鲁不花,太祖功臣赤老温之五世孙也。赤老温子纳图儿,御位下必阇赤。纳图儿子察剌,随州军民达鲁花赤。察剌子忽纳,袭父职,官至江东廉访使,追封陈留郡侯,谥景桓。脱帖穆耳,则忽纳次子也,以蕲县万户府东平等处管军上千户所达鲁花赤分戍,自明而越。

达礼麻识理传

廿四年,朝廷以前中书平章政事塔失帖木儿来为留守。 塔失帖木儿,盖别儿怯不花之子,下文或云塔世帖木儿,或云达世帖木儿,其实一人也。

校勘记

① "至治三年十二月","三年",原本作"四年"。至治三年九月,泰定帝即位,次年即改元泰定,无至治四年。刊本字误甚明。据《元史》径改。

廿二史考异卷九十七

元史十二

耶律楚材传

辽东丹王突欲八世孙。 　按:《列传》自第五卷特薛禅以下至第三十二卷,皆蒙古、色目人,自第三十三卷耶律楚材以下至第七十五卷,皆汉人、南人也。耶律、石抹系出契丹,粘合、奥屯系出金源,当时目为汉人,故在汉人、南人之列。高智耀、李恒、李桢本西夏人,国语谓之唐兀氏,马祖常本出雍古部,皆色目也。太平,汉人而赐姓蒙古氏,故皆在蒙古、色目之列。赵世延,乃按竺迩之孙,系出雍古,杨朵儿只,西夏人,皆当入色目,而误与汉人同列,此则史臣之失检也。

父履,以学行事金世宗,特见亲任,终尚书右丞。 　《金史》有《移剌履传》,即楚材之父也。移剌、耶律,声本相近。陈旅《述律复旧氏序》称金人改耶律为曳剌,述律为石抹。曳剌,谓前马之卒也;石抹,谓臧获也。《经世大典序录》云"守狴犴防囚徒者曰禁子,追呼保任逮捕者曰曳剌",则曳剌非美名矣。《食货志·岁赐篇》有曳剌中书兀图撒罕里,即吾图撒合里也。谓楚材也。盖元初犹沿金人之旧称,后来皆易耶律字矣。

粘合重山传

金源贵族也。 　按:《金史·百官志》、《国语解》俱不载粘合氏,[①]或云即粘割之讹。《金史》列传有粘合荆山,《卫绍王纪》有粘合合打。

杨惟中传

初灭金时,以监河桥万户刘福为总管,福贪鄙残酷,虐害遗民二十余年。惟中至,召福听约束,福称疾不至,惟中设大梃于坐,复召之,使谓福曰:"汝不奉命,吾以军法从事。"福不得已,以数千人拥卫见惟中,惟中即握大梃击仆之,数日福死。 按:《赵璧传》,河南刘万户,贪淫暴戾。其党董主簿,尤恃势为虐,强取民女有色者三十余人。璧至,案其罪,立斩之。刘大惊,时天大雪,因诣璧相劳苦,且酌酒相贺曰:"经略下车,诛锄强猾,故雪为瑞应。"璧曰:"如董主簿比者,尚有其人,俟尽诛之,瑞应将大至矣。"刘屏气不敢复出语,归卧病而卒。时人以为惧死。所云刘万户者,即刘福也。壬子岁,世祖立经略司于汴,以忙哥、史天泽、杨惟中、赵璧为使。惟中久当枢轴,遇事能断,而璧实助之。然两《传》言刘福事互异。

张柔传

继而道润为其副贾瑀所杀。 按:《金史》,苗道润之死在兴定二年,即戊寅岁也。此《传》先书道润被杀,而后书戊寅,似未甚核。

金主败走睢阳。 按:史臣纪事,不当用古地名。此《传》金主走睢阳、金主走汝南,当时无此郡县名也。

史天倪传

乃以天倪为万户。 按:《刘黑马传》:"太宗即位,始立三万户,以黑马为首,重喜、史天泽次之。"姚燧撰《邸泽神道碑》云,国初以二万户镇抚中夏,右则刘伯林军秦,左则粘合重山军燕,顾成谓太宗。则益太尉,史忠武公天泽为真定、河间、济南、东平、大名五路万户于中。然则太祖之世,汉军万户,只有刘伯林、粘合重山二人。据此《传》,似史天倪在太祖时已有万户之名。予尝见《史秉直神道碑》及《史氏庆源碑》,皆立于太宗朝,其称天倪,但云河北西路兵马都元帅,是天倪未尝授万户,可以证此《传》之误。

实与蒲瓦兵遇于南门,合达兵自北奄至,实兵败,竟为所执。按:严实兵败被执得脱事,不见于《本传》。

权。又徙河间。卒。 按:史权,谥武穆。权子燿,官至大司农,谥义襄。《传》俱失书。

史天祥传

降其北京留守银答忽。　《太祖纪》作寅答虎。

授蒙古汉军兵马都元帅，总十二万户，镇河中。　按：此事在太祖癸未岁。考太祖初置蒙古左右手及中军万户，以木华黎、博尔朮、纳牙为之。汉军则有刘伯林、粘合重山二万户。此十二万户，未详何时增置也。

董俊传

文用。子八人：士贞、士亨、士楷、士英、士昌、士恒、士廉、士方。
按：列传附载子孙，必其人名位显贵，或才德可称，否则似家乘之文，非国史矣。董氏为元世臣，士贞等八人，自当登名仕版，史家既失于稽考，而徒覼列其名，不已赘乎？至如文忠之子士珍，官至中书参知政事，御史中丞，赠太傅，追封赵国公，谥清献；士恭官陕西行台中丞；士珍子守简，官中书左丞、御史中丞，追封冀国公，谥忠肃，《传》无一语及之，又何其疏也。又列传叙述先代，亦必有功德可称，方表而出之。王鹗之曾祖孙成、祖立、父琛，三世俱无所表见，又未出仕，史不应备书其名，此必采自志状，而不知其当删也。

严实传

子忠贞、忠济、忠嗣、忠范、忠杰、忠裕、忠祐。　按：忠范以下四人，《传》不书其事。考至元十二年，忠范以工部侍郎与廉希贤等持国书使宋，为张濡所杀。此事之大者，《传》不应略而不言也。又实之孙度，官至甘肃行省左丞，谥贞宪，见《柳贯集》，史亦失书。

刘伯林传

太傅耶律秃怀。　即耶律秃花。

黑马。太宗即位，始立三万户，以黑马为首，重喜、史天泽次之。
按：《元史》无《重喜传》，不知其氏族，列传第二十卷有重喜，此别是一人。以姚燧撰《邸泽碑》推之，疑是粘合重山之族，而《重山传》不言授万户。

石天应传

子焕中,知兴中府事;执中,行军千户。 按:《木华黎传》云,以天应子斡可袭领其众。《传》无斡可名,盖一人二名,史家不能悉书也。

移剌捏儿传

辽亡,金以为参议、留守等官,皆辞不受。闻太祖举兵,私语所亲曰:"为国复仇此其时也。" 按:辽亡之岁,岁在乙巳,即宋宣和七年。至元太祖建号之年丙寅,相距八十余岁。若辽亡时已能辞官,则此时年近百岁,必无能与攻战之理。史家以其系出耶律,妄为此说,而不悟年岁之不符也。

致拒战,捏儿出奇兵掩击,斩致。 按:《木华黎》、《王珣传》俱云张致部将高益缚致出降,独此《传》云掩击斩致,恐未足信。

复从木华黎攻益都。 按:太祖丙戌岁平益都,其时木华黎已前卒矣,领兵者,木华黎之弟带孙也。

何伯祥传

追封易国公,谥武昌。 赵孟頫撰《何玮神道碑》云谥忠毅。

玮始袭父职。 《碑》云玮字仲韫。

赛曲赤、八都高等还自贬所。 "曲"当作"典"。此赛典赤,谓伯颜也。本赛典赤赡思丁之孙,袭祖号,亦称赛典赤。八都高当为八都马辛。

改河南行尚书省平章政事,卒。 《碑》云年六十有六。子德严,顺德路总管;德温,保定翼副万户。

李守贤传

弟守忠,为都元帅,守河东。朝廷以全晋为要害之地,人心危疑未定,非守贤镇抚之不可。 今以《李伯温传》参考之,知守忠先为河东南路都元帅,知平阳府事,镇平阳。伯温亦以行平阳元帅府事镇青龙堡。②丁亥岁,相继陷没,乃以守贤代之。《传》失载守忠被执事,则人心危疑之语,太无著矣。

郝和尚拔都传

太原人。　按:此《传》云太原人,而其子《天挺传》则云"出于朵鲁别族,自曾祖而上,居安肃州"。父子各立传,而所书籍贯互异。考王磐撰《和上神道碑》亦云安肃州安肃县人,则此《传》云太原者,误矣。

在郡王迄忒麾下。　疑即尤赤台之子怯台也。

子十二人。长天益,佩金符,太原路军民万户都总管。　按:天益小字山哥。

天举,大都路总管兼府尹。　按:天举小字长安。

赵瑨传

中统元年,诏立十道宣慰司,以瑨为顺天宣慰使。　按:中统元年立十路宣抚司,瑨不预使副之列。至三年立十路宣慰司,乃以瑨等为使。《传》云元年,误也。

石抹明安传

中都既平,加太傅、邵国公。　按:《和林广记》所称太保明安,即石抹明安也。此云太傅,恐误。或由太保进太傅,则又漏太保一节矣。

子咸得不,袭职为燕京行省。　按:《耶律楚材传》言燕蓟留后长官石抹咸得卜贪暴,杀人盈市。即咸得不也。

次忽笃华,太宗时为燕京等处行尚书省事,兼蒙古汉军兵马都元帅。　按:《太宗纪》,甲午,以胡土虎那颜为中州断事官。《畏答儿传》:"岁丙申,忽都忽大料汉民,分城邑以封功臣。"《食货志》:"忽都虎官人五户丝,壬子年查认过广平等处四千户。"皆谓忽笃华也。译音无定字,故《纪》、《志》、《传》书名各异。

张荣传

丙申,从诸王阔端破宋枣阳、仇城等三县。　按:《太宗纪》,乙未岁皇子阔端征秦、巩,皇子曲出即阔出。伐宋。十月,曲出围枣阳,拔之。则荣所从者,当是阔出,非阔端也。"仇城"字疑有误。

世祖即位,封济南公,致仕。　按:《世祖纪》,中统二年,封济南路万户张荣济南公。《传》不云授济南路万户，史之阙也。下文云长子邦杰袭爵，孙宏袭邦杰爵，所袭即万户之职，非袭其公爵。

宏袭邦杰爵，改真定路总管。 按：《世祖纪》，中统三年，李璮反，诏济南路军民万户张宏修城堑，尽发管内民为兵以备。至元二年，山东廉访使言真定路总管张宏，前在济南，乘变盗用官物。诏以宏尝告李璮反，免死罪，罢其职，征赃物偿官。邳州万户张邦直等，违制贩马，并处死。此二事皆应载于《本传》。

刘亨安传

丙戌岁，金将移剌副枢攻绛州，城陷，死之。木华黎承制命亨安领其众。 按：木华黎以癸未岁卒，子孛鲁嗣为国王。上文已书国王孛鲁矣，此却书木华黎，何其前后不检照也。

赵迪传

岁壬午，改藁城为永安军。 按：《王善传》，壬午，升藁城为匡国军。《董俊传》，升藁城县为永安州，号其军为匡国。永安乃州名，非军名也，《传》误。

王善传

追封冀国公，谥武靖。 按：虞集撰《太原郡伯王思义墓碑》，称善为赵国武靖公，殆由冀而进封赵也。思义从征江西、广东有功，官广东兵马招讨使兼领韶州路总管。善之从子也。史亦未见其名。

杜丰传

从国王按察儿攻平阳。 元初，惟木华黎之后称国王，而太祖弟斡赤斤亦称国王，斡赤斤之孙塔察儿亦有国王之称。此按察儿，未详何人也。下文又有国王阿察儿。"阿""按"声相近。

田雄传

木华黎承制授雄隰、吉州刺史，兼镇戎军节度使，行都元帅府事。 按：《攸哈剌拔都传》云："真定史天倪、平阳李守忠、隰州田雄皆失守矣,我又弃太原,将何面目见主上及国王乎!"《传》不书隰州失守事,盖讳之。

张荣传

岁甲戌,从金太保明安降。 按:石抹明安仕金,未尝为太保,此云金太保,误。

张晋亨传

从国王孛罗征益都。 即孛鲁。

张子良传

岁戊戌,率泗州西城二十五县、军民十万八千余口,因元帅阿朮来归。太宗命为东路都总帅。 按:阿朮卒于至元二十四年,年五十四。太宗戊戌之岁,阿朮年止五岁耳,史家何不考至此。后读虞集所撰《张宣敏公神道碑》云,岁戊戌,因大帅河南忠武王阿朮以归国朝,始知《传》所据者,伯生之碑文,然伯生亦只就其家所述行状书之,未能考稽于国史也。考罕《察罕传》云,岁戊戌,授马步军都元帅,率诸翼军攻拔天长县及滁、寿、泗等州。乃悟子良本因察罕以降。察罕亦封河南王,谥忠宣。后人误以为阿朮耳。

七年,罢元管户,隶诸郡县。 按:此蒙上中统之文,然中统纪元止于四年,此《传》云七年、八年者,至元之七年、八年也。史脱至元二字。

石抹阿辛传

石抹阿辛,迪列纥氏。 阿辛,即也先,译音偶异,史家遂分为二人,各立一传矣。石抹本述律氏,迪列纥即述律之异文。《石抹宜孙传》作迪烈糺。

诘旦,木华黎解锦衣赏之。 按:《石抹也先传》,子查剌,岁癸巳,从国王塔思征万奴。癸巳,太宗之五年也。木华黎卒于癸未岁,距癸巳已十年矣,此《传》云木华黎,误。

王檝传

从三合拔都、太傅猛安率兵南征。　三合，《太祖纪》作三模合，拔都，其号也。猛安，即明安。《纪》所称石抹明安也。

帝命阇里毕与皇太弟国王分拨诸侯王城邑。　按：博尔朮之弟曰斡阔烈阇里必，疑即《传》之阇里毕也。皇太弟国王者，斡赤斤也。

贾居贞传

子汝立嗣。　按：史称某人嗣者，皆谓先世有封爵，以其人承袭也。贾氏无世职，不当云嗣。

洪福源传

戊寅冬十二月，太祖命哈赤吉、孔剌将兵迎讨。　哈赤吉，即哈真也。"孔"当为"札"。

茶丘。　立高丽王禃亲属承化侯为王。　承化侯名温，永宁公綧之母兄也。

郑鼎传

宋将余侍郎烧绝栈道，以兵围兴元。　余侍郎，谓余玠也。玠以壬寅岁莅蜀，其出兵兴元乃在辛亥岁，史系之甲午岁，误矣。

庚戌，从宪宗征大理国，自六盘山经临洮，下西蕃诸城，抵雪山，山径盘屈，舍骑徒步，尝背负宪宗以行。　按：《宪宗纪》无征大理事。庚戌岁，乃宪宗即位之前一年。是时三岁无君，诸王大臣，方议推戴宪宗而立之。远征大理，事所必无，其妄明矣。考《世祖纪》，壬子岁，奉命帅师征大理，癸丑八月，师次临洮。九月，次忒剌。分三道以进。帝由中道至满陀城。十月，过大渡河，经行山谷二千余里。意者，世祖征大理时，鼎实在行间，史家误以为从宪宗耳。

乙未，赐白金千两。从世祖南伐。　乙未，当作己未。

制宜。子阿儿思兰嗣。　按：《武宗纪》，至大三年十一月"尚书省以武卫亲军都指挥使郑阿儿思兰与兄郑荣祖，[③] 段叔仁等图为不轨，置狱鞫之，皆诬服。诏叔仁等十七人并正典刑，[④] 籍没其家"。此事当载于《本传》。阿儿思兰，谥敬愍。《传》亦失书。

郑温传

赐名也可拔都。　按：郑鼎与温同时，亦赐名也可拔都，姓名俱同。

汪世显传

忠臣，巩昌便宜副总帅。　按：忠臣谥忠让，见姚燧撰《神道碑》。

校勘记

① "国语解"，"国"，原本作"图"，误。径改。

② "伯温"，"伯"，原本作"守"，误。据《元史》卷一九三改。

③ "尚书省"，"省"字下原本有"臣"字，衍。据《元史》卷二三删。

④ "典刑"，"刑"，原本作"荆"，字误。径改。

廿二史考异卷九十八

元史十三

刘秉忠传

其先瑞州人也。 此辽、金之瑞州，非宋之瑞州也。秉忠自曾祖以来，皆家邢州，足迹未抵江南。而江西之瑞州，本名筠州，宋末避理宗嫌名，始改筠为瑞，已在金南渡之后矣。近人修《江西通志》，乃收秉忠入《人物》，何其谬乎。

自忽都那演断事之后，差徭甚大。 即胡土虎那颜。

宜依合罕皇帝圣旨。 谓太宗也。

移剌中丞拘榷盐铁诸产、商贾酒醋货殖诸事，以定宣课。 移剌中丞，谓耶律楚材也。当云中书，不当云中丞。

张文谦传

追封魏国公，谥忠宣。 按：文谦之大父宇，赠大司徒、魏国文愍公。父英，赠太保、魏国简懿公，见虞集《张氏新茔记》。

郝经传

祖天挺，元裕尝从之学。 梁清远曰："《元史》差讹不少，如《郝经传》载其祖天挺，元裕尝从之学。又云元裕每语之曰：'子貌类汝祖，才器非常。'元裕者，或即元好问乎？好问，字裕之。今乃不书其名而书其字，又去下一字，何也？裕之尝师天挺，见所撰《郝先生墓铭》，文宪、忠文岂未见邪？至《天挺传》又言受业于遗山元好问，更可笑矣。"予按：梁氏讥史称元裕为误，是矣。金、元之际，有两郝天挺，一字晋卿，泽州陵川人，即经之大父，元裕之尝从之学者也；一字继先，安肃州人，郝和尚拔都之子，则学于元裕之者。梁氏误以为一人，非也。

塔察国王与李行省肱髀相依。　塔察，即塔察儿，斡赤斤之孙也。李行省谓李璮。

遣使召旭烈、阿里不哥、摩哥。　旭烈，即旭烈兀。摩哥，即末哥。皆世祖之弟。

经还之岁，汴中民射雁金明池，得系帛，书诗云："霜落风高恣所如，归期回首是春初。上林天子援弓缴，穷海累臣有帛书。至元五年九月一日放雁，获者勿杀，国信大使郝经书于真州忠勇军营新馆。"　按：《辍耕录》载此事，本作中统十五年。盖南北隔绝，经又被羁，未知至元之改元也。史称伯颜奉诏南伐，帝遣使问执行人之罪，宋惧，以礼送经归。伯颜南伐在至元十一年，经之还在至元十二年，经系帛书称中统十五年，正伯颜南伐之岁。其明年，经始北还。《传》称至元五年，又称经还之岁得之，皆误。

姚枢传

二年，拜太子太师。　按：此《传》叙事，自世祖即位以后，书二年、四年者，中统之纪年也。其下书十年、十一年、十三年、十七年，则至元之纪年也。有年而无号，史失之。

从子燧，官至翰林学士承旨，以文章大家知名，谥曰文。　当云"从子燧，自有传"，余皆应删。

许衡传

以泰和九年九月生。　按：苏天爵《名臣事略》作大安己巳。盖泰和纪元，止于八年，其明年改元大安矣。《传》误。

国家自得中原，用金《大明历》。　按：此《传》载衡领太史院，修《授时历》，始末几四百言。文正于历学非专家，其创法皆出王恂、郭守敬二人，特假文正领其事，以为重耳。历议已详于《本志》，又见《郭守敬传》，此《传》但以一二语了之可矣。

子师可。　按：衡子师敬，官至中书右丞。《传》竟不见其名。

李俊民传

尝令张仲一问以祯祥。　张仲一，名易，史当书其名，不应称字。

赵良弼传

脱兀脱以断事官镇邢，其属要结罪废者，交构嫌隙，动相沮挠。世祖时征云南，良弼驰驿白其事，遂黜脱兀脱，罢其属，邢大治。[①]　按：《世祖纪》："以脱兀脱及张耕为邢州安抚使，刘肃为商榷使，邢乃大治。"《张文谦传》，文谦与刘秉忠言："今民生困敝，莫邢为甚。盍择人往治之。"乃选近侍脱兀脱、尚书刘肃、侍郎李简往。三人至邢，协心为治，洗涤蠹敝，革除贪暴，流亡复归，不期月，户增十倍。据《纪》及彼《传》，则脱兀脱治邢有绩可称，独《良弼传》乃言其短，此吴缜所谓予夺不常也。

执浑都海之党元帅乞台不花、迷立火者诛之。　按：《世祖纪》，诛乞带不花于东川，明里火者于西川。即此二人也。

赵璧传

自是牙老瓦赤不复用。　按：《宪宗纪》，元年，以瓦剌瓦赤、不只儿等充燕京等处行尚书省事。《世祖纪》，宪宗令断事官牙鲁瓦赤与不只儿等总天下财赋于燕。即牙老瓦赤也。牙老瓦赤在宪宗朝任用如故，《传》云不复用者，误。

赠大司徒，谥忠亮。　按：大德三年，追封冀国公。延祐三年，改谥文忠。

王磐传

擢至大四年经义进士第。　至大，当作正大。

刘肃传

邢国公，谥文献。　按：肃父深，赠昭文馆大学士、邢国公，谥康穆。

王思廉传

帝幸白海。　即察罕脑儿也。

大德元年，成宗即位。　按：成宗即位在至元三十一年，次年改元

元贞,又二年始改大德,安得系即位于大德元年之后乎?《梁德珪传》
云"大德间成宗即位",亦同此失。

阎复传

卒年七十七,谥文康。　按:袁桷撰《神道碑》云,追封永国公。曾
祖衍,赠大司农、永安郡公,谥懿德。祖和叔,赠昭文馆大学士、永安郡
公,谥昭献。父文忠,赠大司徒、永国公,谥惠穆。

刘国杰传

为宗王斡臣必阇赤。　"斡"当作"斡"。斡臣,即斡真那颜。

李德辉传

岁癸丑,宪宗封宗亲,割京兆隶世祖潜藩,立从宜府,以德辉与孛
德乃为使。时汪世显宿兵利州,扼四川衿喉,以规进取。　按:世显以
癸卯岁卒,在癸丑之前十年,《传》殆误矣。考姚燧撰《李忠宣公行状》
云,时汪忠烈公始宿兵利州。忠烈者,田哥之谥,非世显也。

至元十五年,再围重庆,拔之,绍熙、南平、夔、施、思、播诸山壁水
栅皆下。而东川枢府,惩前与西川相观望致败,恶相属,愿独军围合
州。德辉乃出合俘系顺庆狱者纵之,使归语州将张珏,以我朝含弘,录
功忘过,能早自归,必取卿相,与夏、吕比。又为书,以礼义祸福反复譬
解之。珏未及报,而德辉还王邸。既而合州遣李兴、张郃十二人诇事
成都,皆获之,释不杀,复为书纵归,使谕其将王立。　按:此《传》全取
行状之文。行状于"愿独军围合州"之下云:初,公抚蜀,径东川归,以
为重庆帅阃,受围必征诸属州兵,尽锐拒守,合州宜虚,诚使谍人持书
晓之,兵随其后,亦制合一奇也。即出合俘系顺庆狱者纵之云云。盖
德辉以书招张珏,在至元十三年抚蜀之日,其招降王立,则在十五年拔
重庆之后,两事本不同时。行状所载乃追述前事,《本传》删去四十余
字,则误以为即十五年事矣。不知德辉还王邸在行院西川之前,既还
王邸,安得犹在成都?其文已相抵牾。且张珏以德祐二年即至元十三
年。自合州入重庆,至是年元兵拔重庆,珏走且被执矣。珏之去合州
已将两载,安得有招珏之事乎?史家之粗疏如此。

十七年,置行中书省,以德辉为安西行省左丞。 按:安西左丞之命,在招降罗施鬼国之后,未及受命而卒,《本纪》与行状并同,《传》书于招降之前,非也。

张雄飞传

琅邪临沂人。 按:史家书籍贯,宜用当时州县之名。此《传》云琅邪临沂人,《赵璠传》云云中蔚州人,《赵宏伟传》云甘陵人,《熊朋来传》云豫章人,《牟应龙传》云其先蜀人,后徙居吴兴,《宇文公谅传》云令为吴兴人。考元时无此郡县名,史家失于讨论也。

二十一年,卢世荣以言利进用。 按:上文已有二十一年,此重出也。《虞集传》两书泰定初。

张德辉传

字辉卿。 当作耀卿。

德辉举魏璠、元裕、李冶等。 元裕,即元裕之也。史当称元好问。误举其字,又脱之字。《传》又云与元裕之北觐,又云与元裕、李冶游封龙山,时人号为龙山三老。

德辉请老,命举任风宪者,疏乌古伦贞等二十人以闻。 二十人谓乌古伦贞、张邦彦、徒单公履、张家、张肃、李槃、张昉、曹椿年、西方宾、周止、高逸民、王博文、刘郁、孙汝楫、王恽、胡祗遹、周砥、李谦、魏初、郑宸也。

王恽传

父良,金末为中山府掾。 按:恽大父顺,元时赠太常少卿、中山郡公,谥安定。父良,赠昭文馆大学士、中山郡公,谥端悫。

十六年,授嘉议大夫、太史令。 此上脱至元二字。

郭守敬传

徐昂造《宣明历》。 按:《宣明术》非徐昂所造。

杨桓传

有得玉玺于木华黎曾孙硕德家者,桓辨识其文,曰"受天之命、既寿永昌"。 按:崔彧献传国玺事,一见于《成宗纪》,再见于《按札儿传》,三见于《杨桓传》,四见于《崔彧传》,而详略小异。"受天之命"四字,《纪》与二《传》俱作"受命于天",当从之。

张禧传

从宗王合五平定河南。 "合五"当作"合丹"。

张万家奴传

张万家奴。 史失其里居。

杨赛因不花传

宋隆济及折节等叛。 《成宗纪》作蛇节。

完颜石柱传

完颜石柱。 史失其里居。

军龙化县,与宋兵战有功。 按:宋无龙化县,当是南平军之隆化县也。

罗璧传

右丞阿里海牙领军下江陵,璧从禩孙降,授管军千户。至元五年,从元帅张弘范定广南。 按:朱禩孙之降在至元十二年,不当书于五年之前。张弘范定广南,则至元十五年事,非五年也。或疑五年上脱"十"字,然下文有至元十二年云云,则是《传》文本误,非脱字矣。

至元十二年。 上文已有至元五年,则此至元字可省。

石高山传

在昔太祖皇帝所集按察儿、孛罗、窟里台、孛罗海拔都、阔阔不花五部探马赤军。 按:《阔阔不花传》:"岁丙申,太宗命五部将分镇中原。阔阔不花镇益都、济南,按察儿镇平阳、太原,孛罗镇真定,肖乃台镇大名,怯烈台镇东平。"怯烈台,即窟里台也。此《传》述五部将之名,有孛罗海拔都而无肖乃台,未知孰是。

孟德传

丁巳,从伯颜攻襄樊。 按:伯颜以至元初自西域入朝。丁巳,乃宪宗之七年,伯颜尚未仕于朝也。

张立道传

除忠庆路总管。 "忠"当作"中"。
二十七年,北京地陷,人民震惊,命立道为本路总管。 按:至元二十五年改北京为武平路。《传》系以旧名,非也。《世祖纪》,至元二十八年,以武平路总管张立道为礼部尚书。

张惠传

丞相蒙速速爱而荐之。 蒙速速,疑即孟速思。世祖时尝命与安童并为丞相,固辞,故有丞相之称。

吕域传

吕域字伯充。 域,一名端善。《许衡传》,征其弟子十二人为伴读。端善在十二人之数,即域也。

谭资荣传

子二人,曰澄,曰山阜。 此《传》附书澄事,凡二百二十余言,而《良吏篇》又别为澄立传,其姓皆从言旁。考《世祖纪》,至元十一年,副元帅覃澄。王恽《中堂事纪》亦有怀孟总管覃澄。皆不作谭。予又见交城县万卦山石刻《辛卯年中书省公据》,后列交城县长官覃资荣名。辛卯,太宗之三年也。又济源县济渎庙有中统元年《祭济渎碑》,后列怀孟州总管覃澄名。又中统五年,《济祠投龙简碑》文称总管覃侯,后列宣授怀孟路总管覃澄名。可证资荣父子本姓覃,而《传》作谭者,误也。

王恽传

祖宇,仕金,官敦武校尉。父天铎,金正大初,以律学中首选。按:王宇,元赠集贤侍读学士,追封太原郡侯,谥敏懿。天泽,赠大司农,追封太原郡公,谥庄靖。

陈祜传

岁癸丑,穆王府署祜为其府尚书,王既分土于陕、洛,表祜为河南府总管。 按:睿宗子末哥大王,丁巳年分拨河南府五千五百五十二户。末哥,一作穆哥,亦作摩哥。《传》所云穆王者,即穆哥也。依史例,当称穆哥王府。《传》盖沿王恽所作《神道碑》文,而不知其非史法也。

天祥。 万户郑鼎臣为宣慰使。 即郑鼎也。

劾平章岳束木。 即要束木。

刘宣传

时江浙行省丞相忙古台。 即忙兀台。

何荣祖传

追封赵国公,谥文宪。 按:虞集有《中书平章政事何荣祖谥忠肃议》,则荣祖尝谥忠肃矣。

贺仁杰传

德辉分守成都,获王立钞卒张合,《吕域传》作张郃。纵之,使谕立降。立复遣张合等奉蜡书告德辉,能自来,即降。德辉遂从五百骑至钓鱼山,与东院同受立降。东院复奏诛立,并言德辉越境邀功,下立长安狱。西院从事吕彧即吕域。至都,以兵事告许衡,许衡告仁杰,仁杰为言于帝。 此事已见《李德辉》及《吕域传》。惟张合,《吕传》作郃,《李传》作却,则转写之误。

贾昔剌传

子丑妮子。　虞集撰《宣徽使贾公碑》作丑钮子。

子虎林赤。　《碑》作忽林赤。

子秃坚不花。　《碑》作秃里坚不花。

加赠其曾祖昔剌。　《碑》云大德八年,有诏褒赠行封,自其曾祖以下,凡三等,而三世夫人皆有号谥。当是时推恩之典未大行,独二三世家得之,而夫人之谥,尤异典也。据《碑》,昔剌夫人谥孝节,丑妮子夫人毛氏谥靖淑,忽林赤谥忠靖,夫人忽八察封临汾王夫人。《传》皆失书。

石抹明里传

石抹明里,契丹人,姓石抹。　按:辽、金人皆系姓于名,此《传》既书石抹明里,又云姓石抹,重复非史法。

王伯胜传

元贞元年,进阶嘉议大夫。成宗即位,复进通议大夫。　按:成宗即位在至元三十一年,次年乃改元元贞,《传》书成宗即位于元贞元年之下,误也。其下又书五年、九年,则改元大德以后事,《传》又脱大德字。

高源传

子梦弼、良弼、公弼。　按:列传附书子孙,有名而无事状者,如覃澄孙男三人,曰忠、曰质、曰文;杨湜孙贞;姚燧子壎、圻、城;孟祺子二人,遵、遹;许楫子余庆、重庆、崇庆,余失其名。此类既不能稽其事迹,徒费笔墨,殊可省也。

校勘记

①"邢大治","邢",原本作"郡"。《元史》卷一五九作"邢"。原本"郡"字虽通,然语意不明,书"邢"为是。

廿二史考异卷九十九

元史十四

程巨夫传

叔父飞卿。 按：巨夫曾祖子明，谥安僖。祖德秀，谥简懿。皆追封楚郡公。父翔卿，追封郢国公，谥孝肃，进封楚国公。见危素撰《神道碑》。

丞相火礼霍孙。 即和礼霍孙。

又命为御史中丞，台臣言："巨夫南人，且年少。" 按：元时有汉人、南人之别，汉人谓中原之人，向属金者；南人谓江淮以南，向属宋者。世祖时，南人有入台省者，成宗以后，省台有汉人无南人，顺帝时，南人入中书者，惟危素一人耳。

赵孟頫传

帝尝问叶李、留梦炎优劣。 按：此事又见《叶李传》，虽详略不同，终不免重出之病。

邓文原传

父漳，徙钱塘。 按：漳父昭祖，追封南阳郡侯。漳，追封南阳郡公。

至顺五年。 按：至顺四年改元元统，至顺无五年，《传》误。

齐履谦传

字伯恒。 《传》失书其里居。考苏天爵撰《履谦神道碑》云大名人。

燕公楠传

公楠荐伯颜、不灰、阇里。 不灰，即不忽木。阇里，即彻里。

姚燧传

衡以国子祭酒教贵胄，奏召旧弟子十二人，燧自太原驿致馆下。 按：姚燧撰《白栋墓碣》，称鲁斋先生奏召旧弟子散居四方者，以故王梓自汴，韩思永、苏郁自大名，耶律有尚自东平，孙安与高凝、燧、燉自河内，刘季伟、吕端善、刘安中自秦。独公自太原。十二人皆驿致馆下。盖燧由河内应召至阙下，所云公者，谓白栋也。《传》谓燧自太原者，误。

或谓世无知燧者，曰："岂惟知之，读而能句，句而得其意者，犹寡。"燧曰："世固有厌空桑而思闻鼓缶者乎？然文章以道轻重，道以文章轻重。彼复有班孟坚者出，表古今人物，九品中必以一等置欧阳子，则为去圣贤也有级而不远，其文虽无谢、尹之知，不害于行后。岂有一言几于古，而不闻之将来乎！" 按：此文盖取燧所撰《送畅纯甫序》而稍删润之。其序云："纯甫自言，得余只字一言不弃而录之。又言世无知公者。岂惟知之，读而能句，句而得其意者，犹寡。呜呼！世固有厌空桑之瑟而思闻鼓缶者乎？然文章以道轻重，道以文章轻重。世复有班孟坚者出，表古今人物，九品之中必以一等置欧阳子，则为去圣贤也有级而不远，其文虽无谢、尹之知，不害于行后，犹以失之为悲。下下之外，岂别有等置余为哉！则为去圣贤也无级而绝远，其文如风花之逐水，霜叶之委土，朝夕腐耳，岂有一言之几于古，可闻之将来乎。纯甫独信之，自余不可不谓之知己，足为百年之快。恐纯甫由此而取四海不知言之非也。"此《序》意谓欧阳文以道重，虽无谢、尹之知，不害于行后而已。所谓文无一言几于古，虽有纯甫之知，恐四海不以为知言，皆自谦之词，而以谢希深、尹师鲁比纯甫，以欧阳自况，则言外之旨也。如《传》所云，似谓言之几于古者，可以闻之后来，不惟语拙而累，而于燧作《序》之旨，相去径庭矣。史家述当时之言，小有删易，固所不免，然汰其繁辞，要勿失其本旨。若乃句读之不通，而妄加点窜，欲以备石室金匮之藏，与三史并列，毋乃不知量之甚乎。

刘赓传

　　五世祖逸,以郡吏治狱,有阴德。祖肃,为右三部尚书。　按:列传第四十七卷已为肃立传,逸之阴德当著于《肃传》。

郝天挺传

　　父和上拔都鲁。　即和尚拔都。
　　天挺与少保张闾等。①　即章闾。

张珪传

　　子六人。　按:《文宗纪》,天历元年十月,紫荆关溃卒南走保定,因肆剽掠,同知路事阿里沙及故平章张珪子武昌万户景武等,率民持梃击死数百人。也先捏以兵至保定,杀阿里沙及张景武兄弟五人,御史台言:"也先捏不俟奏闻,擅杀官吏。珪父祖三世为国勋臣,设使珪子有罪,珪之妻女又何罪焉! 今既籍其家,又以其女妻也先捏,诚非国家待遇勋臣之意。"帝曰:"卿等言是。"命中书革正之。此事当载于《珪传》。

李孟传

　　曾祖执,金末举进士。　按:孟之曾祖执,祖昌祚,父唐,三世皆赠韩国公。执谥康惠,昌祚谥文靖,唐谥忠献。

曹伯启传

　　子六人,孙十人,皆显仕。　按:曹鉴撰《神道碑》,子震亨、谦亨、泰亨皆前卒,而谦亨并未得官。则六人之中,已有三人不登显仕者矣。《碑》称孙八人,而《传》云十人,则或有生于立碑之后者。

谢让传

　　二年,朝廷以吏多滞事。　按:此《传》自仁宗即位以后书二年、四年,不著年号,史脱文也。

赵师鲁传

霸州文安县人。 "县"字衍。

张思明传

及拜住为左丞相,与帖木迭儿各树朋党,贼害忠良,思明惧祸及,累表辞,不获,后竟诬以不支蒙古子女口粮,饿死四百人,遂废于家。 按:拜住贤相,何至有贼害忠良之事?此史之诬也。考《拜住传》,铁木迭儿引参知政事张思明为左丞以助己。思明为尽力,忌拜住方正,每与其党密语,谋中害之。二年七月,奏召思明诣上都,数其罪,杖而逐之。与此《传》所云正相矛盾。《文宗纪》,天历三年,御史劾奏"张思明在仁宗朝阿附权臣铁木迭儿,间谍两宫,仁宗灼见其奸,既行黜降。及英宗朝,铁木迭儿再相,复授为左丞,稔恶不悛,竟以罪废。今又冒居是官,宜从黜罢"。诏罢之。然则思明之为人,大略可知。《本传》多曲笔,未足深信。

吴元珪传

至治元年,英宗即位。 按:英宗即位在延祐四年,其明年改元至治,不当系即位于至治元年之下。《王约传》亦有至治元年英宗即位之文。

追封赵国公,谥忠简。 按:元珪父鼎,亦赠中书右丞、寿国公,谥宪穆。

陈颢传

遂为清州人。 按:颢曾祖课,赠昭文馆大学士、赵郡公,谥通宪。祖某,大司农卿、赵郡公,谥康靖。父国瑞,大司徒,封赵国公。见程巨夫撰《陈氏先德碑》。

梁曾传

除知南阳府。唐、邓二属州为襄阳府所夺,曾案图经、稽国制以闻,事得复旧。 按:《地理志》,南阳府"金为申州。至元八年,升为南阳府,以唐、邓、裕、嵩、汝五州隶焉",无改隶襄阳之事。

刘敏中传

济南章丘人。 按：敏中祖鼎，赠礼部尚书、彭城郡侯，谥献穆。父景石，滨州教授，赠参知政事、彭城郡公，谥文靖。见《雪楼集》。

王约传

承旨火鲁火孙以司徒开府。 即和礼霍孙。

贺胜传

初，开平人张弼家富。弼死，其奴索钱民家弗得，[②]殴负钱者至死。有治其狱者，教奴引弼子，并下之狱。丞相铁木迭儿[③]受其赂六万缗，终不为直。胜闻弼事，以语御史中丞杨朵儿只。朵儿只以语御史玉龙帖木儿、徐元素。遂劾奏丞相，逮治其左右。 按：《铁木迭儿传》云："上都富人张弼杀人系狱，铁木迭儿使家奴胁留守贺伯颜即贺胜。使出之，伯颜持正不可挠。而朵儿只已廉得丞相所受张弼赂，有显征，乃与萧拜住及伯颜奏之。"《杨朵儿只传》与此略同。与此《传》互异。彼云弼杀人系狱，此云弼家奴杀人而引其子；彼云铁木迭儿胁胜使出其狱，不可，又与杨朵儿只共奏之，此云胜闻弼事以语朵儿只，不与同奏；又此《传》云铁木迭儿受赂六万缗，《铁木迭儿传》云受弼钞五万贯，而《杨朵儿只传》云受弼赃巨万万，皆其异也。

杨朵儿只传

少孤，与其兄皆幼。 按：朵儿只祖世剌，赠夏国公，谥忠定。父式腊唐古台，赠夏国公，谥康靖。兄教化，湖北道廉访使，赠夏国公，谥襄敏。见《道园学古录》。

耶律希亮传

抵叶密里城，乃定宗潜邸汤沐之邑也。 按：宪宗二年，迁诸王脱脱于叶密立地，即叶密里也。
定宗幼子大名王。 按：《宗室表》，定宗三子：长忽察大王，次脑忽太子，次禾忽大王。此大名王当即禾忽也，因其分地在大名，即以为王号,犹只必帖木儿称永昌王也。上文有宗王火忽,疑即一人,"火""禾"音相近。

赵世延传

其先雍古族人,居云中北边。曾祖黠公,为金群牧使,太祖得其所牧马,黠公死之。祖案竺迩,幼孤,鞠于外大父朮要甲,讹为赵家,因氏为赵。 此文已见《按竺迩传》,惟叙黠公事互异。

元明善传

居清河者,至明善四世矣。 按:明善父贞,追封清河郡公,谥孝靖。祖海,追封清河郡侯,谥贞惠。见《吴澄集》。

虞集传

使贵近阿营、嵝嵝传旨。 阿营,即阿荣也。

奎章阁大学士忽都鲁笃弥实。 上文有大学士忽都鲁都儿迷失,即一人也。一篇之中,称名互异。

揭傒斯传

父来成,宋乡贡进士。 按:来成追封豫章郡公,赐号贞文先生。

宋本传

旭灭杰奏释之。 即旭迈杰。

谢端传

史杠宣慰荆南,数加延礼,荐之姚枢,枢方以文章大名自负,少所许可,以所为文视端,端一读即能指摘其用意所在,枢叹奖不已。按:姚枢,当是姚燧之讹。枢本不以文章自负,且枢卒于至元十七年,是时谢端甫生两岁,无缘得见枢也。后读苏天爵所撰《神道碑》,正作文公燧。窃喜鄙见之不谬。

李好文传

西蜀奉使,以私憾摭拾廉访使曾文博、佥事兀马儿、王武事,文博死,兀马儿诬服,武不屈,以轻侮抵罪。好文曰:"奉使当问民疾苦,黜陟邪正,今行省以下,至于郡县,未闻举劾一人,独风宪之司,无一免者,此岂正大之体乎!"率御史力辨武等之枉,并言奉使不法者十余事。按:此时奉使西蜀者,答尔麻失里、王守诚也。《守诚传》云:"初,四川廉访使某与行省平章某不相能,诬宣使苏伯延行贿于平章某,瘐死狱中。①至是,伯延亲属有愬。会茶盐转运司官亦讼廉访使累受金,廉访使仓皇去官,至扬州死。副使以下,皆以事罢。宪史四人、奉差一人,籍其家而窜之,余皆斥去。"即好文所云"风宪之司,无一免者"也。彼《传》称其风采耸动天下,论功为诸道最,而此《传》言其私憾摭拾人罪,并诸不法事,褒贬互异如此,何以取信后世乎?

李尤鲁翀传

从京兆萧𪐴游,翰林学士承旨姚燧以书抵𪐴曰:"燧见人多矣,学问文章,无足与子翬比者。"于是𪐴以女妻之。　按:苏天爵撰《翀神道碑》云,贞隐李先生,邓名士也。公从学诗赋,同门莫及,复从翰林姚文公学古文,文公奇之,以书抵贞隐曰:"子翬谈论锋出,其践履一以仁义为准,文章不待师传而能,后进无足伦比。"于是贞隐以女妻之。又云:公配李氏,贞隐先生之女。然则翀之妻实李氏,非萧氏矣。翀尝从学于𪐴,无以女妻翀之事,《传》误。

王都中传

俄以为国信使,宣谕日本,至其境,遇害于海上。　按:积翁追封闽国公,谥敬愍,改谥忠愍。

吕思诚传

吏部尚书偰哲笃、左司都事武祺等,建言更钞法。　按:思诚与偰哲笃论钞法,已见《食货志》。

汪泽民传

徽之婺源州人，⑤宋端明殿学士藻之七世孙也。　按：宋景濂撰《泽民神道碑》叙其里居世系甚悉。史称藻七世孙，据《碑》乃藻兄槃之七世孙。汪氏自五代初迁婺源之还珠里，传十世至谷，又自婺源迁饶州德兴之龙溪，即槃与藻之父也。槃子恺，又自德兴迁宣州之宣城，子孙遂为宣城人。史舍宣城而系以婺源，亦非也。泽民寿八十三，而《传》作七十，追封谯郡公，而《传》作谯国郡公，皆史之误。泽民族子克宽，预修《元史》，宋景濂又为总裁官，而史文舛误如此，盖官书不出于一手，而意在速成，往往有此失也。

事连广东廉访副使刘珍。　《碑》作刘安仁。

成遵传

至正十七年，升中书左丞，阶资善大夫，分省彰德。　按：《顺帝纪》，至正十七年"诏中书右丞也先不花，⑥御史中丞成遵奉使宣抚彰德、大名、广平、东昌、东平、曹濮等处，奖励将帅"。《百官志》同。是遵之往彰德，乃奉使宣抚，非分省也。又以《宰相表》、《百官志》考之，是年有分省太原者矣，则平章臧卜也；有分省济宁者矣，则右丞失烈门、参政贾鲁也；有分省陵州者矣，则平章答兰、参政俺普、崔敬也。若彰德之有分省，则在至正十五年，其任分省者，前有右丞臧卜、左丞乌古孙良桢两人，继有参政月伦失不花、陈敬伯两人，遵未尝一日预分省之事也。遵以至正十七年拜左丞，《纪》、《表》失载其月日，而由左丞除御史中丞，则《表》系之九月，盖以中丞奉使，使旋，仍入中书。《传》既漏除中丞一节，又误书奉使为分省，皆失之甚者也。凡以省官出镇，谓之分省，遵既除中丞以行，则是台官，非复省官，故知《本传》所书分省者，传闻之讹也。

曹鉴传

泰定七年。　按：泰定无七年，"七"字误。

刘哈剌不花传

　　初，哈剌不花与信州人倪晦，字孟晰，同事泰不花。　　即上文所称河南平章政事太不花也。前作"太"，后作"泰"，于例未画一。

校勘记

　　① "天挺"，"挺"，原本作"拔"。《元史》卷一七四作"挺"，又本条所考为《郝天挺传》之内容，当以"挺"为是。径改。

　　② "其奴索钱民家弗得"，"家"，原本作"间"。《元史》卷一七九作"家"。以下文之意，以"家"为妥，故改。

　　③ "铁木迭儿"，"铁"，原本作"钌"，误。径改。

　　④ "瘐死狱中"，"瘐"，原本作"瘦"，误。据《元史》卷一八三改。

　　⑤ "徽之婺源州人"，"徽"，原本作"徵"，误。据《元史》卷一八五改。

　　⑥ "至正十七年"，"十七年"，原本作"十九年"。《元史》卷四五《顺帝纪》载也先不花等奉使宣抚在至正十七年九月辛丑。时日甚明，刊本"九"当为"七"之误。径改。

廿二史考异卷一百

元史十五

儒学传一

许谦。 其先京兆人。九世祖延寿,宋刑部尚书。八世祖仲容,太子洗马。仲容之子曰洸、曰洞,洞由进士起家,以文章政事知名于时。洸之子实,事海陵胡瑗,能以师法终始者也。由平江徙婺之金华,至谦五世,为金华人。此《传》叙述先世,凡八十言,乃志状之文,无当于国史,当尽删之,但云婺州金华人。

甫能言,世母陶氏口授《孝经》、《论语》。 按:黄溍撰《墓志》云,考讳觥,无子,以从父兄贡士日宣之次子嗣,即先生也。先生甫能言,贡士君之夫人陶氏授以《孝经》、《论语》。则陶氏实谦之本生母。《传》云世母者,考之未审尔。

同郡朱震亨,字彦修。 按:彦修精于医,而《传》略不及之,虽云重儒学而轻方技,然舍其可传,而录其不必传,亦通人之蔽也。

儒学传二

程端学。登至治辛酉进士第。 按:端学以泰定甲子登第,见欧阳原功所撰《墓志》,史误。

陈旅。适御史中丞马雍古祖常使泉南。 雍古二字当删。

宇文公谅。至顺四年,登进士第。 即元统癸酉岁也。

良吏传一

谭澄。以其弟山代为交城令。 "山"下脱"皋"字。

以疾卒,年五十八。 按:《山西通志》,追封弘农郡公,谥忠宣。子克修,陕西汉中道提刑按察使,赠礼部尚书,追封弘农郡侯,谥文宪。

克思，中山知府，追封弘农郡侯。克修子忠，南康府判官。质，兵部侍郎。文，河南宣慰使。克思子敬，汉阳知府。

卜天璋。丞相顺德王当国。　当称哈剌哈孙。

良吏传二

段直。至元十一年，河北、河东、山东盗贼充斥，直聚其乡党族属，结垒自保。世祖命大将略地晋城，直以其众归之。其后论功行赏，分土世守，命直佩金符，为泽州长官。①　今泽州凤台县有刘因所撰直墓碑，文字完好，所书事迹，与《传》略同，而《传》所书年代，与碑大相剌谬。碑云：甲戌之秋，南北分裂，河北、河东、山东郡县尽废。甲戌者，元太祖之九年，金贞祐二年也。是岁，元兵围中都，金宣宗迁汴，故有南北分裂之语。而《传》乃云至元十一年，河北、河东、山东盗贼充斥，以其岁亦在甲戌也。曾不思至元之初，境内宁谧，河北诸路安有寇盗充斥之患乎？碑又云：天子命太师以王爵领诸将来略地，公遂以众归之。谓太师、国王木华黎承制时也。而《传》乃云世祖命大将略地晋城，曾不思世祖时晋城久入版图，安得有命将略地之事乎？碑作于世祖朝，其文云：今上在潜邸，命提举本州学校，未拜而卒。然则直卒于宪宗朝，未尝事世祖矣。盖由史臣不学，误衍甲戌为至元之甲戌，相差一甲子而不悟也。

未拜而卒。　年六十有五。子绍隆嗣，官至台州知州。《传》皆失书。

林兴祖。至治二年，登进士第。　按：至治二年壬戌，非科举之岁，当有误。

忠义传一

李伯温，守贤之孙，縠之子也。　按：《李守贤传》末亦云"子縠子十一人，伯温见《忠义传》"，与此文合。及考其《传》首云"金大安初，守贤暨兄庭植，弟守正、守忠，从兄伯通、伯温归款"，则伯温乃守贤之从兄，前后自相矛盾。今据此《传》称伯温长兄惟则、次伯通。岁甲戌，锦州张致叛，②国王木华黎命击之，大战城北，伯通死焉。若伯温为守贤之孙，伯通亦守贤孙矣。守贤以甲午岁卒，年四十六，则甲戌岁年仅二十六，安得有孙？且能履行陈乎？毅卒于至元七年庚午，年四十九，溯其生年，当在壬午。守忠以丁亥岁被执，伯温亦失利死节，其时毅才六岁耳。而史以伯温为毅子，何其谬乎！推求其故，此《传》之误，实因于《守贤传》。然彼《传》云伯温见《忠义传》者，因篇中有与从兄伯通、伯温归款之文，牵连书之，非谓伯温在毅子十一人之数也。史家不谙文义，遂至谬妄乃尔。

子守正，自幼时尝质于木华黎。　据《李守贤传》，则守忠、守正与伯温为从昆弟。此《传》既云平阳已陷，弟守忠被执，伯温谓左右曰："吾兄弟仗节拥旄，受方面之寄，吾弟已被执，我不可再辱。"则亦以守忠为伯温弟矣。守忠为守正之兄，则守正亦伯温之弟，而此乃云子守正，竟似守正、守忠皆伯温子。一篇之中，自相矛盾如此。

岁庚寅，上党、晋阳合兵攻汾州，将陷，守正以义赴援。　按：守忠死于丁亥四月，而守正之战殁更在其前。庚寅在丁亥后四年，守正死已久矣。此事有误。或云当为庚辰之讹。

平阳公胡景山以青龙堡降。　《太祖纪》、《木华黎传》俱作胡天祚。景山，盖其字也。

丁亥夏四月，金纥石烈真袭击平阳行营招讨使权国王按察儿于洪洞。　按：《金史·纥石烈牙吾塔传》，正大四年，牙吾塔复取平阳。正大四年，即丁亥岁也。真与牙吾塔，殆一人而两名乎？

石珪。　按：珪起于盗贼，背金归宋，又背宋降元，虽死于非命，岂宜厕诸忠义之列。

耶律忒末。父丑哥，仕辽为都统，辽亡，不屈节，夫妇俱死焉。金主悯其忠义，授忒末都统。岁甲戌，国兵至，金迁于汴，忒末及子天祐率众三万内附。　按：辽亡于乙巳岁，至元太祖甲戌相距九十载，使忒末果于辽亡时授官，计其年当近百岁，岂复能从征，又阅十余年而战没乎？此与移剌捏儿事迹不同，而妄诞相似。史臣于时代修短且茫然不知，而任以笔削之职，欲其无失，实难矣。

伯八，儿合丹氏。　按：目录以伯八儿标题，似合丹为伯八儿之氏。今检《传》中，两举伯八名，皆不连"儿"字。又《元秘史》载蒙力克额赤格事甚详，即此《传》之明里也赤哥也。《秘史》谓其族为晃合坛氏。"丹""坛"声相近，则"儿"乃"晃"字之讹。

合剌普华。按:文质子六人,契玉立、契直坚、契哲笃、契朝吾、契列篪皆第进士。 按:欧阳原功《契氏家传》云:契氏先世,尝从其主居契辇河,因以契为氏。契玉立,官翰林待制。契直坚,宿松县达鲁花赤。契朝吾,同知济州事。契列篪,河南路经历。

忠义传二

李齐。广平人。 按:《元统元年进士录》,李齐贯保定路祁州蒲阴县匠户。此云广平,恐误。

郭嘉。祖昂,父惠,俱以战功显。 按:列传第五十二卷有郭昂,官广东宣慰使。子惠,江西廉访金事。当即嘉之祖与父也。彼《传》称彰德林州人,此云濮阳人,籍贯小异。

喜同。时有襄阳录事司达鲁花赤塔不台字彦晖者。 按:《元统元年进士录》有塔不歹,字彦辉,贯东昌路聊城县,唐兀氏,盖即其人也。

忠义传三

伯颜不花的斤。驸马都尉、中书丞相、封高昌王雪雪的斤之孙,驸马都尉、江浙行省丞相、封荆南王朵尔的斤之子也。 按:《诸王》、《公主》二《表》及《巴而尤阿而忒的斤传》俱不载雪雪的斤、朵尔的斤之名,叶盛《水东日记》引《高昌王世勋碑》云,帖木儿补化有二子,长不答失里,嗣亦都护高昌王;次伯颜不花的斤,为太常鲜于枢甥,官浙东宣慰使。如碑所言,似朵儿的斤与帖木儿补化即是一人。今考《元文类》载虞集《高昌王世勋碑》,不叙帖木儿补化之子,叶文庄所见,岂别一碑邪?

丑闾。 字时中,蒙古氏。登元统元年进士第。 按:是榜有两丑闾。第二甲第十二名,字时中,贯昔宝赤身役,唐兀氏。第三甲第三名,字益谦,贯河南淮北蒙古军户,哈剌鲁氏。此字时中者,乃唐兀氏,非蒙古氏。

忠义传四

迭里弥实。曰海鲁丁者,官信州。 按:海鲁丁事,见《伯颜不花的斤传》。

孝友传一

赵一德。 拜请于其主郑阿思兰。 即郑阿儿思兰也。

尹莘,汴梁洧川人。 按:《文宗纪》,至顺元年五月,以汴梁尹华孝行,旌其门。疑即一人,字形相涉而讹。

孝友传二

刘琦,岳州临湘人。生二岁而母刘氏遭乱,陷于兵。 按:傅与砺有《旌孝图集序》云:岳阳民张琦,生二岁而失母于兵,长而求之,三十年不得而不倦,风雨往复,晨昏号呼,鬼神为愁,行路相泣,卒能归其母,使二亲终寿于其室家。暮年,二亲病臂,则子为父冠带,妇为姑栉洗,凡所顺承惟其志。既殁,葬祭情溢于礼,远近莫不称其孝焉。事闻朝廷,命有司旌其门,且复其家。与史所载刘琦事略同,而姓则互异,似当从傅《集》张琦为正。盖琦母氏刘,同姓婚姻,世不常有也。

隐逸传

张特立。 按:特立在《金史·循吏传》,然两《传》所载,事迹不同,可以互相考证。

白撒诉于世宗,言特立所言事失实,世宗宥之。 世宗,当作哀宗。据《金史》称白撒治特立,左迁邠州军事或作"士"误。判官,杖五十,则亦未尝宥也。

列女传一

元受命百余年,女妇之能以行闻于朝者多矣,不能尽书。 按:《仁宗纪》,皇庆二年十月,旌表高州民萧义妻赵氏贞节,免其家科差。延祐二年八月,旌表贵州达鲁花赤相兀孙妻脱脱真死节,仍俾树碑任所。《文宗纪》,天历二年正月,卫辉安寅妻陈氏、河间王成妻刘氏、冀宁李孝仁妻寇氏、濮州王义妻雷氏、南阳郃二妻张氏、怀庆阿鲁辉妻翟氏,皆以贞节旌其门。至顺元年五月,龙兴张仕兴妻邹氏、奉元李郁妻崔氏以志节旌其门。六月,旌表真定梁子益妻李氏等贞节。七月,大同李文实妻齐氏、河南阎遂妻杨氏、大都潘居敬妻陈氏、王成妻高氏以志节,顺德马奔妻胡润奴、真定民妻周氏、冀宁民妻魏益红以夫死自缢殉葬,并旌其门。九月,辰州万户图格里不花母石抹氏以志节旌其门。十二月,冀宁路梁世明妻程氏、中兴路伯颜妻阿迭的以志节旌其门。二年正月,旌大都大兴县郭仲安妻李氏贞节。二月,旌巩昌金州民杜祖隆妻张氏、大都民刘德仁妻王氏贞节。三月,旌同知大都府事忙兀秃鲁迷失妻海迷失山、丹州郝荣妻李闰、故户部主事赵野妻柳氏贞节。四月,甘州阿儿思兰免古妻忽都的斤,以贞节旌其门。五月,旌济南章丘县马万妻晋氏志节。六月,旌大都右警巡院胡德妻曹氏贞节。七月,大宁和众县何千妻柏都赛儿,夫亡以身殉葬,旌其门。八月,旌扬州路吕天麟妻韦氏贞节。三年二月,旌晋宁路沁州刘玮妻张氏志节,旌济州任城县王德妻秦氏、婺州路金华县吴埙妻宋氏、庐州路高仁妻张氏、甘州路岳忽南妻失林、盖州完颜帖哥住妻李氏志节。三月,旌大都良乡县韦安妻张氏贞节。五月,旌探忒妻灵保贤孝。六月,旌归德府永城县民张氏孝节。皆《传》所谓不能尽书者。然详于《纪》而略于《传》,更非体矣。

阔文兴妻王氏。至顺三年,事闻,赠文兴侯爵,谥曰英烈;王氏曰贞烈夫人。　按:《顺帝纪》元统二年,赠文兴英毅侯王氏贞烈夫人。英烈、英毅,谥号小异。

列女传二

也先忽都,蒙古钦察氏。　按:钦察是色目,非蒙古。

释老传

帝师八思巴。　《世祖纪》作八合思八。

乃以其弟亦怜真嗣焉。　《世祖纪》作亦邻真,又作亦怜吉。

答儿麻八剌乞列嗣。　《世祖纪》作答耳麻八剌剌吉塔。

亦摄思连真嗣。　《世祖纪》作亦摄思怜。

乞剌斯八斡节儿嗣。　《成宗纪》作合剌思八斡节,而又作吃剌八思斡节儿。

相家班嗣,皇庆二年卒。相儿加思嗣。　按:《成宗纪》,大德九年正月,帝师辇真监藏卒。三月,以吃剌八思斡节儿侄相加班为帝师。《仁宗纪》,皇庆二年九月,以相儿加思巴为帝师。中间不书相加班之卒,疑相儿加思巴与相加班即一人。

旺出儿监藏嗣,泰定二年卒。 按:《泰定帝纪》,泰定四年二月,[③]帝师参马亦思吉思卜长出亦思宅卜卒。疑即旺出儿监藏也。其卒在泰定四年,《传》作二年误。

公哥列思八冲纳监藏班藏卜嗣。 《泰定纪》"八"作"巴"。

以辇真吃剌失思嗣。[④] 《文宗纪》无"失"字。

奸臣传

阿合马,回纥人也。 按:回纥,唐时旧名,后称回鹘。唐末失其土而迁于北庭。元时音转为畏兀,或作畏吾儿,与回回非一种。《辍耕录》载色目三十一种,有畏吾兀,又有回回。《元史·太祖纪》,汪罕走河西、回鹘、回回三国。《薛塔剌海传》,从征回回、河西、钦察、畏吾儿诸国。《世祖纪》,河西、回回、畏吾儿等,依各官品充万户府达鲁花赤。《文宗纪》,各道廉访司官用蒙古二人,畏兀、河西、回回、汉人各一人。《明史·哈密传》,其地种落杂居,一曰回回,一曰畏兀儿,一曰哈剌灰,其头目不相统属。又云,哈密故有回回、畏兀儿、哈剌灰三种。回纥与回回,不宜混而一之明矣。阿合马本出回回,故世祖言回回人中阿合马才任宰相,而《传》称回纥人,盖明初史臣,亦昧于回回、回纥之有别也。

江淮行省平章阿里伯。 阿里伯,《元史》无传,为阿合马所潜死,后追谥忠节。见《柳贯集》。

右丞燕帖木儿。 即崔斌也。

搠思监。野先不花之孙。 即也先不花。

叛臣传

太祖十六年,全叛宋,举山东州郡归附,太师、国王孛鲁承制拜全山东淮南楚州行省。 按:李全之降,据《太祖纪》在二十一年,丙戌岁。此误。且木华黎以太祖十八年卒,而孛鲁嗣之,若云十六年,则孛鲁未为国王也。

阿鲁辉帖木儿。曲春传太平,太平传帖木儿赤,而阿鲁辉帖木儿袭其封。　按:《诸王表》,阳翟王太平,泰定元年袭封。曲春、帖木儿赤则失其封年,而承袭之次,则与此《传》正合。《宗室世系表》以太平为曲春兄,帖木赤儿即帖木儿赤。为曲春之子。至阿鲁辉帖木儿与其弟忽都帖木儿,则两《表》不见其名。

高丽传

太祖十三年,帝遣哈只吉、札剌等领兵征之,高丽王名阙。奉牛酒出迎王师。　按:《太祖纪》称高丽王瞰降,请岁贡方物。考《朝鲜史》,太祖十三年为王瞰即位之五年,《传》乃阙其名,何邪?

皇太弟、国王及元帅合臣。　合臣,即哈只吉也。《太祖纪》及《朝鲜史》俱作哈真。

命撒礼塔征其国。　《洪福源传》作撒里答。

十月,禃入朝。　按:是年六月,禃亲朝,此又云禃入朝,盖以六月朝上都,十月入朝大都,非既还国而又入朝也。

立禃庶族承化侯为王。　承化侯名温,见《朝鲜史》。

皇女忽都鲁揭里迷失下嫁于世子愖。　《公主表》作忽都鲁坚迷失。

子谌复袭王位。成宗初年,尚宝塔实怜公主。　《表》作卜答失利,《本纪》作普达实怜,又作宝答失怜。生子焘。焘受逊位,以仁宗皇庆二年四月封高丽国王。是年,其弟暠立为世子。　按:《本传》述授受事多疏舛。今据《朝鲜史》考之,盖源以至大三年封沈王,入朝。皇庆二年,遣归就国,乃请辞位,以其长子焘为征东行省左丞相、高丽王,而以侄延安君暠为世子。暠为沈王世子,非为高丽王世子也。

焘传其弟暠。　按:延祐三年,璋请传沈王位于世子暠,许之。暠所受者沈王,非高丽王。又受于璋,非受于焘也。焘嗣高丽王,顺帝至元五年薨。子祯嗣,至正三年薨。子昕嗣,八年薨。以祯庶子眠嗣,十一年,诏废眠而立祯之母弟祺。其承袭之次,见于《朝鲜史》,班班可考。暠虽有夺嫡之志,迫于众议,终不得逞,而史乃云焘传其弟暠,何其谬乎。

谌则更名璋云。　章当作璋。高丽国王自尚主以后,子孙多以国语命名,故常有两名,如璋曰益智礼普化,焘曰阿刺忒纳失里,祯曰不答失里,昕曰八秃麻朵儿只,祺曰伯颜帖木儿,又名颛古。史家不能尽载,今参取《朝鲜史》,以博异闻。

　　谨按:辽、金、元三朝,人名、官名、地名旧史颇多舛讹,由当时史臣未通翻译,以至对音每有窒碍,且有一人而彼此互异者。现奉圣旨,饬令馆臣逐一厘定,足洗向来沿袭之陋。是书成于乾隆庚子,所据系武英殿旧刊本,俟颁下定本到日,遵照改正。辛丑三月大昕书。

校勘记

　　① "为泽州长官","官",原本作"宫",误。径改。

　　② "张致叛","叛",原本作"判",误。径改。

　　③ "泰定四年二月","二月",原本作"一月"。《元史》卷三〇《泰定帝纪》载帝师卒于泰定四年二月壬午。"二"、"一"易淆,盖刊本误。径改。

　　④ "以辇真吃剌失思嗣","辇",原本作"辈",误。据《元史》卷二〇二改。

附录一　三史拾遗

三史拾遗卷一

史记

五帝本纪

依鬼神以剬义。《正义》云:"剬,古制字。"《说文》:"制,从刀,未声。"依字当作"粉",隶变为制。或讹为剬,则与耑旁相乱矣。唐人不谙六书,翻以为古。如颜籀以"兢"为古"况"字,不知为"荒"之讹;以"悐"为古"莎"字,不知为"蕊"之讹;以"餰"为古"饎"字,不知为"饐"之讹也。

居郁夷,曰旸谷。《索隐》云:《史记》旧本作"汤谷",今并依《尚书》字。 太史公多识古文。所引诸经与今本多异者,皆出先秦古书。后人校改,渐失其真。即"汤谷"一条推之,知旧本为小司马辈所更易者,谅不少矣。《殷本纪》"简狄",旧本作"易",亦古文。

鸟兽字微。《注》:《尚书》"微"作"尾"字。《说文》云:"尾,交接也。"《说文》无此文,《注》有误。段氏玉裁曰:此仍用孔《传》耳。"文"字衍。

似恭漫天。 即《书》"象恭滔天"也。孔《传》训"滔"为"漫",与《史记》合。韩退之诗"唯解漫天作雪飞",盖出于此。

于是以益为朕虞。 《汉书·百官公卿表》"益作朕虞"。《地理志》"为舜朕虞",与此文同。盖官名有"朕"字,非单名"虞"也。王莽改水衡都尉曰"予虞",亦放此。

夏本纪

厥田斥卤。 上文已有"海滨广潟"句。"斥"与"潟"文异义同,不当重出。《禹贡》、《汉志》皆无之。此后人妄增也。《史记》引《禹贡》,"厥"皆作"其",此独作"厥",亦其一证。

其草惟夭,其木惟乔。 段氏玉裁曰:"兖州云'草繇木条',无

"其"、"惟"二字,独扬州有之,盖后人所增也。"《汉书·地理志》兖、扬二州皆无"厥"、"惟"字。

齿、革、羽、毛。《注》:孔安国曰:"象牙、犀皮、鸟羽、旄牛尾也。"《正义》曰:"西南夷常贡旄牛尾,为旌旗之饰。《书》、《诗》通谓之旄。"段氏玉裁曰:荆州"羽、旄、齿、革",字正作"旄"。此作"毛",浅人所改也。

云梦土为治。《索隐》曰:"云土、梦本二泽名。韦昭曰:'云土今为县。'今案《地理志》,江夏有云杜县,是其地。" 今《索隐》单行本大书"云土梦"三字,盖小司马本"土"在"梦"上。淳熙耿秉刊本正"土"在"梦"上。

包匦菁茅。《注》:郑玄曰:"匦,缠结也。" 案《尚书疏》、《吴都赋注》引郑注,"缠结"上有"犹"字。

浮于江、沱、涔于汉。 今《禹贡》无下"于"字。陆氏《释文》云:"本或作'潜于汉',非。"孔颖达《正义》云:"本或'潜'下有'于',误耳。"据此二文,则古本《禹贡》本有"于"字,"于江、沱、潜"为句,"于汉"又为句。陆误以"潜于汉"为句。故云非耳。此亦段氏所说。

浮于雒,达于河。 史公引《禹贡》皆改"达"为"通"。兖州云"通于河"。青州云"通于济"。徐州云"通于河"。扬州云"通淮、泗。"独豫州云"达于河",此转写之误。

终南、敦物。《索隐》曰:《地理志》云"太一山古文以为终南山,耿本无此"山"字。华山,古文以为敦物",皆在扶风武功县东。 《汉志》本作"垔山",此云华山者误也。然下文"至于太华",《索隐》亦云"太华即敦物",则真以华山为敦物矣。《水经》,华山为西岳,在恒农华阴县西南。郦《注》云:"古文之惇物山也。"小司马似本此。然华山在恒农,不在扶风,讵可牵合为一?《水经》亦别有敦物山。郦氏偶未检照耳。

《注》徐广曰:"从禹至桀十七君,十四世。"骃案:《汲冢纪年》曰:"有王与无王,用岁四百七十一年矣。" 《殷本纪注》引《汲冢纪年》曰:"汤灭夏以至于受二十九王,用岁四百九十六年也。"以今本《纪年》考之,此二条皆在附注中。相传附注出沈约之手。而《梁书·约传》不载其事。《隋·经籍》、《唐·艺文志》俱不言沈约有附注,则流传之说不足据也。裴氏生于休文之前。其注《史记》已引此文,则注非休文所作益明白矣。《晋书·束皙传》称《竹书》之异云:"益干启位,启杀之。"《史通》引《竹书》云:"益为后启所诛。"见《疑古》、《杂说》等篇。而今《竹书》书云:"夏启二年,费侯伯益出就国;六年,伯益薨。"然则今本《竹书》出于宋以后人伪托,信矣。

周本纪

龙亡而漦在,椟而去之。 去,藏也,俗作"弆"。

子灵王泄心立。 梁氏玉绳曰:"案《晋语》作'大心',《周语》韦注亦作'大心'。疑此'泄'字误。"大昕谓"泄心"即"世心"也。《礼记·杂记下》"泄柳之母死",唐石经作"世柳";岳氏刊本亦作"世"。《春秋三传》"世"与"大"多相通,如"乐大心"作"世心",与此可互证。《夏本纪》帝泄,《左传疏》引《世纪》作"世"。盖"泄"从世声,亦可读如"世"。

秦破韩、魏,扑师武。《注》:"《战国策》曰'秦败魏将犀武于伊阙'。" 师、犀声相近。

秦本纪

惠文君四年,齐、魏为王。十三年四月,魏君为王,韩亦为王。 案《六国表》:惠文四年即魏襄王元年,齐宣王九年也。《表》与《世家》俱书齐、魏会徐州,诸侯相王。至十三年,魏君为王,则《魏世家》无之,《表》亦但书于秦,不书于魏,此可疑也。《韩世家》宣惠王十一年,君号为王,《表》则在十年,当惠文王后二年,较《世家》先一岁。然与此《纪》十三年之文总不合,此又可疑也。

昭王四十四年,攻韩南郡,取之。 南郡,《六国表》作南阳。考江陵之南郡,楚地,非韩地,当以南阳为是。但昭王十六年拔韩宛城,又魏冉封穰侯,皆南阳郡地,是南阳属秦已久。至昭王三十九年置南阳郡,何以四十四年攻韩,又取南阳?盖战国时大郡或领十数城,非一时所能尽拔。秦虽置南阳,尚未全有其地,至是始悉取之。如上党亦韩郡,桓惠王十年,郡守冯亭以郡降赵,十四年为秦所拔矣;而二十六年又云"秦拔我上党",亦其类也。

始皇帝五十一年而崩。 "五"当为"立"。秦王政二十六年,始称皇帝,至三十七年而崩,计为帝十一年耳。耿本已误。

秦始皇本纪

蒙骜、王齮、麃公等为将军。《索隐》云:"麃公盖麃邑公,史失其姓名。" 麃者,其人之姓,史失其名耳。汉有郡太守麃次公、乐安相麃季公。见《孔庙礼器碑》。

将军壁死。《正义》云:"言成蟜自杀于壁垒之内。" "壁"者,将军之名,盖别是一人,与上文成蟜初不相蒙。注家牵合为一,故愈不能了。

卒屯留、蒲鹬反,戮其尸。《注》:徐广曰:"鹬,一作'鹬',屯留、蒲鹬皆地名。壁于此地时,士卒死者皆戮其尸。" 蒲鹬当是人姓名,为将军部下卒。壁死而鹬反,故加以戮尸之刑。旧注牵合上文,不足取。

今袭号而金石刻辞不称。《正义》云:"尺证反。" 《正义》音非也。"称"当读如字。"不称"二字连下"始皇帝"读为一句,谓诸金石刻但称"皇帝"、不称"始皇帝",则与后嗣所刻无别,非所以尊始皇功德也。总绎上下,文义自了。

项羽本纪

项羽自立为西楚霸王,王九郡,都彭城。 《货殖传》:"自淮北沛、陈、汝南、南郡,此西楚也。""彭城以东,东海、吴、广陵,此东楚也。""衡山、九江、江南、豫章、长沙,此南楚也。"据彼文,似彭城是东楚,非西楚。羽既都彭城,而东有吴、会稽诸郡,乃以西楚为号者,羽兼有梁、楚地,梁在楚西,言西楚则梁地亦兼其中矣。又据彼传,三楚之分,大率以淮为界。淮北为西楚,淮南为南楚,唯东楚跨淮南、北。吴、广陵在淮之南,东海在淮之北,彭城亦在淮北,而介乎东西之间,故彭城以西可称西楚,彭城以东可称东楚也。

大司马怒,渡兵氾水。《注》:如淳曰:"氾,音祀。《左传》曰:'鄙在郑地氾。'" 案:如音,与今土人音正同。其所引《左传》则误也。僖廿四年《传》:"王出适郑,处于氾。"杜《注》:"郑南氾也,在襄城县南。"此即所谓"鄙在郑地氾"者。《续汉志》:襄城有氾城。刘昭《注》亦以为周襄王所处。其字从"巳",音"凡",不当牵为一地。

高祖本纪

《索隐》云："贞时打得班固泗水亭长古石碑文，^①其字分明作'温'字，云'母温氏'，贞与贾膺复、徐彦伯、魏奉古等执对反覆沈叹。""膺复"当作"膺福"，先天二年为右散骑常侍、昭文馆学士，以预太平公主逆谋诛。见《唐书·公主传》。今河内县有大云寺碑，即膺福书也。徐彦伯卒于开元二年，见《唐书》本传。案司马贞、张守节二人，《新》、《旧唐书》皆无传。守节《正义序》称"开元二十四年八月杀青斯竟"，而小司马两序不载撰述年月。以此注验之，其与贾、徐诸公谈议，当在中、睿之世。计其年辈，似在张守节之前也。《补史记序》自题国子博士、弘文馆学士。唐制，弘文馆皆以它官兼领，五品以上为学士，六品以下曰直学士。国子博士系正五品上，故得学士之称。神龙以后，避孝敬皇帝讳，或称"昭文"，或称"修文"。开元七年，仍为弘文。小司马充学士，盖在开元七年以后也。《唐书·刘知幾传》："开元初，尝议《孝经》郑氏学非康成注，当以古文为正；《易》无子夏传，《老子》书无河上公注，请存王弼学。宰相宋璟等不然其论，奏与诸儒质辨。博士司马贞等阿意，共黜其言，请二家兼行，唯子夏《易传》请罢。诏可。"又考《唐书·艺文志》，称贞开元润州别驾，盖由文馆出为别驾，遂蹭蹬以终也。

常从王媪、武负贳酒。《索隐》云："《说文》云：'贳，贷也。'临淮有贳阳县。《汉书·功臣表》'贳阳侯刘缠'，而此《纪》作射阳，则'贳'亦'射'也。" 今《汉书·功臣表》亦作"射阳"。师古云：字或作"贳"者，后人改也。 据小司马说，则《汉表》元是"贳阳"，师古改为"射"耳。"临淮有贳阳县"句，亦引《说文》。今世所行《说文》无此语。疑后人以《地理志》无此县而芟之耳。

别将司马尼。 耿本"尼"作"尸"。《曹参世家》同。案《汉书》小颜《注》云："尸，古夷字。"则耿本是也。

立子恒以为代王。 《高帝纪》于孝惠不书名，《文帝纪》于景帝不书名，乃文帝名再见于《高祖纪》，一见于《吕后纪》，此必后人所加。《景帝纪》四年立皇子彻为胶东王，七年立胶东王为皇太子，名彻，亦后人所加。《诸侯年表》：高祖十一年，复置代，二月丙子初王元年。^②十八，为文帝。《文帝纪》"子某最长，请建以为太子"，此史公避讳之例。《高祖纪》

当先书立子某为代王。其后云次代王,已立为孝文帝,不必更举名也。**孝景前四年四月乙巳初王元年,四立为太子,**③**俱不书名。**此据耿本也。它本"初王"下有"恒"字,元年有"高祖子",与诸王无别。盖后人妄增。惟淳熙本不误。然诸《纪》亦皆与今本同。

孝景本纪

二年秋,荧惑逆行,守北辰,月出北辰间。 月、五星出入黄道间,必无失行而守北辰之理。予意"辰"当为"戉"之讹。《汉书·天文志》:"东井西曲星曰戉;北,北河;南,南河。火守南北河,兵起。"又云:"元封中,星孛于河戉。占曰:'南戉为越门,北戉为胡门。'"今本"戉"作"戌",误。盖北戉与黄道相近,故荧惑得守之,而月行亦或出入其间也。

十二诸侯年表

及如荀卿、孟子、公孙固、韩非之徒。《索隐》云:"宋有公孙固,无所述。此盖齐人辕固,传《诗》者也。" 梁氏玉绳曰:"传《诗》者韩婴、辕固,不得嫁名于公孙固。考《汉·艺文志》,儒家有《公孙固》一篇十八章。齐闵王失国,问之,因为陈古今成败也。"

六国表

秦始皇二十八年,为阿房宫。 耿本"房"作"旁"。二世元年"就阿房宫"同。

高祖功臣侯年表

阳都侯丁复。拜为将军、忠臣、侯。 "忠臣"非官号。古书"忠"与"中"通。韩增幼为"忠臣",谓中朝亲近之臣也。此"忠臣"义亦同。《酷吏传》,景帝谓郅都忠臣,欲释之。窦太后曰:"临江王独非忠臣乎?"亦是此义。

衍侯翟盱。 梁氏玉绳曰:《水经注》卷七云"封丘县,南燕之延乡也。其在春秋为长丘,汉高帝封翟盱"。又《艺文类聚》引《陈留风俗传》云:"高祖与项氏战,厄于延乡,有翟母免其难,故以延乡为封丘,以封翟母。"此侯翟盱必翟母之子也。

惠景间侯者年表

杨虚　恭侯刘将庐元年。　　卢氏文弨曰：恭侯乃杨丘侯刘安之谥。将庐则齐孝王也。下文"将庐为齐王"下有"有罪国除"四字。此亦杨丘恭侯子偃事，误缀于此。大昕案：《索隐》单行本"杨虚"之下本有"杨丘侯刘平"一人，《汉表》作"安"。转写脱漏，错入此格，文又不完耳。

历书

日得甲子。《正义》云："满九百三十八分成一日。"《史记·甲子篇》推天正朔，以九百四十分为一日。《乾凿度》、《四分术》同。此云"九百三十八"者，误也。

正北。　谓太初元年，天正冬至，加时在子。

十二。　谓是岁十二个月无闰。

无大余。　谓是年天正甲子朔。

无小余。　谓合朔加时在夜半。

无大余。　谓冬至与朔同日。

无小余。　谓冬至加时亦在夜半。

焉逢摄提格太初元年。　是年天正至朔，皆无大小余，故为元首。自正北以下六事皆属此年，故再题岁名以识之。

十二。　此下五事皆属次年。刊本以此二字系于太初元年之下，误也。元首冬至加时正北，则次年冬至在正东，又一年在正南，又一年在正西，又一年复在正北矣。而史皆不言者，非至、朔同日之岁故也。唯始元二年正西，地节四年正南，初元二年正东，以章首至、朔同日故书。

大余五十四。　谓次年天正十一月戊午朔。

小余三百四十八。　谓合朔在卯正后。

大余五。　谓次年天正冬至己巳日。

小余八。　谓冬至加时在卯正。

闰十三。　此谓太初三年当有闰月，并十二经月为十三也。当别为一行。刊本系于二年之下，则似太初二年已有闰矣。后凡书"十二”、书“闰十三”者,皆误系于前一年。

正西。 谓始元二年冬至与朔同日,加时在酉也。刊本误系于始元元年之下。

正南。 谓地节四年冬至与朔同日,加时在午也。刊本误系于三年之下。

正东。 谓初元二年冬至与朔同日,加时在卯也。刊本误系于初元元年之下。

祝犁大荒落四年。 自太初元年至此,凡七十六岁。古术家以十九岁为一章,七十六岁为一蔀。太初冬至日得甲子。所谓“甲子”,蔀也。至是岁而一蔀终。其明年入癸卯蔀,加时亦在正北,至、朔皆无小余,惟大余同为三十九耳。

右《历书》:大余者,日也;小余者,月也。 案:本《书》自太初元年至建始四年,每年再举大余、小余之数。前之大余、小余,推天正经朔所用,后之大余、小余,推冬至所用也。十干、十二支相配以纪日,六十而周。不满六十谓之大余,故云“大余者,日也”。然而中节朔晦不皆当夜半子时,于是分一日为若干分,谓之日法;不满法谓之小余,以课加时之早晚。推正朔以九百四十为日法,故小余有多至九百卅一者;推冬至则以卅二为日法,故小余多者不过廿四。两小余虽有多寡之殊,要为加时而设,则其理不异。依文当云“小余者,时也”。今本作“月”,乃传写之误。小司马谓:“十二月余,此三百四十八数,故云小余者月。”然天正之小余,谓生于月可也;冬至之小余,谓出于月可乎?盖唐本已讹,小司马不能是正,斢曲傅会,不知其终不能合也。

天官书

旁有两星曰衿。《索隐》云:“衿,音其炎反。” 《汉志》亦作“衿”。或据小司马引《元命包》“钩、钤两星语”辄改为“钤”,非也。

尾为九子,曰君臣;斥绝,不和。 王孝廉曰:“尾主后宫。‘君臣’疑‘群姬’之讹。”麋芸谨案:孝廉不知何名。

西宫咸池,曰天五潢。五潢,五帝车舍。 《淮南·天文训》:“斗柄为小岁,正月建寅,月从左行十二辰。咸池为大岁,二月建卯,月从右行四仲。终而复始。”盖斗为帝车,有运转之象。咸池以五车为匡卫,亦有运行之象,故古人指其所建以定四时。古书言咸池者,皆兼五潢、五车、三柱言之。故史公以咸池为"五帝车舍"。《春秋元命包》云:"咸池主五谷。其星五者,各有所职。"然则五车即咸池也。后人析为数名,仅以三小星当咸池,而《淮南》、《太史公书》遂不能通矣。史公以紫宫、房心、权衡、咸池、虚危为天之五官坐位,岂专指三小星而言哉!洪景伯谓咸池每岁自卯逆行四仲,经星随璇玑之运,不可离其次。周流四仲,当是其神尔。洪亦未解五车随天转运,昏旦易方,各有所指故也。参为白虎,在西南未申之隅,不当西方正位。故《史》、《汉》不以表西方诸宿。或疑"西宫"下当有"白虎"字,非也。汉儒说《易》,以兑为虎。虞仲翔斥为俗儒,独以坤为虎,盖依天象而言。

曰西方,秋。司兵月行及天矢。　"司兵"以下七字疑衍。以木、火、土、水四星例之可见。

楚,唐昧。《正义》云:"莫遏反。"　《屈原传》:"诸侯共击楚,大破之,杀其将唐昧。"《正义》"音莫葛反",即其人也。《汉书·古今人表》、《续汉书·天文志》并作"唐蔑"。古书"蔑"与"昧"通。"昧"当为"眛"之讹。《春秋》"公及邾仪父盟于蔑","晋先蔑奔秦",《公》、《谷》皆作"眛"。《说文》:"眛,目不明也。""蔑,劳目亡精也。""蔑"字从"苜","苜"读如"末"。后人不通六书,改为"昧爽"之"昧",失其旧矣。

封禅书

上卑耳之山。《集解》:韦昭曰:"卑耳即《齐语》所谓'辟耳'。"　卑、辟声相近。

南伐至召陵,登熊耳山,以望江、汉。《索隐》云:"顺阳、益阳二县东北有熊耳山,东西各一峰,如熊耳状,因以为名。"齐桓公、太史公并登之。或云弘农熊耳,非也。　益阳属长沙国,与顺阳相去甚远,当有舛讹。检《汉志》小颜《注》,亦云"熊耳山在顺阳北、益阳县东。"未知其审。《水经注》:均水发源恒农郡之卢氏县熊耳山。山南即修阳、葛阳二县界也。县即析之北乡,故言出析县北也。魏收《地形志》:析州修阳郡领修阳、盖阳二县。则此注益阳乃盖阳之误耳。盖、葛声相近,故郦《注》作"葛阳"。

岳山。《注》:徐广曰:"武功县有大壶山,又有岳山。"　梁氏玉绳曰："'岳'乃'垂'字之误，以形近致讹耳。《地理志》，右扶风武功县太一山，古文以为终南；垂山，古文以为敦物。徐所见《史记》本是垂山，今本误作岳，并《注》中'太壹'亦误为'大壶'矣。"

吴岳。《注》：徐广曰"在汧"。《索隐》云："徐说非也。案《地理志》，汧有垂山，无岳山。"《汉志》：汧县有吴山，即此吴岳。故徐以为在汧。若垂山，自在武功，不在汧。小司马之读《汉书》亦太不子细矣。

秦巫，祠杜主、巫保、族累之属。 族累，盖疾疫之神。《说文》："痤，小肿也。一曰族絫。""絫"与"累"同。六畜病曰"瘯蠡"，亦即族絫之转声。

若人冠綅然。 "綅"与"冕"同。

平准书

更令民铸钱。《索隐》云："顾氏案：《古今注》云：秦钱半两，径寸二分，重十二铢。" 小司马于此篇屡引顾氏说。《唐书·艺文志》有顾胤《汉书古今集义》二十卷。侗谨案：《隋·经籍志》有顾烜《钱谱》一卷。《崇文总目》有顾协《泉谱》一卷。协，字正礼，吴人，《梁书》、《南史》皆有传。《索隐》于《平准书》屡引顾氏说并论钱布之制，当是烜、协两家谱文。

凡值三十余万金。《索隐》云："大颜云'一金，万钱也'。" 案《唐书·艺文志》有颜游秦《汉书决疑》十二卷。游秦为师古叔父，故称"大颜"以别之。史称师古注《汉书》，多资取其义，而叙例及注，初不见游秦之名，盖师古窃写诸父撰述，攘为己有。较之郭象注《庄》，罪又甚焉。赖小司马《索隐》稍一引用之。《封禅书》、《邹阳》、《李广》、《货殖传》，《索隐》亦引大颜说。

吴太伯世家

大而婉。 《索隐》单行本作"大而宽"。《注》云："宽，宜读为婉。"今本作"婉"，乃后人依《左氏传》辄改耳。

燕召公世家

惠公多宠姬，公欲去诸大夫而立宠姬宋。大夫共诛姬宋。《索隐》

曰:"宋,其名。或作宗。"　梁氏玉绳曰:"三'姬'字必'臣'之误。即《年表》所称幸臣也。宠姬何可为大夫? 立宠姬又何必去诸大夫? 且妾之称姬,非当时语。"大昕谓:依或本作"宗"亦通。

卫康叔世家

子声公训立。《索隐》云:"训,亦作驯。《系本》作'圣公驰'。"《广韵》引《风俗通》云:"圣者,声也。"是"圣"即"声"矣。《周礼·地官》"土训",郑司农读为"驯"。《五帝纪》"五品不训",《后汉书·邓禹》、《周举传》皆作"不驯"。训、驯古通用字。驰,盖驯之讹。

宋微子世家

王眚惟岁。　《尚书》作"省"。案:《春秋》"肆大眚",《公羊》作"省"。

遂以局杀湣公于蒙泽。　徐幹《中论·法象篇》:"宋敏碎首于棋局。"盖用此事。"敏",当作"愍",与"闵"通。

晋世家

吕省、郤芮。　吕省即吕甥。甥、省声相通。

秦军河上,将入王。　"入王"者,纳王也。

荀栎。　《说文》无"栎"字。《左传》"晋大夫辅跞",《说文》引作"趚"。此荀跞名从木旁。史公多识古文,而今本《左传》乃杜元凯所定。荀跞之名,当从《史记》为正。今《赵世家》作"跞",则后人据《左传》妄改,犹幸改之不尽耳。

楚世家

欲杀其弟恽。　恽,成王名。《春秋左氏》作"頵",《公》、《谷》作"髡"。《郑世家》釐公亦名恽,而《左氏》作"髡顽",《公》、《谷》作"髡原"。《谷梁释文》:"髡,或作頵"。盖頵、髡古通用,而"恽"亦以音近假借也。《说文》:"頵,头頵也。"未详其义。而别有"顝"字,云"无发也",正与髡义同。是頵、顝亦相通矣。

赵世家

左师触龙言愿见太后。 梁氏玉绳曰：此与《古今人表》皆作"触龙"，而《战国策》作"詟"。考《说苑·敬慎篇》言"桀臣有触龙"，《荀子·臣道》、《议兵篇》言纣臣有曹触龙，《韩诗外传》亦云"曹触龙之于纣"，《汉·高祖功臣表》有临辕侯戚触龙，《惠景功臣表》有山都侯王触龙。古人多以"触龙"名者，则赵左师不当作"詟"矣。

孔子世家

鲁襄公二十二年而孔子生。《索隐》曰："《公羊传》：'襄公二十一年十有一月庚子，孔子生。'今以为二十二年，盖以周正十一月属明年，故误也。后序孔子卒，云七十二岁，每少一岁也。" 案《左氏传》于哀十六年书孔子卒而不书生年。《公羊》云二十一年十一月庚子生。《谷梁》云二十年十月庚子生。《史记》则云二十二年，而无月日。考贾逵注《左传》，于襄二十一年云"此年仲尼生"。又昭二十四年服虔注引贾逵说云"仲尼时年三十五"。是汉儒皆以孔子生在襄廿一年也。是年经书"十月庚辰朔"，则十一月无庚子日。予以《三统术》推之，襄公廿一年十月己卯朔，庚子月廿二日也，是为宣尼生之日。年从《公羊》，月从《谷梁》，与贾、服说亦合。自是年己酉至哀十六年壬戌，实年七十有四。

孔子年七十三，以鲁哀公十六年四月己丑卒。《索隐》云："若孔子以鲁襄二十一年生，至哀十六年为七十三；若襄二十二年生，则孔子年七十二。经传生年不定，使夫子寿数不明。" 按：自襄廿二年至哀十六年，恰是七十有三岁。小司马何于此致疑乎？据前注"每少一岁"之文，则《索隐》本实是七十二，故于此疑而不决。然谓襄廿一年至哀十六年为七十三，襄廿二年至哀十六年为七十二，则皆少一算。岂泥于周正十一月属明年之见邪？

陈涉世家

柱国曰："秦未亡而诛赵王将相家属，此生一秦也。不如因而立之。" 此语又见《张耳陈余传》。彼云"相国房君"，此云"柱国"，其实一人耳。两篇词意相同者凡二百余言,班孟坚亦因而未削。

陈胜葬砀,谥曰隐王。 此谥当是吕臣等所上。史家便文,终言之耳。

曹参世家

击魏王于曲阳,追至武垣。《注》:"徐广曰:河东有垣县。" 梁氏玉绳曰:"曲阳"乃"阳曲"之误。太原阳曲县也。阳曲抵垣不甚远,是以追及之。"武"字衍。

陈丞相世家

赐金二十溢。 溢,古"镒"字。《说文》无"镒"。

孙子吴起列传

君不若引兵疾走大梁。 案:《魏世家》,此事在魏惠王十八年,而魏之徙都大梁,乃在惠王卅一年,则其时大梁未为魏都也。下文"齐使田忌将而往,直走大梁",误与此同。《通鉴》于此二条皆改为"魏都",不云大梁,盖觉其语不相应也。

齐军既已过而西矣。 阎百诗谓此句不可解。"过而西"当云"退而东",传写之讹。盖因上文已云"直走大梁",而马陵却在大梁之东,遂意揣以为有误尔。大昕谓齐军扬言"直走大梁",非真抵大梁也。及庞涓弃韩而归,孙膑军始过齐竟,西入魏竟,故减灶以误之。若先已抵大梁而退,则入魏地不止三日,毋庸施减灶之计矣。先下"直走大梁"之令,使彼速归以疲之;继则减灶以示怯,使彼骄而不设备,此孙膑所以致胜。而史公叙事,委曲详尽,粗心人固未能解也。

商君传

一救荆国之祸。《索隐》云:"《十二诸侯年表》,穆公二十八年会晋,伐楚,朝周。此云救荆,未闻。" 秦穆公之时,楚未有祸,秦亦无救楚事。赵良所云"救荆祸"者,即指城濮之役也。是时楚方围宋,宋人告急于晋。晋先轸使宋舍我而赂齐、秦,则亦告急于秦矣。城濮之役,秦助晋破楚以纾宋祸,此百里奚相秦实事。其云"救荆祸"者,谓宋有荆祸而秦救之,非谓荆国有祸也。

苏秦传

夫衡人日夜务以秦权恐愒诸侯。 愒,当作"猲",或作"喝"。下文"恫疑虚喝",《索隐》云"本亦作猲",与此义同。《汉书·王子侯表》:葛魁侯戚,坐缚家吏,恐猲受赇,弃市;平城侯礼,坐恐猲取鸡,以令买偿免;籍阳侯显,坐恐猲国民取财物免。恐猲,犹今人言恐吓。

塞郹阸。《正义》云:"申州罗山县本汉郹县。申州有平清关,盖古郹县之阸塞。" 平清关,即今平靖关,《春秋传》之黾阸也。黾阸之名,由来久矣。汉置郹县,当因黾阸得名。《正义》以郹阸为古郹县之阸塞,非是。

王翦传

李信攻平与,蒙恬攻寝,大破荆军。信又攻鄢郢,破之。 鄢郢,楚之旧都。秦昭王时,白起拔鄢及郢,以郢为南郡。楚王徙都陈。其后又自陈徙寿春,安得更有鄢郢之地乎? 此鄢郢盖即陈地。楚既都陈,仍称陈为郢,犹晋迁新田之后,即称新田为绛耳。

廉颇蔺相如传

赵奢曰:"胥后令邯郸。"《索隐》云:"邯郸"二字当为"欲战"。 小司马改"邯郸"为"欲战",属下句读,文义虽通,终是臆断。胡三省以"胥"为一句,"后令邯郸"为一句,谓敢谏者死,邯郸之令耳。今即进军近阏与矣,不当用邯郸之令以杀之,故曰"后令邯郸"也。大昕谓"胥后令邯郸"五字当作一句读。邯郸,赵王所都,言当待赵王之令耳。赵奢出令时已去邯郸卅里矣,岂得云邯郸之令邪? 胡说亦未确。

屈原列传

不获世之兹垢。 滋,与"兹"同。《说文》:"兹,黑也。"《春秋传》曰:"何故使吾水兹。"

受物之汶汶者乎。《索隐》云:"汶汶,音门门。犹昏暗不明也。"案:古音轻唇字皆读重唇。今粤东人读"文"如"门",其楚骚之遗乎?

张丞相苍传

匡君为御史大夫。岁余，韦丞相死，匡君代为丞相。　下文云"匡君居之未满岁"与此云"岁余"不合。考《汉表》，建昭二年八月，匡衡为御史大夫，三年六月，丞相玄成薨，七月，衡为丞相。是衡在御史大夫任实未满岁。此云"岁余"者，误也。

诸为大夫而丞相次也，其心冀幸丞相物故也。　自张苍而后，丞相不由御史大夫者，窦婴、田蚡、薛泽以列侯，许昌以太常，赵周以太子太傅，公孙贺以太仆，刘屈氂以涿郡太守，田千秋以大鸿胪，韦贤以长信少府，王商以右将军，张禹以光禄大夫，仅十一人耳。严青翟、翟方进、孔光虽由它官拜相，然皆前御史大夫也。御史大夫皆由见任九卿及前九卿拜，惟卜式以齐相、延广以胶东太守、王庆以济南太守、暴胜之以光禄大夫、丙吉以太子太傅、尹忠以光禄大夫。此六人者，史不言尝历九卿。

张释之冯唐列传

一人犯跸，当罚金。　此汉律文也，二人以上则罪当加等。《汉书》作"此人"，于义为短。

吴王濞列传

吴太子师傅皆楚人，轻悍。　吴太子之师傅当是吴人，而《史》称"楚人"者，战国时吴、越地皆并于楚。汉初承项羽之后，吴、会稽皆项羽故地，故上文云"上患吴、会稽轻悍"，此亦云"楚人轻悍"也。朱买臣吴人，而《史》称楚士，与此传同。

岁时存问茂材。　案：汉初本称"秀才"，东京避光武讳，乃称"茂才"。《史记·贾生传》"知其秀才"，《儒林传》"有秀才异等，辄以名闻"，此当时本称也。此传"茂才"字盖后人依班《史》妄改。

将军栾布击齐。　案：七国起兵，齐未尝同反，而史称"击齐"者，济南、菑川、胶东、胶西皆故齐地。言"齐"可以该四国，非谓击齐王也。《功臣表》亦云"布以将军击齐有功"。盖据当时文簿之词。

魏其武安侯列传

韩御史良久。 上言"韩御史大夫",此言"御史",省文也。

李将军列传

令长史封书与广之莫府,曰:"急诣部,如书。" "如书",犹言如律令也。《儒林传》:"请著功令,它如律令。"《汉书·朱博传》:"博口占檄文,末云'如律令'。"

南越尉佗列传

秦时已并天下,略定扬越,置桂林、南海、象郡,以谪徙民,与越杂处十三岁。《注》:"徐广曰:秦并天下,至二世元年十三年。并天下八岁,乃平越,至二世元年六年耳。" 案:《秦始皇纪》,收南海三郡在卅三年,距初并天下凡八岁。故徐氏引以为说耳。据此传"十三岁"之文,则始皇廿六年平楚之后即已置郡徙民实其地矣。窃意秦初置南海三郡,特因其君长使治之。其后使尉屠睢略取其地,黜其君长,自置官吏,则在卅三年耳。徐氏所说,于当时情事恐未尽。

出桂阳,下汇水。《注》:案《地理志》,桂阳有汇水,通四会。或作淮。 "淮"当作"洭"。《说文》:"洭水出桂阳县卢聚山洭浦关。从水,匡声。"

东越列传

令诸校屯豫章梅岭。《索隐》曰:"今豫章三十里有梅岭,在供崔山。" "供崔"当为"洪崖"之讹。

淮南衡山列传

以令名男子若振女。徐广曰:"《西京赋》,振子万童。"骃案:薛综曰:"振子,童男女。" 案:《文选·西京赋》及《注》皆作"侲子"。《说文》无"侲"字。唯"娠"字下"一曰官婢女隶谓之娠"。《字林》:"侲,养马者。"见《广韵》十七真。"侲"字,《字林》始有之。当从《史记》作"振"为是。

汲黯列传

濮阳假宏始事盖侯信，信任宏，宏亦再至九卿。《索隐》云："案《汉书》作段宏。"《汉书·公卿表》未见段宏名。惟元朔五年有中尉殷容。"殷"字近"段"，"容"字近"宏"，或即其人乎？

国除为九江郡。《注》：徐广曰："又为六安国，以陈县为都。"　陈县为淮阳国都，六安不得有其地。此必传写之讹。又据《汉志》：六安国乃衡山故地。此注云云，当在《衡山王传》末"国除为衡山郡"之下。

酷吏传

恶能胜其任而愉快乎。　《汉书》"愉"作"媮"。小颜云："媮，苟且也。"《说文》："愉，薄也。媮，巧黠也。"意本相近。愉快，谓媮为一时之快，非帝王之善治。后人作"愉说"解，失其意矣。

汤为御史大夫七岁，败。　案《汉书·公卿表》：元狩三年三月，张汤为御史大夫。六年，有罪自杀。元鼎二年三月，石庆为御史大夫。是汤居位尚不满六岁，安得云七岁乎？史公《将相名臣表》系御史大夫汤名于元狩二年，则首尾已涉七岁，故云七岁。班《史》于《汤传》亦承用史公旧文，却与本表自相抵牾。

王温舒。其颇不得失，之旁郡国，梨来。　梨来，《汉书》作"追求"，当从之。小司马训"梨"为"比"，恐未然。新刊本"来"作"求"。耿、蔡本作"来"。

张汤以知阴阳，人主与俱上下。　"阴阳"当从《汉书》作"阿邑"。阿邑，犹言婩婀也。婩婀，见《说文》。邑、婩声相近。小颜谓"邑"本或作"色"，此传写之讹。

佞幸列传

顾见其衣裻带后穿。《索隐》云："裻，衫襦之横者。"《说文》："裻，背缝。"小司马说非也。

货殖传

龙门、碣石。《正义》曰："龙门山在徐州龙门县。"　徐州无龙门县。《唐书·地理志》:河中府龙门县,武德二年徙泰州来治。贞观十七年州废,县隶绛州,元和初来属。则"徐"当为"绛"之误。

之陶为朱公。《正义》曰:《括地志》云,即陶山,在齐州平阳县东三十五里陶山之阳也。 齐州无平阳县。"阳"当为"陵"之讹。

正义论例

又一字三四音者,同声异唤,一处共发,恐难辨别。故略举四十二字。 今案:张所举者,畜、从、数、传、卒、辟、施、间、射、夏、复、重、适、氾、乐、覆、恐、恶、断、解、几、过、率、屈、上、王、长、籍、培、胜、难、使、相、沈、任、棺、造、妻、费,止卅九字。

氾,音"祀",水,在成皋;又音"凡",邑名,在襄城。又孚剑反,为水,在定陶,高帝即位处。又音"夷",楚人呼上为氾桥。 案:音"祀"者当从"已";音"凡",与孚剑反,则当从"巳"。两字形声俱别。张氏以为同字异音,误也。其读如夷者,本是圯字,借用水旁之"氾"耳。

集解序

《正义》云:"《史记》五十二万六千五百言,序二千四百一十三年事。《汉书》八十一万言,叙二百二十五年事。" 案:《晋书·张辅传》,尝论班固、司马迁云:"迁叙三千年事,唯五十万言;班固叙三百年事,乃八十万言,烦省不同。"张守节之言盖出于此。然张辅所举年数,但约举之词;守节直谓《史记》起黄帝,讫汉武天汉四年,合二千四百一十三年。其说一见于论例,再见于此注。然《史记·年表》始自共和,自共和庚申至天汉四年甲申,可考者仅七百四十五年耳。共和以上年数,史公所未论次,后人何以凿凿言之乎?今姑据裴氏《集解》所引诸说叙次之。黄帝在位百年,颛顼七十八年,帝喾七十年,皆皇甫谧说。尧九十八年,舜三十九年,《本纪》文。夏四百七十一年,殷四百九十六年,皆《汲冢纪年》说。周八百六十七年,皇甫谧说。周亡至汉元鼎戊辰一百四十四年,徐广说。自元鼎至天汉四年又十六年,是为二千三百七十九年,较《正义》少三十四算。刘恕《通鉴外纪》:黄帝元年起丁亥,在位一百年;少昊八十四年,颛顼七十八年,帝喾七十年,帝挚九年,尧一百年,舜五十年,夏四百卅二年,殷六百廿九年,周八百六十七年,依此算至天汉甲申,凡二千五百七十八年,较《正义》多一百六十五算。

附宋本跋二篇

　　右太史公《史记》,采录先秦古书及秦、汉间事,其文雅奥简古。至有难句者,读之当绅绎再四,玩味深思,方见其义趣。不然,则直以为淡薄无味,如魏文侯之听古乐,意欲坐睡耳。是以读之者殊鲜。解诂训释,世有其人,第皆疏略,未能详尽。惟唐小司马氏用新意撰《索隐》,所得为多。至有不可解者,引援开释明白。每恨其书单行,于披阅殊未便。比得蜀本,并与其本书集而刊之,良惬意。意欲垂模,与南方学者共,未暇也。碣来桐川逾年,郡事颇暇。一日与友人沈伯永语及前代史,则以为先秦古书以来,未有若太史公之奇杰。班孟坚已不逮,而况其余乎。因搜笥中书,蜀所刊小字者偶随来,遂令中字书刊之,用功凡七十辈。越肇始四月望迄六月终告成。伯永请予序,予谓《太史公书》安敢序。当书岁月,识目录后可也。然其间有删削是正者,不可不书。旧注谓十篇有录无书,后褚少孙追补之。其文猥妄不经,芜秽至不可读。每翻阅至此,辄败人意。不知何人遽续而传之。凡少孙所书者,今皆删门之。然其间亦有可喜,如《日者传》则大类庄周书。意其□本书之残缺者,少孙因以附益。今则以注字别之,或可见其遗意。又如《伯夷》、《孟子》、《张苍》、《仓公》、《魏其》、《货殖》、《自序》之类,盖其一篇之文,接连回复,不可断绝,安可段节起题,以碎乱其文? 今皆连书以归其元。或谓太史公取《尚书》语辄更定,以为非是。予谓不然。《书》虽经孔子所定,然其文皆史官所记。故唐虞三代之书,语皆不类,则非一人之作可知矣。一代之事,必有一代之史,安可必其同哉! 太史公迈往之气,度越前古,意欲自成一家之言,故取《书》所载,训释其义,而定以今言。若悉如《书》之语,则曰不类,故特裁正而不辞。盖更易旧史官之《书》,非遽变孔氏之《书》也,尚何议? 予平时读《史记》,所见如是,故并书之。淳熙丙申立秋日,广汉张杅谨书。

　　淳熙丙申,郡守张介仲刊《太史公书》于郡斋。凡褚少孙所续悉削去,尊正史也。学者谓非全书,怀不满意,且病其讹舛。越二年,赵山甫守郡,取所削别刊为一帙,示不敢专。而观者复以卷第不相入,览究非便,置而弗印,殆成弃物。信乎流俗染人之深,夺而正之,如是其难。然星之于月,其不侔亦昭昭矣。屏之使不得并,孰若附之其旁,则小大较然,不其愈尊乎? 别以所续,从其卷第而附入之,两存其版,俾学者自择焉。其讹谬重脱,因为是正,凡一千九百九字,以辛丑仲秋望日辛丑,淳熙八年也。毕工。澄江耿秉直之谨书。

校勘记

① "古碑文",按:中华书局本《史记》作"古石碑文"。

② "二月丙子",按:中华书局本《史记》"二月"作"正月"。

③ "四立为太子",按:"四"下应有"年"字,否则上下文不可通。

三史拾遗卷二

汉书

高帝纪

汉王以韩信为左丞相。 李赓芸曰："汉初，韩信为左丞相；曹参以假左丞相定魏、齐，以右丞相侯；郦商迁右丞相，赐爵列侯，后复以右丞相击陈豨；樊哙亦尝迁左丞相。皆空名，不居其职，故《公卿表》不载。"

汉军方围钟离昧于荥阳东。 师古曰："昧，音莫葛反。其字从本末之末。"《说文》无"昧"字。当作"眛"，字从目。汲古阁本作"眛"。

亡诸身帅闽中兵。 如淳曰："闽，音缗。"应劭曰："音文饰之文。"古人读"文"如"民"。《禹贡》岷山，《史记·夏本纪》作"汶山"。《后汉》有汶山郡，亦因岷山得名。

其有意称明德者，必身劝，为之驾。 《文选》注引《汉书》"意"作"懿"。"懿称"者，美称也。与"明德"对文，则"懿"义为长。古文"懿"与"意"通。《书·金滕》"噫公命"，马融本"噫"作"懿"，云"懿犹亿也"。《诗·大雅·抑篇》、《国语》作"懿戒"。《小雅》"抑此皇父"，《笺》："抑之言噫。"《论语》"抑与之与"，蔡邕《石经》"抑"作"意"。是懿、抑、意、噫四文可通用也。小颜于"意"称阙而不解，由于未识古音。

文帝纪

丞相臣平、太尉臣勃、大将军臣武。 服虔曰："武，柴武。" 晦之曰："服说非也。考《高五王传》，汉闻齐王发兵，相国吕产等遣大将军颍阴侯灌婴将兵击之。婴至荥阳，留兵，使人谕齐王及诸侯与连和。《灌婴传》：吕禄等以婴为大将军。婴至荥阳，乃与绛侯等谋风齐王以兵诛诸吕，齐兵不前。绛侯既诛诸吕，婴自荥阳还，与绛侯、陈平共立文帝。于是益封婴三千户。观文帝元年诏书，益封户邑者止有太尉勃、丞相平、将军婴，而无名"武"之大将军，则其为灌婴何疑？至柴武为大将军，在文三年，因济北王反，遣武击之，事已即罢。服氏谓文帝即位之初即有大将军柴武，失之远矣。"

武帝纪

元狩元年，怵于邪说。 应劭曰："狃怵也。" 陈氏景云曰："'狃怵'二字当乙。应氏本盖以'怵'为'狃'也。"

元鼎五年，西临祖厉河而还。 李斐曰："音嗟赖。" 古书"厉"与"赖"通。祖、嗟声亦相近。

太初二年，腊五日。 晦之曰："诸家以'腊'为'貙腊'。貙腊于立秋时行之。见《后汉书·刘圣公传》。此腊行于二月，恐非其义。《说文》：'膢，楚俗以二月祭饮食也。一曰祈谷食新曰离膢。'其说近之。"

元帝纪

元帝多材艺，善史书。 应劭曰："周宣王太史史籀所作大篆。" 应说非也。汉律，太史试学童，能讽书九千字以上乃得为史。见《艺文志》。《贡禹传》：武帝时，盗贼起，郡国择便巧史书者以为右职。俗皆曰："何以礼义为？史书而仕宦。"《酷吏传》：严延年善史书。所欲诛杀，奏成于手，中主簿亲近史不得闻知。盖史书者，令史所习之书，犹言隶书也。善史书者，谓能识字作隶书耳。岂皆尽通《史籀》十五篇乎？《外戚传》：许皇后聪慧，善史书。《西域传》：楚主侍者冯嫽能史书。《王尊传》：少善史书。《后汉书·安帝纪》：年十岁，好学史书。《皇后纪》：邓皇后六岁，能史书。梁皇后少好史书。《章八王传》：安帝所生母左姬善史书。《齐武王传》：北海敬王睦善史书，当世以为楷则。《明八王传》：乐成靖王党善史书，喜正文字。诸所称善史书者，无过诸王后妃嫔侍之流，略知隶楷，已足成名，非真精通篆籀也。《魏志·管宁传》：颍川胡昭善史书，与钟繇、邯郸淳、卫觊、韦诞并有尺牍之迹，动见模楷。则"史书"之即隶书，明矣。

成帝纪

永始元年，其罢昌陵及故陵。 陈氏景云曰："及"当作"反"。先是,刘向谏昌陵事,有"还复故陵"之请。而次年诏言侍中卫尉长数白宜早止,徙家反故处。"故处"即故陵也。反故陵,谓仍还渭城延陵。

绥和元年。昔成汤受命,列为三代。师古曰:"夏、殷、周是为三代。" 王者存二王之后,并当代为三。汉承周,周承殷,故以殷、周为二王后,并汉为三代也。若并夏为三代,则何不兼求夏后封之?故知此文"三代"与它处义别。颜说非是。

平帝纪

年三岁,嗣立为王。 陈氏景云曰:"三岁"当从《外戚传》作"二岁"。下文云"即皇帝位,年九岁"。中山入继大统,在嗣王后七载,则"三岁"字误无疑。

诸侯王表

立二等之爵。《注》:"项羽曰:汉分功臣,大者王,小者侯也。" 陈氏景云曰:"项羽",疑"项昭"之误。

广平。 建平三年,王汉以夷王弟绍封。 陈氏景云曰:本名广汉,《表》脱一字。

王子侯表上

定。定侯乘嗣,王莽篡位,绝。 侯乘绝于王莽之世,不得有谥。且"定"为国名,岂当更以"定"为谥乎?"定侯"之"定",其为衍文无疑。

终弋侯广置。衡山赐王子。 陈氏景云曰:"衡山赐王"疑是"衡山王赐"之误。但赐坐谋反国除,事在元狩元年。若有子为列侯,虽不与逆谋,亦应夺爵,不应至元鼎中始以酎金免矣。则"衡山赐"三字恐皆有误。

王子侯表下

石山。釐侯嘉嗣,免。 陈氏景云曰:嘉既免爵,不当有谥。"釐"字衍。

参封侯嗣。 陈氏景云曰:参封侯爵,再传始夺,则嗣以善终,法当有谥。今脱去。

伊乡侯开。以思王孙封。　就乡侯不害以思王孙封。　陈氏景云曰："上文湖乡侯开、金乡侯不害,皆东平思王孙也。与伊乡、就乡两侯同时受封,不应其名并同,前后当有一误。"

高惠高后文功臣侯表

武彊。侯青翟,坐为丞相建御史大夫阳不直,自杀。　陈氏景云曰:"阳"当作"汤",谓张汤也。"建"下疑脱"治"字。建议劾治,谓之"建治"。见《谷永传》。

剻成制侯周缫。师古曰:"剻,音陪,又音普背反。而《史记》此表《索隐》,音剻,苦怀反。则字宜从艸从叞。"《说文》:"邶,右扶风鄠乡,从邑崩声。"沛城父有邶乡,读若"陪",即此剻成之"剻"。《楚汉春秋》作冯城侯。陪、冯声相近。则字当从《说文》作"邶"无疑也。小司马之音,字讹为"剻"耳。《索隐》又云:"《汉志》阙。《晋书·地道记》属北地。"今《晋志》始平郡有邶,剻成县盖析鄠之邶乡而置。《索隐》以为属北地,误矣。且周缫之封当在长沙,不在扶风。高祖功臣百四十七人,《表》皆不言封邑所在,独缫父子之封于剻成则云长沙,于郫则云沛,当必确有可据。

景武昭宣元成功臣表

从平侯公孙戎奴。坐为上党太守,发兵击匈奴不以闻,免。　陈氏景云曰:"上党乃内地,非边郡,不与匈奴接境。当从《史记》作上郡。"

下摩,侯冠支嗣。神爵三年,诏居弋居山。坐将家属阑入恶师居,免。师古曰:"恶师,地名,有官所置居室。"　陈氏景云曰:"恶师,乌孙国中地名,见《常惠传》。谓违诏而携家擅居恶师地也。乌孙虽附汉,然未尝郡县其地,安得有设官置室事?颜注未当。"

重合侯莽通。与卫尉遗等谋反。　晦之曰:"《公卿表》后元二年有守卫尉遗。溃,即'遗'字之讹。"

德侯景建。坐共莽通谋反要斩。　晦之曰:"'建'与'遗'字形相近,疑与卫尉遗是一人。"

建平敬侯杜延年。　西汉列侯至光武初尚存者五人。建平敬侯杜延年之玄孙宪,建武四年以先降梁王,薨,不得代。长罗壮侯常惠之曾孙翕,建武四年薨,亡后。爰戚靖侯赵长年之孙牧,建武四年以先降梁王,免。义成侯甘延寿之曾孙相,建武四年为兵所杀。归德靖侯先贤掸之孙讽,传子襄、孙霸,至永平十四年始免。王莽之篡,宗室侯者皆废绝,独此数侯得保其故封,未知其审。若平阳、武始、红阳、高昌,皆先绝而绍封,故不数。

延乡节侯李谭。永始四年七月己巳封。　李谭、称忠、钟祖、訾顺四人,俱以捕得樊并功封,其封当同日。《表》于谭书七月己巳,于忠书十一月乙酉,于祖、于顺书七月己酉,前后失伦。且七月不当在十一月之后,以《成纪》考之,事在永始三年十一月。恐"十一"两字误合为"七",而"四年"亦"三年"之讹。

外戚恩泽侯表

建成定侯。侯赏,以定陶太后不宜立号益封。　陈氏景云曰:"'赏'当作'辅'。定陶太后立号事,在建平元年,乃辅嗣侯后十五年也。据《表》,辅之子又名'辅',此必转写之讹。当从本传作'忠'。"

百官公卿表上

郎掌守门户,出充车骑。　班《史》纪、传称"郎"者,皆指宿卫之郎,非尚书郎也。以其分隶五官、左、右中郎将,故又称三署郎。三署者,五官中郎一署,左中郎一署,右中郎一署,而统属于光禄勋焉。尚书令丞本少府属官,武帝以后遂为枢机要地。成帝始置尚书,员四人,而不闻有尚书郎。后汉初,尚书郎以令史久缺补之。光武以孝廉丁邯为郎,邯耻与令史伍,称疾不就职。后诸曹郎员益多,而职任益重矣。

长乐、建章、甘泉卫尉皆掌其宫,职略同,不常置。　长乐宫,高帝所筑。惠帝时,吕后居之,自后遂为太后所居之宫。武帝时,始见长乐卫尉窦甫、程不识,此官殆置于武帝初也。其后官长乐卫尉者,昭帝时有刘辟疆;昌邑王贺时有安乐;宣帝时有许舜、董忠;成帝时有史丹、王弘、王安、韦安世;哀帝时有王恽。盖昭、宣以后,长乐宫常置卫尉矣。建章卫尉置于宣帝元康元年,罢于元帝初元三年。居其职者有丙显、金安上,皆宣帝朝臣也。甘泉卫尉亦罢于初元三年,而史不见置卫尉之文。此宫创于武帝，未审何年始立宫卫，史亦未见除甘泉卫尉者。

初置尚书，员五人，有四丞。 《续志》：成帝初置尚书四人，分为四曹，曰常侍曹、二千石曹、民曹、客曹。是建始四年初置，止有四人。而刘昭引《汉旧仪》云：初置五曹，有三公曹，则与此《表》合。或《续志》误也。《续志》云左、右丞各一人，而《表》云有四丞。其沿革亦不可考。

侍中、左右曹、诸吏、散骑、中常侍，皆加官。 自侍中而下，汉世所称"中朝官"也，亦谓之"内朝臣"。考高帝时卢绾为将军，常侍中；孝惠时，郎、侍中皆冠鵔鸃贝带、傅脂粉，是汉初已有侍中。武帝初，严助、朱买臣皆侍中，贵幸用事，始与闻朝政。厥后卫青、霍去病、霍光、金日磾皆由侍中进，而权势出宰相右矣。武帝时，霍光、韩增皆为郎，迁诸曹侍中。宣帝时，苏武、杜延年、刘安民为右曹，张延寿为左曹，此左右曹之始。宣帝时，杨恽为诸吏、光禄勋，此诸吏之始。宣帝时，张霸为散骑、中郎将，张勃、刘更生为散骑、谏大夫，此散骑之始。司马相如以訾为郎，事景帝为武骑常侍，则景帝时已有常侍。武帝常与侍中、常侍、武骑及待诏陇西、北地良家子能骑射者微行，而东方朔亦为常侍郎。然其时未见"中常侍"之名，至元、成以后始有之。元帝时有中常侍许嘉，成帝时有中常侍晁闳。成帝欲以刘歆为中常侍，大将军王凤以为不可，乃止。哀帝时有中常侍王闳、宋弘等，皆士人也。后汉中常侍并以宦者为之，非西京旧制矣。

给事中亦加官。所加或大夫、博士、议郎。 武帝时，终军以谒者、给事中。宣帝时，田延年以大司农、给事中，杜延年以太仆、给事中，魏相以御史大夫、给事中。元帝时，萧望之以关内侯、给事中，刘更生以宗正、给事中。成帝时，辛庆忌以右将军、给事中。哀帝时，董贤为大司马、给事中。是三公、列将军、九卿皆得加之，不止大夫、博士、议郎也。

百官公卿表下

列将军。 《序》止举前、后、左、右将军，而《表》所列又有大将军、车骑、骠骑、卫将军及度辽将军，皆《序》所未及。武帝时，前将军李广、后将军曹襄、右将军赵食其、左将军公孙贺、荀彘，《表》皆不书者，出征暂置，非京师掌兵之职故也。凡将军加大司马者，班在丞相之次，与丞相、御史并称三公,而权任实居丞相之上。武、昭以后,大将军无不加大司马者。车骑、骠骑、卫将军或加或不加。它将军无加大司马者矣。

建元元年,淮南太守灌夫为太仆。　陈氏景云曰:"淮南"当从本传作"淮阳"。是时淮南为王国,有内史,无太守也。

鸿嘉三年,都尉丞相司直翟方进为京兆尹。　"都尉"二字衍文。因上文有"都尉"字而误重出耳。汲古阁本"都尉"二字不重。

古今人表

东扈氏上中。　《困学纪闻》引《子思子》曰:"东户季子之时,道上雁行而不拾遗,余粮宿诸亩首。"即此东扈氏也。

大款,上中。**颛顼师。**　大款事未详。

柏夷亮父,上中。**颛顼师。**　《吕氏春秋·尊师篇》有伯夷父。

舟人上中。　梁氏玉绳曰:"见《郑语》。国名,彭祖之别。"

许繇　巢父　子州支父上中。　子州支父、石户之农、北人无择三人,皆见《庄子·让王篇》。《表》以子州支父为许繇、巢父列第二等;石户之农二人列第三等,似为乖互。考卞随、务光亦在第三等,则巢、许、子州支父,必在第三等也。

癸下中。　癸、末嬉、千莘、雅侈四人,元本当在第九等,与商辛、妲己、费仲辈并列。以序例求之,可知韦鼓、昆吾亦当与葛伯同等,刊本误移其次耳。

伊陟　臣扈上下。　《书·君奭篇》叙殷贤臣伊陟、臣扈在巫咸之上。《表》以巫咸列第二等,则伊陟、臣扈亦必在第二等矣。窃谓伊陟、臣扈、巫咸皆当在上中,转写入第三等,非班氏意也。虢中、虢叔亦当在第二等大颠之前。今错入第三等,皆非班《表》之旧。

微中中上。　梁氏玉绳曰:"《表》于第五等云:宋微中,启子。此必因孟子叙胶鬲而连及之耳。"

邢侯中上。　梁氏玉绳曰:邢侯即鄂侯。因谏纣杀鬼侯,并醢之。《史记·鲁仲连传》徐广注:"鄂",一作"邢"。

祭公上中。　梁氏玉绳曰:"祭为周公子,与凡、蒋、邢、茅并封侯,已见后文。此列祭公于文王之世,未详。或云即十乱之荣公也。"

右史戎父中上。　《逸周书》:左史戎父作记。在穆王时。《表》列于成王之世,未详。

邘叔中上。　武王子邘侯,已见上文,此未详。翟氏灏以《左传》陶叔当之,亦未有据。

商子中上。　见《说苑·建本篇》。

铅陵卓子中下。　《广韵》云:"《吕氏春秋》有铅陵卓子。"今检吕书无之。梁氏玉绳曰:"《韩子·外储说》,右有延陵卓子。"铅、延同音。

伯熙中上。**师古曰:"穆王太仆也。"**　"熙",当作"霬"。古"囧"字。

楚挚红,中下。**渠子。**　上文不见熊渠名,梁氏玉绳据《绎史》校改云:楚熊渠,锡子。

鲁卫公下下。　"卫"当作"魏"。陈诗庭曰:"诸本多作'魏'。"

齐武公,下中。**厉公子。**　"厉"当作"献"。

史伯中中。　第四等有史伯,在伯阳父、师服之间,乃《国语》之史伯。此史伯未详。张氏云璈曰:钱塘人。"当是公伯之讹。"《秦本纪》:秦侯生公伯,伯生秦仲。《表》无公伯,而于秦仲注云"伯子",是其证也。

嘉父中上。　即《诗》家父也。

叔术下中。　邾颜、夏父、叔术、盰四人,事见《公羊传》。叔术之让国,虽未合于正,较之邾颜,则彼善于此矣。《表》以邾颜、夏父列第七等,叔术、盰列第八等,疑转写之讹。

文子中中。　《艺文志》道家有《文子》九篇。注:"老子弟子,与孔子同时,而称周平王问,似依托者。"据《表》列于辛有之前,则仍以为周平王时人也。

宋大金中中。　《家语》作"木金父"。

臧釐伯　石碏中中。　臧釐伯当与哀伯同在第四等。石碏亦当第四等。刊本误下一格。

司空牛父下上。　《左传》作"司寇牛父"。

公子谷生下上。　《左传》"生"作"甥"。

楚瑕丘下上。　疑即楚屈瑕也。

楚保申中上。　见《说苑·正谏篇》。

谢丘章中中。　未详。《广韵》:周宣王支子,食采于谢丘,其后为氏。

左公子泄中下。　即《左传》左公子洩也。陈洩冶，《表》亦作"泄"。盖古本《左传》如此。唐石经避讳，改为"洩"，相沿到今耳。泄与右公子职同立黔牟。《表》以泄列第六等，职列第七等，似亦转写溷其次。

辛甲中中。　即《左传》辛伯。

潘和中下。　未详。

王青二友中上。　未详。

鲋里乙下中。　《家语·始诛篇》："太公诛华士、管仲诛付乙。"付乙即鲋里乙也。《荀子·宥坐篇》作"付里乙"。《说苑·贵德篇》作"符里"。

公孙隐中下。　即《左传》公子偃也。李赓芸曰："隐、偃声相近。"徐偃王，此《表》亦作"徐隐王"。

颛孙中下。　即《左传》歂孙也。

郑子婴齐，下中。**子亹子。**　疑即郑子仪也，与子亹为昆弟，非其子。又按《表》例，人君被弑及弑君之贼，皆在第九等。此叶宋愍公、南宫万、子游、猛获、南宫牛、郑子婴齐、傅瑕在第八等。下文鲁闵公、奚齐、卓子在第七等，皆刊本误移其次耳。

麦丘人中上。　齐桓公所遇者。见《新序·杂事篇》、《韩诗外传》十。

平陵老中上。　齐桓公时人。见《说苑·贵德篇》。

愚公中上。　齐桓公时人。见《说苑·政理篇》。

公孙素下上。　即《诗序》公子素也。

卫弘虆上下。　卫懿公臣，见《吕氏春秋·忠廉篇》、《淮南·缪称训》。

臣猛足中下。　晋太子申生臣。见《国语》。

井伯中下。　《表》以百里奚列第三等，井伯列第六等，或谓井伯即百里奚者，非也。

禽息　王廖中上。　二人皆秦缪公臣，见《韩诗外传》。

阳处父上下。　刘知幾所见本在第四，此在第三。盖刊本之误。窃意宁嬴、臾骈、郑弦高三人皆不当在此等，后人牵连，误升一格耳。

齐君舍中下。　舍，被弑之君，不当在第六等。

　　郑子良中中。　《左传》，子良即公子弃疾也。《表》以弃疾列四等，子良列五等，似重出。或云"郑"当作"楚"。楚司马子良，令尹子文之弟。

　　鬬伯比中上。　伯比再见。前列第五等，此列第四等，当因此处有令尹子文。注云："鬬伯比子。"注既讹为正文，而删"子"字，又意伯比不当在第三等而移下一格耳。然子文亦不当在楚庄王时。此则孟坚杂采它书之失也。

　　荀尹中中。　梁氏玉绳曰："此是'荀庚'，转写字脱其半耳。"

　　少师庆下上。　楚庄王臣。见《说苑·至公篇》。

　　陈应中上。　未详。

　　羊舌中上。　此人介于程婴、公孙杵臼之间，当亦晋人。然《史记》诸书皆不见其名。

　　羊鱼中下。　疑即《左传》夷羊五也。

　　向于中下。　未详。考是时宋有向为人、向带，亦当与鱼石同在第八等。《表》盖别一人。

　　叔山舟中上。　《左传》"舟"作"冉"。李赓芸曰："冉、舟字形相涉而讹。"

　　郑唐中上。　当即《左传》郑唐苟，死于鄢陵之役者。《表》脱"苟"字。

　　西鉏吾下下。　鉏吾事见《左传》，似不应列末等。

　　卫殇公焱下上。　殇公被弑之君，不当列第七等。李赓芸曰："据《春秋》，殇公名剽。此作'焱'，同声相借。字从三犬。讹从三火作'焱'，非。'焱'字，以赡切。"

　　晋邢蒯中上。　《说苑·立节篇》有邢蒯事，盖即其人。

　　楚令尹子南　观起中下。　按：屈建在第七等，而子南与观起乃在第六等，亦必有误。

　　晋阳罕中中。　梁氏玉绳曰："'罕'乃'毕'之误。阳毕事见《国语》。"

　　陈不占中上。　齐庄公臣。《文选》注引《韩诗外传》言其事。今《外传》无之。

　　臧文仲上下。　此列于卞严子之后，必武仲也。《论语》称武仲智，故在智人之列。后人嫌其要君,改为文仲。又嫌重复,并去前文仲名,此理之想当然者。

晋船人固来。中下。**师古曰:"即固乘也。"** "来"当为"桑"字之讹。《新序·杂事》本作"固桑"。《说苑·尊贤篇》作"古乘",与师古注同。"古"即"固"字。"乘"与"桑"字形相涉而讹也。《韩诗外传》作"盍胥",《文选》注引作"盖胥"。盖、盍皆读古合切,与"固"声相近。桑、胥亦声相近也。《韩诗外传》以为晋平公时人。《说苑》以为赵简子时。《表》列于亥唐、医和之后,盖据《韩诗》。

舟人清涓中下。　亦晋人。见《尸子》。

吴余昧下下。　即夷昧也。《左传》称其"甚德而度",且系令终之君,何以列入末等?

周史大弨中下。　"大弨"当作"六弢"。《艺文志》儒家有《周史六弢》六篇。或曰孔子问焉。梁氏玉绳曰:"《庄子·则阳篇》有太史大弢。"

蜎子中下。　老子弟子。《艺文志》道家有《蜎子》十三篇。

孝成子中下。　"孝"当作"老"。《艺文志》道家有《老成子》十八篇。

柏常骞中下。　齐人。见《晏子春秋》。

燕子干中下。　梁氏玉绳曰:"燕士泯子午,见《晏子春秋》。疑'午'讹为'干'也。"

林既中中。　齐景公时人。见《说苑·善说篇》。

隰成子中上。　此人在子石、琴牢之间,疑是孔子弟子,《史记》、《家语》皆无之。

北郭骚中中。　齐人。见《晏子春秋》及《说苑·复恩篇》。

逢于何中中。　见《晏子春秋》。

司马笃中下。　即《左传》司马乌也。非楚之司马督。

公子阖中上。　即楚公子间。

王孙章中下。　此与员公辛并列,当是楚之王孙贾也。见《左氏》定五年《传》。

雍渠,下下。**黎且子**。　雍渠嬖臣,似不应著其世系。黎且子盖别是一人,即齐之犁锄也。此正文而误入注者。王良、伯乐与邮无卹,一人而并列,此注而误入正文者。

莫敖大心　蒙谷中中。　　皆楚昭王臣,见《战国策》。

东野毕中下。　　见《荀子·哀公篇》、《新序·杂事》五、《韩诗外传》。

许幼下中。　　未闻。班孟坚《西都赋》:"许少施巧,秦成力折。"许少岂即许幼乎?

周舍中下。　　赵简子臣。见《赵世家》、《韩诗外传》。

田果中下。　　《尸子》:"齐有田果,命其狗曰'富',命其子曰'乐'。"见《艺文类聚》廿九、《御览》七百廿五。

行人烛过中下。　　赵简子臣。见《说苑·臣术篇》。

阳城胥渠中中。　　赵简子时人。见《吕氏春秋·爱士篇》。

田饶中中。　　燕相。《韩诗外传》载其去鲁适燕事。

仇汜中中。　　鲁之恭士也。《说苑·敬慎篇》作"机汜"。

楚芋尹文中中。　　见《新序·义勇篇》。

田恒下中。　　恒,弑君之贼,当列第九等。

隰斯弥中中。　　见《韩子·说林篇》。

屈固中下。　　见《楚世家》、《伍子胥列传》,即《左传》之蘧固。

大陆子方中中。　　即东郭贾也。见《左传》。

申鸣下上。　　楚昭王臣。见《韩诗外传》十、《说苑·立节篇》。

严善中中。　　即庄善也。见《新序·义勇篇》。《韩诗外传》作庄之善。

颜匹父毛本"匹"作"亡"。**颜隃伦　颜夷**中下。　　三人皆善御者。见《韩诗外传》二。但彼文"匹父"作"无父","隃伦"单名"沦"耳。李赓芸曰:"亡、无古通用,当从毛本。作'匹'者,'亡'字之讹。"

卫简公蒯聩下中。　　前已有蒯聩,在第九等,此重出也。据《左传》,蒯聩谥庄公,与此亦不合。

石国下下。　　"国"当作"圃"。见《左传》。

师已中上。　　前有鲁师已,在第五等。此与宾牟贾并列,则是乐记之师乙也。

郑戴胜之中中。　　未详。

公之鱼下上。　　梁氏玉绳曰:"见《史记·孔子世家》。"

南郭惠子中中。　见《荀子·法行篇》、《墨子·非儒篇》。

姑布子卿中中。　善相人者。见《史记·赵世家》、《韩诗外传》九。

卫视夷中上。　**师古曰："即式夷也。见《吕氏春秋》。"**　梁氏玉绳曰："按《吕氏春秋》惟《长利篇》有戎夷，未见式夷事。古'式'字叶音试。《大雅》'不义从式'可证，与'视'音近相借。今本《吕览》作'戎'，讹也。戎夷违齐如鲁，天寒而死。《注》云：'齐之仁人。'则此'卫'字亦误。"

采桑羽上下。　梁氏履绳曰："羽，疑女之讹。采桑女见《列女传·陈辨女篇》。"

史留中上。　未详。

青荓子中上。　豫让之友也。见《吕氏春秋·序意篇》。

陈太宰嚭中中。　即《檀弓》陈太宰嚭。

石鬻上下。　见《说苑·敬慎篇》。

子服子上下。　未详。或疑是子服回。以世系言之，又不当在子服景伯之后。盖别是一人也。大昕案：《艺文志》杂家有《子晚子》三十五篇。齐人，好议兵，与《司马法》相似。"晚"与"服"声亦相近，盖即其人。或云鲁缪公臣有子服厉伯，见《论衡·非韩篇》。

知过中上。　**师古曰："即知果。"**　《国语》作"果"，《战国策》作"过"。

惠子上下。　梁氏玉绳曰："即司寇惠子。见《檀弓》下。"

公房皮上下。　梁氏玉绳曰："《御览》八百廿八引《尸子》，有公敛皮。疑即此人。或云即《礼记》公罔之裘，罔、房音相近。裘即皮也。"大昕案：《表》无序，点计其年代，亦不当战国时，或说非是。

田襄子中下。　**悼子子。**　案：《世家》，襄子即田常之子，常谥成，不谥"悼"也。襄子之子为庄子，其子为田和。《表》又脱庄子一代。

高赫中中。　赵襄子臣。见《韩非子》、《淮南·人间训》。

原过中中。　赵襄子臣。见《史记·赵世家》。

鲁悼公中下。　出公子。"出"当作"哀"。

任章中中。　魏桓子臣。见《战国策》。

我子　田俅子　随巢子　胡非子中上。　四人皆墨家。见《艺文志》。

公季成中中。　　魏文侯母弟。见《新序》。

司马庚中中。　　见《淮南·修务训》。注云："秦大夫，或作'唐'。"

司马喜中中。　　中山相。《战国策》作"司马憙"。

太史屠黍上下。　　见《吕氏春秋》。《说苑·权谋篇》作"屠余"。

躬吾君中上。　　当是"番吾君"也。见《史记·赵世家》。

司马期中中。　　疑即司马子期，说楚伐中山者。

牛畜　荀䜣　徐越中上。　　三人皆赵臣。见《史记·赵世家》。

赵公仲达中中。　　《赵世家》作"公仲连"，为赵烈侯相。

赵仓堂上下。　　即"仓唐"也。

屈侯鲋上下。　　魏臣。见《史记·魏世家》。

孙子中中。　　《艺文志》道家有《孙子》十六篇，六国时人，非兵家之两孙子也。

南宫边中中。　　鲁穆公时人。《说苑·至公篇》作"南宫边子"。

阳成君中中。　　梁氏玉绳曰："荆阳成君。见《吕览·上德篇》。"

孟胜　徐弱中上。　　二人皆见《吕览·上德篇》。孟胜为荆之阳成君而死，其弟子徐弱亦死。

大监突中中。　　秦大夫。见《吕氏春秋·当赏篇》。

徐子中中。　　《战国策》所谓外黄徐子也，说魏太子申勿战者。《艺文志》儒家有《徐子》四十二篇。

大成午中中。　　《史记·赵世家》作"大戊午"。《战国策》亦作"成"。

甘龙　杜挚中中。　　皆秦臣。见《史记·商君传》。

子桑子中中。　　未知何人。若《论语》之子桑伯子。即《庄子》之子桑扈。似时代不当在此。

被雍中中。　　未详。

郑敖子华中上。　　见《战国策》。

沈尹华中中。　　见《吕氏春秋·去宥篇》。荆威王学于华。

鲁康公下上。　　注脱"共公子"三字。

史举中上。　　《史记》，甘茂事下蔡史举先生，即其人也。

冯赫中中。　　《战国策》有冯郝说楚王事，疑即其人。

闾丘光中上。　　即闾丘先生也，齐宣王时人。见《说苑·善说篇》。

昆辩中中。**师古曰："《吕览》作'剧貌辩'。"**　　"昆"当作"臾"，古

"貌"字。《吕览》作"剧貌辩","剧"乃"剂"之讹。《战国策》"剂"作"齐"。

　　唐尚下上。　　梁氏玉绳曰："见《吕氏春秋·士容篇》。"

　　闾丘卬中上。　　齐宣王时人。见《新序》。

　　韩宣王中下。　　即宣惠王也。

　　尹文子中上。　　《艺文志》名家有《尹文子》一篇,说齐宣王。

　　番君中上。　　未详。

　　唐易子中上。　　梁氏玉绳曰："见《韩子·外储篇》。"一云田子方问弋于唐易鞠。一云齐宣王问弋于唐易子。疑唐易是氏,先后两人。

　　如耳中上。　　见《战国策》、《史记·魏世家》。

　　燕王哙下上。　　燕王哙、子之、楚怀王、靳尚四人,当在第九等,与夫人郑袖同列。上官大夫之在第五等,令尹子椒、子兰之在第六等,亦必误也。盖因升屈原于第二等,并前后附近诸人俱误移上二格耳。

　　周赧王延中下。　　周自思王以后,七传皆在第八等,不应赧王转列第六等。故知此叶大率误超二格。

　　屈原上中。　　屈原之义高矣,然孟坚尝讥其"露才扬己",必不跻之大贤之列。此后人妄以意进之耳。

　　马犯中下。　　周臣,见《史记·周本纪》。

　　周景中下。　　当作周最,亦见《周本纪》。

　　昭庭上下。　　梁氏玉绳曰："疑即楚怀王之良臣昭过也。"

　　占尹中上。　　当是《楚辞》之太卜郑詹尹也。

　　宋遗中中。　　楚怀王时勇士。见《史记·楚世家》。

　　应坚中上。　　未详。

　　渔父上中。　　渔父之讽屈原,犹长沮、桀溺、丈人、荷蓧之讽孔子。论其人品,当与沮、溺辈同等。后人进屈原,并渔父亦入之第二等,尤非孟坚之旨。窃意屈原、渔父二人,元本必在陈轸之后,占尹之前。

　　上官大夫中中。　　梁氏玉绳曰："《新序·节士篇》以上官大夫即靳尚。王逸《离骚序》仍之。但《战国策》言尚为张旄所杀,在怀王世;而上官大夫为令尹子兰所使,短屈平于顷襄王,当别是一人。故《表》列上官大夫五等,靳尚七等。《唐宰相世系表》谓王子兰为上官大夫,不足信。"

秦武王中上。　秦孝公、惠王、昭襄王皆在第六等，武王有何功德而超居第四等乎？秦武王、任鄙、乌获皆宜与孟说同等。

轧子　焣子中中。　此二人未详。窃意当即治《春秋》之夹氏、邹氏也。"轧"与"夹"音相近。"邹"与"聚"声亦不远。"焣"即"聚"字。

沈子　北宫子　鲁子　公扈子中中。　四人皆传《春秋》者。见《公羊传》。

戚子中下。　未详。

根牟子中下。　根牟子受《诗》于孟仲子，传孙卿。见《经典释文》。案：高子、仲梁子皆传《诗》者，而在第四等，沈子辈传《春秋》而在第五等，根牟子何以独列第六？亦必刊本之讹。

田不礼　代君章下中。　二人见《赵世家》。

严周中下。　庄、列皆老氏之徒。列子在第五等，而抑庄子于第六等，非其伦也。窃意申子、慎子、严周、惠施、公孙龙诸人之在第六等，必刊本之讹，非孟坚意。

狐爰中下。师古曰："即狐咺也。见《战国策》。"　《吕氏春秋·贵直篇》作"狐援"。

王歜中上。　即齐人王蠋也。《说苑·立节篇》亦作"歜"。

苏不释中中。　未详。梁氏玉绳曰："疑即蔡泽。古文'泽'与'释'通。'蔡'字讹为'苏不'两字。"

叶阳君中中。　即穰侯弟华阳君也。徐广曰："'华'一作'叶'。"

泾阳君中中。　秦昭王同母弟。见《史记·穰侯传》。

安陆君中中。　"陆"当作"陵"。安陵君、缩高、唐雎事俱见《战国策》。

廉颇上下。　蔺相如在第五等。廉颇何以得列第三？世因相如升入第二，并廉颇亦妄进之。

陈筮中下。　韩釐王时人。见《史记·韩世家》。

雍门周中下。　见《说苑·善说篇》。

燕武成王，上下。惠王子　梁氏玉绳曰："《表》例，燕以世数，此似脱'四十一世'四字。"

鲁仲连　蔺相如上中。　此二人本在第五等，后人因张晏之言妄进之。盖班氏元本列第二等者。战国时但有子思、孟子、孙卿三人，余俱后人窜入。

韩王安　赵王迁下中。　　六国见灭，书法宜一例。楚、燕、魏、齐之君皆在第九等，则韩、赵不应独殊。且王安之父桓惠王、王迁之父悼襄王尚在后叶，何以二王蹭居其前？此皆刊本错误之显然者。

鲁顷公下上。　　顷公，失国之君，不当列第七等。

朱英上下。　　当与毛遂同等。误超一格。

王翦上下。　　当与蒙恬同等，误超一格。

韩桓惠王中下。　　釐王子。《表》缺釐王一代，盖转写脱去。

剧辛下中。　　剧辛与乐毅、邹衍同入燕，在贤士之数，晚节将兵，为赵将庞煖所杀，遂与栗腹并列第八等。

燕将渠中上。　　燕相。见《史记·燕世家》。

乐燕中上。　　疑即乐毅之子乐间也。

秦二世胡亥下中。　　二世当在第九等，误超一格。

孔襄上下。　　当与孔鲋同等。误超二格。

三史拾遗卷三

律历志下

统岁分之七十七。 "统岁"当作"统法"。

釐公五年正月辛亥朔旦冬至,《殷历》以为壬子。 《隋志》载《春秋命历序》:鲁僖公五年天正壬子朔旦日至。成公十二年天正辛卯朔旦日至,昭公二十年庚寅朔旦日至,并与《殷历》合。盖《乾凿度》、《考灵曜》、《命历序》诸纬皆《殷历》也。《命历序》言:"孔子修《春秋》,用《殷历》,使其数可传于后。"

岁在大棣之东井二十二度,鹑首之六度也。 "六度"当作"七度"。置积年满岁星岁数去之,其余岁一千三百廿九。以百四十五乘之,盈百四十四而一,得积次一千三百三十八。次余三十三,以十二去积次,余数六。起星纪算外,则岁在鹑首也。又以三十乘次余,盈百四十四而一,得积度六。起井十六度算外,得岁在东井二十二度太强,实鹑首之七度也。

礼乐志

体容与,迣万里。 晋灼读"迣"为"迾"。虽据《说文》,却于文义未协。大昕谓"迣"当读如遭鸿雁之"遰",言去之远也。孟、如二说近之。

刑法志

籑二百章,以应大辟。孟康曰:"籑,音撰。" 《说文》:"籑,具食也。从食,算声。或作馔,从巽。"今人"撰述"字从"手",乃后人增加。

天文志

此志非孟坚所作。《续汉志》云:"孝明帝使班固叙《汉书》,而马续述《天文志》。"

《星传》曰:"月南入牵牛南戒,民间疾疫。" "南戒"当作"南斗"。

平阳侯败三国之师于齐,咸服其辜。 是时击齐者为将军栾布,平阳侯则布之副也。见《齐悼惠王传》。师古以为平阳侯曹襄。小司马则以为曹奇。当从小司马说。

元封中,星孛于河戍。占曰:"南戍为越门。北戍为胡门。" "河戍"、"南戍"、"北戍"皆"戍"字之讹。东井西曲星曰戍。戍北三星为北河,南三星为南河,所谓南戍、北戍也。《史记·天官书》"朝鲜之拔,星茀于河戍",盖亦"戍"字。俗儒不通六书,讹写为"戒"。僧一行因有"两戒"之说,谓天下山河之象存乎两戒,且引《星传》"北戒为胡门,南戒为越门"之文,不知为"戍"之讹也。

五行志上

昭公九年"夏四月,陈火"。董仲舒以为陈夏徵舒杀君,楚严王托欲为陈讨贼,陈国阙门而待之。 当云陈公子招杀太子,楚灵王托欲为陈讨贼。传写舛讹,校书者妄以意改窜耳。刘知幾、刘贡父讥其谬,固当然。董生明于《春秋》,不应乖舛若此,恐非董、班元文也。

刘向以为先是陈侯弟招杀陈太子偃师,皆外事,不因其宫馆者,略之也。 "偃师"以下文义不相属,疑有脱文。

五行志中之上

宋国人逐狮狗。 今《左氏传》作"瘈狗"。《说文》无"瘈"字,当依此作"狾"。

后三世,周致德祚于秦。晋灼曰:"赧王奔秦,献其邑,此谓致德祚也。" 陈氏景云曰:"后三世,谓显王之世也。致德祚,谓显王九年致文、武胙于秦也。以'胙'为'祚'盖传写失之。晋说非。"

五行志中之下

成公时,楚横行中国。王札子杀召伯、毛伯。师古曰:"王札子事在宣十五年。而此言成公时,未达其说。" 汉儒言无冰之灾,由诛罚不行,失在前而应在后。成公元年无冰,距宣十五年仅三载,故援以为验,非有误也。

釐公十年冬,大雨雪。 刘知幾讥此条,以为科条不整,寻绎难知。盖知幾所见本误"雪"为"雹",因据误文,妄生驳难。不知班《史》叙恒寒,以雪为首,而霜次之,雹又次之。釐公十年"冬大雨雪",此《左氏》、《谷梁》经文,故引刘向说。次引《公羊经》作"大雨雹",兼采董仲舒说。盖以《经》有异文,特附出之。其余书"大雨雹"者,别见于后。班《史》义例之精如此。今南、北监本俱作"大雨雪",与《左》、《谷》经文正合。乃叹今本固有胜于古本者,而古人读书粗率,转或不如后人之精审也。

五行志下之上

鼠舞不休,夜死。 《搜神记》载此事云"一日一夜死"。此当有脱字。

其气炎以取之。 今《左氏传》"炎"作"焱"。陆德明本亦是"炎"字。

亡天下,诸侯相伐,厥妖马生人。 "亡天下"句误。《搜神记》作"上无天子"。

其后三国皆有篡弑之祸。《注》谓齐连称、管至父弑襄公而立无知。 陈氏景云曰:"齐襄之弑,在鲁庄公八年,去文公远矣。此当谓邴歜、阎职弑懿公事。"

五行志下之下

《左氏》刘歆以为正月二日,燕、越之分野也。隐三年。 "越"本或作"赵"者,误也。刘歆说《春秋》日食,各占其分野之国。盖本《左氏》去鲁地如卫地之旨而推衍。如《周正》月日在星纪,为吴、越分,其前月日在析木,为燕分。故正月朔食,以燕、越当之,二月为齐、越,三月为齐、卫,四月为鲁、卫,五月为鲁、赵,六月为晋、赵,七月为秦、晋,八月为周、秦,九月为周、楚,十月为楚、郑,十一月为宋、郑,十二月为宋、燕也。若食在晦者,则以本月及后月日所在分野之二国占之。如严公十八年三月食,刘以为食在晦。宣公十七年六月食,刘亦以为在三月晦。故皆云鲁、卫分。三月之晦与四月之朔等也。

　　刘歆以为二月鲁、卫分。宣十年。　　"月"当作"日",谓食在四月二日也。《经》书"四月丙辰"而不言"朔",故知食二日。

　　刘歆以为二月鲁、卫分。昭七年。　　"月"当作"日"。与宣十年同。

　　刘歆以为三月鲁、卫分。昭十五年。　　"鲁"当作"齐"。三月朔为齐、卫分。若云鲁、卫,则当食于四月矣。依《三统术》,推得是年三月丁巳朔。

　　刘歆以为鲁、赵分。昭十七年。　　"鲁"当作"晋"。六月日在实沈,为晋分。其前月日在大梁,为赵分。凡六月朔为晋、赵分,五月朔为鲁、赵分。二文易讹,故特辨之。

　　刘歆以为六月二日鲁、赵分。昭十七年。　　"鲁"当作"晋"。

　　刘歆以为二月宋、燕分。昭三十一年。　　"月"当作"日"。　陈诗庭曰:"南雍本作'日'。"

　　刘歆以为正月二日燕、赵分。定五年。　　"赵"当作"越"。

　　刘歆以为十二月二日楚、郑分。定十二年。　　当作"十月","二"字衍。十月朔为楚、郑分,十二月则为宋、燕分矣。

　　《左氏》以为朔十六、二日十八,晦一。　　案:刘歆所说隐三年,庄廿五年、廿六年,文十五年,宣八年、十年,成十六年,襄十四年、十五年、廿三年,昭七年、十七年、廿一年、廿四年、卅一年,定五年、十二年,哀十四年,皆食在二日,正合十八之数。至庄十八年、宣十七年,两食皆在晦。此云"晦一",当是误"二"为"一"也。《经》书日食卅有六,并哀十四年一食数之,实卅有七。除去食晦与二日者,则朔食盖十有七。此云"十六",亦恐误。

地理志上

　　北过降水。　　段氏玉裁曰:"案'信都国信都'下云:《禹贡》:'绛水入海。'《郡国志》亦云信都有绛水。'上党郡屯留'下云:'桑钦言绛水出西南,东入海。'皆释《禹贡》也。而字作'绛',则此述《禹贡》经文亦必作'绛'矣。《史记·夏本纪》作'降'。而小司马《索隐》云:'《地理志》从糸,作绛。'是其证也。"

　　嶓冢道漾。　　"陇西郡氐道"下云:"《禹贡》:'漾水所出,至武都为汉。'即此漾也。"《说文》:"瀁,古文漾。"《夏本纪》亦作"瀁"。"养"即

"灉"之省。

潩曰汾、潞。师古曰:"潞出归德。" 《志》不载潞水所出。其出北地归德者乃洛水,非潞水也。小颜注误。

推表山川,以缀《禹贡》。 《水经》载《禹贡》山川泽地,所在不见于此《志》者,如河东,大阳无砥柱;敦煌,敦煌无三危;河南,成皋无大邳;南郡,邔县无三澨是也。《志》与《水经》异者:碣石在辽西临渝,而《志》在右北平骊城;龙门在河东皮氏,而《志》在冯翊夏阳;九江在长沙下隽,而《志》在庐江寻阳;嶓冢在陇西氐道,而《志》在西县;大别在庐江安丰,而《志》在六安;积石在陇西河关,而《志》在金城;太华在恒农华阴,而《志》在京兆;恒山在中山上曲阳,而《志》在常山曲阳;嵩高在颍川阳城,而《志》属颍川之嵩高;太岳在河东永安,而《志》属河东之彘。考光武省六安入庐江,顺帝改彘名永安,华阴之改属弘农,河关之改属陇西,上曲阳之改属中山,《续汉志》有明文。若右北平之骊城,颍川之嵩高,《续汉志》俱不载,则亦世祖所并省。《水经》所据,皆后汉之疆域,似异而实同也。若龙门之在夏阳,九江之在寻阳,西县之嶓冢,两《汉志》并同,此其不能强合者。又《志》于《禹贡》山川,不称《禹贡》,又不称古文者,京兆华阴之太华,河东蒲坂之雷首,泰山博之岱山,河内野王之太行,弘农卢氏之熊耳,南郡华容之云梦,庐江之东陵,丹阳、芜湖之中江,会稽毗陵之北江,山阳巨野之大野,南郡枝江之江、沱。

京兆尹。华阴。 按:武帝元鼎四年置三辅都尉。《志》于冯翊之高陵云"左辅都尉治",扶风之郿云"右辅都尉治",独不言京辅都尉治所。考《三辅黄图》称京辅都尉治华阴,可补班《志》之阙。

湖。武帝建元年更名湖。 陈氏景云曰:"'建元'下脱六字。"

左冯翊。云阳有越巫䄏䧮祠三所。孟康曰:"䄏音辜磔之辜。" 䄏,《广韵》、《类篇》俱作"䄏"。从"卯"从"卵",皆无意义。当是"䄏"之讹。《说文》:"辜,罪也。"古文作䄏。《周礼·大宗伯》:"以疈辜祭四方百物。"郑司农云:"披磔牲以祭,若今时磔狗祭以止风。"䄏䧮,盖疈辜之遗制与?《说文》宀部又有"㝖"字,训为"枯",与"䄏"音义亦近。

右扶风。杜阳。杜水南入渭。《诗》曰"自杜"。 今本无"诗曰自杜"四字。何焯据北宋本增,以小颜《注》引《大雅·绵》证之。今本脱漏显然。

汧。吴山在西。古文以为汧山。　案《志》称"古文"者十一：汧山、终南、惇物在扶风，外方在颍川，内方、倍尾在江夏，崅阳在东海，震泽在会稽，傅浅原在豫章，猪野泽在武威，流沙在张掖，皆《古文尚书》家说，与《水经》所载《禹贡》山泽所在无不吻合。相传《水经》出于桑钦，钦即传《古文尚书》者，则《水经》为钦所作信矣。戴东原以《水经》有广魏县，断为魏人所作。大昕谓《水经》郡县间有与西汉互异者，乃后人附益改窜，犹《尔雅》周公作而有"张仲孝友"之语，《史记》司马迁作而有扬雄之语也。然则《志》何以别有桑钦说？曰：《禹贡》山水泽地，所在一篇，本古文家相传之学，而钦引以附《水经》之末，《水经》则钦自出新意为之，故不可合而为一。

河东郡。襄陵。有班氏乡亭。　李赓芸曰："'班'当为'雔'字之误。《水经注》：汾水又南历襄陵县故城西，晋大夫郤雔之邑也，故其地有雔氏乡亭矣。"

东郡。畔观。　陈氏景云曰："'畔'字衍。《恩泽侯表》、《沟洫志》、《翟方进传》可证。"

汝南郡。莽曰汝汾。分为赏都尉。　《王莽传》有赏都大尹王钦，则"赏都"乃郡名。后人妄增"尉"字耳。宜禄县，莽改曰赏都亭，此亦"赏都"为郡名之证也。

南阳郡。雉。沣水东至鄗入汝。师古曰："鄗音屋。"　赵氏一清云："沣水东至鄗县入汝，即今河南许州鄗城县是也。'鄗'字误耳。师古以'屋'音释之。《广韵》、《集韵》始出'鄗'字，云地名，在南阳。皆谬也。"

清河郡。蒵题。师古曰："蒵，古莎字。"　《说文》无"蒵"字。当是"蕊"之讹。《说文》："蕊，心疑也。"读若《易》"旅琐琐"。莎与琐，音相近。

泰山郡。汶水出莱毋，西入济。师古曰："汶，音问。毋，与芜同。"刊本"芜"作"无"，误。　莱芜县下云："又《禹贡》汶水出西南入泲。汶水，桑钦所言。"与此文重出，而有详略之异。小颜《注》既云"毋"与"芜"同，则莱芜县下云云为衍字矣。此文"汶水"上当有"禹贡"二字。"入济"下当有"桑钦所言"四字。济，当作泲。

牟。故国。应劭曰："附庸也。"　李赓芸曰："《水经注》引应劭云'鲁附庸也'。此脱'鲁'字。"

北海郡。平寿。应劭曰："故斟寻，禹后，今斟城是也。" 寿光县下亦引应劭云："古斟灌，禹后。"《注》中诸"斟"字皆"斟"之讹也。草书"甚"作"乜"，与"土"相混，因误为"斟"。师古不能是正，乃音"斟"为"斟"。《广韵》二十二侵部亦兼收斟、斟二字。盖六书之不讲，隋、唐人已然矣。

琅邪郡。计斤。师古曰："即《春秋左氏传》所谓后介根也。" 《续志》黔陬有介亭。刘昭引《左氏》之介根证之，则后汉时此县并入黔陬矣。

东海郡。容丘。祠水东南至下邳入泗。 李赓芸曰："祠水，《水经注》作桐水。"

平曲。侯国。莽曰端平。 此郡平曲县重出。以莽所更名推之，此平曲当为曲平也。

临淮郡。富陵。莽曰椒虏。椒音朔。 "椒音朔"上当有"师古曰"三字。考《说文》、《广韵》俱无"椒"字。以师古音推之，当是"㮤"之讹也。《集韵》四觉部有"椒"字，知北宋本已讹。

丹阳郡。宛陵。清水西北至芜湖入江。 《说文》："泠水出丹阳宛陵，西北入江。从水，令声。"此"清水"疑是泠水之讹。或以清、泠音义相近，别有"清水"之名乎？

桂阳郡。临武。秦水东南至浈阳入汇。 此即《说文》之溱水也。"汇"盖"洭"字之讹。师古读为胡贿反，失之远矣。

桂阳。汇水南至四会入郁林。 "汇"亦"洭"字之讹。"郁"下不当有"林"字。郁林郡广郁县下"郁水首受夜郎豚水，东至四会入海"。此洭水亦至四会入郁也。

阴山。侯国。 《水经注》：阳山，故孝王子宗之邑也。言其势王，故堑山堙谷，改曰阴山县。是阴山即阳山之改名矣。《志》于阳山、阴山两县下并云"侯国"，则郦《注》似未可据。《侯表》亦未见封阴山者。当阙以俟知者。

地理志下

天水郡。明帝改曰汉阳。 陈氏景云曰："'明帝'句恐是后人注，非孟坚本文。"

上郡。　《后汉书·马援传》注:"王莽改天水为镇戎,汉中为新成,上郡为增山。"《志》于天水、汉中二郡皆载莽所改名,不应上郡独阙之。盖此注本有"莽曰增山"四字,传写脱去耳。

辽东郡。无虑。应劭曰:"虑,音闾。"师古曰:"即所谓医巫闾。"《志》述《职方》山川薮浸之名详矣,唯青州之沂山、幽州之医巫闾山与冀州之扬纡薮、扬州之五湖、兖州之卢、豫州之荧波溠不及焉。金城河关县河水、河东垣县沇水下不云兖州川。梁国睢阳县。"《禹贡》盟诸泽在东北",即孟诸也。而不云青州薮,盖疑其不当属青也。

交趾郡。羸娄。孟康曰:"羸,音连。"　羸、连声相近。《广韵》一先部别出"嬴"字,盖后人妄作。

甾川国。剧。应劭曰:"故肥国,今肥亭是。"　李赓芸曰:"案《水经注》:剧县,古纪国也。《春秋》庄公四年,纪侯不能下齐,以与弟季,大去其国,后改曰剧。"据此,则应注二"肥"字皆"纪"字之讹。

鲁国。蕃。应劭曰:"邾国也。"　李赓芸曰:"《水经注》:蕃县。应劭曰:县古小邾邑也。"疑此脱"小"字,而又讹"邑"为"国"尔。

故自高祖增二十六。　《志》于河内、汝南、江夏、魏、常山、清河、涿、勃海、平原、千乘、泰山、东莱、东海、豫章、桂阳、武陵、广汉、定襄十八郡及楚国,皆云"高帝置"。于中山国云"高帝郡",于广阳国云"高帝燕国",于胶东国云"高帝元年别为国",于淮阳国云"高帝十一年置",于六安国云"高帝元年别为衡山国",合之得二十四。又丹阳郡云"故鄣郡"。此郡不言秦置,亦不言高帝置。盖班氏之例,称高帝置者,以汉元年为断。如胶东、衡山皆项羽主命封之,《志》皆系以高帝者,尊汉之词也。鄣郡殆陈、项所置,在汉元年以前,不得系以高帝,要亦汉初所有,并内史为二十六也。秦制,内史尊于郡守,不在三十六郡之数。汉初犹沿秦旧。至武帝析为三辅,虽官列九卿,职与太守无异,故列于郡国百有三之内。冯翊、扶风既是武帝所增,则内史当属之高帝矣。

文、景各六。　文帝建国六,谓庐江、济南、菑川、城阳、胶西、河间也。衡山、胶东,高帝旧名。济北即高帝之泰山郡,故不数。景所增者,北海郡及山阳、济阴、广川、济东、江都五国也。临江即秦之南郡。济川不久即废,故不数。

艺文志

《春秋古经》十二篇。　此《左氏经》也。下云"《经》十一卷"，则公、谷二家之经也。汉儒传《春秋》者以《左氏》为古文，《公羊》、《谷梁》为今文。称"古经"，则共知其为《左氏》矣。《左氏经》、《传》本各单行，故别有《左氏传》。《尚书古文经》四十六卷，不注孔氏，而别出《经》二十九卷，注大、小夏侯二家。与此同。

《公羊外传》五十篇。《谷梁外传》二十篇。　汉时公、谷二家皆有外传，其书不传。大约似《韩诗外传》。今人称《国语》为"外传"，《汉志》却无此名目。

《小雅》一篇。宋祁曰："'小'字下邵本有'尔'字。"　李善《文选》注引《小尔雅》皆作《小雅》。此书依附《尔雅》而作，本名《小雅》。后人伪造《孔丛》，以此篇窜入，因有《小尔雅》之名，失其旧矣。宋景文所引邵本亦俗儒增入，不可据。

《八体》六技。　李赓芸曰："'六技'当是'八篇'之讹。"小学四十五篇。并此八篇，正合四十五篇之数。

《别字》十三篇。　即扬雄所撰《方言》十三卷也。本名《轺轩使者绝代语释别国方言》，或称《别字》，或称《方言》，皆省文。

太史试学童，能讽书九千字以上，乃得为史。又以六体试之。李赓芸曰："案《说文叙》云：学僮十七以上始试讽籀书，九千字乃得为吏。又以八体试之。"此《志》"史"当为"吏"，"六体"亦"八体"之误。据《说文叙》言，王莽时，甄丰改定古文，时有六体，萧何时止有八体，无六体也。

《董子》一篇。名无心，难墨子。　董无心盖六国时人。王充《论衡》、应劭《风俗通》俱引董无心说。

《五音奇胲用兵》二十三卷。师古曰："许慎云'胲，军中约也'。"小颜引许慎说，当出《淮南》注，与《说文》不同。《说文》："胲，足大指毛也。该，军中约也。读若心中满该。"此"该"字当作"胲"。古字少，故借"胲"为"该"。

庶得粗觕。师古曰："觕，音才户反。"　《说文》无"觕"字，当是"觕"之讹。觕，角长貌，从丩得声。《广韵》"觕"、"狙"皆徂古切。与才户切同。觛，从且声。而《史记·货殖传》"节觛会"，徐广读徂朗切。"牏"从臾声，而读徂古切，皆以声相近而转。

吴王濞传

将军栾布击齐。 七国起兵，齐固未尝反也。然济南、菑川、胶东、胶西皆故齐地。史言"击齐"，击齐地之反者耳，故《功臣表》亦称布以将军击齐有功。

刘向传

蜂午并起。 如淳曰："蜂午，犹杂沓也。" 蜂午，犹言旁午。古音蜂，蒲红切，与"旁"声相近。《霍光传》"使者旁午"，如淳曰："旁午，分布也。"

其后牧儿亡羊，羊入其凿。 师古曰："凿，谓所穿冢臧者，音在到反。" 凿，犹隧也。隧、凿声相近。

上数用向为九卿，辄不为王氏居位者及丞相御史所持。 师古曰："持，谓扶持佐助也。" 陈氏景云曰："'辄'下当衍一'不'字。颜《注》盖仍误而傅会其说。"

卒后十三岁，而王氏代汉。 依此推检，向当卒于成帝绥和元年。

刘歆传

在汉朝之儒，唯贾生而已。 汉初，淄川田何、济南伏生、鲁申公、齐辕固、燕韩婴、鲁高堂生、齐胡毋生，皆诸侯王国人。唯贾生洛阳人，在汉十五郡之内。故云汉朝之儒唯贾生一人。宋子京谓"在汉朝"不容更有"汉"字，盖未之思尔。

以尚书为不备。 以注文证之，"不"字衍。陈诗庭曰："南雍本无'不'字。"

曹参传

帝让参曰："与窋胡治乎？" 陈氏景云曰："汉人以笞掠为治。治即笞耳。"大昕谓"与窋胡治"，犹言胡与窋笞也。陈说是。

淮南王安传

遣汉中尉宏即讯验王。 陈氏景云曰："中尉当是段宏。"考《汲黯传》，宏以盖侯王信任官，再至九卿。《百官表》亦偶逸其名也。

江充传

充出，逢馆陶长公主行驰道中。 陈氏景云曰："案《功臣表》，馆陶公主子堂邑侯陈季须，元鼎元年'坐母公主卒，服未除'云云，即主卒于元狩之末。及江充贵幸，主没已十余年矣。""馆陶"字误无疑。

贾谊传

般纷纷其离此邮兮。苏林曰："般，音槃。"孟康曰："般，音班。"师古曰："孟音是也。字从丹青之丹。" 《说文》无从丹、从殳之字。小颜误也。娄机《班马字类》引此传及《礼乐志》"般裔裔"、《赵充国传》"明主般师罢兵"、《扬雄传》"般、倕弃其剞劂"，皆从"丹"旁，今本皆改正作"般"矣。

枚乘传

景帝召拜乘为弘农都尉。 弘农置郡在武帝元鼎四年，而景帝时已有弘农都尉，何也？汉初，弘农当属河南郡，盖为河南都尉，而治弘农。元鼎中，即因都尉治为郡治耳。

田蚡传

蚡疾，一身尽痛，若有击者，呼服谢罪。晋灼曰："服，音瓝。关西俗谓得杖呼及小儿啼呼为呼瓝。" 《东方朔传》："上令倡监榜舍人。舍人不胜痛，呼謈。"邓展曰："謈，音瓜瓝之瓝。"呼謈，即呼服也。古音"服"如"匐"声，转为"謈"。《说文》："謈，大呼自冤也。"謈，正字；服，通字；瓝，假借字。

江都易王非传

使男子荼恬上书。苏林曰："荼，音食邪反。" 《广韵》：余姓有二，其一以诸切，秦由余之后。何氏《姓苑》云：新安人。此"余"字本音。其一视遮切。见《姓苑》，出南昌郡。此即"茶"之省文。今人妄造"佘"字，读如蛇音。非也。

中山靖王胜传

其后更用主父偃谋，令诸侯以私恩自裂地，分其子弟，而汉为定制封号，辄别属汉郡。汉有厚恩，而诸侯地稍自分析弱小云。　汉初大封同姓，几据天下之半。而《地理志》诸侯王国二十。赵、真定、河间、广阳、城阳、广陵皆止四县。菑川、泗水皆止三县。高密、六安皆止五县。鲁止六县。东平、楚皆止七县。盖由分析为王子侯国，地即改入汉郡。今以《王子侯表》考之，城阳五十四人，赵三十五人，河间二十三人，菑川二十一人，鲁二十人。读此传始悟诸侯王国封域之小，缘地经分析，汉用主父偃谋故也。

卫青传

常护军傅校。师古曰："校者，营垒之称，故谓军之一部为一校。或曰幡旗之名，非也。每军一校，则别为幡耳，不名校也。"　卢氏文弨曰："《释名·释兵篇》云：'旍，幡也。其貌幡幡然也。校，号也，将帅号令之所在也。'则校亦旍之类。张景阳《七命》：'叩钲散校，举麾旌获。'李善注引《汉书》'大校猎'，如淳曰：'合军聚众，有幡校也。'唯校是幡类，故可散为陈列而行。若营垒，安得言散。然则幡校之说，未为非也。"

公孙弘传

凡为丞相御史六岁，年八十，终丞相位。　平津卒于元狩二年，为御史大夫二岁，在相位四岁也。建元元年，平津年六十，以贤良征，至元狩二年整二十岁，则卒时实七十有九岁。

儿宽传

统楫群元。张宴曰："楫，聚也。"臣瓒曰："楫，当作辑。"师古曰："辑、楫与集，三字并同。《虞书》曰'楫五瑞'是也。其字从木。瓒曰当为辑，不通。" 楫，当为揖。《虞书》"辑五瑞"，《史记》本作"揖"。《秦始皇本纪》"搏心揖志"，亦与"辑"义同。小颜既知楫、辑、集三字相同，何又诋瓒说为不通邪？且《虞书》"辑"字亦不从"木"。注文当有踳误。

居位九岁，以官卒。 《公卿表》：宽为御史大夫八年，卒。此作九岁，误。

张骞传

而为匈奴所闭道，脱亡。宋祁曰："越本'脱'作'今'。" 予见宋大字本正作"今"。详其文义，以"今亡"为句，"闭道"连文。谓闭其道不使往也。上下文但云"亡"，无"脱"字，知为校书者妄改。

为备众遣之。 宋大字本"备众"作"具备人众"。

徐乐传

徐乐，燕郡无终人也。 考《地理志》，无终属右北平，项羽封韩广为辽东王，都无终，则无终非燕之属县。盖汉诸侯国甚大，涿郡、辽东西、右北平皆燕故地。韩广封辽东王，都无终，未几为臧荼所灭，则仍属燕矣。《地理志》所载郡县以元始初版籍为断。《传》所据者，孝武以前之郡县。徐乐武帝时人。其时无终属燕郡，当得其实。卫绾称代大陵人，公孙弘称菑川薛人，邓通称蜀郡南安人，与《志》皆不合，亦其类也。《史记》以徐乐为赵人，误。

王褒传

梁国龚德。 晦之曰：龚，当作"龙"。《艺文志》乐家有《雅琴龙氏》九十九篇。名德，梁人。注引刘向《别录》云：小魏相所奏。与赵定俱召见待诏。

王良执靶，韩哀附舆。应劭曰："《世本》'韩哀作御'。"师古曰："宋衷云：韩哀，韩文侯也。时已有御，此复言作者，加其精巧也。然则善御者耳，非始作也。" 宋说非也。《吕氏春秋·勿躬篇》"寒哀作御"。寒、韩古字通。哀、哀字形相似，盖即一人。《吕氏》以寒哀与仪狄、伯益、史皇、巫咸诸人并列，则亦夏、商以前人矣，岂得谓非始作者乎？

贾捐之传

期思侯并可为诸曹。　"侯并"当是人姓名。"期思",其所居县也。期思侯贲赫薨于文帝时,以无后国除,安得更有嗣侯者? 师古说非是。

东方朔传

乃使右辅都尉徼循长杨以东。　是时但分内史为左右,初无三辅之名也。而先有右辅都尉,有右辅必有左辅矣。京兆、冯翊、扶风为三辅,始于太初元年。而《百官表》云元鼎四年更置三辅都尉,则三辅之名在太初以前矣。王太后以元朔三年崩,又在元鼎之前。此传先言"迫于太后,未敢远出",下言"使右辅都尉徼循",则左右辅都尉亦不始于元鼎,《表》所言恐尚有误。

朱云传

五鹿岳岳,朱云折其角。　岳即颜字。《说文》:"颜,前面岳岳也。"

霍光传

光悉诛杀二百余人,出死,号呼市中。　陈氏景云曰:"出死,出狱赴市也。又见《张敞》、《赵广汉传》。"

视丞相亡如也。师古曰:"亡如,犹言无所象似也。"　师古说非也。"亡如",犹言"蔑如"。亡、蔑声相近。《楚孝王嚣传》"蔑之命矣夫"。《论语》作"亡之"。

金日磾传

上召岑,拜为郎使主客。服虔曰:"官名,属鸿胪,主胡客也。"《百官表》,大鸿胪属无此官。

辛庆忌传

随长罗侯常惠屯田乌孙赤谷城,与歙侯战。师古曰:"歙侯,乌孙

官名。" 陈氏景云曰："赤谷城在乌孙西偏,与康居相接。据《匈奴传》,康居亦有歙侯之官,且与乌孙连兵日久。此与歙侯战者,谓康居所遣之将也。常惠屯田乌孙时,汉与乌孙甚睦,不当有交战事。注似误。"

隽不疑传

衣黄襜褕,著黄冒。师古曰："冒,所以覆冒其首,即今之下裙冒也。" 冒,即今"帽"字。《说文》曰："小儿、蛮夷头衣也。"此传作"冒",乃通用字,后人又加巾旁。

龚胜传

劾奏"胜吏二千石,常位大夫,皆幸得给事中,与论议"。 夏侯常前称博士,此称大夫,刘奉世疑之,是也。又以博士非中朝臣,疑称"博士"为误,则失之未考矣。汉时博士多加给事中。如韦贤、申咸、炔钦之伦皆是也。博士非中朝臣,加给事中,则即中朝矣。陈咸举方正对策,拜光禄大夫、给事中。翟方进奏咸前为九卿,坐为贪邪免,不当蒙方正,举备内朝臣。此给事中在中朝之明证也。

夏侯胜传

孙尧至长信少府、司农、鸿胪。 《公卿表》元帝永光元年、成帝元延三年,俱有大司农尧,相距三十三年,恐非一人,未审谁是夏侯尧也。其为大鸿胪,则《表》失书。建子千秋亦为少府,而《公卿表》无夏侯千秋名。

王尊传

愿诸君卿勉力正身以率下。 "君"谓令长,"卿"谓丞尉。应劭《汉官》云："大县丞、左右尉,所谓卿三人。小县一尉、一丞,命卿二人。"

盖宽饶传

丞相魏侯笑曰。 史家叙事之词,当称人名。《汉书·盖宽饶传》

称魏相为魏侯,《郑崇传》称贡禹为贡公,《司马相如传》或称长卿,《儒林传》或称丁宽为丁将军、费直为费公,《召信臣传》末云"九江以召父",皆援引旧文,未及刊正。

刘辅传

河间宗室也。 辅盖河间献王之裔,故称宗室,然于史家书郡县之例未合。当云"河间人也,以宗室为襄贲令"。

于是中朝左将军辛庆忌、右将军廉褒、光禄勋师丹、大中大夫谷永。孟康曰:"中朝,内朝也。大司马,左、右、前、后将军,侍中,常侍,散骑,诸吏为中朝;丞相以下至六百石为外朝也。"《汉书》称中朝官,或称中朝者,或称朝者,其文非一,唯孟康此注最为分明。《萧望之传》:"诏遣中朝大司马、车骑将军韩增、诸吏富平侯张延寿、光禄勋杨恽、太仆戴长乐问望之计策。"《王嘉传》:"事下将军中朝者,光禄大夫孔光、左将军公孙禄、右将军王安、光禄勋马宫、光禄大夫龚胜。"《龚胜传》又有司隶鲍宣。光禄大夫非内朝官,而孔光、龚胜得与议者,加给事中故也。此传太中大夫谷永亦以给事中,故得与朝者之列,则给事中亦中朝官,孟康所举,不无遗漏矣。光禄勋掌宫殿掖门户,在九卿中最为亲近。昭、宣以后,张安世、萧望之、冯奉世、辛庆忌皆以列将军兼领光禄勋。而杨恽为光禄勋亦加诸吏,故其《与孙会宗书》自称"与闻政事"也。然中外朝之分,汉初盖未之有。武帝始以严助、主父偃辈入直承明,与参谋议,而其秩尚卑。卫青、霍去病虽贵幸,亦未干丞相、御史职事。至昭、宣之世,大将军权兼中外,又置前、后、左、右将军,在内朝预闻政事,而由庶僚加侍中、给事者,俱自托为腹心之臣矣。此西京朝局之变,史家未明言之,读者可推检而得也。又考赵健仔父之封侯在永始二年四月,则刘辅系掖庭狱亦当在是时。而《公卿表》庆忌为左将军、师丹为光禄勋皆在三年,廉褒为右将军则在四年,谷永为太中大夫,依本传推校,亦当在三年。此传所书诸人官位,俱为乖舛。

毋将隆传

契国威器共其家备。李奇曰:"契,缺也。" "契"与"挈"同,非"契缺"义。

萧望之传

《甫刑》之罚,小过赦,薄罪赎,有金选之品。 应劭曰:"选,音刷。金铢两名也。"师古曰:"字本作锊,锊即锾也。"《周本纪》:"黥辟疑赦,其罚百率。"率、选与锊,皆声相近也。今《尚书》作"锾",盖"锊"之讹。戴氏震曰:"六两大半两为锊。十一铢二十五分铢之十三为锾。"轻重异名,不可假借。《吕刑》,赎罪计锊不计锾。锊之为锾,字形相涉,许君《说文》已不能辨正矣。

复赐爵邑,与闻政事。 给事中掌顾问应对,故云"与闻政事"。孔光罢相后,征拜光禄大夫、给事中,自称"备内朝臣,与闻政事"。《师丹传》:尚书劾给事中博士申咸、炔钦"幸得以儒官选擢备腹心,上所折中定疑"。则汉时给事中亦要地矣。

冯奉世传

其先冯亭,为韩上党守。 此传叙冯氏世系百余言,与司马迁、扬雄自序略相似。窃意冯商续《太史公书》,亦当有自序,而班《史》承用之,故与它传不同。

前将军韩增奏以为军司空令。 军司空令不见于《百官表》,当是将军之属员也。《杜延年传》:"大将军霍光以延年三公子吏材有余,补军司空。"苏林曰:"主狱官也。"如淳曰:"律,营军司空、军中司空各二人。"

匡衡传

子咸,亦明经,历位九卿。 咸字子期,元始三年为左冯翊。见《公卿表》。

傅喜传

以故高安侯莫府赐喜。 高安侯谓董贤也。汉制,将军出征有莫府,而列将军在京师者,亦有莫府之称。霍光薨,中二千石治莫府冢上。《霍光传》。杨敞给事大将军莫府。《杨敞传》。张安世以卫将军莫府长史迁,辞去之官。安世问以过失。《张安世传》。蔡义以明经给事大将军莫府。《蔡义传》。林钦在大将军莫府。《冯野王传》。王商以特进领城

门兵,置莫府,得举吏如将军。《元后传》。大将军王凤秉政,陈咸荐萧
育、朱博除莫府属。《朱博传》。王凤奏陈汤为从事中郎,莫府事壹决于
汤。《陈汤传》。张放为侍中中郎将,监平乐屯兵,置莫府,仪比将军。本
传。杨兴说史高曰:"以将军之莫府,海内莫不卬望。"《匡衡传》。是也。
董贤尝为大司马卫将军,后虽去将军号,而司马亦典兵之官,故居第称
莫府。

薛宣传

材茂行絜,达于从政。 《严延年传》:"虽冉有、子贡通艺于从政,
不能绝也。"通与达同。《后汉书·郎颚传》称黄琼"果于从政";《周泽
传》称孙堪清廉,"果于从政"。《吴志·士燮传》:"达于从政。"汉人引
《论语》,皆如此读。

朱博传

好客少年,捕搏敢行。 "捕搏"当为"蒲博"之误。师古解为"追
捕击搏",非也。

翟方进传

历楚国、北海、东郡太守。 楚国不当有太守,当从《陈咸传》作楚
内史。

谷永传

绝却不享之义。 义,古仪字。《书·洛诰》:"享多仪,仪不及物,
曰不享。"谓当却贡献而不受也。与下文"不享上帝"义自不同。师古
两解皆误。

今年二月己未夜星陨。 《五行志》、《成帝纪》皆作"癸未"。

王嘉传

**事下将军中朝者。光禄大夫孔光、左将军公孙禄、右将军王安、光
禄勋马宫、光禄大夫龚胜。** 孔光、龚胜俱为光禄大夫,而光以故丞相
拜秩中二千石,位次丞相,故得列于左右将军之上。其它大夫虽给事

内朝,要皆属于光禄勋,不当驾而上之,故仍在光禄勋之下也。《龚胜传》叙此事,以孔光列于司隶鲍宣之后。失其次。

劾嘉迷国罔上,不道。请与廷尉杂治。 "劾"上当有"皆"字,方与下"独"字相应。

师丹传

丹老人,忘其前语,后从公卿议。 陈氏景云曰:"'后',当作'复'。"

扬雄传

会晋六卿争权,韩、魏、赵兴,而范、中行、智伯弊。当是时,逼扬侯。 案:张衡、晋灼、颜师古诸人皆讥子云自序谱谍为疏谬。以予考之,扬氏之先出自有周伯侨,初非出于羊舌。且羊舌食采之杨从"木",此文从"手"。其云扬侯者非五等之侯,如邢侯、张侯之类耳。六卿争权之时,安知不别有扬侯畏逼而奔楚者乎!

明年,上将大夸胡人以多禽兽。 此传皆取子云自序,与《本纪》叙事多相应。如上文云"正月,从上甘泉",即《纪》所书"元延二年正月,行幸甘泉,郊泰畤"也。云"其三月,将祭后土,上乃帅群臣横大河,凑汾阴",即《纪》所书"三月,行幸河东,祠后土"也。云"其十二月羽猎",即《纪》所书"冬,行幸长杨宫,从胡客大校猎"也。此年秋复幸长杨射熊馆,则《本纪》无之。盖行幸近郊射猎,但书最初一次,余不尽书耳。但二年校猎无从胡客事,至次年乃有之。并两事为一,则《纪》失之也。吾友戴东原以《本纪》元延三年无长杨校猎事,断为《传》误。不知《羽猎》、《长杨》二赋,元非一时所作,《羽猎》在元延二年之冬,《长杨》则三年之秋,子云自序,必不误也。

初,雄年四十余,自蜀来,至游京师。大司马、车骑将军王音奇其文雅,召以为门下史。 雄以五凤五年卒,年七十一。则成帝永始四年,年始四十有一。而王音之薨乃在永始二年正月,使果为音所荐,则游京师之年,尚未盈四十也。

儒林传

子贡终于齐。 宋祁曰:"贡,萧该本作'赣',淳化本、景本作'子贡'，《刊误》改作'赣'。"《说文》："赣，赐也。从贝，竷声。贡，献功也。从贝，工声。"二字音同义异。古人字与名相应。端木子名赐，则非"贡献"之"贡"明矣。萧该本最为近古。《礼记·乐记篇》亦作"子赣"。

孟喜。繇是有翟、孟、白之学。　当云"孟家有白、翟之学"，文有脱误尔。

王式。江翁曰："经何以言之？"式曰："在《曲礼》。"江翁曰："何狗曲也！"师古曰："言'狗'者，轻贱之甚也。今流俗云'何曲狗'，妄改之也。"　臧氏琳曰："江翁与王式同业《鲁诗》，嫉其名出己右，故以曲狗之言讥之，谓《曲礼》不足信也。傥斥之以狗，式安能含忍？即诸博士弟子亦竟不出一语乎？"大昕谓：臧说颇近情理。但今本注亦是"曲狗"，非"曲狗"。未识臧所见何本。

瑕丘江公。尹更始为谏大夫、长乐户将。　《百官表》，郎中有车、户、骑三将，皆隶光禄勋。此长乐户将不见于《表》。长乐者，太后宫也。太后宫不置光禄勋，盖统于长乐卫尉矣。

循吏传

召信臣。起水门提阏凡数十处。师古曰："阏，所以壅水。"　提阏，即堤堰也。古读"阏"如"焉"，亦作"隃"。《后汉书·董卓传》："于所度水中伪立隃，以为捕鱼。"《注》云："《续汉书》'隃'字作'堰'。其字义则同，但异体耳。"又作"塥"。《后汉书·王景传》：与将作谒者王吴共修作浚仪渠。吴用景塥流法，水乃不复为害。""阏"又有遏音，故字亦作遏。《水经注》载《魏刘靖碑》云："以嘉平二年立遏于水道高梁河，造戾陵遏。"即戾陵堰也。《说文》无"堰"字。《周礼》"廞人掌以时廞为梁"。郑司农云："梁，水偃也。偃水为关空，以笱承其空。"是汉人亦作"偃"也。

游侠传

陈遵。制诏太原太守：官尊禄厚，可以偿博进矣。师古曰："史皇孙名进，而此诏不讳之，盖史家追书，故有其字耳。　"博进"之"进"，本作"賮"，与"进退"字文义俱别，故诏书不讳。且戾、悼二园未上尊号,当时臣民本无避讳之例,非由追书之故也。

久之,与扶风相失。　冯翊、扶风皆官名,后因以为郡名耳。《韩延寿传》:"民有骨肉争讼,咎在冯翊,当先退。"《薛宣传》:"冯翊敬重令。"《朱博传》:"冯翊欲洒卿耻,扷拭用禁。"《杨恽传》:"闻君侯讼韩冯翊,当得活乎?"《萧育传》:"漆令郭舜殿,见责问,育为之请。扶风怒曰:'君课第六,裁自脱,何暇欲为左右言?'"

匈奴传

西域车师后王句姑。　《西域传》作"姑句"。

西南夷传

牂柯大尹周钦。　《王莽传》作"周歆"。

西域传

后汉使侍郎殷广德责乌孙,求车师王乌孙贵,将诣阙。师古曰:"乌孙遣其将之贵者入汉朝。"　"乌贵"者,车师王之名。是时车师已别立王,故称其前王名以别之。当以"求车师王乌贵"六字为句。"将诣阙"三字为句。刊本误衍"孙"字,师古不能校正,曲为之说。刘原父知其未安,乃谓当云乌孙遣其贵人将诣阙,亦非也。

外戚传

张皇后。我壮即为所为。师古曰:"为其所为,谓所生之母也。"并音于伪反。　陈氏景云曰:"谓壮后当惟其所为,意欲报复也。寻下文语自明。颜注误。"

王莽传上

朱户纳陛。孟康曰:"纳,内也,谓凿殿基际为陛,不使露也。"师古曰:"孟说是也。"　陈氏景云曰:"宋均《礼含文嘉》注云:'动作有礼,纳陛以安其体。'《文选·魏公九锡文》:'纳陛以登。'李周翰注:'纳陛者,致于殿两阶之间,使其上殿。'此盖汉人相承之说。《宋史·吕端传》:'真宗以端躯体弘大,宫庭阶阢稍峻,特令梓人为纳陛。'是'纳陛'为安体而设，信矣。颜氏虽独采孟解。宋均说未可废。"

王莽传中

民弃城郭，流亡为盗贼，并州平州尤甚。　《路博德传》云："西河平州人。"平州，县名，属西河郡，在并州部内，故云"并州平州"也。《地理志》作"平周"，盖古字通用。胡三省注《通鉴》，谓"此时未有平州，疑为字误"。恐未然。

观、晋掌岁，龟策告从。孟康曰："观辰星进退。"　孟说非也。观、晋，二卦名。《易稽览图》有主岁卦。《后汉书·苏竟传》："今年比卦部岁。"《乾凿度》："求卦主岁术，常以太岁为岁纪岁。七十六为一纪，二十纪为一蔀首。即置积蔀首岁数，加所入纪岁数，以三十二除之，不足除者以乾、坤始数二卦而得一岁，未算即主岁之卦也。据《后汉书·黄琼传》注。

大郡至分为五。　王莽所改郡县名，《地理志》具书之，而郡之分析则不备书。考本传，有翼平连率田况、凤夜连率韩博、寿良卒正王闳。翼平者，北海寿光县也。凤夜者，东莱不夜县也。寿良者，东郡县也。是分北海为翼平郡，东莱为凤夜郡，东郡为寿良郡矣。又《后汉书·邳彤传》引《东观记》云：王莽别钜鹿为和成郡，居下曲阳。《志》皆未之及也。至河南之荥阳别为祈隧，亦见于本传。汝南分为赏都，则《地理志》已言之。

王莽传下

与莽波水将军战，波水走。　考范《史》，波水将军即窦融也。孟坚修史时，窦氏方贵盛，故隐其名。

三史拾遗卷四

后汉书

光武帝纪上

建武元年,邓禹击更始定国公王匡于安邑。 《刘圣公传》,匡封比阳王,与《纪》异。

光武帝纪下

建武九年,复置护羌校尉官。 晦之曰:"《西羌传》与此同。然《温序传》建武六年已为护羌校尉,似非九年始置。"

十四年,会稽大疫。《注》:"会稽,今越州县。" 陈氏景云曰:"是时会稽理吴,至顺帝分置吴郡,徙会稽,理山阴,乃为唐之越州地耳。《注》微误。"

二十五年,辽东徼外貊人寇右北平、渔阳、上谷、太原。 陈氏景云曰:"太原二字,非衍即误。貊人入寇东边诸郡耳,不能西至太原内地也。《东夷传》同。"

中元元年。复赢、博、梁父、奉高。《注》:"四县属太山郡,故城在今兖州博城县界。" 陈氏景云曰:"'故城'上当有'博'字。"

明帝纪

永平六年。《易》曰"鼎象三公"。 晦之曰:"《易》无此文。当是《易纬》。"

章帝纪

元和二年二月,始用《四分历》。《注》:"《续汉书》曰:时待诏张盛、京房、鲍业等。" "京房"当作"景防"。

凤皇集肥城。《注》:"肥城,县名,属太山郡。" 《郡国志》无此县。

章和元年八月乙未晦，日有食之。　　卢氏文弨曰：“《五行志》作‘元和’，误也。考是年七月、九月俱丙申朔，与八月乙未正合。若元和元年八月，是甲寅朔，九月是甲申朔，安得八月乙未晦乎？”

和帝纪

永元十五年。复置涿郡故盐铁官。　　晦之曰：“‘盐’当作‘安’。《郡国志》涿郡故安县下注云：‘案《本纪》，永元十五年复置县铁官。’《前志》涿郡有铁官，无盐官，是其证也。”

顺帝纪

阳嘉元年。复置玄菟郡屯田六郡。　　陈氏景云曰：“六郡，当作‘六部’。玄菟属县六，每县置屯田一部也。”晦之曰：“《东夷传》作‘六部’。”

二年。复置陇西南部都尉官。　　晦之曰：“案《马防传》，建初二年羌豪布桥等围南部都尉于临洮。则肃宗时有此官也。此云‘复置’，则不知废于何时。”

桓帝纪

建和元年。大司农杜乔为太尉。　　晦之曰：“案本传，乔由大司农迁大鸿胪、光禄勋，然后为太尉。非由大司农为太尉也。《纪》似误。”

永寿三年。置冗从右仆射官。　　“右”字衍。

冲帝纪

永嘉元年。　　史绳祖《学斋佔毕》记：“淳熙二年，邛州蒲江县上乘院僧辟地，得古甓封石，有文二十九字，云：‘永憙元年二月十二日，蜀郡临邛汉安乡安定里公乘校官掾王幽字珍儒。’绳祖大父勤斋先生子坚跋之，略云：‘永憙’之号不见于史。汉冲帝即位改元，史传相承以为‘永嘉’。‘憙’、‘嘉’文字易乱，一年而改，见于它文者几希。非此刻出于今日，孰知冲帝‘永嘉’之为‘永憙’也！”

灵帝纪

讳宏。《注》:"《伏侯古今注》:宏之字曰大。" 沈宇曰:"据《伏湛传》注,章怀亲见《伏侯古今注》。其书终于质帝,不及桓帝。今《桓》、《献》二纪《注》俱无'伏侯古今注曰'六字,独此《纪》有之,盖传写者妄增耳。"

建宁元年。段颎大破先零羌于逢义山。《注》:"山在今原州高平县。" 陈氏景云曰:"高平,当作平高。"

中平六年。骠骑将军董重下狱死。《注》:"董重,皇后之弟子也。"陈氏景云曰:"'皇后'上脱'孝仁'二字。据《皇后纪》,当云'兄子'。《注》'弟'字亦误。"

辛未还宫。 陈氏景云曰:"上文已书'辛未',不应复书。"

献帝纪

初平四年。袁术杀扬州刺史陈温。 裴松之注《魏志》引《英雄记》证温自病死,非术所杀。《通鉴考异》亦取之。

建安二十三年,《注》:"《三辅决录》曰:时有京兆全祎。" 陈氏景云曰:"'决录'下当有'注'字。赵岐卒于建安六年,不及见此事。"岐著《三辅决录》。

皇后纪上

郭皇后。封况绵蛮侯。 陈氏景云曰:"'绵蛮'当是'绵曼'之误。真定属县也。《郡国志》无之,盖后已省。"李赓芸曰:"《春秋》戎蛮子,《公羊》作'曼'。蛮、曼二字,古相通借也。"

皇后纪下

阎皇后。《注》:"《善文》曰:恽字伯周。" 陈氏景云曰:"《善文》,书名。陶靖节《圣贤群辅录》亦引之,但作者姓名无考耳。《隋·经籍志》不载此书。"大昕案:《唐·艺文志》总集类有杜预《善文》四十九卷。陈氏偶未检及。又秦辩士遗秦将章邯书在《善文》中。见裴骃注《史记·李斯传》。

梁皇后。今大将军冀女弟,膺绍圣善。《注》:"圣善,谓母也。言娶妻当嗣亲也。"　陈氏景云曰:"膺绍圣善,谓堪继太后圣善之德。《注》未了。"

王美人。仪比敬、恭二陵。《注》:"敬,章帝陵。恭,安帝陵。"　陈氏景云曰:"谓如恭怀梁后葬敬西陵、恭愍李后葬恭北陵之礼。不言西、北者,省文耳。《注》非。"

《注》:"耿弇曾孙、侍中良尚汉阳公主。"　晦之曰:"当从《传》作濮阳长公主。"

卢芳传

初,安定属国胡与芳为寇。　晦之曰:《郡国志》不载安定属国。然《光武纪》建武二十一年安定属国胡叛。《桓帝纪》永寿元年南匈奴叛。安定属国都尉张奂讨之。又《隶释·刘宽碑》阴有"安定属国都尉孟扶",可证东京有安定属国都尉也。

张步传

王莽篡位,潜忌闳,乃出为东郡太守。　《王莽传》有兖州牧、寿良卒正王闳,即其人也。寿良本东郡属县,故史家依本名书之,不用莽所改名也。然莽虽分寿良为郡,仍改东郡为治亭,未尝即以寿良为东郡,则史所书未核矣。诸传中如和成卒正、导江卒正、朔调连率、庐江连率、沂平大尹之类,皆用莽所改名,此何以变其例?

隗嚣传

嚣迎击,破之于高平。《注》:"今原州高平县。"　陈氏景云曰:"'高平'当作'平高'。"

嚣将妻子奔西城。《注》:"西城,县名,属汉阳郡。"　此汉阳之西县,非汉中之西城县也。史称"西城"者,谓西县之城耳。《注》中"城"字衍。

公孙述传

一姓不得再受命。　陈氏景云曰:"姓不再命,《尚书帝命验》之文。见《诗·文王篇》《正义》。"

破虏将军冯骏等。 以《岑彭传》考之,是时冯骏为威虏将军,驻军江州,非公孙述将也。"破"下当有"威"字,谓骏为田戎等所破耳。

齐武王縯传

岂游侠下客之为哉。《注》:"下客,谓毛遂、冯煖之徒也。" 陈氏景云曰:"下客,为折节下士也。《注》非。"

赵孝王良传

元年,封商四子为亭侯。 案:上文有"永元三年",此"元"字必误。或上有脱文。

安成侯赐传

《注》:"蔡阳国釜亭侯长醉,询更始父子张。" 陈氏景云曰:"'询'当作'詢'。《玉篇》:詢,骂也。"

李通传

会光武避事在宛。 陈氏景云曰:"按它处皆作'避吏',此因相似而误。"

诏诸李随安众宗室会见。《注》:"谢承《书》曰:安众侯刘崇。" 陈氏景云曰:"崇,当作宠。据《前表》,安众侯崇居摄元年举兵,为王莽所灭。建武二年,以崇从父弟宠绍封,盖崇死于莽未篡汉之先,安得身佐中兴乎?此必传写之误。"

邓禹传

其余侍中、将、大夫、郎、谒者不可胜数。 《窦宪传》亦云:"其为侍中、将、大夫、郎吏十余人。"班《史·百官表》,侍中加官,所加或列侯、将军、卿大夫、将、都尉至郎中,亡员。如淳曰:"将,谓郎将以下也。"《金日磾传》亦有"侍中、诸曹将、大夫"之文。或疑"将"上有脱文,非是。

岑彭传

时天风狂急,彭、奇船逆流而上。　"天"当为"大"字之讹。陈氏景云曰:"是时鲁奇应募,以偏师独进。岑彭见敌势已摧,乃悉军并进耳。彭不与奇同行,此文不合有'彭'字。"

邳肜传

复为左曹、侍中。注:"《前书》曰:侍中有左、右曹。"　侍中与左、右曹皆为加官,而职事各别。非侍中有左、右曹之分也。《续志》言"中兴,省左、右曹"。据此传,则光武初尚有左曹。有左曹亦当有右曹矣。

马武传

进至安定次、小广阳。　陈氏景云曰:"安次,勃海属县也。以《光武纪》、《耿弇传》证之,则'定'字之衍明矣。小广阳《注》亦以《弇传》为是。《注》不出一人之手,故多互异。"大昕案:章怀《注》不言"安定"所在,知"定"字后人妄加,非章怀本之误。

窦融传

七世祖广国,孝文皇后之弟,封章武侯。融高祖父,宣帝时以吏二千石自常山徙焉。　《唐书·宰相世系表》:广国子谊,谊生赏,以吏二千石徙扶风平陵。子邕,邕子猛,猛子敷,敷子融。自广国至融凡七世。此传失书融高祖名。

金城太守库钧。《注》:"库姓,即仓库吏后。今羌中有姓库,音舍,云承钧之后也。"　古读"库",有"舍"音,犹"车"音尺遮反,"余"音食遮反。《广韵》祃部有"库"字,云"姓也",此流俗之字。

假历将帅。《注》:"假,犹滥也。"　陈氏景云曰:"融行河西五都大将军事,非正官,故曰'假'。《注》未当。"

友至高平。《注》:"高平,今凉州县也。"　陈氏景云曰:"唐凉州无高平县,当云原州平高县。"

窦宪传

笃弟景、瓌并中常侍。 中常侍,宦者之职,非外戚所宜居。恐有误。

马援传

《注》:"父仲又尝为牧帅令。" 陈氏景云曰:"帅,当作师。前汉有牧师令。"

当闭居自守,而反游京师长者。《注》:"长者,谓豪侠者也。" 陈氏景云曰:"长者,犹言贵人耳。郑众辞皇太子、山阳王之聘,梁松讽以'长者意不可逆'是也。豪侠之解似未当。"大昕按:魏文帝诏曰:"三世长者知被服,五世长者知饮食。"是"长者"为贵人之称。

卓茂传

刘宣字子高,安众侯之从弟。知王莽当篡,乃变姓名,隐避林薮。建武初乃出,光武以宣袭封安众侯。 陈氏景云曰:"据《前表》,建武初以崇从弟宠绍封安众侯,其名与范《史》不同。又据谢承《书》,安众侯有预讨王莽、佐平王郎大功,非避世者。不知范《史》何以复异如此。"

侯霸传

师事九江太守房元,治《谷梁春秋》。 晦之曰:"案《前书·儒林传》,房凤字子元,不其人,传《谷梁春秋》。哀帝时为九江太守。此房元即房凤也。不书名而书字,又单举一字,未知何故。"

赵熹传

熹上复缘边诸郡,幽、并二州由是而定。 晦之曰:"案《本纪》建武十五年,徙雁门、代、上谷三郡民,置常山居庸关以东。二十六年,云中、五原、朔方、北地、定襄、雁门、上谷、代八郡民归于本土。上谷、代属幽州,雁门、云中诸郡属并州。《注》但举云中、五原,则止有并州,不得言二州矣。

郭丹传

大司马严光请丹。 "光"当作"尤"。严尤为大司马,见《汉书·王莽传》。

桓谭传

出为六安郡丞。 六安,《前志》为王国,王莽篡位后,盖废为郡,故成武孝侯顺以建武八年拜六安太守。桓谭为郡丞,亦在建武初也。建武十三年,省并西京诸国,唯真定、河间、泗水、城阳、淄川以宗室封王,见于《纪》、《传》。若广平、高密、胶东、六安、广阳未见有封王者,盖已改国为郡,犹沿西京旧名耳。

冯衍传

帝以衍为曲阳令。《注》:"曲阳,县名。故城在今定州故城县西。"唐定州无故城县。当是鼓城之讹。毛本"故"作"彭",亦误。

媲子反于彭城兮,爵管仲于夷仪。《注》:"案'媲'字,吕忱音仕眷反。勉也。《东观记》作'讥'字,此虽作'媲',盖亦讥刺之意也。" 此赋以"媲子反"与"爵管仲"对文,则非讥刺之意。子反平宋,意主恤邻;管仲封邢,功存继绝。故敬通嘉美之。"媲"当为"馔",与下文"馐女齐"、"飨椒举"同义。言欲饮食之也。

鲍昱传

后为泚阳长。 "泚"当作"沘"。《注》同。即南阳之比阳也。《窦皇后传》"母泚阳公主",亦误。

苏竟传

夫房、心即宋之分,东海是也。 东海与鲁相近,似不当宋分。

杨厚传

初,安帝永初二年,太白入北斗。《注》:"《续汉志》曰:时正月己亥,太白入北斗中。" 五星行道,皆在黄道左右,无缘得入北斗。史言入斗者,皆南斗也。《续志》太白入斗中凡再见,俱无"北"字,知为后人妄增。且太白入斗在永初三年,此云"二年",亦误。

襄楷传

比年日食于正朔。《注》:"延熹八年正月辛巳朔,日食。九年正月辛卯朔,日食。" 沈宇曰:"案《纪》、《志》,延熹八年日食,并在正月晦日,逢丙申,不在正朔。且法亦无两年正朔俱逢辛之理。《注》盖有意附合正文,故迁就其说。但楷所云'比年日食正朔',当得其实。而《纪》、《志》俱不符,殊不可解。"大昕案:《本纪》八年正月丙申晦,日有食之。九年正月辛亥朔,日有食之。《五行志》亦同。惟九年作"辛卯朔",当以辛卯为正。两食虽有晦、朔之异,而并在正月,故襄楷言"比年日食正朔",此无足疑。

阴兴传

后以兴领侍中。 陈氏景云曰:"'后'当作'复'。兴前官侍中,故言'复领'。"

郑巨君传

出为平原相。 晦之曰:"平原为国,在殇帝延平元年。当建初时,未有此国也。考建初四年封皇子全为平春王,未几,王薨国除。此平原或平春之误。"

张奋传

十年,儋耳降附,奋来朝上寿。 晦之曰:"据《本纪》,儋耳诸国慕义贡献,公卿奉觞上寿,在永平十七年。此脱'七'字。"

郑康成传

其门人山阳郗虑、东莱王基。 陈氏景云曰:"案《魏志·王基传》但言据持郑义,与王肃抗衡,不云尝师郑氏。计基年辈,乃肃之侪,非郗虑匹也。同时又有乐安孙炎,亦非肃讥短郑氏。炎本受学于郑氏门人,而唐孔氏《诗疏》误以为郑氏之徒。恐范《史》之失类此。"

桓典传

《注》："华峤《书》曰：'迁平津都尉、钩盾令。'"刘攽曰："平津非郡，何得有都尉？盖是平准令，误'准'为'津'，因转'令'为'都尉'也。"陈氏景云曰："灵帝中平元年，因黄巾之变，特置八关都尉官，平津其一也。见《灵帝纪》注。刘说非是。"

法雄传

永初四年，迁南郡太守。初平中卒官。 沈宇曰："初平距永初七十六年。此'初平'字讹。"陈诗庭曰："汪本'初平'作'元初'。"

度尚传

椎髻鸟语之人。《注》："鸟语，谓语声似鸟也。《书》曰：'岛夷卉服。'"《禹贡》"岛夷"，《汉书·地理志》作"鸟夷"。郑康成、王肃本皆同，故章怀引以证"鸟语"之义。后人依今本改"鸟"字为"岛"，而此《注》遂成赘文矣。

赵孝传

亭长先时闻孝当过，以有长者客，扫洒待之。《注》："素闻孝高名，故以为长者客也。" 陈氏景云曰："长者客，犹言贵客，即下言'田禾将军子'是也。《注》未明了。"

刘恺传

茂与太尉陈蕃、司徒刘矩共上书讼之。 晦之曰："据《本纪》，是时为司徒者乃胡广，非刘矩也。《陈蕃传》与此同。"

钟离意传

帝性褊察，公卿大臣数被诋毁，近臣尚书以下至见提拽。 晦之曰："《申屠刚传》：'尚书近臣至乃捶扑牵曳于前，群臣莫敢正言。'《虞延传》：建武二十年东巡，还经封丘城门，门下小不容羽盖。帝怒，使挞侍御史。此皆光武时事。东都初制严切如此，岂独明帝之性褊察哉！

《左雄传》言：'九卿位亚三事，班在大臣。孝明皇帝始有扑罚，皆非古典。'帝从之。其后九卿无复捶扑者。然则光武所捶扑者，止是尚书、侍御史，明帝则兼及九卿，故史家以'褊察'讥之。"

楚王英传

建初二年，肃宗封英子楚侯种，五弟皆为列侯。　　当云"封英子种楚侯"，传写颠倒耳。

朱穆传

严鲔谋立清河王蒜。　　沈彤曰："案《清河王》及《李固》、《杜乔传》，皆作'刘鲔'。且《清河王传》云'南郡妖贼刘鲔'，而《李固传》云'魏郡刘鲔'，俱不合。未知孰是。"

何敞传

乐、何之徒，抗议柱下。《注》："乐恢为司隶，何敞为御史，并弹射纠察之官也。"　　陈氏景云曰："乐恢以尚书仆射劾奏司隶，未尝为司隶也。《注》误。"

邓彪传

诏以光禄大夫行服。　　晦之曰："邓彪本太仆，而以光禄大夫行服。桓郁本越骑校尉，而听以侍中行服。桓焉本太子太傅，而听以大夫行丧。盖侍中、光禄大夫无定员，亦无专职，且非中二千石。即有以忧乞身者，或可听许，其实仍遵旧制，公卿二千石不行三年服也。"

班超传

永平十八年，帝崩，焉耆以中国大丧，遂攻没都护陈睦。　　沈彤曰："案《明帝纪》：龟兹、焉耆攻没都护陈睦在十八年六月，而帝崩以八月壬子，与此传云'因丧'者不合。《西域传》序云：'明帝崩，焉耆、龟兹攻没都护陈睦。'似此传得之。"

梁懂传

何熙,字孟孙,陈国人。 晦之曰:"熙书国不书县。《魏志》:何夔陈国阳夏人,即熙曾孙也。"

应劭传

故胶东相董仲舒。 "胶东"当作"胶西"。

王充传

充少孤,乡里称孝。 《论衡·自纪篇》:"六岁教书。有巨人之志。父未尝笞,母未尝非。"不云"少孤"也。其答或人之嘲,称"鲧恶禹圣,叟顽舜神。""颜路庸固,回傑超伦。孔、墨祖愚,丘、翟圣贤。"自居于圣贤,而訾毁其亲,是可为孝,谁不为孝?

下邳惠王衍传

子哀王宜嗣,数月薨。 晦之曰:"'数月'二字衍,因上文有'数月薨'句而讹耳。自中平元年至建安十一年,相距廿载,岂数月乎?熊《表》亦然。是宋本已误。"

淮阳顷王昞传

永嘉元年,封豹兄四人为亭侯。 晦之曰:"'永嘉'当作'元嘉'。"

黄宪传

既而前至袁闳所。《注》:"一作'阆'。" 陈氏景云曰:"黄宪、袁阆俱慎阳人,故荀淑有'子国颜子'之语。慎阳本侯国也。若汝阳袁闳与宪同郡异县,则作'闳'非矣。"

种暠传

后梁州羌动,以暠为梁州刺史。 陈氏景云曰:"'梁'当作'凉'。汉无梁州,至晋始置耳。"

刘陶传

时司徒陈耽亦以非罪,与陶俱死。 蔚宗作史,重风节而轻爵位,意在矫班氏之失。故三公多不得立传。若《传》,耽之忠正无过,触忤宦者而诬死,乃大臣之贤者,何以亦从附见之例?

刘瑜传

《河图》授嗣,正在九房。 费士玑曰:"九房,似即九宫。《易乾凿度》有太乙下行九宫之说,而无'河图'之名。据此文,则以戴九履一者为《河图》。宜可信。"大昕谓:《易》称"河出图,圣人则之。"刘歆以为伏羲受《河图》,则而画之八卦是也。八卦之位,震东、巽东南、离南、坤西南、兑西、乾西北、坎北、艮东北,此即伏羲所传。伏羲以木德王,故云帝出乎震也。依八卦方位,并中央数之,即为九宫。羲皇画卦,既取则于《河图》,则九宫为《河图》信矣。若《雒书》本文,但有"初一曰五行"以下六十五字。《河》有图,《雒》无图也。无图而强以五行生成之图傅会之,既又知其数之不合,更以九宫当《雒书》,转借五行生成之图以为《河图》,且谓合于大衍之数。不知宣尼系《易》,固言大衍之数,不言图也。自天一至地十,并之为五十有五,不待图而显也。即以图显之,但可云五位相得之图,不可以当《河图》也。

蔡邕传

补侍御史,又转侍书御史,迁尚书。三日之间,周历三台。 "侍书"当作"持书"。汲古阁本作"持书"。范《史》本是"治书",章怀避讳改"治"为"持"也。《百官志》:御史中丞为御史台率。应劭《风俗通》云:"尚书、御史台,皆以官仓头为吏。"见《百官志》注,今《风俗通》无此文。是尚书、御史皆称台也。又《百官志》:谒者仆射"为谒者台率",符节令为"符节台率"。则汉时称"台"者,亦不止尚书、御史矣。《袁绍传》:"坐召三台,专制朝政。"《注》引《晋书》云:"汉官,尚书为中台,御史为宪台,谒者为外台,是谓三台。"然伯喈未受谒者,何以便有"三台"之称?岂侍御史与治书御史亦分为二署耶?

左雄传

司、冀复有大水。　司、冀，谓司隶校尉所部及冀州也。以司隶校尉领一州，因有"司州"之目。《释名·释天篇》一云"豫、司、兖、冀"，一云"兖、豫、司、冀"，与此传所称同。而《释州国篇》云"司州，司隶校尉所主也"。盖当时案牍省文。魏及晋初皆都洛阳，仍以司隶校尉领州事，故亦沿"司州"之称。然当时命官，则称司隶校尉、司隶从事，初不系以州也。渡江以后，侨置司州于徐，以刺史领之，不复置司隶。宋、齐、梁时，司州治义阳郡，乃得晋荆州之地，而尚沿司隶旧名，尤无当矣。

陈蕃传

祖河东太守。　列传叙述祖、父，必举其名。此有官而无名，又别无事迹，则不如其不载矣。蔚宗好引用《风俗通义》，此必因应书有"其祖河东太守，冢在召陵"之文而增入耳。

时小黄门赵津、南阳大猾张氾等奉事中官，乘势犯法。二郡太守刘瓆、成瑨考案其罪。　太原太守刘瓆案赵津，南阳太守成瑨案张氾，故云"二郡"。《王允传》称"小黄门晋阳赵津"。晋阳为太原属县，故刘瓆得案之。此《传》删去"晋阳"字，而二郡之文不可通矣。

党锢传

弘农成瑨但坐啸。《注》："桓帝乳母，中官贵人外亲张子禁，怙恃贵执，不畏法网。功曹岑晊劝使捕子禁付宛狱，笞杀之。"《岑晊传》："宛有富贾张汜者，桓帝美人之外亲也。""子禁"盖即汜字。《陈蕃传》"汜"作"氾"。

初，成以方伎交通宦官，帝亦颇谇其占。　"谇"当作"讯"。《诗》："讯之占梦。"讯，问也。古书"讯"、"谇"二字多相乱。然"讯"训"问"，"谇"训"告"，音义全别。《诗》"歌以讯之"、"莫肯用讯"，皆"谇"之讹。此又误"讯"为"谇"。

王璋字伯仪，东莱曲城人，少府卿。　汉以太常、廷尉、卫尉、光禄勋、宗正、大司农、大鸿胪、太仆、少府为九卿，而官名无"卿"字。犹太尉、司徒、司空不系以"公"也。《两汉》、《三国志》书太常、廷尉、宗正等从无系以"卿"字者。此传称"少府卿",当衍一"卿"字。汉有《卫尉卿衡方碑》,又《韩敕后碑》有云"故少府卿任城樊府君",此流俗之称。

羊陟。时太尉张显、司徒樊陵。 《灵帝纪》,樊陵为太尉,非司徒。

何进传

因复博征智谋之士庞纪。 陈氏景云曰:"据《荀彧》、《袁绍传》,并作'逄纪'。此作'庞',误。"

孔融传

时河南尹李膺。《注》引《融家传》曰:"闻汉中李公清节直亮,意慕之,遂造公门。" 李固,汉中人,为太尉,与此传不同。沈宇曰:"融以建安十三年被杀,年五十六。计其生,当在永兴元年,距固之死已六年,不得相及。《家传》误也。"

左丞黄祖者称有意谋。 汲古阁本无"黄"字。黄祖亦非融所杀也。《魏志·崔琰传》注引《九州春秋》作"左承祖"。承、丞,古通用。

建安五年,南阳王冯、东海王祗薨。《注》:"并献帝子。" 东海王祗乃东海恭王彊之玄孙,非献帝子,且立四十四年而薨,初非冲幼。此传殆误也。献帝子见于《纪》者,有东海王敦。东海疑是北海之讹。说见《考异》。敦以建安十七年封,其时融已先殁矣。范《史》杂采它书,往往自相乖戾如此。

公孙瓒传

拜北平将军,封安国亭侯。 陈氏景云曰:"'北平'当作'平北'。"

袁绍传

被以虎文。《注》:"虎贲将冠鹖冠,虎文单衣。" 《文选》李善《注》谓"羊质虎皮"也。此《注》误。

审配将冯札为内应。 陈氏景云曰:"'札'当作'礼',古'礼'字也。《魏志》作'礼'。"大昕案:闽本作"冯礼"。

刘表传

侍中从事邓义谏，不听。　陈氏景云曰："'侍中'当作'治中'，因下有'侍中'之文而误。"大昕案：章怀避唐讳，每改"治"为"持"。此"治中"必改"持中"。校书者不达其旨，妄易为"侍"耳。

刘焉传

祭酒各领部众，众多者名曰理头。　《魏志》作"治头"。章怀避讳改。

循吏传

刘宠。　《注》："若使明君用公山于前。"　陈氏景云曰："'使明'当作'明使'。汉代人称州将皆曰'明使君'也。"

酷吏传

张俭剖曹节之墓。　陈氏景云曰："'曹节'当作'侯览'。传写误也。"

宦者传

吕强。汝阳李巡。　"汝阳"当作"汝南"。

儒林传上

孙期。建武中，范升传《孟氏易》，以授杨政。　晦之曰："《范升传》云：'习《梁丘易》'。又上疏云：'臣与博士梁恭、山阳太守吕羌俱修《梁丘易》。'此传亦云'杨政从范升受《梁丘易》'。则此云'传《孟氏易》'者，误。"

儒林传下

薛汉字公子，淮阳人也。世习《韩诗》，父子以章句著名。汉少传父业。　《唐书·宰相世系表》："汉御史大夫薛广德生饶，长沙太守；饶生愿，为洛阳太守，汉无洛阳，当作淮阳。因徙居焉。生方丘，字夫子。

方丘生汉。"

董钧。玄本习《小戴礼》，后以古经校之，取其义长者，故为郑氏学。　此云《小戴礼》者，谓《仪礼》十七篇。下文云"小戴所传《礼记》"，则今之《礼记》也。康成注《仪礼》，兼取古今文。今文者小戴所授，古文出于孔壁，所谓《礼古经》也。

文苑传上

傅毅。契阔夙夜，庶不懈忒。《注》："《诗》云：'与子契阔。'契阔，谓辛苦也。"　案《邶风》云："死生契阔，与子成说。"章怀偶误记尔。《毛传》云："契阔，勤苦也。"契与勤，阔与苦，声俱相近。注改"勤"为"辛"，意同而声远矣。

文苑传下

张升。富平侯放之孙也。　沈彤曰："放卒于哀帝时，而升以灵帝时坐党锢见诛。中间百七十余年，不应只有两世。"李赓芸曰："'孙'上疑有脱字。"

侯瑾。西河人敬其才而不敢名之。　陈氏景云曰："'西河'当作'河西'。瑾敦煌人，河西四郡之一也。"

独行传

刘茂。元初中，鲜卑数百骑寇渔阳。　晦之曰："'鲜卑'以下百二十二字与《鲜卑传》重出。唯彼云'延平元年'，此误为'元初'尔。当去此存彼。"大昕案：《本纪》此事亦载于延平元年。

方术传上

王乔。　王乔事见《风俗通·正失篇》。应氏固已讥其矫诬而辩正之矣。蔚宗乃采入正史，岂非好奇之过哉！

李南。向度宛陵浦里航。　"航"当作"航"。《说文》："航，方舟也。从方亢声。"俗书从"方"之字多误从"舟"。《周礼》"瓶人"今本误作"瓶"。《杜笃传》："北航泾流。"此字独不误，赖章怀《注》辨析分明耳。

樊英。孙陵,以谄事宦人,为司徒。　　晦之曰:"案中平五年,永乐少府樊陵为太尉。非司徒也。《传》误。"沈宇曰:"此《传》称鲁阳人。而《灵帝纪》注:'樊陵,胡阳人。'亦误。"

方术传下

许曼。　《风俗通》云:"字宁方。"

陇西太守冯混始拜郡。　此事见《风俗通·怪神篇》。

华佗。铁灸不过数处,裁七八九。　《魏志·佗传》云:"若当灸,不过一两处,每处七八壮。"此"九"字当从彼作"壮"。李赓芸曰:"南监本作'裁七八丸',当指艾丸欤?"

刘根者,颍川人也。　《方术》一篇,如徐登、赵炳、蓟子训、左慈、寿光侯及刘根事,皆见《搜神记》。彼《记》云:"根字君安,京兆长安人。汉成帝时入嵩山学道。"而《传》以为颍川人,似误。《独行传》之范式、陈劭、谅辅,《列女传》之乐羊子妻、叔先雄,亦皆取诸《搜神记》。

列女传

阴瑜妻。后同郡郭奕丧妻,爽以采许之。　陈氏景云曰:"郭嘉卒于建安十二年,年三十八。距荀爽之殁几二十年。计爽存日,嘉年方冠,不得有受室壮子。又爽名德素著,亦定无强夺女志事。爽、奕二字必有误。"

东夷传

句骊。是岁宫死,子遂成立。姚光上言,欲因其丧,发兵击之。沈宇曰:"案《安帝纪》,姚光于建光元年四月被杀。据此《传》,则宫之死当在秋冬之间,其时不得复有光也。"

南蛮传

板楯蛮夷。杀人者得以赕钱赎死。　陈氏景云曰:"'赕',当作'赎'。"大昕谓:《说文》无"赎"字,当以"赕"为正。

南匈奴传

光武初，方平诸夏，未遑外事。至六年，始令归德侯刘飒使匈奴。
《前书·匈奴传》："更始二年冬，汉遣中郎将归德侯飒使匈奴。"《陈遵传》："更始至长安，遵与归德侯刘飒俱使匈奴。"即此人也。或云汉宣帝时匈奴日逐王先贤掸率众降，封归德侯。其孙飒袭封，五十六年，至建武初尚存。"讽"、"飒"字形相涉，或即一人。然据班《表》，建武二年，讽子襄已嗣侯，则讽当卒于建武元年，安得于六年更奉使乎？且先贤掸出于匈奴，不闻赐姓刘氏也。王莽时，又有展德侯王飒使匈奴，王昭君兄子也。

归河西于内地。 陈氏景云曰："河西，当作西河。时南单于屯西河美稷县也。"大昕案："西河"与上句"南房"正相对。

鲜卑传

幽、并、凉三州缘边诸部。 陈氏景云曰："部，当作郡。"

三史拾遗卷五

律历志二

《太初》失天益远，日月宿度，相觉浸多。　"觉"与"较"同。《晋书·蔡谨传》："方之于前，倍半之觉也。"《魏氏春秋》："贤圣之分，所觉悬殊。"见《魏志·高贵乡公纪》注。《宋书·天文志》："斗二十一，井二十五，南北相觉四十八度。"《晋志》"觉"作"应"，误。

律历志三

没数，二十一。为章闰。　李锐曰："'为章闰'三字衍。"

所得数从甲子蔀起，算外，所入纪岁名命之。　李锐曰："'算外'下有脱文。以算求之，当云所得数从甲子蔀起，算外则所入蔀也。不满蔀法者，入蔀年数也，各以所入纪岁名命之。"

所得以七十二乘之，满六十除去之，余以二十除。　李锐曰："'七十二'当作'二十七'。盖蔀会者二十七蔀之数，以二十七乘蔀会，所得数是复通为若干蔀也。六十蔀为元，以六十除；犹以元法除。二十蔀为纪，以二十除，犹以纪法除，故不满二十者，即以命蔀。"

其弦望小余二百六十以下，每以百刻乘之，满蔀月得一刻。　李锐曰："冬至夜漏五十五刻，以蔀月乘之，百刻除之，得九百四十分日之五百十七，为自昏至明之数；半之得二百五十八。半为自子半至明之数，云二百六十，以下就整数言之。"

不满其数近节气夜漏之半者以算上为日。　李锐曰："'数'当作'所'，声之讹。"

余分满二百二十四以上，至二百三十一，为食在闰月。　李锐曰："闰分满四以上亦得一，故以二百二十八正数减四得二百二十四，数至二百三十一则满七而成月。二百三十一以上或在闰后。"

以岁数去上元余以为积月，以百一十二乘之。 李锐曰："当云余以章月乘之，满章法得一为积月，不满为闰余。积月以百一十二乘之。盖传写脱之也。百一十二者，月数减食法之数。论算理，当以食法乘积月，满月数去之，不满者转减月数。余满食法得一为后食。今先以食法减月数，则以后不用反减，所推得数与前同。"

危十六。进二。壁十。进一。 李锐曰："'危十六'当作'危十七'，'壁十'当作'壁九'。案赤道宿度，自汉迄唐初，相沿承用。至一行《大衍》始改毕、觜、参、鬼四宿，而其余二十四宿仍与古不异。考《三统》以后，诸家赤道度，危宿并十七度，壁宿并九度。此作'危十六'、'壁十'，盖误以下文黄道度为赤道度也。"

昏明之生，以天度乘昼漏，夜漏减三百而一，为定度。以减天度，余为明；加定度一为昏。其余四之，如法为少。不尽，三之，如法为强。余半法以上以成强。强三为少，少四为度。其强二为少弱也。又以日度余为少强，而各加焉。 李锐曰："'夜漏减三百而一'，当作'夜漏减之二百而一'。'如法为少'下当有'二为半，三为太'六字。天度者，三百六十五度二十五分也。按星从天而西，日行一周，当漏刻一百。其自明至中，自中至昏，当昼漏之半。以昼漏乘天度，二百而一，则得自明至中之度，亦即自昏右旋至中之度，为昏中星度；以减天度，余为自明右旋至中之度，为明中星度。日违天而东，自夜半至昏明，又自有行分。今既以二百为度法，即以夜漏为日行。自夜半至明之分，以加明中星度为明定度；以夜漏减二百，余为日行。自夜半至昏之分，以加昏中星度，为昏定度。为术，当以天度乘昼漏，加二百，减去夜漏，为昏定度之实。今先减夜漏而后加一度，其得数正同。又减定明定度而后加一者，盖合昏明定度，当得三百六十六度四分一。今所减者是周天度，故减定而后加一也。依法求得昏明定度，各与其气日所在度相加，又以昏明度余及日度余，各为少半大强弱，相并如法除命，则得其气昏明中星宿度及余也。然求昏明星度，当与其气夜半日所在相加，而节气加辰有早晚，故后条又有减之之法。入元纪蔀初年，即以所加之日度余减之。"

礼仪志下

太仆四轮辀为宾车。 "仆"下脱"驾"字。当依《献帝纪》注增。

《注》:"天子之椁,柏黄肠为里,表以石焉。" 陈氏景云曰:"此十三字乃上文'治黄肠题凑'之注,误入于此。"

校尉三人。 "三"下脱"百"字。当依《献帝纪》注增。

祭祀志中

歌《西皓》,八佾舞《育命》之舞。 《明帝纪》注引此文云:"歌《白藏》。"以上下文《青阳》、《朱明》、《玄冥》例之,则"白藏"为是。

天文志上

轩辕始受《河图鬭苞授》,规日月星辰之象。 《文选》注引《河图阊苞受》曰:"帝感苗裔出应期。"《阊苞受》,盖《河图》篇名,如《括地象》、《帝览嬉》之类。此"鬭"字当是"阊"字之误。王伯厚疑"鬭苞"为人名氏,非也。

《注》:"《郗萌占》曰:流星出东井。" 《隋书·经籍志》:"后汉中郎郗萌撰《后汉灾异》十五卷。"又云:"汉末郎中郗萌集图、纬谶、杂占为五十篇,谓之《春秋灾异》。"

天文志中

永元九年,辽东鲜卑,太守祭参不追虏,征下狱诛。 陈氏景云曰:"'鲜卑'下当有'攻肥如'三字,见《鲜卑传》。"晦之曰:"按文义,当云:鲜卑寇肥如,辽东太守祭参不追虏,征下狱诛。"

天文志下

延熹七年,皇后邓氏坐执左道废,迁于祠宫。 陈氏景云曰:"祠,当作桐。和帝阴皇后废,迁桐宫。事见《皇后纪》,可互证也。"

五行志二

更外迎济北王子犊立之。 晦之曰:"即北乡侯懿也。岂因名子者不以畜牲，而改为'懿'欤？"

五行志三

《注》："臣昭案：《尹敏传》是岁河西大雨雹，如斗。安帝见孔季彦，问其故。" 季彦事今在《孔僖传》。或司马彪《书》以季彦附《尹敏传》乎？

五行志四

建康元年，凉州都郡六，地震。 陈氏景云曰："'都'当作'部'。"

五行志五

熹平元年四月甲午，青蛇见御坐上。 晦之曰："青蛇事，《张奂传》作建宁二年，《谢弼传》亦同。此《志》及《杨赐传》并作熹平元年，非也。或云熹平元年当作建宁元年。然陈蕃、窦武之被害在建宁元年九月，而张奂、谢弼之言灾应，俱有诛陈、窦事，则必非建宁元年之夏可知，当从《张》、《谢》二传为是。"

五行志六

《注》："《春秋潜潭巴》云：'甲子蚀，有兵、敌强。'" 《春秋潜潭巴》说日蚀六旬，各有占验。刘昭注《五行志》所引仅得大半。顷读《唐开元占经》，乃钞以补刘之阙：甲子日蚀，有兵，狄强起。刘《注》"狄"作"敌"，无"起"字。乙丑日蚀，大旱，大夫执纲。丙寅日蚀，虫，久旱，多水征。刘《注》"水"作"有"。丁卯日蚀，旱，有兵。刘《注》"旱"上有"有"字。戊辰日蚀，地动，阴强。己巳日蚀，地动，火灾数降。庚午日蚀，火烧后宫。刘《注》作"后火烧官兵"。辛未日蚀，大水汤汤。刘《注》无此二字。壬申日蚀，水盛，阳溃阴欲翔。刘《注》"盛"作"灭"。癸酉日蚀，连阴不解，淫雨数出，有兵起。刘《注》"数出"作"毁山"。甲戌日蚀，草木不滋，主令不行。刘《注》"主令"作"王命"。乙亥日蚀，阳不明，冬无水，东国兵。刘《注》"国"下有"发"字。丙子日蚀，五月大霜为灾。丁丑日蚀，诛三公。戊寅日蚀，天下大风，园无果。己卯日蚀，盗贼起，沙石踊，以有壅。庚辰日蚀，慧星东出，有寇兵，旱。刘《注》"出"作"至"。辛巳日蚀，妃谋，二子用兵。壬午日蚀，久雨，旬望。癸未日蚀，仁义不明。甲申日蚀，虫，四月大霜。乙酉日蚀，仁义不明，贤人退消。刘《注》无"退"字。丙戌日蚀，臣憎主诛；不理，多冤讼。丁亥日蚀，匿谋满王堂。戊子日蚀，宫室内淫，必惑雄，有忧。刘《注》作"雌必成雄"。己丑日蚀，臣伐其主，天下皆亡。刘《注》作"日食己丑，天下唱之"。庚寅日蚀，将相诛，大水，多死伤。辛卯日蚀，臣伐其主。壬辰日蚀，河决海溢，久霜连阴。刘《注》无"溢"字，"霜"作"雾"。癸巳日蚀，在阳者权不行。甲午日蚀，大虫螟蝗兴，主贪暴，民流亡。乙未日蚀，天下多邪气，郁郁苍苍。丙申日蚀，诸侯相攻，夷狄内侵，旱。丁酉日蚀，侯侵王。戊戌日蚀，有殃，主后死，天下谅阴。刘《注》"殃"上有"土"字。己亥日蚀，小人用事，君子縶。庚子日蚀，君疑其男。辛丑日蚀，主疑臣，三公有免黜者。刘《注》"臣"作"王"，似误。壬寅日蚀，天下苦，兵大起。刘《注》"兵"属上句。"大起"作"大臣骄横"。癸卯日蚀，群鸟翔，禽入国，外伐内，主危亡。甲辰日蚀，四骑爵。刘《注》作"胁大水"。乙巳日蚀，东国发兵。丙午日蚀，民多流亡。丁未日蚀，王者崩。戊申日蚀，地动摇，宫室摧侵，兵强。己酉日蚀，妃死，子不葬，以内乱相怨疑。庚戌日蚀，臣相侵。辛亥日蚀，子为雄，近臣忧。壬子日蚀，女谋王，女主忧。刘《注》作"妃后专恣，女谋主"。癸丑日蚀，水潦。甲寅日蚀，雷击杀人，骨肉争功。刘《注》"雷"下有"电"字，无"人"字，"功"作"攻"。乙卯日蚀，雷不行，霜不杀草，长人入宫。刘《注》"霜"作"雪"，无"不"字，"草"下有"不"字，"人"上有"奸"字。丙辰日蚀，山水淫淫。丁巳日蚀，下有聚兵。刘《注》"聚"作"败"。戊午日蚀，久旱，谷不伤。不云纬。己未日蚀，失君，王失土。不云纬。庚申日蚀，夷狄内攘。辛酉日蚀，女谒且兴，奸邪欲起。刘《注》作"辛酉蚀，女谋主"。壬戌日蚀，山崩，小人用事。癸亥日蚀，大人崩，王者忧之。刘《注》"大"作"天"。《五行志》注中当引而遗漏者，丙子、乙巳、丙午、癸丑，凡五日。又注例日名同者不更注。乃安帝永初七年四月丙申晦，引"诸侯相攻"句。元初五年八月丙申朔，引"夷狄内攘"句。同日而异占，殊可疑也。

郡国志一

　　今但录中兴以来郡县改异，及《春秋》、三史会同征伐地名。　"三史"，谓《史记》、《汉书》及《东观记》也。《吴志·吕蒙传》注引《江表传》:"权谓蒙曰:孤统事以来,省三史、诸家兵书,大有益。"又《孙峻传》注引《吴书》:"留赞好读兵书及三史。"《晋书·傅玄传》:"撰论三史故事,评断得失。"《隋书·经籍志》:"吴太子太傅张温撰《三史略》二十九卷。"皆指此。

凡《前志》有县名,今所不载者,皆世祖所并省也。 《光武纪》建武六年,大司徒、大司空二府条奏并省四百余县,即其事也。然《志》所书者,据顺帝时版籍言之,其所不载,未必皆世祖并省。如泰山之华,《志》所无也,而《光武十王传》称"永平二年以华县益琅邪国",是明帝之世尚有华矣。庐江之枞阳,亦《志》所无也,而谢承《后汉书》称刘騊駼除枞阳长。见《太平御览》。騊駼仕于邓太后朝,是安帝之时尚有枞阳矣。但史文阙略,不能备载其省并之由耳。

河南尹。成皋,有氾水。《注》:"《左传》曰:周襄王处郑地氾。"周襄王所处,在颍川之襄城。《注》文重出,当去此存彼。

河内郡。朝歌,有鹿腹山。 晦之曰:"'鹿腹'当作'鹿肠'。《袁绍传》注引此文,亦作'肠'。"

京兆尹。新丰,有严城。 晦之曰:"'严'当作'挦'。《刘圣公传》注引《续志》,新丰有挦城。李松拒赤眉处。挦,子侯反。盖字形相似而讹耳。"

右司隶校尉部,郡七。《注》:"《魏志》曰:曹公分关中置汉兴郡国,游楚为太守。" 陈氏景云曰:"今本《魏志》无此文。疑出《魏略》。'志'字偶误。"

郡国志三

东郡。聊城有聂戚。 晦之曰:"'戚'当是'城'字之讹。"

东海郡。郯。《注》:"有勇王亭。" 陈氏景云:"王,疑'士'之讹。"

琅邪国。《注》:"案《本纪》,永寿元年置,都尉治。" 《桓帝纪》:是年置太山、琅邪都尉官。《注》于泰山郡下不云"置都尉",何也? 孔宙为泰山都尉。

郡国志四

乐安国。高帝西平昌置,为千乘。 前撰《考异》指此条"西平昌"

三字衍。西平昌，县名，当属上文平原郡，误脱窜入于此。今检《鲁峻
碑》阴有门生平原西平昌王端子行一人。此以汉人述汉郡县，尤可信。
吾言之非妄。

北海国。东安平故属菑川。　北海属县，以《前志》校之，如高密、
昌安、夷安，皆高密国属县也，而《志》不云故属高密，即墨、壮武、下密
皆胶东国属县也，而《志》不云故属胶东，以本国下已注云："建武十三
年省菑川、高密、胶东三国，以其县属。"故不更出也。钜鹿郡下已注
云："建武十三年省广平国，以其县属。"则任、南和、斥章、曲周、列人、
广年、平乡不更云故属广平。庐江郡下已注云："建武十三年省六安
国。"则蓼、安丰、阳泉、安风不更云故属六安，亦是此例。若琅邪国下
已注云"建武中省城阳国，以其县属"矣，而于莒、东安、阳都三县又云
"故属城阳"；广陵郡下已注云"建武中省泗水国，以其县属"矣，而于凌
县又云"故属泗水"；此菑川国之省并，与高密、胶东同，而又云"故属菑
川"，皆所谓自乱其例也。

有斟亭。《注》："故兆。"　陈氏景云曰："兆，未详。疑'纪邑'
之误。"

拒。《注》：《地道记》曰："养泽在西，幽州薮。有莱山、莱王祠。"
《注》所引《地道记》之文，即《前志》琅邪长广县注文也。"养泽"上当有
"奚"字。《周礼》"奚"作"貕"。后汉以长广改隶东莱。刘氏不注于东莱之
长广，而注于北海之拒，未详其故。又《前志》北海无拒县，惟琅邪有
柜，字从木，不从手。《志》既不言故属琅邪，字形偏旁亦异，以《宋州郡
志》证之，知"拒"为"挺"之讹。

江夏郡。竟陵。《注》："县东有申水。"　晦之曰："'申'当作'臼'。
《左传》定五年：'涉于成臼。'杜预云：'竟陵县有臼水，出聊屈山，西南
入汉。'"

九江郡。历阳。刺史治。　刘《注》引《汉官》，以寿春为刺史治。
与《志》不同。以予考之，汉末州治实在寿春。初平四年，袁术杀扬州
刺史陈温，遂据淮南，淮南即寿春也。《志》所书者，顺帝永和以前之
制，而应劭撰《汉官仪》，乃在献帝之世，故有不同。如荆州本治汉寿，
而刘表治襄阳。兖州本治昌邑，而曹操治鄄城。冀州本治高邑，而韩
馥、袁绍皆治邺。徐州本治郯，而吕布治下邳。益州本治雒，而刘焉父

子治成都。皆汉末徙治,非东京之旧。即以扬州论之,袁术据淮南,而刘繇为刺史,又移治曲阿。盖群雄交争,各据形便,非可执一为定也。

吴郡。安。 《前汉书》、《晋》、《宋志》皆无此县。本志又不言何年所置。前无所承,后无所并,疑即"娄"之讹。因"娄"讹为"安",校书者不能是正。疑有脱漏。又增"娄"于无锡之后,并改十二城为十三。卢熊《苏州府志》遂谓东汉省钱塘而增安县。又谓建安中孙权以安县属屯田典农校尉,当在无锡以西。然沈约《志》初无以安属屯田典农校尉之说,卢说未审何据,大约出于后人臆造耳。监本无"娄"字,新刊本依宋本增之。其实宋本未必是,监本未必非也。《汉志》娄县下云:"有南武城,阖闾所起,以备越。"《续志》安县下《注》引《越绝》云:"有西岑冢,越王孙开所立,以备春申君,使其子守之。子死,遂葬城中。"两志俱有备越遗迹,益足征"安"为"娄"之讹矣。

郡国志五

巴郡。涪陵。《注》:"汉时赤田军常取其民。" 惠氏栋曰:"'田'当作'甲'。见《华阳国志》。"

充国。永元二年分阆中置。 《前志》本有充国县。此疑误。

赵巂郡。会无。《注》:"特产好群牛。" "群"当作"犀"。《华阳国志》云:"特产犀牛。"

汉阳郡。冀。有缇群山。 《五行志》:"王莽末,天水童谣曰:出吴门,望缇群。"吴门,冀郭门名也。缇群,山名也。

武威郡。左骑千人官。 郡领十四城,左骑千人官盖别居一城,并姑臧等十三县数之为十四城也。至张掖属国别领五城,以《志》考之,惟有侯官、左骑、千人、司马官、千人官而不领县。以左骑、千人各一城,又别有千人官一城,与侯官、司马官为五城矣,与武威之左骑、千人官为一城者互异。

上谷郡。涿鹿。《注》:"《世本》云:在鼓城南。" 惠氏栋曰:"鼓,当作彭。《前书·刑法志》:'黄帝有涿鹿之战。'郑氏曰:'在彭城南。'师古曰:'上谷别有彭城,非宋之鼓城也。'"

南海郡。博罗。 惠氏栋曰:"沈约云:博罗,《两汉》皆作'傅'字。《晋太康地志》作'博'。案此则司马本书作'傅'。注家误改'博'耳。"

大昕案：今本《汉书》亦作"博"。

交趾郡。十二城。　陈氏景云曰："交趾、郁林二郡，皆逸户口之数。考建武中马援既平交趾，请分西于县为封溪、望海二县。时西于一县户已有三万二千，合余数县计之，户口之繁必甲岭表诸郡矣。"

百官志一

世祖即位，为大司徒。《注》："悬囊捉撮。"　惠氏栋曰："捉撮，当作'括撮'。《淮南子》：'两脾在上，烛营指天。'高诱曰：'烛，阴华；营，其窍也。''烛营'读曰'括撮'。伛偻之象，喻容悦之臣。"

《注》："其与申屠须责邓通。"　陈氏景云曰："须，当作'显'，或作'顿'。"大昕案："顿字义较长。"

建武二十七年，去"大"。《注》："十年，更名相国。"　陈氏景云曰："'十年'上有脱文。"

百官志二

五官中郎将一人。本注曰："主五官郎。"　汉制，郡国亦有五官掾。"五官"之义，注家皆阙。《汉书·外戚传》，内职十四等，有"五官"。

羽林中郎将。《注》："献帝以曹操为南中郎将。"　陈氏景云曰："'操'当作'植'。见《魏志·植传》。"

其灌谒者郎中，比三百石。本注云："初为灌谒者，满岁为给事谒者。"　"灌"当读如"权"。《说文》："梦，灌渝。"即《尔雅·释草》"其萌虇蕍"。《大戴礼》"百草权舆"，亦即"灌渝"之异文。是"灌"有"权"音也。

百官志三

黄门侍郎。《注》"卫瓘注《吴都赋》"。　陈氏景云曰："'瓘'，当作'权'。权字伯舆。见《魏志·卫臻传》注。"

内者令。掌中布张诸衣物。　惠氏栋曰："《三辅黄图》引此文云：'掌宫中步帐裛物。'《宣帝纪》注引作'掌宫中布张诸裛物'。此作'衣'者，误也。"大昕案："'掌'下脱'宫'字。"

百官志四

北军中候一人，六百石。 汉官制，以委任为重，不依秩禄之多寡。五营校尉皆比二千石，而中候以六百石监之。郡国守相皆二千石，而刺史以六百石察之。其后政归台阁，尚书令秩止千石，而权任乃在三公之上矣。

百官志五

典兵禁，备盗贼。 "典兵"之上当有"尉"字。

各有书佐，干主文书。《注》："循行二百三十人。" 惠氏栋曰："案王充《论衡》曰：'一县佐史之材，任郡掾史；一郡修行之能，堪州从事。然而郡不召佐史，州不敢修行者，巧习无害，又少德高也。'则'循行'当为'修行'之讹。《汉北海相景君碑》阴有修行十九人。"

舆服志上

金镂方钣。《注》："薛综曰：钣中央，两头高。" 陈氏景云曰："'中央'下脱'低'字。见《文选》注。"

《注》："徐广曰：金为马文髦。" 北宋本"文"作"义"。

太皇太后、皇太后法驾。 陈氏景云曰："'皇太后'下当有'皇后'二字。"

加交路帐裳。《注》："徐广曰：'青交路，青帷裳。'" 陈氏景云曰："'路'当作'络'。《刘盆子传》注引此文，正作'络'。注中'路'字亦误。"

捷弓鞴九鞬。 陈氏景云曰："'九'当作'丸'。《左传注》：'楗丸，箭筲也。'"《南匈奴传》："弓鞬鞴丸一，矢四发。"

官骑张弓带鞬，遮迤出入称课促。 陈氏景云曰："'课'字衍。'促'当作'娖'。《中山王简传》：'官骑百人，称娖前行。'注称'娖犹整齐也。'"大昕案：《说文》无"娖"字。"称"、"促"双声，后人妄加女旁。

舆服志下

蔮，簪珥。 《士冠礼》注："滕、薛名'蔮'为'颊'。"《释名》："蔮，恢也。恢郭加发上也。鲁人曰'頍'。"《晋书·宣帝纪》:"诸葛亮遗帝巾帼妇人之饰。""帼"即"蔮"之异文。

附宋本牒一篇

中书门下　　　　　牒国子监

翰林侍讲学士、尚书工部侍郎、知审官院事兼判国子监孙奭奏:臣忝膺朝命,获厕近班。思有补于化文,辄干尘于睿览。窃以先王典训,在述作以惟明;历代宪章,微简策而何见? 铺观载籍,博考前闻,制礼作乐之功,世存沿袭;天文地理之说,率有异同。马迁八《书》,于焉咸在;班固十《志》,得以备详。光武嗣西汉而兴,范晔继《东观》之作,成当世之茂典,列三史以并行。克由圣朝,刊布天下,虽纪传之类,与迁、固以皆同;书志之间,在简编而或阙。臣窃见刘昭注补《后汉志》三十卷,盖范晔作之于前,刘昭述之于后。始因亡逸,终遂补全。缀其遗文,申之奥义。至于舆服之品,具载规程;职官之宜,各存制度。傥加铅椠,仍俾雕镂,庶成一家之书,以备前史之阙。伏况《晋》、《宋书》等,例各有志;独兹《后汉》,有所未全。其《后汉志》三十卷,欲望圣慈许令校勘雕印。如允臣所奏,乞差臣与学官同其校勘,兼乞差刘崇超都大管句。伏候敕旨。

牒:奉敕,宜令国子监依孙奭所奏施行。牒至,准敕,故牒。

乾兴元年十一月十四日牒

右谏议大夫参知政事鲁

给事中参知政事吕

中书侍郎兼礼部尚书平章事王

守司徒兼侍中

附录二　诸史拾遗

诸史拾遗卷一

魏志

太祖纪

建安十五年。《注》:"孤祖父以至孤身,皆当亲重之任,以及子植兄弟,过于三世矣。" 陈氏景云曰:"此令云前朝恩封三子为侯,固辞不受,今更欲受之。及明年,三子并封,植为之首。则分封植等,在下令之先,朝廷已有成命。故自述世受汉恩,有至于子植兄弟之语也。封植等而不及丕者,丕为冢嗣,当袭父爵。如桓阶三子皆赐爵关内侯,其长子祐以嗣子不封,即其证也。"或疑舍丕举植,紊长幼之序。据《陈思王传注》中载太祖令,屡称子建以证子植当为子桓之讹,殆不然矣。

文帝纪

《注》:"及至承尧禅,被珍裘,妻二女,若固有之。" 梁氏同书曰:"珍裘,即孟子所云'袗衣'也。""袗"训单,又训同,皆无盛服之义,当以珍裘为正。

三少帝纪

景元元年,故汉献帝夫人节薨,追谥为献穆皇后。 陈氏景云曰:"《武帝纪注》引《续汉书》,曹腾父名节,于献穆为高祖,不应献穆命名,乃犯祖讳。"《艺文类聚》引《续汉志》,曹腾父萌。与裴《注》异,恐当以萌为正。

袁绍传

《注》:"伯游之恨于齐,未若文公之忿曹。" 陈氏景云曰:"文公当作太公。"见《后汉书》。

既不见赦,而屠辱各二三其心,临陈叛戾。 陈氏景云曰:"'屠'

下衍一'辱'字。"屠各者,匈奴种也。是时袁尚攻谭,倚匈奴为助,及交锋之后,谭兵击其前,屠各叛于后,故继云"进退无功,首尾受敌"也。

刘表传

《注》:"公褚恭。" 陈氏景云曰:"'褚'当作'绪'。"公绪,复姓也。见《后汉书·党锢传》。

公孙瓒传

是时,术遣孙坚屯阳城拒卓,绍使周昂夺其处。 陈氏景云曰:"鱼豢《典略》载瓒《表》列绍罪,亦作周昂。"据《孙坚传注》引《吴录》及《会稽典录》,则绍所遣与坚相持者,乃会稽周喁,非昂也。昂乃喁之兄,为九江太守,袁术攻破之。其事别见《孙贲传》。《吴录》、《典录》皆同。盖《贲传》仍吴史旧文,而《瓒传》周昂似沿《典略》之失也。范《史》《瓒传》作周昕。案:汉末昕为丹阳太守,见《孙静传注》,无夺据阳城事。此范《史》之误。

王肃传

《评》:**刘寔以为肃方于事上而好下佞己,此一反也。性嗜荣贵而不求苟合,此二反也。吝惜财物而治身不秽,此三反也。** 陈氏景云曰:"'刘寔'以下,当是裴氏《注》。《谯周传》评后《注》引'张璠以为'云云,与此正同。肃为晋武帝外王父,史臣于本传略无贬词,岂应于评中更摭其短乎?"大昕考承祚诸评,文简而要,从未引它人说。陈氏之言是也。

张既传

又与夏侯渊宋建。 陈氏景云曰:"'渊'下疑脱'讨'字。"
《注》:"儒,夏侯尚从弟。初为鄢陵王彰骁骑司马,宣王为征南将军,都督荆、豫州。" 陈氏景云曰:"'骁骑司马'句绝。鄢陵北征,以北中郎行骁骑将军。时夏侯尚为长史,儒为其府司马也。'宣王'二字有误。宣王尝以骠骑将军都督荆、豫,不在四征之列。此为征南将军督荆、豫者即儒。以下文'樊城受围,儒坐迟救召还'观之,义自明矣。"

杜畿传

或谓畿曰:"宜须大兵。" 陈氏景云曰:"或当作或。是时畿在陕津,或留许下,不得参预军谋也。"

张辽传

陈兰、梅成以氐六县叛。 陈氏景云曰:"氐当作潜。繁钦《征天山赋》为辽平兰、成而作。其《赋》云:'群舒蠢动,割有潜六。'斯其证也。兰、成初叛,本分据二邑,继乃并兵于潜。此《传》所载与繁《赋》皆合。"

李通传

封建功侯。 陈氏疑"建功"下脱"亭"字。予谓建功侯即魏武所置名号之一也。

任城王彰传

《注》:彰之挟恨,尚无所至,至于植者。 陈氏景云曰:"《通鉴》引此文,于'者'字下有'岂能兴难'一句,此《注》无之,盖后来刊本脱落耳。"

王粲传

《注》:质自以不为本郡所饶,谓司徒董昭曰:"我欲溺乡里耳。"昭曰:"君且止,我年八十,不能老为君溺攒也。" 案:董昭、吴质皆济阴人,质欲溺乡里,则昭亦在应溺之列,故云"溺攒"。

和洽传

禽弟适。 陈氏景云曰:"'适'当作'逌'。《高贵乡公纪》:'甘露二年,帝临辟雍赋诗,侍中和逌等作诗稽留',即其人也。《晋书·和峤传》亦可考。"《注》中"适"字并同。

赵俨传

迁平寇将军徐晃俱前。 陈氏景云曰:"《册府元龟》'迁'作'与'。当从之。"《通志》同。

牵招传

到故平州塞北。 陈氏景云曰:"塞北无平州。招时守雁门,控御北荒。以上文故平城、故马邑二事观之,则'平'当为'武'。武州亦雁门属县也。《史记》:'单于入武州塞。'崔浩曰:'武州在平城西百里。'"

郭淮传

凉州休屠胡率种落二千余家附雍州。淮奏请使居安定之高平,为民保障,其后因置西川都尉。 陈氏景云曰:"'川'当作'州'。晋泰始中,傅休奕上疏措置秦、陇事,请更置一郡于高平,因安定西州都尉徙民充之,以通北道,是其证也。"

毌丘俭传

大战梁口。《注》:"梁"音"渴"。 初疑"梁"字不当有"渴"音,后见何屺瞻校本云《册府》作涡水口。涡水音过。

邓艾传

宣王为州泰会,使尚书钟繇调泰。 陈氏景云曰:"宣王擢泰守新城当在辅少帝笃朝政之时,钟繇前卒已久。《御览》作钟毓,亦非。毓正元中为尚书,当泰典郡时,毓先已践八座,不得以屈滞相嘲,当是尚书郎钟会。会正始中为尚书郎,资名尚浅,故得以栖迟下仕排之也。"

杜夔传

尝令夔与左騩等。 陈氏景云曰:"繁钦《与魏文帝笺》作'左騠'。李善、吕向注引《夔传》,并与笺合。善又云'騠'与'颠'音同。以善《注》观之,此《传》本作'騠',后来传录者易为'颠',而作'騩'者,又'颠'之转讹耳。"

鲜卑传

《注》:北地庶人善弩射者。　陈氏景云曰:"'庶',《后汉书·鲜卑传》作'廉'。章怀《注》:廉,县名,属北地郡。"

蜀志

诸葛亮传

亮与徐庶并从。《注》:《魏略》曰:"庶先名福,本单家子。"　案:《魏略》列传以徐福、严幹、李义等十人共卷。幹、义皆冯翊东县人。冯翊东县旧无冠族,故二人并单家。见《裴潜传注》。又《魏略·儒宗传》:"薛夏,天水人也。"天水旧有姜、阎、任、赵四姓,常推于郡中,而夏为单家。隗禧,京兆人也,世单家。见《王肃传注》。《魏略·吴质传》:"始质为单家,少游遨贵戚间。"见《王粲传注》。《张既传》:"既世单家。"见《既传注》。凡云单家者,犹言寒门,非郡之著姓耳。徐庶为单家子,与此一例。流俗读"单"为"善",疑其本姓单,后改为徐,妄之甚矣。《后汉书·赵壹传》"恩泽不逮于单门",亦单家之意也。

刘巴传

《注》:刘先主欲遣周不疑就巴学。　陈氏景云曰:"'主'字衍。刘、周二人事迹,俱见《刘表传注》。"

刘封传

自立阿斗为太子已来。　陈氏景云曰:"'斗'当作'升'。后主一字升之,见《魏志·明帝纪注》。古'升'、'斗'字易混。观《汉书·食货志》可见。"

杨戏传

赞马承伯。《注》:为太守张飞功曹。飞贡之先主,为尚书郎。建兴中,从事丞相掾,迁广汉太守,复为飞参军。　陈氏景云曰:"'飞'字衍。张飞卒于建兴前,承伯盖自郡守入参丞相军事耳。曰复为者,蒙上从事丞相掾言之。”

《益部耆旧杂记》载:“王嗣、常播、卫继三人,皆刘氏王蜀时人,故录于篇。” 案:《戏传》载,《季汉辅臣赞》,其有赞而无传者,附注爵里于下,《注》亦承祚本文也。赞最后载者“益部耆旧”二十六字,及下王嗣、常播、卫继三传,皆裴松之《注》。今刊本皆升作大字,读者亦认为承祚正文,则大误矣。承祚作《益部耆旧传》,见于《晋书》本传及《隋·经籍志》。若《杂记》,则《隋志》无之。或云陈术撰,亦必晋人,不应承祚遽引其书。盖裴氏于李孙德、李伟南二人注下,既各引《杂记》以补本注之阙,而王嗣等三人姓名不见于承祚书,故附录以传异闻。此亦裴《注》之恒例。今承讹已久,特为辨正,以谂读史者。

吴志

孙策传

《注》:欲令诸军振旅,于河北通谋黑山。 陈氏景云曰:“‘振旅’句绝,‘于’疑‘然’字之误。《后汉书·袁术传》载此书作‘然而河北异谋于黑山’,章怀《注》谓:‘袁绍为冀州牧,与黑山贼相连。盖与术书不可显斥其兄,故微其词耳。’”

孙皓传

《注》:“三公锄,司马如。” “锄”、“如”二字难解。《搜神记》云:“三公归于司马”,语意较明白。

刘繇传

笮融依徐州牧陶谦。谦使督广陵、彭城运漕,遂放纵擅杀,坐断三郡委输以自入。 陈氏景云曰:“上止云广陵、彭城,而下言三郡,殊不相应。范《史》广陵下有‘下邳’二字,疑此偶脱。”

孙辅传

《注》:辅恐权不能保守江东,因权出行东冶,乃遣人赍书呼曹公。陈氏景云曰:“辅之得罪,史不著其年。以阮瑀《代曹公与权书》考之,盖在赤壁之役后也。是时江东乘战胜之势,辅知霸业已安,不当复有惧心。其通使曹公,殆自有它志,非虑权之不克保国也。权虽领会稽太守,然自以将军屯吴,不过使丞之郡行文书耳。考之《吴志》,终权之世,未尝一至会稽。况东冶僻在海隅,何暇远涉其地? 鱼豢所纪,殆不可信。”

张昭传

至平州都督。　陈氏景云曰:“吴无平州,当是半州之误。吴主子建昌侯虑,尝镇半州。甘宁、潘璋亦曾屯此,乃中流重地,故特置都督,如西陵、濡须之比也。”

步骘传

在荆州界者,诸葛瑾、陆逊、朱然、程普、潘浚等十一人。　陈氏景云曰:“骘所条上诸臣,皆当时有声绩于荆州者。程普之卒,在孙权称尊号以前,不应亦列其中,恐传录误也。是时吕岱在荆州,其名迹亦葛、陆之亚,何独遗之? 或程普乃吕岱之讹。”

凌统传

会病卒,时年四十九。　陈氏景云曰:“案统父操以建安八年战没,统时年十五,及十一年,即预讨麻屯之捷。至年四十九,则吴赤乌中也。统自摄领父兵,屡立战功。若赤乌中尚在,则从合肥还。二十年间,统之宣力行间多矣,何更无功可录乎? 据《骆统传》:凌统死,复领其兵,在随陆逊破蜀以前。计统之年,殆未逾三十。此‘四’字当是‘二’字之误。”

丁奉传

太平二年,魏大围之。　元本云:魏大将军诸葛诞据寿春来降,魏人围之。今本脱十二字。

朱然传

又陆逊亦本,功臣名将存者惟然。　陈氏景云曰:“‘本’当作

'卒'。据《孙权传》,逊先然五年卒。云亦者,承上葛、步二人言之。"

钟离牧传

《注》:盛以施绩、留建平,智略名将,屡经于彼,无云当城之者。 陈氏景云曰:"'建'字衍。因上有'建平'字,而复出也。留平,见《孙休传》。平于永安六年以平西将军率众围巴东,数月乃还,其经信陵者屡矣。"

是仪胡综传

徐祥者,吴郡乌程人也,先综死。 陈氏景云曰:"承祚书凡不立传,而附见它传者,虽事迹可称,评皆不及之。今综次于仪、详,又附《综传》,而评云:'是仪、徐详、胡综,皆孙权时翰兴事业者也。'又云:'仪清恪贞素,详数通使命,综文采才用,各见信任。'"考详使曹公,唯一见《孙权传》。如陈氏之评,则固屡奉使称旨矣。评先详后综,其非附见《综传》可知。无传有评,似乖史例,意详自有传而偶逸之,《综传》末数语,则出自后人附益也。据《综传》:"孙权立解烦两部,详领左都督。"又《江表传》:"详尝以侍中、偏将军为节度官,典掌军事。"亦可略见其翰略矣。

濮阳兴传

皓既践阼,加兴侍郎,领青州牧。 兴位为丞相,何缘更加侍郎?此必误也。宋本作"中郎",亦未可据。

晋书

元帝纪

太兴元年,改丹阳内史为丹阳尹。 案《地理志》:元帝建都扬州,改丹阳太守为尹。《薛兼传》:拜丹阳太守,中兴建,转尹。此云内史者,误也。晋制:王国称内史,郡称太守。丹阳非王国,不当称内史。

康帝纪

因改元曰建元。或谓冰曰:"郭璞谶云:'立始之际丘山倾。'立者,建也;始者,元也;丘山,讳也。"冰矍然。既而叹曰:"如有吉凶,岂改易所能救乎?"至是果验。 案《郭璞传》:庚翼幼时,尝令璞筮公家及身,卦成,曰:"建元之际丘山倾,长顺之初子凋零。"及康帝即位,将改元为建元,或谓庚冰曰:"子忘郭生之言乎? 丘山上名,此号不宜用。"冰抚心叹恨。此即一事而文小异。《恭帝纪》:"帝在藩国,曾令善射者射马为戏,既而有人云:'马者,国姓,而自杀之,不祥之甚。'帝亦悟,甚悔之。"《五行志》:"恭帝为琅邪王,好奇戏。尝阑一马于门内,令人射之,欲观几箭死。左右有谏者曰:'马,国姓也,今射之,不祥。'于是乃止,而马已被十许箭矣。"此亦一事而重出也。

穆帝纪

永和十年,江西乞活郭敞等执陈留内史刘仕而叛,京师震骇。此陈留当侨治于堂邑界。义熙中,檀韶、向弥、檀祗并为秦郡太守,北陈留内史虞丘进亦以秦郡太守督陈留郡事。秦郡为堂邑改名,知陈留亦在堂邑也。堂邑正江西之地,与建康密迩,故京师为之震骇。《宋志》有两陈留郡。其一属豫州,领浚仪、小黄、白马、雍丘四县,寄治谯郡长垣县界。此义熙以后,别以侨户增置,永和以前恐未有此郡也。或疑此陈留即寄治谯郡者,则淮北荒远之地,即有叛人,自可命将讨之,何至震惊京师邪? 其一属南豫州,领浚仪、小黄、雍丘、白马、襄邑、封丘、尉氏七县。此则淮南之陈留,或即晋末之北陈留乎? 元熙元年,以兖州之北陈留郡增宋国。

地理志

世祖武皇帝接千祀之余,当八尧之禅。 谈泰云:"'八尧'二字,后人多疑其误。案梁简文帝文云:'智高九舜,名出十尧。'梁元帝《檄文》云:'十尧九舜,曷足云也。'沈约《为始兴王让仪同表》云:'陛下道苞九舜,名过十尧。'徐坚《初学记》引桓范《要论》云:'责公者易,虽一贤少谬;执难者众,虽十尧犹乱。'又引《韩子》云:'尧、舜生而在上位,虽有十桀而不能乱者，则势安也。桀、纣亦生而在上位，虽有十尧、舜，而不能化之，则势乱也。'《韩非子》亦云：'非天时，虽十尧不能冬生一穗；逆人心，虽贲、育不能尽人力。'《旧唐书·张廷珪传》：'十尧九舜，未足称也。'白居易策云：'十轩九舜，千尧万禹，抑持扬榷，俱何足称？'皮日休诗：'翼卫两舜趋，钩陈十尧骤。'古人属文，于尧、舜之上加以数目，不过极言其多。词章家任意增减，或云十尧，或云千尧，皆非有实。《晋志》出唐人之笔，所云八尧，亦犹是也。又'尧'本作'垚'，'世'古作'丗'，字形相似，'八尧'或是'八世'之讹。"大昕谓：唐、虞、夏、商、周、秦、汉、魏恰是八代，则后说为长。

律历志

会数从天地凡数，乘余率自乘，如会数而一，为过周分。以从周天，月周除之，历日数也。 李锐曰："天地凡数者，五十五也。《易》曰：凡天地之数五十有五。'余率'者，二十九也。疑是每月大余二十九，故谓二十九为余率。以二十九自乘，得八百四十一，列上位。以会数四十七加五十五，共得一百二。与上位相乘，得八万五千七百八十二。以会数除之，得一千八百二十五又四十七分之七，为过周分。以加周天二十一万五千一百三十，共得二十一万六千九百五十五又四十七分之七。以月周七千八百七十四除之，得二十七日七千八百七十分四日之四千三百五十七又四十七分之七，是为月行迟疾一周之日及分。又置二十一万六千九百五十五又四十七分之七，以会数通分，内子得一千一十九万六千八百九十二，如倍通数六十二而一，得一十六万四千四百六十六，即历周也。以周日法五千九百六十九除之，得二十七日五千九百六十九分日之三千三百三，亦为月行迟疾一周之日及分。过周分者，月平行一周，适满一周天，而在迟疾一周，则周天之外，又多行此分数。此所谓过周分，即唐《九执术》之高月，今西洋新法之月最高行也。"

张载传

弟戬，领佐著作。述《历赞》一篇，见《律历志》。 今《志》无之。

和峤传

太傅从事中郎庾敱见而叹曰:"峤森森如千丈松,虽礌砢多节目,施之大厦,有栋梁之用。" 案《庾敱传》:"敱有重名,而聚敛积实。都官从事温峤奏之,敱更器峤。目'峤森森如千丈松,虽礌砢多节,施之大厦,有栋梁之用'。"此即一事,而传闻互异。和峤卒于元康二年。其时东海王越未为太傅,敱名位尚微,此语自当属之温峤。

王舒传

转后将军、宣城公褚裒谘议参军。 宣城公裒,元帝子也。此作褚裒,盖校书者妄增。褚裒未尝封宣城公,其薨在穆帝永和五年,不在元帝时也。

谢琰传

上党太守张虔硕战败。 案:东晋侨立上党郡有二,皆见于《宋志》。其一,徐州淮阳郡有上党令,本流寓郡并省来配。其一,扬州淮南郡有襄垣令,晋末上党民南过江,立侨郡县,寄治芜湖,后省上党郡为县,属淮南。

王羲之传

又遗尚书仆射谢安书。 案:羲之任会稽内史日,谢安未为仆射,当是谢尚之讹。据《尚传》,永和中拜尚书仆射,出为都督豫州刺史,镇历阳,在任有政绩。上表求入朝,因留京师,署仆射事。羲之与尚书,盖在入朝署仆射事时也。

诸葛长民传

进位使持节、督青扬二州诸军事、青州刺史,领晋陵太守,镇丹徒。 此时长民所督者,但扬州之晋陵一郡耳。当云督青州、扬州之晋陵诸军事。史臣不谙地理,省去三字便不妥。

转督豫州、扬州之六郡诸军事、豫州刺史,领淮南太守。 是时豫州寄治姑孰。扬州六郡谓淮南、历阳、安丰、庐江、堂邑、宣城也。以《何无忌》、《刘毅传》参证知之。

外戚传

褚裒。除建威将军、江州刺史,镇平洲。 洪氏亮吉曰:"'平洲'当作'半洲',刊写误也。《元和郡县志》:'江州或理半洲。'"

改授都督徐兖青扬州之晋陵吴国诸军事、卫将军、徐兖二州刺史、假节,镇京口。 案《宋志》:元帝割吴郡海虞县之北境为东海郡,故徐州刺史兼督吴国。永和以后,移东海三县亦寄治京口,领徐州者惟督晋陵,不更督吴郡矣。

桓温传

温乘胜直进,焚其小城,势遂夜遁九十里,至晋寿葭萌。 案:自成都至葭萌,程途遥远,岂止九十里?若云一夜行九十里,亦无谓。

王弥传

石勒擒苟晞,以为左司马。弥谓勒曰:"公获苟晞而用之,何其神妙!使晞为公左,弥为公右,天下不足定也。" 此语又见《石勒载记》。

石勒载记

晋龙骧将军王国以南郡叛降于堪。 南郡疑南阳之讹。

修晋书诏

朕拯溺师旅,省方礼毕;四海无事,百揆多闲。遂因暇日,详观典府,考龟文于羲载,辨鸟册于轩年。不出岩廊,神交千祀之外;穆然旒纩,临睨九皇之表。是知右史序言,斯不爽昧;左官诠事,历兹绵远;发挥文字之本,通达书契之源,大矣哉,盖史籍之为用也!自沮诵摄官之后,伯阳载笔之前,列代史臣,皆有删著。仲尼修而采《梼杌》,倚相诵而阐《丘》《坟》。降自西京,班、马腾其茂实;逮于东汉,范、谢振其芳声。蕞尔当涂,陈寿觏其《国志》;眇哉刘宋,沈约裁其帝籍;至梁、陈、高氏,朕命勒成,惟周及隋,亦同甄录:莫不彰善瘅恶,激一代之清芬;褒吉惩凶,备百王之令典。惟晋氏膺运,制有中原。上帝启玄石之图,下武代黄星之德。及中朝鼎沸,江左嗣兴,并宅寰区,总重徽号,足以飞英丽笔,将美方书。但十有八家,虽存记注,而才非良史,事亏实录。绪烦而寡要,思劳而少功;叔宁课虚,滋味同于画饼;子云学海,涓滴堙于涠流;处叔不预于中兴,法盛莫通于创业;泊乎干陆曹邓,略记帝王;鸾盛广谦,[①]才编载记。其文既野,其事罕传,遂使典午清高,韬遗芳于简册;金行曩志,阙继美于骊骃。遐想寂寥,深为叹息。宜令修国史所更撰《晋书》,铨次旧闻,裁成义类。俾夫湮洛之诰,咸使发明。其所须,可依《五代史》故事。若少学士,亦量事追取。贞观二十年闰三月。

校勘记

① "鸾盛广谦","谦"原作"讼",据余嘉锡《四库提要辨证》卷三《晋书》改。

诸史拾遗卷二

宋书

天文志

方则俱方，圆则俱圆，不同之义也。　"不同"上当依《晋志》增"无方圆"三字。

朱龄石传

进监益州巴西、梓潼、宕渠、南汉中、秦州之安固、怀宁六郡诸军事。　"益州"下当有"梁州之"三字。据《州郡志》：巴西、梓潼、南汉中、南宕渠，本属梁州。永初郡国，梁州有宕渠郡，无'南'字。元嘉十六年始度属益州。安固、怀宁本属南秦，亦於元嘉十六年度益州。

谢灵运传

惟上阙。于岩墼。　"阙"文一本是"讬"字。

吐泉流之浩溔。　一本"溔"作"漾"。

涓隐岩以搴芳。莱庇蒙以织畚。阙十八字。　一本作"庚宅垒以葆和，舆陟峨而善狂"十二字。又于"莱庇蒙以织畚"下，添"徐韬魏而采芋"六字。据注，老莱子在徐无鬼之下。

皓栖商而颐志，卿寝茂而敷词。阙六字。郑别谷而永逝。梁去霸而之会。阙六字。　一本连写，不云有阙。然以韵求之，亦不甚叶。

注：不乐预公卿大事，阙。遂与弟子别于山阿，终身不返。　一本"大事"下有"病免，家居茂陵。郑子真耕隐谷口，大将军王凤礼聘不屈"廿二字。东壁云："此赋'山川'字五见。且山川之未备。栖清旷于山川。离合山川。备列山川。山川涧石。'长洲'字再见。橘林长洲。长洲芊绵。'双流'字再见。近南则会以双流。双流逶迤。'纤萦'字再见。款跨纤萦。越梢溪之纤萦。'缅邈'字再见。缅邈水区。虽粹容之缅邈。'窈窕'字

三见。浚潭洞而窈窕。含和理之窈窕。暨其窈窕幽深。'逶迤'字再见。引修堤之逶迤。双流逶迤。'洞穴'字再见。沈波潜溢于洞穴。访钟乳于洞穴。'春秋'字再见。于岁春秋。春秋有待。'橘林'字再见。橘林长洲。橘林栗圃。'好生'字再见。悟好生之咸宜。好生之笃。'平生'字再见。谢平生于交游。或平生之所流览。'名山'字三见。陵名山而屡想。羡灵鹫之名山。寻名山之奇药。'怀抱'字再见。明发怀抱。怀抱谁资。"

宋志五等封国考

江州

柴桑男。　　　　　　　　　松滋伯。

南昌侯。朱修之。　　　　　新淦侯。李道儿。

丰城侯。朱龄石。陈显达。　建城侯。阮佃夫。

望蔡子。虞丘进。　　　　　吴平侯。王道隆。

永修男。　　　　　　　　　建昌公。到彦之。

豫宁侯。王昙首。　　　　　康乐侯。刘秀之。

艾侯。刘怀珍。后徙中宿。　鄱阳侯。刘恒。

上饶男。张灵符。　　　　　乐安男。

临汝侯。　　　　　　　　　西丰侯。

新建侯。王华。　　　　　　永城男。

宜黄侯。　　　　　　　　　南城男。杨运长，南城县子。

东兴侯。　　　　　　　　　安浦男。

石阳子。王谦之。　　　　　西昌侯。檀祗。

东昌子。焦度。　　　　　　吉阳男。

巴丘男。　　　　　　　　　兴平侯。戴僧静。

阳丰男。　　　　　　　　　高昌男。

遂兴男。　　　　　　　　　平都子。颜师伯。

新喻侯。刘义宗。　　　　　宜阳子。

永新男。　　　　　　　　　安复侯。

萍乡侯。何无忌。　　　　　广兴侯。

南康郡公。刘穆之。　　　　赣侯。

宁都子。王广之。　　　　　雩都侯。褚渊

平固侯。_{沈法系。}　　　　南康公。

陂阳男。　　　　　　　　南野伯。

虔化男。　　　　　　　　吴兴子。_{沈怀明。}

将乐子。_{垣荣祖。田嗣。}　　　邵武子。_{李安民。}

建阳男。_{聂庆,建阳县子。}　　绥城男。_{杨覆。}

侯官□。　　　　　　　　晋安男。

罗江男。_{曹虎。}

司州

随阳子。　　　　　　　　水阳男。

安陆公。

荆州

江陵公。　　　　　　　　华容公。_{王弘。}

当阳男。　　　　　　　　临沮伯。

编男。　　　　　　　　　枝江侯。_{徐湛之。}

江安侯。_{王景文。}　　　　孱陵侯。_{任农夫。}

作唐侯。_{张兴世。}　　　　佷山男。

巴东郡公。_{柳元景。}　　　鱼复侯。

秭归侯。_{刘恬。殷孝祖改建安。}　归乡公。

长宁侯。　　　　　　　　上黄男。

郢州

汝南侯。_{姜产之。}　　　　沌阳子。_{周盘龙。}

孝昌侯。　　　　　　　　惠怀子。_{富灵符。}

沙阳男。　　　　　　　　溻阳子。

蒲圻男。_{王广之,蒲圻县子。}　竟陵侯。_{薛渊。吴喜。}

新市子。_{曹欣之。}　　　　宵城侯。_{赵伦之。}

新阳男。　　　　　　　　云杜侯。

临沅男。　　　　　　　　龙阳侯。_{王镇恶。}

汉寿伯。　　　　　　　　迁陵侯。_{佼长生。}

辰阳男。　　　　　　　　巴陵男。

下隽侯。　　　　　　　　监利侯。

州陵侯。　　　　　　　　武昌侯。

阳新侯。顾彬之。　　　　　　　西陵男。

孝宁侯。全景文。

湘州

临湘侯。　　　　　　　　　　　醴陵侯。

浏阳侯。缪方盛。　　　　　　　吴昌侯。

罗侯。孙超之。　　　　　　　　攸子。孟次阳。

建宁子。　　　　　　　　　　　湘南男。吕安国。

益阳侯。垣护之。　　　　　　　湘乡男。

新康男。刘康祖。　　　　　　　重安侯。当是王敬则。

衡山男。王穆之。　　　　　　　柳伯。

耒阳子。沈嗣之。见《竟陵王诞传》。　泉陵子。

洮阳男。　　　　　　　　　　　零陵子。宋遠之。

祁阳子。　　　　　　　　　　　应阳男。

观阳男。　　　　　　　　　　　营浦侯。

营道侯。刘义綦。　　　　　　　临蒸伯。段佛荣。

茶陵子。俞道隆。　　　　　　　湘阴男。

邵陵子。　　　　　　　　　　　建兴男。

高平男。胡思祖。　　　　　　　邵阳男。杜幼文。

始兴郡公。沈庆之。《志》作广兴。　曲江侯。王玄谟。

阳山侯。周满。山阳县侯。见《竟陵王诞传》

贞阳侯。柳世隆。　　　　　　　含洭男。

临贺侯。　　　　　　　　　　　冯乘侯。

封阳侯。萧思话。　　　　　　　兴安侯。刘义宾。

始安子。　　　　　　　　　　　永丰男。陈怀真。

平乐侯。　　　　　　　　　　　建陵男。

雍州

襄阳郡公。张敬儿。　　　　　　云阳男。

新野侯。　　　　　　　　　　　山都男。

槐里男。　　　　　　　　　　　顺阳侯。刘亮。

武当侯。江方兴。　　　　　　　上洛男。

义成侯。张瓌。　　　　　　　　略阳侯。

　　安宁男。
梁州
　　广昌子。
益州
　　都安侯。　　　　　　　　　　新城子。
　　江原男。
广州
　　番禺侯。褚叔度封番禺男。　　熙安子。
　　博罗男。　　　　　　　　　　绥宁男。
　　高要子。　　　　　　　　　　宝安男。
　　海丰男。　　　　　　　　　　海安男。
　　欣乐男。

南齐书

　　以京口为吴幽州。　案：吴孙韶镇京城十余年，加领幽州牧，故子显有此言。如诸葛瑾领豫州牧，步骘领冀州牧，丁奉、贺齐、全琮领徐州牧，朱然领兖州牧，朱桓领青州牧。

梁书

朱异传

　　父巽，以义烈知名，官至齐江夏王参军、《毛本》作将军，误。**吴平令。异年数岁，外祖父顾欢抚之谓异祖昭之曰："此儿非常器，当成卿门户。"**　惠氏栋《松厓笔记》云："案《南齐书·孝义传》：朱谦之父昭之，以学解称于乡里。谦之年数岁，所生母亡，昭之假葬田侧，为族人朱幼方燎火所焚。及长，手刃杀幼方，诣狱自系。世祖嘉其义，遣随曹虎西行。将发，幼方子恽于津阳门伺杀谦之。谦之之兄选之又刺杀恽。有司以闻。世祖曰：'此皆是义事，悉赦之。'选之幼时，顾欢与欢同。以女妻焉，则选之即异父也。'选'、'巽'字相似，故讹为'巽'。"大昕案：《南史》作"巽之"，《梁书》脱"之"字。

陈书

鲁悉达传

　　齐遣行台慕容绍宗以众三万来攻,悉达与战,败齐军,绍宗仅以身免。　　赵氏翼曰:"绍宗卒于梁武被害之岁,梁武后尚有简文帝、元帝,凡六年而敬帝始立,安得敬帝时尚有慕容绍宗在邪?"

魏书

高祖纪

　　太和三年二月,乾象六合殿成。　　陈鹤曰:"《纪》于四年正月,再书乾象六合殿成,当有一误。"

南史

吕僧珍传

　　天监四年,大举北侵。自是僧珍昼直中省,夜还秘书。五年,旋军,以本官领太子中庶子。　　陈鹤曰:"案《梁书》本传下有'夏又命僧珍率羽林劲勇出梁城,其年冬'十六字。李氏误删其文,则'旋军'字无著。"

寻阳王大心传

　　大心以铁旧将,厚为其礼,军旋之事,悉以委之。　　陈鹤曰:"此下南监本脱一行,今以《梁书》补之,当云'仍以为豫章内史。侯景数遣军西上寇钞,大心辄令'凡廿字。"

徐嗣伯传附张融传

　　直阁将军房伯玉服五石散十许剂,无益,更患冷,夏日常复衣。嗣伯为诊之,曰:"卿伏热,须以水发之,非冬月不可。"至十一月,冰雪大盛,令二人夹捉伯玉,解衣坐石,取冰水从头浇之,尽二十斛。伯玉口噤气绝,家人啼哭请止。嗣伯遣人执仗防阁,敢有谏者挝之。又尽水百斛,伯玉始能动,而见背上彭彭有气。俄而起坐,曰:"热不可忍,乞冷饮。"嗣伯以水与之,一饮一升,病都差。自尔恒发热,冬月犹单裈衫。 东塾曰:"《三国志注》引《华佗别传》云:'有妇人长病经年,世谓寒热注病者。冬十一月中,佗令坐石槽中,平旦用寒水汲灌,云当满百。始七八灌,会战欲死,灌者惧,欲止。佗令满数。将至八十灌,热气乃蒸出,嚣嚣高二三尺。满百灌,佗乃使然火温床,厚覆,良久汗洽出,著粉,汗燥便愈。'此事与嗣伯相类,嗣伯之法,盖得于佗也。"

北史

叙传

商较当世人物。 "商较"犹"商榷"也。

唐书

懿宗纪

咸通三年十一月,封叔祖缉蕲王、叔愤荣王。 案《顺宗诸子传》:蕲王缉不著封年,但云王六年,咸通八年薨,则与《纪》正合也。顺宗崩于元和元年,阅五十八年而尚有未封之子,此事之可疑者。《唐大诏令》载此制云:"顺宗皇帝第二十八子缉,宪宗皇帝第二十子愤。"无叔祖与叔之称。

地理志

蜀州。唐安。 《元和郡县志》作"唐兴",云"先天元年,以犯讳改为唐安,至德二年,改为唐兴县"。此《志》失载至德更名一节。

黎州。飞越。 《元和郡县志》云:天宝初,废飞越县。

松州。平康、盐泉。 《元和郡县志》,松州无此二县。平康仍属当州,未知其审。

思唐州。武郎。 "郎"当作"朗"。史臣避宋讳缺笔,后人讹为"郎"耳。《元和郡县志》正作武朗。

艺文志

《道藏音义目录》一百一十三卷。崔湜、薛稷、沈佺期、道士史崇玄等撰。 案:《道藏音义》今已不传,惟存《妙门由起》六篇。而明皇御制序,及太清观主史崇等序,犹见于正统《道藏》。一时列名者,昭文馆学士崔湜、薛稷、徐彦伯、贾膺福、竺义、邱悦、卢藏用、韦利器、沈佺期、李猷、张齐贤、郑喜、胡皓,崇文馆学士祝钦明、徐坚、王琚、员半千、胡雄、褚无量、刘子玄、贾曾、苏晋廿二人。而以金紫光禄大夫、鸿胪卿员外置同正员、上柱国、河内郡开国公、太清观主史崇为大使,银青光禄大夫、检校太子仆射、上柱国卢子真为副使,宣议郎、试右领军卫长史史杲为判官。《志》所书殊未备也。史称史崇玄,而彼单名崇,盖宋人避讳,去下一字。《序》不署年月,以诸臣官阶验之,当在先天元年八月以后,开元元年七月以前。

方镇表

咸通三年,升邕管经略使为岭南西道节度使,增领蒙州。 案《唐大诏令》:“咸通三年十月敕,宜分岭南为东、西道节度观察处置等使。以邕州为岭南西道,其所管八州,地极边远,近罹寇扰,尤甚凋残,将盛藩垣,宜添州县。宜割桂州管内龚州、象州,容州管内藤州、岩州并隶岭南西道收管。”是当时增领者不止一州。“蒙”当是“象”之讹。

宗室世系表

雍王房。东平王韶。 当移于江夏王道宗上一格。
宗正少卿汉。 《传》以汉为道明六世孙,则景融当承道明之下。
庐国公、相州刺史景愯。 当从《列传》作“景恒”。
蜀王房。嗣沈黎侯长沙,出继元景。 “元景”上脱“荆王”二字。
彭王房。嗣王左千牛卫将军志暕。 据《列传》志暕为绚之子,应移上一格。
霍王房。嗣王右千牛员外将军晖。 《传》以晖为绪孙,当移上一格。

宰相世系表

杜氏。崇懿，宫尹丞、右司员外郎、丽正殿学士。　此佑之大父也。权德舆撰《佑墓志》云："王父懿，尚书右司员外郎、详定学士。""懿"与"懿"字相似。《表》又多一"崇"字。

贾氏。元琰，沁水丞。　权德舆撰《贾耽墓志》云："烈考琰之，燕居不仕"。与《表》异。弼，散骑侍郎。《柳冲传》作常侍。二子：躬之、匪之。躬之，宋太宰参军，子希镜，南齐外兵郎，生悦，义兴郡太守。生执，梁太府卿。案：《柳冲传》以希镜为匪之子，执为希镜子，与《表》不合。

牛氏。凤及，春官侍郎。　案：杜牧撰《牛僧孺墓志》称"文安后四世讳凤及，于公为高祖。文安后五世讳休克，于公为曾祖"。则休克为凤及之子。而《表》不系休克于凤及下，何邪？《志》云"中书、门下侍郎"，而《表》云"春官侍郎"，亦不甚合。

于氏。德成，郫令。　权德舆撰《于公先庙碑》作德威。

硕，户部侍郎、判度支。顶，长安支。当从《碑》作尉。頔字允元，相宪宗。颇，洋州司户参军。　《碑》称：长子颇，洋州司户参军。冢子项，户部侍郎。幼子頃，长安县尉。公即第三子也。《表》所载四人次第，与《碑》不合，当以《碑》为正。硕当为项，顶当为頃。《碑》载頔昆弟唯四人，《表》于颇之后又有冀一人，恐是刻本之讹。

王氏。昇，咸阳令。　案：李宗闵撰《王播神道碑》，自满以下，与《表》同。播祖为咸阳令昇，而其兄亦名昇，必刻本之讹。

镇，秘书丞。　案：《碑》称嗣子式，秘书丞。次曰冰，京兆府参军，无名镇者。《表》以式为起子，镇为播之长子，与《碑》不合。然《王起传》亦云子式、龟。《旧唐书》以式为播子。

起字举之，魏郡文懿公。炎字时逢，太常博士。　案《碑》称公之仲弟曰炎，季曰起。《王播传》亦云"与弟炎、起，皆有名"。此列起于炎之前，误。

裴氏。仁基字德本，隋光禄大夫、忠公。　案：独孤及撰《裴积行状》："曾祖仁基，祖行俭。"则仁基乃行俭之父也。《表》以行俭为思谅子，恐误。

倚,殿中侍御史。侑,榆次尉。 案:倚、侑与倩、儆皆积之子。《表》误下一格。当据《行状》改正。

韦氏。知人,司戎大夫。 独孤及撰《韦缜神道碑》云:"职方郎中缜。"《表》失书其官。据《碑》,盖终于申王府司马,而赠太常卿也。

纲字纲,初名绍,陈王傅。 案:纲非缜子,当是昆弟行。《表》误下一格。

独孤氏。澄。疑"憕"字之误。丕字山甫,剡主簿。万。 案:独孤及撰其父《表》云"子氾、巨、及、正等"。此举葬时见存者而言。其为《憕墓志》云:"颍川府君第三子。"其为《丕墓志》云:"府君第五子。"其为《万墓志》云:"府君第六子。"三人皆祔葬茔西,则皆为通理之子无疑也。《表》以此三人系于颍川长史楷之下,若别有官颍川长史其人者,其误一也。又《毗陵集》有大理寺少卿《峤墓志》,称峤为文惠第二子,浙江东道节度使峻季弟,不闻别有兄名楷者。《表》以楷列于峻、峤之前,其误二也。及称峤为叔父,《表》与思暕同行,似及大父行,其误三也。憕、丕、万,皆及之弟,《表》皆超上一格,似及诸父行,其误四也。

阎氏。寀。 官监察御史、领高陵令。见独孤及撰《阎用之墓志》。

十一宗诸子

玄宗子。靖恭太子琬。俯王济阴郡。 案:《宗室世系表》"俯"作"俌"。《唐大诏令》亦同,此作"俯",误。俌封济阴郡王,《表》、《传》同,独《唐大诏令》作济阳。

光王琚。义王澭。陈王泚。 案:《本纪》"开元二十一年九月,封子泚义王,澭陈王"。《唐大诏令》开元二十一年九月封济王等制与《纪》正同。又开元二十三年,皇太子、诸王改名制亦云义王泚为玭,陈王澭为珪,此《传》误。

仪王璲。子伀,王钟陵郡。 案:《唐大诏令》及《宗室表》俱作临川郡王。此《传》恐误。

永王璘。子偾,为余姚王。 案《唐大诏令》:开元二十八年,封永王子傡为襄城郡王。《宗室表》亦首列傡名,《传》失载。

寿王瑁。侲王德阳郡,伓济阳郡。 案《唐大诏令》:开元二十八年,封寿王子伿为河间郡王,不见偢名,与此异。

肃宗子。彭王仅。诏仅充河西节度。**兖王僴北庭。泾王侹陇右。杞王倕陕西。兴王佋凤翔。并为大使。** 案《唐大诏令》:"乾元三年闰四月同制,尚有邵王偲改封蜀王,充邠、宁、鄜节度大使。"《传》不当略之。

代宗子。 睦王述。第四。郴王逾。第五。改王丹。恩王连。第六。韩王迥。鄜王遬。第八。改王简。忻王造。第十三。韶王暹。第十四。嘉王运。第十五。端王遇。第十六。循王遹。第十七。恭王通。原王逵。雅王逸。

嘉王运。 贞元中,除横海军节度大使。《传》失书。

顺宗子。郯王经。二十一年,又与均、溆、莒、密、郇、邵、宋、集、冀、和、衡、钦、会、珍、福、抚、岳、袁、桂、翼二十王皆进王。 案:钦、珍二王,德宗子,非顺宗子。虽同日封王,不应并举。且钦、珍、衡、会、福、抚、岳、袁、桂、翼八王,初未先有郡王之封,亦不当在进王之数。或云顺宗子自有珍王缮、钦王绩二人。然《顺宗纪》不见两王始封,恐《传》误。李赓芸曰:"案《宗室世系表》:'顺宗二十二子,第十一钦王绩,第十四珍王缮,《唐会要》与《表》同。《旧书》列传载顺宗诸子亦合,惟《本纪》则《新》、《旧书》俱不见两王之始封耳。又案:福王在珍王之前。"

密王绸。 《宪宗纪》及《表》俱作"绸"。《顺宗纪》及《唐大诏令》俱作"纲"。李赓芸曰:《唐会要》亦作"绸"。

翼王绰。 《本纪》、《表》及《唐大诏令》俱作"绰"。李赓芸曰:"《旧书·顺宗纪》作'绰'。《唐会要》作'绰'。"

珍王缮,初名况。王洛交,后进王。 案:贞元二十一年,封二十王。其封珍者,乃德宗子諴也。《唐大诏令》及《本纪》俱无缮名,此一王颇可疑。

抚王纮。 尝除河东节度使。见《唐大诏令》。

钦王绩。无薨年。 此王无封年。

宪宗子。沣王恽。三子:曰汉,王东阳郡。曰源,安陆。曰演,临安。 案《唐大诏令》:大和八年八月,封诸王男为郡王。沣王第三男潢可封临川郡王。此作演,而封临安,当有误。又案《宗室表》:临川郡王演系于深王之下，盖转写失其次耳。"演"、"潢"字形相涉，未知孰是。

　　郿王憬。子溥，平阳郡王。　《大诏令》："郿"作"祁"。

　　穆宗子。怀懿太子凑。大和八年薨。　《本纪》在九年。

　　宣宗子。靖怀太子汉。　"汉"当作"渼"，已详《考异》。据董冲《释音》云："渼"，无鄙反。则宋本未误也。

　　濮王泽。　大中九年，除镇州大都督、成德军节度使。《传》失书。

　　昭王汭。　大中十一年，除镇州大都督、成德军节度使。《传》亦失书。

　　广王溢。　大中十一年始王，与卫王同封。据《本纪》：溢封于大中十一年八月，而卫王灌之封在十年九月，相距一年，不得云同封也。

　　懿宗八子。魏王佾。长男。　乾符六年薨。《传》失书。

　　凉王侹。第二男。

　　蜀王佶。第三男。　咸通十一年，除剑南节度副大使。《传》失书。

　　僖宗子。建王震。　中和三年，除魏博节度使。《传》失书。

　　昭宗十七子。　德王裕。长子。棣王祤。第三。虔王禊。第五。沂王禋。第六。遂王祎。第七。景王秘。第八。辉王祚，第九。即哀帝。祁王祺。第十。雅王禛。第十一。琼王祥。第十二。

　　玄宗二十九女。　永穆。常芬。第二。开元三年。唐昌。第四。开元十六年。常山。第六。同上。高都。开元二十五年九月。临晋。开元廿六年闰八月。建平。开元廿五年八月。真阳。开元廿八年二月。信成。开元廿五年八月。昌乐。同上。永宁。十七。开元廿六年。平昌。十九。天宝五载十二月出降。高阳。廿。开元廿九年。兴信。开元廿九年闰四月。广宁。天宝九载四月。太华。廿一。天宝四载。寿光。廿二。天宝五载八月。乐成。廿三。天宝五载七月。

　　常芬。　开元十九年出降张去盈。史作"去奢"，误。

　　德宗十一女。　永阳公主。普宁公主。文安公主。据《唐大诏令》："顺宗封诸妹制，永阳第十妹、普宁第十一妹、文安第十三妹。

　　顺宗十一女。　汉阳。始封德阳郡主。普安。始封咸宁郡主。东阳。始封信安郡主。西河。始封武陵郡主。云安。襄阳。始封晋康郡主。寻阳。第十八女。临汝。第二十一女。阳安。始封清源郡主。平恩。第廿二女。

邵阳。第廿三女。《唐大诏令》无云安。又"平恩"作"思平"。

宣宗十一女。 万寿。长女。永福。第二。西华。第三。广德。第四。义和。第五。饶安。第六。盛唐。第七。"义和",《唐大诏令》作"和义"。

辛云京传

以云京性沈毅,故授太原尹。 案:唐自中叶以后,尤重节镇,河东节度使例兼太原尹。史书"尹",不书"节度",于例未当。

刘禹锡传

由和州刺史入为主客郎中,复作《游玄都诗》,且言:"始谪十年,还京师,道士植桃,其盛若霞。又十四年过之,无复一存,唯兔葵、燕麦动摇春风耳。"以诋权近,闻者益薄其行。俄分司东都。 今案:《禹锡集·再游玄都观绝句》,在大和二年三月,是年岁在戊申。而除主客郎中,分司东都,在大和元年六月。史以分司东都系于作《游玄都观诗》之后,殆失其序矣。禹锡本自和州除主客郎中,分司东都,其时初未到都;次年乃以裴度荐起元官,直集贤院,方得到京。《玄都诗》正在此时,距元和十年乙未自朗州被召,恰十四年矣。集中又有《蒙恩转仪曹郎依前充集贤学士举韩湖州自代诗》,可见禹锡初入集贤,尚是主客,后乃转礼部。史云以荐为礼部郎中、集贤直学士,亦未核也。

唐书逆臣列传第二百五十下

《唐书》凡二百廿六篇,总二百五十卷。

二十一帝《本纪》,一十篇,一十卷。

十三《志》,五十篇,五十六卷。

三《表》,十五篇,二十二卷。

《列传》一百五十篇,一百六十卷。

《录》一卷。《释音》一卷。

嘉祐五年六月二十四日进。

编修官宣德郎守秘书省著作佐郎臣刘義叟

编修官宣德郎守秘书丞骑都尉臣吕夏卿

编修官开封府推官朝奉郎太常博士充集贤校理骑都尉赐绯鱼袋臣宋敏求

编修官朝奉郎守尚书刑部郎中知制诰同勾当三班院上轻车都尉赐紫金鱼袋臣王畴

编修官朝散大夫尚书礼部郎中知制诰充集贤殿修撰纠察在京刑狱兼权判尚书工部兼充宗正寺修玉牒官骑都尉高平县开国男食邑三百户赐紫金鱼袋臣范镇

刊修端明殿学士兼翰林侍读学士龙图阁学士朝请大夫守尚书吏部侍郎充集贤殿修撰知郑州军州事兼管内河堤劝农使上柱国常山郡开国公食邑二千三百户食实封六百户赐紫金鱼袋臣宋祁

刊修翰林学士兼龙图阁学士朝散大夫给事中知制诰充史馆修撰判秘阁充群牧使护军乐安郡开国侯食邑一千三百户食实封贰百户赐紫金鱼袋臣欧阳修

提举编修推忠佐理功臣正奉大夫尚书礼部侍郎参知政事上柱国庐陵郡开国公食邑二千一百户食实封贰百户赐紫金鱼袋臣曾公亮

嘉祐五年六月二十六日准

中书札子奉

圣旨下杭州镂版颁行

校对无为军判官将仕郎试秘书省校书郎充国子监直讲臣钱藻

校对宣德郎守大理寺丞充国子监直讲臣吴申

校勘朝奉郎守太常丞充秘阁校理骑都尉臣文同

校勘承事郎守太常博士充秘阁校理判登闻鼓院骑都尉臣陈荐

校勘宣德郎守太常博士充秘阁校理权判尚书膳部骑都尉臣裴煜

推忠佐理功臣正奉大夫尚书礼部侍郎参知政事上柱国庐陵郡开国公食邑二千一百户食实封贰百户赐紫金鱼袋臣曾公亮

推忠协谋同德守正佐理功臣开府仪同三司行工部尚书同中书门下平章事集贤殿大学士上柱国南阳郡开国公食邑六千七百户食实封贰千二百户臣韩琦

推忠协谋同德守正佐理功臣特进行礼部尚书同中书门下平章事昭文馆大学士监修国史兼译经润文使上柱国河南郡开国公食邑五千八百户食实封贰千户臣富弼

新唐书释音序

将仕郎前权书学博士臣董冲　上进

嘉祐中，仁宗皇帝诏儒臣修《唐书》。其事广于前，其文粹于旧，学者愿观焉。或字奇而不能辨，则怅然而中止者有矣。犹之求珠于九重之渊，骊龙寤而当其前，则退缩而不敢进。彼虽至宝，横□于其侧，可得而有之邪？故诸史中惟《新唐书》能究其终始者尤鲜。臣每读《晋史》，见何超纂《音义》，窃尝慕焉。于是历考声韵，以为之音，使学者从容而无疑。观其文章藻绘，体气浑厚，可以吹波助澜，扬厉清浮，则愈于得宝之美也。若夫名篇，乞目立传之实，增损出入有异于旧史者，悉见诸因革云。崇宁五年十一月日臣冲谨序。

诸史拾遗卷三

五代史

南平世家

建隆元年，以疾卒。 按：保融官至守太傅、兼中书令。见《通鉴长编》。

乾德元年。 是年十一月改元乾德，实即建隆四年也。上文既书建隆四年，继冲移镇，又在未改元之前，不应更举乾德之号。

梁太祖使相二十七人
王审知，威武节度使、兼侍中。
韩逊，朔方节度使、兼中书令，俱别见。

钱镠。 镇海镇东节度使、吴越王、加守中书令。

马殷。 武安节度使、加侍中、兼中书令。

刘隐。 岭南节度使、兼中书令。

符道昭。 秦州节度使、平章事。

马賨。 《通鉴》："乾化元年，以朗州留后马賨为永顺节度使、同平章事。"

叶广略。 岭南西道节度使。

庞巨昭。 宁远节度使。

杨师厚。 宣义节度使、兼中书令。

王景仁。 宁国节度使、平章事。

牛存节。 忠武节度使、平章事。

成汭。 荆南节度使、守中书令。

张广霸。即张归霸。 河阳节度使。

高万兴。 保塞节度使。

张全义。 河南尹、兼中书令。

李琼。 马殷将，静江节度使、平章事。《通鉴》："开平二年，静江节度使、同平章事李琼卒。"

王镕。　武顺节度使。

罗绍威。　天雄节度使、兼中书令。

王重师。　佑国节度使、平章事。

冯行袭。　匡国节度使。

张佶。　马殷将，永顺节度使。

王檀。　保义节度使。

刘知俊。　忠武节度使、兼侍中。

李思谏。　定难节度使。

刘守光。　卢龙节度使、同平章事、加兼中书令。

刘守文。　义昌节度使、加中书令。

李知福。一作仁福。定难节度使、加平章事。

高季昌。　荆南节度使。

末帝使相三十二人钱传瓘，清海节度使、兼侍中。别见。

钱镠。

马殷。

张全义。　河南尹。

马賨。

叶全略。

庞巨昭。

杨师厚。　天雄节度使、加兼中书令。

牛存节。　天平节度使、平章事。

王檀。　天平节度使、兼中书令。

刘岩。　清海节度使、兼中书令。

张归霸。　河阳节度使。

高万兴。　新武保大节度使、兼中书令。

朱文课。一作友谦。　河中节度使、加中书令。

刘鄩。　宣义节度使、平章事。又以泰宁节度使、平章事。

高季兴。　荆南节度使、守中书令。

王审知。　威武节度使、兼中书令。

温韬。　静胜节度使、加平章事。

葛从周。　昭义节度使、兼侍中。

贺德伦。　天雄节度使。

钱传璟。　湖州刺史、领宁国军节度使、平章事。

贺瑰。　宣义节度使、平章事。

孔勍。　山南东道节度使、平章事。

张万进。　平卢节度使、徙泰宁、平章事。

尹皓。　感化节度使、平章事。

李继韬。　匡义即昭义。节度使、平章事。

马绰。　镇东军节度使、行军司马，吴越大将。贞明中授雄武节度使、平章事。

杜建徽。　吴越左丞相、领泾原节度使、平章事。

袁象先。　侍卫亲军都指挥使、领镇南节度使、平章事。

李仁福。

康怀英。　永平节度使、平章事。

韩洙。　朔方节度使、平章事。

曲美。　静海节度使、平章事。

唐庄宗使相三十二人

李继曦、茂贞子，彰义节度使、加中书令。钱元瓘，两浙兵马留后、清海节度使、兼侍中，进兼中书令。王都，义武节度使、兼侍中，俱别见。

李茂正。　秦王、守尚书令、凤翔节度使。

钱镠。　尚父、守尚书令。

马殷。　武安节度使、中书令、兼尚书令。

张全义。　忠武节度使、尚书令、守中书令。

王审知。　威武节度使、守中书令。

高万兴。　《通鉴》：“同光三年，彰武保大节度使、兼中书令高万兴卒。”

马存。　殷弟。宁远节度使、兼侍中。

马賨。　静江节度使、兼中书令。

钱元瓘。　镇东节度副大使、建武节度使、守侍中、兼中书令。

钱元球。　吴越马步统军使、静海节度使、守侍中、兼尚书令。

马希振。　殷子。武顺节度使、兼侍中。

李仁福。　定难节度使、兼中书令。

韩洙。　朔方节度使、兼侍中。

高季兴。　荆南节度使、守中书令。

朱友谦。一作文谦。　河中节度使、兼尚书令。赐名李继麟。

丁会。　泽潞节度使。

李像。当是李俨，即李从曝也。　凤翔节度使、兼中书令。

孔勍。　山南东道节度使、平章事。

袁象先。　宣武节度使。赐名李绍安。

符习。　徙平卢节度使、安国节度使、平章事。

温韬。　匡国节度使、平章事。赐名李绍冲。

朱令德。　□□节度使、平章事。

符存心。一作存审。　卢龙节度使、兼中书令。

魏王继岌。　东京留守、平章事。

李存渥。　义成节度使、平章事。

李存璋。

李存霸。　振武节度使、平章事。移泽潞、天平、河中。

郭崇韬。　枢密使、领成德节度使、守侍中。

孟知祥。　西川节度使、平章事。

元行钦。　归德节度使、加平章事。赐名李绍荣。

夏鲁奇。　河阳节度使。赐名李绍奇。据薛《史》："鲁奇于长兴元年镇遂州，始加平章事。"

钱元瓘。

明宗使相三十八人

今阙其一，盖脱王晏球一人也。钱镠、马殷以官尚书令故，不预使相之数。又马希声，武安节度使、兼侍中、加中书令。钱元瓘，镇海镇东节度使、兼中书令、加尚书令。王延翰，威武节度使、加平章事。王延钧，福建节度使、守中书令。俱别见。

孟知祥。　西川节度使、兼侍中、进兼中书令。

李仁福。 兼中书令。

李俨。即李从曮也，天成元年加"从"字。 凤翔节度使、兼中书令。

马賨。 静江节度使、兼中书令。

马希振。 昭信节度使、兼侍中。

符习。 平卢节度使、兼侍中。一作宣武节度使、兼侍中。

朱守殷。 宣武节度使、加兼侍中、河南尹、平章事。

安元信。 武宁节度使、平章事。一作山南东道节度使。

毛章。 昭义节度使、邠州节度使、平章事。

霍彦威。 天平节度使、兼侍中。移平卢、加兼中书令。

安金全。 振武节度使、平章事。

钱元璙。 中吴节度使、兼中书令。

钱元球。 静海节度使、兼侍中。

赵德均。 卢龙节度使、平章事、加兼侍中、进兼中书令。

孔勍。 泽潞节度使、平章事、加兼侍中。

高季兴。 荆南节度使、兼尚书令。

夏鲁奇。 武信节度使、平章事。

鲁文。

卢文进。 义成节度使、平章事。

安重诲。 枢密使、兼侍中、加中书令。

孔循。 枢密使、东都留守、平章事。复出为忠武节度使。

房知温。 泰宁节度使、平章事、加兼侍中、进兼中书令。

王建立。 成德节度使、平章事。入相，复出为平卢节度使、平章事。

王都。 义武节度使、兼中书令。

王延禀。 威武军节度副使、平章事。一作奉国节度使、知建州、兼中书令。一云迁奉国节度使、兼侍中、进兼中书令。

范延光。 枢密使、平章事、加兼侍中。

赵凤。 安国节度使、平章事。

赵延寿。 枢密使、平章事、加兼侍中。

马希范。 武安节度使、兼侍中、加中书令。

高从诲。 忠义节度使、平章事。

冯赟。　　授荆南节度使、兼侍中、加兼中书令。长兴四年，以三司使加同中书门下二品。

马希杲。

姚元素。

康义诚。　　河阳节度使、兼侍卫亲军马步都指挥使、平章事。

张虔钊。　　山南西道节度使、平章事。

钱元珦。　　清海节度使、平章事。

朱弘昭。　　长兴四年，以枢密使加平章事。

张延朗。　　三司使。

王晏球。　　郓州节度使、兼侍中。一作天平节度使、兼侍中。

曹义金。　　沙州节度使、兼中书令。

闵帝使相二十三人少一人。钱元珦，顺化节度使、平章事。别见。

王思同。　　西都留守、平章事。

安元信。

马希杲。

王建立。

范延光。　　成德节度使、兼侍中。改天雄。

李从曮。

赵德均。　　卢龙节度使、兼中书令。

房知温。　　平卢节度使、兼中书令。

马希振。

马希范。　　湖南节度使、兼中书令。

赵延寿。　　宣武节度使、兼侍中。

高从诲。　　荆南节度使、兼中书令。

钱元球。

冯赟。　　枢密使、兼侍中、加兼中书令。

安彦威。　　护国节度使。

卢文进。　　潞州节度使、平章事。

康义诚。　　河阳节度使、兼侍卫都指挥使、兼侍中。

朱弘昭。　　枢密使、加兼中书令。

马虔录。即张虔钊。　山南西道节度使、平章事。

姚彦章。　湖南左丞相。彦章盖马氏大将。《通鉴》："乾化元年，以静江行军司马姚彦章为宁远节度副使、权知容州，从楚王之请也。三年，除宁远节度使。"

张延朗。

钱元璙。

末帝使相二十二人赵延寿，枢密使、忠武节度使、兼侍中。别见。

安元信。　昭义节度使、兼侍中。

赵在礼。　山南东道节度使、平章事。

马希杲。　静江节度使、平章事。

卢文进。　安远节度使、平章事。

张延朗。　雄武节度使。

王建立。　天平节度使、兼侍中。

冯道。　匡国节度使、平章事。

范延光。　天雄节度使、兼侍中。入为枢密使。又出为宣武节度使、加中书令。

李从曦。　凤翔节度使。

赵德均。　卢龙节度使、兼中书令。

房知温。　平卢节度使。

马希振。　镇南节度使、兼中书令。

姚彦章。　顺义节度使、兼侍中。

马存。　宁远节度使、兼侍中。

韩昭胤。　枢密使、平章事。出为护国节度使。

李周。　宣武节度使、平章事。

鲍君福。一作君礼。　保顺节度使、平章事。

高从诲。

马希范。

钱元璙。

钱元球。薛《史》作"銶"，又或作"球"，误。静海节度使、兼中书令。一作上客马步军都指挥使、兼中书令。

钱元琇。

晋高祖使相二十三人钱元懿,即元琇,清海节度使、兼中书令。别见。

马希范。　湖南节度使、兼中书令。

王建立。　天平节度使、兼侍中、进兼中书令。

张延光。即范延光。　天雄节度使。

李周。　静难节度使、西京留守、兼侍中。

李从曮。　凤翔节度使、兼中书令。

高行周。　昭义节度使、平章事。

李从温。　泰宁节度使、兼侍中。

赵在礼。　归德节度使、平章事、加兼侍中。

安从进。　山南东道节度使、平章事。

杜重威。　天福四年,以忠武节度使加平章事。七年,为顺国节度使、兼侍中。

侯益。　天福四年,除武宁节度使、平章事。

杨光远。　宣武节度使、兼侍中、加兼中书令。

安审琦。　天平节度使、平章事。

安彦威。　北都留守、平章事。徙归德、加兼侍中。

马希杲。　静江节度使、兼侍中。

安叔千。

李德珫。　北都留守。改邺都留守、建雄节度使、平章事。

杜仁淦。吴越将,有宁国节度使、同平章事仰仁佺,未知即一人否。

陆仁璋。　武信节度使、平章事。

桑维翰。　彰德节度使、兼侍中。

鲍君福。　保顺节度使、兼侍中、判湖州诸军事。

刘景岩。

马全节。　安国节度使、平章事。

少帝使相二十八人

少一人。盖脱护国节度使、凤翔节度使、平章事侯益也。安彦威,宋州节度使、兼中书令。李弘达,福建节度使、平章事。俱别见。

高从诲。　荆南节度使、兼尚书令。

马希范。　湖南节度使、守尚书令、兼中书令。

钱弘佐。　吴越国王、兼中书令。

王曦。　威武节度使、兼中书令。

朱文进。　威武节度使、加平章事。

李守正。　泰宁节度使、平章事，移天平、加兼侍中。

石赟。　保义节度使。

杨光远。　平卢节度使。

杜重威。　天雄节度使、兼中书令。

李从温。　武宁节度使、兼中书令。

李周。　东京留守。

景延广。　侍卫马步都指挥使、同平章事。出为西京留守、兼侍中。

桑维翰。　晋昌节度使、兼侍中。

张从恩。　邺都留守、加平章事。

安叔千。　建雄节度使、平章事。

冯道。　匡国节度使、兼侍中。

赵莹。　晋昌节度使、兼中书令。

李彝殷。　定难节度使、平章事。

符彦卿。　武宁节度使、平章事。

皇甫遇。　义成节度使、平章事。

高行周。　归德节度使、兼侍中，进兼中书令。

赵在礼。　武宁节度使、晋昌节度使、兼侍中。

李德珫。　东京留守。

安审琦。　忠武节度使、平章事。

马全节。　义武节度使，改邺都留守、兼侍中。

安审信。　泰宁节度使。

刘景巗。

汉高祖使相二十人

高从诲。

马希广。　武安节度使、兼中书令。

钱弘倧。　镇海镇东节度使、兼侍中、加兼中书令。

杜重威。

高行周。　归德节度使、兼中书令。

刘信。　侍卫马步副都指挥使、领忠武节度使、平章事。

李守正。　护国节度使、兼中书令。

符彦卿。　改泰宁节度使、加兼侍中。

安审琦。　山南东道节度使、兼侍中。

侯益。　凤翔节度使、加兼侍中。

刘崇。　河南节度使、平章事。

王周。　武宁节度使、平章事。

李从敏。　西京留守、平章事。

刘铢。　平卢节度使、平章事。

白文珂。　天平节度使、平章事。

史弘肇。　侍卫马步都指挥使、领归德节度使、加平章事。

慕容彦超。　天平节度使、平章事。

安叔千。

李彝殷。　定难节度使、兼侍中。

冯晖。　朔方节度使、平章事。

隐帝使相三十三人

高从诲。

马希广。　武安节度使、守中书令。

钱弘倧。　两浙节度使、兼中书令。

钱弘俶。　镇海镇东节度使、兼侍中，寻进兼中书令。一作两浙节
度使、兼侍中，进兼中书令，又加守尚书令。

高保融。　荆南节度使。乾祐元年，加平章事，二年，加兼侍中。

高行周。　天雄节度使。

李守正。　护国节度使、兼中书令。

符彦卿。　改平卢节度使、加兼中书令。

冯晖。　朔方节度使、兼侍中，乾祐二年，兼中书令。

安审琦。　　山南东道节度使、兼中书令。

侯益。　　乾祐元年，以开封尹兼中书令。

李从敏。　　西京留守、兼侍中。

刘崇。　　河东节度使、兼侍中。乾祐二年，加兼中书令。

刘铢。　　乾祐二年，以平卢节度使兼侍中。

白文珂。　　保义节度使、平章事，改西京留守、兼侍中。

史弘肇。　　乾祐元年，加兼侍中，二年，加兼中书令。

刘信。　　忠武节度使、兼侍中。

慕容彦超。　　乾祐二年，以天平节度使兼侍中。

李彝殷。　　定难节度使。乾祐二年，兼中书令。

常思。　　昭义节度使、平章事。

王景。　　乾祐初，以横海节度使加平章事。

武行德。　　河阳节度使、加平章事。

侯章。　　镇国节度使、平章事。

王晏。　　建雄节度使、平章事。

张彦威。　　匡国节度使、平章事。

王章。　　乾祐元年，以三司使加平章事。

赵晖。　　乾祐三年，以凤翔节度使加侍中。一作陕州节度使、平章事。

高允权。　　彰武节度使、平章事。

郭从义。　　乾祐二年，永兴节度使、加平章事。

刘赟。　　乾祐二年，武宁节度使、加平章事。

史匡懿。　　泾州节度使、平章事。

王守恩。　　西京留守、加平章事。

孙方谏。　　乾祐二年，义武节度使、加平章事。

周太祖使相四十二人 王饶，华州节度使、平章事。别见。

高保融。　　荆南节度使。

钱弘俶。

高行周。　　天平节度使、兼中书令，进尚书令。

安审琦。　　山南东道节度使、兼中书令。

符彦卿。　郓州节度使、兼中书令,改天雄节度使。

李彝殷。　定难节度使。

冯晖。　朔方节度使。

王峻。　枢密使、平卢节度使、平章事。

李洪义。　归德节度使、加平章事。

白文珂。　西京留守、兼中书令。

慕容彦超。　泰宁节度使、兼中书令。

赵晖。　凤翔节度使、兼中书令。

高允权。　彰武节度使、兼侍中。

侯益。　开封尹,显德元年致仕。

武行德。　成德节度使、加兼侍中。

王晏。　建雄节度使、加兼侍中。

张彦威。改名彦成。　相州节度使、兼侍中。

常思。　归德节度使、兼侍中。

侯章。　邠州节度使、加兼侍中。

史匡懿。　泾州节度使、兼侍中。

李崇敏。

薛怀让。　同州节度使、加平章事。

王继弘。　贝州节度使、平章事。

王景。　横海节度使、加兼侍中。

郭从义。　永兴节度使、加兼侍中,移镇许州。

孙方谏。　义武节度使。

王守恩。

李晖。　沧州节度使。

扈彦珂。　护国节度使、加平章事,移滑州。

折从阮。　邓州节度使、平章事。

刘训。恐是河阳节度使刘词。一作安国节度使、平章事。

郭勋。　天德节度使、平章事。

杨信。本名承信。　郿州节度使、加平章事。

何福进。　天平节度使、平章事。

李洪信。　保义节度使、加平章事。

刘言。　武平节度使、平章事。广顺三年。

郭崇。　镇宁节度使、加平章事。

李筠。　昭义节度使、平章事。

郑仁诲。　枢密使、平章事。显德元年。

曹英。　侍卫步军都指挥使，除成德节度使、平章事。

王彦超。　河中节度使、加平章事。

王逵。　武平节度使、兼侍中。

世宗使相三十五人

曹元忠，沙州节度使、平章事。刘仁赡，天平节度使、兼中书令。俱别见。

高保融。　荆南节度使、守中书令。

钱弘俶。

王饶。　贝州节度使、兼侍中。改相州。

李彝殷。

安审琦。　山南东道节度使、兼中书令。移平卢节度使，六年卒。

符彦卿。　天雄节度使。

白文珂。

李从义。　安州节度使、加兼侍中，徙平卢节度使。

赵晖。

武行德。　武宁节度使、西京留守、兼中书令。

王晏。　武宁节度使、加兼中书令。徙西京留守。

侯章。　武胜一作邓州。节度使、加兼中书令。

王继弘。

王景。　护国节度使、加兼中书令。

郭从义。　移镇天平、加兼中书令。

孙方谏。　同州节度使、兼中书令。

王守恩。

李晖。　沧州节度使、兼侍中。

扈彦珂。　左卫上将军。显德三年致仕。

折从阮。　静难节度使、兼侍中。

刘词。　永兴节度使、兼侍中。

郭勋。　天德节度使、兼侍中。

李洪信。　左骁卫上将军。四年。

杨信。　忠正节度使、平章事。

郑仁诲。　枢密使、加兼侍中。元年。

曹英。　成德节度使、兼侍中。

郭崇。　成德节度使。

王彦超。　忠武节度使、加兼侍中。改永兴。

李筠。　昭义节度使、兼侍中。

王逵。　武平节度使、兼中书令。

周行逢。　武平节度使、兼侍中。

李重进。　归德节度使、平章事，加兼侍中。

向训。　武宁节度使、加平章事。移山南东道。

韩通。　侍卫亲军副都指挥使、领归德节度使、平章事。六年。

张永德。　殿前都点检,除镇宁节度使、平章事。六年。

大将六人

今上。　殿前都点检。

李重进。　侍卫亲军都指挥使,领淮南节度使。

张永德。　殿前都点检。

韩通。

韩令坤。　侍卫马军都指挥使,领镇安节度使。

袁彦。一作"秀"。　《通鉴》:显德六年,有"步军都指挥使袁彦,领彰信节度使"。

恭帝使相二十人

高保融。　荆南节度使、守中书令。

钱弘俶。　守尚书令、兼中书令。

符彦卿。　天雄节度使、兼中书令。

武行德。　郿州节度使、兼中书令。

王晏。

王景。　秦州节度使、雄武。守中书令。

郭从义。　　武宁节度使、兼中书令。

向拱。即向训。　　改西京留守、兼侍中。

李洪信。

郭崇。　　凤翔节度使、兼侍中。

王彦超。　　凤翔节度使。

李筠。　　昭义节度使、兼侍中。

李重进。　　淮南节度使、兼侍中。

李彝殷。　　定难节度使、兼中书令。

周行逢。　　武平节度使、兼侍中。

杨信。　　寿州节度使、平章事。

韩通。　　侍卫亲军副都指挥使、天平节度使、平章事。

张永德。　　忠武节度使。

李洪义。　　永兴节度使、兼侍中。

侯章。　　武胜节度使。

大将七人

今上。

张锋。后改名令锋。　　侍卫亲军步军都指挥使，领武信节度使。

李重进。

韩通。

韩令坤。　　侍卫马步军都虞候。

石守信。　　殿前都指挥使，领义成节度使。

高怀德。　　侍卫马军都指挥使，领江宁节度使。

诸史拾遗卷四

宋史

神宗纪

神宗绍天法古运德建功英文烈武钦仁圣孝皇帝。 案：元丰八年九月，"上大行皇帝谥曰英文烈武圣孝"。绍圣二年九月，加上谥曰"绍天法古运德建功英文烈武钦仁"。崇宁三年十一月，更上谥曰"体元显道帝德王功英文烈武钦仁圣孝"。政和三年十一月，加上谥曰"体元显道法古立宪帝德王功英文烈武钦仁圣孝"。是神宗谥，凡四改。此纪所书者，绍圣二年所上。而《东都事略》及《历代纪年》所书者，乃崇宁三年所上也。《东都事略》则云绍圣二年加谥"绍天法古运德建功钦仁"。崇宁三年加谥"绍天法古运德建功英文烈武钦仁圣孝"。政和三年改上谥曰"体元显道帝德王功英文烈武钦仁圣孝"。而无"法古立宪"四字。《历代纪年》则以"体元显道"十六字为崇宁所定，而不载政和之加谥。与《纪》皆不合。窃意太祖、太宗，开创之主，谥止十六字，而政和加神宗谥至廿字，似非情理。又王偁、晁公迈皆南宋初人，所书不应有误。且谥号当以后定者为正，而此《纪》独否，于史例似亦疏。然考岳珂《媿郯录》谓："崇宁、政和间，始用继述、友恭之论，屡定徽称。神宗凡一改再增，而溢于祖宗者四字。"是神宗实有廿字之谥。《纪》止书十六字，殆史臣之微文乎？

熙宁元年三月庚辰，夏主谅祚卒，遣使来告哀。 案《夏国传》："谅祚以神宗即位之十二月殂。"又云："秉常治平四年冬即位。"则谅祚实以治平四年殂。《纪》所书者，赴告之日耳。万斯同、赵骏烈《纪元汇考》据此谓"谅祚改元拱化有六年"，与《夏国传》拱化五年之文自相违异，盖考之未审矣。

徽宗纪

宣和五年三月,金人再遣宁朮割等来。　《金史》作银朮可。

高宗纪

绍兴二十一年十二月,金遣兀朮鲁定方等来贺明年正旦。　《金史》作孛朮鲁阿海。"孛"之为"兀"声之讹也。定方即阿海,一人而二名。如宗弼、宗翰之类。《金史》书其本名,《宋史》书其汉名,后仿此。

二十三年五月,金遣纥石烈大雅来贺天申节。　《金史》作纥石烈撒合辇。

二十七年十二月,金遣高思廉等来贺明年正旦。　《金史》作高助不古。

三十年十二月,金遣仆散权等来贺明年正旦。　《金史》作仆散乌者。

孝宗纪

乾道四年十二月,金遣完颜仲仁等来贺明年正旦。　《金史》作宗室阖合上。

六年十月,金遣耶律子敬来贺会庆节。　《金史》作移刺子敬。"移刺"即"耶律"。

十二月,金遣蒲察愿等来贺明年正旦。　《金史》作蒲察速越。

淳熙二年十月,金遣完颜禧等来贺会庆节。　《金史》作完颜王祥。

十二月,金遣完颜迨等来贺明年正旦。　《金史》作宗室靖。

四年十月,金遣完颜忠等来贺会庆节。　《金史》作完颜习泥烈。

十二月,金遣完颜炳等来贺明年正旦。　《金史》作完颜蒲刺睹。

五年十二月,金遣乌延察等来贺明年正旦。　《金史》作乌延查剌。

八年十月,金遣完颜实等来贺会庆节。　《金史》作宗室胡什赉。

九年十月,金遣完颜宗回等来贺会庆节。　《金史》作宗室禅赤。

十三年十月,金遣完颜老等来贺会庆节。　《金史》作崇浩。

十六年八月,金遣温迪罕肃等来贺即位。 《金史》作温迪罕速可。

宁宗纪

绍熙五年闰月,金遣使吊祭。 正使尼庞古鑑。

十二月,金遣使贺登位。 正使王毅。又遣使贺明年正旦。正使移剌敏。

庆元元年十二月,金遣纥石烈正来贺明年正旦。 《金史》作纥石烈贞。

嘉泰元年十一月,金遣纥石烈真来贺明年正旦。 《金史》作纥石烈七斤。

三年十月,金遣完颜奕来贺瑞庆节。 《金史》作承晖。

嘉定八年十月,金遣使来贺瑞庆节。 正使把胡鲁。

十二月,金遣使来贺明年正旦。 正使蒲察五斤。

九年十月,金遣使来贺瑞庆节。 正使完颜奴婢。

十二月,金遣使来贺明年正旦。 正使内族和尚。

理宗纪

淳祐十一年十一月,京湖制司表都统高达等复襄、樊。 案:《纪》于端平三年失襄阳之后,至此始书复襄、樊。《元大一统志》亦云:"端平丙申,襄阳失守,淳祐辛亥,高达复襄。"而《元史·太宗纪》乃云:"戊戌岁,即嘉熙二年。襄阳别将刘义叛,执游显等降宋。宋兵复取襄、樊。"《孟珙传》亦云:"嘉熙三年正月,刘全复樊城,遂复襄阳。"虽有一年之差,然较之高达复襄、樊之岁,相去至十二三年。意者嘉熙既复之后,仍不能守,至高达再取,始克有之,故《纪》略而不言乎?《元史·宪宗纪》不载高达取襄、樊事。盖自刘义降宋后,元人弃而不有,宋亦不立镇戍,至淳祐辛亥,始复屯驻重兵,非以兵力取之也。

瀛国公纪

德祐元年五月,加婺州处士何基谥文定,王柏承事郎。 案:"承事郎"下当有"谥文宪"三字,史脱之也。两人赐谥出于国子祭酒杨文

仲之请,不应有书有不书。且《度宗纪》于景定五年曾书命何基、徐几
兼崇政殿说书矣。基虽辞不受职,亦尝除承务郎矣。今皆不书,而但
书处士,则柏亦处士也。承事郎之赠,当载于《本传》,而反不书,详略
皆无当矣。若以史法言之,诸臣赠谥皆当入《本传》。若登诸帝《纪》,
重复非体,且有载不载,又难免挂一漏百之讥。

地理志一

　　随州。枣阳。　据王象之《舆地纪胜》云,嘉定十二年,尝升为军,
此失书。

　　金州。　宋南渡后,与金讲和,画淮为界。京西路惟存襄阳、随、
金、均、房、光化、信阳。秦凤路惟存阶、成、凤、西和。即岷州。京西不
复置司,但遥领于湖北路。故有京湖路之称。金、阶、成、凤、西和,则
又改属于利州路。《志》但当于此金州下,及秦凤路之阶、成、凤三州
下,各增一句云:“南渡改隶利州路。”又于岷州下增一句云:“南渡改名
西和,隶利州路。”斯明白矣。今《志》金州已见京西南路,阶、成、凤、岷
四州已见秦凤路,而又载于利州路,不惟重复,亦乖史法。

地理志四

　　通州。　《九域志》:天圣元年改崇州。明道二年复旧。史失书改
名一节。考天圣初,刘太后临朝,避其父名,凡“通”字皆以它字易之。
《志》所载通利军,改为“安利”,亦其一也。

　　沣、鼎、辰三州,皆旁通溪洞。　案:荆湖路所属羁縻州,三十有
八,其名具载《九域志》,史何以阙之?

地理志五

　　夔州,初置在白帝城。景德三年徙城南。　案:刘攽撰《薛颜神道
碑》云“为夔峡路转运使,复夔州于旧城。民皆去险陋,就平地居。”即
此事也。

地理志六

　　梅州,本潮州程乡县。南汉置恭州,开宝四年改。　《九域志》云:

"梅州,伪汉敬州。"《舆地纪胜》云:"伪汉刘氏割潮州之程乡县置敬州。皇朝以敬州犯翼祖讳,改名梅州。"此为得之。若本名恭州,则无庸改矣。此《志》作"恭",乃当时史臣回避,后来失于改正耳。

静江府。 义宁,本义宁镇,马氏奏置。开宝五年废入广州新会,六年复置。《九域志》与此同。冯氏集梧曰:"桂州在广州西北千数百里,义宁又在桂州西北,不得省入广州也。考广州别有义宁县,后改为信安,又改隶新州。是广州之义宁,与桂州无与也。当因县名偶同,据广州之文误耳。宋避太宗名,当时地名有'义'字者,多所更革。而此县仍为义宁,当亦如婺州义乌、武义之县,镇戎军张义之堡,避之容有未尽尔。"大昕案:张义堡,熙宁五年所置,其时固不避"义"字。婺州在吴越管内,当太平兴国元年,吴越犹未纳土,故不在改避之数也。《大金集礼》引《宋国史》:"太宗本名光义,太平兴国二年春二月诏曰:制名之训,典经攸载,矧乃膺期篡极,长世御邦,思稽古以酌中,贵难知而易避,朕改名炅。除已改州县、职官人名外,旧名二字不须回避。"

礼志十

吏部员外郎董棻言。 "棻"当作"弅"。

礼志十五

十二月二十四日,降延恩殿。 "十二月"当作"十月"。

艺文志

《城冢记》一卷。案《序》:"魏文帝三年,刘裕得此《记》。" 案:刘裕与魏文帝不同时,当有差误。

后妃传

慈圣光献曹皇后。庆历八年闰正月,帝将以望夕再张灯。后谏止。后三日,卫卒数人作乱。 案《仁宗纪》:闰月辛酉,亲从官颜秀等四人夜入禁中,谋为变,宿卫兵捕杀之,即其事也。是月庚子朔,辛酉乃月之廿二日,距望不止三日矣。

宗室传

希怿。移知平江府。　　案《吴郡志》：牧守题名，赵希怿，朝奉郎、龙图阁待制。嘉定三年四月到；四年八月，除焕章阁直学士，依旧知平江府。五年正月磨勘，转朝散郎。当年正月除显谟阁学士，差知太平州。《传》不书除待制及再除直学士，皆阙略也。

不尤。子善悉，进士登第。累官敷文阁直学士、两浙转运副使。案：叶适有《中大夫直敷文阁两浙运副赵公墓志》云："名善悉，字寿卿。"即其人也。"悉"盖"悉"之讹。其官"直阁"，非"直学士"。《传》误。

彦倓。迁显谟阁，知太平州。　　案：叶适撰《墓志》："彦倓任湖南运判日，以降罗孟传功，进直秘阁，入为考功郎，改浙东提刑。已乃升宝谟阁，知绍兴府，改徽猷阁。再任，旋入为太府少卿。然不乐居中，暂入即求退。以显谟阁，知太平州。"《传》于湖南运判下即云"寻知绍兴府"，不书"直秘阁"，则"迁显谟阁"之语，不可通矣。诸阁有学士、直学士、待制、直阁四等。但云某阁，安知其为何职乎？

调江西转运使。嘉定十一年，卒于官。　　案《墓志》："彦倓自江西移漕福建。嘉定十一年十月疾，卒于建安。"《传》失载移福建一节，似卒于江西矣。

彦棅。知平江府。　　案《吴郡志》："彦棅官朝请大夫、集英殿修撰。嘉定十年六月五日到，十一年七月，除宝谟阁待制，致仕。"《传》失书除集英院修撰事。《传》称转宝谟阁待制，卒于官。《志》但书"致仕"者，盖致仕之命方下，犹未离任也。

公主传

哲宗女，秦国康懿长公主。出降潘正夫。改淑慎帝姬。靖康末，与贤德懿行大长公主，俱以先朝女留于汴。　　案《传》云贤德懿行大长公主者，即秦鲁国大长公主也。彼《传》：政和三年"更封令德景行大长帝姬"。靖康二年，"诸帝姬北徙，姬以先朝女，金人不知，留于汴"。叙事同而封号异，必有一误。又英宗女《韩魏国大长公主传》云："政和三年，改贤德懿行帝姬。宣和五年薨。"是靖康之难，主已先殁，益可证

《康懿传》之谬矣。王明清《挥麈后录》以贤德懿行为英宗女王师约室之谥。据史，主卒于元丰八年，谥曰"惠和"。恐王氏误记，不足据。

杨克让传

汉乾祐中，本府节度张彦成表授掌书记。周广顺初，彦成移镇安阳、穰下，克让以旧职从行。彦成入为执金吾，奏称其材可用。　安阳、穰下，古地名。执金吾，古官名。皆不宜施于五代。

张垓之传

父秘，自有《传》。　《宋史》述南渡七朝事，丛冗无法，不如前九朝之完善。宁宗以后四朝，更不如高、孝、光三朝之详。盖由史臣迫于期限，草草收局，未及讨论润色之故。如此云"父秘，自有《传》"，而史别无《秘传》，是本拟立传而未及为，可证其潦草塞责，不全备也。

吕海传

由屯田员外郎为殿中侍御史。　案：海卒于未改官制以前。《传》所书寄禄官甚略，唯载仁宗时屯田员外郎，治平二年迁兵部员外郎，濮议起，下迁工部员外郎，知蕲州三官而已。考温公所撰海《墓志》云："英宗即位，改起居舍人，同知谏院。顷之，以兵部员外郎、兼侍御史知杂事。又以本官出知蕲州。今上即位，召为刑部郎中、充盐铁副使，迁谏议大夫、权御史中丞。"史盖失书起居舍人、刑部郎中、谏议大夫三官也。《志》中不言曾为屯田员外郎，而出知蕲州时仍带本官，未尝下迁工部，则史之失也。谏议例分左、右。海《志》题"右谏议大夫"。皆可补《本传》之阙。

高化传

为鄜延路马步军副都总管。　案：宋初武臣领兵在外者，曰都部署，曰副都部署，曰部署。英宗即位，始避讳，改"部署"为"总管"。史于仁宗朝诸臣，如此《传》："为鄜延路马步军副都总管，降滑州总管，改真定路副都总管。"《周美传》："加本路钤辖，遂为副总管，鄜延副都总管。"《孟玄传》："为高阳关马步军总管，并代路副都总管，大名府路副都总管。"《刘谦传》:"环庆路马步军总管,泾原路总管。"《赵振传》:"本路马步军副总管,擢鄜延路副都总管,并代路兵马钤辖,就迁副总管。"《张忠传》:"徙澶州总管。"《范恪传》:"总管杜惟序,权秦凤路兵马总管,永兴副都总管。"《马怀德传》:"徙鄜延路副都总管,大名府路总管,鄜延路副都总管。"《安俊传》:"徙秦凤路总管,环庆路副总管。"《向宝传》:"历真定、鄜延副总管。"《石普传》:"徙定州路副都总管,永兴军副都总管,徙为莫州总管,迁翼州团练使,徙本州总管。向敏中为鄜延路都总管,以普副之,改镇州路总管。"《张孜传》:"拜并、代副总管。"《许怀德传》:"迁副总管,本路副都总管,徙秦凤路副都总管。"《张亢传》:"徙并、代副都总管,复副都总管,复为泾原路总管,真定府路副都总管,改河阳总管。"《刘平传》:"徙环庆路副都总管,徙沧州副都总管,改高阳关副总管,环庆路马步军副总管,鄜延路副总管。"《任福传》:"擢秦凤路马步军副总管,鄜延路副总管,环庆路副总管。"《王仲宝传》:"为泾原路总管,徙环庆路副都总管,徙澶州副总管。"《景泰传》:"徙秦凤路马步军总管。"《王信传》:"就迁马步军都总管,明镐奏为贝州城下都总管。"《张忠传》:"陕西总管、司指使。"《卢鑑传》:"与总管王荣败走之。"《王果传》:"权秦凤路兵马总管。"《田敏传》:"充镇定路总管,后为环庆路都总管,泾原路总管,复为环庆路都总管。"《康德舆传》:"与马步军副总管王元徙真定府定州路总管。"皆依后来避讳之称。

张忠传

遂中标枪死焉。　《长编》是岁八月,赠张忠为感德军节度使,《本传》失书。

王安石传

元祐元年卒,年六十八。　王明清《挥麈录》言:"国朝名公多厄于六十六,介甫亦其一也。"吴曾《能改斋漫录》谓:"介甫以辛酉十一月十二日生。"李壁亦言:"介甫生于天禧五年辛酉。"自天禧辛酉至元祐元年丙寅,实六十六,非六十八也。《长编》载安石移书吕惠卿曰:"毋使齐年。"知冯京与安石俱生辛酉,故俦为齐年,尤为明证。

阎询传

使契丹。询颇谙北方疆理,时契丹在靴淀,迓者王惠导询由松亭往,询曰:"此松亭路也,胡不经葱岭而迂枉若是?岂非夸大国地广以相欺邪?"惠惭不能对。 此依傍刘敞事而附会之也。考敞奉使在至和二年,而询奉使在嘉祐五年,相隔仅六年。即使询有此语,亦是袭取敞意。况葱岭在西域,与辽上京远不相涉,尤不足信。

范祖禹传

又徙宾、化而卒,年五十八。 案:祖禹谥"正献"。见《魏鹤山集》及《困学纪闻》。据《两朝纲目备要》,在宁宗时。

王汉之传

为鸿胪丞,知直州。 "直"当作"真"。

徽宗悦,以知定州。久之,徙江宁。 案:程俱《北山小集》有汉之《行状》云:"政和元年,以显谟阁直学士知定州。明年,落职提举杭州洞霄宫。后三年,复显谟阁直学士,知濠州。八年,引疾丐归,复提举洞霄宫。重和元年,起知江宁府。"盖中间两奉祠,一知濠州,非自定州徙江宁也。

加龙图阁直学士。 "直"字衍。汉之知濠州时,已除直学士矣。至是竟除学士,非直学士也。

王涣之传

张商英相,为给事中、吏部侍郎。商英去,亦出守越。 案:程俱撰《涣之墓志》云:"政和元年,以显谟阁待制出知寿州。言者以故相商英党,不宜守郡,削职提举舒州万寿宫。五年,复宝文阁待制、提举江州太平观。六年,起知滁州。重和元年,移知潭州。居数月,移中山府。"是涣之未尝守越,而史所失载正多也。

聂昌传

建炎四年,始赠观文殿大学士,谥曰忠愍。 《挥麈录》作"恭愍"。

陈郁《话腴》作"荣懋"。

李熙靖传

　　李熙靖,字子安。　　此"靖"字,一本作"静"。案:第二百十二《忠义传》又附李熙靖,亦重复也。

程振传

　　字伯起。　　汪藻撰《神道碑》云字"伯玉"。

陈康伯传

　　安节赐同进士出身,五辞不受。　　安节官至湖北提举、直秘阁。又康伯孙景思,字思诚,尝为两浙运副,奏事言:"镇江府折罗虚额当罢,绍兴府和买额重当减。夫国之根本在州县,州县根本在民。欲裕民力,当宽州县。今猥云裕民,而急州县若星火,是诲其病民,非裕之也。"开禧议用兵。景思为兵部侍郎,言:"财窘兵穷,贪将朘剥,外约难信,内心弗齐。且辛巳之役,只劳师一项,倾倒经费,遗患至今。征伐,重事也,后不可悔,悔而复和,耻益甚尔,何报之有?"韩侂胄与景思有亲,冀其助己。至是大怒,令提举玉局观,终于直焕章阁。见叶适所撰《墓志》。

施师点传

　　上饶人。　　叶适撰《墓志》云:"信州玉山人。"

　　八年,兼权礼部侍郎。　　案:师点以陈康伯荐召对,除正字,转校书郎、奉祠,起知筠州。丁忧,服除,知池州。入奏,除秘书丞、考功郎,官国子司业、秘书少监、兼左谕德、中书舍人、兼右庶子,升秘书监、兼左庶子,乃权礼部侍郎。《传》皆失书。

黄度传周南附

　　开禧三年,召试馆职。南对策诋权要,言者劾南,罢之。　　案:叶适撰南《墓志》云:"除正字,母卒。后再除正字。御史劾尝以田赂苏师旦,遽罢。"《传》不云"除正字",则所罢者何官乎?且开禧三年所诋权要,乃韩侂胄也。及持服后再除,以赂苏师旦被劾,则史弥远当国矣。岂尚以前对策为嫌邪? 史之不足信如此。

任希夷传

四世祖伯雨为谏议大夫。 案《伯雨传》:"父考,字遵圣,其弟伋,今本作汲,误。字师中,当时称大任、小任。"施元之注东坡《任师中挽词》云:"大任,忠敏公之父。"忠敏公即伯雨也。施元之以希夷为师中曾孙,则伯雨乃从祖,非四世祖也。《传》恐误。

开禧初,主太常寺簿。 案:施元之注苏诗云:"希夷,今为将作少监、太子侍读。"《传》不载此两任。

王栐传

王栐,字汝良,大名人。 案:同时又有王栐,字木叔,温州人,官至秘书少监。

李祥传

时姚宪尹临安,俾摄录参。逻者以巧发为能,每事下有司,必监视锻炼,囚服乃已。 案:此《传》皆采叶适所撰《墓志》之文。《志》云:"皇城司妄告密,威胁吏成其罪。"本谓皇城司告人罪,诏下有司鞫问,使证成之。今改作"逻者",则似临安自有"逻者",与下文"恐逆上命"之意不合矣。"录参"者,录事参军也。

刘应龙传

应龙朝受命,帝夜出象简书疏稿授应龙,使劾潜。 案:理宗使应龙劾吴潜,则应龙必台谏也。《传》不言除某官而遽言朝受命,所受者何命乎? 此必有脱文。据《丁大全传》,称"监察御史刘应龙"。

德祐元年,迁兵部尚书、宝章阁直学士、知赣州、兼江西兵马钤辖、青海节度使。 案:赣州守例兼江西兵马钤辖,若节度使,非文臣应得,必有误矣。节镇无青海军,当是清海之讹,此犹传写偶误。要之,应龙断不授节度使也。

道学传

张载。赐谥曰明公。　　赵希弁《读书附志》云："嘉定中，有旨赐谥，礼官议谥曰'达'；或者不以为然，改谥曰'诚'；或者又以谥法'至诚感神'为疑，久之乃谥曰'献'。"与《传》不合。

儒林传

李之才。　　此《传》全取晁说之所作《传》。文载赵与旹《宾退录》。如"青社"当云"青州"，乃合史法。

卒于怀州官舍。　　案《晁传》本云"卒于怀州守舍"。盖其时尹源方守怀州，之才访之，遂卒于源廨耳。史改作官舍，则之才未尝官怀也。史家无学，才改一字便误。

时尹洙兄渐守怀。　　尹源字子渐。史列于《文苑传》。《晁传》称尹子渐者，盖举其字。史误以"渐"为名，删去"子"字，何不检《文苑传》邪！

林之奇。紫微舍人吕本中入闽。　　"紫微"，古官名，不可施于宋代，当云中书舍人。

陈傅良。去朝四十年，至是而归。　　据叶适所撰《傅良墓志》，"四十年"当作"十四年"。考傅良以乾道八年登第，其为太学录当在淳熙间，至光宗朝不过十余年耳。

文苑传

柳开。慕韩愈、柳宗元为文，因名肖愈，字绍元。　　案：张景撰开《行状》云："名肩愈，字绍先。"此作"肖愈"，误也。开既有志于子厚，则字"绍元"为是。《行状》或传写之误。

汪藻。寻知徽州，逾年，徙宣州。　　案：孙觌撰《墓志》云："绍兴十一年，知泉州，移知宣州，阅月，改镇江府。其在泉日，阇婆国王附送龙脑数百两为公寿，公却之。或曰：'异国之王，因舶商致方物，修故事，不可却也。'乃饬送公帑，一铢不取。其在镇江，岁输上供米不足数，转运使计仓粟之存者，尚负数万，尽扃钥而去，军食不继，官吏忧窘。公命破镝给之，贻书使者曰：'官军张颐待哺，米在廪中而不予之食，群黟饥饿无聊,虽锢南山,犹有隙也。辄以便宜开发,老守重得罪,不敢辞。'"此两事,史俱失书。

程俱。除礼部郎。 程瑀撰俱《行状》云"礼部员外郎"。史脱"员外"二字。

建炎中,为太常少卿、知秀州。 案《行状》:"建炎三年,复为著作佐郎,再迁礼部员外郎,除太常少卿,卧家力辞,章四上,遂以直秘阁知秀州。"《传》失载"辞少卿"一节。其带直秘阁,亦例所当书也。

久之,除徽猷阁待制。 案《行状》:"俱以绍兴二年自舍人除宫观,四年差知漳州。以病辞,改提举台州崇道观。五年复集英殿修撰。六年除徽猷阁待制。"

张峤。襄阳人。 案:李心传《系年录》据曾慥《百家诗序》以为光化人。

隐逸传

谯定、袁滋。 案《困学纪闻》载卖酱薛翁事云:"袁德洁溉。"此"滋"字当为"溉"之讹。

夏国传

元昊凡五娶:一曰大辽兴平公主,二曰宣穆惠文皇后没藏氏,生谅祚,三曰宪成皇后野力氏,四曰妃没啰氏,五曰索氏。 案:李焘《长编》云:"曩霄凡七娶:一曰米母氏,舅女也,生一子,以貌类它人杀之。二曰索氏。始曩霄攻猫牛城,传者以为战没,索氏喜,日调音乐,及曩霄还,惧而自杀。二曰都罗氏,早死。四曰咩迷氏,生子阿理,谋杀曩霄,为卧香乞所告,沈于河,杀咩迷氏。五曰野利氏,遇乞从女也,颇长有智谋,曩霄畏之,戴金起云冠,令它人不得冠。生三子,曰宁明,喜方术,从道士路修篁学辟谷,气忤而死。次宁令哥,曩霄以貌类己,特爱之,以为太子。次薛埋,早死。后复纳没移,皆山女,营天都山以居之。野利之族宣言,吾女嫁二十年,止故居,而得没移女,乃为修内。曩霄怒,会有告遇乞兄弟谋以宁令哥娶妇之夕作乱,曩霄遂族遇乞、刚浪凌、城逋等三家。既而野利氏诉'我兄弟无罪见杀',曩霄悔恨,下令访遗口,得遇乞妻阂于三香家。后与之私通,野利氏觉之,乃出之为尼,号没藏大师。六曰耶律氏。七曰没移氏，初欲纳为宁令哥妻，曩霄见其美，自娶之，号为新皇后。宁令哥愤而杀曩霄，劓其鼻而去，匿黄芦讹庞家，为讹庞所杀。曩霄遂因鼻创死。"与史全不合。

谅祚，景宗长子也，小字宁令哥。 案《长编》，宁令哥乃野利氏之子，而谅祚为没藏氏遗腹子，初非一人。《传》云谅祚以庆历七年二月六日生。八年正月方期岁，亦恐未然。元昊子谅祚最幼，不得言长子。

仁宗在位五十五年。改元大庆四年，人庆五年，天盛二十一年，乾祐二十四年。 案：夏诸主改元，当中朝何年，《本传》多略而不言。独叙仁孝事云："绍兴十年，改元大庆。十三年，改元人庆。十七年，改元天盛。乾道四年，改元乾祐。绍熙四年，仁孝殂。"然则大庆实三年，人庆实四年，乾祐实二十六年，唯天盛二十一年不误耳。《传》所书在位之年，较改元之年每多一数，盖并嗣位之岁计之。

丙戌七月，德旺殂。 丙戌，即宝庆二年也。当云是岁七月，不当纪干支。

三年丁亥秋。 亦不当纪干支，"丁亥"二字宜删。

诸史拾遗卷五

辽史

圣宗纪

开泰九年七月庚戌朔,日有食之。　　案:《闰考》:是年辽闰二月,宋闰十二月,则庚戌乃宋之七月朔,于辽当为庚辰朔。《纪》、《志》互异,当考。

太平二年五月乙亥朔。　　当作"己巳"。

十月癸卯朔。　　当作"丁酉"。李锐曰:"据《朔考》,前一年五月朔,正是乙亥,十月朔,正是'癸卯'。当是前一年事,史家误载于此年耳。"

天祚纪

乾统元年。初以杨割为生女直部节度使,其俗呼为太师。是岁杨割死,传于兄之子乌雅束。束死,其弟阿骨打袭。　　案:杨割即《金史》之盈歌,追谥穆宗者也。据《金史·世纪》,以癸未岁卒,即宋崇宁二年,辽乾统三年也。此系于乾统元年,误矣。乌雅束以癸巳岁即世,当辽天庆二年,而《辽纪》失书。《辽》、《金》二史同时刊修,而不相检照如此。

文武百官册立大石为帝,以甲辰岁二月五日即位。　　案:西辽世次纪年,惟见于此《纪》之末,它书皆无之。今当以《辽史》为正。《纪》云大石以甲辰岁自立,改元延庆,即宋宣和六年,在位二十年而殂,则宋绍兴十三年癸亥也。其妻称制,号"感天太后",当是绍兴十四年甲子,称制七年而卒,则宋绍兴二十年庚午也。大石子夷列嗣位,在绍兴二十一年辛未,立十三年而殂,则宋隆兴元年癸未也。其妹称制号"承天太后",当在宋隆兴二年甲申,称制十四年而被杀,则宋淳熙四年丁酉也。夷列子直鲁古嗣位,在宋淳熙五年戊戌,立三十四年而为乃蛮所灭，则宋嘉定四年辛未也。此《纪》又称大石建号万里之外，虽寡母弱子，更继迭承几九十年，以大石在位二十年，合之二后、二主年数恰，八十八年。然则延庆当有十年，并康国十年，乃合在位二十年之数。唯《纪》于延庆三年建都之后，即云"改延庆为康国元年"，又云"康国十年殁"，似大石在位止十二年。明人《续纲目》、《续通鉴》者，大率因此致误，曾不一检照后文，何也？商氏《续纲目》、薛氏、王氏《续通鉴》所载岁月，俱未足信。

仁宗次子直鲁古即位，改元天禧，在位三十四年。时秋出猎，乃蛮主屈出律以伏兵八千擒之，而据其位。袭辽衣冠，尊直鲁古为太上皇，皇后为皇太后，朝夕问起居，以侍终焉。直鲁古死，辽绝。　此《纪》直鲁古之死，初不言其年何干支也。诸家编年书皆系以"辛酉"，当宋嘉泰元年，不知何据。予谓欲知直鲁古之亡，当先究乃蛮之世系。乃蛮与蒙古接壤，数相攻击，其事迹略见于《元史》。初不与西辽为邻也。屈出律者，太阳罕之子。太阳罕以甲子岁为元太祖所杀。丙寅，元兵复征乃蛮，擒太阳罕之兄卜鲁欲罕，而屈出律出奔也儿的石河上。戊辰冬，元再征屈出律，屈出律奔契丹，契丹即西辽。"戊辰"在"辛酉"后八年，其时西辽尚无恙，则谓亡于"辛酉"者，不可信一矣。《元史》："太祖四年己巳，畏吾儿国来归。"而《巴术阿而忒的斤传》亦云："臣于契丹，岁己巳，闻太祖兴朔方，遂杀契丹所置监国等官。"则己巳岁西辽尚存，谓亡于"辛酉"者，不可信二矣。西辽与蒙古未交兵，故《元史》不载直鲁古之灭。然《辽史》所述三主两后在位年数分明，自甲辰至于国亡计八十八年，其干支当为"辛未"非"辛酉"也。"辛未"为元太祖之六年，正在屈出律奔契丹之后。若辛酉岁，则屈出律之父尚在，何由夺西辽而有之！谓西辽亡于"辛酉"，不可信三矣。《长春真人西游记》记西辽事颇详，云："自金师破辽，大石林牙领众数千走西北，移徙十余年方至此地，传国几百年。乃满失国，依大石，_{谓大石之后，即直鲁古也。}士马复振，盗据其土。既而算端西削其地，天兵至，乃满寻灭，算端亦亡。"其云"乃满"即乃蛮也。其云"失国依大石"，即屈出律奔契丹事，其云"士马复振，盗据其土"，即谓直鲁古被擒，屈出律袭辽衣冠而据其位也。长春西游，亲到西辽旧都，距西辽之亡仅十余岁，所言必得其实。乃蛮失国在元太祖戊辰岁，而直鲁古之被擒又在其后，则谓亡于"辛西"不可信四矣。《圣武亲征记》:"屈出律以数人奔契丹王菊儿汗。"菊儿汗即直鲁古也。《辽史》:"大石以甲辰岁二月五日即位,号葛儿汗。"子孙盖世袭其号。《元史·曷思麦里传》"初为西辽阔儿汗近侍",曰"阔"曰"菊",与"葛"音皆相近。曷思麦里亦直鲁古旧臣,元太祖西征,率属迎降,从大将哲伯为先锋,攻乃蛮,克之,斩其主曲出律。即屈出律。盖为直鲁古报雠。其事当在太祖庚辰岁,与戊辰屈出律奔契丹相去十有三年。或据此文疑屈出律为元兵所斩,无奔契丹事者,非也。知菊儿汗即直鲁古,则直鲁古之失国必在太祖之世,谓亡于"辛酉"不可信五矣。诸家编年所以误者,由于不信大石在位有二十年,而《纪》文本有似相矛盾之处。既云"以甲辰岁即位,改元延庆"矣,又云"延庆三年,班师东归,马行二十日,得善地,建都城,号虎思斡耳朵,改延庆为康国元年",又云"康国十年殁",似大石只有十二年,与在位二十年之文不合。既灭大石之年,则直鲁古之灭不得不移前数年矣。今案《西游记》云:"大石领众走西北,移徙十余年方至此地。"是大石建都之前,称尊号者已十余年矣,因建都而改元,又十年而殁,岂非在位二十年乎?且大石之西奔,在保大三年癸卯七月,大石既自立为王,必不称保大之号,次年甲辰二月改元延庆,固其宜也。史云明年二月甲午,以青牛白马祭天地、祖宗,整旅而西,盖即改元之日。既而兵行万里,乃至寻思干城,与忽儿珊大战,败之,驻军寻思干,凡九十日,回回国王来降,又西至起儿漫,文武百官册立为帝,距甲辰改元之时,盖已久矣。改元在前,称帝在后,《纪》以改元称帝为一事,固非其实。诸家书移于乙巳,亦出臆撰,且自"乙巳"至"辛酉"不过七十七年,与《辽史》"更继迭承,几九十年"之语不相刺谬乎?愚谓大石官为林牙,颇通今古,其改元也假兴复之名,以号召诸部,必不遽称帝也。延庆改元当在甲辰之春,其时犹未至西域,若称帝则当于延庆三年,盖用汉昭烈、晋元帝故事,俟天祚凶问至,而后百官劝进耳。若建都,改元康国,则必在延庆十一年。《西游记》所谓"移徙十余年方至此地"者也。如是,则大石即位二十年,本无可疑。大石之年定,而直鲁古之亡,必在"辛未",而不在"辛酉",亦决然可信。《天祚纪》虽有乖舛,而可信者犹大半,诸家云云则,臆决附和之谈,置之勿论可矣。万斯同《纪元汇考》云:"邪律大石延庆元年,乙巳,康国元年,丙午。大石妻咸清元年,丙辰。大石子夷列绍兴元年,壬戌。夷列殂崇福元年,甲戌。夷列子直鲁古天禧元年,戊子。其三十四年,辛酉,为乃蛮所擒,与《续纲目》诸书同。《辽史》但云大石在位二十年,感天太后称制七年,夷列在位十三年,承天太后称制十四年。据《纪年表》:则康国之十年即咸清之元年,咸清之七年即绍兴之元年,绍兴之十三年,即崇福之元年。是三世皆未逾年而改元矣。而于天禧元年书"十二月,承天后被杀,夷列子直鲁古立",则是承天后称制实十五年。与《辽史》尤不合。

营卫志

辽始祖涅里立迪辇祖里为祖午可汗。　"涅里"即《太祖纪》所谓"雅里"也。"雅"、"涅"声之讹。

百官志一

遥辇纠详稳司。　字书无"纠"字,始见于此《志》。又有"遥辇纠都监"、"遥辇纠将军"、"遥辇纠小将军",皆遥辇纠详稳司之官也。又有"十二行纠军"、"各宫分纠军"、"遥辇纠军"、"各部族纠军"、"群牧二纠军"。又《国语解》,"纠辖"。"纠",军名,"辖"者,管束之义。《金史·百官志》:"诸纠详稳"一员,掌守御边堡。有"咩纠"、"唐古纠"、"移剌纠"、"木典纠"、"骨典纠"、"失鲁纠",又有"慈谟典纠"、"胡都纠"、"霞马纠"。《地理志》载"详稳"九处:曰"咩纠"、"木典纠"、"骨典纠"、"唐古纠"、"邪剌纠"、"移典纠"、"苏木典纠"、"胡都纠"、"霞马纠",与《百官志》略同。"邪剌"即"移剌"、"苏木典"即"慈谟典"。"慈"恐即"苏"之讹。唯《百官志》无"失鲁",有"移典"耳。

金史

世纪

康宗乌雅束,乾统五年癸未,袭节度使。　上文穆宗盈歌以癸未岁卒,即宋崇宁二年,辽乾统三年也。乌雅束卒,盈歌袭,"五年"当是"三年"之讹。

癸酉,康宗卒,年五十三。　《太祖纪》作"癸巳",此云"癸酉",误。康宗乌雅束袭节度使,年四十三,阅十年,年五十三卒,其年是"癸巳",非"癸酉"也。

卫绍王纪

　　大安二年十二月辛酉朔，日有食之。　　案：金大安二年，即宋嘉定三年也。《宋史》《纪》《志》是年六月丁巳朔，日食，初无十二月日食事。《纪》不书六月之食，而书于十二月，已为讹舛。且以次年正月乙酉朔推之，此月朔断非辛酉也。元和李锐疑此朔当在前一年，然《宋史》是月亦不言日食。盖卫绍王一朝记注亡失。元王鹗所采摭亦未可尽信也。李赓芸曰："据《天文志》，在大安元年，亦舛误也。"

哀宗纪

　　正大四年二月，蒲阿、牙吾塔复平阳，执知府李七斤。　　案：李七斤，即《元史·忠义传》之李守忠也。

　　七年十一月丁未，大元进兵崤峰关。　　后文天兴二年作"饶丰关"。《完颜合达传》作"饶峰关"。《郭虾蟆传》作"饶风关"。实即一地也。

　　天兴元年七月，参知政事完颜思烈、恒山公武仙、巩昌总帅完颜忽斜虎率诸将兵自汝州入援。　　案：此年八月又书：前仪封令魏璠上言，"巩昌帅完颜仲德沈毅有远谋，臣请奉命往召，不报"。仲德即忽斜虎也。十二月又书："巩昌元帅完颜忽斜虎至自金昌。"然则七月入援者只完颜思烈、武仙二人，"巩昌总帅"以下九字皆衍文。

地理志下

　　巩州，下，节度。　　据《完颜仲德传》："正大六年，移知巩昌府，兼行元帅府事。"是巩州尝升巩昌府，而此失书。

　　九公。　　兴定四年庚辰二月封，皆兼宣抚使。

　　沧海公王福。　　沧州经略使，统清、沧、观州，盐山、无棣、东陵、东光、宁津、吴桥、将陵、阜城、蓨县。

　　恒山公武仙。　　真定经略使，统中山、真定府、沃、冀、威、镇宁、平定州、抱犊寨、栾城、南宫县。

　　河间公移剌众家奴。　　赐姓完颜。河间路招抚使，统献、蠡、安、深州，河间、肃宁、安平、武强、饶阳、六家庄、郎山塞。

高阳公张甫。　赐姓完颜。中都东路经略使,统雄、莫、霸州,高阳、信安、文安、大成、保定、静海、宝坻、武清、安次县。

易水公靖安民。　中都西路经略使,统涿、易、安肃、保州,君氏川、季鹿、三保河、北江、矾山塞、青白口、朝天寨、水谷、欢谷、东安寨。

晋阳公郭文振。　辽州从宜、行河东北路元帅,统河东北路。元光二年,辽州失守,徙其军于孟州。

平阳公胡天作。　平阳招抚使,统平阳、晋安府、隰、吉州。元光元年,降元,宣宗以史咏权行平阳公府事。

上党公张开。　赐姓完颜。昭义军节度使,统泽、潞、沁州。

东莒公燕宁。　山东安抚使,统益都府路。兴定五年战死。

诸州长官都元帅等。

沁州。　长官杜丰,乙未授。

泽州。　长官段直,甲戌来附。

潞州。　都元帅任志,戊寅授。子存袭,庚寅死,以侄成为长官,成卒,以存子立嗣长官。

太康。　都元帅攸兴哥,戊寅授。丁亥死,以表弟王七十代,己丑死,兴哥子忙兀台嗣。

西京。　大同也。留守刘伯林,守威宁十年,子黑马,太宗初,授平阳、宣德等路管军万户。

兴中。　府尹石天应。子焕中。

义州。　节度使都元帅王珣。子荣祖。

平阳。　知府李守忠,丁亥被执。戊子,弟守贤代。守正,庚寅战殁。

绛州。　节度使刘世英,庚辰。族兄德仁袭,丙戌,城陷死。世英弟亨安袭节度。

平遥县。　行平定州事梁瑛,戊寅降。庚辰,授都元帅,领州事。

涿、易二州。　长官赵柔,癸酉。

中山。　李明,知中山。

赵州。　知州李瑀。

邢州。　知州武贵。

威州。　知州武振。

磁州。　知州李平。

沼州。　知州张立。　俱见《史天倪传》。武贵降在庚辰岁,《传》书于丁丑,误。贵本仙之兄,其年八月,仙降,是冬,贵亦来降。

潞州。 任存,庚寅九月,武仙围潞州,城陷,存死。十月,太宗亲征,遣万户因只吉台与塔思复取潞州,以存侄代领其众,见《塔思传》。

交城令。 覃资荣。弟资用。资用子澄。澄弟山。

忠义传六

郭虾蟆。 《元史·案竺迩传》载:金会州守将郭斌、即虾蟆也。《交聘表》所载使宋贺正旦生辰诸臣,以《宋史》本纪证之,往往姓同名异。盖金人多二名,一从本国名,一取汉语。史家不能悉载耳。

元史

太祖纪

十年二月,木华黎攻北京,金元帅寅苔虎乌古伦以城降。 案:《东平王世家》作乌古伦寅苔虎。乌古伦者,寅苔虎之氏,非两人也。史臣不辨姓名,倒其文,遂若别有一人矣。《史天祥传》作北京留守银苔忽,同知乌古伦。

冬十月,金宣抚蒲鲜万奴据辽东,僭称天王,国号大真,改元天泰。 案:次年蒲鲜万奴降,既而复叛,僭号东夏。而《东平王世家》云:"癸巳,太宗五年。王与皇子贵由攻完颜万奴于辽东,平之。"完颜万奴,金内族也,自乙亥岁聚众据东海,号东夏,至是凡十九年而灭。此万奴之氏,一以为蒲鲜,一以为完颜,未审孰是。《木华黎传》与《世家》同。《金史·宣宗纪》作蒲鲜。《太宗纪》但书平万奴,而不言皇子贵由、国王塔思,当据《世家》补之。

太宗纪

十五年夏五月,克寻思干城。 案:次年春又云:"帝攻卜哈儿、薛迷思干等城。"寻思干即薛迷思干,似乎重出。予撰《考异》时,尝疑其克而又叛。今考《长春西游记》,乃知其不然。《记》言:"乃满 即乃蛮。失国,依大石,土马复振,盗据其土,继而算端西削其地,天兵至,乃满寻灭,算端亦亡。"然则十五年所克者,乃蛮主屈出律,篡西辽而据其地者也。既克之后，复背蒙古而附算端，故次年再攻之。算端即算滩，回回部长之号，亦作逊丹。元遗山《大丞相刘氏先茔碑》："车驾征契丹余族，是为西辽，历古续儿国讹夷朵等城，战合只，破之，遂征逊丹之斜迷思即邪米思干。于普花见拒印度嗔木连，破其军二十万。"与《元纪》略同。其云"古续儿国"，殆以西辽主世袭菊儿汗之号。"续"、"菊"音相近而讹。"夷朵"即《辽史》之斡耳朵乎。屈出律篡国未久，人怀反侧，故取之甚易。回回则世守其地，部落众多，非旦夕可以成功。《西游记》又云："邪米思干大城，大石有国时，名为河中府。"其实寻思干、薛迷思干、邪米思干，一也。

六年秋七月，以胡土虎那颜为中州断事官。　案：次年春，遣皇子曲出及胡土虎伐宋。胡土虎又作忽笃华，《石抹明安传》云："次子忽笃华，太宗时为金紫光禄大夫、燕京等处行尚书省事、兼蒙古、汉军都元帅"，不云为"中州断事官"者，史之脱漏也。石抹氏自明安至咸得不相继为燕京行省，胡土虎盖承其兄职，及金亡之后，又令断事中州，括中原人户，当在其时矣。《铁迈赤传》又作忽都，其实胡土虎、忽都虎、忽笃华、忽都，一人也。《石高山传》云："父忽鲁虎，从太祖定中原，太宗赐以东昌、广东四千余户"，而《食货志》："忽都虎官人，壬子年查认过广平等处四千户，似即一人。"岂石高山即石抹明安之后，史误认石抹氏为石氏邪？

八年，命应州郭胜、钧州孛求鲁九经、邓州赵祥从曲出充先锋伐宋。　案：赵范之失襄阳，始于赵祥以邓州叛，而《宋史》讳而不书，此《纪》亦不详载祥降附本末。今据姚燧所撰《邓州长官赵公神道碑》云："祥字天麟，其先居代之繁时，金末去其乡，三徙为蔡之平舆人。天兴播蔡，倡义兵数千为帅，甲午，金亡，将麾下步骑数千入宋。时襄阳开制阃授信效左军统制，后制阃厌降将多叵测，谬为受犒，欲尽阬之。大将江海谏曰：'人穷来归，诛之不义。又吾阃所节度四十五军，半北人，今此加诛，则吾军北人各有异心矣。汉北之州邓为近，去吾阃程再日耳，乘彼虚弃未戍，盍遣是众先之？在彼有生降之德，在我有复地之利，一举而得两者也。'阃然之，别遣路钤呼延实将若干人为监来戍，至则与实不相得，军士哗噪，皆言制阃不足以尽力。明年乙未十月，大兵略地汉上，集将佐南门，公抱剑前曰：'始吾入宋，求活吾麾下数千人与若妻孥,而制阃欲以计奸之。今幸出戍,又令别将监之,一旦诬以它罪,无噍类矣!诚不忍与若脍脯寇手。心归大朝,后应者斩。'统领徐海持不可,立断其首,一军皆呼抃受命。驰造实营,执以出盟,令呼宋兵投伏释甲,具车马归之襄阳,乃开门迎元兵。居再月,太子南征还过,教以是城甚近襄阳,力孤不能自完,与均、唐三州民徙洛阳之西三县。邓治长水、均治永宁、唐治福昌。明年丙申,襄、樊亦徙洛阳。其年入觐,特赐金符锦衣,许出战督军,入守字民。辛丑,授邓州长官,奏以弟将州兵,是州兵民始分。后十二年癸丑,史忠武公经略河南,始屯田汉上,尽还徙邓、均、唐、襄、樊五州民实南,公始复邓。时宋已筑襄、樊、均,皆设重兵,三州民还者无所于归。襄、樊侨治州北,均侨治西,皆倚公为援。丙辰,乞骸骨,不报。明年疾卒,年六十有一。"所述背宋归元事极分明,汉上五州移徙事又可补《地理志》之漏略。

九年丁酉春,猎于揭揭察哈之泽。夏四月,筑埒邻城,作迦坚茶寒殿。 案:"揭揭察哈",即迦坚茶寒也。译音无定字,史家不能考正,后世遂以为两地矣。《地理志》:"迦坚茶寒殿在和林北七十里"。

仁宗纪三

延祐六年二月,特授僧从吉祥荣禄大夫、大司空,加荣禄大夫、大司徒僧文吉祥开府仪同三司。 余初未解"吉祥"之名,后阅《释藏》,有《至元法宝勘同总录》十卷,奉诏编修者为顺德府开元寺佛日光教大师沙门庆吉祥,平滦路水岩寺传法辅教大师沙门恩吉祥。执笔者为大宝集寺传法潮音妙辨大师沙门海吉祥、真定府兴化寺传法通玄大师沙门温吉祥。校勘者为大都大悯忠寺传法通辨大师沙门瑞吉祥、人都大昊天寺传法玄悟大师沙门习吉祥、上都黄梅寺住持通慧大师沙门温吉祥、大都弘法寺通显密二教演秘大师沙门澂吉祥、大崇国寺临坛大德圆融崇教大师沙门演吉祥、大圣寿万安寺临坛大德崇教大师沙门应吉祥。校证者济宁路金山寺妙辨通义大师沙门庆吉祥,证义者大圣寿万安寺传大乘戒临坛大德沙门理吉祥、宣授江淮释教都总摄扶宗弘教大师释行吉祥、圣寿万安寺都总统佛觉普安大师沙门拣吉祥、宣授诸路释教都总统道通真智大禅师昭吉祥,乃知元时以"吉祥"为僧之美号,录内所称"演吉祥"名定演,赵子昂为撰《碑》者也。

明宗纪

明宗翼献景孝皇帝,讳和世㻋。　《元典章》载延祐四年正月初十日诏云:"朕仰惟太祖皇帝圣训,若曰'应天顺人',惟以至诚,保安天下,宜遵正道。重念列圣,继承丕祚。我世祖皇帝混一之初,顾予菲德,惧弗克荷,不遑宁处。比者忽失剌年属幼弱,听信憸人阿思罕等谋为不轨,搆乱我家。已为行省行台管军官等,将叛贼阿思罕、教化、彻里哥思等斩首以徇。其同谋及胁从者,欲尽加诛,有所不忍,宜推旷荡之恩,开以自新之路,可大赦天下。自延祐四年正月初十日昧爽以前,除杀祖父母、父母不赦外,其余常赦所不原者,罪无轻重,咸赦除之。若有避罪逃从逆党,或窜匿民间,及啸聚山林者,赦书到日,限一百日内许令出首,与免本罪;限内不首,复罪如初。于戏! 赦过宥罪,惟期反侧之安;发政施仁,聿底隆平之治。敢以赦前事相告言者,以其罪罪之,咨尔有众,体予至怀。"此诏所称"忽失剌"者,即明宗名和世㻋之异文也。《仁宗纪》不载此诏,盖天历以后,史官讳而削之。仁宗受位于其兄,乃不立兄子而立其子,固有愧宋穆公之让,而明宗出镇云南,即于途中兴兵犯阙,其罪尤难掩。今录《元典章》所载此诏,以补《本纪》之阙。《明宗纪》载同谋诸臣,无彻里哥思名。且著明宗之罪。

顺帝纪十

殂于应昌。　案:顺帝殂,太子爱猷识理达腊嗣位,上庙号曰"惠宗"。明年,改元宣光,立八年而殂,子脱古思帖木儿嗣位,上庙号曰"昭宗",改元天光,立十年,为其下也速迭儿所弑,实明洪武二十一年也。又五传至坤帖木儿,皆被弑,族人鬼立赤篡立,去国号,称可汗,从其旧俗。《明史·成祖纪》:"永乐六年,谕本雅失里曰:'自元运既讫,顺帝后爱猷识里达腊至坤帖木儿,凡六传,瞬息之间,未闻一人善终者。'"盖脱古思帖木儿之后,坤帖木儿之前,尚有三四传,其名不可考矣。《明太祖纪》:"洪武二十二年,也速迭儿弑其主脱古思帖木儿,而立坤帖木儿",与《成祖纪》、《外国传》小异。

地理志一

保安州。金为兴德府。 《金志》作德兴府,《石高山传》亦云"德兴府人"。此《志》傎倒耳。

兴和路。咸宁下,元初隶宣德府,中统三年来属。 考《金志》:"抚州有威宁县,承安二年以抚州新城镇置",元之兴和路,即金抚州,则"咸宁"乃"威宁"之讹信矣。《刘伯林传》:"金末为威宁防城千户",即此县也。

济宁路,唐麟州,周于此置济州。 案:元之济宁路治钜野县,在唐则为郓州之钜野县耳。《唐志》虽云"武德四年以县置麟州,五年州废",然唐有国三百年,其称麟州者仅一年,岂可以此概一代乎?宋承后周之旧,济州真治钜野矣,乃置之不道,又何说也?

济州。唐以前为济北郡,治单父。唐初为济州,又为济阳郡,仍改济州。周濒济水立济州,宋因之。 案:此条尤可怪异。夫元之济州治任城,唐之济州则治卢,即隋之济北郡也。元和以后省济州,以卢县隶郓州,自是无济州之称矣。后周始于钜野立济州,卢与钜野邈不相涉,岂可混而为一。"周濒济水立济州"二句,当书于济宁路,亦不当在此条也。"唐以前济北郡治单父",不知何据。考《太平寰宇记》:"单州单父县,后魏尝置北济阴郡",或因是误初为济北郡邪?

祭祀志五

成宗大德二年二月,加封东镇沂山为元德东安王,南镇会稽山为昭德顺应王,西镇吴山为成德永靖王,北镇医巫闾山为贞德广宁王,中镇霍山为崇德应灵王。 案:《成宗纪》载此事于是年三月,又失载中镇封号。何元锡曰:"今山东临朐县东镇庙有石刻,加封五镇制词与《祭祀志》正合。"可证《本纪》之脱漏。

选举志一

御试,三月初七日。 案:元统元年春,顺帝尚未即位,是年廷试进士同同、李齐等,虽载于《志》而未详试期。顷得是年进士录读之,乃知廷试在九月三日。此可补史文之阙。

食货志三

也可太傅。 案《邪律秃花传》:"拜太傅,总领也可那延,封濮国公。"即《志》所称也可太傅也。蒙古语"大"为"也可",凡官名"也可"者,第一之称。此《志》有"也可太傅",又有"也可怯薛"。《职官志》有"也可札鲁忽赤",皆取第一义。

兵志一

中统三年三月,诏真定、彰德、邢州、洺磁、东平、大名、平阳、太原、卫辉、怀孟等路各处,有旧属按札儿、字罗、笑乃鰪、阔阔不花、不里合拔都儿等官所管探马赤军人。 案《阔阔不花传》云:"岁庚寅,当是庚辰。太祖命太师木华黎伐金,分探马赤为五部,各置将一人。阔阔不花为五部前锋都元帅。岁丙申,太宗命五部将分镇中原,阔阔不花镇益都、济南,按察儿镇平阳、太原,字罗镇真定,肖乃台镇大名,怯烈台镇东平。"又《石高山传》云:"昔太祖皇帝所集按察儿、字罗、窟里台、字罗海拔都、阔阔不花五部探马赤军。金亡之后,散居牧地,每多有入民籍者。"是五部将之名,唯字罗、阔阔不花二人,《志》、《传》无异文。按察儿即按札儿,肖乃台即笑乃鰪,怯烈台即窟里台,不里合拔都儿即字罗海拔都。或有肖乃台而无不里合,或有怯烈台而无字罗海,似当以《兵志》为正。盖肖乃台,本秃伯怯烈氏,故又有怯烈台之称,或称肖乃台或称怯烈台,其实即一人耳。史家疑字罗海与字罗为重出,故《阔阔不花传》误分怯烈台以当五人之数。今依《兵志》作不里合,则犁然有别矣。

兵志二

太祖功臣博尔忽、博尔术、木华黎、赤老温,号掇里班曲律,犹言四杰也。太祖命其世领怯薛之长。"怯薛"者,犹言番直宿卫也。凡宿卫,每三日而一更,申、酉、戌日,博尔忽领之,为第一"怯薛",即"也可怯薛"。博尔忽早绝,太祖命以别速部代之,而非四杰功臣之类,故太祖以自名领之。其云"也可者",言天子自领之也。亥、子、丑日,博尔术领之,为第二"怯薛"。寅、卯、辰日,木华黎领之,为第三"怯薛"。

巳、午、未日，以赤老温领之，为第四"怯薛"。赤老温后绝，其后"怯薛"常以右丞相领之。　　案:《食货志·岁赐篇》有"也可怯薛"，有"忽都荅儿怯薛"，有"帖古迭儿怯薛"，有"月赤察儿怯薛"。此至元二十一年事。月赤察儿者，博尔忽之后，绝而又继，然其次已在第四。忽都荅儿、帖古迭儿，则不知何人之后矣。

宗室世系表

睿宗皇帝十一子。次六旭烈兀大王。　　案:旭烈兀大王，一作煦烈，以宪宗壬子岁受命讨西域。癸丑，至木乃兮国，下其城百廿;丙辰，破乞都卜城;丁巳，破兀里儿城，乞石迷国来降，得三百余城，又西至大房，下其城百八十五;戊午，命将西渡海，收富浪，西南至石罗子、宾铁，皆降之;己未，破兀林，降其城百廿，又西南至乞里湾，降之。西域平，遣使告捷，而宪宗崩，遂留镇其地。《至元辨伪录》云:"今煦烈大王，皇帝亲弟，镇守西域，在寻思干西南，雪山之西，使命往还，来往不绝。"

靖远王合赞。　　"合赞"者，旭烈兀大王之孙。至元二十七年封。黄潜撰《海运千户杨君墓志》云:"君讳枢，大德五年，君年甫十九，致用院俾以官本船浮海至西洋，遇亲王合赞所遣使臣那怀等如京师，遂载之以来。那怀等朝贡事毕，请仍以君护送西还，丞相哈剌哈孙如其请，奏授君海运副千户、佩金符，与俱行。以八年发京师，十一年乃至其登陆处，云'忽鲁模思'云。是役也，君往来长风巨浪中，历五星霜，凡舟楫糗粮物器之须，一出于君，不烦有司。既又用私钱市其土物白马、黑犬、琥珀、蒲萄酒、蕃盐之属以进。"案《元史·成宗纪》:"大德八年七月，诸王合赞遣使来贡珍物。"即其事也。《地理志·西北地附录》有云"忽里模子"者，即"忽鲁模思"之转也。

巴而术阿而忒的斤传

与者必那演征罕勉力、锁潭、回回诸国。　　案:后又云:"还镇火州，屯于州南哈密力之地。"又案《元典章》:"延祐六年四月，钦奉圣旨，节该如今亦都护为头畏吾儿，的斤帖林为头哈迷里，除致伤人命、奸盗公事交管民官归问者，其余军帖差发，不拣甚么，合对问公事有呵，朵歹等都护府官人每等者，管民官休侵犯者外，据畏吾儿、哈迷里每自己其间里公事有呵，委付来的头目断者。若与百姓每有相争的公事呵，委付来的头目每与各城子里官人每一同归断者。若无畏吾儿、哈迷里头目每呵，管民官依例断者。"盖"罕勉力"、"哈密力"、"哈迷里"一也，即今之"哈密"。《元典章》所云"的斤帖林"乃"哈迷里"之部长。

布智儿传

宪宗以布智儿为大都行天下诸路也可札鲁忽赤。　案《宪宗纪》："以牙老瓦赤、不只儿等充燕京等处行尚书省事。"《世祖纪》："宪宗令断事官牙老瓦赤与不只儿等总天下财赋于燕。"所云不只儿，即布智儿，大都即燕京，札鲁忽赤即断事官。见《职官志》。《昔里钤部》、《月乃合》、《布鲁海牙》等三传又作卜只儿，译音无定字也。

月合乃传

月合乃字正卿。　《传》不言有二名。案：元好问《恒州刺史马公即马庆祥。碑》云："子男三人，长三达、次铎刺、次福海。"不知孰为月合乃。

其先属雍古部，徙居临洮之狄道。　案：元好问《马公碑》："马公名庆祥，即月乃合之父昔里吉思也。"其述世系云："出于花门贵族宣政之季，与种人居临洮之狄道，盖已莫知所从来矣。金兵略地陕右，尽室迁辽东，因家焉。太宗尝出猎，恍惚间见金人挟日而行，心悸不定，莫敢仰视，因罢猎而还，敕以所见者物色访求。或言上所见殆佛陀变现，而辽东无塔庙，尊像不可得，唯回鹘人梵呗之所有之，因取画像进之，真与上所见者合。上欢喜赞叹，为作福田以应之。凡种人之在臧获者，赏为平民，赐钱币纵遣之。"然则雍古部殆回鹘之别支乎？回鹘即畏兀儿，与回回不同种。《金史·马庆祥传》云："先世自西域入居临洮狄道，似误以回鹘为回回矣。"

刘黑马传

太宗即位，始立三万户，以黑马为首，重喜、史天泽次之。　案：王恽撰《史忠武公家传》云："太宗即位，朝议方选三大帅分统汉地兵。上素闻公贤，以杖麾公及刘黑马、萧札剌居右，诏为万户，其居左者悉为千户长。"姚燧撰《邸泽神道碑》云:"国初,以二万户镇抚中夏,右则刘伯林黑马之父。军秦;左则粘合重山军燕;顾成谓太宗。盖用《汉书》贾谊语。则益太尉史忠武公天泽为真定、河间、济南、东平、大名五路万户于中。"以王、姚所述合于史,刘、史两万户并同,若萧札剌为石抹也先之子,石抹氏即萧氏。与粘合重山初非同族。《粘合重山传》中无"重喜"名,"重喜"别有《传》。又不云为"万户"。王、姚二君皆习于掌故,史家为《黑马传》必本诸家状,不知何以互异若此。《耶律秃花传》:"统万户札剌儿、刘黑马、史天泽伐金。"此札剌儿,即萧札剌也。《石抹也先传》作"查剌",与王恽所称"三万户"正合。

会增立七万户,仍以黑马为首,重喜、史天泽、严实等次之。 此七万户之名,史家止举其四,余无考。

赵天锡传

辛巳春,归行台东平严实。 据元好问撰《千户赵公神道碑》:天锡以行台公荐,宣授行军千户。而本传不载,盖以"千户"为不足书耳。不知元初万户最为领兵要职,严实虽为行台,亦在七万户之列。千户佩金符,较之万户佩金虎符者,仅降一等,未可略而不书。

刘敏传

刘敏字有功,宣德青鲁人。 案:元好问撰《大丞相刘氏先茔神道碑》云:"世居宣德县北乡之青鲁里。""青鲁"非县名,当删。《碑》称字德柔,以小字某行,岂"有功"其小字欤?抑以赐名"玉出干"为小字欤?

岁壬申,太祖师次山西,敏时年十二,从父母避地德兴禅房山。兵至,父母弃敏走,大将怜而收养之。一日,帝宴诸将于行营,敏随之入,帝见其貌伟异,俾留宿卫。 《碑》云:"甲戌秋,师次燕西,公年甫十二,随其家人避兵德兴之禅房山。既而尽室被俘,公在一大首领麾下。一日避役,御营犒宴之人,什伍为偶,公辄入座共食,上举目见之,亲问姓名及所以来者,公跪自陈主帅不见恤,无以自存,愿留止营中。上召主帅,名索公,得之,隶中宫帐下。"与《传》不同,当以《碑》为可信。

帝征辽西诸国。 辽西当为西辽之讹。《碑》云:"车驾征契丹余族。"是为西辽。

汪泽民传

　　蕲黄贼陷徽州，时泽民居宣州。已而贼来犯宣州，江东廉访使道童雅重泽民，日就之询守御计，城得无虞。　　至正中名道童而见于史者两人。一为高昌人，号石岩，由平江路总管累迁江西行省左丞相，谥忠烈，在《列传》一百四十四卷。其一即此《传》所载之道童，唐兀人，字德章，自号贺兰逸人。至正十六年宣州城陷，泽民遇害，史不言道童所终。予尝见《江东宪司题名碑》，知其氏族，《碑》即泽民所撰，称为宁夏中宪大夫公。盖元时称西夏人曰唐兀氏。宁夏本西夏地也。李赓芸曰：又有道同者，字文卿，元统元年进士，授江州路录事司达鲁花赤。又明洪武间，有番禺知县道同，史称其先为蒙古族。道同、道童一也。元人多有是名，或以道童为不雅，改为道同。犹"丑驴"之改为"丑闾"耳。

汪世显传

　　金平，郡县望风款附，世显独城守，及皇子阔端驻兵城下，始率众降。皇子曰："吾征四方，所至皆下，汝独固守，何也？"对曰："臣不敢背主失节耳！"　　史家立传往往采家传、碑、志事迹，多文饰不可信。如此《传》所言，则世显是袁昂、马仙琕之流也。乃《金史·郭虾蟆传》则称：天兴二年，哀宗迁蔡州，虑孤城不能保，拟迁巩昌。以粘割完展为巩昌行省。三年春正月，完展闻蔡已破，欲安众心，城守以待嗣立者，乃遣人称使者至自蔡，有旨宣谕，绥德州帅汪世显者，亦知蔡凶问，且疾完展制己，欲发矫诏事，因以兵图之。然惧虾蟆威望，乃遣使约虾蟆并力破巩昌，使者至，虾蟆谓之曰："粘割公奉诏为行省，号令孰敢不从？今主上受围于蔡，拟迁巩昌，我辈既不能致死赴援，又不能叶众奉迎，乃欲攻粘割公，先废迁幸之地，上至，何所归乎？汝帅若欲背国家，任自为之，何及于我？"世显即攻巩昌，劫杀完展，送款于大元，复遣使者二十余，谕虾蟆以祸福，不从。是世显以偏裨戕主帅，背主嗜利，乃小人之尤者。且久通款于蒙古，何待阔端兵至始率众降乎？苏天爵《名臣事略》误信其家传书之，明初史臣又承天爵之误，不加订正。毕尚书沅《续通鑑》稿成，尝属予参校，因为辨证之。

外国传

高丽。 自此以下三卷,乃宋禧撰,最为浅率。朱锡鬯《静志居诗话》载其《寄宋学士诗》云:"修史与末役,乏才愧群贤;强述《外国传》,荒疏仅成篇。"观此诗,则"荒疏"之病,无逸固未尝自讳也。《五行志》则胡翰撰,其序论载文集中。李赓芸案:"宋禧字申仲,金华人。胡翰字无逸,余姚人。"